FRICK / SATAN UND DIE SATANISTEN 1

KARL R. H. FRICK

SATAN
UND DIE SATANISTEN

Ideengeschichtliche Untersuchungen
zur Herkunft der komplexen Gestalt „Luzifer/Satan/Teufel",
ihrer weiblichen Entsprechungen und ihrer Anhängerschaft

Teil 1

AKADEMISCHE DRUCK- u. VERLAGSANSTALT
GRAZ / AUSTRIA
1982

KARL R. H. FRICK

DAS REICH SATANS

Luzifer/Satan/Teufel und die Mond- und Liebesgöttinnen
in ihren lichten und dunklen Aspekten —
eine Darstellung ihrer ursprünglichen Wesenheiten in Mythos und Religion

AKADEMISCHE DRUCK- u. VERLAGSANSTALT
GRAZ / AUSTRIA
1982

Satz und Druck
© Akademische Druck- u. Verlagsanstalt, Graz 1982

Printed in Austria
ISBN 3-201-01212-2
163.82

INHALTSÜBERSICHT

EINFÜHRUNG

Bei der Abfassung meiner Arbeiten über die gnostisch-theosophischen und alchemistisch-rosenkreuzerischen Geheimgesellschaften, die ich in meinen Büchern „Die Erleuchteten" und „Licht und Finsternis" veröffentlichte, bin ich immer wieder auf die imposante Gestalt des Luzifer/Satan gestoßen. Dieses für den Menschen oft so unheimliche, polymorphe, aber stets personal aufgefaßte Wesen, einst eine strahlende Lichtgottheit, die man später zu einem Dämon, ja zum Ausdruck des Bösen schlechthin abstempelte, hat mich derartig fasziniert, daß ich mit der vorliegenden Studie den Versuch unternommen habe, einen ideengeschichtlichen Beitrag zu seinem hintergründigen Charakter zu leisten. Unter dem Titel „Das Reich Satans" verbirgt sich eine möglichst objektive und umfassende Übersicht zur Geschichte seiner Herkunft, seiner Stellung und Bedeutung bei seinen Anhängern und Gegnern, wie über die Wandlung seiner Eigenschaften im Verlauf durch die einzelnen Epochen.

In der ständigen geistigen (aber häufig auch körperlichen) Auseinandersetzung des Menschen mit dem von ihm als „Gut" oder „Böse" aufgefaßten oder vermeintlich Erkannten hat es stets Menschen gegeben, welche die allgemein als anthropomorphe Gestalt vorgestellte Manifestation des Bösen, den Luzifer/Satan/Teufel, zum Gegenstand ihres Interesses gemacht haben.

Bei meiner Untersuchung betrachte ich die beiden abstrakten und imaginären Begriffe „Gut" und „Böse" wertneutral. Sie stellen für mich hier lediglich ein polares Gegensatzpaar dar, das in jedem von uns „lebt". Beide sind duale, meist polarisierte, keineswegs aber vom Menschen immer übereinstimmend beurteilte Kategorien. Ein moralisches oder gar theologisches Werturteil über die beiden Begriffe abzugeben, ist von mir nicht beabsichtigt. Es ist dies die Aufgabe der Moralisten, Moraltheoretiker und Moraltheologen, zu denen ich mich nicht zähle. Meinen Lesern traue ich hier ein eigenes Werturteil zu.

Als Basis zur Abfassung dieses Buches wurde von mir die grundlegende Arbeit des Tübinger katholischen Theologen Herbert Haag (*1915) „Teufelsglaube" benutzt (1). Der vorliegende Text soll eine Ergänzung aus der überkonfessionellen Sicht eines Nichttheologen darstellen. Mir ist sehr daran gelegen, neben der christlichen, oft widersprüchlichen Version des neuerdings in der katholischen und protestantischen Theologie umstrittenen Stellenwerts des „Bösen" ganz allgemein, wie der personal aufgefaßten Gestalt des Satan/Teufels in der kirchlichen Tradition eine eigene Variante hinzuzufügen.

Neben der Gestalt von Satan/Teufel/Luzifer im Alten und Neuen Testament soll vor allem das nichtchristliche prähellenische und hellenistische Umfeld seiner direkten und indirekten Vorläufer ausgeleuchtet und der Versuch unternommen werden, diese als „Mitgestalter" seines heute noch gültigen Erscheinungsbildes, wie es sich seit dem Mittelalter herauskristallisiert hat, zu erfassen, um so in einer Synopsis die Zusammenhänge besser und klarer zu erkennen. Erst ihr Gesamtaspekt ermöglicht die Formulierung eines „modernen" Satansbegriffs.

Hierzu gehört u n b e d i n g t auch der weibliche Part des Satans, die Urform der Teufelin, oder besser: des „Teufels Großmutter". Diese sicherlich sehr alte und weitverbreitete Gestalt weist schon durch ihr Verwandschaftsverhältnis ethnologisch darauf hin, daß der weibliche Teufel älter als der uns geläufige, männliche Teufel ist. Ich möchte daher die Geschichte der Anhängerinnen der Artemis-Diana-Kulte und ihrer europäischen Varianten, die zu den mittelalterlichen und neuzeitlichen Hexenkulten führten, — wenigstens teilweise — einbeziehen.

Die Fülle des Stoffes macht es notwendig, die Gesamtarbeit in zwei Teilen erscheinen zu lassen. Im ersten Teil werde ich die männlichen und weiblichen „satanischen" Gestalten, ihre Vorläufer, Mitregenten oder Untertanen, ideengeschichtlich zu erfassen suchen.

Gemeinsam mit dem Leser soll eine Antwort auf die Frage gefunden werden, ob die Lichtgestalt des Eosphoros-Luzifer, die erst durch die christlichen Kirchenväter zur Symbolgestalt des Satan/Teufels „umfunktioniert" worden ist, nicht in der Ideengeschichte einen anderen Stellenwert verdient, als sie ihn bisher eingenommen hat. Kann aus historischer Sicht Eosphoros-Luzifer noch länger mit dem Symbol des „Bösen" identifiziert werden? Sind im Ablauf der Menschheitsgeschichte alle „Luziferianer" mit den „Satanisten" gleichzusetzen?

Wir wollen gemeinsam eruieren, ob die antiken Göttinnen der Fruchtbarkeit, des Eros und des Sexus, die Göttinnen der Unterwelt, die in naher Beziehung zu den weiblichen Venus- und Mondkulten standen, den durch das Christentum geprägten negativen Symbolcharakter tatsächlich verdienen oder nicht doch ihre ursprüngliche mythische Bedeutung in unserer Zeit wiedererlangen sollten. Ich habe mir mit dieser Arbeit zugleich die Aufgabe gestellt, dem an diesen Stoff interessierten Leser das Rüstzeug zum weiteren Vordringen in diese vielschichtige Materie zur Verfügung zu stellen. Meine jahrelangen Quellen- und Literaturstudien über das Thema, die eigentlich nur meine eigene Neugier befriedigen sollten, sind auf eine unerwartete Resonanz unter meinen Lesern gestoßen. Erfreut hat mich die Tatsache, daß bei einem Teil unter der häufig so abfällig beurteilten Jugend, die ihren geistigen Quell heute allerdings hauptsächlich in den Reihen der sogenannten „Neuen Linken" besitzt, — ich darf das als ein liberal-konservativ eingestellter gereifter Mann ohne Hintergedanken aussprechen — ein besonderes Interesse für meine Arbeiten besteht.

Im zweiten Teil, der einen eigenen Band umfassen wird, werde ich versuchen, die äußerst schwierige Geschichte der Luziferianer und Satanisten, die man zwar ideengeschichtlich, aber kaum literarhistorisch unterscheiden kann, synoptisch darzustellen. Auch hier bitte ich, wie in meinen früheren Arbeiten, um Nachsicht und Kritik. Die zahlreichen Hinweise und Korrekturen aus meinem Leserkreis haben mich ermutigt, in der in den „Erleuchteten" und in „Licht und Finsternis" begonnenen Weise fortzufahren. Auch die vorliegende Arbeit trägt starke anthologische Züge. Die Begründung zu meinem Vorhaben ist von mir ausführlich in der Einleitung von „Licht und Finsternis" (S. 12—13) behandelt worden.

Notwendig ist an dieser Stelle der Hinweis auf die Tatsache, daß ethnologisches, religionswissenschaftliches und mythisches Vergleichsmaterial aus außereuropäischen Kulturen, oder besser aus jenen der Großräume, die am geistigen Werdegang unseres Abendlandes, dem ich mich allein verpflichtet fühle, wie z. B. Altamerika, Schwarzafrika und Ostasien, nur selten oder ganz am Rande zur Sprache gebracht wurde — so interessant das Heranziehen von Parallelerscheinungen in anderen Kulturen vielleicht auch sein mag. Von mir wurde nur das mir zugängliche Basismaterial behandelt, das mit dem Werdegang des abendländischen Teufelsbildes und seiner Begleitung unmittelbar zusammenhängt.

Umfangreiche Inhaltsübersichten werden am Anfang der beiden Bände das Aufsuchen bestimmter Themenkreise erleichtern. „Das Reich Satans" stellt zusammen mit dem Nachfolgeband „Die Satanisten" eine abgeschlossene Arbeit dar. Sie sind jedoch gleichzeitig eine Fortsetzung und damit eine Ergänzung der früheren Titel meines „Lebenswerks". Bei der Durchnumerierung der einzelnen Kapitel und Unterkapitel wurde daher die in den ersten Arbeiten begonnene Zählung fortgeführt. Hinweise auf frühere Kapitel und ihren Inhalt waren unumgänglich, um allzu große Wiederholungen zu vermeiden.

Dem Verlag und allen, die mich bei meinen Vorarbeiten und der Niederschrift dieser Arbeit unterstützt haben, besonders aber meinem Freund Hans Biedermann, dem ich so viele Anregungen verdanke, sei an dieser Stelle nochmals recht herzlich gedankt.

Bochum, im Herbst 1981   Karl R. H. Frick

Neben dem Glauben an zahlreiche Götter in polytheistischen Religionssystemen oder nur an einen Gott im Monotheismus schuf eine auch heute noch weitgehend unerforschte irrationale Welt im Inneren des Menschen mit Hilfe einer nur uns eigenen, durch äußere Wahrnehmungen transfigurierten Phantasie unzählige, teils für unsterblich gehaltene gottähnliche, teils sterbliche, aber übermenschliche Wesen. Diese vielgestaltigen•Geschöpfe erhielten die unterschiedlichsten Namen, sie wurden mit den verschiedensten Funktionen und Fähigkeiten ausgestattet. Wohl aus der ständigen Angst des Menschen vor dem Ungewissen, hatten (und haben) diese Wesen entweder eine unheilvolle und damit böse oder aber eine dem Menschen wohlwollende, ja schützende Eigenschaft und Bedeutung.

Um hier eine gewisse Übersicht zu erhalten, müssen wir zunächst einige Grundbegriffe zum näheren Verständnis dieser im Menschen tief verwurzelten Verhaltensmuster abzuklären versuchen. Spezieller Gegenstand unserer Betrachtung ist in erster Linie eine recht vielschichtige Gruppe meist imaginärer Wesen, die fast ausschließlich personal aufgefaßt wurde. Sie ist überwiegend mit negativen Attributen behaftet. In unserem Sprachgebrauch werden diese Gestalten seit Jahrhunderten allgemein als Dämonen bezeichnet. Oberster Herrscher über diese Dämonenwelt ist nach der in unserem Kulturraum dominierenden christlichen Auffassung der Teufel.

Einen relativ breiten Raum werden wir diesem Teufel mit ihm verbundenen und seiner vielgestaltigen Dämonenwelt widmen. Im wissenschaftlichen Sprachgebrauch ist die Beschäftigung mit dieser Materie seit dem Mittelalter unter der Bezeichnung „Satanologie" und „Dämonologie" bekannt. Bezeichnenderweise sind beide Stichworte nicht mehr Gegenstand einer kurzen Abhandlung z. B. in der neuesten Ausgabe des „Großen Brockhaus", während noch in der Ausgabe von 1872 in „Meyers Hand-Lexikon des allgemeinen Wissens" (Hildburghausen: Bibliograph. Institut) unter „Dämonologie" die „Dämonenlehre am ausgebildesten im Parsismus, von dem sie die Juden zur Zeit der babylonischen Gefangenschaft überkommen zu haben scheinen", verstanden wird.

In der späteren jüdischen Dämonologie umgeben 7 gute Dämonen den Thron Jehovahs, während die bösen den Satan oder Asmodi an ihrer Spitze haben. Zur Zeit Christi verstand man unter Dämonen böse Quälgeister, die auch von dem Körper des Menschen Besitz nehmen (Besessene). (S. 458)

In der Medizin wird der Glaube an die Existenz von Dämonen als „Dämonenwahn" oder „Dämonismus" bezeichnet. Auch die „Dämonomanie" ist ein adäquater Begriff. Die moderne Psychiatrie versteht darunter eine hysterische Reaktion oder ein Symptom bei der paranoiden Schizophrenie und progressiven Paralyse. Ebenso ist der Dämonenwahn bei Depressionen möglich, wie die Annahme, von Dämonen oder dem Satan besessen zu sein. Bei einer besonderen depressiven Symptomatik sprach man in der älteren Psychiatrie von einer „Dämonomelancholia". Schließlich wurde der Dämonenglaube ganz allgemein auch als ein Krankheitszustand, als eine „Dämonopathie", bezeichnet.

Ganz gleich, wie wir den Dämonenglauben in seiner Bedeutung einstufen und welchen Stellenwert wir ihm als pathologisches Phänomen oder als religiöse Bessenheit zu geben bereit sind: wir müssen uns mit ihm auseinandersetzen, um eine möglichst klare Anschauung dieses keineswegs aus der Welt geräumten menschlichen Phänomens zu erhalten.

Wir können den medizinischen Aspekt hier weitgehend vernachlässigen. Als ein uraltes menschliches „Angstsyndrom" hat es für die Theologie, die Religionswissenschaften und nicht zuletzt für die Tiefenpsychologie eine weitaus größere Bedeutung. Der Vorsitzende der deutschen katholischen Bischofskonferenz, Kardinal Joseph Höffner (*1906), hat anläßlich einer Pressekonferenz im Jahr 1978 offiziell zum Dämonen- und Teufelsglauben innerhalb seiner Kirche Stellung genommen:

Die katholische Theologie hält an der Existenz des Teufels und dämonischer Mächte fest. Es besteht auch für den Menschen des ausgehenden 20. Jahrhunderts kein Grund, das Wirken Satans und böser Geister in unserer Welt zu leugnen oder die Aussagen darüber als absurd zu empfinden. Die Kirche lehrt in ununterbrochener Tradition, daß Gott unsichtbare Wesen mit Erkenntnis und Willen erschaffen hat. Einige wandten sich aus freier Entscheidung gegen Gott als den Urheber alles Guten und wurden böse. Die Kirche ist ferner der Überzeugung, daß diese bösen Geister auch einen unheilvollen Einfluß auf die Welt und den Menschen auszuüben versuchen. Diese Einwirkung hat viele Formen.

7.1
Allgemeine Begriffe

Der moderne Mensch, besonders aber der naturwissenschaftlich „Aufgeklärte", betrachtet den Dämonenglauben rein rationell als eine typische Form des Aberglaubens, höchstens aber als ein psychologisches oder psychopathologisches Problem. Das war ideengeschichtlich aber keineswegs immer der Fall und ist es eigentlich auch heute noch nicht.

7.1.1
Glaube und Aberglaube

Glaube wie Aberglaube waren (und sind) seit Menschengedenken zwei schwankende, relative, völlig abstrakte, stets aber miteinander kommunizierende Begriffe, die ihren Stellenwert untereinander, wie auch in ihrem Verhältnis zur geistigen Einstellung des Menschen oder bestimmter Gruppen von Menschen häufiger verändert und gelegentlich sogar umgekehrt oder ausgetauscht haben. Ihr Wertbegriff ist letztlich jeweils von dem Standpunkt des einzelnen Individuums abhängig und meist recht subjektiv gefärbt. Die Grenzen zwischen den Inhalten unterschiedlicher Glaubenspostulate, in unserem Fall zwischen den Formen: Glauben und Aberglauben, sind stets fließend. Für die vergleichende Religionswissenschaft besitzt der Wertbegriff „Aberglaube"

6

sogar gelegentlich eine größere Bedeutung als der Wertbegriff „Glaube". In ersterem werden die durch die in der jeweiligen Zeitepoche gültigen Glaubensformen der schon längst im Bewußtsein verdrängten tiefer liegenden Schichten religiöser Vorstellungen noch sichtbar. Der Glaubensbegriff, der im Prinzip für den Aberglauben ebenfalls zutrifft, wird im neuen „Historischen Wörterbuch der Philosophie" (2) von H. Vorster unter dem Stichwort „Glaube" wie folgt definiert:

Die Worte „Glaube" und „glauben" gehören zugleich dem religiösen Bereich und der Umgangssprache an. Wird der Begriff dort gebraucht, um entweder verschiedenes Verhalten zur Gottheit mit einem formalen Oberbegriff zu benennen oder eine spezielle Ausdrucksform strukturell zu kennzeichnen, so hat „glauben" in der Umgangssprache meist den Sinn von „vermuten" angenommen, schränkt im Gegenzug zur christlichen Gewißheit des Glaubens also die Gültigkeit einer Aussage ein. Daneben dauert hier ein säkularisierter Gebrauch im Sinn von „Überzeugtsein" oder „bekennen" fort, ja daraus hat sich — wieder im Gegenzug zum christlichen Verständnis — „glauben" zur Bezeichnung für eine Weise entwickelt, Selbstvertrauen zu gewinnen. Zum unspezifischen Gebrauch tritt die biblisch-christliche Sprachtradition. Da sie den Glauben im spezifischen Sinn geschichtlich hervorgebracht hat und durch die Verkündigung des Evangeliums zu aller Zeit Glauben wecken und wirken will, muß das Wesen des Glaubens aus ihr heraus entfaltet werden. Obwohl auch sie nicht davor gefeit ist, den Glauben mißzuverstehen, und so sehr sie im Lauf der Geschichte zu unsachgemäßem Glaubens-Vollzug angeleitet hat, besitzt sie doch in der biblischen Überlieferung eine „Urkunde des Glaubens", die bei sachgerechter Befragung den Glauben auf seinen Grund zurückführt, die Quelle des Glaubens freigibt und ihn vor Entstellung bewahrt. Daß darin ein hermeneutischer Zirkel vorliegt und das Wesen des Glaubens nur im Anschluß an die Urkunde des Glaubens geklärt werden kann, ist sachgemäß und erweist den Glauben als geschichtliches Phänomen sui generis.

Wir wollen den Begriff „Glauben" in dieser Arbeit im Sinne von „Überzeugtsein" und „bekennen" verwenden. Der von Vorster unterschiedene unspezifische (säkularisierte) und spezifische (christliche) Gebrauch des Begriffes soll hier keine Gültigkeit besitzen, da nach unserer Ansicht der spezifisch christliche Glaubensbegriff bereits im Ansatz eine klare subjektive Glaubenshaltung voraussetzt, die das „geschichtliche Phänomen" des Glaubens eben nicht sui generis objektiv begreift. Wir sind auch der Meinung, daß die biblische Überlieferung nicht eine „Urkunde des Glaubens" par excellence, sondern lediglich eine von vielen in der Religionsgeschichte der Menschheit darstellt. Vorster fährt fort:

Die Übernahme des Glaubens-Begriffs in die Religionswissenschaft läßt sich verantworten, wenn die methodischen Voraussetzungen, vor allem die Sprach- und Verstehensdifferenz, zuvor geklärt und so Sinn und Reichweite solchen Befragungshorizontes abgesteckt sind. Sicher ist, daß sich dadurch eine Fülle religiöser Phänomene erschließen und über historischen und kulturellen Abstand hinweg aneignen lassen. Das gilt für die geschichtlichen Religionen wie für die Religion als ganze. Vorausgehen muß freilich die Einsicht, daß damit eine spezifisch christliche Fragestellung an die Religionen herangetragen wird. Sie selbst werden sich nicht oder nur partiell vom Glauben her, sondern weit eher vom kultischen Vollzug, von nationaler

Überlieferung oder als Bewältigung von Natur und Geschichte verstehen. Die religionswissenschaftliche Anwendung des Glaubens-Begriffs wiederholt nämlich säkulär die Beurteilung und Unterscheidung, die der christliche Glaube zwischen sich und den Religionen vorgenommen hat. Wer den Glaubens-Begriff religionsvergleichend verwendet, läßt sich damit im Bereich objektivierender Betrachtung auf eine Struktur ein, die der christliche Glaube an sich selbst als die entscheidende erkannt hat. Analoges gilt, wenn der Glaubens-Begriff in die Philosophie übernommen wird. (K. Jaspers)

Eine von Vorster anscheinend als obligat vorgesehene „spezifisch christliche Fragestellung an die Religionen", also an die spezifischen wie unspezifischen Glaubensinhalte verschiedener nichtchristlicher Religionen, wollen wir nicht nachvollziehen. Wir sind nicht der Ansicht, daß der spezifisch christliche Glaube in unserer Zeit schon eine „objektivierende Betrachtung" seiner Struktur „an sich selbst als die entscheidende erkannt hat".

Der Gebrauch von „glauben" im Sinn von „vermuten" ist auf die Verbform beschränkt. Er ist an den neuzeitlichen Formen der Weltvergewisserung orientiert und gründet geistesgeschichtlich in der Unterscheidung der Aufklärung zwischen Gewißheit gehender Vernunft und zufälliger Geschichtswahrheit. Während christlich die Aussage „ich glaube" höchste Gewißheit anzeigt, will die Umgangssprache durch die Verwendung von „glauben" gerade einen Vorbehalt hinsichtlich der Gewißheit anbringen. Die Aussage soll, weil ihr die Gewißheit fehlt, nicht mit letzter Schärfe vertreten, statt christlich eines assertorischen (behauptenden, versichernden; Anm. d. Verf.) soll ein problematisches Urteil gefällt werden. Als gewiß gilt nicht mehr, was die Existenz gewiß macht, sondern was sich, abgesehen vom Existenzvollzug, durch Objektivation sichern läßt. Aus Gewißheit wird Sicherheit. Für diese Umkehrung ist ein christliches Glaubens-Verständnis mitverantwortlich, in dem der Glaube zum Fürwahrhalten übernatürlicher Sachverhalte entartet ist, die als Tatsachen behauptet werden, obgleich es für sie mit den Mitteln, mit denen in der Neuzeit Tatsachen erhärtet werden, keine zureichende Begründung gibt. (2, Bd. 3 [1974], Sp. 627–628)

Die säkularisierte Begriffsform des Glaubens aus der Zeit der Aufklärung im Sinne von „vermuten" werden wir für unsere Betrachtung nicht benutzen, da wir der Meinung sind, daß alle Formen des Glaubens wie des Aberglaubens in der Tat als ein besonderes geistes- bzw. ideengeschichtliches Phänomen jeweils aus ihrer Zeitepoche heraus gesehen werden müssen. Der Glaube entwickelte sich nach unserer Auffassung parallel zum Individuationsprozeß im Verlauf der Menschheitsentwicklung. Wir können daher hier nur versuchen, Formen des Glaubens oder Aberglaubens möglichst objektiv zu schildern und aus ihrer Zeit zu verstehen. Aus diesem Grund können wir auch nicht nach dem „christlichen Glaubens-Verständnis" das „Fürwahrhalten übernatürlicher Sachverhalte" a priori als „entartet" ansehen und müssen daher das Urteil dem einzelnen Leser selbst überlassen.

Zum Begriff
„Aberglauben" Wir sind allerdings bei dem Versuch, Begriffe wie Glauben und Aberglauben zu definieren, noch zu einer eigenen Aussage verpflichtet, was wir unter dem Begriff „Aberglauben" verstehen wollen. Der Aberglaube wird gelegentlich als ein Glaube an die Wirkung und Wahrnehmung naturgesetzlich unerklärbarer

Kräfte definiert. Diesen Kräften werden dann durch die Geister, Dämonen oder Hexen Wille und Gestalt verliehen.

Der Aberglaube „glaubt" nach unserer Definition an geheime Zusammenhänge aller Dinge untereinander und bringt in Form assoziativen Denkens die verschiedenartigsten, zufällig oder nach uns unbekannten Gesetzmäßigkeiten zusammentreffenden Dinge in einen kausalen Zusammenhang.

Das hauptsächlichste Merkmal für die heute wohl allgemein gültige Definition „Aberglaube" ist sein Analogiedenken, wonach Gleiches durch Gleiches bewirkt wird. Es ist sicherlich eine der ältesten Formen menschlichen Denkens überhaupt. Der Begriff des Aberglaubens stimmt daher ideengeschichtlich weitgehend mit der wohl ältesten Menschheitslehre „von den Entsprechungen" überein. Wir haben diese Lehre sowie die daraus resultierenden Denkformen auf archaischer, magischer, mythischer und mentaler Ebene ausführlich in den Bänden über die „Erleuchteten" behandelt. *Analogiedenken*

Wer die Präposition „Aber" fortläßt, wird den übrigbleibenden „Glauben" als seinen für sich persönlich realen Glauben ansehen und damit die beiden nicht objektivierbaren Begriffe subjektiv noch mehr verwischen. Die Unterscheidung, was „Glauben" und was „Aberglauben" ist, wird also auch in Zukunft einer individuellen Auslegung vorbehalten bleiben, sofern überhaupt „geglaubt" wird. Beide Begriffe werden dabei im wesentlichen durch das emotionale Verhalten, kaum aber durch den eigentlichen Verstand (oder Unverstand) des Menschen beeinflußt. Sie sind weder körperlich „anzufassen" noch geistig „aufzufassen". Glaube wie Aberglaube beschäftigen sich mit einer besonderen Form der Transzendenz und bleiben auf jeden Fall der Ratio verborgen. Sie sind also im wahrsten Sinne des Wortes „okkult", auch wenn das die Theologie für den Begriff des Glaubens ohne einen wirklich überzeugenden Beweis verneint. Glaube wie Aberglaube sind vom jeweiligen Standort des „gläubigen" Betrachters untereinander austauschbar. Beide Begriffe haben aber den Menschen in seiner geistigen Entwicklung recht unterschiedlich nach der einen oder anderen Seite beeindruckt und beeinflußt.

Wir wollen unsere Betrachtung über das Thema „Glaube und Aberglaube" mit den Ansichten eines Ethnologen und eines katholischen Theologen abschließen. Der österreichische Ethnologe Hans Biedermann führt in seinem „Handlexikon der magischen Künste" (3) als erstes Stichwort den „Aberglauben" an. Nach dem literaturhistorischen und etymologischen Überblick ist „Aberglaube" in der älteren Literatur „vor allem Bezeichnung aller ,paralogischen' und irrationalen Gedankengänge im religiösen Bereich, also etwa ,wahnwitziger Glaube'".

Im 16. und 17. Jahrhundert findet sich auch die Form „Affterglaube". Jacob Grimm, Deutsche Mythologie, Kap. XXXV schreibt: „da, wo das christenthum eine leere stelle gelassen hat, ... wucherte der aberglaube oder überglaube. Niederdeutsch sagt man biglove,

9

beiglaube, nnl. overgelôf, bygelôf, dän. overtro, isl. hiatrû, die alle dem lat. superstitio nach-
gebildet wurden" (nach F. Mauthner also eine „Lehnübersetzung").

Früher wurde der Begriff Aberglaube für alle magischen Gedankengänge verwendet; da
er jedoch ursprünglich ein abwertendes Urteil enthält, wird er in der neueren Literatur nur
da gebraucht, wo ausdrücklich der Gegensatz zu einem herrschenden und anerkannten Weltbild und Glauben (etwa dem christlichen) zum Ausdruck gebracht werden soll ... Es gibt
jedoch „keine Argumente, die dafür angeführt werden könnten, den Horizont kulturgeschicht-
licher Betrachtungen deshalb einzuengen, weil ein bestimmtes Thema den Bereichen des
‚Aberglaubens‘ zugerechnet wird. Die anthropologischen Wissenschaften, wie Folklore und
Ethnographie, haben einen solchen Standpunkt niemals eingenommen. In der Geschichts-
wissenschaft ... setzt sich der Verzicht auf eine Wertung, die von persönlichen Anschauungen
ausgeht, weit schwieriger durch" (Nowotny).

In der Volkskunde stellt der Aberglaube eine Fundgrube z. T. uralter, vorchristlicher
Überlieferungen dar ... Der sogenannte Aberglaube ist häufig auch ein Sammelbecken von
Gedankengängen, die im volkskundlichen Bereich weiterleben, „offiziell" von der Wissenschaft jedoch ad acta gelegt wurden: etwa das Denken in Entsprechungen anstelle von
Kausalverbindungen; der Glaube an das Vorhandensein okkulter, empirisch nicht nachweis-
barer Kräfte, die sich der Mensch dienstbar machen kann; eine animistische Weltsicht (Glaube
an die Beseeltheit der Natur). Hochblütezeiten des Aberglaubens sind fast immer geistige
Krisenperioden, in welchen der Mensch seine Umwelt mit rationalen Mitteln nicht bewältigen
zu können glaubt und Zuflucht im Irrationalen sucht ..., also etwa dann, wenn ein bestehen-
des Weltbild in Auflösung begriffen ist, aber noch kein neues an seine Stelle gesetzt wurde;
so etwa in der Spätantike. ... Während im frühen Mittelalter der Glaube an die Realität von
Wetterzauber, Beschwörung der Dämonen, von magischen Philtren und teuflischen Verblen-
dungen als Aberglaube mit Kirchenbußen belegt wurde, änderte sich diese Einstellung gegenüber der traditionellen Volksmeinung, als sich die Ansicht von der Realität der die Erde
bedrängenden Dämonenwelt etwa im 13. Jahrhundert in der kirchlichen Lehrmeinung durch-
zusetzen begann. Bis etwa zum 11. Jahrhundert war das Fürwahrhalten des auf altheidnischen
Anschauungen beruhenden Zauber- und Hexenwesens, „so vor allem der Glaube an nächtliche
Hexenfahrten und an die teuflische Verwandlung der menschlichen Gestalt in eine andere,
namentlich auch in eine thierische" von der Kirche verworfen worden (Hinschius) ...

Aus der Sicht eines katholischen Theologen hat Michael Pfliegler in seinem
Aufsatz „Glaube und Aberglaube" (4) das Thema behandelt:

Daß die Daseinsangst, die den Menschen kennzeichnende Befindlichkeit ist, ist dem nicht
neu, der die Geschichte des Menschen kennt. Neu ist nur, daß dies gegenwärtig von der
herrschenden Philosophie ... verkündet wird. Das menschliche Dasein lebt in der Bedrohung,
angefangen von den Urängsten des den Naturgewalten ausgelieferten Menschen der Urzeit
bis zur gegenwärtigen, über die ganze Welt hin zitternden Angst vor Katastrophen von unge-
ahnten Ausmaßen. Darum lebt der Mensch in der Angst. Keine Pathetik des Fortschrittes,
keine Vergnügungsindustrie und keine Technik kann darüber hinwegtäuschen. Im Gegenteil:
Gerade die Technik, die man einst als Erlöserin von Bedrohung und Angst begrüßte, ist heute
die eigentliche Quelle jener Angst vor der Möglichkeit einer Zerstörung, die in wenigen
Minuten den ganzen Planeten in ein Ruinen- und Leichenfeld verwandeln kann.

Der primitive Mensch wehrt sich mit Magie und Zauberei gegen die Bedrohung von
Seiten der Naturgewalten, die er zu Geistern, zu Dämonen, zu Göttern personifizierte.

Angst ist immer Angst vor dem, was kommen wird. Darum wollte der Mensch seit je
das Dunkel der Zukunft erhellen, um sich bereithalten zu können gegen ihre möglichen

Schrecken ... Inmitten der Phantastik und des Zufalles schien dem einfachen Menschen eines festzustehen: der gestirnte Himmel ... Aber gerade diese Sicherheit, mit der die himmlischen Mächte inmitten unserer Weherufe und unseres Gelächters wissen, wie Weinen und Wonnen ausgehen würden, empörte die Menschen gegen die Tyrannei der Sterne. Die späte antike Welt kämpft einen verzweifelten Kampf, um aus der Verstrickung der sieben Planeten herauszukommen.

Dennoch beherrscht der Aberglaube die letzten Jahrhunderte der römischen Geschichte weit mehr als der alte und immer noch offizielle Götterglaube ... Mit Diokletian (um 243/284—305 n. u. Z.) wird der Aberglaube zur eigentlichen Religion der Staatsraison ... Diesem Aberglauben hatte das junge Christentum weit mehr standzuhalten als den alten heidnischen Göttern ... Die Tyrannei des Schicksalsglaubens selbst rief innerhalb des Heidentums nach einem Sotér, einem Erlöser. Man ersehnte für die Seelen eine Flucht aus den übelgesinnten ... Grundelementen dieser Welt, und erwartete einen Aufstieg in das Empyreum, die achte Sphäre der Welt, ein Land der reinen Seligkeit, in dem die Mächte dieser Welt keine Macht mehr haben, den Menschen zu tyrannisieren. Diesen Hoffenden und Sehenden verkündet der heilige Paulus Christus als Erlöser aus den Elementen dieser Welt ...

Der allgemeine religiöse Glaube ist eine indiskutable Wirklichkeit geworden. Zweifel können sich nicht mehr gegen ihn, sondern höchstens gegen manche seiner geschichtlichen Erscheinungen richten. Der praktische und damit ebenso tatsächliche Unglaube so vieler ist nur ein überzeugendes Zeichen menschlicher Armseligkeit ... Glaube ist eine Macht, ist die größte Macht ... Glaube ist jene Macht, die das Antlitz der Erde umgestaltet und immer wieder umgestalten kann. „Ich glaube" heißt: Ich glaube, daß Gott ist. Die Existenz Gottes ist eine so ungeheure Wirklichkeit, daß nichts mehr sinnvoll sein kann neben oder gar ohne sie. „Ich glaube" heißt, daß Gott der schlechthin und allein Absolute ist. Was sonst noch ist, ist Geschöpf, von Gott erschaffenes und geschenktes Sein ...

Im Leben aus dem Glauben ist der Aberglaube objektiv sinnlos und subjektiv überflüssig geworden. Aber aus dem Erlebnis der Krankenheit, des Todes, des Dunkels alles Kommenden, ist der Mensch der Versuchung ausgesetzt, neben und über die Gewißheit seines Glaubens hinaus, vielfach sogar unter der Anwendung der Mittel seines Glaubens, den Geheimnissen des Lebens auf den Grund zu kommen. Aberglaube (s u p e r -stitio) kann eine Art von Überglaube, eine subjektive Draufgabe des Glaubens sein ... Aber erst ein Abfall vom Glauben — stillschweigend oder formalrechtlich vollzogen, ist für unsere Betrachtung gleich — bringt wieder jenen Zustand herauf, der vor dem Glauben bestand: selten den eigentlichen Unglauben, sondern einen neuen Aberglauben. Man redet oft von einem Neuheidentum ...

Aberglaube war schon einst die Religion der religiös Primitiven; er ist heute wieder die Religion der späten religiös Primitiven ... Auch heute muß die Wissenschaft oder die Philosophie wie einst in der hellenischen Zeit keine Rettung aus dem Aberglauben sein. Es gibt eine Wissenschaft, die sich Okkultismus nennt, und eine Psychoanalyse, die als Entlarver verborgener Geheimnisse auftritt, und eine oft mehr als verdächtige Gefolgschaft hat. Auch die Astrologie will weiter eine Wissenschaft sein ... Nun gibt es freilich eine ebenso merkwürdige wie unwürdige Verwachsung von Glaube und Aberglaube, die zeitweise auch die Gläubigen in den Bann schlug, wie etwa der Hexenglaube oder ein Aberglaube, der zu einer Art Überglaube wird. Der wahre und reine Glaube verlangt letztes Vertrauen in Gott und seine Allmacht, aber auch in seine Liebe ...

Aberglaube ist eben nicht nur ein falscher Glaube (opinio vana), nicht nur Durchbruch außerreligiösen und vorchristlichen Verhaltens gegenüber einer geahnten Mächtigkeit einer jenseitigen Welt, nicht nur ein Erstehen oder Wiedererstehen des Animismus, der alle Dinge beseelt, nicht nur Magie und Zauberei, er ist auch Wildwuchs einer verwahrlosten Religiosität, ist auch verkehrte Übung der Religion selbst (observantia vana) und kann so zur Grimasse des christlichen Antlitzes werden . . .

Nicht nur der reine und der starke, der lebendige Glaube überwindet den Unglauben und macht den Aberglauben überflüssig. Die Starken und kindlich Frommen von ehedem gibt es noch, und ihr Zeugnis ist mächtiger als die Beweise der Theologen. Aber sie sind selten. Und die, die sie nötig hätten, kennen sie nicht . . .

Agnostizismus Wenn es überhaupt in „Glaubensfragen" einen „neutralen" oder besser „objektiven" Beobachter gibt, so ist dies ein Ungläubiger. Für den „Unglauben" in der theologischen und philosophischen Terminologie prägte 1869 der englische Naturforscher Thomas H. Huxley (1825—1895) den Begriff „Agnostizismus". Es ist dies die Lehre von der „Unerkennbarkeit des Transzendenten". Die aus dem griechischen Wort Agnosie = „Unwissenheit" hergeleitete wissenschaftliche Begründung einer für die menschliche Ratio bestehende Unerkennbarkeit der letzten Gründe des Seins ist schon von Sokrates (469—399 v. u. Z.) zum Ausgangspunkt seiner Spekulationen gewählt worden: „Ich weiß, daß ich nichts weiß!" Von diesem „ignoramus ignorabimus" ausgehend, hat Huxley als konsequenter Agnostiker jede Metaphysik und damit jeden Glauben, wie selbstverständlich damit auch jeden Aberglauben, abgelehnt. Für Christa Seidel im „Historischen Wörterbuch der Philosophie" (2, Bd. 1, Sp. 110—111) ist der Agnostizismus kennzeichnend für den Kritizismus und Positivismus.

Die Beschränkung auf das Erfahrungsmäßige, Positive führt aber nicht zur Konsequenz der Leugnung des Transzendenten, sondern eher zu einer indifferenten bis positiven Haltung ihm gegenüber. Nietzsche kritisiert diese Inkonsequenz des Denkens als „Erschleichung" einer vermeintlichen Emanzipation von der Theologie durch die agnostische These: „Es giebt kein Erkennen: folglich — giebt es keinen Gott"; die „Agnostiker, die Verehrer des Unbekannten und Geheimnisvollen an sich, woher nehmen sie das Recht, ein Fragezeichen als Gott anzubeten."

Auch vom Standpunkt des Marxismus wird die inkonsequente Haltung des Agnostikers betont. So bemerkt Engels, daß der Zweifel an der Möglichkeit umfassender Erkenntnis nicht zur Eliminierung der von Hegel bereits theoretisch und von der Wissenschaft praktisch widerlegten Hypothese des Dings an sich führe, sondern nur zu einem „verschämten Materialismus"; soweit der Agnostiker ein „wissenschaftlicher Mann" ist, „soweit er etwas weiß, soweit ist er Materialist; außerhalb seiner Wissenschaft, auf Gebieten, wo er nicht zu Hause ist, übersetzt er seine Unwissenheit ins Griechische und nennt sie Agnostizismus."

M(ax) Scheler (1874—1928) sieht den Agnostizismus als eine nach den traditionellen Verhältnisbestimmungen von Religion und Metaphysik neu einsetzende Denkrichtung, die durch die Preisgabe der Metaphysik und die daraus resultierende Trennung von Metaphysik und Religion zu charakterisieren sei. In größerer Differenzierung unterscheidet er von den Kantischen agnostischen Schulen, die die Rechtsgültigkeit metaphysischer Fragen und Probleme bestehen lassen und nur ihre theoretische Lösung leugnen, den positivistisch-sensualistischen Agnostizismus, der auch die Berechtigung dieser Fragen selbst verwirft. Alle Arten des Agnostizismus hält Scheler für unhaltbare Resultate einer Selbsttäuschung, einer bewußten Verengung der Sphäre des Erkennbaren auf „die zu einer menschlichen Organisation, ja überhaupt einem sog. transzendentalen Verstand relativen Gegenstände."

Frau Seidel zitiert noch Bemerkungen von Hermann Cohen (1842–1918), Heinrich Rickert (1863–1936), Fritz Mauthner (1849–1923), Alfred Jules Ayer (*1910) und Emil Brunner (1889–1966) über den Agnostizismus. Nach Brunner löst der Agnostizismus wie der Positivismus den „praktisch verabschiedeten Gott des Deismus" durch die Behauptung eines „unerforschlichen Geheimnisses" ab. Für Brunner sind Agnostizismus und Positivismus „zwei Aspekte derselben Grundhaltung des Verzichts auf Erkenntnis des Überweltlichen, wobei der Agnostizismus durch die Verallgemeinerung des ‚ignoramus ignorabimus' doktrinärer als der Positivismus sei." Einen positiven Zug des Agnostizismus sieht Brunner in der Erkenntnis, „daß alle rationale Gotteserkenntnis im höchsten Grade hypothetisch und unsicher ist."

Selbstverständlich ist der „positivistisch-sensualistische Agnostizismus", um bei der Terminologie von Seidel bzw. Huxley zu bleiben, nicht die richtige Betrachtungsweise für die von uns beabsichtigte Untersuchung metaphysischer Themen, zu denen der Glaube, mehr noch der Aberglaube, ein unbedingt notwendiges Vehikel darstellen. Wir wollen uns jedoch bei der möglichst objektiven Berichterstattung einer im Grunde genommen ausgesprochen abstrakten Erscheinungswelt im seelischen Bereich der Auffassung Brunners zumindest teilweise anschließen, wenn wir ebenfalls für unseren Stoff „unerforschliche Geheimnisse" geltend machen, die für unsere Einsicht und Erkenntnis wie für alle „rationale Gotteserkenntnis im höchsten Grade hypothetisch und unsicher" bleiben müssen. Alle geistigen Vorgänger Huxleys und alle seine Epigonen können das menschliche, nach biologischen Verhaltensweisen zwangsweise handelnde und daher nicht wegzuleugnende Phänomen „Glaube" vielleicht verdrängen, aber nicht beseitigen. Glaube wie Aberglaube machen erst unbestreitbar das eigentliche Wesen „Mensch" zu dem, was uns gegenüber der rein animalischen Welt dieser Erde auszeichnet. Es macht uns zu einem Wesen mit der Fähigkeit, ja mit dem Zwang zum Glauben, zur Liebe und zur Hoffnung, die alle drei ein emotionales Bedürfnis für uns sind. Ohne diese drei völlig abstrakten, aber spezifisch menschlichen Begriffe, die erst zur konkreten Persönlichkeitsbildung beitragen und uns über das Tier stellen, kann niemand die Zeitspanne seiner bewußten Existenz, also sein Dasein als denkender u n d fühlender Mensch, zu einem „erfüllten" oder gar „erleuchteten" Leben auf dieser Erde gestalten. Der Agnostiker ist gewissermaßen der Antagonist zum Gnostiker. Während der Agnostiker nur das glaubt, was er mit seinen Sinnesorganen wahrnimmt, versucht der Gnostiker seit altersher in der Kenntnis seines Seins im Umraum der von ihm erschaubaren Welt auch Erkenntnisse des Übersinnlichen, des Überraums, also des für ihn nicht Erschaubaren, zu sammeln. Die Methodik des Gnostikers haben wir in den früheren Arbeiten über die „Erleuchteten" kennengelernt. Die uns im Teil 2 dieses Bandes interessierenden Satanisten und Luziferianer sind im weitesten Sinne ebenfalls zu den Gnostikern zu rechnen, wenn auch ihre Lehren mehr denen der „Finsternis" als denen des „Lichts" entsprechen.

7.1.2

Kult, Ritus,
Orgie

Wie ein roter Faden ziehen sich durch unsere Betrachtung für die religiös motivierten Handlungen des Menschen Begriffe wie Kult, Ritus und bestimmte Formen der Orgie. Es sind dies Bezeichnungen für ein ganz bestimmtes, ja spezifisches Verhalten des Menschen gegenüber seiner von ihm geglaubten und daher für real gehaltenen Gottheit oder gegenüber von mehreren Gottheiten. Allerdings werden alle drei mit der Religion eng verbundenen Akte auch zur Anrufung von Dämonen angewandt. So gehören die in unserem Kulturkreis grundsätzlich als negativ eingestuften Handlungen, wie zum Beispiel der Teufelskult, das Ritual der „Schwarzen Messen" und die Orgien der Hexen, zu den immer wiederkehrenden Ereignissen in der Geschichte der von uns behandelten Formen des Dämonismus und Satanismus.

Wir haben bereits in „Licht und Finsternis" (4. 2) darauf hinweisen können, daß Kult, Ritus und Orgie des Menschen ursprünglich von ihm entwickelt wurden, um als real angesehene Beziehungen des im Mikrokosmos verhafteten Menschen mit dem Herrschaftsbereich des Göttlichen, dem Makrokosmos, seiner näheren und ferneren Umwelt, herstellen zu können. Zu diesen Bemühungen der Schaffung einer näheren Beziehung mit ihren Ausdrucksformen Kult, Ritus und Orgie gehören auch Form und Inhalt der Handlungen der „Erleuchteten" im weitesten Sinne.

Versuchen wir zunächst die drei Begriffe: Kult, Ritus und Orgie etwas näher zu untersuchen. Um gewisse menschliche Verhaltensweisen nicht a priori abwertend als „unverständlich", „unerklärlich", „pervers", „abartig" usw. nach der uns geläufigen vom Christentum geprägten Morallehre einzustufen, bedarf es dieser Abklärung. Voraussetzung ist hierbei allerdings, daß wir als „Aufgeklärte" oder gar „Progressive" den Glauben als etwas Reales in unser Leben überhaupt noch einschließen.

7.1.2.1

Der Kult

Im „Großen Brockhaus" (5) heißt es unter dem Stichwort „Kult", daß der aus dem lateinischen Wort cultus entlehnte Begriff soviel wie „Pflege, Bildung oder Verehrung (einer Gottheit)" im übertragenen Sinne bedeutet; es ist die „äußere Form, in der sich die Verehrung der Gottheit vollzieht." Die Ausdrucksform eines Kults ist in erster Linie das Gebet und Opfer.

Opfer und Gebet gehören in einen größeren Zusammenhang, den Kultus, der fast so viele Bestandteile und Ausdrucksformen hat, wie es Religionen und Konfessionen gibt. Im Kultus wird die Verehrung der Gottheit und die Gestalt des gegenseitigen Verhältnisses tätig dargestellt. Das Heilige „findet statt" und wird angeschaut. Meist stehen Opfer und Gebet im Mittelpunkt der kultischen Handlung, aber auch Tänze, Prozessionen, heilige Spiele, Gesänge und Musik können zur Zelebration gehören. (6)

Etymologisch stammt das Wort vom lateinischen colere = „bebauen, wohnen, pflegen, verehren".

14

Im Kult findet die Frömmigkeit jeweils ihren eigentümlichen und charakteristischen Ausdruck. Gemeinsam ist allen Formen des Kultes die Beziehung auf eine göttliche Wirklichkeit, die im Kult gegenwärtig ist. Vielfach tragen die Kulthandlungen auch magische Elemente in sich oder sind zur äußeren Form herabgesunken, die der lebendigen Religion entbehrt.

Religionsgeschichtlich überwiegt gegenüber dem individuellen Kult der gemeinschaftliche, der vom Stamm, dem Volk, dem geheimen Bund, der Gemeinde usw. getragen wird. Der Kult äußert sich in den verschiedensten Handlungen: Tanz, Prozession, kultisches Mahl, Opferbegehungen, Reinigungen u. a. gehören zu ihm. Meist sind die Kulthandlungen an bestimmte heilige Zeiten (der kosmische Rythmus des Tages und des Jahres; geschichtliche Daten) und Kultstätten (Berge, Bäume, Quellen, Gräber, Tempel), oft auch an das Dasein eines die Gottheit vorstellenden Kultbildes gebunden. Gewöhnlich werden sie von besonderen Kultdienern (Medizinmänner, Priester) verrichtet. Auch die dabei verwendeten kultischen Geräte sind heilig. (5, Bd. 6, S. 98—99)

Eduard Meyer (1855—1930) sieht in seinen „Elementen der Anthropologie", die er seiner „Geschichte des Altertums" (7) vorangesetzt hat, den Kult unter seinem Aspekt:

Die Verknüpfung des menschlichen Verbandes mit der Gottheit durch den Kultus ist der vollendetste Ausdruck der Kausalitätsidee, den das mythische Denken erzeugt hat. Dem Kultus liegt, wenngleich meist unbewußt oder nur halbbewußt, die Vorstellung eines Vertragsverhältnisses zugrunde, das der Verband mit den äußeren Mächten, von denen seine Existenz abhängig ist, geschlossen hat. Durch diesen Vertrag sichern sich beide Teile ihre Dauer und ihr Gedeihen. Denn wie jedes einzelne Mitglied des Verbandes von diesem und von den mächtigen Männern in demselben, vor allem von dem Häuptling, abhängig ist, aber doch diese wiederum dadurch existieren, daß die Masse der Abhängigen ihre Macht anerkennt, so stehen auch Verband und Gott (oder Dämon) zueinander ... Zürnt die Gottheit aus irgend einem Grunde oder auch ohne Grund, sendet sie ihren Verehrern Unheil, so muß man durch gesteigerte Dienste und Gaben ihre Gunst wieder zu gewinnen streben: da fehlt es dann nicht an grausigen Zeremonien, Selbstverstümmelungen und Menschenopfern ... Oft lechzen sie nach Blut, an dem sie sich ersättigen wollen, und wehe dem, der ihnen dann in den Weg kommt! Daher schlachtet man ihnen Scharen gefangener Feinde, oft unter furchtbaren Martern, an denen sie ihre Augenweide haben, und bringt ganze Herden von Tieren als Opfer dar. Man besänftigt ihren Zorn durch Opferung von Stammesgenossen, ja des eigenen Kindes. Bei solchen Zeremonien ist allen Mitteln des Zauberwesens das Tor geöffnet — gerade in dem Opferwesen und der Schlachtung der Feinde spielt der magische Gedanke eine große Rolle, daß man die Seelenkräfte eines fremden Wesens sich dadurch aneignen kann, daß man es verschlingt oder sein Blut als den Sitz der Seele trinkt, ferner die Vorstellung, daß durch das Mahl (oder den Trunk) eine Gemeinschaft wie zwischen den Menschen, so auch zwischen Menschen und Gott hergestellt wird und daß speziell das Opferblut die Kommunion unlösbar macht. Auch geschlechtliche Orgien können da, wo die Gottheit sich vor allem im Geschlechtsleben manifestiert, eine solche Kommunion schaffen ... Als letztes Mittel gegen eine renitente Gottheit bleibt, wenn alle Zaubermittel versagen, der direkte Zwang ... Umbringen freilich kann man sie nicht, wohl aber sie absetzen. Die Vorstellung, daß die fremden Götter mächtiger sind als die eigenen, und eine weitere Verehrung der letzteren daher nicht mehr lohnt, spielt wie bei der friedlichen Ausbreitung eines Kultus über fremde Gebiete so auch bei allen durch einen Staatsakt durchgeführten Religionswechsel die entscheidende Rolle. Die untrennbare Verbindung und innere Einheit des menschlichen Verbandes (Stamm, Klan, Sippe, Bruderschaft, Geschlecht, Familie) mit Kultgottheiten beherrscht alle religiösen Vorstellungen und alle Religionsausübung. (7, Bd. I, S. 103–106, gekürzt)

7.1.2.1.1
Das Gebet Das Gebet ist die verbale Ausdrucksform des Versuches einer Verbindung des Menschen zu dem von ihm geglaubten höchsten Wesen. Es kann als ein inneres Erlebnis des einzelnen Betenden oder als eine äußere Evokation, also als eine Beschwörung, ja als eine ekstatische Handlung einer ganzen Gruppe vollzogen werden.

Der Religionshistoriker Hans-Joachim Schoeps (1909–1980) schreibt in seinem Buch „Religionen" (6):

In den Hochreligionen ist Gebet stets Anrufung Gottes und Antwort des Menschen auf Gottes Ruf. Das Gebet ist daher zumeist Dialog und kennt die ganze Reichweite von der unterwürfigsten Demut über die zaghafte Bitte bis zum herzlichen Vertrauen. Nach seinem Inhalt lassen sich hauptsächlich Bitt-, Buß-, Lob- und Dankgebete unterscheiden. Die äußeren Formen des Gebetslebens sind mannigfach. (6, S. 48)

Schoeps unterscheidet mit Friedrich Heiler das „naive", „prophetische", „mystische" und „liturgische" Gebet. Als Nebenform existiert das „Gebet als Zauberformel".

So sind die Merseburger Zaubersprüche aus dem 10. Jahrhundert Beschwörungsformeln, da hier Macht auf Macht einwirken soll. Dem Machtwort haftet immer Zwang an. Auch die im Kultus häufigen Zurufe wie das urchristliche „maran atha" („Herr, komme bald!") liegen in der Mitte zwischen wirklichem Gebet und magischer Beschwörungsformel. (6, S. 51)

7.1.2.1.2
Das Opfer Ein weiterer Versuch des Menschen, mit der Macht, vor der er sich fürchtet, mit dem Gott, den Gottheiten oder Dämonen, die er verehrt und sich geneigt machen will, in eine persönliche Verbindung zu treten, ist das Opfer. Wir unterscheiden generell ein sogenanntes Primitialopfer vom Sühneopfer. Beides sind Gabenopfer.

Unter dieser frühzeitlichen Opferform ist eine Gabe zu verstehen, die man der Gottheit oder der Macht, von der man sich abhängig fühlt, nach dem Prinzip „do ut des" (ich gebe, damit du gibst) darbringt . . .

Gabenopfer Der Grundgedanke des Gabenopfers ist, daß die Gottheit dessen bedarf, was der Mensch besitzt und weggeben kann, wofür sie dann als Gegengabe ihren Schutz verleiht. Aber diese Auffassung reicht doch noch tiefer, als der äußere Anschein des Tauschhandels erkennen läßt. Gemeint ist nämlich ein Gemeinschaftsakt, durch den der Geber in eine intime Vereinigung mit dem Spendenempfänger kommen will. In dem Opfer des Naturmenschen liegt ja ein Teil seiner Seele, seines ganzen Ichs. Der Mensch gibt sich mit diesem Tun seiner Seele ganz in die Gewalt der Gottheit, sein Opfer soll die Gewähr der Schutzverbindung oder Gnade werden. (S. 43)

Primitialopfer Das Primitial- oder Erstlingsopfer ist, worauf der Name schon hinweist, die älteste Form des Gabenopfers. Bei den Völkern der Jagd- und Pflanzenkulturen wurden erjagte Tiere oder geerntete Nahrungsmittel, meist ihre besten Teile, dem Schöpfer geopfert. Diese Gaben sollten jedoch denjenigen, dem die Gaben geopfert wurden, nicht bereichern, sondern den Dank ausdrücken für die von ihm gespendeten Nahrungsmittel, von ihm, der die Macht hatte sie

16

ihnen, den Opfernden zu geben oder ihnen vorzuenthalten. Das heute auch bei uns auf dem Lande noch praktizierte Erntedankfest ist ein Residuum aus der ältesten Zeit. Aus diesem Primitialopfer entwickelten sich alle anderen speziellen Opfer, wie das Dank-, Anerkennungs- und das Bittopfer.

Das Sühneopfer hat vielleicht seinen Ursprung in der Annahme des Ur- *Sühneopfer* menschen, daß er im Glauben an eine animistische Welt, eine Sühne für die Tötung von Tieren und Pflanzen zum Nahrungserwerb zum Ausdruck bringen wollte. Das Sühneopfer erreichte seinen Höhepunkt in der Opferung von Menschen (oder ihres Blutes) zur Sühne für eigene Sünden und denen ihrer Mitmenschen oder Feinde (8. 9). Gebet und Opfer wurden im Laufe der Menschheitsentwicklung durch bestimmte Zeremonien zum religiösen Kult, zu dem außer den ursprünglichen Kultformen Gebet und Opfer noch Gesänge, Tänze, Umzüge und Ansprachen mit unterschiedlicher Intensität hinzukamen.

Über die Entwicklung der einzelnen Kultstufen hat der Religionsethnologe, 7.1.2.1.3 Sprachforscher und Kulturhistoriker Wilhelm Schmidt (1868–1954) im „Hand- *Kultformen* buch der Weltgeschichte" (8) berichtet:

In der Religion der Herdenzüchterkultur wird am meisten von der Urkultur bewahrt, ins- *Kult der* besondere auch der allgemeine religiöse Sinn und die eher furchtvolle Anerkennung des *Herdenzüchter* Schöpfers ... Da der Mensch aus dem Wald in die Steppe getreten ist, wo er jetzt den Himmel grenzenlos über sich ausgespannt sieht, baut er diesen vielfach in 9, 12 oder 18 Einzelhimmel auf, in deren höchstem der Schöpfer thront, während die anderen ihrem Rang entsprechend mit niederen Geistern bevölkert sind ...

In der Religion der Pflanzenzüchterkultur nimmt eine starke Abweichung von der Ur- *Kult der* kultur immer größeren Umfang an. Sie beginnt mit einem Gegensatz gegen den Himmel, *Pflanzenzüchter* der, wie die Mythe sagt, (in den Gebirgstälern mit seinen Regenwolken) zu nahe auf der Erde liegt und deshalb in die Höhe gehoben werden muß ... Statt des Himmels wird immer stärker die Mutter Erde, als Spenderin der Pflanzennahrung, verehrt; ihre Monatsregel bringt sie in Verbindung mit dem Mond, dessen Zu- und Abnahme Gegenstand zahlreicher Mythen in Darstellung von Wachsen, Abnehmen und Sterben bildet ... Gegen die Übermacht der Frauen suchen sich die entwurzelten Männer später durch den Zusammenschluß in geheimen Männerbünden zu schützen, in denen männlicher Ahnenkult betrieben wird ...

Mit der Schaffung der beiden Kulturkreise der patriarchalen Herdenzüchter und der matriarchalen Pflanzenzüchterinnen sind die beiden in der Urkultur harmonisch zusammenwirkenden wirtschaftlichen Tätigkeiten von Mann und Frau auseinandergerissen und zu selbständigen Kulturkreisen entwickelt. Neben ihnen bestehen in anderen Gebieten der Erde Urkulturen noch lange und zum Teil bis auf unsere Tage fort. In wieder anderen Gebieten findet sich aber eine Kultur, die über die Urkultur hinausgewachsen ist, ohne aber den Übergang von der Sammelstufe zur Produktionsstufe erreicht zu haben, wie das bei den Tierzüchtern und den Pflanzenzüchterinnen der Fall ist: die Kultur der totemistischen höheren Jäger.

Diese Kultur liebt die körperliche Schönheit und huldigt ihr in allerlei Körperschmuck. *Kult der* Sie betrachtet auch die Sonne als Quelle aller Schönheit und Kraft und bildet eine reiche *totemistischen* Sonnenmythologie aus, zunächst über den Tageslauf der Sonne vom Aufgang zum Unter- *Jäger* gang ...

Die Religion dieser Kultur gilt aber nur der jugendkräftigen Morgensonne. Die Abendsonne ist ihr der alternde, überalterte, veralternde Ewigkeitsgott der Urkultur . . .

Das starke Selbständigkeitsgefühl, das dem Menschen in dieser Kultur durch seine Leistungen und seine Arbeiten am toten Stoff erwachsen ist, der ihm keinerlei Widerstand entgegensetzt, nimmt aber auch seiner neuen Religion von vornherein wesentliche Elemente: die Ehrfurcht, das Abhängigkeitsgefühl, den Sinn für organisches Wachsen. Wie er an seinen toten Stoffen alles „machen" kann, so glaubt er auch im Leben alles „machen" zu können, und wo seine Kräfte offenbar nicht ausreichen, da strebt er sie durch geheime Worte, Riten und Stoffe zu gewinnen, und so wird dieser Kulturkreis zur rechten Brutstätte der Magie, des Zaubers aller Art. Damit wird aber auch der kultische Teil der Religion schwer geschädigt. Das Gebet, mit dem man einem höheren Wesen demütig naht, das Opfer, mit dem man sein Wohlgefallen gewinnen will, werden in dieser Religion stolzen Selbstkönnens immer seltener, sterben schließlich mehr oder weniger ab oder wandeln sich in Zauberformeln und -riten . . .

Mischkulturen Die sekundären und tertiären Kulturkreise entstehen durch die Verbindung zweier oder dreier Primärkulturkreise miteinander oder auch mit der Urkultur . . . (Mischkulturen). Sonnen- und Mondmythologie verbinden sich hier miteinander, indem die Aufgangs- und Untergangserscheinungen der beiden Großgestirne miteinander in Beziehung gesetzt werden . . .

Anthropo-
morphisierung
der Götter
Die Gottheiten treten jetzt vielfach zu Ehepaaren zusammen, und diese Anthropomorphisierung greift auch auf das Höchste Wesen über, falls es nicht schon vollends in Sonnen- oder Mondgottheiten untergegangen ist. Die Vielgötterei (Polytheismus) findet hier neuen, starken Nährboden . . . Die Hirtenvölker halten sich durch ihren mehr oder minder monotheistischen Himmelsgott . . . gegenüber dem Polytheismus mit seinen lunaren und solaren Mythologien . . . für höherstehend und geistig und sittlich überlegen. Sie glauben, von ihrem Himmelsgott berufen und fast verpflichtet zu sein, die Verirrungen und Greuel der anderen Völker, die tatsächlich in teilweise selbst religiös initiierten Menschenopfern, kannibalistischen und sexuellen Orgien zu grauenhafter Höhe gesteigert worden sind, zu vertilgen und reinere religiöse und sittliche Zustände herbeizuführen. Wenn sie auch den üppigen Polytheismus nicht völlig beseitigen können, so setzen sie doch ihren Höchsten Himmelsgott an die herrschende Spitze des jeweiligen Pantheons, so die Sumerer ihren Dingir, die Hamito-Semiten ihren Anu oder El, die Indogermanen ihren Dyaus, Pitar, Zeus, Jupiter, Ziu, Tyr. Auf die Dauer aber ziehen die üppig wuchernden Mythologien doch auch die Hochgötter in geistige und sittliche Niederungen mit Chroniques scandaleuses ihrer Götter und Göttinnen hinunter . . . (8, Bd. I, Sp. 67–88, gekürzt)

7.1.2.2
Ritus und Ritual
Unter der kultischen Handlung des „Ritus" versteht der „Große Brockhaus" „einen ordnungsgemäßen, kultischen Brauch, wie er sich im Lauf der Tradition einer Religion herausgebildet hat." Etymologisch vom lateinischen ritus = „feierlicher religiöser Brauch" abgeleitet, ist das Wort wahrscheinlich aus dem indischen Begriff r̥ta = „Wahrheit" oder „Recht" entstanden. Aus bestimmten Riten bildete sich dann bei ständigem Gebrauch das „Ritual", welches dann letztlich einen Kult bestimmt. Ein Ritual wurde und wird meist geheimgehalten. Ursprünglich wurde es mündlich überliefert und erst in späteren Zeiten schriftlich fixiert. Meyer (7) hat Ritus und Priesterschaft in eine enge Verbindung gebracht, wenn er schreibt:

Die Möglichkeit, mit einer Gottheit in Verbindung zu treten, ist für jedes Mitglied des sie verehrenden Verbandes vorhanden. Bei vielen Völkern ist es daher durchaus die Regel, daß der Einzelne . . . ihnen selbst Opfer darbringt und sie um Hilfe und Segen bittet. Allerdings gehört dazu eine genaue Kenntnis ihrer Eigenart, der Formen, in denen man ihnen nahen und sie anrufen darf, der Opfer, die sie erfordern, der Zeichen, durch die sie ihren Willen offenbaren. Die Anfänge des Rituals sind mit dem Kultus von selbst gegeben. Je mehr sich mit wachsender Kultur eine feste Tradition herausgebildet, je mehr man auf den Verlauf und Erfolg jedes religiösen Aktes achtet und ihn als ein Präzedens betrachtet, aus dem man erkennen kann, in welchen Formen die Gottheit verehrt sein will, desto mannigfaltiger und komplizierter pflegt es sich zu gestalten. Hier gewinnt dann auch das Zauberwesen, der magische Zwang, den man auf den göttlichen Geist ausüben kann, einen Tummelplatz in der Religion. Ganz fehlt es nirgends. Aber bei manchen Völkern wird es in engen Schranken gehalten, weil in den religiösen Vorstellungen die Idee der Regel durchaus dominiert, der Glaube an eine feste Ordnung der Welt durch den Willen der Götter, die dem Menschen zum Segen gereicht und den göttlichen Launen ebenso Schranken setzt wie der menschlichen Willkür. Bei anderen Völkern dagegen überwuchert es die Religion und das Ritual so vollständig, daß die Götter und ihr Kult sich von den Geistern (Dämonen) und den Zauberformeln nur dadurch unterscheiden, daß sie dauernde Persönlichkeiten von bestimmter Eigenart sind, deren Ritual daher auch fest geordnet ist und sich im Kultus, namentlich bei den an den Kreislauf der Naturerscheinungen und des Jahres anknüpfenden großen Festen, immer von neuem wiederholt.

Die Ausbildung des Rituals schafft das Bedürfnis nach Persönlichkeiten, Männern und Frauen, welche dasselbe genau kennen und seine Beobachtung und Pflege zu ihrem Lebensberuf machen. So entsteht der Priesterstand. Der Priester berührt sich mit dem Zauber dadurch, daß er im Besitz des Wissens sein muß und daß seine Aktion sich auf die übersinnlichen Wesen der Geisterwelt bezieht. Aber er unterscheidet sich von ihnen wie der Gott, dem er dient, vom Dämon. Er ist ein anerkanntes, dauernd mit bestimmten Aufgaben betrautes Organ des Verbandes, so wie der Gott eine von diesem anerkannte dauernde Macht ist. Seine Funktionen sind fest geordnet und werden im Auftrage des Verbandes ausgeübt. Wo die Zaubervorstellungen die Religion überwuchern, fließt die Stellung der Priester und der Zauberer ineinander; wo sie zurückgedrängt werden, sind beide scharf geschieden, ja oft wird das Zauberwesen als illegitim und verderbenbringend energisch verfolgt und unterdrückt . . . (S. 123—24, gekürzt)

Der dritte hier zu behandelnde Begriff „Orgie" steht ebenfalls in einem engen Zusammenhang zum Begriff des „Kultes" und des „Ritus". Etymologisch stammt das Wort „Orgie", das in unserem heutigen Sinne seit etwa dem 18. Jahrhundert ein „ausschweifendes Gelage" oder die „Ausschweifung" schlechthin apostrophiert, aus dem Griechischen. Es gehört zum Stamm ἔργον = „Werk" oder „Dienst". Das Substantiv ὄργια bedeutet soviel wie „heilige Handlung" oder „geheimer Gottesdienst". Diese Bezeichnung führt uns bereits zum Ursprung des Wesens einer Orgie. Bis in die Zeit des Hellenismus diente das Wort „Orgie" hauptsächlich als umschreibende Bezeichnung gewisser Geheimkulte, insbesondere der Bacchanalien im Dionysos-Kult. Bereits bei den Römern wurde die ins Lateinische übernommene orgia zum Synonym der nächtlichen Bacchusfeiern. Erst im 17. Jahrhundert gelangten Wort und Begriff auch nach Deutschland. Am Ende des 18. Jahrhunderts wurde schließlich der heutige, nur noch negative und abwertende Begriff geprägt.

7.1.2.3
Die Orgie

7.1.2.3.1
Ursprung und Wesen
Bei Plato wird die höhere Form des Eros als ein Zustand aufgefaßt, der sich personifiziert als ein mächtiger „Dämon" darstellt. Dieser Dämon tritt als ein „Mittler zwischen der göttlichen und der sterblichen Natur" auf. In Platons „Gastmahl" antwortet Diotima in einem fingierten Gespräch mit Sokrates auf seine Frage, ob Eros sterblich oder unsterblich ist:

Ein Mittelding zwischen Sterblich und Unsterblich, ein großer Dämon, denn alles Dämonische ist ein Mittelding zwischen Gott und Sterblichem . . . Es verdolmetscht und übermittelt den Göttern was von den Menschen, und den Menschen, was von den Göttern kommt; den einen Gebete und Opfer und den anderen Befehle und Vergeltung der Opfer. In der Mitte zwischen beiden bildet es ihre Ergänzung, so daß nun das Ganze mit sich verbunden ist. Und durch das Dämonische geht auch alle Weissagung und die Kunst der Priester in bezug auf Opfer und Weihungen und Besprechungen und allerlei Wahrsagung und Bezauberung. Denn Gott verkehrt nicht mit Menschen. Aller Umgang und das Gespräch der Götter mit den Menschen geschieht dadurch, sowohl im Wachen wie im Schlaf.
Wer sich nun hierauf (den Eros) versteht, ist ein dämonischer Mann . . . (9, S. 122)

7.1.2.3.1.1
Die sakrale Orgie
Hier bei Plato finden wir in umschreibender Form den eigentlichen Sinngehalt einer sakralen Orgie ideengeschichtlich zum ersten Mal dargestellt. Danach vermag die Orgie vermittelst der „Medien" Eros und Sexus eine besondere intime Beziehung zwischen Mensch und Gott herzustellen. Sie ist also eine spezielle Form des Ritus, deren Agens die „höhere Dämonie" und deren Ausübender ein „dämonischer Mann" ist. Wir müssen sie deshalb auch deutlich von der trivialen (Sex-)Orgie, einer Spielart in der Vielfalt perversen Liebesgenusses, nach ihrem ursprünglichen Sinn und Zweck unterscheiden. Plato unterscheidet weiter im „Phaidros" zwischen einer krankhaften und einer durch göttliche Verzückung hervorgerufenen Manie des Menschen. Neben der pathologischen Manie gibt es also die göttlich induzierte, ekstatisch-rauschhafte Verzückung, die „natürliche" Manie. Auf sie bezieht sich Plato ausdrücklich bei der Erklärung des Wesens des Eros:

Soviel und noch mehr kann ich rühmen von des Wahnsinns, der von den Göttern kommt, herrlichen Taten. So daß wir eben dieses ja nicht scheuen wollen, noch uns irgendeine Rede irren lassen, die uns damit schreckt, daß wir vor dem Verzückten den Besonnenen vorziehen sollen als Freund; sondern erst, wenn sie dieses noch zu jenem erwiesen, soll sie den Preis davontragen, daß nämlich nicht zum Heil die Liebe dem Liebenden wie dem Geliebten von den Göttern gesendet wird. Wir haben aber das Gegenteil zu erweisen, daß zur größten Glückseligkeit die Götter diesen Wahnsinn verleihen . . . (9, S. 26—27)

Der italienische Kulturkritiker und -philosoph, Baron Giulio Cesare Andrea Evola (1898—1979), kommentiert in seiner „Metaphysik des Sexus" (10) diese von Plato erstmals getroffene Unterscheidung von vier nicht krankhaften Manieformen: die „Liebe der Aphrodite und des Eros", die „Prophetie Apolls", die „Manie der Dionysos-Jünger" und die „prophetische Manie der Musen":

(Es) bleibt als gemeinsamer Grund dieser Formen ein Zustand des Rausches, dem die Fähigkeit eigen ist, objektiv über das Individuum hinaus zu den Spielarten eines übersinnlichen Erlebnisses im eigentlichen Sinne zu führen: also im Liebenden genau so, wie im Dionysos-

Jünger, wie auch in demjenigen, dessen Vision die Grenze der Zeit überwindet, und wie im Subjekt des magischen Erlebnisses... Schließlich könnte man noch an den Typus von sakralem Rausch erinnern, der für die Korybanten und die Kureten charakteristisch war, mit den entsprechenden Techniken, die Beziehungen zum Tanz aufweisen. Wie dem auch sein mag, die Bezüge sind eindeutig. Man muß also einen Stamm annehmen, von welchem der Sexual-Eros ein Zweig, eine Spezialisierung ist. Sein Urstoff bleibt ein beseelender Rausch (gleichsam durch das Aufpfropfen eines höheren Lebens auf das Menschliche – die mythologische Formel dafür ist: die befruchtende und integrierende Inbesitznahme durch einen Dämon oder durch einen Gott) und ein befreiender Rausch, der, wenn er ausschließlich seiner vom Mythos des Androgyns bestimmten Metaphysik gehorcht, als höchste Möglichkeit eine τελετή (wie es Plato nennt) hat: ein Äquivalent der Initiation in die Mysterien.

Der Terminus „Orgie", der jetzt nur noch mit der Entfesselung der Sinne und der Sexualität in Verbindung gebracht wird, war ursprünglich mit dem Eigenschaftswort „heilig" verknüpft worden – die „heiligen Orgien". Tatsächlich bedeutete ὄργια den Zustand der berauschten Verzückung, der bei den antiken Mysterien zur initiatorischen Verwirklichung führte. Wenn aber dieser Rausch des Eros, der an sich den anderen Manien übersinnlicher Natur verwandt ist, von denen Plato spricht, sich spezialisiert und Brunst wird, und dann einzig und allein fleischliche Brunst – wenn dieser Rausch vom Bedingenden zum Bedingten wird, weil er sich ganz den biologischen Bedingtheiten und den verworrenen Sinnesempfindungen der niederen Natur verbindet, dann degradiert er sich und endet gewissermaßen synkoptisch in jener Form, die in der „Lust", in der fleischlichen Wollust besteht.

Hier müssen wir wieder zwei Stufen unterscheiden: Die Lust hat noch einen ausstrahlenden, ekstatischen Charakter, wenn das „magnetische" Moment der Liebe und die darauf folgende fluidische Verschmelzung zweier Wesen intensiv genug ist; sobald diese Intensität nachläßt, bzw. wenn der physische Akt mit ein und derselben Person zur Gewohnheit geworden ist, dann tendiert die Lust immer mehr dazu, sich auf bestimmte Zonen oder Organe körperlich zu lokalisieren, im wesentlichen auf die Geschlechtsorgane. Zu dieser weiteren Niveausenkung neigt der Mann, wie man weiß, mehr als die Frau. Zum Schluß ist die Lust von jedem tiefen Erlebnis losgelöst. Überhaupt ist die „Wollust" tatsächlich die Synkope, d. h. der Zusammenbruch der μανία, des reinen, verzückten und luziden (helleuchtenden), von einem übersinnlichen Element getragenen Rausches. Sie ist das Gegenstück zum Scheitern des Eros als eines Strebens zum absoluten Sein und zur Unsterblichkeit, wenn dieses im Kreis der physischen Zeugung endet... (S. 86–89, gekürzt)

Evola kommt dann noch einmal auf die zwei gegensätzlichen Formen der platonischen „mania" zu sprechen. Daß im Rauschzustand die normalen Fähigkeiten und Reaktionen des Individuums gesteigert oder aufgehoben werden, ist längst durch moderne medizinische und psychologische Untersuchungen bestätigt worden. Der Verstand wird hierbei praktisch ausgeschaltet, nach Evola „fortgeschwemmt – überwältigt durch eine andere Kraft":

Diese Kraft kann ontologisch höher oder tiefer liegen als das Prinzip der menschlichen Persönlichkeit. Daher die Möglichkeit und der Begriff eines ekstatischen Rausches, der auch einen entschiedenen regressiven Charakter haben kann. Auf dieser äußerst feinen Grenzlinie bewegt sich insbesondere die Sexualmagie. (10, S. 89)

Ein derartiger Rauschzustand, der die mentale Ebene, also unseren eigentlichen Verstand, weitgehend aufhebt, ja vorübergehend von seiner Basis löst, kann einmal in die Ekstase, in die extrovertierte, auf jeden Fall mit aktiven

Bewegungsimpulsen einhergehende Form oder — im Gegensatz hierzu — in einen (z. B. durch bestimmte Drogen induzierten) passiven, autistischen, ja katatonen Rausch führen. Zur speziellen Form der sexuellen Orgie und des damit korrespondierenden Rauschzustandes meint Evola:

Objektiv gesehen muß man anerkennen, daß die Ekstasen (im Rausch) oft einen unreinen und verdächtigen Charakter aufweisen und, abgesehen von Ausnahmefällen, wenig mit wahrer Spiritualität zu tun haben. Wir befinden uns hier in einem Zwischenbereich, und hier kann gelegentlich eine Inversion stattfinden, in dem Sinne, daß das eigentlich sexuelle Element das grundlegende Element bleibt, während die „Mystik" nur dazu dient, einer seiner abwegigen und exaltierten Erscheinungsformen Nahrung zu geben. In der Welt der christlichen Mystik kommt dieser Fall sehr häufig vor. Auf dieselbe Weise, wie das Christentum eigentlich mehr das Göttliche vermenschlicht als das Menschliche vergöttlicht, nimmt in besagter Mystik die Versinnlichung des Heiligen die Stelle der Sakralisierung der Sexualität ein, wie wir sie aus den dionysisch-tantrischen und initiatorischen Formen kennen ... (S. 151)

Nach Evola bestehen zwischen den ekstatischen Rauschzuständen profaner, d. h. rein sexuell-erotischer Herkunft, und der „mystischen" Ekstase Berührungspunkte. Hierbei kann die eine oder andere Form jeweils für die andere stellvertretend vorkommen, oder es können auch beide gleichzeitig auftreten.

Der orgiastische Tanz

Auf eine höhere Ebene gehört dagegen schon die Tatsache, daß bei vielen primitiven Völkern die zur Ekstase führenden Techniken oft ihrem Wesen nach identisch sind mit den Techniken einiger erotischer Riten. Das gilt in erster Linie für den Tanz, der seit den ältesten Zeiten und nicht nur bei den Wilden eine der gebräuchlichsten Methoden gewesen ist, um zur Ekstase zu gelangen. Übrigens haben sich schwache Reflexe hiervon sogar in der Welt der „zivilisierten" Menschheit erhalten, und zwar in der offensichtlichen Beziehung, die viele Tänze noch heute mit dem Erotismus bewahrt haben. Wir stehen hier vor einem Phänomen, in welchem verschiedene Formen ein und desselben Rausches auf das gleiche Ziel tendieren; in diesem Phänomen können wir aber auch ein weiteres Zeichen der im Eros vorhandenen virtuellen Kraft erkennen, die über das Individuum hinausführt ... (10, S. 152)

7.1.2.3.1.2

Vom Sinngehalt der Orgie

Evola hat sich ausführlich mit dem Sinngehalt einer Orgie beschäftigt. Er widmet ihm in seiner „Metaphysik" ein ganzes Kapitel, das wir hier wegen seiner Wichtigkeit in seinen wesentlichen Teilen wiedergeben möchten:

Abgesehen von den Fällen naturalistischer Regression (wie bei gewissen modernen, fast keuschen Formen weiblicher Unzucht) oder von der Entartung im Libertinismus, ist eine der wenigen Situationen, in denen der Eros in nackter, ungehemmter Form in Erscheinung tritt, die Feier von gemeinsamen orgiastischen Festen und Riten: Es handelt sich dabei aber um Erlebnisse, die uns bereits über die Phänomenologie der Liebe und der profanen Sexualität hinaustragen. Auf Grund des schon Gesagten erscheint es natürlich, daß in diesen Fällen jener unbewußte „Schuldkomplex", der sich an sexuellen Handlungen knüpfen kann, verschwindet, und zwar weil hier schon von Anfang an die Schwankung des Eros im sakralen Sinne gelöst ist, in dem Sinne also, der seinen positiven Möglichkeiten entspricht und der dem Brunstbedürfnis des bloßen Individuums entgegengesetzt ist. Sogar bei den primitiven Völkern läßt sich erkennen, daß zwar im allgemeinen eine Abneigung gegen den öffentlich, vor aller Augen vollzogenen Sexualakt besteht, daß dieses Gefühl aber nicht vorhanden ist, wenn dieser Akt in eine rituelle Handlung eingefügt ist. Als ein weiterer, wiederum die

Frau betreffender Fall bezeugt die im antiken Griechenland ἀνάσυρμα genannte Geste, bei der sie, einem göttlichen Beispiel folgend, ihre Kleider aufhob, um ihre intimsten Körperteile zu zeigen, daß selbst die „funktionelle Schamhaftigkeit" völlig fehlen kann, wenn ein sakrales Moment vorhanden ist . . .

Tatsächlich sind die orgiastischen Formen etwas Intermediäres: hier sind die individuellen Bedingtheiten des Eros schon überwunden — aber gleichzeitig handelt es sich dabei nicht um eine Art der Vereinigung, die von der üblichen unterschieden wäre, d. h., das Sperma wird ebenso in den Schoß der Frau ergossen, und eine Befruchtung ist durchaus möglich . . .

In der orgiastischen Promiskuität ist das unmittelbarste und offenkundigste Ziel die Aufhebung und Ausschließung alles dessen, was mit dem „sozialen Individuum" zu tun hat. Die Ethnologie selbst sieht heute die Idee der Promiskuität nicht mehr als ursprüngliches, „naturverhaftetes" Stadium an. Tatsächlich erscheint auch bei den wilden Völkern die Promiskuität fast immer auf besondere Gelegenheiten beschränkt, die mit rituellen Gebräuchen in Verbindung stehen. Ob es sich nun um entsprechende Feste des abendländischen Altertums, der gemeinsame Nenner ist die zeitweilige Aufhebung aller Verbote, aller sozialen Unterschiede und aller Fesseln, durch welche gewöhnlich jede Erscheinungsform des Eros in elementarer Form verhindert wird. Prinzipiell schließt das Moment der Promiskuität nicht nur die Bedingheiten des vergesellschafteten Individuums aus, sondern sogar auch die Bedingheiten der tieferen Schicht, der Schicht des Individuums als Persönlichkeit. Die Promiskuität tendiert somit nach einer fast totalen Befreiung.

Evola gehört einer Generation an, die noch nicht die völlige Dekadenz unserer Zeit mit der öffentlichen Profanierung einer vielleicht einstmals sakralen Promiskuität durch einen Gruppenkoitus im „Pornokintopp" als Höhepunkt des orgiastischen Ritus bewußt miterlebt hat. Man kann derartige Sexorgien in den Kinos heute ja schon in ländlichen Gebieten in Farbe und auf Breitwand miterleben, wenn man dazu Lust verspürt. In den wie Pilze aus dem Boden schießenden Sexklubs an jeder Straßenecke kann man bei Bedarf das Gesehene gegen entsprechende Bezahlung im Original nachvollziehen. Die Prostitution von Männlein und Weiblein ist zu einem munteren Gesellschaftsspiel unserer aufgeklärten Zeit in aller Öffentlichkeit geworden. Die Intimsphäre von Sexus und Eros ist wohl für immer zerstört.

Im ganzen genommen, zielen also die orgiastischen Feste, die von sakralen institutionellen Strukturen getragen und von dem einer Kollektivhandlung eigenen Klima genährt wurden, auf eine Katharsis und eine „Waschung" des Geistes ab, auf eine Neuspaltung aller Schichtungen des empirischen Bewußtseins durch das Mittel der Sexualität — ein Ziel, das, wie gesagt, in einzelnen Fällen einen starken, profanen Eros schon in den individuellen Paarungen verwirklichen kann.

Der eben verwendete Ausdruck „Waschung" ermöglicht es übrigens, weitere Bedeutungsverbindungen herzustellen. Tatsächlich bedeuteten im Symbolismus der Tradition die „Wasser" die undifferenzierte Substanz allen Lebens, d. h. des Lebens in einem Zustand, der jeder Form vorausgeht und daher von allen Begrenzungen der Individuierung frei ist. . . . Nimmt man die Bedeutung der Wasser in diesem Sinne, so stellen sie das Element dar, das „reinigt", das, in religiösen, exoterischen Termini ausgedrückt, „die Sünde abwäscht" und das geradezu erneuert: bekanntlich ist gerade eine derartige Bedeutung, die in den mannig-

Wassersymbolik und Geschlechtlichkeit

fachen Spielarten von kultischen Reinigungsriten nicht fehlt, sogar im christlichen Sakrament der Taufe bewahrt worden.

Wir müssen hier noch betonen, daß im Symbolismus der Tradition die Wasser und das in der Gestalt einer Göttin bzw. Mutter vergöttlichte weibliche Prinzip eng verbunden erscheinen. Das alte Zeichen der Wasser ∇ ist auch das Zeichen der Frau und der Göttin bzw. der Großen Mutter, das aus der Schematisierung der Linien des weiblichen Schamhügels und der Vulva gewonnen wurde. Wir können sagen, daß dieser Zusammenhang den eigentümlichen Charakter der Orgien in einem ihrer Grundaspekte festlegt: Es handelt sich um eine befreiende Rückkehr ins Gestaltlose, die sich unter dem weiblichen Zeichen vollzieht. Es ist recht interessant — wenn es sich dabei auch um Dinge handelt, die einem anderen Bereich angehören —, die Beziehung festzustellen, die mit den Wassern die apsara haben, bezaubernde weibliche Wesenheiten, „himmlische Hetären", die nach dem indischen Epos sich inkarnieren.

Apsaras   In der Mythologie waren die Apsaras himmlische Wassernymphen, welche als Frauen der Gandharwen, einer Klasse von Halbgöttern, ihren Sitz im Luftraum und in Gewässern hatten. Sie stiegen gelegentlich zur Erde hinab bzw. an Land, um dort besonders Asketen sexuell zu verführen.

Die Apsaras sind die „aus dem Wasser Geborenen". Ihr Name kommt von ap (= Wasser), und sara, dessen Wurzel sri ist, das heißt „laufen", hier im Sinne von „fließen". Und für einen ähnlichen Zusammenhang wollen wir an das alte, zügellose syrische Fest der Wasser, *Maiumas*   Maiumas, erinnern, wo Frauen sich nackt im Wasser zeigten, um Rausch und Entzücken in denen zu wecken, die sich doch hellen Sinnes dorthin begeben hatten . . .

„Wie das Untertauchen in die Wasser, so vernichtet auch die Orgie die Schöpfung und erneuert sie wieder zu gleicher Zeit; der Mensch, der sich mit der nicht-differenzierten, präkosmischen Totalität identifiziert, hofft dadurch zu sich selbst erneuert und regeneriert zurückzukehren: in einem Wort, er hofft ein ‚neuer Mensch' zu werden" (Eliade, Traité d'histoire des religions, Paris 1949, S. 307).

Bedenkt man den Bedeutungsgehalt einer kosmisch-pantheistischen „Öffnung", den so die Orgie für den gewinnen kann, der auf ihre Auswirkungen im Erlebnis des einzelnen sieht, so wird hier freilich von neuem die zweifache Möglichkeit des Eros, die positive und negative, deutlich. Tatsächlich können Erlebnisse dieser Art der Reihe der ekstatischen Befreiungen zuzuzählen sein, die den Frau- und Muttermysterien eigen sind, denen jedoch das eigentliche Ziel der unter dem uranisch-männlichen Zeichen gefeierten Initiationen entgegengesetzt ist . . .

In der Tradition begegnet man einer Differenzierung der Symbolik der Wasser: man hat den höheren Wassern die niederen Wasser gegenübergestellt. Bekanntlich kommt dieses Motiv sogar in der Bibel vor, und Giordano Bruno bezieht sich darauf, wenn er sagt: „Es gibt zwei Arten von Wassern: niedere, unter dem Firmament, die blenden, und höhere, über dem Firmament, die erleuchten . . ."

Beschränken wir uns darauf, zu bekräftigen, daß die Orgie den Bedeutungsgehalt einer intermediären Form hat, in welcher, auf einer höheren Ebene und mit einem bereits sakralen Hintergrund, die Aufgebung der individuellen Bedingtheiten und das Moment der Transzendierung dasselbe Doppelgesicht zeigen, das sie in der menschlichen Liebe haben. (S. 173—78, gekürzt)

7.1.2.3.1.3

Von der sakralen Orgie zum profanen Gruppensex

In der umfangreichen Arbeit „Die Orgie — Vom Kult des Altertums zum Gruppensex der Gegenwart" (München: Wilhelm Heyne 1981) gibt Susanna Foral, wohl ein Pseudonym, zunächst einen historischen Abriß. In einer An-

24

thologie aus der Welt der pornographischen Literatur finden sich auch Stellungnahmen anderer Autoren zum Thema „Orgie". Hierbei wird deutlich, wie im Laufe der Jahrhunderte die sakrale Orgie immer mehr zum lustbetonten, ohne religiöse Bindung stattfindenden Gruppensex profaniert. Heute ist die Orgie lediglich ein Symptom unserer dekadenten Zeit.

Der Sexualforscher Iwan Bloch (1872–1922) bemerkte in seinem 1907 erschienenen Buch „Das Sexualleben unserer Zeit" im Kapitel

Die anthropologische Betrachtung der Psychopathia sexualis: Die menschliche Liebe als Ganzes und in ihren einzelnen Äußerungen wird von diesem Bedürfnis nach Abwechslung, nach Veränderung beherrscht und beeinflußt. Auf dieses Ur- und Grundphänomen der menschlichen Liebe hat schon Schopenhauer hingewiesen, es aber mit Unrecht nur auf den Mann beschränkt. Ich nehme ... dieses allgemein menschliche Bedürfnis nach Variation in den sexuellen Beziehungen mehr als ein allgemeines Erklärungsprinzip vorhandener Tatsachen, nicht aber als ein etwa zu verwirklichendes Ideal. Im Gegenteil stellen meines Erachtens Treue, Festigkeit und Beständigkeit in der Liebe, Bändigung und Abschwächung des sexuellen Variationsbedürfnisses durch die Erkenntnis eminente Kulturfortschritte dar, durch die das menschliche Liebesleben in einem höheren Sinne fortgebildet und vervollkommnet wird ...

Susanna Foral fügt dieser keineswegs neuen Erkenntnis hinzu:

Dieses „sexuelle Variationsbedürfnis" ist auch eine der Ursachen für das Bedürfnis nach orgiastischer Betätigung. Hinzu kommt noch das spielerische Element. Nicht der zweckbetonte, allein auf Fortpflanzung oder Triebbefriedigung hinzielende Orgasmus, sondern der zusätzliche Lustgewinn, den wir, bewußt oder unbewußt, durch das Sehen und Gesehenwerden erzielen, wenn der Geschlechtsverkehr mit mehr als nur einem Partner in relativer Öffentlichkeit stattfindet.

Wenn der Sexologe Günther Hunold (Partnertausch und Gruppensex, München: 1970) und einige andere Schriftsteller Exhibitionismus und Voyeurismus als „die wichtigsten Ingredienzien" der Orgie nennen, so stehen sie mit dieser Auffassung im Gegensatz zu den Erkenntnissen der Sexualwissenschaft, daß Exhibitionismus, also die sexuelle Zurschaustellung, und Voyeurismus, das Beobachten sexueller Handlungen, Sexualtriebe sind, die jeweils eine aktive Teilnahme am Geschlechtsverkehr ausschließen. Mit anderen Worten: der Exhibitionist findet seine Befriedigung ausschließlich in der Entblößung seiner Geschlechtsteile, der Voyeur sucht seine Befriedigung ausschließlich in meist heimlichen Beobachten sexueller Vorgänge. (S. 16)

Abgesehen davon, daß die heutige Sexualwissenschaft keineswegs so scharfe Trennungsstriche zwischen „Exhibitionismus" und „Voyeurismus" zieht — denn beide sind fließend und gelegentlich Bestandteil eines ganz normalen Liebesspiels zwischen zwei oder mehreren Partnern —, hat doch Bloch zum Verhältnis von Religion und Sexus, also auch zur sexuellen Orgie im Rahmen sakraler Handlungen, bereits um die Jahrhundertwende recht aufschlußreiche Hinweise gegeben. Sicherlich übertreibt er etwas, wenn er schreibt:

Zu den uralten psychischen Phänomenen (der Liebe) gehört vor allem die innige Verknüpfung der religiösen Vorstellungen und Gefühle mit dem Geschlechtsleben. In einem gewissen Sinne kann man die Geschichte der Religionen als Geschichte einer besonderen Erscheinungsform des menschlichen Geschlechtstriebes, besonders in seiner Wirkung auf die Phantasie und ihre Gebilde, bezeichnen.

Es ist eine große Ungerechtigkeit ... besonders die katholische Kirche für das Hervortreten dieses sexuellen Elementes im Kultus und Dogma verantwortlich zu machen. Eine wissenschaftliche Untersuchung dieser Verhältnisse lehrt vielmehr, daß a l l e Religionen mehr oder weniger diese sexuelle Beimischung aufweisen, und wenn dies in der katholischen Kirche scheinbar mehr hervorgetreten ist, so liegt dies erstens daran, daß sie uns zeitlich näher steht als viele Religionen des Altertums, und wird zweitens durch den Umstand erklärt, daß die katholische Kirche über diesen Punkt stets mehr Offenheit und weniger Heuchelei gezeigt hat, als z. B. die protestantischen Pietisten, die, wie die Königsberger Skandale, die Affäre der Eva v. Buttlar u. a. zeigen, nicht geringere geschlechtliche Ausschreitungen sich zuschulden kommen ließen. (S. 105)

Der berühmte Arzt und Anthroposoph Theodor Billroth (1829–1894) äußerte in einem Brief vom 21. Februar 1891 an den bekannten österreichischen Musikkritiker Eduard Hanslick (1825–1904) seine Ansicht zum Verhältnis von Sexus und Religion:

Es ist nach meiner Empfindung ein Unsinn, von speziell religiöser Empfindung zu sprechen. Was man so nennt, ist entweder eine phantastisch-schwärmerische Stimmung, die sich bis zur Halluzination steigern kann und zum Inhalt irgend ein Phatasiebild hat, welches den Gläubigen oder Liebenden sehnsüchtig erregt, – oder es ist bei Fanatikern eine geradezu erotische Erregung, wie die Betbewegungen bei den Mohammedanern, das Tanzen der Derwische, das Herumspringen der Flagellanten. Die Kirche als Bräutigam für die Nonnen, als Braut für die Mönche deutet auch darauf hin. Es ist in gewissem Sinne die Fortsetzung des Isisdienstes und der Aphroditen- und Bacchusfeste. Der Mensch hat sich seine Götter oder seinen Gott stets nach seinem Ebenbilde geformt und betet und singt ihn, d. h. eigentlich sich, mit den Kunstformen der Zeit an. Weil das sogenannte Göttliche immer nur eine Abstraktion oder Personifikation einer oder mehrerer menschlicher Eigenschaften in der höchst denkbaren Potenz ist, kann menschlich und göttlich, weltlich und religiös auch nicht verschieden sein. Der Mensch kann überhaupt nichts Übernatürliches denken und nichts Unnatürliches tun, weil er immer nur mit menschlichen Eigenschaften denken und handeln kann. (zitiert nach Bloch a. a. O., S. 106)

Bloch führt noch weitere Zeitgenossen als Zeugen seiner Thesen an, darunter den Philosophen Ludwig Feuerbach (1804–1872), der bereits in seinen Abhandlungen „Über den Marienkultus" und „Das Wesen der Religion" (1845) das anthropomorphistische Element im Religiös-Sexuellen nachgewiesen hat. Der britische Ethnologe Edward Burnett Tylor (1832–1917) sah die religiössexuellen Vorstellungen innerhalb der Geschichte der Menschheit als ein animistisches Urphänomen an. Analog anderen Naturphänomenen war für den primitiven Menschen auch die Tätigkeit der Geister letztlich von ihrem Geschlechtstrieb abhängig. Ihm zollte er daher göttliche Verehrung.

Bloch schreibt in seinem Aufsatz „Beiträge zur Ätiologie der Psychopathia sexualis I" (S. 76–77):

Als etwas Dämonisches, Unheimliches, Übernatürliches tritt in der Pubertätszeit der Geschlechtstrieb in das Leben des Menschen ein, durch seine übermächtige Gewalt, durch die

Intensität, Spontaneität und Mannigfaltigkeit der Empfindungen jene Gefühle weckend, welche die Phantasie in ungeahnter Weise befruchten, beleben und entflammen. Mit heiliger Scheu erfüllt den Menschen dieses mit elementarer Kraft über in hineinbrechende Phänomen. Er schreibt es übernatürlicher Einwirkung zu, und so verknüpft sich in seinem Empfindungskreise diese übernatürliche Einwirkung mit jenen anderen, die er schon früher erfahren hat, und die ihm das Gefühl der Abhängigkeit von einer ein- oder mehrheitlichen höheren Kraft eingeben, von der er in Anbetung niedersinkt. Wie das Metaphysische überall in das Geschlechtsleben des Menschen hineinragt, hineinspielt, hat Schopenhauer in seiner „Metaphysik der Geschlechtsliebe" deutlich gemacht. Religion und Sexualität berühren sich auf das innigste in jener Ahnung des Metaphysischen und jenem Abhängigkeitsgefühle; daraus entspringen jene merkwürdigen Beziehungen zwischen beiden, jene leichten Übergänge religiöser in sexuelle Gefühle, die in allen Lebensverhältnissen sich bemerkbar machen. In beiden Fällen wird die Hingabe, die Entäußerung der eigenen Persönlichkeit als ein Lustgefühl empfunden. Schopenhauer hat in klassischer Weise den ins Unendliche, Göttliche strebenden metaphysischen Drang der Liebe geschildert, dessen Analogien mit dem religiösen Drange unverkennbar sind.

Von der Metaphysik der Liebe, vom sakralen Empfinden anläßlich einer magisch-sexuell ausgerichteten Orgie ist beim Gegenwartsmenschen nichts mehr übrig geblieben. Das Verständnis für diese innige an das Numinose gebundene Gefühlswelt ist offensichtlich erloschen. Der dialektische Materialismus auf der politischen und der Freudianismus und Reichismus auf der psychologischen Seite, der Zynismus der Existenzialisten und ihrer Epigonen innerhalb der „Neuen Linken" haben alles erstickt, was mit diesem Begriff noch kommunizierte.

Folgen wir noch einigen Ausführungen bei Susanna Foral:

Die Geschichte der Orgie reicht, nach Ernest Bornemann (Lexikon der Liebe, München 1968, 2 Bde.) vom „Gottesdienst, den die Orgie einst darstellte", bis „zur Beschreibung kollektiver Hurerei in Bordellen". Doch ist das Wort Orgie, „das einst den heiligen Ritus der alten Mutterreligion bezeichnete, heute zu einem Schimpfwort herabgewürdigt worden".

Eine Geschichte der Orgie zu schreiben, bedeutet gleichzeitig auch eine Geschichte der Moral zu schreiben. Aber „‚Moral' kommt von ‚Mores', Sitten, Gewohnheiten. Moralisch ist, was Gewohnheit ist. Und Gewohnheiten ändern sich ständig", sagt der englische Naturwissenschaftler Gordon Rattray Taylor in seiner „Kulturgeschichte der Sexualität" (Frankfurt: 1977). (S. 17)

Foral zitiert dann aus dem Buch „Eros Denied" (deutsch: „Der verleugnete Eros", München 1966) des Amerikaners Wayland Young, der im vierten Teil im Kapitel über „Handlungs-Tabus" zum Begriff „Inzest und Orgie" schreibt:

Der springende Punkt bei einer Orgie ist, daß man nicht weiß, wer der Partner ist. – Sonst würde man sich überlegen: „Liebe ich diesen Menschen? Wenn ja, wäre ich nicht lieber allein mit ihm? Wenn ich ihn aber nicht liebe, was zum Teufel mache ich hier?"– Bei einer Orgie erhält ihre eigene Identität als Individuen keine Verstärkung durch die Identität des unbekannten Partners. Die eigene Persönlichkeit beginnt also, sich abzuschwächen, unscharf zu werden, sich aufzulösen, mit den übrigen zu verschmelzen. Wenn in einem Augenblick völliger Rückhaltlosigkeit der Partner keine Identität besitzt, dann besitzt man selbst auch keine. Identität braucht Widerspiegelung und Bestätigung; wenn man mit einem unbekannten

Menschen vögelt, dann gibt es keine Widerspiegelung, keine Bestätigung, die Identität eines jeden einzelnen rinnt aus, um sich mit der Identität jedes anderen einzelnen in einem allgemeinen Reservoir zu vermischen. (S. 18)

Young spricht hier allerdings nicht mehr vom Wesen einer sakralen Orgie, sondern von dem einer gewöhnlichen Sexorgie, im vulgären Sprachgebrauch von einer „Massenvögelei". Ihren kulturgeschichtlichen Stellenwert hat Young im Liebesakt sicherlich richtig beurteilt. Wir werden im zweiten Band auf die Wertverschiebung der einstigen sakralen Orgie zum reinen Sexrausch, die mit der Profanierung des ursprünglichen Satanismus einherging, noch ausführlich zu sprechen kommen. Nach der heutigen Auffassung des Begriffs „Orgie" ist dieser Vorgang das eigentlich „Satanische".

Kehren wir noch einmal zur Form der sakralen Orgie als Ausdruck eines besonders innigen Verhältnisses zwischen dem Menschen und seiner Gottheit zurück. Bloch weist auf die besondere geistige Verwandlung während des Rausches des an der Orgie beteiligten Menschen hin:

Die Religion teilt mit dem geschlechtlichen Drang die Unendlichkeit der Sehnsucht, das Ewigkeitsgefühl, die mystische Versenkung in die Tiefen des Lebens, den Durst nach Verschmelzung der Individualitäten in einer ewig-seligen Vereinigung, frei von den irdischen Fesseln. Daher die Todessehnsucht der Liebenden und mystisch verzückten Frommen . . .

Gelegenheit zu Äußerungen dieser religiös-sexuellen Mystik gaben bei den primitiven Völkern und im Altertum zuerst die religiös-erotischen Feste. Hier tritt der Übergang religiöser Ekstase in sexuelle Empfindungen ganz besonders deutlich hervor und kommt in den häufig als Finale inbrünstiger religiöser Andacht auftretenden sexuellen Orgien zum grellsten Ausdruck. Die geschlechtliche Brunst erscheint dann gleichsam als eine Fortsetzung und Steigerung der religiösen Brunst, im tiefsten Grunde, in der Wurzel mit ihr übereinstimmend als natürliche irdische Lösung einer ekstatischen aufs Jenseits und Metaphysische gerichteten Spannung.

Die Tatsache, daß wir solche geschlechtlichen Ausschweifungen bei religiösen Veranstaltungen auf der ganzen Erde verbreitet sehen, daß sie seit uralter Zeit bei den verschiedensten Religionen vorkommen, weist wiederum auf einen mit dem Wesen der Religion als solchen zusammenhängenden Ursprung dieser Dinge hin, die mit der einzelnen historischen Konfession nichts zu tun haben. Es ist also völlig unkritisch und ungerecht, wenn man in neuerer Zeit den Katholizismus dafür verantwortlich macht, der als solcher ebensowenig damit zu tun hat, wie alle anderen Bekenntnisse. Die religiös-sexuellen Phänomene gehören zu den überall wiederkehrenden Elementargedanken des Menschengeschlechts, denen nur die objektive anthropologisch-ethnologische Betrachtungsweise wissenschaftlich gerecht werden kann.

So tritt uns die sexuell-religiöse Mystik überall als dieselbe entgegen, bei den religiösen Festen des Altertums, den mit wilden geschlechtlichen Orgien einhergehenden Isisfeiern Ägyptens und kaiserlichen Roms, den Festen des Baal Peor bei den Juden, den Venus- und Adonisfesten der Phönizier, in Cypern und Byblos, den Aphrodisien, Dionysien und Eleusinien der Hellenen, dem Feste der Flora in Rom, bei dem nackte Freudenmädchen umherliefen, den römischen Bacchanalien und dem Fest der Bona Dea, dessen wilde Unzucht Juvenals berühmte Schilderung uns allzu deutlich vor Augen führt . . .

Auch ins Christentum fand die sexuelle Mystik Eingang . . . So treffen wir denn bis auf den heutigen Tag dieselben eigentümlichen Offenbarungen der Sexualmystik auch bei den verschiedenen christlichen Konfessionen, nicht bloß im Katholizismus, an.

Schon die juden-christliche Sekte der Sarabaïten im vierten Jahrhundert beschloß ihre religiösen Feste mit wilden sexuellen Ausschweifungen, die Cassianus in drastischer Weise schildert. Sie bestand bis zum neunten Jahrhundert. Auch die spätere christliche Sektengeschichte ist erfüllt von diesem religiös-sexuellen Element ... (S. 115–118, gekürzt)

Ein praktizierter Kult mit seinem speziellen Ritus oder seinen spezifischen Orgien findet die geistigen Voraussetzungen und den Stoff für seine Verhaltensformen seit ältester Zeit im überlieferten Mythos der Vergangenheit.

7.1.3
Der Mythos

Das aus dem Griechischen stammende Wort „Mythos", eigentlich „Wort" oder „Erzählung" (lateinisch: Mythus, deutsch fälschlicherweise: die Mythe), bedeutet für die Völker der Frühzeit in etwa das gleiche wie für uns heute die Religionsgeschichte. Es war die übliche, oft bildhaft ausgeschmückte Form der Erzählung, die es erst dem Menschen ermöglichte, das abstrakte „Heilige" oder „Numinose" als eine „heilige Handlung", ausgedrückt im Kult, konkret zu begreifen. Göttliche wie auch dämonische Kräfte und Mächte treten in diesen mythischen Erzählungen daher meist in der Gestalt von bekannten Tieren, als Halbmenschen (halb Tier, halb Mensch) oder ganz in Menschengestalt auf. In der Phantasie verschiedener Völker kommen noch eine Unzahl von Fabelwesen von kaum zu beschreibendem Aussehen hinzu. Der Mythos erzählt von ihrer Entstehung, Verwandlung, von ihren Schöpfungen und Taten wie Untaten. Auch die Bibel ist eine mehr oder weniger vergleichbare Sammlung von Mythen und Legenden, in die gelegentlich historische Fakten eingearbeitet worden sind.

7.1.3.1
Herkunft und Bedeutung

Wir unterscheiden theogonische Mythen, d. s. Erzählungen über die Entstehung der Götter, ferner kosmogonische Mythen, die vom Ursprung der Welt berichten, und eschatologische Mythen, die vom Weltuntergang oder auch von einer Welterneuerung unter bestimmten Bedingungen handeln.

Man kann das mythische Bewußtsein als Frühform des historischen Bewußtseins betrachten; es will Vorhandenes aus seinem Gewordensein verstehen, ohne einen Ursache-Wirkung-Zusammenhang im heutigen Sinne aufzusuchen. Darum erscheint der Mythos in der Vorzeit und bei den Naturvölkern auch als Ursprungserzählung von Familienverbänden, Volksstämmen, Städten und ihren Einrichtungen, deren Einsetzung durch Götter und Dämonen er berichtet (ätiologischer Mythos). Gleich ursprünglich und mit mythischen Erzählungen verbunden sind in frühen Kulturen rituelle Darstellungen des Vorzeitgeschehens. Man kann daher bisweilen von überlieferten Mythen auf vergangene Riten zurückschließen. Auch echte historische Überlieferungen fügen sich bis zu den Griechen in die mythischen Erzählungen ein; sie sind oft nicht mehr klar aus ihnen zurückzugewinnen. Die griechische Kultur hat wie keine andere den Mythos ausgeweitet, indem sie poetische Darstellungen, echt theogonische Mythen und historische Erinnerungen in dieselbe Form goß. Die besonders reiche Gestaltenfülle des griechischen Mythos lieferte dem Epos, der Tragödie, der bildenden Kunst, der Philosophie Stoff und Gehalt. Doch knüpft auch in anderen Kulturkreisen die Dichtung an den Mythos an, ebenfalls mit historischen Einschüssen, so im Gilgamesch-Epos. (5, Bd. 8, S. 237)

Über das mythische Denken des Menschen, welches als seinen spezifischen Ausdruck den ursprünglichen Mythos prägte und das wir im Sinne Jean Gebsers als die „mythische Ebene" unter den verschiedenen Erkenntnisstufen in der Menschheitsentwicklung bezeichnen, haben wir ausführlich in den „Erleuchteten" berichtet (1. 5. 1. 3).

7.1.3.2
Das Mythologem

Die typische Ausdrucksform der mythischen Erkenntnisebene ist das Mythologem. In der modernen Psychologie, insbesondere in der Tiefenpsychologie, gelten Mythologeme als menschliche Denkprozesse, welche die (irrationalen) Mächte, die kausal nicht auflösbar sind, aber das Schicksal des Menschen bestimmen, bildhaft begreifen, sie dabei aber ihrem Geheimnis, ihrem Mysterium nicht entreißen. Sigmund Freud (1856–1939) und besonders sein Schüler Carl Gustav Jung (1875–1961) haben im Mythos eine Projektion der urtümlichen, archetypischen Stadien der Bewußtseinsentwicklung gesehen, die sich in den Symbolen des Unbewußten, den Träumen und Phantasien des Individuums mit denselben Ausdrucks- und Gestaltungsprinzipien widerspiegeln. Nach Jung sind mythische Bilder und archetypische Symbole der Tiefenschichten auch im modernen Menschen Manifestationen des „kollektiven Unbewußten", in denen Menschheitserfahrungen in Grenzsituationen des Daseins zum Ausdruck kommen.

7.1.3.3
Vom Mythologem zur Mythologie

Wir benötigen bei unserer Betrachtung diese tiefenpsychologische Interpretation des Begriffes „Mythos" allerdings nicht. Sie überzeugt uns auch nicht in allen Punkten, da die Tiefenpsychologie die tatsächlichen Gegebenheiten und abstrakten Wesenheiten der menschlichen Psyche terminal zu deuten versucht, die mit unserem heutigen Wissen noch lange nicht zu beantworten sind. Die von den Mythographen überlieferten Mythen dienen dagegen aber als Schlüssel zu einer modernen Mythologie. Ihre Ursprünge reichen in die Spätantike. Das Objekt ihrer Forschung ist eine sachgemäße Interpretation des Mythos aufgrund einer diffizilen Kenntnis der historischen Vorgänge, unterstützt durch all die Hilfswissenschaften, wie z. B. die Archäologie, in mühevoller Kleinarbeit.

Schelling als Mythenforscher

Die erste umfassende wissenschaftliche Bearbeitung des antiken Mythologie-Begriffs um die Mitte des 19. Jahrhunderts erfolgte durch den Philosophen und Repräsentanten der Romantik, Friedrich Wilhelm Joseph Schelling (1775 bis 1854). 1828 begann Schelling Vorlesungen über die „Philosophie der Mythologie" zu halten. Die Vorlesungsmanuskripte gab sein Sohn Karl Friedrich August posthum 1856 heraus (11). Die zweibändige Arbeit besitzt die Untertitel „Historisch-kritische Einleitung in die Philosophie der Mythologie" und „Die Philosophie der Mythologie". Mit der Akribie des Gelehrten seiner Zeit beleuchtet Schelling die Mythologie von verschiedenen Standpunkten aus. Er setzte damit den Grundstein für die moderne Mythologieforschung. Wenn auch heute viele seiner Thesen überholt sind, so hat doch Schelling die Bedeutung der überlieferten Mythen als einen wesentlichen Teil der menschlichen Geistesgeschichte klar erkannt und die Notwendigkeit ihrer Erforschung und Deutung betont. Nach Schelling ist die Mythologie

„im Allgemeinen Götterlehre . . . Hiebei ist jedoch sogleich zu erinnern, daß die Götter nicht etwa erst abstrakt und außer diesen geschichtlichen Verhältnissen vorhanden sind: als mythologische sind sie ihrer Natur nach, also von Anfang geschichtliche Wesen. Der vollständige Begriff der Mythologie ist daher nicht bloße Götterlehre zu sein, sondern Göttergeschichte, oder wie die Griechen das natürliche allein hervorhebend sagen, Theogonie." (S. 7)

In seinem historischen Abriß im 1. Band weist Schelling darauf hin, daß die Mythologie ursprünglich als eine reine Dichtung aufgefaßt worden ist. Neben der Auffassung, Mythologie sei Poesie, bildete sich eine zweite heraus, die allegorische.

Es ist Wahrheit in der Mythologie, aber nicht in der Mythologie als solcher, zumal sie Götterlehre und Göttergeschichte ist, also religiöse Bedeutung zu haben scheint. Die Mythologie sagt also oder scheint etwas anderes zu sagen, als gemeint ist, und die der ausgesprochenen Ansicht gemäßen Deutungen sind überhaupt und das Wort im weitesten Sinne genommen allegorische. (S. 26)

Schelling unterscheidet in der allegorischen Deutung des Mythos eine „euhemeristische" (nach dem Epikureer Euhemeros, um 300 v. u. Z., der die Götter als Menschen ansah, die sich göttliche Namen zulegten, um sich bei ihren Untertanen oder „Fans" einen größeren Respekt oder Bewunderung zu verschaffen), eine moralische (nach der die mythologischen Götter überhaupt keine Personen, sondern lediglich personifizierte „sittliche oder natürliche Eigenschaften und Erscheinungen" sind) und die physikalische (wie sie z. B. zur Deutung alchemistischer Prozesse benutzt wurde). Weiter wird von Schelling eine „kosmogonische" und eine „philosophische" Mythologie unterschieden. Nach dieser Auffassung enthält die Mythologie einmal eine „natürliche Weltentstehungslehre", und zum anderen ist sie ein Produkt von Philosophen, um ihre Philosopheme über die Weltentstehung in einen Mythos zu kleiden.

Schelling unternimmt den Versuch einer Synthese von poetischer und philosophischer Auffassung. Er kommt zu dem Schluß, daß die Mythologie k e i n e Erfindung einzelner oder ganzer Völker ist, sondern „ein Volk erst m i t seiner Götterlehre entsteht" (S. 64). Breiten Raum widmet Schelling dann der älteren und zeitgenössischen Literatur zum Thema und den verschiedenen Begriffsdefinitionen, was eigentlich ein Mythos sei.

Im 2. Band der „Philosophie der Mythologie" mit den Untertiteln „Der Monotheismus" und „Die Mythologie" werden beide Themen ausführlich abgehandelt. Für uns ist hier nur der zweite Teil von Interesse. Anhand des Mythos über Persephone werden die verschiedenen Aspekte einer mythischen Gestalt untersucht.

Schon griechische Philosophen, Pythagoreer und dann wieder Neuplatoniker, haben die Doppelheit in der Persephone erkannt und eine doppelte Persönlichkeit unterschieden,

1. die, wie sie sagen, ganz drinnen, innerlich bleibende, 2. die herausgegangene. Selbst in dem lateinischen Namen Pro-serpina ist der Ausdruck des unerwarteten Hervor- oder Herausgehens zu finden. Das eigentliche Seiende dieses Moments ist das aufgerichtete, seiner selbst mächtige Seinkönnen, aber eben dieses hat das Seinkönnen (die Potenz des Andersseins) in sich als etwas, von dem es nichts weiß; die Potenz ist das vom Seienden nur nicht Auszuschließende, das ohne sein Wissen in ihm ist. Wie sie aber in dem Seienden ist, ohne von ihm bemerkt zu sein, so hat sie für dieses, wenn sie ihm erscheint und sich bemerklich macht, etwas Überraschendes und durch Überraschung etwas Betörendes. Dieses Hervortreten ist insofern ein pro-serpere; es liegt in diesem Ausdruck die Andeutung des Stillen, Unerwarteten, nicht Vorgesehenen der Bewegung, und auch hier erinnert der Name Proserpina wie die Sache an die Schlange (serpens), die eben von der unbemerkten, leisen Bewegung ihren Namen hat.

In ihrem Herausgang also, wie sie zuerst hervortritt und im Seienden sich zeigt, ist sie das Unversehene, Nichtgedachte, schon als dieses wird sie darum auch Fatum, Verhängnis, Μόρος, genannt, desgleichen Fortuna (alles Begriffe, mit denen schon ältere Philosophen das Wesen der Persephone bezeichnen). Fortuna im allgemeinen ist das stets Bewegliche, sich selbst niemals Gleiche, das Unstete überhaupt. Aber als wirklich Hervorgetretene ist Persephone bestimmt Fortuna adversa, Unglück, Mißgeschick, und zwar wird sie wieder nicht als das selbst bloß zufällige Unglück gedacht, sondern als das Unglück, κατ' ἐξοχήν, als das erste Unglück, als der Ur-Unfall, von dem erst alle anderen Unfälle sich herschreiben, lauter Bestimmungen, deren freilich das mythologische Bewußtsein in der ersten Erzeugung dieser seiner Vorstellungen sich nicht selbst bewußt sein konnte, die es aber doch infolge einer uns wohl begreiflichen Notwendigkeit in derselben niederlegte . . .

In der Tat ist in diesen auf Persephone sich beziehenden Mythen der Schlüssel der ganzen Mythologie durch diese selbst gegeben . . .

Diese bis in die innersten Tiefen des menschlichen Daseins und Bewußtseins zurückgehenden Anfänge der Mythologie, die sich eben in der Persephone-Lehre darstellen . . ., (also) die Quellen der Mythologie, sind tiefer zu suchen als in einem bloß empirisch, bloß äußerlich und geschichtlich in der Menschheit vorauszusetzenden Monotheismus. Die Mythologie ist in ihren letzten Wurzeln, wie eben die Persephone-Lehre zeigt, in das Urbewußtsein des Menschen selbst eingewachsen.

Älter als jene auf die Persephone-Lehre Bezug nehmenden Philosopheme der Pythagoreer sind die auf die Persephone sich beziehenden Lehren der griechischen Mysterien. Unter den Mysterien versteht man bekanntlich eine neben der öffentlichen Götterlehre (der Mythologie) hergehende und neben ihr bestehende, geheime, d. h. nur den Eingeweihten mitgeteilte Götterlehre. Da die Mysterien nichts anderes als das Innere, das Esoterische der Mythologie selbst sind und dieses erst am Ende des Prozesses dem Bewußtsein selbst sich erklärt, so gehören auch die Mysterien allerdings nicht der Urzeit der Mythologie, sondern ihrer letzten Entwicklung an . . . Die mysteriösen Vorstellungen sind also immer noch Erzeugnisse des mythologischen, aber gegen das Ende des Prozesses auch über die Anfänge klar gewordenen Bewußtseins . . . (11, Bd. 2, S. 159—162, gekürzt)

Die Entwicklung eines mythologischen Bewußtseins verläuft bei Schelling nach einem „bestimmten Gesetz".

Es war nicht zufällig, wenn die älteste Menschheit den Mächten des Himmels diente, nicht zufällig, wenn sie dem inneren Leben gleichsam gestorben und ganz entfremdet, jenem äußern, bloß astralen, kosmischen Geist anheimfiel. Eine höhere Macht erhielt sie unter dem Gesetz dieser (astralen) Religion; es war die Zeit, in der nach dem großartigen Ausdruck des A. T. der Herr das Heer des Himmels verordnet hatte allen Völkern, d. h. der noch ungeteilten Menschheit. In der Himmelsverehrung, als der ersten Religion des Menschengeschlechtes, erhielt sich das religiöse Bewußtsein überhaupt . . . (11, Bd. 2, S. 187)

Schelling ist der Ansicht, daß die ältesten Gottheiten männlichen Geschlechts waren, was allerdings nach dem Stand der heutigen Forschung umstritten ist.

An die Stelle des himmlischen Herrschers, jenes Königs des Himmels, der in der ersten Religion ausschließlich verehrt wurde, tritt daher jetzt die Himmelskönigin, Melaekaeth haschamaim — wie sie ausdrücklich im A. T. genannt wird —, und jener Übergang zur relativen oder äußerlichen Potentialität ist daher in allen Mythologien der Vorwelt bezeichnet durch die an die Stelle des himmlischen Herrschers tretende weibliche Gottheit, die unter verschiedenen Namen als Mylitta, als Astarte, als Urania von so vielen Völkern verehrt wurde.

Urania ist nach dieser Ableitung nur Uranos selbst in weiblicher Gestalt, der weiblich gewordene Uranos, d. h. der reale Gott, der seine Spannung gegen den höhern, den relativen geistigen Gott (im Monotheismus) aufgegeben hat.

Die griechische Mythologie, die einem viel spätern Momente, ja dem letzten Moment der mythologischen Entwicklung angehört, hat darum die frühern Momente nicht weniger in sich, nur, wie sich versteht, auf eigentümliche Art aufgenommen. In einer anderen Wendung konnte nämlich jener Übergang ja auch vorgestellt werden als ein Entmännlicht-Entmanntwerden des zuerst ausschließlich herrschenden Gottes. So ist der Übergang in der hellenischen Mythologie vorgestellt, wo Uranos entmannt wird . . . Hierdurch unterscheidet sich also die hellenische von der asiatischen Vorstellung, welche an die Stelle des männlichen Gottes unmittelbar eine weibliche Gottheit, die Urania, setzt. Aber die wesentliche Identität der hellenischen Vorstellung mit der asiatischen zeigt sich darin, daß die griechische Theogonie aus dem Schaum der abgeschnittenen und ins Meer geworfenen Zeugungsteile des Uranos die Aphrodite entstehen läßt, die in der Tat nur das hellenische Gegenbild der asiatischen Himmelskönigin ist, und insofern ja ebenfalls Urania heißt . . .

Hier ist also Aphrodite oder Urania wenigstens mittelbar Folge der Entmannung des Uranos; auf jeden Fall geht ihr diese voraus. Sowie das Bewußtsein sich innerlich zu dem Übergang neigt, wird ihm sein Verhältnis zu dem ausgeschlossenen Gott als Spannung fühlbar. Das plötzliche Nachlassen dieser Spannung kann ihm nur erscheinen als ein dem Gott weich, nachgiebig, weiblich Werden, eine Vorstellung, die so tief eingewurzelt in den Gedanken des Heidentums, daß ein in seinen Schriften vorzüglich mit dem Heidentum und seinem Verhältnis zum Christentum beschäftigter Kirchenvater, daß Clemens von Alexandrien sogar keinen Anstand nimmt, mit Anspielung auf ein hohes Geheimnis des Christentums, die kühnen Worte zu brauchen: „Das Unaussprechliche Gottes ist der Vater, aber das uns Verwandte in ihm wurde Mutter, liebend wurde der Vater weiblich." (11, Bd. 2, S. 194—195, gekürzt)

Schelling untersucht Herodots Mitteilungen über Urania. Nach seiner Auffassung ist sie die „erste Gottheit, welche auf den reinen Zabismus (d. h. den reinen Sternenkult der Sabäer) folgt. Sie ist der unmittelbare Übergang zu der geschichtlichen, d. h. zur eigentlichen Mythologie" (S. 200). Am Wendepunkt von der prähistorischen zur historischen Mythologie steht auch die mit der Urania identische Mitra. Ihr Name bedeutet nichts anderes als „Mutter", die „erste, höchste Mutter". Es ist die Magna Mater, deren Name „mit geringen

Veränderungen durch alle Sprachen des Sprachstamms derselbe ist." Wir werden uns ausführlich mit einem Teil dieser weiblichen Gottheiten zu beschäftigen haben, da sie als Vorläuferinnen und Archetypen der mittelalterlichen weiblichen Teufel und der Hexen gelten (8. 10).

Während Schelling von einer ursprünglich monotheistischen Urreligion ausgeht, die sich dann zum Polytheismus entwickelte, und primär nur einen männlichen Himmelskönig annimmt, der sich dann zur weiblichen Himmelskönigin wandelte, geht die moderne Mythologie von einer ursprünglich matriarchalischen Form weiblicher Gottheiten aus, wie wir noch sehen werden. Der ungarische Religionshistoriker und Mythenforscher Károly (Karl) Kerényi (1897–1973) meint zum Begriff des „Mythos" (12):

Das griechische Wort mythología hat nicht nur die „Geschichten", die mythoi selbst, zum Inhalt, sondern auch das „Erzählen", das legein: ein Erzählen, das auch Resonanz-Erwecken war; innerliches Resonanz-Erwecken, indem auch das Bewußtsein dadurch erweckt wurde, daß die erzählte Geschichte den Erzähler und die Zuhörer persönlich anging.

Kerényi unterscheidet an anderer Stelle den Mythos, den er als eine „bildhafte Gestaltung dessen, was der Mensch zuinnerst ist" definiert, von der Mythologie, die er als eine „Rückbesinnung auf das, was früher war" betrachtet. Wir wollen hier diese Unterscheidung nicht vollziehen, da wir der Ansicht sind, daß ein Mythos eine spezifische Erzählung rationaler historischer Fakten, gemischt mit irrationalen Phantasien aus der menschlichen Vorgeschichte, darstellt, während die Mythologie sich mit der Deutung und Interpretation der überlieferten Mythen allgemein befaßt, analog etwa der heutigen Mythenforschung, nur eben nicht nach wissenschaftlichen Aspekten.

7.1.3.3.1

Der Mythologiebegriff der sogenannten „Neuen Linken"

Aus einer ganz anderen Perspektive sieht z. B. der linksradikale französische Syndikalist Georges-Eugène Sorel (1847–1922) den Begriff des Mythos. Für ihn ist der Mythos „im Grunde identisch mit den Gesinnungen einer Gruppe"; er ist „der Ausdruck dieser Gesinnungen in der Sprache der Bewegung" (zitiert in Julien Freund, Georges Sorel, München: Carl-Friedrich-v.-Siemens-Stiftung 1977, S. 25).

Die in der Gegenwart auftretende, in ihrer Vielschichtigkeit und Heterogenität kaum überschaubare „Neue Linke" hat den Mythos über die moderne Ethnologie und Folkloristik, aber auch über esoterisch-mystische Strömungen teilweise wiederentdeckt. Sie versucht hier einen „neuen" Mythosbegriff zu formulieren. Ausgehend von Sorel haben die beiden der Anarchistenszene zugehörenden Autoren Herbert Röttgen und Florian Rabe in ihrem sonst eher verwirrenden als abklärenden Buch „Vulkantänze" (13) diesen Mythosbegriff der „Neuen Linken" wohl am besten ausgedrückt:

Nur einer, der herkam von Marx, den Anarchisten und den Ideen der Französischen Revolution, hat diese Gewalt (des Mythos auf den Menschen, Anm. d. Verf.) verspürt und erkannt: George Sorel. Er stellte die Behauptung auf, daß alle Menschen, die an den großen geschichtlichen Ereignissen teilnehmen, sich ihre Taten in Bildern, in Mythen vorstellen.

Deswegen liegt ihre Vorstellungswelt im Vorirrationalen, unterfällt nicht der Logik, sondern ist Ausdruck eines Willens, die Welt zu verändern. Er entzieht sich auch jeder Verifikation, und der Bruch zwischen Wirklichkeit und Bild muß seiner mobilisierenden Kraft nicht widersprechen. Keine Kritik kann den Mythos zerstören, weil er sich der rationalen Auseinandersetzung nicht stellt. Noch ist er anzusiedeln in der Sphäre der Utopie, dieser nach Sorel „antizipierten Kalkulation", dieser „astrologischen Fahrpläne", die mit rationaler Sicherheit bestimmte Etappen auf dem politischen Weg anzeigen. Alles, die reflektierende Analyse, die Präzision des Aktionsprogramms, schlichtweg jede finalistische Denkform wirft er über den Haufen. Diese Welt aus Bildern, Metaphern, Vorstellungen, setzt die Leidenschaften, das Unbewußte, die Wünsche des Menschen in Bewegung.

Sorel hatte sich in seiner Begeisterung auf ein Feld gewagt, das jedem, der auf die Vernunft der Geschichte setzte, also vor allem den Sozialisten und Kommunisten, verdächtig sein mußte. Lenin bezeichnete ihn deswegen als einen Scharlatan, und sein Einfluß auf die offizielle Arbeiterbewegung blieb gering . . .

Die Theorie des Mythos hatte die Rationalität verachtet und konnte deswegen von allen irrationalen Kräften in Anspruch genommen werden. Sorel wollte dem Sozialismus einen Raum des Denkens eröffnen, den dieser nicht aufgriff, weil er sich in die Tradition des bürgerlichen Rationalismus stellte, sich zum Nachfolger der Klassik und zum Bannerträger der Aufklärung machte. (13, S. 11—12, gekürzt)

Röttgen und Rabe unterscheiden zwei Formen des Mythos: den „paranoischen" und den „pluralen". Hierbei tragen Sorels Spekulationen über den Mythos „paranoide Züge", da er „trotz seiner antistaatlichen Haltung" zu den „Altvätern des Faschismus" zu rechnen ist. Der Faschismus habe nämlich „instinktiv die mobilisierende Wirkung des Mythos erspürt".

Wir machen einen Unterschied zwischen paranoischen und pluralen, vielfächrigen Mythen. Diesen Gegensatz finden wir wieder im Polytheismus und Monotheismus der Religionen. Aus der Bilderwelt des paranoischen Mythos lassen sich folgende politische Prinzipien abstrahieren: Einheit, Ganzheit, Askese, Ausschluß alles andersartigen, Konzentration auf wenige Ereignisse, Gewalt und Krieg als die einzigen Mittel, Aufopferung, Verantwortung, Pathos, Ernst. Sie entsprechen in vielem den Mythen großer hierarchischer Staatswesen der Vergangenheit, den Persern und Ägyptern — vorausgesetzt deren Interpretation stimmt —, sind immer verwoben mit moralischen Elementen und nicht sehr weit entfernt von einem rechtgläubigen Dogmatismus. (S. 13)

Es versteht sich von selbst, daß diese wenigstens teilweise im bürgerlichem Moralbegriff staatsbildenden Tugenden und Eigenschaften von Völkern der Vergangenheit, die überhaupt die Voraussetzung zur Schaffung von Reichen und besonders Großreichen im Verlauf der Geschichte waren, den beiden Autoren nicht liegen, da sie der Todfeind jeglicher Anarchie waren und bleiben. Ihre daraus resultierenden Konsequenzen sind entsprechend kurios und von uns nicht nachvollziehbar. In einer fast poetisch anmutenden Form wird zu Beginn ihrer Schrift der durch den Rationalismus des Menschen verursachte grausame Tod der mythischen Gestalten Kentaur und Waldnymphe geschildert. Wir können uns diesem eindrucksvoll nach einer Bildvorlage eines Gemäldes des Franzosen Jean Bourdichon (um 1457—1521) dargestellten Untergang der mythischen Welt nicht entziehen und stimmen der Analyse von Röttgen und Rabe in dieser Hinsicht weitgehend zu:

Mit dem Kentaur und der Waldnymphe (hier verstanden als Symbole der männlichen und weiblichen mythischen Gestalt einer vergangenen Zeit, Anm. d. Verf.) stirbt der Mythos des Lebens. Die dunkle, unschuldige Nähe und Sanftheit der Menschen, die ihrem Tiersein noch nicht entwachsen waren, die das freie Umherschweifen noch kannten, die noch Zwiesprache hielten mit der Natur, diese Schatulle aus Erotik und Kraft, dieses halbmenschliche Begehren und Sehnen. Hier endet ein Zeitalter, das die Schwingungen der Wälder verstand, das das Menschliche keineswegs verleugnete, sondern mit dem Tierischen vermählte und verwob — und damit eine Mischung schaffte, welche den Höhepunkt des Menschen überhaupt ausmacht, diese Affektgrenze zwischen Sinnlichem und Verstand, von Wort und Bild, von Emotion und Denken — kurz von der Poesie des Lebens. Mit dem Tod des Kentaur und der Waldfrau stirbt der Mythos. Die Mörder, das sind der Verstand mit seinem alles trennenden Beil, das Auseinanderreißen des Menschen in Leib und Körper, Seele und Geist, die Zerstörung seiner Freiheit und seiner Leidenschaften ... Seine zehn Lanzen sind die Wissenschaften: die Anatomie, die die Körper zerschneidet ...; die Astronomie, die die Entwicklung der Gestirne auf den Charakter des Menschen und Mondes auf den Zyklus der Frauen leugnet; die Biologie, die blind ist für alles Beseelte und Bewußte in der lebenden Natur; die Physik, die die Gegenstände in Gesetze auflöst und nicht die magischen Fäden, die sie umweben, erkennt; die Jurisprudenz, die alle großen Affekte der Menschen in den Kerker sperrt; die Philosophie, die nur noch das Bewußtsein des Menschen gelten läßt und das Sinnliche mit Verachtung bedenkt; die Theologie, die die Seele des Menschen mit Schuld belädt; die Ökonomie, die den Menschen immer als Mangelwesen sieht und Schweigen bewahrt über seine Fülle; die Medizin, die den Menschen langsam und schnell tötet und zahlreiche Heilkräfte der Natur nicht anerkennt; die Chemie, die die Künste der Alchimisten leugnet.

Wenn hier auch die „Schuld" am Tode des Mythos den klassischen Wissenschaften angelastet wird, so besitzen diese sicherlich nur eine „Teilschuld" mit unterschiedlichem Anteil an diesem Untergang der mythischen Ebene im Menschen. Der Mensch selbst, seine geistige biologisch „vorprogrammierte" Evolution, hat letztlich den „Fortschritt" und damit die Wissenschaften geprägt. Wir haben auf dieses Problem ausführlich hingewiesen (1. 5. 1). Selbstverständlich gehört für einen Anarchisten auch die Moral in toto, nicht einmal nur die bürgerliche, zu den „Henkern" des Mythos:

Der linke Henker (auf dem Bild Bourdichons), das ist die Moral, die den Menschen mit den Regeln der Macht zahlreichen Zwängen unterwirft, damit er seine Liebesströme selbst unter Kontrolle bringt, zurückdämmt und das, was an Tierischem in ihm verankert ist, seine Wunschwelt, an die Kette nimmt.

Der Mythos wurde durch die Sprache, das Wort oder die Schrift weitergegeben. Er war und ist also eine Form des Denkens. Götter, Menschen und lebendige Natur, das sind seine bevorzugten Themenkreise. Doch wenn wir sagen, er ist eine Denkform, so unterfällt er deswegen nicht den Gesetzen der Vernunft und des Verstandes. Der Körper des Mythos ist bildliches Denken: er macht etwas sichtbar, plastisch, hörbar, vorstellbar. Er ist nicht auf der Suche nach Gesetzen, eher schon nach Erklärungen, mehr noch ist er Darstellung vielfältiger menschlicher und natürlicher Leidenschaften. Das Bildhafte, Schillernde, Bunte und Faßliche macht ihn anziehend für die Libido, den Wunsch, dessen Produkt er ist. Er sieht sich immer als ein Kräftefeld aus einer Vielzahl von Elementen, die die menschliche Vernunft im Laufe von Jahrhunderten getrennt hat. So haben alle Interpretationen des Mythos recht:

Die sexualwissenschaftliche, denn in ihm spinnen zahlreiche Fäden der Liebe zwischen Menschen, Göttern und Tieren. Die historische, denn hinter ihm verbergen sich große geschichtliche Ereignisse. Die matriarchalische, denn in vielen Mythen ist die Hauptthematik die Auseinandersetzung zwischen den Geschlechtern. Die ästhetische, denn der Mythos macht keine scharfe Trennung von Phantasie und Wirklichkeit; die symbolische, denn auch die Götter stehen für die menschlichen Leidenschaften; die kosmologische, denn immer zeigt er etwas von der Entstehungsgeschichte der Welt.

Der Mythos will nicht das Allgemeine, sondern ihn gelüstet nach dem Besonderen, Einzelnen, Einmaligen. Er ist ein wildes Denken, angezogen und fasziniert vom individuellen Geschehen und der Äußerung individueller Willensakte. Er sieht vor allem die Vorherrschaft des Willens über die Vernunft. Aber das erklärt er nicht, sondern er raunt es einem zu.

Seine Götterwelt spottet jeglicher Theologie, denn das Spiel und der Tanz der Kräfte durchzieht die Welt seiner Vorstellungen. Auch das Zufällige, Willkürliche, das aus jeder Religion gebannt ist, findet in ihm Platz. Nie ist er reine Erzählung, sondern lebendige Wirklichkeit, die durch das Stammesleben der „Primitiven" strömte . . .

Dieser Grundtrieb des Menschen zu Bildern und Vorstellungen, der die Welt in ihrer Buntheit und Unregelmäßigkeit mit schöpferischem Behagen ausmalt, der tatsächliche Kausalitäten sichtbar macht und keine logischen, der die Vernunft als einen Mangel empfindet, weil sie die Welt mit dem Gebälk und dem Bretterwerk der Begriffe zunagelt, diese wilde, unbestimmte Neigung mußte dem im Nützlichkeitsdenken verhafteten Bürgertum ebenso verdächtig erscheinen wie dem Marxismus. Beide legten Wert darauf, daß Logik, Dialektik, Fortschritt — kurz die Vernunft auf ihren Fahnen steht . . . (13, S. 7—10, gekürzt)

Für die Zerstörung des Mythos machen die Autoren in früher Zeit aus ideengeschichtlich richtiger Sicht die griechische Philosophie und die christliche Heilslehre verantwortlich:

Zwei historische Kräfte versuchten schon vorher, den Mythos zu zerstören: einmal die attische Richtung, die Vorgänger aller Aufklärung, Sokrates, Platon und Aristoteles. Sie reihten ihn ein in die historisch-pragmatische Jugendgeschichte der Menschheit oder degradierten ihn wie Platon zu etwas Pädagogischem, das dem in den Sinnen verfangenen Geist Höheres verständlicher und greifbarer machen sollte. So entstand der Gegensatz von Mythos und Logos, die Unterscheidung von Geist und Stoff, kurz der ganze sokratische Intellektualismus.

Zum anderen Gegner wurde die Kirche und die christliche Heilslehre. Ausgehend vom jüdischen Hang zur Abstraktion, stellt sie gegen den Mythos das Gesetz, den unumstößlichen Willen des einen Gottes, die Zehn Gebote und dieses alles mit einem verwobenen Spinnennetz der Vollstrecker, der Priester. Sicher, sie ist geschickter, listiger, vorsichtiger als die Vernunft. Sie tötet den Mythos nicht, sondern sie benutzt ihn, kennt und handhabt die Faszinationskraft, die von ihm ausstrahlt, und um ihren Machtinstinkt voll auszuleben, bietet sie den Menschen ein Pandämonium aus Heiligen, Martyrien, Legenden und Marienverehrung. So fesselt sie mit Bildern an das Gesetz.

Erst im Reformismus tritt wieder ihre wahre Gestalt, ihr moralisches und lebensfeindliches Gerippe, zum Vorschein, und wie ein kalter Nordwind fegt er durch die trügerische, mythische Farbenpracht der katholischen Bilderlust.

Die bürgerliche Vernunft, die attische Dialektik, das christliche Gesetz — auslöschen konnten sie das Irrationale, die Intuition, die Bilderwelt des Menschen nicht, und wenn sie dann im zwanzigsten Jahrhundert zu einer ungeheuren, grausamen, politischen Kraft werden, die die Massen in Bewegung setzt, dann erfüllt uns ihre vulkanische Gewalt mit Ratlosigkeit und Schrecken. (13, S. 10—11)

Mit einem Seitenblick wird auch der gegenwärtige Feminismus mit dem Wesen des Mythos in Zusammenhang gebracht — eine allerdings etwas konstruierte Beziehung —, die von den Feministinnen inzwischen selbst auch aufgegriffen wurde. Mit einer für diese Frauenbewegung etwas infantilen Bereitwilligkeit und dem Glauben, Vergangenes aus archaischer Zeit mit Gegenwärtigem ohne Rücksicht auf Verluste vermischen zu können, war die moderne Hexe da!

Über den Bezug des Regionalismus zur Mythologie brauchen wir wohl kein Wort zu verlieren, denn er hat das einzigartige Glück, aus alten, noch nicht versiegten Quellen zu schöpfen. Das gleiche Glück haben die Frauen, wenn auch ihre Ursprünge tiefer reichen. Sie mußten früh anfangen, um eine Zeit zu finden, wo ihr Geschlecht nicht unter der Knute des Mannes stand — aber sie fanden einen ganzen Himmel von Göttinnen, die für einen Mann nur erahnen lassen, mit was für dichten Bildern das weibliche Geschlecht verwoben ist, von rhythmischen Fäden umschmeichelt, betäubt vom silbernen Ruf der Silene und bewaffnet mit den spitzen Pfeilen der Diana. (13, S. 15)

Auch wir werden diese Göttinnen ausführlich zu behandeln haben, da sie in der Tat ein wichtiger, ja entscheidender Faktor für den Ursprung des „ewig Weiblichen" sind. Wir wollen versuchen, diese Ursprünge aufzuspüren, allerdings ohne die Empfehlung — gewissermaßen als Beispiel „alternativer Lebensführung" —, den Hexen und kleinen und großen Teufelchen des Mittelalters nachzueifern, wie es eine esoterisch-magisch orientierte Gruppe innerhalb der „Neuen Linken" auf ihrem langen, hoffnungslosen Marsch in eine andere, in eine doch wohl irreale, utopische Welt allen Ernstes beabsichtigt.

Folgen wir noch den beiden Anarchisten bei ihrer Analyse des Wesens der mythischen Ebene in der menschlichen Entwicklungsgeschichte, die trotz ihrer, wenigstens teilweisen inneren Ablehnung des Marxismus oder besser des Neomarxismus der Neuen Linken den Stil des Dia(lektischen) Mat(erialismus) à la Marx doch nicht ganz verleugnen können:

Wir behaupten also, daß der Mythos eine entscheidende Kraft im politischen Gefüge darstellt, nicht nur Beiwerk, ästhetische Arabeske ist, sondern der notwendige Hebel, damit sich überhaupt etwas bewegt: gerade weil er irrational ist, weil er sich nicht kritisieren läßt, weil er nicht auf den Begriff gebracht werden kann. Deswegen ist er Ausdruck der Leidenschaften, der erotischen Ströme, der Liebes- und Haßkanäle des Menschen, seiner Ambitionen und auch seiner Megalomanie — ein nicht greifbares Wuchergewächs.

Nicht einmal die Wissenschaft, die es unternommen hat, unsere Seele mit dem Verstand zu sezieren, kommt am Mythos vorbei: auch die Psychoanalyse hat ihren Ödipus, und welch repressive Aufgaben sie in unserer Gesellschaft erfüllt, haben Deleuze und Guattari in ihrem Antiödipus dargestellt. Aus dieser Analyse entstand die Abneigung gegen den Mythos selbst (13, S. 15) ... Und so lieb uns auch die Intentionen der beiden Autoren, die Herauslösung aus dem Ödipus und die Entfesselung der Wunschmaschinen sind, so verhängnisvoll finden wir ihren Versuch, die Ströme des Wunsches mit Maschinenmetaphern zu beschreiben — ein Gesellschaftsspiel französischer Intellektueller, auf der Suche nach Originalität ...

Auch wir gehen aus von unseren Wünschen, Leidenschaften und Affekten. Damit sie wieder über die Erde tanzen, richten wir unser Augenmerk auf den Mythos, auf dieses Gemisch vielfächriger Ereignisse, Deutungen und Gegebenheiten. Aber wir lieben die revolutionären Mythen, die nichts mit der Starre und Einseitigkeit des Sorel und schon gar nichts mit der Megalomanie des Faschismus zu tun haben. Doch wir kritisieren weder den faschistischen noch den kommunistischen Mythos — denn wir wissen, daß er unterhalb und oberhalb jeder Ratio und damit auch jeder Kritik liegt. Wir setzen ihnen unsere Mythen entgegen: Wunschmythen, antistaatliche Mythen, Rauschmythen des Dionysos, bunte Bilderkarten unserer Gefühle, Zaubermythen der Liebe, Abenteuermythen. Wir sind Polytheisten gegen den Monotheismus auch der sozialistischen Bewegungen, wir setzen den griechischen Götterhimmel gegen Jahwe und auch den matriarchalischen Göttinnenhimmel gegen Jahwe und auch die Urgöttin Cybele, antihierarchische Bilder statt Führerverherrlichung, auf unserer Erde gibt es Tiermenschen, listige Füchse, Steppenwölfe, weissagende Kröten, stolze Adler, singende Hündinnen. Unser Mythos spiegelt die Vielfalt revolutionärer Bewegungen, die gegen den großen Einheitsmythos, den Moloch, die alles beherrschende Spinne revoltiert ...

Unsere Mythen sind ebenso wie die griechischen nicht sauber, sondern ergötzen sich an der Vielzahl unserer Affekte: an den kleinen Betrügereien, dem Machtgeplänkel in den Gruppen, an der Eifersucht und an der Trauer. Wir wehren uns gegen die Reinheit, und wenn uns die Heldenverehrung wieder reizt, dann nur, weil es Helden sind mit zahlreichen Hintergedanken, mit Neidgefühlen, Höhepunkten und abgrundtiefen Niederungen ...

So entstehen auch unsere Mythen jenseits von Gut und Böse, denn wir treiben alle moralischen Kategorien wie böse Geister aus. Aber glaubt deswegen nicht, daß wir alles dulden: wir setzen unsere Werte selbst, als Ausdruck unserer schillernden Macht — wir setzen den Wunschmythos gegen den Staatsmythos, den Zigeuner gegen die Städter, die Hexen gegen die Priester, die Tänzer gegen die Advokaten. (13, S. 16—18, gekürzt)

Natürlich liegt es für die Autoren nahe, auch die „Ideologie" der ihnen nahe stehenden Terroristenszene zu mythisieren. Doch hier ist ihre Interpretation des Begriffs „Mythos" und seine Beziehungen zum Terrorismus mehr als zwiespältig und unlogisch, wenn sie schreiben:

Die Geschichte des RAF wäre in der Tat ein großer Stoff für einen Mythos — aber weder im Sinne von Helden, die weiß und makellos einen Krieg gegen den Leviathan entfesseln, noch als die unschuldigen Opfer von Geheimdiensten und politischen Machenschaften: die Rote Armee Fraktion besteht aus verbissenen Kriegern mit von der Realität weit entfernten Ideen im Kopf. Umgeben von Verrat, denn Ruhland gehört gleichermaßen wie Ulrike (Meinhof) zu ihrer Geschichte. Sie verließen ihren Stamm, wie der Apachenhäuptling Geronimo (1829—1908), dieser erste Guerillakämpfer Nordamerikas, um einsam und ohne Kompromißbereitschaft den Kampf weiterzuführen ... Aber zum Mythos gehört auch das Befehlsgehabe von Andreas (Baader), das Begräbnis in Stuttgart mit Gudruns (Ensslin) Vater und auch die Geschichten ihrer Liebe — wir wollen keine Mythen als strategische Leitlinien noch als revolutionäre Parole, sondern als ein Stück politischer Wirklichkeit und Unwirklichkeit. (13, S. 18—19)

Die hier mehr oder weniger offen ausgesprochenen Sympathien für die nackte Gewalt von Terroristen qualifizieren die beiden Autoren leider völlig ab. Ihre eigenartige Auslegung des Mythosbegriffs steht hier ebenfalls nicht zur Debatte. Röttgen und Rabe schließen das Kapitel „Mythos" in ihrer Schrift „Vulkantänze" — ein gut gewählter Titel — mit der uns unverständlichen Schlußfolgerung:

Der Mythos ist eine Form des emotionalen Denkens, er spricht gleichermaßen die Sprache des Herzens und des Kopfes, er ist das einzige Mittel revolutionärer Politik, um wieder bei den Massen Begeisterung hervorzurufen, weil die Massen keine Begründungen, keine guten Argumente, keine Dialektik wollen — und wir sind weit davon entfernt, ihnen das als Fehler anzukreiden, sondern behaupten, gerade deswegen sind sie revolutionär und aus keinem anderen Grunde. Wehe aber, wenn ihr Affektfeld wieder von Stiftern paranoider Mythen besetzt wird, denn die großen Knochenberge von Auschwitz sind noch kaum zu Erde zerfallen. Es ist allerhöchste Zeit, den Kentaur und die Waldnymphe wieder zum Leben zu erwecken. (13, S. 19—20)

Verlassen wir das traurige Kapitel der Bemühungen einer geistig von Vertretern meiner Generation verführten und fehlgeleiteten, damit hoffnungslosen und unter falschen Voraussetzungen kämpfenden Jugend, um uns dem nicht politisch motivierten klassischen Mythosbegriff wieder zuzuwenden. Er ist für die Gesamtbetrachtung unserer Arbeit von größter Wichtigkeit.

Der Mythologiebegriff
Der Enkel des deutschen Historikers Leopold von Ranke (1795—1886), Robert Graves (1895—1981), der in seinen ins Deutsche übersetzten Werken als Ranke-Graves bekannt wurde, definiert den echten Mythos als eine „erzählerische Kurzschrift kultischer Spiele". In seiner „Griechischen Mythologie" (14) äußert er sich ausführlich zum Begriff der Mythen:

Ihre Themen waren uralte Beschwörungen im Dienste der Fruchtbarkeit oder der Stabilität eines geheiligten Königinnentums oder auch Königtums, wie sie, den Umständen entsprechend, in den Kult aufgenommen wurden . . .

Trotz aller Unterschiede der Rasse und des Klimas waren die religiösen Systeme des Neolithikums und der Bronzezeit auffallend ähnlich: Sie beruhten alle auf der gleichen mystischen Beziehung zwischen der Mondgöttin und ihren Söhnen, die anfangs alle Mitglieder ihrer verschiedenen totemistischen Bruderschaften waren . . .

Wir hatten diese Kultentwicklung in großen Zügen bereits behandelt (7. 1. 2. 1). Ranke-Graves geht zunächst auf das im vorgeschichtlichen Europa bestehende Matriarchat ein, aus dem nach dem Stand der heutigen Forschung schließlich die patriarchalische Welt hervorging, in der wir noch immer — wohl im Endstadium (?) — leben.

7.1.3.4 Das vorgeschichtliche Europa kannte keine männlichen Götter. Die „Große Göttin" allein
Die Große Göttin wurde als unsterblich, unveränderlich und allmächtig betrachtet; der Begriff Vaterschaft war noch nicht in die religiöse Gedankenwelt aufgenommen worden. Die „Große Göttin" hatte zwar Liebhaber, aber nur zu ihrem Vergnügen, nicht, um ihren Kindern einen Vater zu geben. Die Menschen fürchteten die Stammesmutter, beteten sie an und gehorchten ihr . . . Das Urmysterium war die Mutterschaft . . . Nicht nur der Mond, sondern auch die Sonne waren himmlische Symbole der Göttin. Doch im frühen griechischen Mythos gab die Sonne dem Monde den Vorrang. Diesem wurde die Kraft, den Feldern Wasser zu geben oder vorzuenthalten, zugesprochen.

Für Ranke-Graves sind die einzelnen Mondphasen, zunehmender Mond, Vollmond und abnehmender Mond, in der Vorstellung der alten Völker Ausdrucksformen der „Großen Mutter" in ihrem Alterungsprozeß vom jungen Mädchen über die reife Frau zum alten Weib.

40

Später konnte sie noch als eine andere Triade erkannt werden: das Mädchen der oberen Luft, die Nymphe der Erde und des Meeres und das Alte Weib der Unterwelt, verkörpert in Selene, Aphrodite und Hekate. Diese mystischen Analogien führten zur Heiligkeit der Zahl Drei. Die Mondgöttin konnte diese Zahl in sich zur neuen potenzieren, da jede der drei Gestalten — Mädchen, Nymphe und Altes Weib — in Dreiheit erschien, um ihre Göttlichkeit zu zeigen. Ihre Anbeter vergaßen niemals ganz, daß es nicht drei Göttinnen gab, sondern nur eine ...

Selene, Aphrodite, Hekate

Die religiöse Stellung des Mannes und damit auch seine soziale verbesserte sich zu dem Zeitpunkt, als man den Zusammenhang zwischen männlichem Beilager und der Schwangerschaft erkannte. Nun wurde nicht mehr länger die Schwängerung der Frauen auf ungeschlechtlichem Wege oder durch Winde, Flüsse und dergleichen angenommen, sondern die Mitwirkung des Mannes anerkannt. Trotzdem ähnelte sein rituelles Schicksal im Kult des Matriarchats noch immer dem einer Drohne:

7.1.3.5 *Vom Mythos der matriarchalischen Königin zum patriarchalischen König*

Die Königin wählte aus ihrem Gefolge junger Männer den Liebhaber für ein Jahr, um ihn dann, bei Jahresende, zu opfern. Er war eher ein Symbol der Fruchtbarkeit als der Gegenstand ihrer Lust. Sein Blut wurde versprengt, um Bäume, Getreide und Vieh zu befruchten, und sein Fleisch wahrscheinlich roh vom Nymphengefolge der Königin verzehrt. Die Nymphen waren Priesterinnen ...

Die Prinzgemahle hatten nur dann Befehlsgewalt, wenn ihnen die Erlaubnis der Königin zuteil wurde, deren magische Gewänder (oder Gürtel) zu tragen. So begann das Heilige Königtum, und obwohl die Sonne das Symbol der männlichen Fruchtbarkeit wurde — des Königs Leben war ja mit ihrem Lauf durch die Jahreszeiten identifiziert worden —, so blieb sie doch unter der Aufsicht des Mondes; wie auch der König, wenigstens theoretisch, noch lange nach der matriarchalischen Ära unter der Leitung der Königin blieb: Thessalische Hexen pflegten im Namen des Mondes der Sonne mit Untergang in ewiger Nacht zu drohen ...

Die frühgriechische Mythologie beschäftigte sich vor allem mit der Beziehung zwischen der Königin und ihren Liebhabern. Sie beginnt mit deren jährlicher oder halbjährlicher Opferung und endet mit der Zeit, in der die „Ilias" geschrieben wurde und die Könige sich rühmten: „Wir sind weit besser als unsere Väter!", und mit der vollständigen Verdunklung des Königinnentums durch eine totale männliche Monarchie ...

Die hellenischen Invasionen des frühen 2. Jahrtausends v. Chr., gewöhnlich die aiolische und ionische genannt, scheinen weniger zerstörend gewesen zu sein als die achaische und dorische, denen sie vorangingen. Kleine bewaffnete Hirtenbanden, welche die arische Gottesdreiheit — Indra, Mitra und Varuna — anbeteten, überquerten den eine natürliche Grenze bildenden Berg Othrys und schlossen sich recht friedlich den vorhellenischen Siedlungen in Thessalien und Mittelgriechenland an. Sie wurden als Kinder der einheimischen Göttin aufgenommen, und sie gaben ihr Heilige Könige. So vereinigte sich eine männliche, militärische Aristokratie mit der weiblichen Theokratie, nicht nur in Griechenland, sondern auch in Kreta, wo die Hellenen gleichfalls Fuß gefaßt und von wo sie kretische Zivilisation nach Athen und dem Peloponnes gebracht haben. Allmählich wurde im ganzen aigaiischen Gebiet Griechisch gesprochen; und zur Zeit des Herodot ließ sich nur ein einziges Orakel in einer prähellenischen Sprache vernehmen. Der König trat als Vertreter des Zeus oder Poseidon oder Apollon auf und nannte sich mit dem einen oder anderen ihrer Namen, obwohl sogar Zeus durch Jahrhunderte nur ein Halbgott und nicht eine unsterbliche olympische Gottheit gewesen war. Alle frühen Mythen über Vergewaltigung von Nymphen durch den Gott beziehen sich anscheinend auf Heiraten zwischen hellenischen Stammensfürsten und den einheimischen Priesterinnen des Mondes, wogegen Hera, die hier religiösen Konservatismus symbolisiert, erbittert Widerstand leistete.

Als die Kürze der Herrschaft des Königs sich als lästig erwies, kam man überein, das Dreizehn-Monde-Jahr zu einem Großen Jahr von einhundert Mondzyklen, an dessen Ende die Sonnen- und Mondzeit fast zusammenfallen, zu verlängern.

Über diese prähellenische Zeitmessung des „Dreizehn-Monate-Jahres" berichtet Ranke-Graves:

Anfangs wurde die Zeit nach Mondzyklen berechnet, und jede wichtige Zeremonie fand in einer bestimmten Mondphase statt; die Sonnenwenden und Tagundnachtgleichen wurden nicht genau festgelegt, sondern dem nächsten Neu- und Vollmond angenähert. Die Zahl Sieben erwarb eine seltsame Heiligkeit, denn der König starb am siebenten Vollmond nach dem kürzesten Tag. Selbst als es nach sorgsamen astronomischen Beobachtungen klar wurde, daß das Sternenjahr 364 Tage und einige Stunden hatte, wurde es in Monate – d. h. Mondzyklen – und nicht in Fraktionen des Sonnenzyklus aufgeteilt. Die Siebentagewoche war eine Einheit des 28-Tage-Mondmonats. Dieses System führte zu einer noch engeren Identifikation der Frau, deren Monatszyklus gewöhnlich 28 Tage beträgt, mit dem Mond. Und da das 364-Tage-Jahr genau durch 28 teilbar ist, konnte man die jährliche Folge der Volksfeste entsprechend diesen Mondmonaten einteilen. Auf diese Weise hatte das Jahr dreizehn Monate, und da der dreizehnte Monat der Todesmonat der Sonne war, verlor die Zahl Dreizehn für die Abergläubischen niemals ihren üblen Ruf. Die Tage der Woche unterlagen der Aufsicht der Titanen: den Geistern der Sonne, des Mondes und der bis dahin entdeckten fünf Planeten. Die Titanen waren der Göttin, der Schöpferin, für die Himmelskörper verantwortlich. Dieses System ist wahrscheinlich im matriarchalischen Sumer entwickelt worden.

Ranke-Graves fährt dann fort:

Aber da die Felder und Ernten noch immer befruchtet werden mußten, war der König bereit, jährlich einen scheinbaren Tod zu erleiden und seine Oberherrschaft für einen Tag – den Schalttag, der außerhalb des heiligen Sternjahres lag – dem Ersatz-Knaben-König oder interrex, der am Ende des Tages sterben mußte und dessen Blut für die Besprengungszeremonie verwendet wurde, zu übergeben. Nun regierte entweder der Heilige König für den ganzen Zeitraum eines Großen Jahres, mit einem symbolischen Zwilling als seinem Stellvertreter, oder die beiden regierten abwechselnd je ein Jahr, oder die Königin ließ sie das Königinnentum aufteilen und zur gleichen Zeit regieren. Der König vertrat die Königin bei vielen sakralen Funktionen, gekleidet in ihre Gewänder. Er trug falsche Brüste, hielt ihre Mondaxt als Symbol der Macht und übte stellvertretend sogar die magische Kunst des Regenmachens aus. Die Umstände seines rituellen Todes änderten sich vielfach. Aber sterben mußte er. Ein neuer Abschnitt war erreicht, als an Stelle der Knaben Tiere zum Opferaltar geführt wurden und die Könige sich nach ihrer verlängerten Regierungszeit zu sterben weigerten. Sie regierten nun für einen weiteren Zeitraum. Das Große Jahr war ein Größeres Jahr geworden.

Während dieser einander folgenden Entwicklungsstufen, die sich in zahlreichen Mythen widerspiegeln, konnte der Heilige König seine Stellung nur durch seine Heirat mit der Nymphe des Stammes halten. Der Thron blieb matrilinear, bis endlich ein wagemutiger König beschloß, die Erbin, die als seine Tochter galt, zu heiraten und so ein neues Recht auf den Thron gewann.

Achaiische Invasionen im 13. Jahrhundert v. Chr. schwächten weiterhin die matrilineare Tradition. Es scheint, daß es nun dem König gelang, für die Dauer seines Lebens zu regieren.

42

Mit der Ankunft der Dorer gegen Ende des 2. Jahrtausends war das patriarchalische Königtum Regel geworden. Der Prinz verließ nicht mehr seines Vaters Haus, um eine fremde Prinzessin zu heiraten; sie kam zu ihm, ein Schritt, zu dem auch Odysseus Penelope überredet hatte. Die Genealogie wurde patrilinear ...

Matriarchalische Züge bestanden allerdings noch lange Zeit in den verschiedenen Mysterien, die sich bis in die späthellenische Zeit zum Teil erhalten konnten.

Das uns bekannte olympische System wurde als ein Vergleich zwischen den hellenischen und prähellenischen Vorstellungen angenommen. Es bestand aus einer Familie von sechs Göttern und sechs Göttinnen, denen Zeus und Hera gleichberechtigt vorstanden und die einen Rat der Götter nach babylonischer Art bildeten. Aber nach einem Aufstand der prähellenischen Bevölkerung, der in der „Ilias" als eine Verschwörung gegen Zeus beschrieben wird, wurde Hera diesem untertänig ... Doch wurden die Göttinnen, obzwar nun in der Minderheit, niemals — wie in Jerusalem — gänzlich verdrängt; denn die verehrten Dichter Homer und Hesiod hatten „den Göttern ihre Titel gegeben und deren verschiedene Sphären und besondere Kräfte beschrieben." Es war nicht leicht, sie ihnen wieder zu nehmen. Und wenn auch der Brauch, Frauen königlichen Geblüts unter des Königs Aufsicht gleichsam zu internieren, um damit Außenseitern jede Möglichkeit auf den matrilinearen Thron zu nehmen, allgemein geübt wurde — in Rom das Vestalinnenkloster, in Jerusalem Davids königlicher Harem —, bis Griechenland drang er niemals vor. Die Errichtung des Patriarchats beendete die Periode des echten Mythos; seine Fortsetzung ist die historische Legende, die im Licht der allgemeinen Geschichte verblaßt ...

Mythos ist, wenn auch schwer vereinbar mit Chronologie, immer realistisch: Er beruht stets auf einem gewissen Punkt der Tradition, wie immer auch die Bedeutung beim Erzählen verzerrt wurde. (14, Bd. 1, S. 10—19, gekürzt)

In engem Zusammenhang mit überliefertem „Ur-Mythos", besonders mit den älteren theogonischen und kosmologischen Mythen, steht die Androgynie der ältesten Götter- und Menschengestalten. *Der androgyne Urgott*

Seitdem der Mensch die Gegensätze des Alltags erkannte, hat er sich mit dem überall auftretenden Dualismus auseinandergesetzt und an seiner Überwindung gearbeitet. In den ältesten überlieferten Kosmogonien und Kosmologien wird häufig über eine Trennung des Menschen von dem Ursprünglichen, von dem göttlichen Ureinen, berichtet. Diese Trennung war meist mit der menschlichen Bewußtwerdung seiner Zweigeschlechtlichkeit und dem Verstoßenwerden aus dem Paradies oder dem Fall der Engel verbunden. Die Sehnsucht des Menschen war es daher von Anbeginn, seitdem er nachzudenken begann, diesen paradiesischen Urzustand, diese Einheit mit dem Göttlichen, durch die Überwindung des irdischen Dualismus wiederherzustellen. Damit glaubte er gleichzeitig auch das ihn besonders berührende Gegensatzpaar „Gut" und „Böse", was man darunter auch verstand, auflösen zu können, in das sich die Menschheit verstrickt hatte.

Als eine der Möglichkeiten wurde die Überwindung des dualen männlichen und weiblichen Prinzips durch die geschlechtliche Vereinigung und Rückkehr in den androgynen Urzustand (zumindest symbolisch und temporär) ange-

7.1.4

Vom Dualismus und der Zweigeschlechtlichkeit zur Einheit durch Androgynie

sehen. Die zu praktizierende Form war für diese Menschen Eros und sakraler Sexus. Man erhoffte sich, durch eine gewollte Metamorphose des zweigeschlechtlichen Menschen, von Mann und Frau, zur Doppelgeschlechtlichkeit (zumindest im Ritus oder der sakralen Orgie) den glückseligen Urzustand (wenigstens vorübergehend) wiederherstellen zu können. Nach der mythischen Überlieferung war die Androgynie der Ursprungszustand des Menschen.

Aus diesem dualistischen Verständnis entwickelte sich mit der Zeit der Begriff der Polarität. Der Begriff wurde aus der Mathematik und Biologie entlehnt. Er sieht in der Gegensätzlichkeit, z. B. von Mann und Frau, ein metaphysisches Problem, in dem das eine das andere bedingt. Polarität oder polare Gegensätze sind also durch den Dualismus der Natur bedingt. Er ist nur zu überwinden durch die metaphysische Vollendung der Auflösung, welche den Urzustand wiederherstellt.

Der Philosoph und vergleichende Religionswissenschaftler Gebhard Frei schreibt in dem bereits mehrfach erwähnten „Handbuch der Weltgeschichte" (8) im Kapitel „Mythisches Denken":

In den kosmogonischen Vorstellungen spielt meist das Auseinandertreten des transzendenten göttlichen Einen in die kosmische Zweiheit und eventuell deren Überwindung in einem Dritten eine große Rolle.

Wie in Ägypten Osiris und Isis sich in Horus erfüllen wollen, so ist auch in Indiens göttlichem Brahma schon die Dualität von Subjekt und Objekt, von Männlich und Weiblich, mythologisch ausgedrückt von Shiva und Shakti, der männlichen und weiblichen Urkraft der Welt. Im Mikrokosmos ist der Mensch ein Abbild davon . . .

Das Thema kann nun in den verschiedensten Variationen bei den einzelnen Völkern abgewandelt werden: dualistisch, indem an ein männliches und weibliches Urprinzip gedacht wird, wobei es sich um Gleichstellung, also um Götterpaare, handeln kann, oder aber um einen Primat der Vater- oder Muttergottheit; bisexuell, indem das Urwesen doppelgeschlechtlich oder androgyn aufgefaßt wird. Man kann dann von einer androgynen Theologie, Kosmologie und Anthropologie sprechen. Zwischen dualistischen und androgynen Mythologemen sind die Übergänge oft fließend, so daß man bei einzelnen Mythologien gar nicht von einem strengen Entweder — Oder sprechen kann.

Aus der Antike liegen zahlreiche Beispiele für die fließenden Übergänge der Mythologeme vor. Klar ist der androgyne Charakter etwa bei der Venus Barbata und manch ähnlichen *Doppelgesichtig-* Götterstatuen. Rationalistisch wird der doppelgesichtige Janus als vor- und rückwärtsschauend *keit des Janus* betrachtet, wobei der wahre und eigentliche Sinn darin zu sehen ist, daß manchmal das eine Gesicht einen Bart trägt, das andere nicht, und die Gottheit sowohl Janus wie Jana genannt *Aspekte des* wird. Ähnlich schillert die Mondgottheit zwischen Lunus und Luna, dem weiblichen Schwarz-*Mondes* Mond und männlichen Licht-Mond, sowohl bei Kultur- wie Naturvölkern. Ewig ist ein Ausgleich der Gegensätze im Mond, ein Sieg bald des Männlich-Hellen, bald des Weiblich-Dunkeln. „Er ist seiner Natur nach die Verbindung beider Potenzen, seiner Natur nach hermaphroditisch, seiner Natur nach Lunus und Luna, Eros und Psyche. Er sucht das Licht, wie das Licht nie aufhört, sich in ihn zu versenken" (Bachofen). In andern Mythologien herrscht der weibliche Aspekt des Mondes vor, der dann dualistisch der männlichen Sonne entgegensteht. Insofern steht der Mond dann in Beziehungen zum Weiblichen, zur Mutter und Gattin. Er folgt der Sonne, hat von ihr seinen Schein, so wie die Frau um den Mann kreist in der ehe-

44

lichen Einigung. In seinem einsamen nächtlichen Gang kann der Mond auch Symbol der jungfräulichen Amazone sein, der strengen Jungfrau, in seinem grinsenden, stets wechselnden Antlitz auch Symbol der Todes-Gorgo. Weil der Mond stirbt und wiederkehrt, ist er auch Symbol der Unsterblichkeit. Bei einem Volk herrscht mehr dieses, beim andern mehr jenes Mondmotiv vor und kann eventuell zu einer ganzen Mondmythologie ausgebaut werden.

In selteneren Fällen wird auch die Sonne androgyn aufgefaßt. Meist ist sie aber das *Die Sonne* Symbol des Männlichen, des Phallischen, des Befruchtenden, des hellen Denkens, des Apollinischen, des Vaterrechtlichen. Im Grunde zeichnen sich zwei Linien ab: die frühere, „dionysi- *Dionysisches und* sche", und die spätere, „apollinische", wobei die Vorstellungen aber nicht etwa auf Griechen- *apollinisches* land beschränkt bleiben. Die dionysische ist streng dual, das weibliche Element ist gleichwertig. *Denken* Die Erde oder die Morgenröte entläßt am Morgen den neugeborenen Sohn, der steil in die Höhe steigt. Am Mittag ist die Sonne in üppigster Manneskraft, phallisch zeugend in Erde und Wasser, in dionysischem Rausch. Am Abend im Westen, im Tod, nimmt das Mütterliche, das Erdhafte, das Geborene in seinen Schoß zurück, um es neu zu gebären in ewigem Kreislauf. So wird Dionysos vor allem der Gott der Frauen ... Wie fließend hier die Dinge sind, wie wenig eindeutig abgestempelt, zeigt sich etwa darin, daß die Orphiker Dionysos androgyn auffassen, Euripides ihn „weibgestaltig" nennt ... Diese androgyne Auffassung des göttlichen Wesens finden wir nicht nur bei Kulturvölkern, wie Indern und Griechen, sondern ebenso bei Naturvölkern.

Als Abbild des Makrokosmos und schließlich Gottes ist auch der Mikrokosmos Mensch *Auflösung der* ursprünglich als androgyne Einheit geschaffen. Es ist der noch nicht entzweite, einheitliche *Androgynität* harmonische Mensch, der Mensch des Paradieszustandes, die kugelförmige Ganzheit Platos. *und Entstehung* Aus irgendeinem metaphysischen Sündenfall heraus kommt es zur Spaltung der Androgyne *von Mann* in ein Männliches und Weibliches, der Vertreibung aus dem Paradiese. Wieder Ganzheit zu *und Frau* werden, ist die Ursehnsucht des Menschen, sein eigentliches Ziel. Gespaltenheit in Männlich und Weiblich bedeutet Tod, der wiederum Zeugung verlangt. Der androgyne, paradiesische Mensch ist unsterblich.

Evola weist im Kapitel über den „Mythos des Androgynen" in seiner „Metaphysik" (10) auf den erstmals bei Plato überlieferten Urzustand hin:

Nach Plato (Gastmahl, XIV—XV) gab es eine Urrasse, die erloschen ist, eine Rasse von Wesen, die in sich die beiden Prinzipien des Männlichen und Weiblichen enthielt. Die Vertreter dieser androgynen Rasse waren „an Kraft und Stärke gewaltig und hatten auch hohe Gedanken, und was Homeros von Ephialtes und Otos sagt, das kann man auch auf sie beziehen, daß sie sich einen Aufgang zum Himmel bahnen wollten, um die Götter anzugreifen." Das ist das Thema der Hybris der Titanen und der Giganten; es ist das Thema des Prometheus; es kehrt in sehr vielen anderen Mythen wieder ...

Bei Plato erschlagen die Götter die androgynen Wesen nicht durch den Blitz, wie sie es vorher mit den Giganten getan hatten, sondern sie lähmen ihre Potenz, indem sie sie in zwei Teile spalten. Daraus ergibt es sich, daß es Wesen unterscheidbaren Geschlechts gibt, die als Männer und Frauen Träger des einen oder anderen Geschlechtes sind; Wesen, in denen jedoch die Erinnerung an den früheren Zustand weiterlebt und in denen sich der Impuls entfacht, die ursprüngliche Einheit wieder herzustellen. Nach Plato ist in diesem Impuls der letzte, metaphysische und ewige Bedeutungsinhalt des Eros zu suchen. „Von so langem her also ist die Liebe zueinander den Menschen angeboren, um die ursprüngliche Natur wieder herzustellen, und versucht, aus zweien eins zu machen und die menschliche Natur wieder ganz zu machen" ...

In diesem Ganzen muß man die nebensächlichen, metaphorischen und im negativen

45

Sinne mythischen Elemente vom Wesenskern scheiden. Erstens dürfen wir uns natürlich die Urwesen, die Plato nach Fabelart uns bis in ihre körperlichen Züge hinein beschreibt, nicht als Vertreter einer prähistorischen Rasse vorstellen, von der man sozusagen Reste oder Fossilien wiederfinden könnte. Wir müssen vielmehr auf einen Zustand, auf einen geistigen Zustand der Ursprünge zurückblicken, und zwar nicht so sehr im historischen Sinne als vielmehr im Rahmen einer Ontologie, einer Lehre von den vielfältigen Wesenszuständen des Seins. Entmythologisieren wir einen solchen Zustand, dann können wir ihn als den Zustand eines absoluten Seins (das nicht gespalten, das nicht dualistisch ist), als den Zustand einer Ganzheit oder reinen Einheit und dadurch auch als einen Zustand der Unsterblichkeit auffassen. Dieser letzte Punkt wir sowohl durch die Lehre (bei Plato) bekräftigt, wo ... der Zusammenhang zwischen dem letzten Zweck des Eros und der Unsterblichkeit erläutert wird.

Als zweites Element finden wir dann in dem von Plato geschaffenen Mythos eine Variante des allgemeinen traditionellen Themas des Sturzes, des „Falles". Die Differenzierung der Geschlechter entspricht dem Zustand eines gespaltenen Seins, das daher begrenzt und sterblich ist — dem entzweiten Zustand desjenigen, der nicht in sich selbst, sondern in Anderem das Leben hat; dieser Zustand darf aber hier nicht als Urzustand angesehen werden. So könnte der platonische Mythos in dieser letzteren Hinsicht parallel gesetzt werden mit dem biblischen Mythos, insofern der Sündenfall Adam vom Baume des Lebens ausschloß. Auch in der Bibel ist von der Androgynie des nach dem Bilde Gottes geschaffenen Urwesens die Rede (Genesis 1, 27), und der Name Eva, als Symbol des metaphysischen Komplements des Mannes, heißt „das Leben", „die Lebende" ...

In seiner Tiefe verkörpert der Eros einen Versuch, die Folgen des Falles zu überwinden, aus der endlichen Welt der Dualität hinauszukommen, den Urzustand wiederherzustellen, die Bedingtheit eines entzweiten, gespaltenen und von „Anderem" abhängigen Seins zu überwinden. Das ist sein absoluter Sinngehalt; das ist das Mysterium, das sich in dem verbirgt, was den Mann zur Frau treibt, und zwar mit elementarer Kraft, noch vor allen ... Bedingtheiten, die von der menschlichen Liebe in ihren unendlichen Spielarten den Wesen dargeboten werden, die weder absolute Männer noch absolute Frau sind, sondern sozusagen nur Nebenprodukte von beiden. Hier haben wir also den Schlüsselpunkt der gesamten Metaphysik des Sexus: „Durch die Zweiheit zur Einheit."

In der sexuellen Liebe erkennen wir die universellste Form, in welcher die Menschen unbewußt versuchen, für Augenblicke die Zweiheit aufzuheben, existentiell die Grenze zwischen Ich und Nicht-Ich, die Grenze zwischen Ich und Du zu überwinden, wobei das Fleisch und das Geschlecht als Instrumente zu einer ekstatischen Annäherung an das Eins-Werden dienen. Die Etymologie des Wortes „amor", die wir einem mittelalterlichen Minnesänger verdanken, ist zwar ein reines Phantasiegebilde, aber darum nicht weniger bedeutsam: „Die Partikel a heißt ‚ohne', mor (mors) bedeutet ‚Tod'; verbindet man die beiden Elemente, so erhält man ‚ohne Tod'", das heißt Unsterblichkeit. Als Liebender und Begehrender sucht der Mensch also im Grunde die Bestätigung seiner selbst, das Teilnehmen am absoluten Sein, die Aufhebung der Einbuße und der damit verbundenen existentiellen Angst. Viele Aspekte auch der profanen Liebe und der gewöhnlichen Sexualität erhellen sich, wenn man sie in diesem Licht betrachtet. Zu gleicher Zeit sehen wir schon den Weg, der zum Bruch des mystischen Erotismus und des sakralen beziehungsweise magischen Gebrauchs des Sexus führt, der so vielen antiken Traditionen eigen ist ...

7.1.4.1

Das Wesen des
Mysterienkultes

Wir sind mit Evola der Meinung, daß die Überwindung der geschlechtlichen Spaltung und Wiedererlangung der androgynen Einheit letztlich der Sinn jedes

46

Mysteriums, jeder esoterischen Handlung in den antiken und mittelalterlichen Mysterien ist, soweit sie dieser archaischen Tradition folgen.

Der Sinn aller Initiationsfeiern ist im Grunde, den Initianden in diese großen kosmischen Zusammenhänge einzuweihen und zugleich, ihn als ein eingeschlechtliches Wesen in hypnotisch-magischem Vorgang „sterben" zu lassen, um ihn als androgyne Einheit wieder „werden" zu lassen, angeglichen an die androgyne Gottheit, das „Stirb und werde!" als Weg der Erlösung. So gehören nicht nur zu den griechischen Mysterien, sondern im Grunde zu allen, auch den ganz primitiven Mysterien und Initiationsfeiern die in mythischen Erzählungen eingekleidete Lehre vom Wesen des Geschlechtlichen, der geheime Ritus der geschlechtlichen Initiation und die esoterischen Symbole. Deswegen ist das letzte Symbol der Eleusinischen Mysterien die heilige Kyste mit der Kteis, dem Symbol der magna mater Demeter, mit dem der Neophyt berührt und damit neugeboren wird. Je primitiver ein Volk ist, desto stärker ist sein mythisches Denken vom Sexuellen beherrscht, desto stärker hat die Bildersprache einen esoterisch-sexuellen Sinn. Der männlichen, weiblichen und androgynen Symbole sind fast unzählige. Sie werden in den Zeremonien, vor allem den Initiationsriten, in der Plastik und Malerei, in den mythischen Erzählungen, in den Volksliedern usw. verwendet. Der Grundgedanke ist aber auch bei den allerprimitivsten Völkern bei den Initiationsfeiern der gleiche: Identifizierung des Einzuweihenden mit der androgynen Gottheit ...

So sehr auch die religiöse Promiskuität, das Institut der Tempeldirnen, das ius primae noctis und ähnliche Dinge, besonders im späteren Zustande, Degenerationserscheinungen sind, so steht hinter diesen zum Teil sich durch Jahrtausende erhaltenen Gebräuchen doch das mythische Denken. Aus ihm heraus müssen wir auch die Symbolik von Lingam, Phallus und Kteis sehen, die zum Teil abstrakt in Form zweier ineinander geschobener Dreiecke, also des Sechssterns, zum Ausdruck kommt, der, oft von der sich in den Schwanz beißenden Schlange, dem Ouroboros, umgeben, bis heute ein Ursymbol in freimaurerischen und theosophischen Kreisen geblieben ist.

Symbol der theosophischen Bewegung

Auch in der Alchemie wird das ganze Denken und seine Symbolik lebendig bleiben, auch dort geht es um die Erlösung aus der Zweiheit und Zerrissenheit in die überpolare Einheit hinein, zum Teil mit tief christlicher Weisheit verbunden.

Aus dem Gesagten erhellt, wie eng im Mythos Weltgehalt und Seelengehalt, Theologisches, Kosmologisches und Anthropologisches verwoben sind, wie sehr er Seins- und Heilslehre in einem ist. Was an den Initiationsfeiern schon sichtbar geworden, gilt ganz allgemein, daß Mythos und Kult aufs engste miteinander verbunden sind. Der Mythos wird nicht nur weitererzählt, sondern gelangt wieder zur Darstellung, zur Gegenwärtigsetzung im mythischen

Spiel und Tanz, in mythisch bedingten Opfern. Oft herrscht die Meinung, daß nur die Erneuerung des Mythos den gesunden Ablauf des Weltgeschehens verbürge, z. B. die Erneuerung des Sterbens und Auferstehens des Fruchtbarkeitsgottes das Gedeihen der Saat. Es ist ein magisch-mystisches Wirken des Mikrokosmos auf den Makrokosmos, und damit ist auch die innige Verbundenheit von Mythos und Magie angedeutet ... (8, Bd. 1, Sp. 183—86, gekürzt)

Im griechischen Mythos finden wir den Hermaphroditos als zweigeschlechtliches Wesen, als einen Sohn der Aphrodite und des Hermes, eines besonders bezugsreichen Paares.

Aphrodites Sohn Hermaphroditos war ein Jüngling mit weiblichen Brüsten und langem Haar. Natürlich fand er in Androgyne, der bärtigen Frau, sein abnormes Gegenstück in der Natur, haben doch beide ihren Ursprung als religiöse Begriffe im Übergang vom Matriarchat zum Patriarchat. Hermaphroditos ist der Heilige König, der die Stelle der Königin vertritt und der künstliche Brüste trägt. Androgyne ist die Mutterkönigin einer prähellenischen Sippe, die, im Zeitalter des Übergangs zum Patriarchat, ihre richterliche Gewalt behalten wollte. Vielleicht trug sie auch einen falschen Bart, um die Kinder, die ihr von einem Sklaven geboren waren, zu adeln, wie es zu Argos Sitte war. Bärtige Göttinnen, wie die kyprische Aphrodite, und weibische Götter, wie Dionysos, entsprechen Übergangsstufen der Gesellschaft. (14, Bd. 1, S. 62)

7.1.5
Zusammenhänge zwischen Religion, Magie, Zauberei und Teufelskult

Wir haben im Vorangegangenen versucht, Begriffe wie Kult, Ritus und Orgie zu verdeutlichen, aber auch das Wesen von Mythos und Mysterium sowie die Sehnsucht des Menschen, vom Dualismus der Gegensätze wieder zur ursprünglichen Einheit zurückzukehren, zu erklären. Bevor wir uns dem Wesen der Dämonologie, dem nächsten Thema unserer Betrachtung, zuwenden, müssen wir noch einige Zusammenhänge von Glaube und Aberglaube im spezifischen Bereich religiös-sakralen Wirkens der Satanisten und Luziferianer aufzeigen.

In der wichtigen Geschichte des Hexenwesens des spanischen Autors Julio Caro Baroja, „Las brujas y su mundo", die in einer deutschen Übersetzung unter dem Titel „Die Hexen und ihre Welt" mit einem Vorwort von Will-Erich Peuckert 1967 erschien (15), werden die Zusammenhänge archaischer Mondkulte und ihrer Mysterien mit den darin enthaltenen dualistischen „guten" und „bösen" Welten aufgezeigt. Nach Baroja haben sich wie auch bei den anderen schon früher zitierten Gelehrten alle Religionen in der einen oder anderen Weise einer allgemeinen verbindlichen Grundordnung unterworfen. Der Kosmos besteht in der Regel bei den patriarchalischen Religionen aus dem Gottvater im Himmel und den finsteren Mächten im Reich des Bösen, in der Hölle.

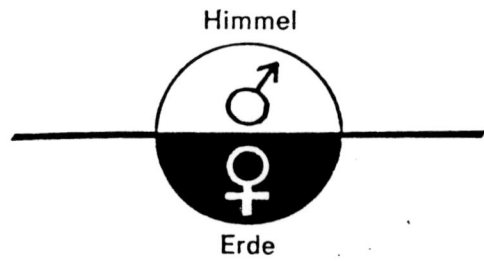

48

In der ersten Abbildung haben wir oben den Himmel als männliches Prinzip, als Ausdruck der Vaterschaft und der obersten Autorität, und darunter die Erde als weibliches Prinzip, als Ausdruck der Mutterschaft und der Fruchtbarkeit.

In der zweiten Skizze sind Sonne und Tag als Inbegriff des Lebens, der Kraft und des Guten auf der einen Seite dem Monde und der Nacht als den Symbolen für Tod und Übel auf der anderen Seite gegenübergestellt. Wie die Erde ist der Mond ein weibliches Element, aber ohne die Fruchtbarkeit der Erde.

Für Baroja hängt das Dasein des Menschen und seiner Welt von einer Reihe elementarer Tatsachen ab. Sie stehen in einem zwangsläufigen Zusammenhang und beziehen die gesamte Schöpfung in diesen Regelkreis ein. Zu diesen Tatsachen gehören auch die Natur (Physis) und die Moralität des Menschen, die erst durch das analytische Denken aus ihrer Einheit getrennt wurden. Man spricht heute von „Kultur", „Gesellschaft", „Geschichte" usw., „als seien dies völlig verschiedene Begriffe und sogar der Natur entgegengesetzt; und sie zerteilen willkürlich die religiösen Erfahrungen, so oft es in ihre eigene Vorstellung paßt." (15, S. 34)

Dieses räumlich und zeitlich geordnete Bild der Welt und des Kosmos bedingt bei bestimmten Menschen und besonderen menschlichen Gemeinschaften magische Akte, die wir unter der allgemeinen Bezeichnung „Zauberei" und „Hexenwesen" zusammenfassen. Jeder Mythos, ob er sich auf den Himmel, die Erde, die Sonne oder den Mond bezieht, hat eine Art von moralischem oder sogar utilitaristischem Wert im Leben der Gemeinschaft, und die Gemeinschaft muß notwendigerweise eine gewisse Bedeutung in bezug auf das magische Geschehen haben . . .

Man kann daher annehmen, daß die öffentliche Magie, die zum Vorteil der Gemeinschaft ausgeübt wird, gewissen Mythen entspricht, die ihr „Ethos" und ihren „Eros" innerhalb eines bestimmten Religionssystems haben, ebenso wie die Schwarze Magie sich einem anderen System einfügt . . . (15, S. 34–36, gekürzt)

Wie sehr Religiosität und Magie seit alters eng verknüpft gewesen sind, wird auch von Baroja verdeutlicht:

Im Christentum ist Gott das Gute selbst, der Teufel das Böse. Aber die Götter der Heiden waren — und das befremdete selbst viele Heiden — ebenso wie die Menschen der Macht des Bösen und den Leidenschaften unterworfen, den gleichen flüchtigen Launen und Begierden. Man muß also die schädliche Magie vor allem auch im Lichte dieser Art von Göttern sehen. Das ist nicht ganz leicht. Am einfachsten ist, sich an die konkreten Erscheinungsformen zu halten und zu prüfen, ob Tatsachen oder Handlungen dem Glauben an die Macht einer Beschwörungs- oder Zauberformel entspringen, oder aber dem Glauben an die Kraft des Gebets. Der ganze Komplex der inneren Beziehungen zwischen Magie und Religion im Altertum ist so verwirrend, daß es so gut wie aussichtslos erscheint, ihn analysieren zu wollen, selbst wenn wir den Anschauungen der klassischen Autoren folgen . . . (S. 42)

Es ist falsch, in der Magie — und in der klassischen Magie im besonderen — etwas zu sehen, was nur am Rande oder nur unter besonderen Umständen mit der Religion verknüpft ist und daher getrennt von ihr betrachtet werden kann. In Wirklichkeit sind beide viel enger miteinander verbunden, als selbst in den meisten Abhandlungen zum Ausdruck kommt. Im allgemeinen können wir jedoch feststellen, daß im Bereich der Begierde und des Willens der magische Gedanke vorherrscht und daß, wenn der menschliche Geist sich ganz den Gefühlen der Ehrfurcht, Dankbarkeit und Unterwerfung hingibt, dies innerhalb der religiösen Empfindungen geschieht . . . (15, S. 44)

Baroja weist bei den engen Wechselbeziehungen zwischen Religion und Magie auch auf die Austauschbarkeit der Funktion von Priester und Magier hin. So wird häufig zwischen eine Person, die etwas wünscht (im guten oder bösen Sinne), und den Gegenstand ihres Wunsches ein dritter Faktor geschoben: entweder ein Magier oder Zauberer, in anderen Fällen aber ein Priester, wobei beide Gestalten, wie wir mit Wundt noch feststellen werden, austauschbar oder sogar identisch sein können. Bei beiden wird sich aber bei ihrem Denken „ein naturalistisches Moment einschleichen, eine Vorstellung von der Natur, wie wir sie haben."

Ich glaube daher, daß für (den bekannten protestantischen Theologen) Rudolf Otto (1869 bis 1937) die Magie in ihrer Gesamtheit mit Recht ein Aspekt dessen ist, was er das „Numinose" nannte. Richtig ist auch seine Ansicht, daß — von einem Standpunkt aus, der uns hier interessiert — das Natürliche einfach dasjenige ist, was nicht „numinos" ist . . . (15, S. 44)

Die einzige Unterscheidung, die man machen kann, ist die zwischen Weißer und Schwarzer Magie. Diese beiden Bezeichnungen, die sich allgemein eingebürgert haben, lassen die Doppelrolle der Magie deutlicher erkennen: in dem einen Falle wirkt sie zum Wohle der Gesellschaft und wird öffentlich am hellen Tage ausgeübt, im anderen Falle ist sie antisozial, böse und geheim und geschieht im Schutze der Nacht. Die Beziehungen zwischen dem Subjekt, dem Objekt und dem Mittler sind in jedem Falle grundverschieden . . . (15, S. 47)

Das Böse hat seine eigene Szenerie: die Nacht. Es hat auch seine Schutzgottheiten; und ebenso kennt es typische Helfer und Mittler. Das Böse wird schließlich erreicht, indem man die Reihe von Techniken anwendet, deren Kenntnis sich von Generation zu Generation vererbt hat . . . Immer aber werden die Züge der Nacht weniger klar dargestellt als die des Mondes. Der Mond — vielleicht weil er die Gestalt wechselt — wechselt auch den Namen. Bei Horaz ist er Diana; denn welchen Ursprung diese römische Gottheit auch immer haben mag, sie wurde mit der griechischen Artemis verglichen. Bei Theokrit wird in ähnlicher Weise Selene angerufen. Aber es gibt noch einen anderen Namen, der sich dem Mond assoziiert: Hekate. Selene, Hekate und Diana sind Gottheiten, um die sich ein ganzer Komplex von Vorstellungen gruppiert, die man „chthonisch-lunar" nennen könnte . . . (15, S. 47—49, gekürzt)

Wenn Baroja hier auch aus der Sicht einer patriarchalischen Welt spricht, so kann im Prinzip das Verhältnis von Religion und Magie auch für matriarchalische Verhaltensstrukturen der frühen Menschheit gelten. Wir werden auf die Mond- und Liebesgöttinnen aus matriarchalischen Systemen, auf Artemis-Diana und ihre zahlreichen Synonyme, noch ausführlich zurückkommen.

Die Herkunft der Dämonen wie ihr Wesen ist so vielschichtig, daß man in
ihre Welt nur auf einem langen und sehr verschlungenen Pfad eindringen kann.
Nach dem katholischen Theologen Heinrich Kaupel ist das aus der religiösen
Gedankenwelt stammende Wort „Dämon" und noch mehr das dazugehörige
Adjektiv „dämonisch" so in unseren allgemeinen Sprachgebrauch überge-
gangen, daß wir uns kaum noch Gedanken über seine Herkunft machen:

Das griechische δαίμων tritt als Lehnwort in den Sprachen der abendländischen Völker auf,
die direkt oder indirekt vom griechischen Geistesleben berührt und beeinflußt wurden.
Weder über die etymologische Ableitung noch über den ursprünglichen Sinn läßt sich vollständige Klarheit gewinnen. Gewöhnlich wird es auf das Verbum δαίομαι = „zuteilen" zurückgeführt. Bei Homer scheint δαίμων wesentlich gleichbedeutend mit ϑεός = Gott zu sein.
Als Unterschied glaubt man festzustellen zu können, daß ϑεός mehr auf das Persönliche in
der Gottheit gehe, während ersteres die wirkende Kraft des Gottes betonen wolle. Allmählich gebrauchte man in der griechischen Literatur mit Vorliebe dann δαίμων, wenn
man einen bestimmten Gott nicht angeben konnte oder wollte. Was den Menschen plötzlich anfällt, wie Krankheit und Tod, ist „dämonisch". Das Wort hat also in seiner Entwicklung sicherlich den Sinn des Unbestimmten, zwischen Person und Kraftwirkung Schweben-
den bekommen . . .

So liegt also eigentlich die moderne Verwendung des Wortes dämonisch in der zu Eingang erwähnten Bedeutung gar nicht weit ab von der ursprünglichen Auffassung der Griechen.
Bei diesen zeigt sich nun etwa seit Hesiod ein mehr konkreter Gebrauch: Totengeister sowie
Ahnen überhaupt, die Halbgötter und die entthronten Götter, die als Zwischenwesen aufgefaßt wurden, heißen δαίμονες. Es können freundliche und schlimme Geister sein . . .
(16, S. 1)

Diese Unterscheidung fand, wenn wir Kaupel folgen, bereits in der Antike
statt. Neben dem guten „Agathodaimon" gab es den bösen „Kakodaimon".
Kaupel fährt fort:

Die Zusammenhänge verlieren sich allerdings zusehends, als δαίμονες, wenn auch nicht ausschließlich, so doch vorwiegend zur Bezeichnung schädlicher Geister wird. Diese gewannen
im Volksglauben weithin Aufnahme und Ansehen. Das geschah zunächst dadurch, daß man
sich dort die Naturdinge beseelt dachte. Mochten auch durch die Annahme der Allbeseelung
die δαίμονες an sich noch nicht zu schädlichen Wesen gestempelt werden, so offenbarte sich
doch die furchtbare Seite des Naturgeschehens dem Gesichtskreis der Menschen in erster
Linie. Besonders die verheerende Macht der Krankheiten dachte man sich von Einzelwesen
furchtbaren Charakters verursacht. Das gilt von körperlichen Leiden wie auch von auf-
fälligen seelischen Störungen . . . Zu der Furcht vor den Naturgeistern, denen keine Zugehörigkeit zu einem bestimmten Körper zugeschrieben wurde, kam die Scheu vor den Seelen
der Verstorbenen. Wurden ihnen, die man sich auch nach dem Tode als in besonderer Beziehung zum Leibe stehend vorstellte, nicht die üblichen Ehren . . . zuteil, so meinten die
Angehörigen, ihrem Zorn und empfindlichen Schädigungen ausgesetzt zu sein . . . (Diese)
Vorstellungen sind nachzuweisen, sind ihr mit allen Naturreligionen nicht weniger gemeinsam als mit den altorientalischen Kulturreligionen. Letztere haben Griechenland zweifellos
beeinflußt, denn die Literatur, die von dem entwickelten griechischen Dämonenglauben

Kunde gibt, stammt aus der Zeit der ausgehenden Antike. Was freilich im einzelnen Eigenentwicklung darstellt und was fremdes Gut ist, wird sich nicht abgrenzen lassen ... (16, S. 1—2)

Kaupel wählt die griechische Auffassung zur Definition des Dämonenglaubens als Ausgangspunkt, „weil die Begriffsbedeutung, die δαίμων dort gewann, nun einmal die Bezeichnung für die gleichen oder ähnlichen Vorstellungen, wo immer sie sich finden mögen, geworden ist." Er fährt dann fort:

Sie trifft auch durchaus auf diejenigen Völker zu, von denen Israel umgeben war, deren Kultureinfluß sich bei ihm geltend machte. In erster Linie ist erforderlich, die Babylonier zu berücksichtigen. Denn sie sind das semitische Volk, dessen Dämonologie aus einer reich erhaltenen Literatur unserer Kenntnis ausreichend zugänglich geworden ist. Ihre weitreichende Einwirkung wird ohnehin im Alten Testament erwähnt. Die babylonische Religion ist wesentlich Naturkultus. Die Götter sind personifizierte Naturgewalten. Die schädliche, heimtückische Macht der Natur ist in dem Dämonenglauben verkörpert, der zuerst und vor allem in der Volksreligion seine Kreise zog ... Diese Auffassungen sind fest verankertes Gedankengut der offiziellen Religion geworden. Sie wurden bei der Eingliederung in die Theologie der babylonischen Priesterschaft in System gebracht. Den Kulttexten gehören die Beschwörungsformulare an, welche oft ausführlich die zerstörende Tätigkeit der Dämonen hervorheben ... Den Babyloniern gelten die Dämonen als Schädiger und Peiniger. Verführer zur Sünde sind sie bei ihnen ebenso wenig wie bei den Naturvölkern. (16, S. 3—4)

Die nicht wenig umfangreiche magische Literatur, die aus dem alten Ägypten erhalten ist, zeigt dort eine durchweg gleiche Gestaltung des Dämonenglaubens wie bei den Babyloniern. Dämonen bilden für den Menschen in allen Lebensphasen eine Gefahr. (S. 5) Kanaan war entsprechend seiner Lage zwischen den beiden großen Kulturreichen Babylonien und Ägypten nicht nur deren kulturellem, sondern auch religiösem Einfluß ausgesetzt. (S. 6)

Einen historischen Rückblick über den tradierten Dämonenbegriff gibt für die antike Welt der Griechen von Platon bis zu Plotin der Philosoph F. P. Hager im „Historischen Wörterbuch der Philosophie" (2, Bd. 2, S. 2—3):

Das griechische Wort δαίμων, das ursprünglich Synonym für ϑεος sein kann, jedoch häufiger als einen individuellen Gott die Macht des Göttlichen bezeichnet, begegnet in der für die spätere Dämonen-Lehre richtungsweisenden Bedeutung eines Mittlerwesens zwischen Gott und Mensch erstmals bei Platon. Außer als göttliches Wesen neben Göttern und Heroen, vergöttlichte Menschenseelen oder Geleit-Dämonen, welche die abgeschiedenen Seelen zum Gericht in den Hades führen, erscheinen die Dämonen bei Platon als Mittler vor allem in der Erklärung des Wesens des Eros im „Symposion": Danach sind die Dämonen Dolmetscher zwischen Göttern und Menschen, sie vermitteln an die Götter von den Menschen Gebete und Opfer und von den Göttern an die Menschen Befehle und Vergeltung der Opfer, und auch alle Priesterkunst und Weissagung vollzieht sich durch ihre Vermittlung, weil die Götter nicht direkt mit den Menschen verkehren.

In der älteren Akademie unterscheidet Philippos von Opus entsprechend den fünf Elementen fünf verschiedene Gattungen von Lebewesen: Neben den Göttern mit ihrer feurigen Natur sowie den Menschen, Tieren und Pflanzen als Erdwesen kennt er drei Klassen von Dämonen, von denen die zwei höheren mit ätherischen bzw. mit Luftkörpern unsichtbar, die Dämonen der dritten Klasse mit Wasser- oder Dunstleibern dagegen sichtbar sind. All diese Dämonen vermitteln ähnlich wie bei Platon den Verkehr zwischen Göttern und Menschen und unterscheiden sich zudem von den Göttern als reinen Vernunftwesen dadurch, daß sie

52

Schmerz- und Lustempfindungen zugänglich sind. — Auch bei Xenokrates stehen die Dämonen vermittelnd zwischen den Göttern und Menschen, sind durch göttliche Kraft und Langlebigkeit den Menschen überlegen, haben aber durch menschliche Leiden, ja sogar Sterblichkeit und Veränderlichkeit an der göttlichen Reinheit und Unbeschränktheit keinen Anteil. Neben guten gibt es auch böse Dämonen: Ihnen, nicht den Göttern, gilt der apotropäische Kult, und von ihnen handeln viele unsittliche Sagen, die man fälschlich auf die Götter bezieht.

Die stoische Schule behält in allen Entwicklungsstadien den Glauben an die Dämonen, ja es gibt sogar stoische Beweise für ihre Existenz, welche wahrscheinlich auf Poseidonios zurückgehen, wobei Aufgabe und Wesen der guten wie der bösen Dämonen in ähnlicher Weise bestimmt werden wie in der älteren Akademie und die Dämonen vielfach als abgeschiedene Seelen gelten.

Im mittleren Platonismus, so bei Plutarch, gewinnt die Dämonen-Lehre, welche auch im Neupythagoreismus bekannt ist, um so größere Bedeutung, je mehr die Transparenz der obersten Gottheit und der Götter überhaupt gesteigert wird. Neben der Vorsehung durch den Willen und das Denken des höchsten Gottes und der Fürsorge der himmlischen Götter für die sterblichen Wesen betont Plutarch besonders die Beaufsichtigung der menschlichen Handlungen durch die Dämonen. Im übrigen finden wir bei ihm wieder die bekannten Kennzeichnungen der Dämonen: Sie sind für Lust und Unlust empfänglich, langlebig, aber sterblich und veränderlich, und es gibt auch böse Dämonen. Die Dämonen wohnen auf und unter dem Monde, und ihnen, nicht den weit über die Welt erhabenen Göttern, wird die Weissagung, die Überwachung der gottesdienstlichen Handlungen sowie des Verkehrs zwischen Menschen und Göttern übertragen. — Für Maximos von Tyros sind die Dämonen als Vermittler zwischen der höchsten Gottheit und der Welt Untergötter von unsterblicher, aber leidensfähiger Natur und als Diener der Götter und Aufseher der Menschen das eigentliche Band der sinnlichen und übersinnlichen Welt. — Apuleius mißt der Dämonen-Lehre besondere Bedeutung bei, was sich in der Ausführlichkeit zeigt, mit der er Wesen, Wirken und Klassen der Dämonen schildert, sowie in der sinnlichen Intensität, mit der er sich die Schutzgeister, so das Daimonion des Sokrates, ausmalt. — Weitere Vertreter der mittelplatonischen Dämonen-Lehre sind Kelsos und Albinos.

Philon von Alexandrien identifiziert die guten Dämonen mit seinen als platonische Ideen und reine Seelen zugleich verstandenen göttlichen Kräften einerseits und mit den Engeln der jüdischen Tradition andererseits und nimmt an, daß sie, fern von der Erde und frei von Sinneslust, in reiner Geistigkeit verharrend, dem höchsten Gott als Boten und Vermittler für seinen Verkehr mit den Menschen dienen. Nur auf menschgewordene, in sterbliche Leiber herabgestiegene und vom Strudel des sinnlichen Lebens ergriffene Seelen läßt sich die Bezeichnung „böse Dämonen" anwenden; diese sind nichts anderes als böse Menschenseelen.

Plotin präzisiert die Zwischenstellung der Dämonen dahin, daß in der intelligiblen Welt (Eines, Geist, Seele) kein Dämon ist und daß auch die himmlischen Sphären bis zum Monde herab nur Götter enthalten, so daß die Dämonen von der zweiten oder der innerweltlichen Seele ausgehende Kräfte sind, da die reine Seele nicht Dämonen, sondern nur Götter erzeugt. Einem Zwischenbereich zwischen der irdischen und der höheren Welt angehörend, vereinigen die Dämonen die Eigenschaften beider in sich: Sie sind ewig wie die Götter und schauen mit ihnen das Übersinnliche, aber sie sind Affekten unterworfen, haben einen Leib aus intelligibler Materie und können zum Zwecke des Erscheinens Feuer- und Luftleiber annehmen, haben Sinnesempfindung, erfahren Einwirkungen von anderen und verfügen über eine eigene Sprache. Daneben kann Plotin den Begriff des Dämonischen allerdings wie auch schon Platon auf den Eros als auf eine Tätigkeit der Seele des Menschen übertragen.

Weitreichende Nachwirkungen hat die Dämonen-Lehre (besonders des Xenokrates) in der Patristik, in erster Linie bei den Apologeten des 2. Jh.s gehabt, und zwar in dem Sinne, daß die heidnischen Götter vorwiegend als böse Dämonen interpretiert werden, so bei Tatian, Justinus Martyr, Athenagoras, Minucius Felix, Theophilus und später bei Augustin.

Eduard Meyer hat in seiner „Geschichte des Altertums" (7) die unterschiedlichen Wesenheiten von Gott und Dämon verdeutlicht:

Der Unterschied zwischen Geistern (Dämonen, Gespenstern, Djinnen usw.) und Göttern kehrt in allen Religionen wieder . . . Er tritt sinnfällig überall darin hervor, daß die Götter der ersten Klasse ursprünglich wenig oder gar keinen Kult haben, und doch zweifellos Götter, ja oft die Götter κατ έξοχήν sind, so der Große Geist bei den Indianern, Allah bei den Arabern vor Mohammed, der Sonnengott Rê bei den Ägypten vor der fünften Dynastie, ebenso der Mondgott Io'h, oder Helios und Selene bei den Griechen u. ä. oder im Christentum Gott der Vater und Gott der Heilige Geist. Auch bei den Iranern spielt Ahuramazda, bei den Indern Brahma (Atman) im Kultus nur eine geringe Rolle. Daher kann der Kultus auch nicht . . . zum Träger der Definition des Gottesbegriffes gemacht werden. Er ist wesentlich nur für die Götter der zweiten Klasse, die in Wahrheit erst durch ihn geschaffen werden. Als das Wesentliche bleibt mithin die lebendige und dauernde Einzelpersönlichkeit, mit der der Mensch rechnen und zu der er in Beziehungen treten kann (die noch nicht Kultus, sondern nur ein Ausdruck des Gefühls persönlicher Abhängigkeit zu sein brauchen). Sie ist auch bei denjenigen Göttern vorhanden, mit denen der Mensch nur bei vereinzelten Gelegenheiten in Verbindung tritt, etwa bei einem Jahrfest oder bei bestimmten Handlungen wie Aussaat und Ernte, oder deren Wirksamkeit er nur bei einem einzelnen Anlaß einmal erkannt hat . . . Denn auch sie werden als dauernde Mächte von bestimmter gleichmäßiger Wirkung (nach der sie durch ihre Eigennamen bezeichnet werden) betrachtet, wenngleich sie diese Wirkung nur ganz vereinzelt üben, und sind daher von den Geistern und Dämonen durchaus wesensverschieden. — Natürlich fehlt es nicht an Übergangsformen zwischen der Geister- und Götterwelt. So sind z. B. die Mächte, welche Verderben, Krankheiten (besonders Epidemien), Tod u. ä. senden, bei vielen Völkern echte Gottheiten, die sogar einen vollen Staatskult entwickeln können. Aber bei den Parsen gilt Ahriman, bei den Indern Mâra, in den christlichen Religionen der Teufel nicht als Gott, obwohl diese Wesen alle bestimmt ausgebildete, dauernde Persönlichkeiten sind, so gut wie die Götter. Zum Teil wirkt hier die Scheu mit, sie mit den guten segenspendenden Mächten völlig in eine Linie zu stellen. Vor allem aber ist maßgebend, daß die Verbindung mit ihnen, obwohl sie unter genau bestimmten Riten dauernd möglich ist, als illegitim und streng verpönt gilt und sie daher auch keinen Kultus entwickeln. So bleiben sie in dem Kreis der Geisterwelt des Zauberwesens. — In ausgebildeten mythologischen Systemen (z. B. den griechischen oder indischen) gibt es auch zahlreiche Wesen, die als Götter anerkannt werden, obwohl sie weder eine kosmische noch eine irdische Funktion, noch einen Kult haben. Aber das sind lediglich Füllfiguren des genealogischen Systems, die meist (soweit sie nicht Überbleibsel verschollener Kultgestalten sind) der Persönlichkeit völlig ermangeln. (S. 102—03, verkürzt)

Zitieren wir schließlich einen weiteren Fachmann, den Religionswissenschaftler Karl Beth. Er schreibt im „Handwörterbuch des Deutschen Aberglaubens" (17) über die Dämonen und ihre Abgrenzung zur Götterwelt (Bd. II, Sp. 140—168, gekürzt):

Die Dämonen bilden eine Klasse von Wesen, mit denen sich Glaube und Phantasie der Menschen viel beschäftigen. Von den Göttern unterscheiden sie sich dadurch, daß sie ein weniger durchgeprägtes unsinnliches Wesen haben, statt dessen, obwohl . . . über kleine Gebiete des Naturgeschehens und gewisse Naturbezirke erhoben, doch stark naturgebunden sind und auch mehr sinnenfällige Erscheinung haben. Demgemäß ist die Haltung, die der Mensch von Dämonen gegenüber einzunehmen pflegt, nicht diejenige der Verehrung der guten Dämonen und der Versöhnung der böswilligen Dämonen, sondern im Grunde dieselbe Haltung, welche der Mensch zu den in keiner Weise seelisch-persönlich vorgestellten Kräften einnimmt, die er in seiner Umwelt wahrnimmt, d. h., es ist im wesentlichen die Einstellung des magischen Menschen. Die Kräfte, die der Mensch in den Dämonen und aus ihnen wirksam weiß, sind vorwiegend magischer Art. Außerdem fehlt den Dämonen die Individualität, wie sie den Göttern eignet, auch dann, wenn sie als Einzelwesen auftreten. Selbstverständlich gibt es Übergänge zu den göttlichen Kräften hin, und demgemäß werden von Forschern die einen oder anderen Wesen unter Umständen den Dämonen und dann wieder den Göttern eingereiht . . .

Für gewöhnlich sind Dämonen infolge der mangelnden Individuation als eine Horde gedacht, aus der ein Anführer hervorragen kann. Doch ist selbst diese Individuation des Häuptlings selten. Die starke Begrenztheit ihrer Machtsphäre kommt auch darin zum Ausdruck, daß sie den Göttern gern unterstellt werden . . . Dämonen finden sich keineswegs auf allen Stufen der Religion. Unvereinbar scheint der Glaube an Dämonen mit dem Totemismus und stellt sich hier, soweit wir sehen, erst ein beim Abklingen der totemistischen Grundanschauung . . .

Der Ursprung der Idee des Dämonismus . . . liegt in dem Suchen nach einer Ursache für unerklärliche Übel und dem Wunsche nach einer dagegen arbeitenden Macht, welche eine Bürgschaft für die Abwehr der Übel bietet. In manchen Fällen kommt der Animismus hinzu: allgemein in der Welt vorhandene, seelisch geartete Wesen machen sich durch unangenehme oder angenehme Wirkungen bemerkbar, sei es auf die Fruchtbarkeit des Landes oder des Viehes oder auch der Menschen, sei es auf das körperliche und seelische Wohlbefinden der Menschen. Die Grundvorstellung ist die von schädlichen Wirkungen, während das Gute zumeist auf den Gedanken der göttlichen Macht führt . . .

Gar nicht selten sind Dämonen bei Überlagerung einer höheren Religionsform durch die gewaltsame Degradation der Gottheiten der überrannten Religion aus diesen letzteren entstanden. Für das Verständnis des im Mittelalter durchgeführten Dämonenglaubens ist es wichtig, zu beachten, daß das siegende Christentum sowohl in Griechenland wie in Italien und in Germanien die alten Götter zu dämonenhaften Gebilden herabgesetzt hat. Schon Plato war als der Prophet einer geistigen und dem Monotheismus entgegenführenden Religion auf griechischem Boden darin vorangegangen, indem er — was auch der Christ Origenes mit Fleiß zitiert — elf Ordnungen der Götter und Dämonen anführt, sich selbst und seine Anhänger zur Ordnung des Zeus zählt, während er die übrigen zu den Ordnungen „der anderen Dämonen" rechnet. Die Götter, welche die Heiden für Mißwuchs, Hungersnot, Pest usw. verantwortlich machten, erklärt Origenes selbst für Dämonen — ähnlich wie Augustin und Hieronymus —, während er die Dämonen, welche bei den Heiden die unsichtbaren Walter über Ackerbau, Wachstum, Wasserreichtum der Quellen und Flüsse sowie über die Gesundheit der Luft sind, als Engel gepriesen wissen will.

Eine systematische Klassen- bzw. Typeneinteilung der Dämonen ist nur sehr schwer möglich, da ihre Funktionen zu unterschiedlich sind. Noch schwieriger ist eine Aufstellung nach ihrer historischen Reihenfolge. Mit Beth wollen wir festhalten, daß die Vorstellungen der Vegetationsdämonen, der Fruchtbarkeitsdämonen, auch die der Krankheits- und Todes- bzw. Genesungsdämonen sich mit Hilfe der animistischen Vorstellung erklären lassen, falls man den Macht-Mana-Gedanken hinzubringt. Dasselbe gilt von den Dämonen der Armut und des Reichtums. Gegenüber den Genannten bilden die Spukdämonen eine besondere Klasse, da sie zum größten Teil auf der Vorstellung der gegenüber dem Körper des Menschen selbständigen Seele beruhen: der Hauch = Seele, die den Körper, dessen belebendes Agens sie war, beim Sterben verläßt und als Hauchdämon entweicht; oder des Schattens, der das doppelgängerische Gebilde des Menschen ist und nach dem Tode ein Eigenleben führt; oder der Busch- oder Waldseele, die in die Einöde wandert und Tiergestalt annimmt. Alle diese letzteren setzen dem Menschen mit ihrem schabernäckischen Treiben zu . . .

(Bei der) Entwicklung des Dämonenglaubens im Mittelalter bemerken wir gleichsam eine Zusammenfassung der vielen Strömungen dämonistischer Anschauungen der verschiedenen Kulturen. Was in antiken orientalischen, hellenischen, keltischen, germanischen Anschauungen von Dämonen je geglaubt wurde, floß wie in ein Sammelbecken im mittelalterlichen Dämonenglauben zusammen. Unter den griechischen Denkern hat schon Thales von den die Welt erfüllenden Dämonen gesprochen und sahen die Pythagoräer im Ohrenklingen und Donner dämonische Geräusche, und durch Xenokrates wurde die Dämonologie in der Philosophie der Akademie beheimatet. Die Stoiker erklären durch die Dämonen sowohl Träume wie Krankheiten und Witterungserscheinungen und kennen außerdem den Individualdämon des einzelnen Menschen, der als sein Pädagoge fungiert. Die Neuplatoniker sprechen den zahllosen Dämonen, die sich zwischen Erde und dem Monde aufhalten, Ewigkeit wie den Göttern zu, im Unterschiede von diesen aber größere Leidenschaften und einen aus feiner Materie gebildeten Leib mit Empfindungen und dem Vermögen zu hören. Augustin, der die Anschauung übernommen hat, weiß, daß sie hilfreich und übelwollend auftreten können und einen Kultus verlangen. Die Gestalten, unter denen die Dämonen von nun an vorgestellt werden, sind vornehmlich tierische. Daneben kommen menschliche und Mischgestalten vor . . . Tierattribute sind bei Dämonen, auch wenn sie in Menschengestalt erscheinen, die Hörner. Die Hörner bilden beim Teufel und „seinen Engeln" die Überbleibsel der tierischen Dämonengestalten beim Übergang zum späteren Mittelalter, in dem, vornehmlich unter dem Einfluß der Vorstellung vom Teufel, die menschlich gebildeten Dämonen die Oberhand erhielten.

Christliche Dämonenvorstellungen — Diese Interpretation von Beth beruht auf der allgemeinen christlichen Vorstellung. Wir wissen aber heute aus den Arbeiten der vergleichenden Religionswissenschaft, daß z. B. die ältesten Göttergestalten der Ägypter, wie ganz allgemein in den Frühkulturen, zunächst als Tiere, dann später als Mischgestalten (menschlicher Leib und Tierkopf oder menschlicher Kopf und Oberkörper und tierischer Unterleib) und schließlich in Menschengestalt abgebildet wurden. Es gibt demnach eine direkte Linie dieser Alt- und Urgötter zu den vom Christentum „degradierten" Dämonen des Mittelalters. Sie nehmen als „christliche Dämonen" lediglich ihre ursprünglichen Gestalten wieder an, um dem mittelalterlichen Christen als furchterregende Ungetüme zu erscheinen.

Die Dämonen waren meist weibliche, viel weniger männliche Wesen, was schon Trithemius 1508 feststellte. Besondere Beachtung fand im Mittelalter auch die sinnlich-erotische Begierde der Dämonen. Wenn schon die Primitiven überzeugt sind, daß die Dämonen mit Vorliebe der Braut nachstellen, so ist da allerdings in der Regel keine eigentlich sexuelle Neigung der Dämonen gemeint, sondern die Annahme, daß sie während der Cohabitatio am leichtesten Eingang in den weiblichen Körper finden, den sie zu besitzen wünschen.

Auch diese Auffassung von Beth trifft sicherlich nur für die spätere christliche Interpretation der Kirchenväter zu. Der göttliche (sexuell-erotische) Sinnengenuß der antiken Götterwelt, wie er uns besonders im griechischen Mythos immer wieder entgegentritt, war in seiner überwiegenden Mehrheit lediglich eine symbolische Handlung der durchaus positiv zu bewertenden Fruchtbarkeitsriten der Alten Welt. Dabei ist die (gelegentlich übertriebene) Sexualität einer bestimmten Gottheit ein spezifischer Ausdruck ihres Kultes, der oft in Form der sakralen Orgie (7. 1. 2. 3) praktiziert wurde. Durch die Sublimation alles Sexuellen in der christlichen Lehre mußte naturgemäß auch die ausgeprägte Sexualität der antiken (heidnischen) Götterwelt bei ihrem zwangsweisen Hinabstieg in die (böse) Dämonenwelt verblassen und zu einem öffentlichen Ärgernis, ja zum höllischen Gebaren werden. Auch Beth erkennt diese christliche Fehlinterpretation bzw. systematische Umfunktionierung der aus den heidnischen Fruchtbarkeitsriten entstandenen sakralen Sexualität und Erotik der alten Götter und ihrer Anhänger, wenn er schreibt:

Immerhin wissen schon die antiken Völker von dem Verlangen der Dämonen nach Liebes-genuß mit Menschen und von dem Raube von Menschen zu diesem Zweck. Je mehr die geschlechtliche Enthaltung zur höheren sittlichen Pflicht wurde, um so mehr wurde der Dämonenglaube benützt, um willentlich die unwillentlich erotische Erregung von sich selbst abzuwälzen und den Dämonen zuzuschreiben, Theorien über den ehelichen Verkehr zwischen ihnen und den Menschen und die Zeugungsfähigkeit der Dämonen auszubilden ...

Die Sinnenfreudigkeit der vorchristlichen Götterwelt und ihrer Gläubigen in den von uns überschaubaren historischen Zeiträumen war für das in dieser Hinsicht sicherlich (zumindest offiziell) abstinente, ja asketische Christentum wie für seine Lehre allein Anlaß genug, die ursprünglich mit positiven Eigenschaften ausgerüsteten, allerdings meist sehr sinnlichen, vorchristlichen Götter zu Negativfiguren herabzuwürdigen und sie zu „dämonisieren". Es war dies wohl die einzige Möglichkeit des missionierenden, aber nicht immer überzeugenden Christentums, die alte Götterwelt der unterdrückten Religionen bei den „Bekehrten" durch eine systematische Verunglimpfung zu verdrängen. Die Erschaffung des leibhaften „Antichrists" in der Gestalt des Satans oder Teufels war geradezu für die recht abstrakte christliche Lehre zu einem unentbehrlichen Requisit geworden, das erst in unserer Zeit durch „aufgeklärte" christliche Theologen in Frage gestellt worden ist. Nur durch die „Umfunktionierung" konnte die Beliebtheit der zu verdrängenden Götter vor dem „neuen", in seinen Wesenheiten keineswegs immer freundlichen und gütigen Gott zugunsten des letzteren vollzogen werden. Zu den Bösewichtern der christlichen Welt gehörten daher alle Gestalten der vorchristlichen Götter- und Dämonenwelt, auch wenn sie in ihrer früheren Form zu den „guten" Wesen gezählt wurden, also positive

Eigenschaften besessen hatten. Jetzt galten für sie nur noch negative Aspekte, und sie gehörten zu den bösen Dämonen, deren Auflistung zur Haupttätigkeit einiger christlicher Kirchengelehrter gehörte. Unter der Herrschaft des Satan/ Teufels führten sie fortan ihr höllisches Regiment, wobei sie unter den Menschen die verabscheuungswürdigen Hexer und Hexen zu ihren Proselyten machten.

Zur Bekämpfung der Dämonen und der von ihnen besessenen Menschen wurden bereits in vorchristlicher Zeit benutzte Abwehrzauber unbedenklich übernommen und noch „verfeinert". Die seit Urzeiten bestehende Furcht des Menschen vor den bösen Dämonen hatte schon in prähistorischer Zeit Mittel entwickelt, die in Form der Gewalt durch Schlagen, Verjagen, Drohen und Mißhandlung des Dämons oder in seiner real stets vorhandenen Verbannung des von ihm „besessenen" Menschen verabfolgt wurden. Zahlreiche Formen der Beschwörung sollten ferner — als Exorzismus auch noch in unserer Zeit praktiziert — zur Austreibung des Dämons dienen. Aber auch Täuschungen der Dämonen durch Verkleidungen, Versteckenspielen und Trunkenmachen wurden versucht.

In der (für den gewöhnlichen Sterblichen) nicht sichtbaren Geisterwelt der Dämonen gab es (und gibt es nach christlicher Lehrauffassung) einen ständigen Kampf der guten und bösen Geister, der sich meist im „Innern" des Menschen abspielt. Hier wurden vorchristliche Glaubensformen vom Christentum übernommen, da es trotz des christlichen Monotheismus auch in diesem Weltbild den Dualismus zwischen Gut und Böse gibt. Die letztere Eigenschaft wird personal durch den Teufel und seine Dämonen auch heute noch vertreten. „Gute" Dämonen standen (und stehen) dagegen gelegentlich dem Menschen in seinem Kampf gegen das Böse bei.

Hier blieb die traditionelle Ansicht bestehen, derzufolge es nicht nur die „gefallenen Engel" gibt, von Gott aus den himmlischen Gefilden herabgestürzt und in allerlei Unholde verwandelt, sondern auch die „guten Geister", also die im Himmel verbliebenen Engel, die dazu veranlaßt werden sollten, die „guten" (christlich gesinnten) Menschen gegen jegliche Unbill böser Geister zu schützen. Später kamen zu den in der Engellehre aufgezeichneten guten Geistern noch die zahlreichen Heiligen der christ-katholischen Kirche, die den guten Christen echte Lebenshilfe in seiner Auseinandersetzung mit der bösen irdischen Welt gaben (und geben). Ihre Zahl vermehrt sich personal bis in unsere Gegenwart, während offenbar die bösen Geister offiziell nur noch im Kollektiv zur teuflischen Heerschar stoßen.

Psychologischer Aspekt des Dämonenglaubens Der Philosoph und Nestor der deutschen Psychologie, Wilhelm Wundt (1832–1920), hat im Rahmen seiner umfassenden „Völkerpsychologie" (18) in einem eigenen Kapitel über „Dämonenvorstellungen" (Bd. II, S. 365–481) einen interessanten Beitrag zum Thema geleistet, den wir auszugsweise, da auch heute noch gültig, wiedergeben möchten. Wundt führt den Dämonen-

58

glauben auf die Seelenvorstellungen des frühen Menschen, also wie Beth und andere Wissenschaftler auf animistische Spekulationen zurück:

Als Merkmal, das den Dämon von den (menschlichen) Seelen und den beseelten (überirdischen) Wesen scheidet, oder das die letzteren in Dämonen umwandelt, ist dabei vor allem dies festzuhalten, daß die Seele als solche an einen einzelnen beseelten Körper gebunden und ausschließlich in ihm wirksam gedacht wird; während der Dämon, ebenso wie der Geist, des festen Sitzes und einer dauernden Form entbehren kann, von dem Geist aber hinwiederum dadurch sich scheidet, daß er Unheil bringt oder auch dem, der ihn seinen Willen dienstbar zu machen weiß, Schutz und Hilfe gewährt. Darum ist das Zauberhafte ein wesentliches Attribut des Dämons, und die Seele beginnt in dem Augenblick zum Dämon zu werden, wo sie zauberhafte Wirkungen ausübt . . .

Diese jeder Regel widerstrebenden Metamorphosen sind es zugleich, die bei dem Dämon auch da, wo er etwa aus einer individuellen Seele entstanden ist, nicht selten die Spuren dieses Ursprungs verwischen, während die Neigung, überall, wo Ungewöhnliches geschieht, in dämonischen Wesen die Urheber zu vermuten, außerdem eine Fülle von Dämonengestalten hervorbringt, die von Anfang an des Zusammenhangs mit einer bestimmten Seele entbehren. Obgleich demnach die Loslösung von dieser in beiden Fällen ein Merkmal der Dämonenvorstellungen ist, so bleibt es doch ein für die Genese der letzteren wichtiger Unterschied, daß sie von Anfang an in zwei Klassen zerfallen: in solche, die direkt aus Seelenvorstellungen entstanden sind, und in andere, die sich unabhängig von diesen aus den allgemeinen Motiven des Dämonenglaubens entwickelt haben. Kann man danach die ersteren als die sekundären, die letzteren als die primären bezeichnen, so wurzelt übrigens unverkennbar in beiden Fällen der Dämonenbegriff im Seelenbegriff, aus dem er durch dessen Verschmelzung mit dem Zauberglauben entsprungen ist. In diesem Sinne kann man wohl den Dämon eine Seele höherer Stufe nennen, deren Wirken sich durch Zauber ins Schrankenlose erweitern kann und nur im einzelnen Fall in den besonderen Anlässen ihrer Betätigung begrenztere Zwecke verfolgt. Darum ist der Dämonenglaube ein Produkt und in gewissem Sinne eine Provinz des Seelenglaubens, wenn auch die meisten einzelnen Dämonenvorstellungen durchaus nicht unmittelbar aus Seelenvorstellungen hervorgegangen sind.

Mit dieser Unbestimmtheit des Ursprungs hängt nun zugleich die schwankende Natur der Dämonen auf das engste zusammen. Ihre Metamorphosen umfassen nicht bloß alle jene regelmäßigeren Verwandlungen der Psyche, in denen sich die Zaubermetamorphosen des Dämons bereits vorbereiten, sondern sie bewegen sich im Gebiete dieses Zaubers selbst zwischen den äußersten Grenzen, die das Spiel der mythenbildenden Phantasie durchmessen kann. Bald wächst die Gestalt des Dämons ins Riesengroße, bald schrumpft sie in neckischer Verkleidung zu winziger Kleinheit zusammen. Bald nimmt sie tierische, bald menschliche, bald doppelgestaltige Formen an, um in einem andern Moment plötzlich in nichts zu verschwinden oder bloß noch in zauberhaften Wirkungen auf Menschen und Dinge merkbar zu werden . . .

Indem sich der Naturmythos der Dämonen bemächtigt, überträgt sich auf die aus ihm erwachsenen Göttervorstellungen der gleiche Begriff des Zauberhaften, der jenen von Anfang an eigen ist. So entlehnt der Gott dem Dämon seine unbeschränkte Verwandlungsfähigkeit, während er doch zugleich in der das menschliche Maß überschreitenden Macht und Größe über das ursprüngliche Dämonentum sich erhebt, das noch ganz in den Niederungen der Menschenwelt sich bewegt hatte. Das sind jene Götter der Naturreligionen, wie sie in ihrer durch die epische Dichtung ausgebildeten Form der Götterwelt Homer uns bietet. Götter und Dämonen zugleich, verbinden diese Götter das unheimliche Sinnen und Denken der zum Dämon gewordenen Seele mit einer fast schrankenlosen Zaubermacht des Wollens und Handelns. Darum sind diese Wesen im eigentlichsten Sinne w e r d e n d e G ö t t e r. Auf der einen Seite stehen sie noch ganz inmitten des Treibens der den Menschen auf Schritt und Tritt umgebenden, seine Unternehmungen fördernden oder störenden Dämonen. Auf der andern erheben sie sich bereits als himmlische Mächte zu Lenkern und Erhaltern der Weltordnung. So sind hier die Eigenschaften noch friedlich vereint, die später in teilweise einseitiger Entwicklung aus diesen Dämonenvorstellungen des Naturmythos sich abzweigen: das Dämonische des geistigen Wirkens, das zum tiefsten Problem der Philosophie wird, und das Dämonische des äußeren Schicksals, um das sich Religion und Dichtung als um ein niemals ganz zu lösendes Rätsel bemühen.

Wundt unterscheidet, ähnlich wie Beth, mehrere Kategorien von Dämonen. Zur ersten Klasse zählt er die Spukdämonen, die er wiederum in Gespenster, Naturdämonen, mit den Untergruppen: Haus-, Erd-, Luft- und Wassergeister, und in Einöd- und Bergdämonen einteilt. Zur zweiten Klasse zählen die Krankheits- und Wahnsinnsdämonen und zur dritten Klasse die Vegetationsdämonen. Zur vierten Klasse rechnet Wundt die Schutzdämonen der Orte, Stände und Berufe und zur fünften schließlich die Himmelsdämonen, zu denen die Wind- und Wetterdämonen, die Wolken- und Gewitterdämonen wie die Feld- und Waldämonen zu zählen sind. Wir wollen hier nicht die von Wundt ausführlich geschilderten Unterscheidungen der einzelnen Dämonenformen wiedergeben, sondern uns nur auf diejenigen konzentrieren, welche mit unserem Thema unmittelbar in Berührung stehen.

7.2.2   In dem erwähnten Unterkapitel „Krankheitsdämonen und Hexenglaube"
Die „Behexung" (18, S. 386–410) kommt Wundt auf die „Behexung" (S. 394–397) und den „Hexenglauben" (S. 399–402) zu sprechen. Die Hexe wie der Hexer ist das vom Teufel auserwählte Wesen seiner Machtausübung über den Menschen. Wundt unterscheidet bei den Krankheitsdämonen drei Formen dämonischer Krankheitsursachen:

1) den Dämon, in dem die Seele eines Verstorbenen herumgeistert, welche den Krankheitsprozeß unmittelbar bei dem Lebenden auslöst;
2) den tier- und zwittergestaltigen Dämon, der sich zeitweilig unsichtbar machen kann und vor allem bei Fieberträumen und Delirien auftritt und
3) den Wahnsinnsdämon, der, wie sein Name schon ausdrückt, zum Wahnsinn, aber auch zur Besessenheit führen kann.

Die Behexung unterscheidet sich wesentlich von den beiden (ersteren) Formen der Krankheitserzeugung, von der Vergewaltigung durch den Geist eines Verstorbenen und von der Plage durch einen spezifischen Krankheitsdämon. Denn sie besteht darin, daß ein lebender Mensch als der Urheber der Krankheit angesehen wird, die er durch irgendwelche magische Mittel hervorgerufen habe. Wo überhaupt der Zauberglaube in Blüte steht, da hält eventuell jeder einen beliebigen andern einer solchen Behexung fähig. Besonders gelten aber natürlich diejenigen für kundig in der Beherrschung der hierzu erforderlichen Mittel, deren privater oder öffentlicher Beruf die Zauberei ist, die Medizinmänner und die Priester. Sie haben zwar offiziell im allgemeinen nur die Aufgabe, Gegenzauber gegen drohende Gefahren zu üben,

60

Krankheiten durch solchen zu heilen oder Mißwuchs und andere allgemeine Übel hintanzuhalten. Doch wer sich auf den Gegenzauber versteht, der ist natürlich auch des Zaubers kundig: er vermag andere durch seine magischen Mittel direkt zu schädigen; und die empfindlichste, dem nächsten Umkreis der Zaubervorstellungen angehörende Schädigung ist die Krankheit . . .

Während der Dämon und der ihm gleichende Geist eines Toten in der Regel nach eigenem Gutdünken und darum von niemanden vorausgesehen den Kranken in Besitz nimmt, setzt die Behexung zumeist einen boshaften Willen und bestimmte in magischer Absicht geübte Handlungen bei dem voraus, der die Krankheit anzaubert. Einige Arten des Zaubers gibt es allerdings, die nach altem Glauben auch unwillkürlich geübt werden können, und die darum bisweilen sogar als ein Unglück dessen angesehen werden, der sie ausübt. Dahin gehört der b ö s e B l i c k. Er kann noch mancherlei anderes Unglück heraufbeschwören . . . Die Zauberkraft liegt hier in dem Blick selbst und nicht in den ihn begleitenden Gemütsbewegungen: sonst wäre der Glaube, daß jener auch unwissentlich schaden könne, nicht begreiflich.

In dieser Beziehung berührt sich am nächsten mit ihm der Zauber des V e r r u f e n s und B e r u f e n s . . . Durch „Verrufen" schädigt man wissentlich . . . Als Mittel des Verrufens dienen dann meist irgendwelche Zauberformeln . . . So bespricht oder verruft die Hexe das Vieh des Bauern, indem sie sich irgendwelcher teuflischer Verwünschungen bedient. Vermöge jener Assoziation, die das Unreine und Dämonische überhaupt mit dem Heiligen verbindet, kann jemand aber auch durch geistliche Lieder oder Bibelverse einen anderen totbeten . . . Demgegenüber gilt nun das „Berufen" durchaus als ein unwissentlicher Zauber. Es beruht gleichfalls auf dem Glauben an die geheimnisvolle Kraft des Wortes . . .

So kommt es, daß der Glaube an Behexung eines der stärksten Beispiele für die allgemeine Regel abgibt, daß die primitiven Formen des Zauberglaubens zugleich die dauerndsten zu sein pflegen, und daß sie auf späteren Stufen der Kultur nicht selten einen fruchtbareren Boden für ihr üppiges Gedeihen finden, als innerhalb ursprünglicherer Zustände, wo die sonstigen Formen des Geister- und Dämonenglaubens sich mit der Behexung in die magische Erzeugung der Krankheiten teilen. Unter diesem Gesichtspunkt betrachtet ist nun auch jene Herrschaft des Hexenglaubens, wie sie der Ausgang des Mittelalters und ganz besonders noch die Jahrhunderte der Reformation und des Aufschwungs der neueren Naturwissenschaft darbieten, keine allzu befremdliche Erscheinung. Die Behexung als Krankheitsursache hat auch hier den Ausgangspunkt gebildet, und auf den Ursprung der Bewegung in den niederen und bäuerlichen Volkskreisen weist deutlich auch die Tatsache hin, daß die Behexung des Viehes von früh an ebensosehr wie die des Menschen den Hexen schuld gegeben wurde. Die Zaubermittel, die angeblich hierzu dienten, waren aber die alten, schon aus heidnischer Vorzeit ererbten und vielleicht zum Teil auch aus dem eigenen Schaffenstrieb der Zaubervorstellungen immer wieder in den gleichen Formen neu erzeugten. Der böse Blick, das Verrufen, das Festbinden, Vergraben von Haaren und Fingernägeln, dann unter dem Einfluß der mittelalterlichen Alchemie das Kochen von Zauberkräutern und nicht zum wenigsten der Gebrauch von Zauberformeln: sie bildeten das Inventar, mit dem der Volksglaube die Hexen und Hexenmeister bei ihren Taten ausrüstete. Was weiter hinzukommt, gehört dem Kolorit der Zeit an . . .

Da ist denn vor allem ebenso bedeutsam wie verständlich, daß der gesamte Hexenglaube durch die alte Dämonengestalt, die in der christlichen Kosmologie und Eschatologie eine so große Rolle spielt, durch den Teufel, seine besondere Färbung empfängt. Der Satz, daß Zauberwerk Teufelswerk sei, der zur Zeit der Ausbreitung des Christentums eine wirksame Waffe in der Bekämpfung heidnischer Bräuche sein mochte, er wurde allmählich zur

Integration des Hexenwesens in den Teufelskult

ergiebigsten Quelle des Dämonenglaubens im Christentum selbst, in die nunmehr das heidnische Zauberwesen wieder hineingeleitet wurde. So lebten in den mittelalterlichen Hexen die gespenstischen und zaubernden Frauen der heidnischen Mythologie wieder auf. Durch das Verhältnis, in das sie zu dem Satan als ihrem Patron traten, gewannen sie aber zugleich ihre besonderen Eigenschaften. Denn dieses Verhältnis schwankt zwischen der Besessenheit *Teufelspakt* und dem Bündnisvertrag, dieser merkwürdigsten Schöpfung der dämonologischen Jurisprudenz des Mittelalters, bei der der Bund Gottes mit seinem auserwählten Volk, den man sich auf die christliche Gemeinschaft fortgesetzt dachte, Pate gestanden hatte. Zu ihm war nun in dem Bund mit dem Teufel das höllische Gegenstück gefunden. Diese Vorstellung des Teufelbündnisses bildete aber auch insofern ein Gegenstück zu dem Bund des Christen mit Gott, als dem Gläubigen für die Zeit der Leiden im Diesseits als Entgelt die ewige Herrlichkeit des Jenseits verbürgt wird, während die Hexe und der Zauberer dem Teufel für die Macht und die Freuden, die er ihnen im Diesseits gewährt, ihre Seele für das Jenseits zusichern müssen, — ein freilich merkwürdig ungleicher Tausch, über dessen fragwürdige Natur jedoch, namentlich seit Hexerei und Ketzerei in enge Verbindung gebracht waren, die Vorstellung hinweghalf, daß die Hexen nicht bloß dem Teufel verbündet, sondern auch von ihm oder einem seiner Unterteufel besessen seien. Auf diese Weise traten die Hexen nun in den eigentümlichen Hofstaat ein, den der Fürst der Hölle um sich sammelte und bei dessen Ausmalung die in der Sagentradition fortlebenden heidnischen Legenden von den Wald- und Bergfahrten der unholden Geister die Vorbilder lieferten. Damit gerieten aber die Hexen wieder in eine doppelte Kontrastbeziehung zu dem himmlischen Hofstaat: einerseits traten den Engeln, die den Thron Gottes umstehen, neben den niederen Teufeln auch die Hexen gegenüber. Wie die Engel in der Höhe schweben, so vermag auch die Hexe zu fliegen, doch der Weg, den sie wählt, ist nicht der lichte Himmelsraum, sondern der dunkle Schornstein, und das Mittel, mit dem sie fliegt, sind nicht die Engelsflügel, sondern ein Besen, auf dem sie reitet. Andererseits tritt die Hexe als Teufelsbraut zugleich in Kontrast zu der frommen Nonne, der Braut des Himmels. Schwerlich ist man sich dieses Kontrastes bewußt gewesen. Doch er lag in dem Zug dieser nun einmal durch den Gegensatz zwischen Himmel und Hölle beherrschenden Vorstellungen, und es mußte sich daher notwenig dieser Gegensatz auch auf alle einzelnen Elemente dieses dämonologischen Systems übertragen, so daß manche Bestandteile des Bildes ohne Wissen und Wollen seiner Urheber aus jenem Gegensatz mit der Kraft ursprünglicher Glaubensüberzeugungen entstehen konnten. Nur daraus, daß dieses ganze System auf solche Weise mit den mythischen Bestandteilen der christlichen Glaubensanschauung fest verankert war, erklärt sich aber ebensowohl die ungeheure Verbreitung wie die lange Dauer dieser geistigen Strömung, die, wie sie ursprünglich vom flachen Lande in die Städte eingedrungen war, so auch allmählich wieder in jene abflutete, nicht ohne noch heute im Volksglauben ihre Spuren zurückgelassen zu haben.

Wir können uns hier Wundts Ausführungen weitgehend anschließen. Allerdings konnten wir in unseren Büchern über die „Erleuchteten" nachweisen, daß der ursprünglich aus der religiösen Sphäre der luziferianischen Gnosis stammende Satan/Luzifer besonders durch die im Mittelalter weitverbreitete Gnosis mit dem örtlichen vorchristlichen Dämonenglauben, der ja in einer volkstümlichen Weise auch im Christentum fortbestand, oft enge Verbindungen einging. Er führte schließlich zur speziellen Form des christlichen Teufels- und Hexenglaubens. Bewußt wurde der Vollzug dieser empirisch im Untergrund zum offiziellen Christentum geschaffenen Verbindung durch die christliche

Ketzer- und Hexenverfolgung. Die Inquisitoren versuchten auf einem (pseudo-) wissenschaftlichen Wege in einer oft schon lächerlichen Akribie eine neue Teufelslehre zu konstruieren. Das führte allerdings zu einer primär wohl ungewollten Reaktion in der noch tief im „Aberglauben" verhafteten Bevölkerung Europas, die sich in einer ausgeprägten Massenhysterie äußerte. Die durch diesen circulus vitiosus ständig anwachsende Inquisition mit ihren grausamen unmenschlichen Konsequenzen ließ zahlreiche, meist völlig Unschuldige oft unter unvorstellbaren Qualen leiden.

Der Versuch, das Übel in der Welt zu erklären, dürfte so alt sein wie die Menschheit selbst. Während aber der moderne Mensch dank wissenschaftlicher Erkenntnis zumindest das physische Übel für prinzipiell erklärbar halten kann, mußten die Menschen früherer Zeiten, weil ihnen die Einsicht in die Ursachen und Zusammenhänge fehlte, Dämonen oder böse Geister für das Übel in der Welt verantwortlich machen. Deshalb ist der Dämonenglaube ein Phänomen, das allen alten und „unaufgeklärten" Völkern gemeinsam ist. Ja, man darf die Behauptung wagen, daß für die religiöse Erfahrung mancher Völker die Dämonen eine weit größere Rolle gespielt haben als die Götter. Denn der Dämon „vertritt die Schrecklichkeit der Welt schlechthin, die unberechenbare Gewalt, die um uns webt und uns zu ergreifen droht." (G. van der Leeuw, Phänomenologie der Religion, [1956], S. 141; zitiert nach 1, S. 143)

Wir können hier Haag voll zustimmen und müssen feststellen, daß nach dem Versuch, den Dämonenbegriff aus verschiedenster Sicht zu interpretieren, die außergewöhnliche Vielschichtigkeit des Phänomens „Dämon" zu recht unterschiedlichen Definitionen und Beurteilungen in der Religions- und Kulturgeschichte geführt hat. Eigentlich ist es uns erst heute möglich, eine objektive Begriffsdefinition zu geben. Die häufig völlig falschen und oft unqualifizierten oder zweckbetonten, stets aber subjektiv und ideologisch gefärbten Berichte von Anhängern und Bekämpfern des Aberglaubens finden in der Literatur durch die Jahrhunderte daher nur ein negatives Echo. Bevor wir uns mit der Gestalt des Satan/Teufel/Luzifers selbst befassen, wollen wir in der ideengeschichtlichen Entwicklung die älteren Dämonenformen behandeln, wie sie uns in vorchristlicher Zeit bei den Völkern im östlichen Mittelmeer, der „Wiege" unserer Dämonenwelt, begegnen.

Der mittelalterliche Dämonen- bzw. Teufelsbegriff besitzt seine Wurzeln weitgehend in der jüdischen und christlichen Bibel, dem Alten und Neuen Testament, dem Talmud wie in der „heidnischen" hellenistischen, im Mythos überlieferten Dämonenwelt prähistorischer und antiker Vorstellungen; hierzu kommen die jüdische und hellenistische Zauberliteratur, die Kabbala und lokale volkstümliche Dämonenlehren. Wir befassen uns zunächst mit den Dämonen des Alten Testaments.

Die jüdischen Propheten des Alten Testaments hatten als religiöse Führer ihres Volkes dualistische Lehren tunlichst vermieden, um als überzeugte Monotheisten ihrem Gott Jahwe als dem einzigen und wahren Gott Israels nicht zu schaden. Doch in der vormosaischen Zeit begegnen uns auch im jüdischen Glauben dualistische Züge. Trotz der Bedrohung des Jahwismus durch die Götterwelt der Nachbarn Israels, besonders durch die kanaanäischen Götter, finden wir im Alten Testament nur vereinzelte Hinweise auf die Götter- bzw. Dämonenwelt der vormosaischen Periode der Juden. Der Wiener protestantische Theologe Gustav Roskoff (1814–1889) hat in seiner zweibändigen Monographie über die „Geschichte des Teufels" (19) hierzu Stellung genommen:

7.2.3.1

Das Gegensatzpaar Jahwe–Azazel

In der vormosaischen Zeit verehrten die Söhne Jakobs ihren Schutz- und Stammgott, wie die übrigen semitischen Stämme, deren jeder den seinen für den stärksten erachtete ... Er ist ein starker Gott, und die ältesten Urkunden bezeichnen ihn mit El = „die Macht". Darin, daß jeder der semitischen Stämme seinen Schutzgott für den mächtigsten hielt, wie der Hebräer den seinigen (2. Mos. 18, 11; 15, 11; 4. Mos. 14, 15; Richter 11, 24), liegt schon angedeutet, daß der Monismus nur in relativer Weise hinsichtlich der Kraft existierte, daher noch nicht von einem monotheistischen Gottesbegriff die Rede sein kann. Damit in Verbindung steht die Anerkennung anderer göttlicher Wesen neben dem Gott in der Höhe, wie unter anderm aus dem Gebrauche der Teraphim, aus den übriggebliebenen Namen der Cherubim, Seraphim hervorgeht, und selbst Ezechiel versichert (20, 8; 13, 24), daß die Hebräer in der Wüste den Götzen ihrer Väter gedient haben. So gehört Elohim, der von überirdischen Wesen, von heidnischen Göttern, von guten Engeln, selbst von Menschen, die als Fürsten über andere die Macht haben, gebraucht wird, einer Zeit an, wo die Stammväter noch Göttern dienten. Obschon die Götter des Heidentums auch Elilim, = „nichtige Wesen", genannt werden, denen kein wahres göttliches Sein zukommt, so ist ihnen anderwärts doch wieder Realität zuerkannt, und Jahwe wird in dieser Beziehung zum „Gott aller Götter". Es ist unzweifelhaft, daß die ältesten Vorfahren der Hebräer eine Mehrheit göttlicher Wesen anerkannt und verehrt haben, deren verblaßte Spuren wir in der späteren Religionsanschauung Israels als Erinnerungszeichen an die Urzeit antreffen ... (S. 176–177)

Im 3. Buch Mose oder dem Levitikus (16, 7–11; 20–22) wird neben dem jüdischen Gott Jahwe noch ein zweites überirdisches Wesen erwähnt, so daß einige Forscher hier von einem Gegensatzpaar sprechen, welches den sonst absoluten Monotheismus durchbricht. Im Text heißt es:

Und (Aaron) soll zwei Böcke nehmen und vor Jahwe stellen an den Eingang des Bundeszeltes. Es soll (Aaron) über die beiden Böcke das Los werfen, ein Los für Jahwe und ein Los für Azazel. Es soll (Aaron) den Bock, auf den das Los für Jahwe fällt, opfern zum Sühneopfer. Der Bock aber, auf welchen das Los für Azazel fällt, soll lebendig vor Jahwe gestellt werden, damit man an ihm die Sühnehandlung vollziehe und ihn für Azazel in die Wüste entsende ...

Und wenn (Aaron) die Versöhnung des Heiligtums und des Bundeszeltes vollbracht hat, soll er den lebendigen Bock herbringen. Dann soll Aaron seine beiden Hände auf sein Haupt legen und bekennen, daß auf ihn alle Missetaten der Kinder Israel und alle ihre Übertretungen und Sünden komme. Er soll sie dem Bock auf das Haupt legen und ihn durch einen Mann, der dazu bereit ist, in die Wüste schicken, damit der Bock alle Missetaten mit sich in die Wüste trage und in der Wüste belasse.

Roskoff über den Vorgang und den damit verbundenen Kult:

Bevor das Hebräervolk der allgemeinen Freude am Laubhüttenfeste sich hingab, sollten nach dem Gesetz, am großen Sühntage, dem Versöhnungsfest, am zehnten Tag des siebenten

Monats, alle Missetaten, wodurch die Gemeinde Jahwes das Jahr hindurch verunreinigt worden war, getilgt werden. Das Gesetz macht diesen Tag nicht nur zu einem vollkommenen Sabbat, wo alle gewöhnlichen Geschäfte abseits liegen bleiben mußten, es fordert auch ein gänzliches Fasten vom Abend des neunten bis zu dem des zehnten, das einzige vom Jahwetum vorgeschriebene Fasten . . .

Am Sühntage, dem potenzierten Sabbat, war auch ein außergewöhnliches Sühnopfer darzubringen. Da auch die Priester und selbst das Heiligtum der Sühne bedürftig erschienen, so sollte der Hohepriester, die übrigen Priester und auch der Tempel an diesem Tage gereinigt werden. Der Hohepriester mußte über zwei vor das Heiligtum gestellte Ziegenböcke das Los werfen, von denen der eine dem Jahwe, der andere dem Azazel bestimmt war. Hierauf ward vom Hohepriester für sich und sein Haus ein Opfer gebracht. Er trat mit dem Opferblute in das innere Heiligtum des Tempels, sprengte es gegen die Bundeslade und opferte hierauf nach seinem Austritt den Ziegenbock, den das Los für Jahwe getroffen hatte, mit dessen Blute er abermals die Besprengung des Heiligtums vollführte. Nach dieser Entsühnung des Priester- und Heiligtums legte er seine Hände auf den Kopf des für Azazel bestimmten Bocks, unter dem Bekenntnis aller Vergehungen und Übertretungen des Volkes Israel, die er hiermit auf diesen Bock übertrug, der durch einen bereitstehenden Mann in die Wüste gebracht wurde. (S. 177—178)

Und weiter heißt es bei Roskoff zur Herkunft dieses in der Literatur so verschieden interpretierten Azazel:

Es ist die Wüste als Aufenthalt des Azazel, als Stätte der Unreinheit gedacht. Diese gehört zu den wesentlichen Zügen in der Zeichnung des Sühnaktes und hängt mit der Bedeutung des ganzen Versöhnungsfestes zusammen. An diesem soll ganz Israel sich gründlich reinigen, die Gesamtunreinheit wird dem Bock aufgeladen, damit er sie an die Stätte trage, wo die Unreinheit herrscht, nämlich die Wüste. Eben die Wüste leitet auf die Spur, woher die Darstellung vom Azazel als eine verblaßte Erinnerung abzuleiten sein dürfte. Diese Spur leitet nach Ägypten zu Set, der in der Wüste haust, dort den Glutwind hervorbringt, überhaupt alles Übel im Natur- und Menschenleben verursacht. In dem hebräischen Azazel ist dieses Attribut ganz abgestreift, nirgends eine Erwähnung, daß er natürliches oder ethisches Übel bewirke. Die Kraft des jahwistischen Prinzips, das gerade am Sühntage, diesem höchsten Sabbat, zum Ausdruck kommt, hat die naturalistische Bedeutung des ägyptischen Set ganz abgetan und den Azazel als schemenhafte Erinnerung stehen gelassen.

Bei der Vorstellung von der Wüste als Aufenthalt oder Stätte der Unreinheit bildet nun Azazel nur die Staffage in der Landschaft. In dieser Schemenhaftigkeit liegt auch der Grund, warum dem Azazel nirgends die Fähigkeit, gewisse Übel oder Plagen hervorzubringen, zugeschrieben werden kann, warum er in den Reinheitsgesetzen nicht erwähnt wird, da er nicht als Hervorbringer der Unreinheit auftritt. Er ist keine Macht, sondern nur eine in der Erinnerung stehengebliebene skizzenhafte Gestalt, er kann höchstens die personifizierte Unreinheit genannt werden, und nur als solche steht er Jahwe gegenüber . . . so ist die Wüste die Stätte, wo die Gegenwart Jahwes vermißt wird, wo also nicht Reinheit, sondern Unreinheit herrscht. Daher konnte später die Wüste mit mancherlei Unholden bevölkert und im Neuen Testament als der Tummelplatz der Dämonen betrachtet werden. Wird Azazel als bloße Personifikation der Unreinheit gefaßt, der daher auch in der Wüste, der Stätte der Unreinheit, haust, nicht aber als Böses Prinzip, als Veranlasser der Sünde, so fällt auch die Schwierigkeit, wonach „die Fassung Typhons als böses Prinzip in voller Ausschließlichkeit" (Diestel, Set-Typhon, Asahel und Satan [in:] Zschr. f. hist. Theologie, 1860) viel später zu setzen wäre als Moses . . . (S. 184—185, gekürzt)

Haag meint zu diesem Problem (1, S. 170–172, gekürzt):

Unter den verschiedenen Elementen des Rituals (wie es im Levitikus geschildert wird) kann die feierliche Entlassung des Sündenbocks als das älteste gelten; vermutlich bestand das Ritual ursprünglich sogar nur aus diesem einzigen Element, während die blutigen Sühnehandlungen erst später hinzugefügt worden sind. In vorexilischer Zeit dürfte der Versöhnungstag schlicht damit begangen worden sein, daß man in einer symbolischen Handlung einem Ziegenbock die Sünden des Volkes auflud und dieser in die Wüste getrieben wurde, damit er dort samt seiner Sündenlast umkomme. Durch die Gestalt des Asasel jedoch, dem der Bock zugeschickt wird, kommt ein neues Element in den Ritus hinein. Jetzt geht es nicht mehr bloß darum, die Sünden zu eliminieren, sondern es soll offenbar ein Dämon beschwichtigt werden, der als Herr der Wüste gilt und für den der Bock bestimmt ist. Beide Vorstellungen sind grundsätzlich voneinander zu trennen. „Die Asasel-Gestalt ist dem Ritus selbst nicht immanent ... Nicht zufällig wird Asasel hernach in 20–22 überhaupt nicht mehr erwähnt" (K. Elliger, Leviticus, in: Hdb. z. A. T., 1/4 [1966], S. 212). Da aber der kanonische Versöhnungstag wahrscheinlich verschiedene, ursprünglich selbständige Sühnefeiern und -bräuche aufgenommen und zu einer einzigen Feier vereinigt hat, ist damit zu rechnen, daß Israel aus seiner nomadischen Zeit eine doppelte Praxis übernommen hatte: die Eliminierung der Sünden des Volkes durch einen in die Wüste gejagten Bock einerseits und die Beschwichtigung eines gefährlichen Wüstendämons durch einen ihm als Opfer zugeschickten Bock andererseits.

Eine religionsgeschichtlich interessante Analogie wird von Haag angeführt. Aus Mesopotamien ist seit etwa dem 2. Jahrtausend v. u. Z. als magische Handlung die Stellung eines „Ersatzkönigs" überliefert, der im Falle unheilvoller Zeichen einer drohenden Gefahr für den König eingesetzt wurde. Gelegentlich wurde er auch getötet, um die Lebensgefahr vom eigentlichen König abzuwenden. Wir haben bereits eingangs über die ältesten Formen des Opferns, das Primitial- und das Sühneopfer, gesprochen (7. 1. 2. 1. 2). Ranke-Graves führte uns von der matriarchalen Königin zum patriarchalen (Heiligen) König (7. 1. 3. 4). Wir dürfen annehmen, daß diese Tötung des „Ersatzkönigs" auch enge Beziehungen zur mythischen Gestalt des „Heiligen Königs" besitzt, denn diese Praxis gelangte von den Babyloniern zu den Hethitern, wo sie in der 2. Hälfte des 2. Jahrtausends modifiziert wurde. Hier wurde der als Ersatzkönig fungierende Mann, meist ein Gefangener, nicht getötet, sondern mit dem vermeintlichen Unheil, das über den König oder auch das ganze Volk ausgebrochen war, beladen und nach Hause geschickt. Die Tötung oder das „In-die-Wüste-Schicken" war also nicht mehr der Ausdruck einer Veränderung der herrschenden Gewalt vom Matriarchat zum Patriarchat, sondern lediglich eine symbolische Ersatzfunktion, die der Entlastung von den eigenen Sünden dienen sollte, also ein echtes Sühneopfer.

Für Haag ist das „Sündenbockritual eine Kombination von levitischen Riten, von magischer Praxis und Volksaberglauben, wie sie im Alten Testament für die jüngsten Reinigungsrituale charakteristisch ist."

Daß das Sündenbockritual im semitisch-mediterranen Sprach- und Kulturraum sehr weit verbreitet gewesen ist und zum Teil noch immer praktiziert wird, zeigt der Kult, der noch heute bei Rif-Kabylen bekannt ist. Bei diesem Berberstamm wird der „Sündenbock" einmal im Jahr durch einen Jungen siebenmal um die Opferstätte geführt, um anschließend zur Entlastung der Gläubigen geopfert zu werden, d. h., der Bock wird rituell geschlachtet. Die Kabylen wohnen heute in Teilen Nordalgeriens, besonders in der Großen und Kleinen Kabylei, dem Jura-Kalkgebirge des Djurdjura in der Küstenzone bzw. in einem Waldgebiet im Südosten von Bejaia. Unter der Oberfläche der im 7. Jahrhundert begonnenen Islamisierung haben sich besonders bei ihnen vorislamische Sitten und Gebräuche erhalten, wie auch eine eigene, nichtarabische Sprache, die heute allerdings vom Staat verboten wurde. Die Berber (vom lateinischen barbarus, arabisch: barbar), zu denen die Kabylen gehören, bewohnten vor der arabisch-islamischen Invasion das Gebiet von den Kanarischen Inseln bis zur Oase Siwa in Westägypten, während sie heute im wesentlichen nur noch, auf das Atlasgebiet zurückgedrängt, in diesem Gebiet anzutreffen sind. Sie gehören zu dem europid-mediterranen Rassenkreis, sprachlich aber zu der hamito-semitischen Sprachfamilie.

Auch die moderne Tiefenpsychologie hat sich des Azazel-Problems angenommen. Die Jung-Schülerin Rikwah Schärf geht in ihrer Arbeit „Die Gestalt des Satans im Alten Testament" (20) ausführlich auf Azazel ein:

Bei Azazel, dem Wüstendämon in Lev. 16, der die nächstliegende Analogie zum Satan darstellt, ist die Etymologie unsicher. Die Auffassung der jüdischen Exegeten (Targum, Pseudojonathan, Raschi, Kimchi), wonach Azazel der Name eines Ortes in der Wüste sei, scheidet aus, da die Gegenüberstellung des Namens zu Jahwe offenkundig auf ein personhaftes Wesen hindeutet. Hans Duhm (Die bösen Geister im Alten Testament, Diss., Tübingen, 1904) erwähnt die mehrfach vertretene Auffassung, es handele sich um eine Ableitung von āzal und sei mit „gänzliche Wegschaffung" zu übersetzen. Diese Auffassung fußt auf der Übersetzung der LXX: ἀποπομπαῖος. Eine ähnliche Etymologie vertritt auch Robert Eisler (Arch. f. Religionswiss. Bd. 27 [1929], S. 177 ff.). Er übersetzt azā'zel mit „der weggehende, abziehende Bock", entsprechend der griechischen Übersetzung des Symmachos: τράγος ἀπολυόμενος. Dagegen läßt sich prinzipiell einwenden, daß in Lev. 16 ja gar nicht der weggeschickte Bock den Namen azā'zel trägt, sondern ein Wesen in der Wüste, zu dem der Bock geschickt wird. Entgegen Eisler kommt man m. E. nicht um die Vermutung eines Wüstendämons herum. Einleuchtender und auf Spuren führend, die einen guten Sinnzusammenhang ergeben, scheint mir daher die Ableitung von āzaz und el, die Roskoff erwähnt. azā'zel hieße dann „der Starke Gottes". Roskoff beruft sich hierfür auf Fürst (Hebräisch-Chaldäisch. Handwörterbuch, s. v. Azazel) und Diestel (Set-Typhon, Asahel und Satan, in: Zschr. f. d. histor. Theologie, Jg. 1860, II. Heft), die mehrere Beispiele von Götternamen aufführen, welche mit azīz gebildet sind. Vor allem gibt es einen phönizischen Gott azīz, dem die gewaltsamen Einwirkungen der Sonne zugeschrieben werden. Ferner kommt auch ein Göttername bel-azīz, Bel der Starke, vor . . . Baudissin (Studien zur Semitischen Religionsgeschichte, Bd. I, S. 141) hält die Umwandlung eines fremden so benannten Gottes in einen Dämon für möglich. Bei Gesenius-Buhl findet sich ebenfalls die Vermutung einer Zusammenschmelzung von azāz und el. Die Bedeutung wird aber als unbekannt bezeichnet . . . Für unsern Zusammenhang wesentlich ist aber, daß es sich jedenfalls um einen Dämon fremden Ursprungs handelt und nach Ansicht der meisten azā'zel einen Eigennamen darstellt. (20, S. 192—195, gekürzt)

Schärf kommt bei ihren Überlegungen zu folgendem Resultat:

Alle Überreste vorjahwistischer Religion sind entweder als solche außerhalb der Jahwereligion stehengeblieben, wie die (noch zu erwähnenden) šedīm, śeirīm und Lilith, oder sind als Attribute Jahwes in ihn einbezogen worden, wie die Seraphim und Kerubim, die ihn in Jes. 6 umstehen oder (die ebenfalls noch zu behandelnden) Behemoth und Leviathan, die als Gleichnisse seines Wesens im Buche Hiob erscheinen.

Eine Ausnahme scheint Azazel zu sein, der in den Kult einbezogen ist und zugleich Jahwe gegenübersteht. Diese dämonische Gestalt erfordert deshalb in unserem Zusammenhang besondere Aufmerksamkeit, weil ihr — m. E. nur scheinbares — Jahwe-Gegenüberstehen mehrere Forscher zur Ansicht veranlaßt hat, er sei identisch mit dem alttestamentlichen Satan oder seine Vorform. Abgesehen vom Indiz des Eigennamens, der bei Azazel im Gegensatz zum Satan einen überkommenen Dämon erkennen läßt, zeigt der offenbar alte Ritus bei näherer Betrachtung eine in dieser Frage entscheidende Eigentümlichkeit: Der Dämon Azazel erscheint nicht als ein Gegenspieler Jahwes, nicht als eine ihm wirklich gegenüberstehende Macht. Dies geht vor allem daraus hervor, daß es sich in Lev. 16 nicht um ein Opfer handelt, worauf schon Justinus hinweist, Roskoff entscheidenden Nachdruck legt und heute die meisten modernen Forscher. Roskoffs Auffassung kann m. E. weitgehend gefolgt werden: „Azazel ist keine Macht, zu deren Sühne ein Opfer dargebracht würde, und der Dualismus, der durch ihn sich herausstellt, ist eben nur ein schattenhafter. Er ist nur die Qualifikation der abstrakten Unreinheit gegenüber der absoluten Reinheit Jahwes, er ist nur ein Schattenbild ohne Realität gegenüber der allein realen Macht Jahves." (19, S. 186)

Der Azazel-Ritus scheint mir einen einzigartigen Einblick in eine bestimmte Phase der Entstehung des monotheistischen Gottesbegriffes zu bieten, eine „Momentaufnahme" des Verdrängungsprozesses der alten dämonischen Gottheiten. Sie hält gewissermaßen den Verdrängungsprozeß selber fest. Azazel, ursprünglich wohl eine alte dämonische Gottheit, ist nur mehr ein Begriff, der als solcher noch vorhanden, aber weitgehend ausgehöhlt ist. Er ist nur noch Symbol der Öde. Er ist an den Ort verbannt, wo kein Leben mehr ist. Der Gegensatz zur öden Azazel-Wüste ist das „heilige Zelt", wo der lebendige Gott wohnt. Dem Werden des heiligen Gottes entspricht auf der menschlichen Ebene die Forderung der Heiligung. Auch innerpsychisch entspricht daher dem göttlichen Geschehen eine Abspaltung. Betrachtet man die menschliche Seite des Ritus psychologisch, so kann der Bock wohl als Symbol der Tierlibido des Menschen gelten. Diese Kraft wird gespalten: es sind zwei Böcke. Einer muß Jahwe geopfert werden und einer in die Wüste verschwinden. Das Los entscheidet, welcher für Jahwe, welcher für Azazel bestimmt ist. Sie sind also an sich gleich. Dieselbe Triebkraft muß also teils Jahwe geopfert, geweiht werden, teils wird sie weggeschafft. Nur ein Teil der Libido wird also sublimiert, der andere wird als Sünde abgestoßen, verdrängt. Die sündige Libido geht zu ihrem „Ursprung" zurück, in die Wüste, d. h., sie versinkt im Unbewußten, das wegen der Abspaltung „Wüsten"-Charakter hat. Das Unbewußte wird mit der Sünde belastet ... (20, S. 197—200, gekürzt)

Wenn man auch der tiefenpsychologischen Interpretation mit einer Freud-Jungschen „sündigen" Libido und ihrer Sublimierung bei Schärf nicht unbedingt zu folgen braucht, um nicht in die gleiche Monomanie und Überbewertung psychischer Wesensinhalte dieser Schule zu verfallen, kann doch die sachliche Aussage Schärfs zum Thema weitgehend auch von uns akzeptiert werden.

Der schon zitierte Kaupel hat in seiner Arbeit dem Azazel sogar ein ganzes Kapitel gewidmet (16, S. 81–91). Er weist darauf hin, daß der etymologisch nicht näher erklärbare Name Azazel erst im apokryphen Buch Henoch wieder auftaucht. Hier wird Azazel in einer ganz anderen Bedeutung zum Anführer der aufrührerischen Engel. Da Azazel im Buch Henoch in dieser neuen Funktion auftaucht, muß nach Kaupel diese Schrift „anders als die Septuaginta in Kreisen entstanden sein, nach deren Auffassung Azazel ein fest umrissenes persönliches Wesen war." Kaupel nimmt an, „daß man später dem Führer der gefallenen Engel den Namen des Wesens gab, das nach dem Zeugnis von Levitikus (3. Mose 16) mit dem Sündenbock in Beziehung stand." Azazel ist für Kaupel eine alter Gottesname und „sein Träger irgendein Gott einer vermeintlich polytheistischen Stufe der Religion oder gar der unabhängige Vertreter der bösen Macht." Im Vergleich mit älteren babylonischen Texten, in denen ähnliche Bräuche geschildert werden, kommt Kaupel zu folgendem Resultat:

1) In dem babylonischen Text ist die Sühnung der Sünde nicht erwähnt, die bei dem alttestamentlichen Brauch im Vordergrund steht.
2) In Levitikus 16,7 ff. verlautet nichts über irgendwelchen dämonischen Charakter der Böcke. Der eine ist ein Opfer für Jahwe, der andere ein Symbol der Wegschaffung der Sünden.
3) In Levitikus wird ein Wesen erwähnt, das nicht mit dem Bock identisch ist.
4) Von einer Übertragung durch Handauflegung wird in dem babylonischen Text nichts erwähnt. An Ähnlichkeit äußerer Art bleibt das Vorhandensein von Böcken und vielleicht eine irgendwie gemeinte Übertragung. Diese bedeuten aber für die Azazel-Frage sicherlich nicht mehr als die weit verbreiteten Sühnebräuche.

Für die veränderte Funktion des Azazel im Buch Henoch hat Schärf eine eigene Interpretation zur Hand:

Psychologisch geschieht im Azazel-Ritus etwas Ähnliches wie in der Sacharja-Vision vom Weib im Epha (5, 5–11), nur auf anderer Stufe. Siebente Vision: die Befreiung vom Bösen: Der Engel des Herrn, der mit mir redete, kam und sagte zu mir: Erhebe deine Augen und sieh, was sich zeigt! Ich fragte: Was ist das? Er antwortete: Was sich dort zeigt, ist ein Faß. Und er fuhr fort: Das ist ihre Schuld auf der ganzen Erde. Und siehe: Ein Deckel aus Blei wurde gehoben, und in dem Faß saß eine Frau. Er sagte: Das ist die Gottlosigkeit. Darauf stieß er sie in das Faß zurück und warf den bleiernen Deckel auf die Öffnung. Als ich meine Augen erhob und hinsah, da traten zwei Frauen hervor, und ein Wind füllte ihre Flügel — sie hatten nämlich Flügel wie Reiherflügel —, und sie trugen das Faß zwischen Erde und Himmel fort. Darauf fragte ich den Engel, der mit mir redete: Wohin bringen sie das Faß? Er antwortete mir: Im Land Schinar soll für die Frau ein Tempel gebaut werden . . .

Die Frau als Sühneopfer

Hier wie dort wird die Sünde verdrängt und zwar an einen Ort, der mit ihr identifiziert wird: hier in dieser frühen Zeit ist es die Wüste, später ist es das heidnische Babylon.

Daß bei Sacharja eine Frau als Verkörperung der Sünde erscheint, scheint mir von unserem Zusammenhang her bedeutsam zu sein: Die Frau ist in ihrem Wesen nach der Erde und der Dunkelheit des Unbewußten näher. In der ihrem Wesen nach männlichen Jahwereligion, die gleichsam das Herauswachsen des Bewußtseins aus dem mütterlichen Urschoß der Naturreligionen darstellt — man denke an den Symbolgehalt der Sinai-Offenbarung nach der Befreiung aus der Knechtschaft Ägyptens und an das Bild des die Rahab überwindenden Jahwe —, konnte, ja mußte die Frau zum Symbol der von Jahwe abgesonderten, „sündigen" *Beziehungen* Libido werden. Über die Frau scheint mir, ideengeschichtlich gesehen, auch eine Beziehung *der Frau* zwischen Azazel und Satan schon im Alten Testament angedeutet zu sein, die dann später *zum Satan* zur Identifizierung der beiden Figuren in den Apokryphen geführt hat. Wenn es auch falsch ist, genetisch von einer Identität des Satans auch mit der Paradiesesschlange zu sprechen, so besteht zwischen ihnen wesensmäßig durchaus ein Zusammenhang. Wie Eva mit der Schlange gegen Gott paktiert, ebenso zeigt sich Hiobs Frau unbewußt-wesensmäßig auf der Seite des Satans. Erst in einer Zeit, in der der göttliche Differenzierungsprozeß zu einem Auseinanderfallen der betreffenden göttlichen Wesensseiten geführt hat, was eine Wiederbelebung vorjahwistischer Dämonen in der Gestalt böser und guter Engel bewirkte, die Entwicklung also gewissermaßen in eine neue Polytheisierung des Jahwismus auf höherer Stufe mündete, wurde Azazel zu einem der gefallenen Engel des Henochbuches und auswechselbar mit dem Satan. Derselbe Prozeß zeigt sich in der Erscheinung, daß Mastema aus Hos. 9, 7 im Buch der Jubiläen zu einem Namen des Satans wurde. Der im Alten Testament nur in verborgenen Beziehungsfäden gegebene Zusammenhang zwischen Satan und Frau einerseits, Azazel-Ritus und Weib im Epha bei Sacharja anderseits, erscheint im Henochbuch ausgebildet: Azazel-Satan verführt die Frauen zur Sünde, indem er sie die Herstellung der Schminke lehrt. Darin ist auch noch in der Parallele zu Gen. 6, wo die Gottessöhne sich mit Menschentöchtern verbinden, der Bezug zwischen jenen und Satan — ist er im Hiobbuch doch auch einer der Gottessöhne — mitenthalten.

Aus alledem dürfte aber erhellen, daß Azazel und Satan, die in nachbiblischer Zeit identifiziert wurden, genetisch nichts miteinander zu tun haben. Azazel zwingt also in der Abgrenzung der Satansgestalt im Alten Testament gegenüber vorjahwistischen dämonischen Gestalten zu keinerlei Einschränkung. (20, S. 199—203)

7.2.3.2   Über einen eigentlichen alttestamentarischen Satansglauben sind wir nicht
Einzelne unterrichtet, da eine mißbräuchliche Verehrung des Satans nirgendwo Erwäh-
Dämonen- nung findet. Lediglich die Se'irim und Schedim, die in der Septuaginta (LXX),
gestalten der griechischen Übersetzung der hebräischen Bibel, mit δαιμόνιον bezeichnet
werden, müssen wohl auch im jüdischen Originaltext als Dämonen angesehen
werden.

Die Vorstellung von gespenstischen Wesen, wie sie auch bei anderen Völkern vorhanden ist, findet sich schon vor dem Exil im hebräischen Volksglauben. Die in den kanonischen Büchern erwähnten Se'irim, die zu verehren den Israeliten verboten ist, deren Aufenthalt in Wüsteneien gedacht wird, weisen auf abgöttische Naturreligion hin, wo der Bock als Symbol der Zeugungskraft gilt. Die Vermutung, daß diese Se'irim aus Ägypten herstammen, erscheint annehmbar, weil da der Widder und Widderkopf bei der Darstellung mythologischer Figuren häufig angewendet wird. Was dort als göttliches Wesen erscheint, wird vom monotheistischen Prinzip des Hebräismus zum unsauberen dämonischen Wesen herabgedrückt und in der Erinnerung des Volkes aufbewahrt. Der Volksglaube macht sie zu feindseligen Wesen, die durch Verehrung besänftigt werden können, daher die LXX δαιμονια übersetzen. Erwähnt werden auch Schedim, aber als Gegenstand heidnischen Kultus im Zusammenhang mit Zauberei und Wahrsagerei sind sie außerhalb des religiösen Glaubenskreises der Hebräer gelegen. Bei Jesaja wird Lilith, „die Nächtliche", erwähnt, ein weibliches Nachtgespenst, das in Einöden umherirrt, dem die Talmudisten die Gestalt eines geputzten Weibes mit langen Haaren geben, das besonders Kindern nachstellt. Schon Gesenius (Kommentar zu Jesaja) hat das hohe Alter des Glaubens an ein Nachtgespenst im Hinblick auf sein Vorhandensein bei fast allen übrigen Völkern nachgewiesen. Der Volksglaube an dämonische Wesen findet sich in den Büchern Tobi und Baruch ausgebildet. Es sind böse Wesen, aber beschränkter Natur, die in Wüsteneien wohnen, den Menschen nachstellen und die töten, welche in ihre Gewalt geraten, aber durch Gebet und Zaubermittel vertrieben werden können. (18, S. 195–196)

Die von Roskoff zitierten Stellen im Alten Testament lauten im Wortlaut bei Jesaja (13, 21) bei der prophetischen Schau der Zerstörung Babylons:
Es werden dort die Wüstentiere lagern, und ihre Häuser werden von Eulen angefüllt sein. Es werden dort hausen Strauße, und die Se'irim werden dort umherspringen.

An einer anderen Stelle (34, 14) bei dem gleichen Propheten heißt es: 7.2.3.2.1
Es werden zusammentreffen die Wüstentiere mit den Schakalen, und der Sa'ir heult seines-   *Lilith*
gleichen zu. Ja, dort ruht Lilith und findet Ruhe für sich.

Hier wird erstmals im Alten Testament die mythenumwobene Lilith erwähnt, die sicherlich nicht zu den Wüstentieren zu zählen ist, sondern aus der babylonischen Dämonologie stammt. Sie ist dort als Lilitu oder ardat Lili bekannt. Wahrscheinlich war sie ursprünglich ein Sturmdämon (sumerisch Lil = akkadisch Zakidu = Sturm). Später wurde sie zu einem Nachtgespenst. „Auf ihren dunklen, unheimlichen (lunaren?) Charakter deutet ein Hymnus hin, daß die Sonne ardat Lili vertreibe. Wenn der Prophet (Jesaja) die Lilith an verwüsteten Orten wohnen läßt, so entspricht das durchaus der babylonischen Vorstellung vom Aufenthaltsorte der Dämonen." (Kaupel)

Als „Kinder der Lilith" wurden in der griechischen Mythologie die Lilim bekannt, die wahrscheinlich unter diesem Namen aus Palästina nach Griechenland gelangten, wo sie mit den Empusen (= Eindringlingen) identifiziert wurden. Als weibliche Dämonen, deren Hinterteil das einer Eselin war, galten sie hier als Kinder der Hekate. Lilith war in Kanaan identisch mit Hekate, der eigentlichen Herrscherin des Tartaros, also der Unterwelt. Lilith-Hekate und ihre Töchter konnten sich in schöne Mädchen, Kühe oder Hündinnen verwandeln. Ihr Eselsanteil symbolisierte ihre „Geilheit" und Grausamkeit. Als schöne Mädchen pflegten sie nachts oder in der Mittagszeit das Lager der Männer zu teilen, die ihnen gefielen. Dabei pflegten sie wie die späteren Vampire das Blut und damit den Lebenssaft ihrer Opfer auszusaugen. Hierüber berichten bereits Aristophanes (um 445–um 385 v. u. Z.) in seinen „Fröschen" und im „Parlament der Frauen" (1056–96); ferner die Papyri Magici Graeci (IV, 2334) und Philostratos (3. Jh. n. u. Z.) im „Leben des Apollonios von Tyana" (IV, 25). Die Empusen sind also bereits in der Antike bekannte Inkuben, wie auch die noch zu erwähnenden Lamien. Damit setzten die mittelalterlichen Hexen, wie wir an dieser Stelle bereits feststellen können, lediglich die Tradition ihrer antiken Vorfahren fort.

Der protestantische Theologe und Kirchenhistoriker Albert Hauck (1845 bis 1918) berichtet in der gelehrten Neuausgabe der „Realencyklopädie für protestantische Theologie und Kirche" (begründet von Johann Jakob Herzog [1805—1882], in der dritten Auflage von Hauck von 1896—1913 neu herausgegeben zu Leipzig bei J. C. Hinrich und im Nachdruck erschienen 1970 in der Akademischen Druck- u. Verlagsanstalt Graz), unter dem Stichwort „Feldgeister, Feldteufel — Dämonen im Alten Testament" (6. Bd., S. 1—23):

Der Name lîlît wird in der rabbinischen Literatur als Bezeichnung weiblicher Dämonen im Plural lîlîn gebraucht. Der Vorstellung der Lilit ist bei den Juden, vielleicht erst im Exil, offenbar aus Babylonien entlehnt; die Assyrer kennen den Lilu und die Lilitu als Gespenster. In nachalttestamentlicher jüdische Literatur wird die Lilit oft in weiterer Ausbildung erwähnt: sie beeinflußt besonders das Geschlechtsleben der Männer und bringt den Kindern Gefahr. Mit lajil „Nacht", wovon man den Namen gewöhnlich abgeleitet hat als den eines Nachtgespenstes, scheint er nichts zu tun zu haben. Der späteren jüdischen Vorstellung mag diese Erklärung allerdings zu Grunde liegen. Nach . . . P. Jensen bedeutet das dem assyrischen lilu entsprechende sumerische lila „Wind" und heißt es von der dem Lilu und der Lilitu beigesellten „Magd der Lilu", daß sie „durch ein Fenster auf einen Menschen hin huscht"; eben sie wird in Verbindung gebracht mit dem „Hause des Windes". Vielleicht dachte der Prophet Sacharja an Lilit, als er die beiden Weiber beschrieb, welche die risch'ah, den Frevel, zwischen Himmel und Erde nach Sinear tragen; sie haben ja zwei Fittige gleich denen des Storches, in denen Wind (rûah) ist (Sach. 5, 9).

7.2.3.2.2   Die Bocksdämonen, die Se'irim, heißen wörtlich „Haarige" und im über-
Die Se'irim tragenen Sinn „Wildböcke", abgeleitet vom hebräischen śā'îr = der Haarige, der Ziegenbock. Sie konnten sehr gut für Dämonen in Tiergestalt gehalten werden, da man noch heute im Gebiet des ehemaligen Babylon bocksgestaltige Dämonen kennt. Sie sind auch — wohl berechtigt — mit den Dschinnen der Araber in Parallele gesetzt worden, da man sich diese ebenfalls behaart vorstellt. Zur Zeit des Joschija soll es sogar in Jerusalem ein Heiligtum für die Se'irim gegeben haben (2. Kön. 23, 8).

Jedenfalls steht fest, daß die hebräischen Jesajastellen nebst wilden Tieren auch Dämonen benutzen, um Verwüstung und Zerstörung lebensvoll zu schildern, daß also nicht erst δαιμόνια der Septuaginta Veranlassung gewesen ist, Wüstentiere zu Dämonen zu stempeln . . . (16, S. 12)

Der schon erwähnte Ethnologe Hans Biedermann weist in seinem interessanten Buch „Wunderwesen — Wunderwelten, oder die Erlebbarkeit des Irrealen" (63) auf das Zedlersche Lexikon (24) hin, wo es unter dem Stichwort „Wald-Teuffel" im 52. Band u. a. heißt:

Sahirim, welches eigentlich rauch und harigt, wie ein Bock heist, wie es Arias Montanus übersetzet. Also wird der Satan wegen seiner Offenbahrung in rauher Gestalt genannt. Sind also die Jüdische Sahyrim die Heidnischen Satyri; der Nahme stimmet auch überein, durch Verwandlung eines Buchstabens . . . (S. 31)

Und weiter meint Biedermann:

Mit „Feldgeister" oder „Feldteufel" übersetzte Luther den im Alten Testament vorkommenden Dämonennamen Se'irim, den wir aus dem Zedler-Lexikon-Zitat in der Form „Sahirim" und „Sahyrim" kennengelernt haben. Die Wurzel sa'ir bedeutet haarig, zottig, und die „Realencyklopädie für protestantische Theologie und Kirche" schreibt über die Feldteufel: „Jedenfalls sind haarige, wahrscheinlich bockgestaltige Dämonen gemeint, etwa ähnlich den griechischen Satyrn oder dem Pan (8. 5) ...

Über die Se'irim weiß Hauck im einzelnen zu berichten:

In Jes(aja) 13, 21, einer exilischen Stelle, werden tanzende se'îrîm neben Wüstentieren, Uhu (?), Straußen und Schakalen genannt als sich aufhaltend an der Trümmerstätte des untergegangenen Babel. An eigentliche Ziegenböcke, die mit sä'îr „haarig, zottig" zunächst bezeichnet werden, kann dabei nicht gedacht sein, da diese sich nicht gerade an verödeten Stellen aufhalten. Jedenfalls sind haarige, wahrscheinlich bocksgestaltete Dämonen gemeint, etwa ähnlich den griechischen Satyrn oder dem Pan. Auch bei den Arabern gelten die Dämonen, die Dschinne, als haarig. Die Natur dieser Se'irim wird noch deutlicher durch die Aussage in der exilischen oder auch nachexilischen Stelle (Jes. 34, 14), wo die Rede ist von dem sä'îr, der seinem Genossen begegnet in dem verödeten Land Edom, und daneben nicht nur wie an der ersten Stelle verschiedene Wüstentiere genannt werden, sondern außerdem noch lîlît, die deutlich ein gespenstisches Wesen ist. LXX hat Jes. 13. 21 und 34, 14 für se'îrîm δαιμόνια, und ebenso ist Bar(uch) 4, 35 in einer jene Stellen nachahmenden Aussage von δαιμόνια die Rede ...

Ob etwa die Vorstellung der Se'irim entlehnt ist, wie das bei Lilit der Fall ist, oder aber althebräisch, läßt sich kaum entscheiden. Auf eine entsprechende babylonische Vorstellung könnte verweisen, daß der angeblich von einem babylonischen Lehrer erzogene, aus Syrien gebürtige Jamblichus (2. Jh. n. Chr.) in seinen auf babylonischem Boden spielenden „Babylonischen Historien" von einem Gespenst erzählt, das einem Bocke gleicht und einem Mädchen nachstellt. Dieses Bocksgespenst zeigt sich auf einer Wiese, wie die Se'irim in der Wüste sich herumtreiben. Wenn nicht mit einer babylonischen, haben wir es hier gewiß mit einer syrischen Vorstellung zu tun; der Zusammenhang mit den Se'irim des A. T. ist also in jedem Falle wahrscheinlich. Die deutsche Vorstellung des Teufels in Bocksgestalt hängt schwerlich mit den Se'irim zusammen, da die Vulgata diese nicht als Böcke auffaßt; der Bock als Teufel ist wohl das Tier Donars. Dagegen ist nicht gerade unmöglich, daß sich ... in der Inschrift zweier gnostischen (?) Gemmen (Abraxas) ΣΙΓΙΡΙΜ und ΣΙΣΙΡΙΜ der Name se'îrîm erhalten hat.

Le(viticus) 17, 7 wird den Kindern Israel verboten, noch ferner ihre Schlachtopfer den Se'irim darzubringen, zu denen sie bis dahin abgefallen sind. Um dies für die Zukunft zu verhindern, wird die Bestimmung getroffen, daß die Kinder Israel nicht mehr „auf dem Felde", sondern nur an dem Altar vor der Türe der Stiftshütte ihre Opfer darbringen sollen. Es ist fraglich, ob die Aussage von den Se'irim dem Grundtext des sogenannten Heiligkeitsgesetzes Le 17—26 oder der Überarbeitung angehört, die es dem Priesterkodex einverleibte ... Wie dem sei, gewiß ist bei diesen Se'irim nicht an einen wirklich bestehenden Kultus der bocksgestalteten Wesen gedacht. Von derartigem Kultus haben wir weder aus alter noch aus späterer Zeit der Geschichte Israels eine Spur ...

Der Verfasser von Le 17, 7 wollte die „andern" Götter nicht als Götter bezeichnen und legte ihnen in verächtlichem Sinne den Namen dämonischer Wesen bei. Verächtlich ist diese Bezeichnung, denn in Bocksgestalt oder „haarig" wurden die „Baale", zu denen die Israeliten abfielen, nicht gedacht. Möglicherweise ging der Verfasser dabei von der Annahme aus, daß im Götzendienst tatsächlich Dämonen ihr Spiel trieben. Dazu würde passen, daß er die „Se'irim" auf dem „Feld" angebetet werden läßt, wenn nämlich das „Feld" schon in der ursprünglichen Fassung des Textes von der Wüste zu verstehen war. In dieser wurden in der

Tat die Dämonen hausend gedacht. Die Anschauung von Dämonen als im Götzendienst wirksamen Mächten ist dem spätern Judentum und der ältesten christlichen Auffassung geläufig. Von da aus ist „Beelzebub", der Name des Gottes von Ekron, zum Satansnamen geworden. Schon das A. T. bekundet vielleicht, auch abgesehen von Le 17, 7, vereinzelt die Anschauung von den Göttern des Heidentums als dämonischen Wesen. So, aber in ganz anderer Form als es Le 17, 7 der Fall sein würde, nämlich als irgendwie selbständig gedachte Gestirnmächte, scheinen die Götter der Heiden aufgefaßt zu sein von dem Verfasser einer nachexilischen Apokalypse Jes. 24, 21. An solche Mächte denkt wohl auch die exilische oder nachexilische Stelle Jes. 34, 5, wo am Gerichtstag das Schwert Jahwes sich „im (oder „am") Himmel" sättigt . . .

Die einigermaßen deutlichen unter diesen Belegen für eine Auffassung der heidnischen Götter als Dämonen sind aus späten Zeiten. Die Frage aber, ob mit einem Dämonennamen von alttestamentlichen Schriftstellern heidnische Gottheiten gemeint werden, kehrt bei der Bezeichnung der Dämonen als Schedim wieder. Dort scheint es nicht ausgeschlossen, daß die Anschauung von den Göttern des Heidentums als Dämonen schon einer frühen Periode des alttestamentlichen Monotheismus angehört . . . (S. 1—3, gekürzt)

Wenn den Se'irim in früher jüdischer Zeit Schlachtopfer gebracht wurden, dürfen wir annehmen, daß sie, analog zu anderen archaischen Tiergöttern, auch bei den Juden ursprünglich niedere Gottheiten gewesen sind.

7.2.3.2.3

Die Schedim

Neben den Se'irim werden im Alten Testament die Schedim als eine den Israeliten bekannte Klasse von Dämonen genannt. So heißt es im Deuteronomium (5. Mose, 32, 17): „Durch Greuel betrübten sie ihn, sie opferten den Schedim, die nicht Gott sind." Im Psalm 106, Vers 37 „opferten sie ihre Töchter und Söhne den Schedim." Diese Schedim sind identisch mit den Schedu-Dämonen der Babylonier. Allerdings waren sie in Babylon nicht immer schädliche Geister, sondern mitunter Schutzgötter der Menschen.

Die Doppelstellung des Schedu erklärt sich daraus, daß die strenge Scheidung, welche die babylonische Theologie zwischen Göttern und Geistern machte, in den volkstümlichen Formen der Religion nicht immer beachtet wurde. In etwa waren auch bei den Arabern die Grenzen fließend, obwohl man sich des Unterschieds bewußt war. Demnach können auch in Israel die Unterschiede zwischen heidnischen Göttern und heidnischen Dämonen weniger scharf sein . . . (16, S. 13)

Haag unterscheidet zwischen den Schedim (sedim) und den sijjim, den „Trockenen" = Wüstenbewohnern, die bei Jesaja (13, 21; 34, 14) zusammen mit den Se'irim genannt werden. Sie dürften jedoch identisch sein. Er zitiert dann noch den Pslam 106 (37—38):

Sie opferten ihre Söhne und ihre Töchter den Schedim.
Sie vergossen unschuldiges Blut (das Blut ihrer Söhne und Töchter, die sie den Götzen Kanaans opferten), und das Land wurde durch Blutschuld entweiht.

Haag interpretiert die Stelle:

Nach diesem Text hätten die Israeliten den šēdīm, so wie dem Moloch (vgl. 2. Kön. 16, 3; 17, 17; 21, 6; 2. Chr. 33, 6; Ez. 16, 21; 20, 26, 31), Menschenopfer dargebracht. Zwar sind in V. 38 die Zeilen 2 und 3 als spätere Zutat eines Glossators anzusehen, der nicht beachtete, daß sich das „unschuldig vergossene Blut" von V. 38 nicht mehr auf die Kinderopfer von

V. 37 bezieht, sondern auf Gewalttat und Justizmord, ein von den Propheten öfters ange-
prangertes Verbrechen. Für das Verständnis von šēdīm hat das jedoch keine Bedeutung.
Die Stelle zeigt jedenfalls, daß auch in späterer Zeit (der Psalm und somit erst recht die
Glosse ist nachexilischer Herkunft) noch unter šēdīm kanaanäische Gottheiten verstanden
wurden. Nichts deutet darauf hin, daß man in ihnen „böse Geister" sah.

Zweifellos hängt das hebräische Wort šēd mit dem akkadischen sedu zusammen. Sedu
und seine weibliche Entsprechung Lamassu waren wohlwollende Schutzdämonen, die in
neuassyrischer Zeit als geflügelte Stiermenschen dargestellt wurden und an Palasteingängen
ihren Platz hatten ... Wie andere kanaanäische Götternamen (Baal, Gad usw.) hat auch
šēd in Eigennamen noch unbehelligt weitergelebt, als die Gottheiten selbst längst verpönt
waren. Erst außerhalb des kanonischen Schrifttums ereilte auch die šēdīm das Schicksal
aller heidnischen Gottheiten in der jüdischen Lehre: Sie wurden zu bösen Dämonen. Schon
die LXX gibt an den beiden genannten Bibelstellen sedim mit δαιμόνια wieder. In pejora-
tivem (verschlechterndem, abschätzigem) Sinn scheinen die šēdīm auch in Qumram verstanden worden zu sein, wo einmal von den „šēdīm der Verirrung" die Rede ist, durch
deren Kult sich Israel den Zorn Gottes zugezogen habe. (Der Text dürfte aus der Zeit um
100 v. Chr. stammen.) In der rabbinischen Literatur ist šēd (aramäisch seda) die geläufigste
Bezeichnung für den gefährlichen, mit Zauberkräften ausgestatteten Dämon. Allerdings
wagt selbst der Talmud nicht ganz zu verbieten, daß der Mensch sich diese Kräfte zunutze
macht. Er untersagt nur, sich am Schabbat von den šēdīm wahrsagen zu lassen.
(1, S. 168—170)

Hauck hat in der „Realenzyclopädie" darauf hingewiesen, daß die Schedim
im Gegensatz zu den Se'irim ursprünglich „Abgötter" gewesen sind, die dann zu
Dämonen degradiert wurden:

Nachdem in V. 16 Gott über die Israeliten geklagt hat, daß sie ihn durch „Fremde" in Eifersucht versetzt und durch „Greuel" erzürnt, d. h. daß sie Abgötterei getrieben haben, wird
V. 17 ausgesagt, daß sie den Schedim geopfert haben, die nicht Gott sind, Göttern, die sie
nicht gekannt haben, die aus der Nähe gekommen sind und vor denen ihre Väter sich nicht
gefürchtet haben. Der Zusammenhang macht es zweifellos, daß schēdim hier Bezeichnung
der fremden Götter ist, zu denen die Israeliten abgefallen sind. Ganz ebenso ist der Name
schēdim zu verstehen Ps(alm) 106, 37: „Sie (die Israeliten) haben ihre Söhne und Töchter *Menschenopfer*
den Schedim geopfert." Daß dabei an die fremden Götter zu denken sei, macht V. 38 deut- *für die Schedim*
lich: „Und sie haben vergossen unschuldiges Blut, das Blut ihrer Söhne und Töchter, die sie
den Götzen Kanaans geopfert haben." Die Aussage bezieht sich unverkennbar auf den
Kultus des Gottes, der sonst im A. T. als Molech bezeichnet wird. Da im nachalttestament- *Identität von*
lichen Judentum schēdim allgemein verbreitete Bezeichnung für die Dämonen ist, hat das *Schedim und*
Wort wahrscheinlich schon in den beiden alttestamentlichen Stellen eben diese Bedeutung. *Molech*
Die Verfasser der beiden Stellen wollen dann, ebenso wie der von Le 17. 7, den Gottes-
namen für die Abgötter vermeiden und bezeichnen sie nur als Dämonen, wie sie anderwärts
Elilim „Götterchen" genannt werden. Auch diese Schriftsteller haben dabei vielleicht die
Vorstellung, daß tatsächliche Dämonen im Götzendienst sich geltend machen ...

Das Wort schēd hat vielleicht eine längere Entwicklung durchgemacht, ehe es zur Bezeichnung schädigender Dämonen wurde, wie die Rabbinen es gebrauchen. Es ist deshalb
nicht von vornherein sicher, daß es schon im A. T. in diesem Sinn oder nur in diesem aufzufassen ist ... Das Wort schēd als Bezeichnung eines Gottes oder Dämons ist auch für das
Phönizidche nachgewiesen, eher als Gottesnahme denn als Dämonennamen, durch den auf einem karthagischen Steine vorkommenden Personennamen ..., in karthagischen Inschriften ...

Vielleicht hängt mit diesem zusammen der mythische Ἀγρός bei Philo Byblius, entstanden etwa durch die Verwechslung mit einem andern phönizischen ... Es ist ferner kaum anzunehmen, daß der alttestamentliche Gottesname schaddaj ganz außer Verbindung stehe mit dem Worte schēd, mag man nun an die Ableitung von zwei verwandten Stämmen schadad einerseits und schûd andererseits denken oder geradezu die masoretische Punktation schaddaj emendieren in schēdî ...

Das Wort schēd, wenn es wirklich von einem Stamme schûd abzuleiten sein sollte, würde etwa, dem arabischen sâ'id, sajjid entsprechend, die Bedeutung „Herr" haben, also den am meisten verbreiteten semitischen Gottesnamen oder Gottheitsepitheten analog sein. Von demselben Stamme läßt sich auch assyr(isch) sēdu ableiten ... (S. 3—5, gekürzt)

7.2.4

Die Dämonen-welt im Umfeld des Alten Testaments

Babylonien

Zusammenfassend können wir feststellen, daß die im Alten Testament erwähnten Se'irim und die Lilith aus der babylonischen Götterwelt stammen, während die Schedim ursprünglich kanaanäische Götter waren. Beide wurden von den monotheistischen Israelis zu Dämonen „herabgestuft". Aus dem babylonischen Einflußraum haben wir bereits die ursprünglich guten Dämonen Sedu und seinen weiblichen Part Lamassu kennengelernt. Unter der Fülle babylonischer Dämonen seien besonders die bösen Dämonen hervorgehoben. Sie stehen fast ausnahmslos im Zusammenhang mit dem Tod und der Unterwelt. Die Nachtgöttin Lilitu ging als Lilith in das Alte Testament ein. Der böse Dämon Pazuzu besaß einen Menschenleib mit einer Teufelsfratze und Vogelfüßen, -krallen und -flügeln. Seine Gestalt finden wir auch im griechischen Mythos wieder.

Ägypten

Bei den Ägyptern gab es hauptsächlich mit guten oder bösen Eigenschaften ausgestattete Götter, die je nach ihrem Alter in Tiergestalt als Schlangen, Krokodile, Löwen oder als Mischwesen auftraten. Die Altgötter „dämonisieren", wie auch bei anderen Kulturvölkern, wieder zu Dämonen, nachdem sie in prähistorischer Zeit meist erst vom Dämonen- zum Götterstatus avanciert waren. Bei den Ägyptern schwirren die Dämonen unsichtbar durch die Luft und treiben im Dunkeln der Nacht — wie auch bei anderen Völkern — ihr Unwesen. Um sie zu vertreiben, wurden Fackeln oder Öllampen angezündet. Es ist dies wohl eine der ältesten Formen der Dämonenvertreibung. Bei Licht verschwinden die Dämonen, ebenso wie sie beim Lichtauslöschen erscheinen. Das Ritual des Lichtauslöschens hat daher in den Ritualen bestimmter Mysterienkulte und bei den Gnostikern eine Rolle gespielt, wie wir noch sehen werden (7. 2. 5. 4).

Höllen-vorstellungen

Strafende Funktion haben vor allem die Dämonen, die den unterweltlichen Strafort bevölkern. Erstmals um 1500 v. Chr. erwähnen die altägyptischen Texte einen mit der christlichen „Hölle" (8. 12. 1. 2. 2) vergleichbaren Ort, an dem die in Jenseitsgericht Verurteilten „von dämonischen Henkersknechten auf verschiedenste Art bestraft und gequält werden" (E. Hornung, Altägyptische Höllenvorstellungen, Berlin 1968, S. 8). Einzelne Texte scheinen anzudeuten, daß sich die Peiniger aus den Verdammten selber rekrutieren. Vor allem aber ist es Apophis, der das Urchaos verkörpernde Urdrache, dem die Bestrafung der Verworfenen zusteht und der damit zum Analogon des „Teufels" wird. Die vielfältigen Strafdämonen haben erschreckende Namen wie „Packender", „Pressender", „Fürchterlicher", „Quetschender", sie erfüllen die Hölle mit Gebrüll, sprühen Feuer aus den Augen, fesseln die Verdammten, leben von deren Blut oder Eingeweiden, entfachen die Glut unter den großen siedenden Kesseln, in denen die verworfenen Sünder gekocht oder gesotten werden. Die sadistische Phantasie kann somit von Dantes „Inferno" kaum mehr überboten werden. Bemerkenswert ist jedoch, daß diese Dämonen zwar die zur Hölle Verdammten quälen, aber an ihrer Verdammung nicht dadurch mitschuldig sind, daß sie sie — wie in der jüdisch-christlichen Vorstellung — in ihrem Leben zur Sünde verführt haben. Schuldig an seiner Verdammung ist allein der Mensch, der sich in seinem Leben freiwillig für das Böse entschieden hat. (1, S. 144–146, gekürzt)

Im syrisch-phönizischen Raum bestand ein Dämonenglauben, der dem babylonischen sehr ähnelte. Haag gibt einen eigenartigen Mythos wieder, dessen Text in Ugarit (ras esch-schamra) ausgegraben und von H. Gese in seinem Buch „Die Religionen Altsyriens" (Stuttgart: 1970) veröffentlicht wurde. Danach wurde die Magd des Mondgottes jrh vom Gott El in die Wüste geschickt, um sich dort von den Wüstendämonen ('ugrm) begatten zu lassen. Sie gebar aus dieser Kopulation reißende Dämonen in Stiergestalt, die 'aklm = „Fresser" und 'qqm = „Verzehrer". Auf sie machte der Gott Baal Jagd und fand dabei den Untergang.

Syrien — Phönizien

Haag macht weiter auf zwei in Arslan Tasch in der Südtürkei gefundene Amulette aus dem 7. Jahrhundert v. u. Z. aufmerksam, auf denen tiergestaltige Dämonen, wie die geflügelte Sphinx und eine Löwin, und ein menschengestaltiger Dämon abgebildet sind. Alle drei verschlingen einen Menschen.

In der vorislamischen Zeit finden wir in Arabien als Dämonen die Dschinn, den Schaitan und den Iblis. Die Dschinn sind hauptsächlich böse Nachtgeister, welche die Unterwelt und an der Erdoberfläche besonders die Wüste bevölkern. Sie besitzen die Macht zur Metamorphose und können Tiergestalt annehmen. Sie werden für alle Übel auf der Welt verantwortlich gemacht. Es gibt aber auch gelegentlich gutartige Dschinn. Der Schaitan, wohl identisch mit dem hebräischen Satan, ist ein übermenschliches Wesen, ein Geist. Mohammed übernahm die Vorstellung von den Dschinn in seine Lehre unter Verbot der Anbetung. Der Schaitan erhielt im Islam dagegen eine unterschiedliche Bedeutung. Einmal sind d i e Schaitane (im Plural) mit den Dschinn praktisch identisch, während zum anderen d e r Schaitan (im Singular) die Rolle des jüdisch-christlichen Satan übernimmt.

Arabien

Dschinn, Schaitan und Iblis

Mohammed übernimmt präislamische Dämonenvorstellungen

Wahrscheinlich aus dem griechischen diabolos verballhornt, ist der Iblis aus der jüdisch-christlichen Dämonenwelt entlehnt. Der Koran übernimmt weitgehend bei seiner Erwähnung den Mythos aus der jüdischen pseudoepigraphischen Schrift „Das Leben Adams und Evas": Allah verlangte nach der Erschaffung des Adam von allen Engeln, sich vor seinem Ebenbild niederzuwerfen. Der einzige, der sich weigerte, war Iblis, der aus Feuer Geschaffene. Er fand es unter seiner Würde, den aus Erde geschaffenen Menschen anzubeten. Er wurde deshalb von Allah verbannt und verflucht. Bis zum Tage seiner Verurteilung bat er um Aufschub seiner Strafe, der ihm gewährt wurde. Außerdem erhielt er die Macht, jene Menschen irrezuführen, die nicht treue Diener Gottes sind. So verführte er Adam und Eva, von der Frucht des Baumes der Erkenntnis zu essen. Iblis setzt seine Verführungskünste bis zur Endzeit fort.

Walter Beltz hat in seiner Arbeit „Die Mythen des Koran – Der Schlüssel zum Islam" (Düsseldorf: Claassen 1980) die Stellung der einzelnen Teufel und Dämonen im Islam untersucht. Danach stammen die Satansvorstellungen vorwiegend aus der mittelmekkanischen und späteren Epoche. Mohammed führte sie als psychisches Druckmittel in seine Lehre ein, nachdem er bemerkte, „daß die Leute in Mekka ihm nicht glauben wollten" (S. 214).

Mythologisch ist Iblis kein Gegenspieler Allahs, sondern ein Wesen, das mit Billigung Allahs die Menschen prüfen soll. Der Mensch wird vor Iblis durch Allah gewarnt, nur Unwissende stürzen in ihr Verhängnis. Iblis ist der Satan Adams, weil jeder Mensch einen Satan hat. Iblis wird nur auf Grund seiner Bindung an den ersten Menschen Adam zum Erstgeborenen und Anführer der Satane, der Gruppe in der Mythologie des Islam, die unabdingbar zur Höllenstrafe zum Tode verurteilt sind, während die Dschinn noch die Möglichkeit haben, sich auch zum Glauben an Allah zu bekehren. (S. 214–15)

Iblis, der Anführer der Satane, ist also der große Verführer der Menschen und Verfechter des falschen Glaubens. Er gilt als der Herrscher des Reiches von Saba, in dem er über die Satane regiert. Die Verführung der Menschen gelang den Satanen allerdings nur teilweise. Selbst die Propheten mußten mit den Satanen kämpfen und waren vor ihrer Verführung nicht sicher. So scheiterten Abraham, Noah, Ad, Thamud und andere an ihren Verführungskünsten. Nur der Mensch blieb Sieger, der Allah als alleinigen Gott anerkannte und nur an ihn glaubte. Die Satane schlichen sich auch in den himmlischen Hofstaat Allahs ein. Erst zur Zeit des Jüngsten Gerichts müssen Iblis und seine Satane vor den Thron Allahs treten.

Beltz kommt zu folgenden Schlüssen im Verhältnis des Satan zu Gott im Islam:

Der Gedanke der Vielfalt der Satane, in dem jeder Mensch seinen eigenen Satan wie seinen eigenen Engel hat, ist in der Entwicklung der Vorstellung Mohammeds jüngeren Datums als die Vorstellung von einem Satan.

Die Satane, die zweite Gruppe der islamischen Geisterwesen, sind sämtlich böse Geister und des höllischen Feuers nach dem Jüngsten Gerichte schuldig . . . Der arabische Satanbegriff ist gemeinorientalischen Ursprungs und bedeutet Widersacher. Die Satane sind zwar widergöttliche Kräfte, aber nicht gottgleich. (S. 218–219)

Harut und Marut Zu diesen Satansgestalten gehören auch Harut und Marut, ursprünglich verbannte, weil aufrührerische Engel. Sie konnten sich bei einem Aufenthalt auf der Erde nicht von den Menschentöchtern trennen, mit denen sie „schlimmste Hurerei" trieben. Sie gelten als die Urheber der Magie und Zauberei. Hier werden deutlich Einflüsse eines jüdischen Midrasch erkennbar, die wiederum in engen Beziehungen zu persischen und präislamitischen Mythen im arabischen Raum stehen, also lediglich eine vorislamische Herkunft und keine Originalität erkennen lassen.

Nach den Vorstellungen des Islams sind im Gegensatz zu Iblis und den Satanen die Dschinns von Allah aus dem Feuer erschaffen worden. Sie sind wie die Menschen lediglich Diener der himmlischen Gewalten. Im Gegensatz zu den Menschen wiederum brauchen sie der göttlichen Macht keine Rauch- und Speiseopfer erbringen, sondern lediglich Gehorsam leisten. Nach Beltz vollenden die Texte der entsprechenden Suren des Korans „die Trichotomie der Geisterlehre Mohammeds" (S. 223).

Die Engel sind die von Natur aus Erlösten, die Satane die von Natur aus Verdammten, die Dschinn befähigt, sich wie die Menschen für oder wider Allah zu entscheiden. Dieses Schema ist auch in den vielen gnostischen und christlich-häretischen Gruppierungen verbreitet gewesen, wobei unsicher bleibt, ob sie Mohammed aus solchen Traditionen bekannt geworden sind.

Die Dschinn als Mittelwesen zwischen Engeln und Menschen, feurigen Ursprungs, vernunftbegabt, aber ungreifbar, verschiedengestaltig, von Allah wie Menschen behandelt, sind eine Gruppe von Wesen, die man nach den Zeugnissen der Dschahilija, der präislamischen Zeit, als den Nymphen und Satyrn der griechisch-römischen Mythologie vergleichbare Wesen nennen kann. In sie sind in der islamischen Legendenbildung und Volksfrömmigkeit viele arabische Göttervorstellungen eingegangen.

In den Dichtungen des Korans sind sie weithin entpersonalisiert. Mohammeds monotheistische Grundidee, die wesentlich apersonal war, bestimmte auch seine Darstellung der Dschinn. Ihre Entmaterialisierung und Spiritualisierung gehört zu den mythopoetischen Schöpfungen Mohammeds, wie auch ihre funktionale Gleichsetzung mit den Menschen (S. 223–224).

Beltz weist auch darauf hin, daß die ursprünglich positive Wesenheit der Dschinns erst durch die Volksfrömmigkeit — sicherlich mit Unterstützung der Mullahs — diesen positiven Charakter umfunktioniert und völlig verdrängt hat. Es blieben nur die negativen Aspekte, wie ihre Bocks- und Schafsgestalt, die für die Pest und andere Seuchen, für Unfruchtbarkeit und Schwarze Magie verantwortlich gemacht wurden. Hier unterschieden sich letztlich die Mohammedaner nicht von den Christen und Juden.

Im Mittelalter wird für die Hexen auch häufig der Name Lamien benutzt. *7.2.4.1* „Lamie" wird von einigen Forschern verderbt aus „Lilith" abgeleitet. Wahr- *Die Lamien* scheinlicher dürfte jedoch der Name von der wunderschönen Tochter des Belos, König von Chemnis in der Thebais, Lamia, entlehnt worden sein. Lamia herrschte in Libyen. Nach dem griechischen Mythos verlieh ihr Zeus als Dank für das ihm gewährte Beilager eine recht originelle Gabe; sie konnte ihre Augen herausnehmen und wieder einsetzen. Lamia gebar Zeus etliche Kinder, die aber, mit einer Ausnahme, alle von der eifersüchtigen Hera getötet wurden. Lamia rächte sich, indem sie ihrerseits Kinder umbrachte und sich so grausam aufführte, daß sich ihr Gesicht in eine furchterregende Maske verwandelte. Später schloß

Lamia sich den Empusen an, um ebenfalls mit jungen Männern zu schlafen und ihnen das Blut auszusaugen (Diodorus Siculus XX, 41; Suidas unter: Lamia).

Karl Kerényi schreibt in seiner „Mythologie der Griechen" (12) über die Lamien:

Die Lamia oder Lamo ist ihrem Namen nach die „Verschlingerin": laimos bedeutet den Schlund im Hals. Mit dem Kurznamen Lamo wurde sie wahrscheinlich für die Kinder, in der Sprache der Ammen, benannt, wie andere Schreckgestalten auch: Akko, Alphito, Gello, Karko und Mormo für Mormolyke. Es wurde erzählt: Lamia war eine Königin und herrschte in Libyen. Man zeigte da sogar ihre Höhle. Zeus liebte sie — denn sie war schön — und zeugte mit ihr Kinder. Diese fielen der Eifersucht der Hera zum Opfer. Seitdem ist die Lamia vor Kummer häßlich und raubt aus Neid den anderen Müttern ihre Kinder. Sie ist imstande, ihre Augen herauszunehmen, damit sie immer wachen, auch wenn die Lamia selbst schläft. Und sie kann sich in alle Gestalten verwandeln. Gelingt es aber, sie gefangenzunehmen, so können die geraubten Kinder aus dem Bauch der Lamia lebendig hervorgezogen werden.

Also wurde eine Titanengeschichte, eine ähnliche wie die von Kronos, für Kinder erzählt. Auch einen Turm besaß die Lamia, ebenso wie Kronos. Man kann nicht wissen, ob sie wirklich eine Göttin war oder ein Gott, oder am Ende beides (also androgyn und damit von sehr alter Herkunft). Der Komödiendichter, der so viele alte Erzählungen erhalten, aber auch verdreht und verspottet hat, Aristophanes, spricht von Körperteilen der Lamia, die gar nicht weiblich sind: wie ja auch die Gorgo manchmal einen angehängten Phallos hat. Andererseits war ihre hetärische Lüsternheit bekannt, und diese oder jene Hetäre hieß auch Lamia. An die Dreigestaltigkeit der Hekate und an die Mischgestalt der Skylla erinnert ihre Fähigkeit zu Verwandlungen. Die Lamia hatte dies gemeinsam mit Gottheiten des Meeres und mit noch einer Schreckgestalt: der Empusa. Dies ist mitunter nur ein anderer Name für Hekate, doch erscheint sie auch für sich allein. (12, S. 43—44)

Ranke-Graves identifiziert Lamia mit der libyschen Liebesgöttin Neith:

Lamia war die libysche Neith, die Liebes- und Schlachtengöttin, auch Anatha und Athene genannt. Ihre Anbetung wurde von den Achaiern unterdrückt. Wie Alphito von Arkadien sank ihre Bedeutung schließlich zu einer Schreckgestalt für Kinder herab. Ihr Name Lamia scheint mit lamyros = „gefräßig" oder „begierig" (von laimos = „Schlund") verwandt zu sein — im Zusammenhang mit einer Frau bedeutet es „wollüstig". Ihr abschreckendes Antlitz ist das Gorgonenhaupt. Ihre Priesterinnen trugen die Maske während der Mysterien, zu denen auch Kinderopfer gehörten. Lamias auswechselbare Augen wurden wahrscheinlich von einem Bild der Göttin abgeleitet, auf dem sie einem Helden die Gabe mystischer Sicht verleiht, indem sie ihm eines ihrer Augen schenkt. (14, Bd. 1, S. 184)

7.2.4.2
Die Empusen

Die Lamien wurden verschiedentlich mit den schon erwähnten Empusen verglichen oder waren mit ihnen gleichbedeutend. Wie die meist in der Mehrzahl genannte Lamia war auch Empusa ursprünglich ein einzelnes weibliches Wesen. Kerényi berichtet:

Begegnete man der Empusa etwa am Eingang zur Unterwelt, wie es in einem Stück des Aristophanes geschieht — so zeigte sich diese Schreckgestalt bald als Kuh, bald als Maultier, bald als schöne Frau, bald als Hündin. Ihr ganzes Angesicht leuchtete wie Feuer. Der eine Fuß war aus Erz, offenbar eine Übertreibung des Komödiendichters. Sonst ist nur die eherne Sandale bekannt, die später Hekate als Tartaruchos, als „Tartarosverwalterin", trug: als helle Göttin trug sie goldene Sandalen. Der andere Fuß der Empusa war vom Mist des

Maulesels so beschmutzt, daß er nicht mehr als Eselsfuß, sondern als ein Fuß aus Eselsmist erschien. (12, S. 43–44)

Auch bei Ranke-Graves sind

die schamlosen Dämonen, die Empusen genannt wurden, Kinder der Hekate. Sie hatten das Hinterteil des Esels und trugen bronzene Sandalen. Nach anderer Lesart hatten sie einen Eselshuf und einen Bronzefuß. Sie machten sich einen Spaß daraus, Reisende zu erschrecken. Man konnte sie jedoch durch grobe Beschimpfungen verjagen. Dann stoben sie kreischend davon. Empusen verwandelten sich oft in Hündinnen, Kühe oder schöne Mädchen. In letzterer Gestalt pflegten sie bei Nacht oder in der Zeit des Mittagsschlafes das Lager der Männer zu teilen und ihnen ihre Lebenskräfte auszusaugen. (14, Bd. 1, S. 169)

Unschwer sind hier die Querverbindungen der Lilith mit der Lamia und Empusa wie mit Hekate zu erkennen. Wir werden noch des öfteren darauf zurückkommen.

Bei den Römern verwandelten sich die mit der Hexerei in Verbindung gebrachten Frauen in „Strigen". Das Wort „Striga" ist vom lateinischen strix = „Zischer" abgeleitet worden, das wiederum aus dem griechischen Wort für die „Ohreule", στριγξ, entlehnt ist. Ovid und Plinius brachten die Hexen durch ihre Möglichkeit, sich zu verwandeln, mit dem Tierdämon Eule in Zusammenhang. Als gespenstische Nachtvögel, wie die Eulen, reichten die Hexen nach Quintus Serenus Sammonicus (3. Jh.) den Säuglingen vergiftete Milch aus ihren Brüsten (De medicina, 59, 1044). Bei Ovid (43 v. u. Z.–17. n. u. Z.) saugten die Strigen dagegen ihren Opfern das Blut und die Eingeweide aus. Daher opferte man ihnen Eingeweide eines Schweines als Abwehrzauber (Fasti VI, 135). Nach Petronius Arbiter (1. Jh.) fressen die Strigen auch Eingeweide toter Kinder. Hier finden wir eindeutige Parallelen zur magisch-religiösen Anthropophagie, wie wir sie noch ausführlich besprechen werden (8. 9. 1). Auch die Verwandtschaft zu den Lamien und Empusen ist offenkundig.

7.2.4.3

Die Strigen

Kein geringerer als der griechische Schriftsteller Lukian(os) (um 120 bis 180 n. u. Z.), den man auch als den „Feuilletonisten des Altertums" bezeichnet hat, erzählt in der Geschichte des „Lucius und der Esel" von einer Frau, die durch einen kleinen Türspalt beobachtet, wie eine Striga sich nackt auszieht. An den Zehennägeln beginnend, reibt sie ihren ganzen Körper mit einer öligen Flüssigkeit ein. Plötzlich wachsen ihr Federn, die Nase verwandelt sich in einen Schnabel. Nach ihrer Wandlung fliegt sie, als Eule rufend, zum Fenster hinaus. Wir kennen derartige Verwandlungen von Dämonen, Zauberern und Hexen seit der Antike. Auch Göttinnen, wie Hera und Aphrodite, zogen sich nackt aus, bestrichen sich mit einer Salbe und flogen durch die Luft (8. 10. 6).

Daß der Begriff der Striga sich auch im christlichen Abendland bis zur Renaissance im antiken Sinne gehalten hat, beweisen verschiedene Literaturstellen. Am bekanntesten ist der „Augenzeugenbericht" des Verfassers der berühmten Magia naturalis, Giambattista della Porta (um 1535–1615). Die erste (lateinische) Ausgabe der Magia naturalis sive de miraculis rerum naturalium

erschien ohne Angabe des Druckers 1558 in Neapel. In der deutschen Übersetzung von Johann Füglino, der Arbeit des Schülers von Agrippa von Nettesheim, Johannes Wier (Weyer, Wierus) (1515–1588), „De praestigiis daemonum.
Von den Teuffeln, Zaubern, Schwartzkünstlern, Teuffelsbeschwerern, Hexen
oder Unholden vnd Gifftbereitern (Frankfurt: 1566)", im „Buch über die
Lamien", wird aus der Magia naturalis Portas Bericht zitiert:

Als ich (Porta, Anm. d. Verf.) nun solchen dingen mit gantzen fleiß ein scharpffes nachge-
denkken hat (denn daß ich eben die warheit bekenn vn verjähe / so hab ich selbst in der sach
gezweiflet) ist mir eine alte Vettel an die hand gestossen (derē nemlich eine / welche in
Lateinischer Zungen einen Nachtuogel (die Eule, Anm. d. Verf.) nach / dieweil sie / als man
vermeint / den jungen Kindern nächtlicher weise das Blut außsaugen / Stryges genent werden)
die hat mir freywilliglichen zugesagt vnnd versprochen / sie wölle mir in eyl vber meine fragē
guten bescheid bringen / Heisset derhalben mich vn alle die so bey mir waren / hinauß gehen.
Nach dem sie nun außgezogē / hat sie sich gantz vnd gar / ich weiß nit mit was Salbē /
geschmieret / welches vns den durch ein spaltlein der Thüren wol ist zusehen gewest. Also
ist sie auß krefftiger wirckung der schlaffendmachenden Salben zu bosen gefallen / vnnd in
einen tieffen schlaff versuncken. Wir aber sind zugefahren / die Thür geöffnet / vnd jr die
haut ziemlich erbehrt. Aber so hert hat sie geschlaffen / daß sie es nit vmb ein haar empfunden hette. Nach solchem sind wir widerumb hinauß gewichen / der sachen weiters außwarten
wöllē. So bald nun der salbung krafft nachgelassen / ist sie eins mals erwachet / vnd viel
seltzamer stemponeyen / wie sie vber Berg vnd thal gefahren sey / erzehlet. Wir verneineten
es / sie wolt recht haben / wir wiesen jhr die streich / aber es war verlorn / in summa / es war
bey jhr all vnser fürnemen vnd handeln / nit anderst / denn als der in einen kalten Ofen
blast.

In der immer noch lesenswerten Arbeit von Max Bauer, der 1911 das zweibändige Buch von Wilhelm Gottlob Soldan und Heinrich Heppe, „Die Geschichte
der Hexenprozesse", (21) überarbeitete, heißt es:

Der Name Strix, der heutzutage auf das Eulengeschlecht übergegangen ist, gehörte im Altertum weit mehr dem Reiche der Träume als der Ornithologie an. Zwar wissen die Poesien eines
Ovid, Horaz und Seneca von den Federn, Eiern und Eingeweiden der Strix zu reden; aber es
geschieht jedesmal mit Bezug auf unheimlichen Nachtspuk, und Plinius, der Naturhistoriker,
bekennt offen, daß er sich hinsichtlich der Einverleibung der Strigen in irgendeine der bestehenden Vogelklassen in Verlegenheit befinde (XI, 39). Der gewöhnlichen Sage zufolge,
bemerkt er weiter, pflegten diese Vögel den Säuglingen ihre Brüste zu reichen, und ihr
Name war schon von den Alten bei Verwünschungen gebraucht worden. Auf dieses Säugen
spielt auch der Rhetoriker Serenus Sammonicus in seinem Gedichte von der Heilkunde
an; er legt ihnen giftige Milch bei. Als gefräßige Wesen in Eulengestalt, den Harpyien verwandt, finden wir die Strigen wiederum bei Ovid. Nachts fliegen sie zu den Wiegen der Kinder;
aber statt der Ammendienste saugen sie ihnen Blut und Eingeweide aus. Auf diese Ansicht
Ovids berief sich im 14. Jahrhundert noch Torreblanca, als er den Hexen nachsagte, daß
sie das Blut ungetaufter Kinder aussaugen ... Ebenso wurde bei Erwachsenen auch plötzliche
Kraftlosigkeit, besonders das Versiegen der männlichen Kraft, der Bosheit der Strigen zugeschrieben ...

Beziehungen
zwischen Strigen
und Harpien

Das Aussaugen menschlicher Körper dient den Zauberinnen zu einem doppelten Zweck:
entweder zum Liebeszauber für andere ... oder zur eignen Ernährung wie bei Ovid, wo den
Strigen von der Masse des getrunkenen Blutes der Kropf schwillt. In letzterer Beziehung

82

findet sich hier also schon bei den Alten die Grundlage des Vampirglaubens. Das Blut galt den Philosophen, namentlich Empedokles, als Prinzip der Lebenskraft, diente also den alten Zauberweibern als Mittel der Verjüngung, wie es in der Nekromantie den herbeigezogenen Schatten Kraft und Sprache wiedergeben sollte. (21, I, S. 51-53, gekürzt)

Bei Soldan—Heppe—Bauer finden wir eine Interpretation des Wesens dieser aus der Antike in das Mittelalter hinüberwechselnden Zauberinnen, welche wir auch heute noch akzeptieren können:

So treffen die Strigen, Lamien und Empusen zusammen in den wesentlichen Stücken der Verwandlungsfähigkeit, des Ausgehens auf Liebesabenteuer und der Begierde nach dem Blute und den Eingeweiden des Menschen. Wenn nun in einigen anderen Punkten Abweichungen bemerkbar sind, wenn z. B. die Strix an die Eulengestalt gebannt scheint, während den Lamien und Empusen alle Formen gerecht sind, wenn ferner die Schriftsteller in dem Treiben dieser Unholde bald mehr menschliche Zauberkunst, bald mehr dämonischen Spuk hervortreten lassen: so darf nicht vergessen werden, daß für das Reich des Aberglaubens keine Physiologie geschrieben ist, und daher bei allem Durchleuchten wesentlicher Grundzüge Spielraum genug bleiben mußte, um die Einzelheiten nach Laune verschieden zu gestalten, wie es eben Zeitalter, Lokalität oder die Phantasie des einzelnen Dichters mit sich brachte. Übrigens soll in dem Namen der Strigen entweder das schwirrende Geräusch ihres Fluges oder ihre kreischende Stimme sich aussprechen. Derselbe Ton wird von Philostratus der Empusa beigelegt, deren Name jedoch nach seiner eigentlichen Bedeutung bis jetzt nicht genügend festgestellt ist. Die Lamien aber sind, wie bereits die alten Grammatiker annahmen, nach ihrer Gefräßigkeit benannt. Auf den dumpfen, murmelnden Ton der Unholde scheint auch der Name Mormolykia sich zu beziehen, den Philostratus als synonym mit Lamia und Empusa bezeichnet. Mormo war ein weiblicher Popanz, mit dem man die Kinder schreckte ... Mormo wurde aber auch bei den Griechen, des furchtbaren Aussehens halber, eine Theatermaske mit weit aufgerissenem Munde genannt. Im Latein des Mittelalters sind nun strix oder striga und mascua auch wieder gleichbedeutend; beide bezeichnen ein nächtliches Zauberweib.

Es möge bei dieser Veranlassung zweier verwandter Gegenstände gedacht werden, der römischen Larva und der griechischen Gello. Daß larva ebenso wie das angeführte langobardische masca diejenige Vermummung des Angesichts bedeutet, die wir noch heute Larve und Maske nennen, ist bekannt. Beide Wörter bedeuten aber auch einen Nachtspuk, mit dem Unterschiede, daß die masca, wie bereits bemerkt, eine Strix oder ein lebendes, auf Menschentötung ausgehendes Weib, also eine Zauberin, ist, die larva aber eine abgeschiedene Menschenseele, die zur Strafe umherwandelt, allen Menschen einen Schrecken, den Sündern gefährlich, den Reinen unschädlich. Gello, die bei den neueren Griechen Gillo heißt, war nach dem Glauben der Lesbier eine frühverstorbene Jungfrau, die nach dem Tode umging und Kinder tötete. Schon Sappho soll ihrer gedacht haben. Insofern sie als Tote auf Menschenmord ausgeht, stellt sich Gello allerdings dem Vampirismus näher als der eigentlichen Zauberei ... Übrigens wird der Name Gellus, der ohne Zweifel nur eine andere Form für Gello ist, von den Griechen des Mittelalters ganz auf die eigentlichen Strigen übertragen. Bei Johannes von Damask kommen die Gelluden durch die Luft geflogen, dringen durch Schloß und Riegel und fressen die Lebern der Knaben ... (21, I, S. 54—56)

Nach dem Versuch einer sicherlich nicht leichten Definition des Begriffs „Dämon" oder „dämonisch" haben wir uns zunächst mit der Dämonenlehre des jüdischen Alten Testaments beschäftigt. Durch die Bibel fand sie Eingang in die christliche Welt. In der „Lehre" (hebr. Talmud) fand die jüdische Dämo-

7.2.5

Die Dämonen- und Zauberlehren im jüdischen Talmud

nen- und Zauberlehre eine umfangreichere Schilderung als in der Bibel. Mit ihr wollen wir uns im folgenden Abschnitt beschäftigen.

7.2.5.1
Der Talmud   Um 450 v. u. Z. faßten die jüdischen Chronisten Esra und Nehemia nach dem Babylonischen Exil die mündlich überlieferte Tradition in einigen Schriften zusammen. Als einige Jahrhunderte später durch den Seleukidenherrscher Antiochus Epiphanes (175–164 v. u. Z.) das seit Esra Überlieferte durch eine antijüdische Gesetzgebung in Gefahr geriet, wurde diese Gefährdung durch die Makkabäeraufstände, die 142 v. u. Z. den jüdischen Staat wiederherstellten, verhindert. Zu jener Zeit bildeten sich im Judentum verschiedene religiöse Strömungen, von denen sich eine zum Pharisäertum entwickelte. Die Bezeichnung dieser Gruppe geht auf das hebräische Wort „getrennt, abgesondert" zurück. Neben der herrschenden Priesterschaft, und zeitweise gegen sie, entstand im Pharisäertum eine Laienbewegung, eine Art weltliches Priestertum. In den beiden Jahrhunderten vor der Zerstörung des Tempels des Herodes in Jerusalem (70 n. u. Z.) bildete sich die Vielfalt der Richtungen des damaligen Judentums aus, wie sie durch die Berichte des Josephus (eigentlich Joseph ben Mathitjahu, 73–um 100) und durch die Texte der Essener aus Qumram überliefert sind.

Eine Zäsur erfolgte durch die Zerstörung des Tempels. Das geistige Zentrum des Judentums verlagerte sich in den kleinen Ort Jawne an der Küste. Hier rettete ein Schüler des Pharisäers Hillel, Jochanan, der den Titel Rabban trug, die Tradition der Juden. Vieles der alten Überlieferungen wurde ausgemerzt, manches wurde vergessen. Nur noch eine einzige Gruppe unter den vielen Richtungen jüdischen Glaubens war von nun an legitim: die hillelistisch-pharisäische. Die jüdische Priesterschaft sank ebenso in die Unbedeutsamkeit herab wie die Essener. Die Schüler Hillels in Jawne, und später noch in einigen anderen Zentren, sammelten das Überlieferte. Die „Zeugnisse" dieser Tradi-
Die Mischna tion waren der Beginn der „Mischna", die wiederum den Grundbestand des Talmud bilden. Mit der Abfassung einer von da ab verbindlichen Lehre war kein Abschluß erreicht, sondern erst der Anfang des neuen Lehrbuches gelegt. Auf die Zeit der sogenannten Tannaiten, der Lehrer der Mischnazeit, folgte die Zeit der Amoräer, der Sprecher oder Ausleger. Ihre Diskussionen über die Mischna
Die Gemara füllen den weitaus größten Teil des Talmud. Sie stellen die „Gemara" dar. Während der Zeit der Amoräer verlagerte sich das geistige Zentrum des Judentums nach Babylonien. Die palästinische Tradition wurde aber streng bewahrt.
Der baby- Um 500 war der babylonische Talmud abgeschlossen. Die Diskussion und Aus-
lonische Talmud legung seiner Texte ging allerdings weiter.

In den Schulen Babyloniens wurde der Talmud seit dem 9. Jahrhundert häufig kommentiert. Jetzt verlagerten sich die geistigen Zentren in den arabisch-spanischen und französischen Raum, also nach Europa. Den berühmtesten Kommentar des Talmud verfaßte Rabbi Schlomo, Jizchaks Sohn, abgekürzt

84

Raschi, der von 1040 bis 1105 lebte. Während das unter der Christenheit *Der Kommentar Raschi* lebende Judentum bald verhaßt und stärksten Verfolgungen unterworfen war, konnte sich das Judentum im islamischen Raum weiter entfalten. Hier stand der Gelehrte Maimonides (1135–1204) im Vordergrund. Er ordnete den Talmud nach sachlichen Gesichtspunkten. Sein Ziel, den Talmud durch sein Kompendium zu ersetzen, erreichte er selbst nicht, aber der im 16. Jahrhundert aus Spanien nach Israel eingewanderte Joseph Karos. Sein Werk, der „Schulchan *Der Schulchan Aruch* Aruch" (= „Bereiteter Tisch"), enthält nur die seinerzeit geltenden Gebote und Gebräuche.

Die Mischna ist eine Sammlung von Texten über jüdische Gebräuche und Einrichtungen. Die Gemara enthält Diskussionen darüber. Während der Talmud seiner äußeren Form nach in Mischna und Gemara geteilt ist, gliedert sich seine innere Form in Halacha und Agada.

Neben dem „babylonischen" Talmud gibt es noch einen nicht so umfangreichen „palästinensischen" oder „jerusalemischen" Talmud. Daß der Talmud auch für die jüdischen und christlichen Kabbalisten wie für die Neuplatoniker von Interesse war, zeigt seine erste Drucklegung in Venedig in den Jahren 1523 für den „palästinensischen" und 1520–1523 für den „babylonischen" Talmud.

Im Talmud sind es die bösen Geister der Mazzikin wie auch die schon im 7.2.5.2 *Die Mazzikin und Schedim* Alten Testament erwähnten Schedim, die den Menschen das Leben schwer machen. Die Zahl der Mazzikin ist so ungeheuer, daß „kein Mensch vor ihnen Bestand hätte, wenn sein Auge sie sehen dürfte. Sie umringen jeden einzelnen, jeder soll sogar zur Linken 1000 und zur Rechten 100.000 von ihnen haben" (Berachoth 6a). Auch die Schedim sind nicht minder zahlreich. So berichtet der bedeutende palästinensische Amora (hebräisch: Sprecher) Jochanan (†279 n. u. Z.): „300 Gattungen Teufel waren in Schichin, was aber ein weiblicher Teufel sei, weiß ich nicht" (Gittin 68a). Nach Ansicht des Talmud sind die bösen Geister an einem Freitag von Gott geschaffen worden (Aboth V, 6; Sifre II, 355 und Pesachim 54a). Der jüdische Sprach- und Religionsforscher Ludwig Blau meint in seiner Arbeit „Das altjüdische Zauberwesen" (22), daß die Juden aus diesem Grunde den Freitag für einen Unglückstag hielten und nicht, weil an diesem Tage Jesus ans Kreuz geschlagen worden sei. Nach Jirmija ben Elesar zeugte Adam in den Jahren, in denen er im Bann war, Geister, Teufel und Liliths als weibliche Teufel (Erubin 18b). Nach verschiedenen Stellen im Talmud gleichen diese Teufel in drei Beziehungen allerdings den Engeln, die ja, als Abgesandte Gottes, den Menschen nichts Böses tun: Sie haben Flügel, schweben von einem Ende der Welt zum anderen und wissen, was geschehen ist. In drei Beziehungen gleichen sie wiederum den Menschen: Sie essen und trinken, pflanzen sich fort und sterben (Chagiga 16b). Da sie die Zukunft kennen, werden sie von den Menschen darum befragt, was aber meist gefährlich ist (Sanhedrin 101a). Die Teufel können verschiedene Gestalten annehmen; gewöhnlich erscheinen sie als Menschen, haben jedoch Hühnerfüße und keinen Schatten (Karethot 5b; Gittin 68b; Joma 75a und Jebamoth 122a). Das Haupt dieser bösen Geister war Aschmedai (Asmodai), ein anderer nannte sich Josef. Sie verkehrten mit den Amoräern Josef, Rabba und Papa freundschaftlich, ebenso wie Jonathan mit Chanina (Erubin 43a; Pesachim 110a; Karethot 5b; Jebamoth 122a und Gittin 66a). Der König Salomo, dessen Weisheit die Zauberer geerbt haben wollten, hatte auch nach dem Talmud alle Teufel in seiner Gewalt, so lange er nicht sündigte (Pesikta Buber 45b). Die Mazzikin hielten sich, wie auch wohl die Schedim, in Ruinen und „unreinen" Orten auf. Es sind die gleichen Zufluchtsorte für böse Geister, wie sie uns im Alten Testament begegneten.

Wir erfahren weiter aus dem Talmud: Wer sich vor dem Hahnenschrei auf den Weg zu derartigen Orten machte, war des Todes (Baraitha Joma 21a, 2). Jedoch erscheinen die bösen Geister nur dann, wenn jemand allein ist. Sie sind lichtscheu und können in der Nacht durch Fackeln oder auch schon durch den Mondschein verscheucht werden (Berachoth 3b und 43b, 18). Man könnte die Berichte über das Vorkommen von Dämonen im Talmud noch beliebig erweitern. Neben den Mazzikin und Schedim wird im Talmud noch der böse Geist Ruach raah erwähnt. Dieser böse Dämon verleitet die Menschen zur Sünde (Baraitha Erubin 41b). Wir finden im Talmud auch einen Geist des Aussatzes, der Herzkrankheit, der Starrsucht (Epilepsie), die beweisen, daß manche Talmudlehrer (Kethuboth 61b, 8; Gittin 67b, Pesachim 111b und Chullin 105b), wie die Chaldäer, Ägypter und Christen, alle Erkrankungen der Besessenheit zuschrieben. Wie der jüdische Geschichtsschreiber Josephus berichtet (VIII, 2, 5), kannten auch die Juden den Exorzismus. Blau meint zur Geisterwelt des Talmud (22, S. 14—15):

Wie sich Schedim, Mazzikin und die mannigfaltigen Ruchoth von einander unterscheiden, ist nicht leicht zu sagen. Nur soviel scheint mir sicher, daß Ruchoth ursprünglich die Seelen Abgeschiedener bedeutet hatte, während Schedim eine eigene Gattung von Wesen bilden, welche, wie wir schon sahen, zur Hälfte Menschen und zur Hälfte Engel sind. Nach einer Tradition hat sie Gott am Freitag geschaffen, nach der anderen Adam gezeugt, ... Mazzikin scheint beide nach ihren schädlichen Wirkungen zu benennen.

Der Zauberer setzt nun die Geister in Bewegung, damit sie sein Vorhaben ausführen ... Die ägyptischen Zauberer waren natürlich der Meinung, Mose bewirke seine Wunderzeichen durch Zauberwerk und sie taten desgleichen (Exodos 7, 11—22).

Wie zu allen Zeiten und bei allen Völkern, wurde auch in Israel, und zwar in erster Linie von Frauen, der Liebeszauber ausgeübt. Im Alten Testament (Exodos 22, 18; Leviticus 20, 27 und Deuteronomium 18, 10—13) wird jede Art von Wahrsagerei, Orakel, Beschwörung und sonstige Zauberei unter Androhung der Todesstrafe verboten. Verboten war allerdings nur die Ausübung der Schwarzen Kunst, nicht aber ihre Erlernung (Sifre 2, 170; Baraitha

Sabbath 75a; Rosch Haschana 24b; Aboda Zara 18a u. a.). Jochanan stellte sogar die Forderung auf, daß jedes Sanhedrial-Mitglied Kenntnisse über die Zauberei besitzen müsse (Sanhedrin 17a).

Diese gesetzlichen Bestimmungen wollen die Betätigung des Zaubers verhindern, stellen aber die Kraft desselben nicht in Abrede. Alle Völker des Altertums haben Zauberei betrieben, und es wäre ein Wunder, wenn die Juden an diese Kunst nicht geglaubt hätten. Tatsächlich kümmerte sich das Volk nicht allzu viel um die Ansichten der Gelehrten und war, wenn auch nicht in dem Maße, wie Babylonier und Ägypter, Griechen und Römer, deren ganzes öffentliches und privates Leben unter der Herrschaft des Aberglaubens stand, der Zauberei ergeben. (22, S. 21)

Ganz allgemein wurde die Zauberei mehr zu Heilungszwecken als aus Haß oder aus Liebe verwandt. Das Kranksein als solches führte man auf Behexung oder Besessenheit zurück. Wie wir bereits nachwiesen, finden sich derartige Vorstellungen schon in den ältesten Denkkategorien des Schamanismus, im Animismus und ähnlichen archaischen Glaubensformen. So berichtet Mircea Eliade in seinem wichtigen Werk über den „Schamanismus und archaische Ekstasetechnik“: *Die Austreibung einer Besessenheit, eine der ältesten Therapieformen*

Die Hauptfunktion des zentral- und nordasiatischen Schamanen ist die magische Heilung. Es gibt in diesem Bereich verschiedene Vorstellungen von der Ursache der Krankheit, aber der Gedanke des „Seelenraubes" herrscht darunter bei weitem vor ... In bestimmten Gegenden von Asien kann die Ursache des Übels auch darin liegen, daß ein magischer Gegenstand in den Körper des Kranken eingedrungen oder daß dieser von bösen Geistern „besessen" ist; dann besteht die Heilung darin, den schädlichen Gegenstand herauszuziehen beziehungsweise die Dämonen auszutreiben. (23, S. 208)

Auch im Talmud galt als allgemeiner Grundsatz noch immer: Was zur Heilung dient, ist wegen Aberglaubens nicht verboten (Sabbath 67a und Chullin 77b). Nach der Ansicht von Blau waren die Babylonier und die von ihnen in der Gefangenschaft angesteckten Juden viel abergläubischer als die in Palästina verbliebenen. Dies äußere sich auch im babylonischen und palästinensischen Talmud. Ersterer liefert wesentlich mehr Material als die umfangreichere palästinensische Literatur, zu welcher die Schriften Mischna, Jeruschalmi und die zahlreichen Midraschwerke gehören.

Daß die Zauberin (Hexe) oder der Zauberer (Hexer) auch bei den Juden großen Gefahren ausgesetzt waren, zeugt die Baraitha Sanhedrin (67a) von der Todesstrafe, die nach dem Exodus (22, 18) vornehmlich bei Frauen vorgenommen wurde, da diese in der Mehrzahl als Zauberinnen tätig waren. Männer finden sich in der Geschichte des Zauberwesens fast bei allen Völkern in der Minderzahl, was eigentlich als indirektes Indiz dafür gelten kann, daß das Matriarchat die ältere Kulturform gewesen ist. So berichtet die Mischna Sanhedrin (45b), daß Simon ben Schetach in Askalon an einem Tag 80 Zauberinnen aufhängen ließ. Nach Simon ben Jochai (um 150 n. u. Z.) hätten die Zauberkünste bei den Töchtern Israels in den letzten Generationen zugenommen *Die Vorläufer der mittelalterlichen Hexe*

87

(Erubin 64b), ja sogar die „frömmste der Frauen sei eine Zauberin" (Soferim XV, 10). Aufgrund der von Blau angeführten Zitate aus dem Talmud galten vor allem alte Weiber als Hexen, aber auch alleinstehende Frauen, Jungfrauen und Witwen. Liebeszauber und „Buhlerei" war häufig Hexenwerk. Wir finden also bereits in den antiken Vorstellungen weitgehend die gleichen Motive für ein Hexen(un)wesen vor, wie sie in den mittelalterlichen Inquisitionsakten enthalten sind. Über die Situation bei den Judenchristen zu Beginn unserer Zeitrechnung berichtet Blau:

Die Dämonologie war eine hochentwickelte, und der Exorzismus blühte in jüdisch-christlichen Kreisen. Wohl haben die Apostel gegen Magie und Zauberwesen angekämpft, gegen Simon Magus, gegen Bar-Jehu und gegen andere. Weit, weit mehr noch aber als bei den Vertretern der jüdischen Tradition finden sich bei ihnen und den Kirchenvätern Wundertaten und Aussprüche, welche als Zauberei angesprochen werden können. Wenn schon manche Talmudlehrer trotz des strengen Festhaltens an dem pentateuchischen Gesetz, der Zauberer solle nicht am Leben belassen werden, den verschiedenen Arten der Magie und Dämonologie einen Einfluß auf ihren Glauben und ihre Denkweise gewährten, ist es nicht zu verwundern, daß die Apostel und Kirchenväter der allgemeinen Zeitströmung vollständig erlegen sind. Man machte nämlich den Unterschied zwischen erlaubter und unerlaubter Magie: in und mit dem Namen Gottes, an den man glaubte, durften übernatürliche Wirkungen hervorgebracht werden. Die Zauberbücher wurden verbrannt (Acta 19, 19), aber sicherlich nur aus dem Grunde, weil sie heidnische Gebräuche, Formeln und Anrufungen vorschrieben, vermittelst welcher man die höheren Mächte in die Gewalt bekommen kann. Manche jüdische Beschwörer wollten, den veränderten Anschauungen entsprechend, die bösen Geister durch den Namen Jesu bannen, dies gelang aber nur den Schweißtüchlein des Paulus, aber nicht den Juden, die der böse Geist nicht respektierte (Acta 19, 11—15) . . .

Jesus galt den Talmudlehrern, welche übrigens keine autochthonen Traditionen über ihn besaßen und ihn lediglich aus den unter dem Volke verbreiteten Erzählungen der Evangelien kannten, als Zauberer . . .

Da sich die Judenchristen mit magischen Heilungen abgaben, wird man es begreiflich finden, daß ihre Bücher für Zauberbücher erklärt werden (Tosifta Chullin II, 20) . . . In der Bezeichnung „Zauberbücher" liegt die schärfste Verurteilung, weshalb auch Zeera, ein Feind agadischer Schriften, diese für Zauberbücher erklärte (Maaseroth 51a, 10). Überhaupt galt Zauberei für die schwerste Sünde, und alle Bedrücker Israels wurden für Zauberer ausgegeben. Ebenso lassen die Rabbinen auch die Gegner Israels sprechen, Haman sagte: Moses, Josua, David, Salomo haben ihre Wunder- und Heldentaten vermittelst Zauber vollbracht . . .

Man sieht . . ., daß die grauenvolle Macht des Zauberns sowohl Freunden als Feinden zugeschrieben wurde. Die übernatürlichen Wirkungen aber, welche verehrte Personen hervorbrachten, wurden für Wunder angesehen . . . Die Talmudlehrer brachten die übernatürlichen Wirkungen vermittelst heiliger Namen oder irgendwelcher Handlungen hervor, was nach ihrem Glauben keine Sünde war, sie leugneten aber nicht, daß dieselben Handlungen auch vermittelst unheiliger Namen oder verbotener Handlungen bewerkstelligt werden können . . . (22, S. 27—34, gekürzt)

7.2.5.3

Die jüdische Zaubertradition

Im Buch der „Erleuchteten" konnten wir den Zusammenhang der jüdischen Zauberliteratur mit jener der ihnen benachbarten Völker nachweisen. Diese Literatur war wiederum wegweisend für die mittelalterliche Zauberliteratur.

Man wird alle Arten der Wahrsagerei auf die Babylonier, die Zauberei hauptsächlich auf die Ägypter zurückführen dürfen, wobei nichts verschlägt, daß möglicherweise der betreffende Zauber bei den Ägyptern nicht genuin ist, denn es handelt sich hier nur um die Frage, wer ihn den Juden vermittelt habe. Maßgebend ist hier die jüdische Tradition selbst, welche entschieden das Morgenland für die Heimat der Wahrsagerei und Ägypten für die Heimat der Zauberei hält.

Merkwürdigerweise macht schon der Midrasch einen ähnlichen Unterschied, indem er die folgende Deutung gibt: „Die Weisheit des Salomo übertraf die die Weisheit der Söhne des Morgenlandes" (1. Könige 5, 10). Worin bestand die Weisheit der Söhne des Morgenlandes? Sie kannten den Planetenlauf und weissagten aus dem Vogelfluge. (Salomo kannte auch) alle Weisheit der Ägypter, d. h., er durchschaute die List des Pharao, der durch seine Zauberer feststellen ließ, welche Arbeiter in demselben Jahre sterben werden und hierauf diese Salomo zum Bau des Heiligtums sandte (Pesikta Buber 33b). Salomo durchschaute sofort die List des Pharao und schickte alle Arbeiter mit Leichenkleidern zurück. Astrologie und Wahrsagerei ist die Kunst der Babylonier und Zauberei die der Ägypter . . .

Schon bei Homer gilt Ägypten für die Heimat magischer Gewächse, wie denn die ägyptische Heilkunde wüste Zauberei war. Die Ägypter waren das klassische Zaubervolk der Griechen und Römer. Auch die philosophische Magie des Pythagoras war ägyptisch. In späthellenistischer Zeit ist der ägyptische Einfluß noch gewachsen . . .

Die Beziehungen zwischen Ägypten und Palästina waren seit uralter Zeit so mannigfache, daß es ein Wunder wäre, wenn ägyptische Anschauungen ihren Weg zu den Juden nicht gefunden hätten, besonders in den Jahrhunderten des Hellenismus, wo unter den sieben Millionen Einwohnern Ägyptens eine Million Juden waren und wo eine besondere alexandrinisch-jüdische Literatur entstand. Wie rege der Verkehr zwischen den zwei Ländern war, beweist die Tatsache, daß in Jerusalem eine besondere alexandrinische Synagoge existierte (Tos. Meg. III, 6, p. 224—26) und daß von Alexandria in der traditionellen Literatur sehr oft gesprochen wird. Es gab aus Alexandria stammende Talmudautoritäten, ja sogar koptische Proselyten, die es bis zum Talmudgelehrten gebracht haben (Tosifta Kidduschin V, 4) . . .

In der Baraitha, wo die Schüler Hillels in überschwenglichem Lobe für die Prophetie gleich Moses würdig erklärt werden, heißt es von Jochanan ben Zakkai, er sei neben allen Disziplinen der schriftlichen und mündlichen Lehre auch vertraut gewesen „mit den Tekufoth, Gematrioth, dem Flüstern der Engel, der Dämonen und der Palmen, der großen und kleinen Lehren" (Sukka 28a und Baraitha Batra 134a). (22, S. 38—49, gekürzt)

Die Lehre mit den „Gematrioth", die von Blau erwähnt wird, „wird hier nicht, wie man nach Raschi annimmt, Buchstabenvertauschung bedeuten, was in den Zusammenhang nicht paßt . . ., sondern Geometrie in dem Sinne, wie sie in der Astrologie zur Anwendung kam." Die „Gematria" war ein Verfahren, das die Ausrechnung des Zahlenwertes der hebräischen Worte nach bestimmten magischen Verfahren ermöglichte wie auch das Aufsuchen von Beziehungen zu anderen Worten oder Sätzen. Bei diesem Verfahren wird zunächst der Zahlenwert der einzelnen Buchstaben berechnet und dann dieses Wort durch ein anderes ersetzt, dessen Buchstaben zusammen denselben Zahlenwert haben (vgl. 3, 1973, S. 192—193).

Blau berichtet auch über den Vorgang des Lichtauslöschens bei rituellen Anlässen. Wir finden diese Prozedur unter den Gnostikern, so bei den Clementinen und Karpokratianern, ferner bei den mittelalterlichen Satanisten und in verschiedenen Versionen in den „Schwarzen Messen" der Neuzeit. Wir können diese spezifische rituelle Handlung als eine Art Prophylaxe für einen sonst notwendigen Exorzismus betrachten. Nach der allgemeinen Ansicht der Alten, aber auch im Glauben der katholischen Kirche wie im volkstümlichen Aberglauben, ist die „Besessenheit" eines Menschen durch einen bösen Geist oder Teufel nur durch den Exorzismus oder ein anderes zauberbrechendes Mittel zu heilen. Der Glaube, daß das Eindringen des Teufels in den menschlichen Körper die eigentliche Besessenheit verursacht, wird schon in vorchristlicher Zeit in einer tannaitischen Quelle bezeugt (Sifre II, 318, 136b, 13). Blau erwähnt im Talmud ein Mittel, das ebenfalls vor der Besessenheit schützen soll. Es interessiert uns im Zusammenhang mit der vorliegenden Arbeit besonders:

Nach allgemeiner Anschauung schützt das Licht gegen Dämonen. Die Mischna lehrt hingegen: es sei erlaubt, am Sabbath aus Furcht vor Heiden, Räubern und bösen Geistern das L i c h t a u s z u l ö s c h e n (Sabbath 30b). Das Licht zieht demnach die bösen Geister an. Daher heißt es Pesachim 112b: Wer Nachts vor der brennenden Lampe steht, wird ein Epileptiker (d. h. ein vom bösen Geist Besessener), und wer den Beischlaf vor der brennenden Lampe ausführt, bekommt epileptische Kinder ... (22, S. 56)

Wenn wir das „Lichtauslöschen" in den geheimen sexual-magischen Ritualen libertinistisch-religiöser Sekten und Geheimgesellschaften richtig deuten, so war diese Maßnahme, bewußt tradiert oder unbewußt empfunden, auch vor dem Beginn einer sexuellen Orgie eine ähnliche Schutzmaßnahme der Anwesenden vor der Gefahr der Besessenheit durch einen am Ritual teilnehmenden oder durch die Evokation zitierten Dämon.

7.2.5.5
Die Stammtafel der jüdischen Teufel

Die jüdische Dämonenlehre spielte noch im 17. und 18. Jahrhundert auch im deutschen Sprachraum eine nicht unwichtige Rolle. In Zedlers Universallexikon von 1744 (24, Bd. 42, Sp. 1609—1613, gekürzt) heißt es im Abschnitt über die „Lehre der Jüden von dem Teuffel":

Von den Teuffeln glauben die Jüden zwar auch, daß sie anfänglich als reine und Heilige Engel von GOtt erschaffen worden; als aber GOtt der HErr und den ersten Menschen schaffen *Schamchusai* wollen, sollen zwey Engel, unter welchen der eine Schamchusai, der andere Usael geheissen, *und Usael* sich darwider geleget und solch edel Geschöpffe, daß es nicht geschaffen würde, verhindern wollen, und darum habe sie GOtt aus gerechtem Zorn aus dem Himmel geworffen.

Als sie aber merckten, daß sie GOtt aus seinem Heiligen Orte des Himmels stützen wollte, ergriffen sie den Ertz-Engel Michael bey seinen Fittichen, und hätten ihn gerne mit sich heruntergestürtzet; aber der HErr kam ihm zu Hülffe, und erhielt ihn. Aber der Talmud schreibet: Die Teuffel wären am ersten Freytage gar am Abend erschaffen worden. Als aber die beyden obgedachten Engel unter den Menschen auf Erden gewohnet, hätten sie Weiber genommen, wie geschrieben steht: Es sahen die Kinder GOttes nach der Menschen Töchter, wie sie schön waren, und nahmen zu Weibern, welche sie wollten. Des Schamchusai Weib *Istahar, Weib* solte Istahar geheissen haben, und sehr schön gewesen seyn, welcher er den Schemhamphoras *Schamchusais,* gelernet, und zwey Söhne mit ihr gezeuget, deren einen er Sihon und den andern aber Og *Sihon und Og* genennet, welche hernach zwey mächtige Könige, und endlich von den Kindern Israel erschlagen worden.

Dieser Schamchusai soll noch vor der Sündfluth Busse gethan, und sich zu GOtt bekehret haben. Usael aber lebe noch, verharre in seinen Sünden, und verführet der Menschen Kinder, daß sie in Sünde und Laster gerathen, und eben dis soll der Asasel seyn, welchen die Juden im Alten Testamente jährlich auf einen gewissen Tag, einen lebendigen Bock geben musten, auf daß er ihnen Schaden zufügte. *Asasel (Azazel)*

Auch schreibet R(abbi) Simeon, daß die drey Männer mit Nahmen: Achiman, Scheschai und Thalmai, auch dieser beyder Engel Söhne gewesen sind. Dieses ist also der Anfang und Ursprung der Teuffel. *Achiman, Scheschai und Thalmai*

Neben diesen aber sind noch vier böse Weiber in die Welt gekommen, welche auch nach Rabinischer Lehre noch leben, und viele Teuffel gebähren, unter welchen die erste Lilith heist. Dieselbe Lilith ist anfänglich mit Adam aus der Erde erschaffen worden, daß sie und Adam mit ihren beyden Rücken an einander gewachsen waren, wie geschrieben stehet: GOTT schuff sie ein Männlein und Fräulein. Als sie aber der HErr von einander geschieden hatte, haben sie sich, nach dem Zeugnis des Talmuds, R(abbi) Salomons und R(abbi) Aben Esra, nicht mit einander vertragen können. Und dieweil denn Lilith zu einer Zauberin worden, hat sich auch Adam von ihr geschieden. Endlich ist sie gar zu einer Teuffelin worden, buhlet noch bis auf diesen Tag mit den Teuffeln, und erfüllet die Welt mit jungen Teuffeln. Darum schuff GOtt der HErr dem Adam ein ander Weib, nehmlich die Eva, aus seiner Riben, wie Moses bezeuget. *Die vier weiblichen Teuffel: Lilith*

Die andere Teuffels Mutter heist Naema, denn nachdem der Bruder-Mörder Cain gestorben war, wurden aus seinem Geiste zwey böse Geister gebohren, nehmlich ein Männlein und Fräulein. Das Männlein hies ThubalCain, das Fräulein aber hieß Naema. Diese beyde leben auch noch, und zeugen viele junge Teuffel. Die Naema kommt öffters zu denen Männern, wenn sie schlaffen, buhlet mit ihnen, und zeuget junge Teuffel. *Naema*

Wie denn auch Asmodäus der Ehe-Teuffel ihr Sohn seyn soll.

Die dritte Teuffels-Mutter heist Machalath, und ist Ismaels Tochter, welche den Esau zu einem Mann gehabt hat. *Machalath*

Die vierte Teuffels-Mutter heißt Igereth, und ist gemeldeter Machalaths Tochter. So soll auch Adam, wie der Talmud zeuget, von seinen Sünden-Fall an, bis er 130 Jahr alt worden ist, anders nichts, denn junge Teuffel gezeuget haben. *Igereth*

Und weil denn die Teuffel von den Engeln und Menschen herkommen, so schreibt R(abbi) Bechai, daß sie in dreyerley den Menschen, und in dreyerley den Engeln gleich sind. Denen Menschen sind sie an folgenden Stücken gleich: Erstlich, daß sie essen und trincken müssen. Zum andern, daß sie auch Kinder zeugen. Zum dritten, daß sie auch sterben müssen. Den Engeln sind sie gleich: Erstlich in dem, daß sie auch Fittiche, wie die Engel haben. Zum andern, daß sie auch in dieser Welt gleich den Engeln umher schweben. Und zum dritten, daß sie auch wissen, was künfftig geschehen soll. Und weil sie denn sterblich sind, so soll Noah (wie R[abbi] Bechai, R[abbi] Salomon, und andere Rabbinen mehr schreiben) ein paar Teuffel mit sich in die Arche genommen haben, auf daß sie in der Sündfluth nicht umkämen.

Wie man sich nun aber wider die Teuffel verwahren solle, wird gewiesen in dem Buche, welches sie Schimmus Tehillim nennen, worinnen folgende Worte zu finden: Willst du nun sicher seyn also, daß dir die Teuffel keinen Schaden zufügen sollen, so brauch den 144. Psalm; wilst du aber einen Teuffel erwürgen, so must den den 104. Psalm dazu brauchen.

Von der Teuffel Regiment gläuben die Jüden, daß sie sich in vier Haufen eintheilen, deren jeder so starck sey, daß sie so darinnen, wegen grosser Menge nicht können gezählet werden. So geben sie auch vor, daß ein jeder Hauffe seinen besonderen Nahmen habe, und einer nach dem andern jährlich ein Viertel Jahr lang regiere. Ihr Regiment aber fängt allezeit des Abends, wenn die Sonne untergegangen ist, an, und währet bis um Mitternacht ... Dis Regiment, schreibt der Talmud, habe gewähret, bis auf das Jahr Christi 100. Denn um diese Zeit haben R(abbi) Chanina der Igereth, welche ihm mit 180 000 Teuffel begegnet, geboten, sie solte sich hinfort an den öden und wüsten Oertern aufhalten, und ihr niemahls als Mittwochs und Freytags zu Nacht unter die Leute zu kommen vergönnet seyn. Aber der Jüdische Lehrer Abaia habe ihr im Jahr 300 geboten, sie solle nimmermehr unter die Leute kommen. Darum wenn schon jetziger Zeit ein Teuffel oder zwey unter die Leute kommen, so thun sie es doch nicht mit Willen, sondern ihre Pferde, darauf sie reuten, werden bisweilen muthwillig, daß sie sie nicht zwingen können, und tragen sie also mit Gewalt unter die Leute.

Ueber dieses schreibet der Talmud Breachoth 6. daß sich die Teuffel sonderlich gerne bey den Rabbinen finden lassen, so gar, daß ein jeder Rabbi 10 000 zu seiner Rechten habe, und wenn ein Rabbi predige, kämen die Teuffel mit grosser Menge, und höreten zu, ja sie drängen sich so sehr, daß sie auch den Rabbinen die Kleider vom Halse reissen ...

Sonderlich aber hat Samuel der Engel des Todes, den R(abbi) Josua, und der Engel Suriel den R(abbi) Ismael etliche Sachen gelehret, Joseph Teuffel hat den R(abbi) Joseph gewarnet, daß er sich für paaren hüten, und nicht zwey, vier oder sechs Becher mit Wein austrincken, sondern eins, drey oder fünffe, und so fort an, trincken solte. Denn wo er bey paaren trincke, hätte der Teuffel Macht ihm den Hals umzudrehen ...

Herkunft der
Dämonennamen In diesem Bericht über die jüdische Dämonenlehre aus dem 18. Jahrhundert finden sich u. a. auch Eigennamen, die nicht allgemein bekannt sind. Daher seien einige Erläuterungen gestattet:

Schamchusai, ein Engel, der sich bei der Erschaffung des ersten Menschen gegen Gott aufgelehnt hat und von diesem deshalb aus dem Himmel verstoßen wurde. Er ist der Urtyp des gefallenen Engels. Unter den Menschen lebend, nahm er sich Istahar (Isc[h]tar?) zur Frau.

Usael, wie Schamchusai, ein aufrührerischer Engel, der von Gott verstoßen wurde.

Sihon, der Sohn des Schamchusai und der Istahar. Er war mit seinem Bruder Og König in Kleinasien und wurde von den Israeliten erschlagen.

Og (oder Och) ist der Name des Planetengeistes der Sonne. Er wird erwähnt in der Clavicula Salomonis (vgl. Kiesewetter, Faust 2, 66–82, hier 80), im Buch Arbatel (82, Agrippa, 5, 109–111, 114), im 6. und 7. Buch Mose und im Wagnerbuch von 1594.

Og erinnert an den Namen des Riesenkönigs Og von Bas(ch)an (Num. 21, 33): „Dann änderten sie (die Israeliten) die Richtung und zogen den Weg zum Baschan hinauf. Og, der König des Baschan, zog ihnen mit seinem ganzen Heer nach Edreï zum Kampf entgegen" (Dtn. 3, 1: 4, 47; Ps. 135, 11). Den Beweis der Zusammengehörigkeit beider Namen liefern die Sagen vom Riesenkönig Och (Ranke, Volkssagen, 218). Auf der Jagd reitet Kaiser Karl durch eine Höhle, die sich als Beinknochen dieses Königs herausstellt. Dies ist eine Umformung der talmudischen Erzählung des Rabbi Saul: „Ich war ein Totengräber. Ich lief einmal einem Reh nach und kam in die Höhle eines Schienbeins von einem Knochengeripe. Ich verfolgte es drei Meilen weit durch diese Höhle, und der Knochen hatte noch kein Ende, worauf ich zurückkehrte. Und man sagte mir, daß es ein Knochen Ogs, des Königs von Basan wäre."

Jacobi (HwdDA, Bd. VI, Sp. 1176–77) nimmt an, daß der Name Ogs auf die Sonne übertragen worden sei, weil er der größte Planet ist und im Ps. 19, 6 ausdrücklich mit einem Riesen verglichen wird. Og „lehrt die Spinnen-, Nattern- und Skorpion-Stiche zu heilen" (Scheible, Kloster 3, 212).

Peuckert (Pansophie, 481) schreibt: „Der in der Theosophia pneumatica (= Clavicula)

92

und dem Arbatel gelehrte Kreis ,olympischer Geister Arathron, Bethor, Phaleg, Och, Hagith, Ophiel, Phul' lebt in einer bestimmten Gruppe alchymisch-magischer Schriften fort . . . 1935 begegnete mir der Name Och im schlesischen Vorgebirge; ein ,weißer Magier' hatte ihn gebracht und aus einer Salomonischen Zauberschrift dabei Beschwörungen gelesen; sein Buch war schon mehrere hundert Jahre alt."

Asasel ist identisch mit Azazel und Usael (7. 2. 3. 1)

Achiman, Scheschai und Thalmai sind Söhne von Schamchusai und Lilith (7. 2. 3. 2. 1)

Naema, entweder identisch mit Naama (oder Nomia?), s. u. Thubalkain. Tochter des Lamech und Schwester des Tubal-Kain.

Thubalkain, angeblich Sohn und Geistwesen des biblischen Kain. Nach Ranke-Graves, 2, 227 ist es der mythische Name der Tibarener, der ersten Bearbeiter des Eisens im Altertum. In Gen. 10, 2 heißt es: Die Söhne Jafets, (des Sohns von Noah,) sind Gomer, Magog, Madai, Jawan, Tubal, Meschech und Tiras. „In der Genesis X, 2 wird ihr Land Tubal (= Tibar) genannt, und mit Tubal Kain sind die Tibarener gemeint, die von Armenien mit den Hykoshorden nach Kanaan gekommen waren." In Gen. 4, 17—22 heißt es: „Kain erkannte seine Frau; sie wurde schwanger und gebar Henoch. Kain wurde Gründer einer Stadt und benannte sich nach seinem Sohn Henoch. Dem Henoch wurde Irad geboren; Irad zeugte Mehujael; Mehujael zeugte Metuschael, und Metuschael zeugte Lamech. Lamech nahm sich zwei Frauen; die eine hieß Ada, die andere Zilla . . . Zilla gebar Tubal-Ka(j)in, der die Geräte aller Erz- und Eisenhandwerker schmiedete. Die Schwester Tubal-Kains war Naama.

Über seine Herkunft vgl. AHbdFm, III, 379—80. Thubalkain wurde von einigen Autoren mit dem griechischen Hephaistos bzw. mit dem römischen Vulkan identifiziert. „Im Freimaurerbunde kommt dieser Name auch vor, und zwar wird derselbe in ,Jachin und Boas' (London 1773, S. 30, 31, 40) von ,Hiram' (London 1766, S. 38) im Meistergrade angewendet, während in den deutschen und französischen Ritualen dieses Wort als Lehrlingspaßwort gebraucht wird, weil Thubalkain der Erfinder der zum Bauen unentbehrlichen Werkzeuge gewesen sei." (Vgl. 5. 3. 1. 1)

Bei E. O. v. Lippmann, Alchemie, 615, heißt es: „Besondere Wichtigkeit erlangte die Eisengewinnung in den erz- und holzreichen kleinasiatischen Landschaften am südöstlichen Ufer des Schwarzen Meeres, bei den Mossynöken und Tibarenern, den Moschern und Tubal des Alten Testamentes."

Asmodäus (8. 4. 5)

Ma(c)halat. In Gen. 28, 8—9 heißt es: „Als Esau merkte, daß die Kanaaniterinnen seinem Vater Isaak nicht gefielen, ging er zu Ismael und nahm zu seinen Frauen noch Mahalat hinzu, die Schwester Nebajots, die Tochter Ismaels, des Sohnes Abrahams."

Schon in der frühen jüdischen Mystik, wie zum Beispiel in der Merkaba-Mystik zu Beginn unserer Zeitrechnung, finden sich Elemente, die, aus älteren Dämonologien mit Vorstellungen aus einer archaischen Naturmagie stammend, in das bald sich langsam entwickelnde kabbalistische, aus vielen Quellen schöpfende Lehrgebäude einflossen. In der Merkaba-Mystik gelangte die menschliche Seele bei der Wanderung vor Gottes Thron durch die sieben Himmelssphären, die den sieben Planetensphären Platons oder der Gnostiker entsprachen, an die Pforten der himmlischen Hallen. Hier standen zwei Torwächter, die von dem „Reisenden" ein Paßwort verlangten. Die Cherubim (8. 12. 1. 1) dürften mit diesen Torwächtern identisch sein. Später wurde das Auffinden dieses — inzwischen verlorenen — Paßwortes in vielen Mysterienbünden und esoterischen

Geheimgesellschaften zu einem zentralen Anliegen ihrer Rituale und Kulte.

Dieses keineswegs nur in der jüdischen Mystik vorkommende Paßwort entstammte aus dem wesentlich älteren Zauberwesen und galt als ein magisches Siegel. Es vermochte Unbefugte, also etwa Dämonen und böse Archonten wie feindliche Engel, von den Toren des Himmels abzuhalten und zu vertreiben. Die Merkaba-Mystik wie auch die aus verschiedenen Quellen schöpfende jüdische Gnosis bestand aus einem tradierten vorjüdischen und einem originären Gemisch von Theurgie, Magie und Ekstasetechnik.

Roskoff interpretiert diesen Vorgang im Kapitel über den „Teufel im Talmud und in der Kabbala":

Abgesehen von den ägyptischen, persischen und alexandrinisch-griechischen Elementen, die in die Kabbala verwoben sind und einen Dualismus mit sich führen, der natürlich auch im Talmud vertreten ist, könnte auch die aufgenommene Emanationslehre eine kabbalistische Dämonologie erwarten lassen. Die Kabbalisten blieben bei philosophischen Erörterungen nicht stehen, sie personifizierten die ganze Natur, die Ursachen der physischen Erscheinungen, die Seelenzustände und brachten dadurch eine ungeheure Menge guter und böser Dämonen hervor, die sie in der ausgedehntesten Vereinzelung tätig dachten und bei jeder noch so unbedeutenden Verrichtung beachten zu müssen glaubten, um die Übeltätigen zu bannen, die Wohltätigen anzuziehen. Dieses lehrt die kabbalistische Theurgie, jenes die Goetie. Die Beschwörung guter oder böser Geister geschieht durch Aussprechen gewisser Verse oder einzelner Wörter aus der Schrift, welche die mannigfaltigen Gottes- und Engelnamen bedeuten oder durch verschiedene Verletzungen des hebräischen Alphabets hervorgebracht werden, oder durch Amulette, worauf Verse, einzelne Wörter in Zusammensetzungen angeblicher Gottes- und Geisternamen geschrieben und mit verschiedenen Figuren bezeichnet sind. Die Wirksamkeit der kabbalistischen Geisterbeschwörungen bezeugt der Talmud ...
(19, S. 251)

In dem in den ersten Jahrhunderten unserer Zeitrechnung entstandenen kabbalistischen „Buch der Schöpfung" (Sepher Jesira oder Jezirah) findet sich eine Kosmogonie und Kosmologie, die auf älteren Quellen basiert. Es beweist die Verflechtungen der antiken Gnosis im Vorderen Orient und der mediterranen Völker, wie auch ihre Ausstrahlungen in die westliche Welt des Abendlandes. Das „Buch der Schöpfung" besitzt starke magische Anteile, wie sie uns auch in der hellenistischen Theurgie und Magie überliefert wurden.

Die Kabbalisten erfüllen alle Räume der Schöpfung mit guten und bösen Geistern, teilen sie in bestimmte Ordnungen, setzen ihnen Oberhäupter vor, unterscheiden diese wie jene durch besondere Namen und weisen ihnen gewisse Ämter zu. In Azilah, dem reinsten Ausfluß des Urwesens, gibt es keine Unterscheidung, also auch keinen Raum für Subjekte oder Individuen. In der nächst reinen Beriah sind die der Gottheit zunächst stehenden reinsten Geister, die immer Lebenden. In die Jezirah versetzen die Kabbalisten schon Geister, die verschieden an Gestalt und Rang sind, welche die Elemente regieren. Die vom Urwesen am weitesten abstehende Assiah ist außer mit tierischen und menschlichen Geschöpfen zugleich mit mehr materiellen Geistern bevölkert, die stets zu den höheren Geistern hinaufstreben oder diese zu sich herabzuziehen suchen. Die untere Welt ist daher besonders stark mit Dämonen besetzt, da jedem materiellen, intellektuellen und moralischen Gegenstand in dieser Welt ein solcher vorsteht, der seinen Namen hat.

Die vornehmsten und einflußreichsten guten Dämonen sind: Metatron, der Engel des Angesichts, Vorsteher der Stärke, Weisheit, Herrlichkeit, überhaupt alles Großen und Erhabenen im Himmel und auf Erden. In ihm erkennen die Kabbalisten den Henoch, der nach seiner Himmelfahrt diese Würde erlangt haben soll . . . (19, S. 252) *Die guten Dämonen*

Dem Metatron zunächst steht Sandalphon, der einst der Prophet Elias gewesen sein soll, der ursprünglich ein Engel, von Gott auf die Erde gesandt, nach Beendigung seines Prophetenamts in den Himmel wieder aufgenommen wurde. Metatron und Sandalphon, mit Hinzuziehung eines dritten, Akathriel, haben die Gebete der Menschen in Empfang zu nehmen, daraus Kronen zu flechten, um sie auf das Haupt Gottes zu setzen . . .

Die bösen Dämonen haben im allgemeinen verschiedene Namen: Satanim, Schedim, Seirim, auch Malache Chabbalah (Engel des Verderbens) u. a. m. Über ihre Entstehung teilen sich die Ansichten der Kabbalisten. Einige glauben, Gott habe sie am Freitag Abend im letzten Augenblick der Schöpfungswoche geschaffen, wegen des eintretenden Sabbats aber nicht ganz fertig bringen können, daher sie weder zu der Vollkommenheit ganz reiner Geister gediehen, noch mit einem Leibe wie die menschliche Seele bekleidet worden seien. Nach anderen soll Gott eine weibliche Teufelin Lilith erschaffen und Adam mit dieser die übrigen unzähligen böser Geister erzeugt haben . . . *Die bösen Dämonen*

Die meistens genannten männlichen (Geister) sind: Sam(m)ael, der die Eva zum Sündenfall gereizt hat, die Menschen noch immer zu Übeltaten verführt, ist zugleich Satan, der als Referent über die Missetaten der Menschen dem himmlischen Rat Bericht erstattet, auch der Melach hammaveth, der die von oben verhängte Todesstrafe vollzieht. Manche Kabbalisten nennen ihn auch Azazel . . ., auch Adam Belial, im Gegensatz zu Adam Kadmon. *Die männlichen Dämonen: Sammael (= Satan), Azazel, Adam Belial, Aschmedai, Bedargon*

Aschmedai oder Aschmidai, im Buch Tobi erwähnt, soll sehr verliebter Natur gewesen sein. Bedargon, nur eine Spanne lang, dafür aber mit 50 Köpfen, 65 Augen versehen, trägt auf seinem Leib die Buchstaben des hebräischen Alphabets verzeichnet, außer ת und ה, weil diese den Tod bedeuten. Nach kabbalistischer Annahme hat Gott vier weibliche Teufelinnen erschaffen: Lilith, als erste Eva mit Adam zugleich entstanden, der sich aber wegen ihrer Unverträglichkeit von ihr schied und hierauf die aus seiner Rippe gebildete Eva heiratete. In Lilith soll sich Sam(ma)ael verliebt und sie zum Weibe genommen haben, dem ihr düsteres mürrisches Wesen wohl auch viel Verdruß machen durfte. Naamah, die Gattin eines Teufels Schemeron, mit dem sie den Aschmedai gezeugt hat. Eben Maschkith, nach anderen Machlath, ist sehr munteren Temperaments, im Gegensatz zu Lilith, daher es zwischen beiden Teufelinnen oft zu Reibungen und Tätlichkeiten kommt. Lilith soll über 480, Machlath über 478 Rotten böser Geister zu befehlen haben. Iggereth wird weniger häufig hervorgehoben . . . *Die weiblichen Dämonen: Lilith, Naemah, Maschkith, Machlath, Ig(g)ereth*

Die Zahl der bösen Geister ist unaussprechlich. Sie sind um den Menschen angehäuft, gleich der aufgeworfenen Erde um einen Wall, denn jeder hat ihrer 1000 zur Rechten und 10.000 zur Linken. Ihr gewöhnlicher Aufenthalt ist ein düsterer Raum unter dem Mond. Ihr Leib wurde in der untersten Erde aus Wasser, Feuer und Luft zusammengesetzt. Sie teilen sich in Ordnungen mit je einem Oberhaupt, dessen Befehlen die Untergebenen gehorchen müssen. Nach dem kabbalistischen Buch Sohar setzen sich die unreinen Geister auf die Hände des Menschen, wenn er schläft, auch wenn er sich auf das heimliche Gemach begibt, daher er sich in beiden Fällen waschen muß. Die bösen Geister können sich in einem Augenblick von einem Ende der Welt zum anderen begeben und wissen, wie die Engel, im voraus, was in der Zukunft geschehen soll. Sie genießen Speise und Trank und pflanzen sich auch nach menschlicher Art fort . . . (19, S. 253—55, gekürzt)

Die Kabbala wurde ursprünglich — wie alle echten Geheimlehren — nur mündlich überliefert. Erst im weiteren Verlauf entstanden aus den ursprünglich mündlichen Überlieferungen die schriftlich fixierten Geheimlehren. Später folgten bestimmte Auslegungen, Interpretationen und Kommentare.

Da Geheimlehre und Zauberei gewöhnlich miteinander gehen, die Kabbala ausdrücklich den engsten Zusammenhang zwischen der irdischen Welt und den oberen Regionen als Axiom aufstellte, die schaffende Macht des Wertes lehrte und ihre Eingeweihten in der Handhabung dieser Macht unterwies und ihnen zuerkannte, so erhielt der sachkundige Kabbalist die Bedeutung eines Zauberers und Hexenmeisters. Mit der Kabbala war also nicht nur der Schatz der Weisheit zu heben, es war auch materielles Gut zu erlangen, und diese Anwendbarkeit überirdischer Kräfte zur Verbesserung des irdischen Lebens, die auch die Kabbala zu erlernen war, verschaffte ihr auch bei dem ungelehrten Volke Eingang und weite Verbreitung . . . (19, S. 257)

Im deutschen jüdischen Chassidismus des Mittelalters, einer mystischen Vorstufe der jüdischen Kabbalistik des 13. Jahrhunderts, finden wir Spekulationen über das Buch Jesira (Jezirah) und die Magie. Magische Deutungen und Auslegungen des „geheimen" Gottesnamen, die auch im in der französischen Provence um 1180 entstandenen Buch „Bahir" (Leuchte, Glanz) einen wichtigen Platz einnehmen, sind hier ein wichtiger, ja wesentlicher Bestandteil ihrer Lehrmeinungen. Sie alle fanden schließlich in den magischen Schriften des Eleazar von Worms ihren Niederschlag. Eleazar stammte aus einer Familie des rheinischen Judentums, die den deutschen Chassidismus prägte.

Wenn wir über Dämonie und Magie in der Kabbala zu sprechen haben, so dürfen wir den bedeutenden jüdischen Gelehrten Gershom Scholem (1897 bis 1982) und seine Werke zur Kabbala nicht auslassen. Über das Zentrum des sogenannten deutschen Chassidismus zu Speyer, Worms und Mainz im 12. Jahrhundert berichtet er in seinem Buch „Die jüdische Mystik in ihren Hauptströmungen" (25):

Die drei Männer, die das Gesicht des deutschen Chassidismus geformt haben, entstammen alle von den aus Italien gekommenen Kalonymiden, die in Speyer, Worms und Mainz den Ton angaben. Es sind dies Samuel der Chassid, Sohn des Kalonymus aus Speyer, in der Mitte des 12. Jahrhunderts; sein Sohn Juda der Chassid aus Worms, der 1217 in Regensburg starb, und dessen Schüler und Verwandter Eleasar ben Juda aus Worms, der zwischen 1223 und 1232 gestorben ist . . .

Von Eleasar aus Worms, dem eifrigsten Apostel seines Lehrers, haben wir eine geradezu ganze Literatur, eine richtige Schatzkammer frühen chassidischen Denkens. In ihr hat alles, was die Menschen dieses Kreises überhaupt bewegte, vor allem auch der gesamte Stoff in ältester mystischer Tradition, soweit es hierher gelangt ist, seinen Niederschlag gefunden . . . (S. 89, gekürzt)

In seiner Arbeit „Ursprung und Anfänge der Kabbala" (26) beschäftigt sich Scholem in einem eigenen Kapitel ebenfalls mit dem „Buch der Schöpfung" (Sepher Jesira oder Jezirah). Das kleine, nur wenige Seiten umfassende Büchlein bildet nach der Auffassung von Scholem die Grundlage der einige hundert

Jahre später aufkommenden Kabbala. Wie wir schon oben erfuhren, ist die Schrift etwa zwischen dem 2. und 6. Jahrhundert entstanden. Sein Text befaßt sich mit Kommentaren zur jüdischen Kosmogonie und Kosmologie. Mittelpunkt ist die Spekulation über Gottes Weisheit. Auf 32 wunderbaren Wegen der Weisheit hat Gott seine Welt eingegraben und geschaffen. Diese 32 Wege der Sophia sind die zehn Urzahlen und die 22 Konsonanten des hebräischen Alphabets. Die zehn Urzahlen heißen Sephiroth. Wir haben darüber im Buch der „Erleuchteten" berichtet. Diese Sephiroth sind „metaphysische Weltprinzipien oder Schöpfungsstufen". Jeder dieser Urzahlen ist eine bestimmte Schöpfungskategorie zugeordnet. Die im 2. Teil des Büchleins enthaltenen Bedeutungen der 22 Konsonanten stellen die „Grundelemente aller Kreatur" dar.

Nach Scholem stammen die zahlenmystischen Spekulationen über die Sephiroth aus neupythagoreischen Quellen, während die Vorstellung von „Buchstaben, aus denen Himmel und Erde erschaffen worden sind", als jüdisch zu bezeichnen sind. Wahrscheinlich wurde die Lehre von den 32 Wegen aus ursprünglich verschiedenen Theorien vom Autor des Jesira im 2. oder 3. Jahrhundert verschmolzen oder nebeneinander gestellt. Wir können und wollen hier nicht auf die Bedeutung der einzelnen 10 Sephiroth und 22 Konsonanten eingehen.

Es ist klar, daß von dieser sprachmystischen Kosmogonie und Kosmologie, die noch deutliche Beziehungen zu astrologischen Vorstellungen verrät, enge Linien zu der magischen Vorstellung von der schöpferischen und Wunder-Kraft der Buchstaben und Worte führen. Die Vorstellung, daß unser Text nicht nur theoretische Absichten verfolgte, sondern auch zu thaumaturgischem Gebrauch bestimmt war, ist keineswegs absurd ... Mit der Sprachmystik der Magie hängt auch die Anschauung des Autors zusammen, wonach die sechs Himmelsrichtungen durch die sechs Permutationen „seines großen Namens Jaho" (hebräisch JHW) „versiegelt" seien. In diesen drei Konsonanten, die im Hebräischen als matres lectionis für die nicht geschriebenen Vokale i. a. o benutzt werden, stecken der Gottesname Jaho, der die drei Konsonanten des vierbuchstabigen Gottesnamens JHWH enthält, wie auch die Form Jao, die in die Dokumente des Synkretismus eingedrungen ist ... (26, S. 26—27, gekürzt)

Im Buch „Zur Kabbala und ihrer Symbolik" (27) geht Scholem näher auf diese magischen Spekulationen im Sepher Jesira (Jezirah) ein:

(Heinrich) Graetz (in seiner Schrift „Gnostizismus und Judentum" im Jahr 1846) war der erste, der auf Grund mehrerer kosmogonischer Parallelen einen Zusammenhang zwischen der orthodox-jüdischen Gnosis oder Esoterik des Buches Jezira und einigen Vorstellungen des oft merkwürdiges jüdisches und halbjüdisches (ebionitisches) Material enthaltenen Schrifttums der sogenannten Pseudo-Klementinen vermutet hat. Es ist bekannt, daß diese Schriften ein seltsames jüdisch-christlich-hellenistisches Gemisch aus dem vierten Jahrhundert darstellen, in dem aber ältere Quellen verarbeitet sind.

Scholem zieht Parallelen zwischen den halbgnostischen Kapiteln der „Homilien" über den Gnostiker Simon Magus und der halbgnostischen Welt des Jezira:

Simon Magus habe sich gerühmt, nicht aus Erde, sondern aus Luft durch theurgische Verwandlungen einen Menschen hervorbringen zu können, den er — ganz wie später in den Vorschriften über die Schaffung des Golem! — durch „Auflösung" jener Verwandlungen wieder in sein Element zurückgeführt habe... Was hier durch Verwandlungen der Luft geschieht, vollbringt in der Golemvorstellung der jüdische Adept mit den magischen Verwandlungen der Erde durch den Influx der „Alphabete" des Buchs Jezira... (27, S. 226)

Nach Scholem besteht aber ein Unterschied im magischen Denken der Chassidim und in der Kabbala. Für die Chassidim ist der Magie eine gewisse Grenze gesetzt, weil er sie „für ein natürliches Vermögen der menschlichen Produktivität" hält. Durch die geheimen Namen ist die Schöpfung „durch und durch magisch". Das magische Wissen, ein reines, nicht verfallenes Wissen, kommt „der menschlichen Natur gerade in ihrer Ebenbildlichkeit zu Gott" zu. Die kabbalistische Ansicht, wie sie im Buch Sohar vorgetragen wird, läßt die Magie „als ein erst im Fall des ersten Adam sich eröffnendes Vermögen" erscheinen, „das von der Verfallenheit des Menschen an den Tod sich herschreibt, von seiner Bindung an die Erde, von der er herkam." Das magische Wissen des Sohar ist ein Wissen „um die Blätter vom Baum der Erkenntnis. Die Blätter vom Baum des Todes, mit denen Adam seine Blöße verhüllt", sind für ihn das zentrale Symbol des eigentlich magischen Wissens. Scholem fährt fort:

Erst in die Nacktheit Adams nämlich, die mit der Entziehung des himmlischen Lichtglanzes von ihm gegeben war, bricht die Magie als ein Wissen ein, das diese Nacktheit verhüllen kann. Erst mit der irdischen Leiblichkeit, die eine Folge des Sündenfalls ist, entstand auch die nunmehr dämonisierte Magie. Sie ist an die Existenz des Leibes gebunden. Solange Adam noch jenen Lichtleib hatte, ... schloß eben dies, sein geistiges Wesen, die magische Relation aus, die an die Bezirke des Baums der Erkenntnis und des Todes, der Erdverfallenheit, gebunden ist... (27, S. 228—29, gekürzt)

Der spanische Kabbalist Isaak ben Jakob Kohen (um 1260—1270) aus Soria lehrte eine „Theorie der linken Emanation und ihrer Kräfte, die eine ganze Metaphysik der Dämonologie enthielt" (Scholem). Seine Lehre stützte er auf einige „alte Papiere", die er angeblich im französischen Arles bei einigen dortigen Kabbalisten gefunden hatte. Sie stammten nach der Legende aus dem Orient von dem jüdischen Gelehrten Maslach ben Pelatia aus Jerusalem. Von einem Rabbi Gershom aus Damaskus seien sie dann nach Frankreich gebracht worden.

Die betreffenden Stücke stehen aber viel eher in der Tradition der Gedankenentwicklung, wie sie sich in der Provence anbahnte, und haben jedenfalls mit den orientalischen Quellen der Kabbala... nichts gemeinsam. Wohl aber könnten orientalischen Ursprungs die rein mythischen Ausführungen über das Reich der Dämonen sein, in denen kabbalistische Gedankengänge wie die Lehre von den Sephiroth oder überhaupt Emanationsvorstellungen gar keine Rolle spielten. Solche Ausführungen werden von Isaak Kohen aus theurgischen Quellen vorgebracht, die er mit dem (etwa im 4. Jahrhundert entstandenen) „Kleinen Hechaloth" und einem (etwa aus dem 12. Jahrhundert stammenden, aber aus älteren Quellen schöpfenden) Sepher ha-Malbusch, dem „Buch vom Anziehen des göttlichen Namens", in Verbindung bringt, die aber mit den alten theurgischen Texten dieses Namens nichts zu tun haben. (26, S. 259–62, gekürzt)

Wir haben bereits oben erfahren, daß die Dämonen Sammael und Lilith als Liebespaar auftreten. Beide gehören zu den „Spitzenkräften" der Hierarchie in der Finsternis. Auch in den soeben genannten Quellen erscheinen beide, wobei „die Rückbeziehung dieser seltsamen Mythologeme auf eigentlich kabbalistische Theorien erst von den Bearbeitern, den Brüdern Isaak und Jakob Kohen oder deren Lehrern, hinzugefügt worden ist" (Scholem). Die in den §§ 107–113 des Bahir enthaltene Lehre „vom linken Gott" analysiert Scholem. In dieser Lehre ist der Satan, hier auch als „Nordwind" bezeichnet, eine Kraft, die aus dem Norden her wirkt. Nach dem Exodus (15, 23) hielt Gott in Mara Gericht über den Satan. Diese Erzählung ist wohl aggadischen Ursprungs. Um das Wasser von Mara stand der Baum des Lebens, ein Motiv, das nur in der ältesten Aggada vorkommt. (Die Aggada oder Agada [die Legende] gehört neben der Halacha [dem Gesetz] zu den beiden wichtigsten gestaltenden Kräften des alten jüdischen Geisteslebens.) Diesen Baum des Lebens habe Satan dort weggenommen, um Israel dadurch zur Sünde gegen seinen himmlischen Vater zu verleiten. Als Moses aber den Satan sah, „da schrie er zu Gott, und Gott zeigte ihm einen Baum, jenen Baum des Lebens, den der Satan fortgenommen hatte, und er warf ihn in das Wasser." Dieses Werfen wurde aber symbolisch als das Niederwerfen des Satans gedeutet, der dadurch in seiner Macht gemindert wurde. Satan gehört im Bahir zu den Gestalten zur „Linken Gottes". Als Archont des „Tohu" wird er sogar als eine „Midda" Gottes selbst bezeichnet, die im „Norden Gottes" liegt. „Und was ist dies (Prinzip der Verführung zum Bösen)? Der Satan. Das lehrt, daß es bei Gott eine Midda gibt, welche ‚böse' heißt, und sie liegt im Norden Gottes, denn es heißt (Jer. 1, 14): Von Norden her öffnet sich das Böse; das heißt: alles Böse, das über alle Bewohner der Erde kommt, kommt von Norden. Und welches ist diese Midda? Es ist die ‚Form der (linken) Hand', und sie hat viele Boten, und der Name von allen ist ‚Böse, Böse', jedoch gibt es unter ihnen kleine und große. Und sie sind es, die die Welt in Schuld stürzen, denn Tohu gehört zur Seite des Nordens, und Tohu ist nichts anderes als das Böse, das die Menschen in Verwirrung bringt, bis sie sündigen, und jeder böse Trieb im Menschen stammt von dort her." Für uns ist in diesem Zusammenhang von großem Interesse, daß dieser „linke" Gott, der hier unter den Namen Sammael auftritt und mit Satan identisch ist, als „Nordwind" bezeichnet wird. Auch der mit einer ganz anderen Genealogie ausgestattete „Lichtträger" Luzifer-Eosphorus, den wir noch näher kennenlernen werden, besitzt enge Beziehungen zu den Winden und hier besonders zum Nordwind. Diese Verbindungen dürften einer eingehenden Untersuchung wert sein. Scholem meint (26, S. 133):

7.2.6.1
Sammael und Lilith

Satan, der Gott des „linken Weges"

Im Bahir ist das Böse einer der Mächte oder Kräfte, durch die Gott wirkt und sich manifestiert. Von einer privativen Auffassung des Bösen, wie sie den Philosophen geläufig war, ist hier keine Rede ... Das Nun in Satan wird nicht als Stammkonsonant betrachtet, sondern als Bildungsaffix der nomina agentes. So ergibt sich aus der Wurzel שׂטה für Satan die Bedeutung: „Der hinunter Neigende, denn er ist es, der die Welt nach der Seite der Schuld zu neigen sucht." Diese Identifizierung des Bösen mit einer Midda Gottes und dem Tohu dürfte zu den neuartigen kühnen Formulierungen des Bahir gehören, die bei frommen Lesern ... das Buch in den Verdacht der Häresie brachten ...

7.2.6.2
Die „praktische" Kabbala als Lehrbuch der Magie

Die von Satanisten und Magiern verschiedenster Kovenienz für ihre Manipulationen verwandte sogenannte „praktische Kabbala" ist in etwa identisch mit der „Weißen" Magie, also einer Magie, die mit erlaubten Mitteln ausgeübt wird. Sie bedient sich zum Unterschied zur „Schwarzen" Magie nicht der Kräfte der Dämonen und finsteren Welten. Die „heilige (kabbalistische) Magie", wie sie angeblich auch von Abraham von Worms seinem Sohn Lamech im Jahr 1458 überliefert worden ist, entwickelte sich in erster Linie aus den Schriften des spanischen Kabbalisten Abraham ben Samuel Abulafia (1240 bis 1291). Als Vertreter der ekstatischen Kabbala brachte er die Mystik in enge Verbindung zur Magie. Scholem berichtet (25, S. 157—159, gekürzt):

Nun steht in der Tat die heilige Form der Magie, die die ungeheuren Kräfte der Namen freimacht und herausruft, den Methoden Abulafias gar nicht so fern; und wenn man den historischen Quellen genauer nachforscht, aus denen er die Elemente seiner neuen Kabbala geschöpft haben dürfte, so findet man, daß sowohl die jüdischen wie auch nichtjüdischen Quellen in der Tat eng mit magischen Traditionen und Disziplinen zusammenhängen. Das gilt sowohl für die Vorstellungen der mittelalterlichen deutschen Chassidim, die ihn tief beeinflußt haben, wie auch jene Traditionen des Joga, die auf verschiedenen Kanälen ja auch zu manchen muslimischen Mystikern gelangt sind, mit denen Abulafia im Orient bekannt geworden sein kann ...

Abulafia hat entschlossen den Weg nach innen eingeschlagen ... Wenn auch bei ihm selbst ein Abgleiten der auf die heiligen Namen gerichteten Meditationen in eine auf äußere Praktiken gerichtete Magie vermieden ist, so blieb es doch nicht dabei. Viele seiner Nachfolger gerieten in Verwirrung und tendierten dazu, vom Weg nach zu erwarten, daß er auch die Macht habe, die äußere Welt zu verändern. Der Traum der Magier von der Macht und Herrschaft des reinen Wortes und der angespannten Intention, selbst über die Natur ... hat sich in vielerlei Gestalten mit den theoretischen und praktischen Interessen der eigentlichen Mystik verbunden. Die historische Erscheinung der Kabbala bietet fast immer beide in einer mehr oder weniger engen Verbindung. Abulafias Wissenschaft der Kombinatorik gilt späteren Generationen nicht nur als Schlüssel zu den Geheimnissen der Gottheit, sondern zugleich auch als Schlüssel zu den magischen Kräften.

Der Kabbalaforscher Erich Bischof hat sich im zweiten Teil seiner „Elemente der Kabbalah" (28) mit der „praktischen" Kabbala beschäftigt. Nach seiner Auffassung ist in der Kabbala „alles Sein nichts anderes als das ewig sich entfaltende Wirken des göttlichen Wesens." Ein Symbol dieses Wirkens sind die Gottesnamen, die als ein großes magisches Geheimnis verlorengingen. Später als „verlorenes Wort" bezeichnet, war ihr Wiederauffinden ein Hauptanliegen der Esoteriker verschiedener Richtungen unter den „Erleuchteten" (6. 1. 4. 7. 2). Die Kenntnis der oder des Gottesnamen(s) gilt als magisches Geheimwissen, das für die praktizierte Magie auch innerhalb der Kabbala eine Voraussetzung war. Auch die Kenntnis der Engelsnamen als der positiven metaphysischen Kräfte wie der Dämonennamen als der negativen (polaren) Kräfte zu den (positiv gedachten) Engeln gehörte selbstverständlich ebenfalls dazu. Mit der Kenntnis der Dämonennamen konnte der Mensch nach der Auffassung der Kabbalisten „zur Linken" seine eigenen dämonischen Fähigkeiten vergrößern.

Wir haben bereits einige aus der jüdischen Zauberliteratur überlieferte Namen von guten und bösen Engeln genannt. Die Engel waren nach jüdischer Überlieferung als göttliche Geschöpfe und Diener zur Vollstreckung des göttlichen Willens in der Welt. Daher sind ihre Namen meist mit der Silbe „el" (= Gott) zusammengesetzt: z. B. Michael, Raphael, Gabriel u. a. Als Engelsfürsten oder Archonten treten sie meist in ganz bestimmten Funktionen auf, so beispielsweise Michael, Raphael, Gabriel und Uriel als Vertreter der vier Himmelsrichtungen. Die vier Engel gehören aber auch zu den sieben Erzengeln Uriel, Raphael, Raguel, Michael, Suriel, Gabriel und Jerachme'el (Sacharja 4, 10). Die sieben Engel entsprechen den sieben Planetengeistern oder -gottheiten bei den Babyloniern und Persern, wie auch später bei den Gnostikern und Neuplatonikern.

Die Entstehung der Dämonen im Alten Testament ist bereits behandelt worden (7. 2. 3). Der Verfasser einer „Geschichte des Okkultismus", Karl Kiesewetter (1854–1895), weist im 2. Band seines Werkes auf die nahen Beziehungen der Kabbala zur Magia naturalis hin:

Nach kabbalistischer Lehre bilden alle Wesenheiten des Universums eine organisch gegliederte, auf das innigste verbundene Kette, in welcher die oberen Glieder auf die untern, und diese wieder auf jene wirken. Der Mensch aber kann durch die Naturmagie nur mit den unteren und äußeren Wesen dieser Kette, den Elementarwesen und Astralgeistern, in Verbindung treten, nie aber mit den höheren Intelligenzen, welche sich ihm auf äußerliche Weise durch die unteren getrübten Naturkräfte mitteilen . . .

Durch die Schedim wird der Mensch aus der Naturmagie zur Schwarzen, dem Kischuph, *Schwarze Magie =* hinübergeführt . . . Die Schedim sind es auch, die mit Zauberern einen Bund machen, indem *Kischuph* diese sich ihnen mit ihrem Blute verschreiben müssen. Besonders die israelitischen Frauen waren dem Kischuph ergeben. Der Kischuph ist wie alle Magie schauender und wirkender Art und wird von der Kabbala als ein Werk der finsteren Welt betrachtet, bei welchem sich der Mensch, der besonders dazu veranlagt sein muß, sich nicht passiv verhält, sondern aktiv mitwirkt . . . (29, S. 434–35)

Fassen wir zunächst in einer Zwischenübersicht das Berichtete über das *7.2.7* Dämonenwesen der vor- und frühchristlichen Epoche zusammen, wie es sich *Zusammen-* als Ausgangspunkt unserer weiteren Betrachtung darstellt: *fassung*
1) Der Dämonen- wie der mit ihm korrespondierende Zauberglaube gehören

zu den ältesten Glaubensformen der Menscheit überhaupt. Sie sind stets engstens mit der persönlichen Religion des an sie Glaubenden verbunden.

2) Auch in den Hochreligionen auf der ganzen Welt treten neben dem Gott oder den Göttern niedere Wesen auf, und zwar nicht nur im Sinne von positiven Wesen, wie etwa als Schutzpatron oder Heilige u. a., sondern auch mit negativen Charakteren als Dämonen, Kobolde u. a. Letztere werden zwar meist offiziell von den herrschenden Lehrmeinungen verboten und verfolgt, behalten aber trotzdem in breiten Volksschichten des betreffenden Kulturraumes ihren vermeintlichen Einfluß und damit ein reales Wirkungsfeld unter den Gläubigen.

3) Glaube und Aberglaube sind zwei voneinander abhängige und in einer Wechselwirkung stehende Glaubensformen. Sie sind für das jeweilige Individuum bindende (also religiöse) Glaubensinhalte. Als polare, aber rein irrationale Vorstellungen über die Transzendenz nehmen sie über die Psyche Einfluß auf das Wohl und Wehe des einzelnen Menschen während seines ganzen Lebens. Aber auch nach einer angenommenen Wiedergeburt (im Glauben an eine Reinkarnation) bzw. nach dem Tode (im Glauben an eine postmortale Welt: Himmel oder Hölle und einem Leben in dieser) besitzen diese „guten" und „bösen" Dämonen Einfluß.

4) Bereits in den Dämonenlehren des Altertums spielen bestimmte Vorstellungen eine Rolle, die später in der Lehre vom Satan/Teufel des Mittelalters oder in der Ritualistik des spätmittelalterlichen Hexenwesens wiederkehren, so z. B. die Bocksgestalt des Teufels, die Besessenheit durch den Inkubus oder Sukkubus, das Lichtauslöschen als Schutzfunktion u. a.

5) Ursprung und Herkunft der in den mittelalterlichen Teufelszwängen vorkommenden Teufels- und Dämonennamen ist in seiner Mehrheit aus der jüdischen Zauberliteratur abzuleiten. Diese wiederum stellt ein Sammelsurium kleinasiatischer und mediterraner Dämonenlehren dar.

8. Herkunft und Ursprung der männlichen und weiblichen Teufel, ihrer Vorläufer, Synonyme und Mitstreiter

8.1

Vom Satan der Bibel zum Teufel des Mittelalters

Erst im christianisierten mittelalterlichen Abendland vollzieht sich der Gestaltwechsel des biblischen Satans zum volkstümlichen Teufel. Das stets widersprüchliche Wesen hat von Anfang an bei den Christen eine unterschiedliche Interpretation erfahren. Wie vollzog sich jedoch dieser Wandel? Der Altmeister der „modernen" Mythologie, Jacob Grimm (1785–1863), ist in seiner „deutschen Mythologie" (30) dieser Frage nachgegangen. Während im persischen Dualismus eine deutliche Trennung des guten und bösen Geistes, des Ormuzd und Ahriman, besteht, kennen weder die indische, griechische noch die germanische Götterlehre diese klare Unterscheidung. Neben „der Gewalt des einen allwaltenden Gottes verschwindet des Kakodämons Macht" (30, S. 822). Aus dieser Einheit erwachsen allerdings später Trilogien, wie in der indischen Götterwelt: Brahma — Vishnu — Shiwa, in der griechischen: Zeus — Poseidon — Pluto und in der germanischen: Wotan — Donar — Frô oder Hâr — Iafnhâr — Thridi; ihnen folgen Dodekalogien und die Fülle des Pantheismus. Nur einzelne aus diesem Pantheon, meist untergeordnete Gottheiten, besitzen einen bösartigen Charakter und schädigen ständig die Menschheit. Die milde, nur vereinzelt mit Höllenzwängen einhergehende Vorstellung vom Tod und der Unterwelt in der Antike steht damit im Einklang. Während im jüdischen Monotheismus Satan zunächst nur eine Nebenrolle, die des Versuchers und Lästerers, besitzt, wächst er bei den nachexilischen Juden und im aufkommenden Christentum zu einer Art Gegenspieler Gottes heran, allerdings ohne jemals seine Macht zu erreichen. Grimm ist der Meinung, daß die Vorstellung von dem abgefallenen Lichtgeist Luzifer „schon im hohem Altertum angenommen werden" muß.

So entsprang das System eines teuflischen Reichs, im feindlichen Gegensatz zu dem himmlischen, und erlangte immer stärkeren Halt. Die bösen Geister sind zwar der schwächere Teil und unterliegen, allein sie werben um gottlose Menschen und suchen ihr Heer damit zu verstärken. Bündnisse werden mit dem Teufel geschlossen, und er unterstützt seine Verbündeten schon in ihrem irdischen Leben.

Von der anderen Seite wirkte die Bekehrung der Heiden selbst mit, die herrschende Vorstellung von dem Einfluß des Teufels zu erweitern und zu vervielfältigen ... Die verlassenen heidnischen Götter wurden zwar für besiegt und ohnmächtig, nicht aber geradezu für machtlos erklärt: ihre ehemals gütige, wohltätige Gewalt hatte sich in böse teuflische verkehrt. Was also die Christen von dem Teufel glaubten, bekam durch die Heiden einen doppelten Zuwachs: heidnische Gottheiten und Geister, die an sich schon übeltätig und finster waren, z. B. Loki und Hel, gingen leicht in den christlichen Begriff teuflischer Wesen über. Schwieriger und mit größerem Widerstand der Volksmeinung erfolgte die Verwandlung der guten Götter des Altertums in Gespenster und Teufel. Meistenteils wurden dabei die Namen unterdrückt oder entstellt. Mythen und Erzählungen waren nicht sobald zu vertilgen.

Nicht selten läßt sich der Teufel auffassen als Parodie oder Nachäffung des wahren Gottes, als die linke, verkehrte Seite des göttlichen Wesens: es will dieselbe Macht haben, dieselbe Ehre genießen und Gott alles nachtun. Seine Schöpfungen mißlingen aber und taugen nichts; so könnte die Vorstellung einer teuflischen Mutter der von Maria, Gottes Mutter, an die Seite getreten sein, wiewohl sie auch in der Riesenmutter (Magna mater? Anm. d. Verf.) vorgebildet war.

Alle diese höchst verschiedenartigen Einwirkungen haben die Volksansicht von dem Wesen und der Natur des Teufels, wie sie im N. T. bis auf unsere Tage bestand, hervorgebracht. Der Teufel ist jüdisch, christlich, heidnisch, abgöttisch, riesenhaft, gespenstig, alles zusammen. Durch seinen Zusatz mußte eben, indem die heidnische Vielgötterei erlosch, das Christentum eine deutliche Hinneigung zum Dualismus empfangen, den später die Philosophie in ein allgemeines Prinzip vom Guten und Bösen aufzulösen trachtete. Vergleicht man die Heiterkeit griechischer Mythen mit der Herbheit und dem Grausen, das die Einmischung eines allzu positiven Teufels den Legenden und Sagen unseres Mittelalters verliehen hat, so kann diese Verschiedenheit weniger das überall ähnliche oder gleiche Grundgewebe des Volksglaubens betreffen als die ihm aufgetragenen Farben, und darum wird die Untersuchung befugt sein, eine ganze Reihe teuflischer Erscheinungen in die milderen Gestalten alter Geister oder Götter wieder aufzulösen. (30, Bd. 2, S. 822–24, gekürzt)

Diese bereits von Grimm geforderte Untersuchung des Teufelsbegriffs und seiner „Vorläufer" in der antiken Mythologie, unbeeinflußt von der christlichen Weltanschauung, ist auch unser Anliegen. Grimms „linke, verkehrte Seite des göttlichen Wesens" ist ebenfalls Gegenstand unserer Untersuchung.

8.1.1
Der „Weg zur linken Hand"

Der des öfteren bereits erwähnte göttliche Weg „zur linken Hand" (7. 2. 6. 1) spielt im Zusammenhang mit unserer Betrachtung eine bedeutende Rolle. Die im 2. Jahrhundert nachweisbare gnostische Sekte der Clementinen hielt den Satan für den Fürsten dieser Welt, der zusammen mit Jesus Christus die erste Syzygie (also das erste Gegensatzpaar in einer dualistischen Welt) bildete. Satan war hier die „linke Hand" des monistisch gedachten Gottes, während Christus die „rechte Hand" darstellte. Auch in der indischen Mystik finden wir z. B. im Bhagavad-gîtâ, dem „Gesang des Erhabenen", das etwa um 300 v. u. Z. entstanden ist und einen Pantheismus lehrt, den Begriff „zur linken Hand". Hier bestimmt er den geistigen Weg, der uns später im tantrischen vâmâcâra in der Praxis begegnet. Nach der Lehre der Hindus werden die drei Phasen der Schöpfung, die schöpfende, die bewahrende und die zerstörende Kraft, durch die göttliche Dreiheit Brahma, Wishnu und Shiva verkörpert. Dieselbe Dreiteilung findet sich nach Evola in der abendländischen Idee der Gottheit „in ihrer dreifachen Funktion des Schaffens, Bewahrens und des Zu-sich-Zurückführens des von ihr Geschaffenen."

Nun aber kann in einer gewissen Beziehung, nämlich von der dynamischen und immanenten Seite her, das Zu-sich-Zurückführen auch dem Zerstören gleichgesetzt werden, wenn man in der Gottheit das Unendliche anerkennt, das, was in seiner Wesenheit über jede Form, jedes Gesetz, jede Endlichkeit hinausgeht.

Auf dieser Grundlage läßt sich der sogenannte „Weg der linken Hand", das tantrische vâmâcâra, bestimmen. Im Abendland sind der antike präorphische Dionysoskult, die Religion des Zagreus, im Orient eben der Shivaismus und an Kâli, an Durgâ und an andere „schreckliche" Gottheiten, denen bei anderen Völkern andere Gottheiten entsprechen, gebundene Kulte, gleichermaßen gekennzeichnet von der Anerkennung und der Verherrlichung all dessen, was Zerstörung, Übertretung, Entfesselung ist; auch sie haben um jene befreiende Ekstase gewußt, die all dies hervorrufen kann, oft in engster Beziehung zu dem orgiastischen Erlebnis: diesen Kulten haftet aber ... keinerlei Färbung von gotteslästerlichem Frevel an; im Gegenteil, sie sind eingebettet in den Rahmen des Rituals, des Opfers und der Verklärung. (10, S. 183–84, gekürzt)

Über den geistigen Hintergrund des „Weges zur linken Hand" im indischen Bhagavad-gîtâ meint Evola:

In der Bhagavad-gîtâ wird der Hintergrund des „Weges zur linken Hand" in geradezu streng metaphysischen und theologischen Termini zum Ausdruck gebracht. Es wird dort gesagt, daß die Gottheit in ihrer höchsten Form ... nur das Unendliche sein kann; das Unendliche kann aber nur die Krise, die Zerstörung, das Zerbrechen all dessen bedeuten, was endlichen, bedingten, sterblichen Charakter hat ...

In dieser Beziehung wird von der Zeit (die als die Kraft, welche verändert und zerstört, verstanden wird) gesagt, daß sie in gewisser Weise diesen Aspekt der Gottheit als Transzendenz verkörpert. Die Folge ist daher, daß gerade in den Augenblicken jeder zerstörenden Krise die höchste Wirklichkeit, die furchterregende Größe aufblitzen kann, die über jede äußere Erscheinungsform hinausgeht ...

Schließlich darf man annehmen, daß solch ein Zustand von aktiver und verklärender Exaltiertheit in den Höhepunkten des Opfererlebnisses auch die Vollstreckung blutiger Opfer belebte und durchblitzte, vor allem dann, wenn diese im Zeichen von „schrecklichen" Gottheiten oder Gottheitsaspekten ... vollzogen wurden ...

In der Hindu-Tradition gilt als Ausgangspunkt die Lehre über den zyklischen Ablauf des Weltprozesses, der zwei wesentliche Phasen oder Aspekte umfaßt: das pravrttî-mârga und das nivrttî-mârga. In der ersten Phase nimmt der absolute Geist Bestimmtheiten und Gestaltungen an, er bindet sich an Formen und Begrenzungen („Name-und-Form" = nâma-rûpa); diese sind in allen uns umgebenden Dingen und Wesen sichtbar. Dieser Prozeß entwickelt sich bis zu einer gewissen Grenze, jenseits welcher die Richtung sich umkehrt und die zweite Phase, das nivrttî-mârga, eintritt, und zwar im Sinne einer Rückkehr, eines Sich-Lösens von allem, was endlich, geformt und sichtbar ist, einer Aufhebung jenes Identitätsverhältnisses zwischen diesem und dem Geist, das die vorhergehende Stufe kennzeichnet.

Diese Meinung stimmt genau mit der plotinischen Theorie des proodos und der epistophé überein; die zweite dieser Phasen findet ihrerseits eine Entsprechung in dem, was die Stoiker ekpyrosis und die ersten christlichen Schriftsteller apokatasta sis pantos nannten. Die Bedeutungsinhalte, um die es sich in diesen letzteren Konzeptionen handelt, sind jedoch materialisiert in Form von Ereignissen, die am Ende der Zeiten stattfinden werden.

Brahma und Vishnu, der eine als der schaffende, der andere als der bewahrende Gott, herrschen im pravrttî-mârga; Shiva herrscht im nivrttî-mârga. Was Ausrichtungen, tiefe Berufungen und Verhaltensformen betrifft, so ist der „Weg zur rechten Hand" (daksinâcâra) an die erste Phase gebunden; der „Weg der linken Hand" (vâmâcâra) ist an die zweite Phase gebunden. Dem schöpferischen, positiven und bewahrenden Aspekt des Weltprozesses entsprechen bestimmte Gesetze, bestimmte Normen und bestimmte Kulte; in der Ethik entspricht ihm das Gesetz der Treue gegenüber der eigenen Natur (svâdharma) innerhalb der Tradition. In der zweiten Phase ist der Weg umgekehrt; er ist die Loslösung und die Abwendung von all dem. Für diese Lösung sind wiederum zwei Formen möglich: die eine ist asketischer, die andere ist destruktiver und auflösender Natur. Durch die zweite wird das vâmâcâra gekennzeichnet, der „Weg der linken Hand" im eigentlichen Sinne, der auch mit den tantrischen Praktiken des sogenannten „geheimen Rituals" (des Pancatattva) in Verbindung steht, während die asketische Richtung vor allem von dem Laya-Yoga, dem Yoga der Auflösungen, vertreten wird. (Über das Pancatattva oder Panchatattva berichteten wir in „Licht und Finsternis"; Teil 1, S. 35—37; Anm. d. Verf.). Der Terminus vâma = links in vâmâcâra wird von einigen Texten auch im Sinne von „entgegengesetzt" gedeutet: man versteht darunter den Gegensatz zu all dem, was dem pravrttî-mârga, den schöpferisch-bewahrenden Aspekten des Weltprozesses, eigen ist. Es ist folglich eine Haltung nicht nur der Loslösung, sondern auch der Mißachtung jedes Gesetzes und jeder Norm, es ist die Ethik der Antinomie oder, besser gesagt, der Anomie, innerhalb derer man sich unter das Zeichen des nivrtti-mârga stellt. Technisch gesehen ist es die von Meistern dieses Weges vorgeschriebene Methode, die pravrtti-Kräfte (die Kräfte der positiven und bindenden Phase des Weltprozesses) so zu gebrauchen, daß sie selbstauflösend wirken.

Man kann dies mit einem Ausspruch von Valentinus Gnosticus (2. Jh.) vergleichen: „Von Anfang an wart ihr unsterblich und Söhne des Lebens, eines Lebens, das jenem gleich ist, dessen die Äonen sich erfreuen. Und trotzdem wollt ihr den Tod unter euch verteilen, um ihn zu verjagen und zu verschenken, so daß der Tod in euch und durch eure Hände sterben könne; denn soweit ihr die Welt auflöst und nicht selbst aufgelöst werdet, werdet ihr die Herren der ganzen Schöpfung und der ganzen Zerstörung sein." Der siddha, d. h. der Anhänger dieser Richtung, kennt keine Gesetze und wird svecchâ-cârî genannt, d. h. „der, der alles tun kann, was er will."

Eine weitere geläufige Interpretation von vâmâ = links ist „Frau". Damit kommen wir insbesondere zu der Rolle zurück, welche der Gebrauch der Frau und der Orgiasmus (das Pancatattva des Tantrismus, das außer dem Gebrauch der Frau auch den Gebrauch von berauschenden Getränken berücksichtigt) bei dem „Wege zur linken Hand" spielen können. Man geht in einem technischen Zusammenhang in dieser Beziehung so weit, daß man diesen Weg als Synonym für latâ-sâdhana ansieht. Es handelt sich hier um einen Terminus, der auf die besondere, komplizierte Körperhaltung anspielt, welche die Frau in diesen indischen Kreisen bei der magischen Vereinigung einnimmt.

Es ist nur natürlich, daß die Anhänger jeder der zwei Wege denjenigen loben, den sie gewählt haben, und den anderen verurteilen. So sagen z. B. die Tantra, daß der Unterschied zwischen dem „Weg der linken Hand" und dem „Weg der rechten Hand" derselbe sei wie der, der zwischen Wein und Milch bestehe. Dennoch müssen die beiden Wege als zwei verschiedene Methoden zur Erreichung eines einzigen Zweckes betrachtet werden. Deshalb handelt es sich einzig und allein darum, in jedem einzelnen Fall festzustellen, welcher der beiden Wege den Neigungen und der Eigenart eines jeden angepaßt ist . . .

Schließlich müssen wir noch betonen, daß der „Weg der linken Hand" sich auch auf der von der Bhagavad-gîtâ aufgezeigten allgemeinen Ebene halten kann, wo z. B. von dem für den Krieger geeigneten Weg die Rede ist, ohne daß irgendwelche sexuelle oder orgiastische Dinge erwähnt werden. In der Bhagavad-gîtâ wird dieser Weg, was sein höchstes Ziel angeht, dem der Treue zur eigenen Wesensart und der Ritualisierung oder Heiligung der Existenz gleichgesetzt, d. h. gerade mit dem daksi-nâcâra, dem „Weg der rechten Hand". (S. 184—189, geringfügig gekürzt)

Neben dem indisch-hinduistischen (meist magischen) „Weg der linken Hand" lernten wir in den Kreisen der jüdischen Kabbala einen weiteren, den „Weg des linken Gottes", kennen, der uns als Theorie der „linken Emanation" des spanischen Kabbalisten Isaak ben Jakob Kohen überliefert wurde (7. 2. 6).

Der Systematiker des magischen Wissens seiner Zeit, der Gelehrte und Arzt Heinrich Cornelius Agrippa von Nettesheim (1486—1535), erwähnt in seiner berühmten Schrift De Occulta Philosophia, die erstmals 1533 im Druck erschien, ebenfalls die kabbalistische „Linke". In der ersten deutschen Übersetzung von 1856 bei Scheible heißt es:

Als Damis und Apollonius von Tyana einen Knaben einen ungeheuren Elefanten führen sahen, fragte Damis den Apollonius, warum denn das große Tier dem kleinen Knaben so gehorsam sei? Apollonius erwiderte, es rühre dies von einer furchterregenden Eigenschaft her, die der Schöpfer in den Menschen gelegt, und vor der alle niedrigen Kreaturen und alle

Tiere ihre Scheu kundgeben. Es ist dieser furchterregende Charakter, ein dem Menschen verliehenes göttliches Sigel, durch welches ihm alles untertan ist und ihn als seinen Herrn anerkennt, seien es nun Sklaven oder Tiere. Denn sonst würde nicht ein Knabe Herden und Elefanten leiten, es würde kein Fürst seinem Volke Scheu einflößen, kein Richter die Angeklagten schrecken. Dieser Charakter ist dem Menschen von der göttlichen Idee aus aufgedrückt, welche die hebräischen Kabbalisten Pachad oder die Linke und das Schwert Gottes nennen. Der Mensch hat indes nicht nur ein Zeichen, das Furcht, sondern auch ein solches, das Liebe erregt, und dessen Idee in den göttlichen Sephiroth Chesed genannt wird, was Güte und Milde sowie die Rechte und das Zepter Gottes bedeutet. Von den göttlichen Sephiroth werden durch die Intelligenzen und Sterne uns Zeichen und Charaktere verliehen, und zwar einem jeden nach seiner Befähigung und Reinlichkeit, welche Zeichen ohne Zweifel der erste Mensch besaß, als von seiner Sanftmut angezogen und von der Furcht vor ihm gefesselt alle Tiere wie zu ihrem Herrn herbeikamen, damit er ihnen Namen gebe ... (3. Band, 40. Kapitel, S. 224–225, in unsere Rechtschreibung übertragen)

Daß hier ideengeschichtlich gleiche Ursprünge zu erahnen sind, verdeutlicht Scholem in seinem Buch über den „Ursprung und Anfänge der Kabbala" (26). Zum kabbalistischen „Weg der linken Hand" weiß er zu berichten:

Aber nicht nur das Gute hat seinen Ursprung in dem Aufstrahlen der Lichter in der Emanation (nach der kabbalistischen Lehre des Isaak und anderer Autoren), sondern es gibt auch ein positiv Böses, das mit der Wurzel des Todes zusammenhängt. Damit nimmt Isaak die entsprechende Vorstellung des Bahir von der Natur des Bösen in einer verwandelten Form auf ... Freilich betont Isaak zugleich, daß in der Sephiroth-Welt, in den „inneren Wesenheiten", Gut und Böse noch nicht auseinandergetreten, sondern harmonisch vereinigt sind. Erst wo die „Wurzeln" sich weiter zum (Sephiroth-)Baum entwickeln und in der abgeleiteten späteren Emanation ... gibt es das Böse auch als Isoliertes ... Diese Frage nach der Natur des Bösen spielt auch in andere Fragmente Isaaks hinein. So weiß ein Fragment (bei Sahula 24b): „Alle Dinge, die von der Linken herkommen, werden von der Unreinheit beherrscht, wie es heißt (Jer. 1, 14): Von Norden her öffnet sich das Böse." Es gibt also eine Emanation von Dingen, die aus der Kraft der Linken herkommen, die die Sephira Pa(c)had oder Gebhura ist. Diese spezielle Emanation der Linken ist keine auf Dualismus aufgebaute selbständige Parallele zu der der Sephiroth, sondern eine aus der Welt der Sephiroth selber, wenn sie im Unteren wirkt, aus Pahad entspringende.

An diese und ähnliche Gedanken, die den Ursprung dieser unheiligen oder zerstörischen Kräfte sogar bis auf Bina zurückführen, schloß sich dann wohl noch bei provencalischen Kabbalisten des frühen 13. Jh.s eine stärker ausgearbeitete Theorie der linken Emanation und ihrer Kräfte an, die eine ganze Metaphysik der Dämonologie enthielt. Die Abhandlung, in der Isaak Kohen aus Soria um 1270 diese Lehre vortrug, ... steht in der Tradition der Gedankenentwicklung, wie sie sich in der Provence anbahnte, und hat jedenfalls mit den orientalischen Quellen der Kabbala, wie wir sie teilweise im Bahir noch fassen konnten, nichts gemeinsam. Wohl aber könnten orientalischen Ursprungs die rein mythischen Ausführungen über das Reich der Dämonen sein, in denen kabbalistische Gedankengänge wie die Lehre von den Sephiroth oder überhaupt Emanationsvorstellungen gar keine Rolle spielen ...

Erst in der Provence sind diese und ähnliche rein dämonologische Traditionen zu einer Lehre von der „linken Emanation" ausgebaut worden, die versuchte, sie mit der Emanationslehre von den zehn Sephiroth in Verbindung zu setzen ... (S. 258–262, im Auszug)

Daß die linke Hand eines Gottes als unheimlich, als „böse" galt, ist schon aus dem griechischen Mythos bezeugt, wie Ranke-Graves nachweist. Nach der Entmannung des Uranos durch seinen Sohn Kronos heißt es bei Hesiod:

Da streckte der Sohn (Kronos) aus seinem Verstecke die linke Hand und griff mit der rechten die ungeheuerlich große, schneidende, zahnige Sichel und mähte dem eigenen Vater (Uranos) eilig ab die Scham . . .

Wir werden diesen grausamen Schöpfungsmythos im Kapitel über Aphrodite zitieren (8. 10. 2). Aphrodite entstammte den Schamteilen des Uranos, während die Erinnyen aus dem herabtropfenden Blut des entmannten Uranos stammten. Nach Ranke-Graves (14, Bd. 1, S. 30) gilt seit jener Zeit die linke Hand stets als ein „böses Omen".

8.1.2

Satan im Alten Testament

Der bedeutendste Repräsentant auf dem „Wege zur linken Hand" ist der Herrscher der bösen Dämonen, der Satan/Teufel. Untersuchen wir seine Stellung im Alten Testament, so finden wir zwar den Namen Satan, z. B. im Buch Hiob, dessen Entstehungszeit wir etwa um 600 v. u. Z. anzusetzen haben, wie auch im nachbabylonischen Buch Zacharias (Zacharja oder Sacharja), das etwa um 500 v. u. Z. entstand. Hier hat der Satan jedoch noch nicht die Bedeutung des späteren jüdisch-christlichen Satans, wie er uns z. B. im Neuen Testament begegnet, oder gar die Negativgestalt, wie sie sich im mittelalterlichen Teufel der christ-katholischen Lehre entwickelte. Wir wissen, daß die ausgesprochen mit negativen Aspekten ausgestattete Gestalt des Teufels von heute erst relativ spät entstand. Etwa 200 Jahre vor unserer Zeitrechnung, also etwa 300 Jahre nach der Babylonischen Gefangenschaft der Juden (586—538 v. u. Z.), als die alttestamentarische Lehre durch das Eindringen nichtjüdischer Vorstellungen, wie etwa die der Syrer, Assyrer, Chaldäer, Babylonier und Phönizier, einer Wandlung unterzogen wurde, tauchte zum ersten Mal in dem apokryphen „Buch der Weisheit" ein Satz auf, der mit dem uns vertrauten Begriff des Teufels oder Satans in Zusammenhang gebracht werden kann:

Gott hat den Menschen zur Unsterblichkeit geschaffen, aber durch den Neid des Teufels ist der Tod in die Welt gekommen (II, 23—24).

Erstmals finden wir den Namen Satan im Buch Hiob (1, 6—12):

Nun geschah es eines Tages, da kamen die Gottessöhne, um vor den Herrn hinzutreten; unter ihnen kam auch der Satan. Der Herr sprach zum Satan: Woher kommst du? Der Satan antwortete dem Herrn und sprach: Die Erde habe ich durchstreift, hin und her. Der Herr sprach zum Satan: Hast du auf meinen Knecht Hiob geachtet? Seinesgleichen gibt es nicht auf der Erde; er ist untadelig und rechtschaffen, er fürchtet Gott und meidet das Böse. Der Satan antwortete dem Herrn und sprach: Geschieht es ohne Grund, daß Hiob Gott fürchtet? Bist du es nicht, der ihn, sein Haus und all das Seine ringsum beschützt? Das Tun seiner Hände hast du gesegnet; sein Besitz hat sich weit ausgebreitet im Land. Aber streck nur einmal deine Hand gegen ihn aus und rühr an all das, was sein ist; wahrhaftig, er wird dir ins Angesicht fluchen.

Der Herr sprach zum Satan: Gut, all sein Besitz ist in deiner Hand, nur gegen ihn selbst streck deine Hand nicht aus! Darauf ging der Satan weg vom Angesicht des Herrn.

Aus dem Text, der hier nach der neuen Bibelübersetzung „Die ganze Heilige Schrift" (31) zitiert ist, geht eindeutig hervor, daß Satan nicht als Konkurrent oder gar als Gegner und Widerpart Gottes auftritt, sondern als ein mitwirkender Engel Gottes, der von diesem bestimmte Aufgaben zugewiesen erhält. Er tritt in keiner Weise als „Fürst der Finsternis" oder der „Hölle" auf, sondern geht bei Gott ein und aus. Er ist hier noch ein Bestandteil der Harmonie des Weltalls, des gesamten Kosmos, zusammen mit anderen Engeln. Satan ist noch ein Aspekt Gottes, so wie ihn die von uns eingangs erwähnten gnostischen Lehren als Sohn Gottes und als einen Bruder Christi betrachteten. Im Buch Sacharja (3, 1–20) ist Satan noch ein Engel, der im Auftrage Gottes den Hohenpriester Josua verhört und richtet:

Danach ließ er mich den Hohenpriester Josua (Jeschua) sehen, der vor dem Engel des Herrn stand. Der Satan aber stand rechts von Josua, um ihn anzuklagen. Der Engel des Herrn sagte zum Satan: Der Herr weise dich in die Schranken, Satan; ja, der Herr, der Jerusalem auserwählt hat, weise dich in die Schranken! Ist dieser Mann nicht ein Holzscheit, das man aus dem Feuer gerettet hat?

Erst nach dem Einbruch dualistischer Spekulationen in die monotheistische Welt des Alten Testaments beginnt die Wandlung des Satans zu einem Gott entgegengesetzten Wesen. Diesen offensichtlich von außen beeinflußten Wandlungsprozeß und die deutliche Polarisierung in einem ausgeprägten Dualismus haben einige gnostische Lehrsysteme nicht mitgemacht oder aber Satan zu einem eigenen von dem „Herrn" unabhängigen göttlichen Wesen im Sinne eines klaren Dualismus werden lassen.

Der eigentliche Umwandlungsprozeß und die Umgestaltung der jüdischen Engel- und Dämonenlehre erfolgte nach der Rückkehr aus der Babylonischen Gefangenschaft etwa vom Jahr 536 v. u. Z. bis zur Zeit Christi, hier besonders in den letzten beiden Jahrhunderten. Die aramäische Sprache als die offizielle Hofsprache am persischen Hof drang tief in das Althebräische in Palästina ein. Dadurch verschmolzen auch große Teile der Lehren der persischen und jüdischen Volksreligion. Bereits im Buch Daniel (8, 16; 10, 5–6), das etwa um 170 v. u. Z. entstand, ist viel von Engeln die Rede. In den Apokryphen tritt dann der persisch-griechische Einfluß immer deutlicher zutage. Roskoff schildert diesen Wandlungsprozeß der Gestalt des Satans:

Obschon der Satan im Buche Hiob noch nicht in so scharf gezeichneter Gestalt auftritt, als wir ihn in späterer Zeit finden werden, ist doch hervorzuheben, daß er hier schon eine bestimmte Funktion zu verrichten hat. Er erscheint in der Mitte der Gottessöhne, nicht als Widersacher des göttlichen Willens, denn sonst dürfte er nicht mit den übrigen Engeln vor Gott erscheinen, er ist an sich ohnmächtiges Werkzeug des göttlichen Ratschlusses, da es außer Jahwe keine wirkliche Macht geben kann. Er zeigt nicht geradezu Freude am Bösen, sondern er stellt die Reinheit der Frömmigkeit Hiobs in Zweifel, indem er das Motiv zu derselben in den Eigennutz setzt. Die Lauterkeit Hiobs muß demnach auf die Probe gestellt werden und wird Gott dazu durch den Satan veranlaßt, und die Prüfung geschieht durch herbeigeführte Leiden und Übel. Der Satan erscheint also im Buche Hiob nicht als Versucher zum Bösen, sondern als Veranlasser des Versuchs: ob Hiobs Gottesfurcht über die zu erduldenden Übel unmittelbar durch den Satan herbeigeführt werden, so ist es doch ganz klar, daß dieser die Veranlassung dazu gibt.

Zunächst wird dem Satan die Erlaubnis erteilt, den Versuch mit Hiob anzustellen, wobei aber dessen Leben geschont bleiben müsse (1, 12). Hierauf verliert Hiob seinen Viehbesitz durch einen räuberischen Einfall der Sabäer, es fällt „Feuer Gottes vom Himmel", allerdings eine Machtäußerung des Höchsten, die aber durch den Zweifel Satans hervorgerufen ist, und darin liegt auch die Ursache, daß Jahwe dem Hiob nimmt, was er ihm früher gegeben hatte (1, 21). Wenn dagegen Hiob unmittelbar vom Satan mit dem Aussatz geschlagen wird (2, 7), so ist hiermit ein Berührungspunkt angedeutet, der auf Satan als den Repräsentanten der Unreinheit und später der Sündhaftigkeit hinweist, da der Aussätzige im Altertum bekanntlich für unrein galt . . .

Weiter entwickelt ist die Vorstellung bei Zacharia (Sacharja), wo der Satan als bestimmter Ankläger auftritt. Die Bedeutung des Satans wird nicht geändert, ob eine Verleumdung am persischen Hofe durchschimmert, die in der Anklage vor Jahwe sich abspiegeln soll, oder ob diese Unterlage nicht angenommen wird. In jedem Falle erscheint Satan als Widersacher der Menschen, dem es daran gelegen ist, Strafe und Unglück herbeizuführen. Indem Josua als Repräsentant seines Volkes vor dem Gericht erscheint, bezieht sich die Anklage auf jenes, und der Satan erscheint sonach als Widersacher des Volkes Israel. Der Ankläger wird abgewiesen und Josua für frei erklärt, das Jahwe das aus dem Exil erlöste Volk wieder in Gnaden aufgenommen hat und diesem die Ankunft des Messias verkündigt wird.

Beziehungen des Satans zu Ahriman   Nach der geläufigen Annahme, daß die Hebräer durch das Exil mit den Ostasiaten in Berührung gekommen und deren religiöse Anschauung kennengelernt haben, hat man im Satan bei Zacharja den persischen Ahriman oder doch eine Nachbildung desselben erblickt, und letztere wird kaum zu verkennen sein, obschon zugleich die Wirkung des jahwistischen Prinzips dabei in die Augen springen muß. Infolge der überwältigenden Kraft dieses Prinzips bringt es der Zachariasche Satan zu keinem direkten Gegensatz zu Jahwe, dessen Macht allein die wirkliche ist, sondern er tritt nur als Ankläger des Bundesvolkes auf, dem sich Jahwes Gnade zugewendet hat, welcher Satan hindernd in den Weg treten möchte. Es handelt sich aber hier um keinen Kampf wie zwischen Ormuzd und Ahriman um den Menschen, und Satan ist auch bei Zacharia noch kein Feind des Guten an sich, es ist ihm vielmehr um die Strafe zu tun, um Beifügung von Leiden, und nur insoweit steht er in Beziehung mit dem Übel, als dessen Verwirklichung zu seinem Wesen gehört. Er ist wesentlich als Strafengel, Vollstrecker des göttlichen Zorns, der aber bei eingetretener Gnade weichen und dieser gegenüber ganz ohnmächtig erscheinen muß. Er ist ein durchaus von Jahwe abhängiges, ihm untergebenes Wesen und seine Wirksamkeit durch die göttliche Zulassung bedingt.

Satan und sein Verhältnis zum Tod, dem Neid und der Sünde   Weiter entfaltet sich die Satansidee in den apokryphen Büchern, wo er außer Sirach (21, 27), welche Stelle aber nicht maßgebend ist, im Buche der Weisheit auftritt. Hier findet sich schon die Vorstellung, daß der Tod $\varphi\vartheta\acute{o}\nu\omega$ $\delta\iota\alpha\beta\acute{o}\lambda o\nu$ in die Welt gekommen sei, und es ist bemerkenswert, daß der Satan hier zuerst unter dem Namen $\delta\iota\acute{\alpha}\beta o\lambda o\varsigma$ vorkommt. Bedeutsam ist ferner, daß als Motiv seiner Wirksamkeit der Neid angegeben ist und überhaupt der Gegensatz eine strengere Spannung erhält, indem der Verfasser des Buches der Weisheit (Vers 23) ausdrücklich hervorhebt: Gott habe den Menschen zur Unvergänglichkeit und zum Bilde seines eigenen Wesens geschaffen. Dem Satan wird hier schon Einfluß auf die Sünde des Menschen zugeschrieben, deren Folge der Tod ist. Es kann nicht überraschen, hierbei an den mosaischen Sündenfall zu erinnern mit Beziehung auf die eigentümliche Auslegung, welche unter der Schlange den Satan versteht.

Die asiatische Färbung der biblischen Darstellung des Sündenfalles ist längst erkannt.

110

Nach dem Zendavesta springt der todesschwangere Angramainju (Ahra Mainyu) in Schlangengestalt vom Himmel, in der er gewöhnlich oder doch häufig zu erscheinen pflegt. Er selbst heißt „der Todreiche", sein Gebiet ist neben der Finsternis der Tod. Die Stammeltern des Menschengeschlechts werden im Zend wie in der Genesis zur Glückseligkeit bestimmt, solange sie mit ihrem Schöpfer in Einheit sind, hier wie dort essen sie von einer Frucht. Nach der zoroastrischen Spekulation ist die Finsternis aus Neid über das Licht erst böse geworden, Meschia und Meschiane, die von Ahuramazdao (Ahura Mazda) rein geschaffen waren, werden aus Neid verführt und auf Angramainjus Seite gezogen.

Die gleiche Grundlage beider Mythen und ihre kulturhistorische Bedeutung ist anzuerkennen, zugleich aber auch der kennzeichnende Unterschied, der durch die Entwicklung des religiösen Sinns beider Völker bedingt ist, nicht zu verkennen. Im parsischen Mythos setzt sich Angramainju dem Ahuramazdao als selbständige Macht entgegen, und so kann sich, nachdem das Übel und nach weiterer Entwicklung das Böse wirklich vorhanden ist, ein Kampf entspinnen. Der Mensch, als Geschöpf Ahuramazdaos, wird selbst Gegenstand des Streites und hat die Pflicht, dem Angramainju zu wehren. In der hebräischen Anschauung dagegen findet die Vorstellung von einem solchen Kampfe keinen Raum, und in dem Übel, das über den Jahwediener hereinbricht, erblickt dieser eine von der Gottheit über ihn verhängte Strafe oder, nach der späteren im Buche Hiob entwickelten Vorstellung, eine Prüfung, während der Parse durch die Sünde Ahrimans Werke, als Krankheit, Tod u. dgl., auf sich ladet.

Im hebräischen Sündenfall ist das punctum saliens der Sünde darin gesetzt, daß der Mensch seinem eigenen Willen folgt und dadurch gegen den göttlichen handelt, indem er, die ihm gesetzten Schranken durchbrechend, höher strebt, als ihm zugestanden wird. Nach der Genesis ist der Ursprung des Bösen in den Menschen selbst gelegt, der vom Baume der Erkenntnis nicht essen soll, dessen Neigung danach durch die Schlange angeregt wird und der sich durch diese verführen läßt. Die physischen Übel, die über die Protoplasten verhängt werden, stellen sich hiermit als Folge der Sünde dar. Nach der Zendsage ist die Schlange das böse Prinzip selbst und das Motiv zur Verführung des Menschen der Neid. Davon weiß die Genesis noch nichts, erst im Buch der Weisheit ist diese Theorie aufgenommen, was aus der Bekanntschaft der Israeliten im Exil mit der Religion der Parsen erklärt wird. Das alexandrinische Judentum, aus dem Buch der Weisheit hervorgegangen, hatte sich das Theoretisieren der Griechen angeeignet und auch die parsische Theorie über den Ursprung der Sünde aufgenommen, und so wurde die ursprünglich natürliche Schlange der Genesis zum Repräsentanten oder wenigstens zum Werkzeug des Bösen umgemodelt, der Neid als Beweggrund zur Verführung zum Bösen hingestellt und der Tod von der Sünde abgeleitet. Diese Auffassung war zu Jesu Zeit die allgemein gangbare, wie aus den neutestamentlichen Schriftstellern hervorgeht; sie wurde von den älteren jüdischen Lehrern festgehalten und durch die christlichen Kirchenväter, namentlich durch Augustinus den Reformatoren übermittelt . . .

Nach dem Vorgange (des jüdisch-hellenistischen Philosophen) Philos (von Alexandrien, der zu Beginn unserer Zeitrechnung lebte) machte die allegorische Interpretation die Schlange im hebräischen Sündenfall zum Bild der bösen Lust und das Weib zur Trägerin der Sinnlichkeit. Diese Auslegung ward von den Kirchenvätern Clemens Alexandrinus, Origenes, Ambrosius und den jüdischen Lehrern angenommen, obschon sie anerkanntermaßen dem biblischen Referenten fremd ist, sowie die Deutung, welche unter der Schlange den parsischen Ahriman versteht. Selbst im Buche der Weisheit unterscheidet sich der διάβολος von jenem außer anderem auch dadurch, daß er nicht an der Spitze böser Dämonen steht. Diese amtliche Stellung Satans findet sich überhaupt noch nicht im Alten Testament, obwohl die Bücher Tobi und Baruch die Vorstellung von δαιμόνια reichlich enthalten. Im Pentateuch

111

und allen älteren Schriften des alttestamentlichen Kanons ist vom Satan überhaupt keine Spur zu finden ...

Asmodäus/Satan In der Geschichte Tobis spielt Asmodi, Ἀσμοδαῖος (Asmodai), eine bedeutende Rolle, der die Ehe Saras verhindern will, weil er selbst in sie verliebt ist. Im Talmud erscheint er als wollüstiger Dämon. Obwohl die durch das Exil angeregte Entwicklung der hebräischen Dämonologie, wie sie in dem apokryphen Buch Tobi enthalten ist, anerkannt werden muß, ist doch ... (Asmodi nicht als Plagegeist, sondern als der oberste Dämon, als der Satan selbst, aufzufassen.) An Asmodi und seinem Gegner und Bändiger Rafael ist der Einfluß des parsischen, feindlich gespannten Dualismus kaum zu verkennen, der samt dem Überbleibsel der Erinnerung an die Wüste von der Tradition aufbewahrt worden ist ... (19, S. 187—197, gekürzt)

Satan nur ein Nach Roskoff finden wir zwar im Alten Testament eine langsame Weiter-
Werkzeug Gottes entwicklung der Vorstellung von einem bösen Charakter des Satans, der eine gewisse Dualität zwischen Gott und Satan schafft, aber durch das absolute Übergewicht des monotheistischen Prinzips entsteht kein ausgesprochener Gegensatz Gott — Satan.

Der alttestamentliche Satan tritt nirgends dem Jahwe feindlich gegenüber. Darin zeigt sich die Paralysierung des parsischen Einflusses und die Suprematie des Jahwismus. Ein Fortgang aber findet statt. Während Azazel nur die Personifizierung der abstrakten Unreinheit ist, in der Wüste haust, der Stätte der Unreinheit, dem passenden Orte für die Sündenlast Israels, erscheint der Satan im Buche Hiob in konkreterer Form als Verdächtiger, der hinter der Frömmigkeit Eigennutz wittert und Anlaß gibt, die Lauterheit durch schwere Leiden zu prüfen. Bei Zacharia tritt Satan unter Voraussetzung der Schuld schon als Ankläger auf, um die Strafgerechtigkeit Jahwes herauszufordern. In der Tendenz, die von Jahwe etwa ver-hängte Strafe auszuführen, zeigt sich in diesem Satan auch noch die Idee des Strafengels, welche in anderen angeführten Stellen des Alten Testaments zwar auftritt, wo aber die strafende Macht noch nicht zu einem Satan verdichtet ist, daher auch keine Spur von einem Verdächtiger, wie im Buche Hiob, noch von einem Ankläger oder Anfeinder, wie bei Zacharia. Das Verlangen Satans geht noch immer nur dahin, Übel zuzufügen infolge angeblich vorange-gangener Schuld, sein Element ist nicht das moralisch Böse, sondern die Bewirkung des äußeren Übels. Am konkretesten ist die Vorstellung von Satan im Buche der Weisheit, wo das Motiv seines Auftretens der Neid und als Folge seiner Wirksamkeit der Tod angeführt wird. Der Neid gehört also zum Wesen dieses Satans, und sein Zielpunkt ist der Tod.

Beide Momente finden sich im parsischen Angramainju. Das Objekt des Neides ist der Mensch, als Träger des göttlichen Ebenbildes zur Unvergänglichkeit geschaffen. Auch im Parsismus ist der Mensch Gegenstand des Streites zwischen Ormuzd und Ahriman; allein der wesentliche Unterschied ist eben: daß der alttestamentliche Satan nicht, wie der parsische Ahriman, dem göttlichen Wesen feindselig gegenübersteht, sondern vielmehr den Menschen beneidet und ihm daher das Übel zuzuziehen bestrebt ist. Im vorzoroastrischen Parsismus steht das böse Prinzip dem guten kämpfend gegenüber und sucht seine Macht durch Ver-breitung des Übels zu betätigen, das auch über den Menschen sich ausdehnt. Der alttesta-mentliche Satan sucht das Übel herbeizuführen, aber im Sinne der Strafe; er beneidet den Menschen, aber nicht das göttliche Wesen um dessen Macht, wie Ahriman den Ormuzd. Im Parsimus nach Zoroaster erweitert und vertieft sich der Begriff Ahrimans nach der Inner-lichkeit des Menschen, sein Bereich wird das Moralische, und Ahriman trachtet den Men-schen auf seine Seite zu ziehen, durch Eingebung böser Gedanken, durch moralische Verderbtheit. Der Kampfplatz Ormuzds und Ahrimans wird durch Zoroaster in die menschliche Brust verlegt, wo das böse Prinzip die Walstatt zu behaupten sucht. Von einem solchen Kampfe des moralisch Guten mit dem moralisch Bösen im Innern des Menschen ist im Alten Testamente keine Spur und kann keine sein, weil Satan als Träger des Bösen auf dem Boden des Jahwismus keine Realität erlangen kann, weil ein direkter Gegensatz zu Jahwe nicht möglich ist, da in diesem allein die berechtigte, geistige Macht beruht. Dieser oberste Hauptgrundsatz des Jahwismus bestätigt sich auch durch den Sprachgebrauch... Allerdings gewinnt im Parsismus das gute Prinzip schließlich die Oberhand, allein erst nach vorangegangenem Kampfe, während im Jahwismus die Supremazie des göttlichen Wesens als Axiom dasteht und alle Erscheinung nur dazu dient, dieses zu bestätigen. Demnach kann auch der Satan nur die Bedeutung erlangen, als Mittel zu dienen. Dem alttestamentlichen Satan kann es nicht daran gelegen sein, Neid oder böse Eigenschaften überhaupt anzuregen, ihn moralisch zu verderben, wie im zoroastrischen Parsismus; er veranlaßt nur das äußere Übel und nähert sich hierin dem vorzoroastrischen Angramainju, nur daß dieser als Urheber des Unheils dasteht, während im Hebräismus die Urheberschaft des Todes auch in Jahwe fällt. (19, S. 197 bis 199)

Rikwah Schärf (20) kommt in ihrer schon zitierten gründlichen Untersuchung über die „Gestalt des Satans im Alten Testament" zu ähnlichen, etwas nuancierten Resultaten, die wir ebenfalls weitgehend wiedergeben:

Im allgemeinen wird die Satansfigur im Hiob-Buch als alte, volkstümliche Dämonenfigur angesehen. In dieser Ansicht treffen sich diejenigen, die für die Rahmenerzählung selbst ein hohes Alter annehmen, mit jenen, die für die Erzählung selbst zwar eine jüngere Zeit ansetzen, die Figur des Satans aber als alte Volkstradition betrachten. Die Tatsache, daß der Satan im Hiob-Buch noch keinen Eigennamen hat, sondern mit einem solchen erst in einem jüngeren Werk, der Chronik, auftritt, fällt in erster Linie schwer gegen die Annahme des Alters dieser Figur ins Gewicht. Zudem kommt ihr eine ganz andere Bedeutung zu als den eigentlichen Kakodämonen im Alten Testament... Der Satan im Hiob-Buch steht Gott in dialektischer Auseinandersetzung gegenüber. Es wird immer wieder darauf hingewiesen, daß er Jahwe untergeordnet sei. Aber es wird dabei gänzlich übersehen, welche Macht dieser an Rang Jahwe untergeordnete Dämon hat: vermag er es doch, Jahwe gegen Hiob zu reizen, ihn zu einer folgenschweren Entscheidung zu veranlassen. Jahwe läßt sich mit diesem Dämon immerhin in eine ernste Diskussion ein und läßt sich von ihm beeinflussen... Kann man in der Tatsache, daß Jahwe dem Satan die Erlaubnis gibt, Hiob heimzusuchen, wirklich noch einen Ausdruck der Souveränität Gottes sehen? Wohl ist der Satan seinem Rang nach der Diener Jahwes, der nichts aus eigener Machtvollkommenheit heraus tun kann, aber psychologisch gesehen ist er eigentlich der Stärkere. Er ist der Diener, der seinen Herrn zu überreden vermag...

Der Satan hat hier also im Vergleich mit alten Dämonen im Alten Testament eine ganz wesentliche und neuartige Bedeutung... Sie ist ein theologisches Novum, das sich nur aus der Entwicklung des Gottesbegriffs erklären läßt. Wäre in der Gottesvorstellung keine Wandlung aufgetreten, eine solche Geschichte hätte nicht entstehen können. Mit dem urtümlicheren Jahwebild hätte sie sich einfach nicht vertragen...

Ein früher Versuch, den alttestamentlichen Satan auf den ägyptischen Seth zurückzuführen, liegt in der Arbeit Diestels (Seth-Typhon, Asahel und Satan in: Zschr. f. d. hist. Theologie, Jg. 1860, II. Heft, Bd. XXX) vor. Aus dem reichen, vor allem aus Plutarch geschöpften Material über Seth (stellt Diestel die These auf): Satan = der ins Alte Testament übernommene Seth... (20, S. 229—234, gekürzt)

Schärf lehnt diese Theorie ab, ebenso ist sie zur Frage des babylonischen Ursprungs des Satans sehr zurückhaltend:

Mit Recht wird von den meisten Forschern die Frage nach dem Alter des Textes von derjenigen nach dem Alter der Satansvorstellung getrennt. Es zeigt sich aber die weitere Notwendigkeit, innerhalb der Satansvorstellung eine ältere und jüngere Schicht zu unterscheiden. Die Motivparallelen aus dem Bereich von andern Mythen und Märchen haben uns die Urtümlichkeit der zugrundeliegenden Vorstellung gezeigt . . .

Schon der Umstand, daß es sich nicht um irgendeine von Jahwe losgelöste Figur handelt, die ihm von ungefähr entgegentritt, sondern um eine, die einer dem Alten Testament spezifischen Kategorie göttlicher Wesen angehört, zeigt die völlige Umschmelzung und Weiterentwicklung dieser archetypischen Gestalt. Der alttestamentliche Satan gehört nämlich zu den bene ha-elohim. Er ist ein Engel . . . (20, S. 250)

Im Hiob-Buch ist Gott – psychologisch gesprochen – einen großen Schritt weiter als in der Paradieseserzählung, wo er noch so wenig weiß, warum er den Menschen erschaffen hat, daß er ihn um seines Wissens von Gut und Böse willen von sich stößt. Hier wird etwas fühlbar davon, daß es gerade darum geht, daß der Mensch um Gut und Böse weiß. Hier hat es der Satan bewirkt, dort die Schlange, ebenfalls ein dunkler, „böser" Einfall Gottes . . . Hier tritt er als metaphysischer Feind der Lebensruhe und des weltlichen Lebensbehagens in voller Plastizität hervor. Er erscheint als Störung, Behinderung der natürlichen Lebensordnung . . . Der Satan ist hier wahrhaft Luzifer, Lichtbringer. Er bringt dem Menschen das Wissen um Gott, aber – durch Leiden, die er ihm zufügt. Der Satan ist die Not der Welt, durch die der Mensch erst nach innen getrieben wird, in die „andere" Welt. Der Satan treibt den Menschen erst über sich als Tierwesen, als bloßes Naturwesen hinaus. In diesem ganz speziellen Sinne hat vielleicht schon das Gesetz etwas Luziferisch-„Satanisches". Es war gewissermaßen die erste Form, das Volk aus der bloßen Naturhaftigkeit herausgerissen. Es wurde Eigentum Jahwes; sein Leben gehörte nicht mehr ihm, durfte nicht mehr anonym verlaufen, sondern bekam Sinn und Schicksal. Es wurde geprägt vom Schicksal Gottes . . .

Die krankheits-bringende Funktion Satans

Mir erscheint die krankheitsbringende Funktion des Satans als Reminiszenz eines babylonisches Krankheitsdämons . . . Der alttestamentliche Satan ist aber, soweit er sich als Krankheitsdämon ansprechen läßt, dies nicht in spezifischer Weise. Diese Funktion verbindet ihn im Gegenteil mit Jahwe selbst . . . Im babylonischen Gedicht steht dem Krankheitsdämon der gute Gott gegenüber, der jenen überwindet, während im Hiob-Buch der Satan ja mit Gottes Einverständnis handelt. Dieses Übereinkommen zwischen Gott und Satan als Resultat ihrer Auseinandersetzung ist gegenüber dem babylonischen Dämon das Neue und Wesentliche am Hiob-Satan . . . In der babylonischen Vorstellung reicht der Dualismus von Gott und Dämon in die Sphäre des menschlichen Bewußtseins hinab; im Hiobbuch haben die Gegensätze den Rahmen der einen Gottpersönlichkeit nicht . . . gesprengt. Dies ist vielleicht das wesentlichste der Indizien gegen die Annahme einer babylonischen „Übernahme" des alttestamentlichen Satans.

Satan als Ankläger im Gerichts-verfahren zwischen Gott und den Menschen

Eindeutig babylonischer Herkunft ist jedoch ein anderer Wesenszug des Hiob-Satans, der bei Sacharja dann noch deutlicher hervortritt: sein Anklägercharakter. Für diese Vorstellung ist ein sicherer Hinweis im Babylonischen vorhanden. Der „Ankläger" bildet nach babylonischer Vorstellung den Gegenpol zum Schutzgott. Nach Zimmern (in: Schrader, Die Keilinschriften und das Alte Testament. Berlin 1903, S. 454/55) ist die Idee eines speziellen Schutzgottes (il amêli = „Gott des Menschen") und einer Schutzgöttin (ischtar amêli = „Göttin des Menschen") im Babylonischen stark ausgebildet. Dieser spezielle Schutzgott und die Schutzgöttin eines Menschen legen bei den großen Göttern Fürbitte ein. Ebenso hat der

einzelne einen „Ankläger" (bêl dabâbi) und eine „Anklägerin" (bêlit dabâbi), „Verfolger"
u. ä. Im Hiob-Buch handelt es sich mehr um letztere Nuance: „Verfolger", „Bedränger",
weniger ausgesprochen um den Ankläger ... Ausgesprochen erscheint die Anklägerfunktion
dann in Sach. 3, 1 ff. Sie geht auf die babylonische, dem irdischen Gerichtsverfahren ent-
nommene Vorstellung zurück, wonach die „Regelung des Verhältnisses zwischen Gott und
Menschen völlig in den Formen des ordentlichen Gerichtsverfahrens verläuft, bei dem der
Gott der Richter, der Mensch der Rechtssuchende ist." Bei diesem Gerichtsverfahren zwischen
Mensch und Gott erscheint dann der Ankläger ... (20, S. 229–295, gekürzt)

Nimmt man die beiden Figuren, den Satan des Alten Testaments und den Angramanyu
der persischen Religion nicht losgelöst, sondern eingebettet in das ganze religiöse Beziehungs-
gefüge, so zeigt sich ein fundamentaler Unterschied ... Angramanyu ist von Anfang an eine
selbständige Größe neben Ahura Mazda. Es besteht in der persischen Religion ein Urgegen-
satz zwischen Spentamanyu und Angramanyu. Letzterer herrscht wie Ahura Mazda über
sein eigenes Reich und steht mit jenem im Kampf. Sie teilen sich auch in die Schöpfung des
physischen Alls, in dem Angramanyu an der Schöpfung teilhat. Er ist der Schöpfer der
schädlichen Insekten und Tiere ...

Der Dualismus ist also der Ausgangspunkt der persischen Religion. Der kosmisch-ethische
Konflikt scheint das Grunderlebnis der Perser gewesen zu sein, das ihre Religion prägte.
Demgegenüber scheint mir das religionsschöpferische Spezifikum des israelitischen Volkes
gerade etwas Gegensätzliches zu sein: die Personalität Gottes als die die Gegensätze umfassende und aufhebende Einheit.

Von dieser grundsätzlichen Erwägung ausgehend, drängt sich einem unvoreingenom-
menen Beobachter sehr bald die Erkenntnis auf, daß ein Einfluß des Ahriman-Angramanyu
auf die Satansfigur in eminentem Maße vorhanden ist, nicht aber auf der Stufe des Alten
Testaments, wo der Satan gewissermaßen aus der alttestamentlichen Gottgestalt heraus geboren wird, sondern auf einer weiteren Entwicklungsstufe: der spätjüdisch-christlichen. Erst
im Satan als Gegenspieler des Messias im spätjüdischen Schrifttum einerseits, im Neuen
Testament andererseits kann Angramanyu als Urbild des Satans erkannt werden. Hier ist der
Satan zu einem selbständigen Prinzip geworden, zur Verkörperung des Bösen als Weltprinzip
schlechthin ...

Die Ablösung des Satans von Gott, durch die er von seiner Dunkelheit „gesäubert"
wurde, barg ungeheure Konsequenzen. Sie bildete die Voraussetzung für die neutestamentliche Entwicklung des Satans zur Gegenpersönlichkeit Gottes und zu seiner völligen Abspaltung, wie sie sich im Mythologem des eingesperrten Drachens der Johannesapokalypse
ausdrückt ... (20, S. 313–317, gekürzt)

Wir können uns im wesentlichen der Auffassung Schärfs anschließen, jedoch glauben wir, auf die nahen Beziehungen des alttestamentlichen Satans zu
seinem Umland Babylonien und Ägypten hinweisen zu müssen. Weder die
„guten" und „bösen" Gestalten des Alten Testaments noch die des Neuen
Testaments sind autonom, wie es besonders immer wieder die christliche
Kirche und ihre Exegese zu beweisen versucht hat. Es bestehen sowohl für die
göttlichen Funktionen des in einem vorwiegend monotheistisch-spekulativ
endenden Jahwismus wie auch für seinen vorübergehenden „Untergebenen",
Satan, der zum „Mitarbeiter" und schließlich zum Gegenspieler wird, Vorbilder und Parallelen aus bzw. mit anderen Religionen in allen Phasen der
Entstehung des Alten wie des Neuen Testaments.

Fassen wir das bisher Gesagte zusammen, so stellen wir fest, daß der Satan als ein selbständiges Wesen und eine Art Gegensatz zum Gott Jahwe erst relativ spät im Alten Testament auftritt. Trotz seines auffallenden Wandlungsprozesses im Verlauf seiner „Auftritte" ist seine Gestalt und sein Wesen schon relativ früh erkennbar. Anleihen zur Ausbildung eines spezifischen Charakters dieses Dämons, der schließlich wie im persischen Dualismus der „böse" Ahriman zum gegensätzlichen Prinzip des „guten" Gottes wird, sind dabei eindeutig schon aus den semitischen und ägyptischen vortestamentlichen Kulturen gemacht worden. Sie spielen aber noch keine wesentliche Rolle. Haag faßt die Gestaltwerdung Satans im Alten Testament mit folgenden Worten zusammen:

In den kanonischen Schriften des Alten Testaments tritt der Satan lediglich an drei Stellen auf: in Sacharja, Ijobbuch und in der Chronik, also ausschließlich in Schriften der nachexilischen Zeit (zwischen ca. 500 und 300 v. Chr.). Zweimal ist das Wort durch den beigefügten Artikel als Funktionsbezeichnung ausgewiesen, einmal durch das Fehlen des Artikels als Eigenname. Jedoch läßt sich die Funktion Satans nicht eindeutig beschreiben. Zum einen verkörpert er die die ganze Welt umfassende und das böse Tun der Menschen registrierende Allwissenheit Gottes, zum anderen das vom Menschen als unberechenbar und willkürlich empfundene Walten Gottes. Beide Rollen entsprechen dem in dieser Zeit immer stärker sich geltend machenden Bestreben, die Transzendenz und Heiligkeit Gottes vor jeder Trübung zu bewahren. Deshalb erscheint Satan auch an allen drei Stellen in völliger Abhängigkeit von Gott oder handelt sogar in seinem Auftrag. Der Gedanke an eine Macht, die der Satan gegen Gott aufbietet, oder gar an ein Reich Satans, das dem Reich Gottes entgegenstünde, ist im Alten Testament nirgends zu finden. Die Funktion Satans erschöpft sich vielmehr in der einer mythologischen Figur, der grundsätzlich kein höherer Stellenwert zukommt als anderen mythologischen Vorstellungen in den behandelten Schriften, etwa dem Thronsaal Gottes im Ijob-Prolog oder dem Engel mit dem gezückten Schwert im Chronikbuch. Wenn der Satan irgendwo eine Randfigur geblieben ist, dann im Alten Testament. (1, S. 217)

Wir können uns dieser Zusammenfassung anschließen und damit dieses Kapitel abschließen.

8.1.2.1 Der Name „Satan" entstammt nach der heute allgemeingültigen Auffassung

Herkunft und vom hebräischen שָׂטָן = sâtân, in seiner späteren Bedeutung im übertragenen
Bedeutung des Sinne „der Widersacher" oder „Feind" und schließlich „böser Engel". Das
Namens Satan griechische σατανᾶς wurde im Lateinischen zum Satan. Die gleichen Bezeichnungen finden wir, aus dem Griechischen und Lateinischen entlehnt, im althochdeutschen satanâs und im neuhochdeutschen satanâs oder satan. In der Etymologie des 18. Jahrhunderts ist diese Bezeichnung schon weitgehend geläufig; so heißt es bei Zedler (24):

Der Hebräische Nahme ist שָׂטָן /SATAN, welches Job. I, 7. und anderswo vorkommt, und auch im Griechischen Texte des Neuen Testaments beybehalten ist Luc. XI, 18. und anderswo. Der Hebräische Radix שָׂטָן Satan heißt adversari, zuwider seyn, und zwar aus einem erbitterten Hasse. Denn es kommt überein mit שָׂטַם Satam, welches heisset aus Haß einem feynd seyn, 1 B. Mos. XXVII, 41. da es von dem Haß Esaus gegen seinen Bruder Jacob gebrauchet wird. Daher heißt nun Satan zuerst ein widerwertiger Mensch (homo adversarius) welcher der Wahrheit widerstrebet und das Gute verhindert; wie also David dem Abisai einen Satan nennete, da er ihn zur Rachgier gegen den Simei reitzen wolte, 1 Sam. XIX, 22, und wie Christus Petrum einen Satan nennete, Matth. XVI, 23, als derselbe, wiewohl unwissend, dem Vorhaben Christi von der Erlösung des menschlichen Geschlechts zuwider war. Am allergewöhnlichsten aber wird in der Schrifft der abgesagteste Feind GOttes, seines Wortes seiner Wege und seiner Kinder unter diesem Nahmen vorgestellet, weil er theils GOtt dem HErrn selbst und seinen Rathschlägen, theils dem guten Vorhaben der Kinder GOttes sich feindselig widersetzt, und solche aus Haß und Bosheit zu verhindern trachtet. Im Griechischen heisset das Wort Satan 1 Petr. V. 8; die übrigen bösen Geister aber, die darinn gleiches Sinnes mit dem Satan sind heissen Engel des Satan, der gleichen einer Paulum mit Fäusten schlug, das ist, ihm Gotteslästerliche Gedancken eingab, 2 Cor. XII, 7. (Bd. 42, Sp. 1543–44)

Eine ausführliche Stellungnahme zur Deutung des Begriffes „Satan" in einer modernen tiefenpsychologischen Version finden wir bei Schärf in ihrem Aufsatz „Die Gestalt des Satans im Alten Testament" (20):

Der Name „Satan" kommt, wie allgemein angenommen wird, von dem Verbum śâtan = anfeinden, befehden, verfolgen, und dann auch spezieller: durch Anklage anfeinden. Demgegenüber findet sich in der „Historischen Grammatik der hebräischen Sprache" von H. Bauer und P. Leander (1922) die Ansicht vertreten, das Nomen sei ursprünglich und das Verbum denominiert ... Nun ist es Tatsache, daß das Verbum nur fünfmal im Alten Testament vorkommt, und zwar durchwegs in den Psalmen, in bezug auf die „Feinde", also an jüngeren Stellen als das Nomen, was die Annahme, dieses sei ursprünglich und das Verbum von ihm abgeleitet, zu begünstigen scheint. Dagegen spricht aber der Umstand, daß die Nebenform des Verbums śâtan: śâtam, die sich ebenfalls an fünf Stellen des Alten Testaments findet, neben einer Stelle in den Psalmen und einer im Hiobbuch, dreimal in der Genesis vorkommt, und zwar beim Jahwist und Elohist.

Diese anscheinend ältere Nebenform gibt auch mehr Anhaltspunkte für die Grundbedeutung des Wortes. Die Bedeutung „feindlich verfolgen", „nachstellen", wie sie besonders aus Gen. 27, 41 und 49, 23 hervorgeht, meinte ursprünglich sehr konkret: nachstellen, im Sinne von: eine Schlinge, eine Falle legen, Fußfesseln anlegen. Der einzige alttestamentliche Beleg für diese Grundbedeutung findet sich in Hos. 9, 8 ... Über die Grundbedeutung der Nebenform śâtam und das arabische satana als Parallelform zu śâtan läßt sich also für das Verbum śâtan erschließen, daß es im ureigentlichsten Sinne eine Verfolgung in Form einer Behinderung im freien Vorwärtsgehen bedeutet, also: hindern, entgegenstehen, vereiteln einer vorhandenen Intention ... Die Übersetzung des Nomens śâtan mit „Widersacher" durch die Zürcher Bibel und Luther an den meisten vorkommenden Stellen kommt der ursprünglichen Bedeutung daher wohl am nächsten ...

Es läßt sich feststellen, daß das Nomen śâtan ursprünglich im profanen Bereich zu Hause ist. Es ist in profaner Bedeutung in Texten gebraucht, die älter sind als jene, in denen es den mythologischen Satan bezeichnet.

Dieser Tatsache, die sich im Folgenden als von größter theologischer Tragweite herausstellen soll, scheint ein anderes Faktum entgegenzustehen, nämlich, daß das arabische Wort śaitân nicht erst im Koran auftaucht als Bezeichnung des Teufels neben „Iblis", sondern schon in vorislamischen Schriften als Synonym des Ausdrucks ǵinn, und zwar auch im Plural. Ignaz Goldziher (Abhandlungen zur arabischen Philologie. Leiden 1896, S. 106; Die Ginnen der Dichter, in ZDMG, Bd. 45, S. 685ff.) belegt ǵinn und śaitân in der speziellen Bedeutung des dichterischen Daimonion. Franz Praetorius (Aethiopische Etymologien, in

Beziehungen des jüdischen Satans zum arabischen Schaitan

ZDMG, Bd. 61, S. 615–24) hält es auf Grund dieser Feststellungen für wahrscheinlich, daß der jüdisch-christliche Satan arabischen Ursprungs sei. Er stellt sich damit gegen die Auffassung Wellhausens (Reste arabischen Heidentums, 1897, S. 157), der saitan als christlichen Terminus, welcher aus Abessinien ins Arabische eingedrungen sei, ansieht, und D. H. Müllers (Zur Geschichte der semitischen Zischlaute, S. 10), der das arabische saitan für eine der ältesten Entlehnungen aus dem hebräischen śâtan hält. A. S. Tritton (Shaitan, in: Encyclopädie des Islam, Bd. IV, S. 308) erwähnt, daß die arabischen Philologen Shaitan für ein arabisches Wort hielten. Sie leiteten es von der Wurzel sh-t-n ab, einige zogen hingegen die Wurzel sh-y-t vor. Tritton hält es jedoch, da die Vorstellung unverkennbar entlehnt sei, für wahrscheinlich, daß das Wort – eine regelrechte arabische Form – ebenfalls entlehnt sei, und zwar von dem äthiopischen Wort, das seinerseits aus dem Hebräischen abzuleiten ist. Saitan ist auch der Name einer Schlange.

Das rein philologische und sprachgeschichtliche Moment scheint für die Lösung dieses Problems nicht auszureichen. M. E. ist die Annahme eines direkten oder über Abessinien erfolgten Eindringens des biblischen Begriffs ins Arabische plausibler als diejenige des umgekehrten Einflusses. Dem steht die Umwandlung des Begriffs, entsprechend den erwähnten arabisch-heidnischen Vorstellungen (Plural, Synonym für ġinn), nicht im Wege. Der Satan ist in seiner letzten alttestamentlichen und vollends in der christlichen Ausprägung dämonischer Natur und könnte gut von den heidnischen Arabern für ihre – pluralistische – Form des Dämonismus übernommen worden sein. Übrigens findet sich der Plural von śatan bereits in jüdisch-apokryphen Schriften, wo der Satan Herr eines Geisterheeres ist, also bereits wieder in eine Vielheit aufgespalten erscheint, so z. B. 1. Hen. 65, 6 und 40, 7. Angesichts der Tatsache, daß sich im Koran viele Elemente aus den apokryphen Schriften zum Alten und Neuen Testament finden – so geht z. B. gerade die Iblis-Vorstellung des Koran nicht auf den alttestamentlichen Satan, sondern auf die apokryphen Legenden vom gefallenen Engel zurück –, erscheint es mir nicht ausgeschlossen, daß auch die pluralistische Satansvorstellung vom arabischen Heidentum aus dieser Quelle übernommen wurde. Mit der ungeheuren Differenzierung der spätjüdischen Angelologie und Dämonologie erhielt die jüdisch-religiöse Vorstellungswelt einen „polytheistischen" Zug, der sie für den primitiven Dämonismus der

<aside>Identität von Satan – Schaitan – Schlange</aside>

vorislamischen Araber leicht resorbierbar gemacht haben mag. Auch der Schlangenname ist vielleicht nicht unbeeinflußt von der schon sehr frühen Gleichsetzung des Satans mit der Paradiesschlange (Weisheit Salomonis 3, 24). Enno Littmann (Morgenländische Wörter im Deutschen, 1924, S. 31–32) gibt dieser Vermutung positiven Ausdruck: „Satan, der Widersacher, Ankläger . . . ist hebräisch; da die arabische Form schaitân, die über das Abessinische entlehnt wurde, auch ‚Schlange' bedeutet, so hat man vermutet, daß ‚Schlange' die ursprüngliche Bedeutung von Satan sei, doch wahrscheinlicher haben die Araber in alter Zeit das Wort kennengelernt, auf Schlangen und Dämonen aller Art angewandt und es erst seit Mohammed wieder in seinem ursprünglichen Sinn gebraucht." Jedenfalls ist eine umgekehrte Beeinflussung deshalb kaum denkbar, weil dann der Satan im Alten Testament nur als (entlehntes) dämonisches Wesen vorkäme. Die ursprüngliche profane Bedeutung des Satan-Begriffs im Alten Testament bliebe völlig unerklärlich. (S. 175–184, gekürzt)

Schärf untersucht den Begriff „Satan" im „profanen" und „metaphysischen" Bereich (S. 185–205) und damit die wohl ältere (profane) Bedeutung der Bezeichnung „Satan", in der der „Widersacher" mehr den Sinn eines Feindes im Kampf um die (politische) Macht besitzt. Doch dann wird Satan der „Versucher". Schärf stellt fest:

„Satan" ist ein funktioneller Begriff, der in der Verbal-Bedeutung „feindlich gegenüberstehen" wurzelt und als nomen appellativum in einigen Stellen in profaner Bedeutung, in anderen, durchwegs jüngeren Texten als mythologische Figur auftritt. Die Brücke zwischen beiden bildet die Numeri-Stelle, wo der Begriff „Satan" im göttlichen Bereich, jedoch noch nicht als mythologische Figur auftritt. Als Nomen proprium eines Gott gegenüberstehenden selbständigen Dämons erscheint der Begriff nur in einer, der jüngsten Stelle: 1. Chron. 21, 1.

Daraus kann wohl jetzt schon ein grundlegender Schluß über des Wesen des Satans gezogen werden: er ist k e i n dämonischer Überrest aus vorjahwistischer Zeit, der als solcher neben Jahwe ein mehr oder weniger degradiertes Schattendasein führte. (S. 192)

Daß die Natur des Satans primär außerhalb der üblichen vorchristlichen Vorstellungen über die Bosheit der Dämonen angesiedelt war, zeigt das Verhalten der griechischen Bibelübersetzer im 3. und 2. Jahrhundert v. u. Z. In der Septuaginta steht δαιμόνιον für das hebräische Wort Satan. Erst im „Buch der Weisheit" wird die griechische Bezeichnung für den Teufel διάβολος gewählt und dann auch in der Septuaginta verwandt. Diabolos heißt wie das hebräische Wort Satan „Widersacher" oder „Feind". Der unbekannte Verfasser der „Weisheit" hat bereits Satan mit dem Versucher im Paradiese identifiziert. Er ist damit über das hinausgegangen, was man im Buch Hiob und bei Zacharias (Sacharja) über Satan erfahren konnte. Neu ist in der „Weisheit" auch die Identität von Satan und einem Tierdämon in Gestalt der Schlange. Wahrscheinlich war diese Schrift auch einer der Ausgangspunkte der gnostischen Spekulationen der Ophiten und ihnen nahestehender Anhänger eines Schlangenkultes.

Wir können aufgrund unserer bisherigen Untersuchungen davon ausgehen, *Zusammen-* daß ursprünglich die Israeliten den Teufelsbegriff in der christlichen Form *fassung* eines Widerparts Gottes nicht kannten. Erst im Babylonischen Exil kamen sie mit den dualistischen Lehren des Zervanismus und Zoroastrismus in Berührung. Beides waren, wie wir in „Licht und Finsternis" nachweisen konnten, religiöse Formen, die ihren Ursprung im indoarischen Raum Zentralasiens besaßen. Ahriman, der dunkle finstere Widersacher des lichtumgebenen Ormuzd, wurde bei den nichtjüdischen Gnostikern sogar als ausgesprochene Negativfigur zum Synonym des grausamen alttestamentlichen (und keineswegs sympathischen) jüdischen Hauptgottes Jahwe oder Jehovah. Er erschlug bekanntlich nach dem 2. Buch Mose (3, 19—20; 12, 13) persönlich in einer Nacht alle Erstgeborenen von Mensch und Tier, wobei er nur die durch einen Blutanstrich an ihren Häusern gekennzeichneten Wohnungen der Juden verschonte. Diese physisch und psychisch eher Ekel oder Unbehagen erregende als etwa Gläubigkeit und Bewunderung erheischende Eigenschaft Jahwes läßt die gnostische Spekulation, daß der „gute" Gott im Gegensatz zum Jahwismus in einer eigenen, nichtjüdischen Welt wirkt und Ähnlichkeit mit dem persischen Ormuzd oder mit dem später mit ihm identifizierten Luzifer besitzt, wesentlich sympathischer erscheinen. Es ist uns unverständlich, wie der nur Angst verbreitende, ständig zürnende und auch sonst nicht gerade „gewinnende" Gott der Juden zum Gott bei Völkern werden konnte, die in ihrem Pantheon wesentlich sympathischere Gestalten besaßen. Ebenso ist uns rätselhaft, wie die „Heilige Schrift" dieses Gottes bei Nichtjuden, die nicht zum „auserlesenen Volke Gottes" gehörten, zur Lehrschrift, zur „Bibel" ihrer Religion werden konnte. Daß als Bindeglied zwischen den alttestamentlichen Juden und den nichtjüdischen Christen der jüdische Jesus von Nazareth und die meist jüdischen Gemeinden der Urchristen zu gelten haben, ist die allgemein gültige, religionsgeschichtliche Auffassung. Doch bleibt bei diesem Phänomen der Übertragung in der Geschichte des Christentums auch heute noch manche Frage offen.

Etwa im 3. Jahrhundert machte der Jahwismus mit seiner wenig freundlichen Gottheit eine Krise durch. Haag berichtet über diese Zeit der Pseudoepigraphen des Alten Testaments:

Der im Grund (stets im Judentum latent verbliebene; Anm. d. Verf.) heidnische Dämonenglaube erlebte jetzt im jüdischen Volk eine außerordentlich üppige Nachblüte. Zugleich wurde die Frage nach der Herkunft der Dämonen mit allem Nachdruck gestellt, und das Bestreben, die Neugier des Volkes in dieser Hinsicht zu befriedigen, führte zur Erfindung zahlreicher zählebiger Fabeln, die um das Thema Engelsünde und Engelsturz kreisen. Gleichzeitig erfuhr die im Alten Testament nur zaghaft angedeutete Figur Satans eine Ausgestaltung, zu deren Erklärung die biblischen Voraussetzungen allein schwerlich ausreichen.

Zu dieser Entwicklung trug ohne Zweifel das stürmische Vordringen des Hellenismus seit der Eingliederung Palästinas in das Alexanderreich (331 v. Chr.) bei. In einem rasch voranschreitenden Prozeß griffen im palästinischen Judentum griechische Sprache, Bildung und Sitte um sich ...

Es darf als sicher gelten, daß sich schon sehr früh eine religiöse Gegenbewegung formierte, auch wenn die Gruppe der Chasidim („Fromme") erst nach dem Ausbruch des blutigen Kampfes unter Antiochus IV. Ephiphanes und des Makkabäeraufstandes (167 v. Chr.) ausdrücklich erwähnt wird ... Zu keiner Zeit seiner Geschichte war das jüdische Volk so gespalten. Ja, die Frommen glaubten, die Spaltung werde auch in der kommenden Welt fortdauern: sie selbst würden auferstehen zum ewigen Leben, die Gottlosen aber zur ewigen Schande (Dan. 12, 2). Wenn für die Frommen sich der Dualismus noch in der Endzeit fortsetzte, kann es nicht verwundern, daß sein Ursprung schon in der Urzeit gesucht wurde. Nicht erst unter den Menschen gibt es Gerechte und Gottlose: Es gab sie schon unter den Engeln.

Während allerdings die endzeitliche Scheidung von Guten und Bösen auch von biblischen Schriften bezeugt wird, vor allem von den Büchern Daniel und Weisheit, fanden die Spekulationen über die Spaltung der himmlischen Welt in Gute und Böse lediglich in außerbiblischen Schriften, den sogenannten Pseudoepigraphen, Aufnahme. (1, S. 218—220, gekürzt)

Im jüdischen und später dann auch vom Christentum übernommenen Alten Testament hatte Gott, umgeben von seinen Engeln, darunter auch Satan, die Welt erschaffen. Der biblische Bericht über die späteren Paarungen der Engel mit den Erdentöchtern nach der Erschaffung dieser Welt (1. Mos. 6, 1—5) sieht darin noch nichts Tadelnswertes. Eigentlich ist das Gegenteil der Fall, wenn die

120

Abkömmlinge aus dieser (verbotenen) geschlechtlichen Vereinigung als Riesen und spätere Helden gepriesen werden. Zwar spielen die Dämonenlehren schon in den apokryphen Büchern der benachbarten Völker eine Rolle, doch erst im 2. Jahrhundert v. u. Z. taucht im Buch Henoch (oder Enoch) die erste Erzählung von dem Fall der Engel auf. Nach Haag ist das erste oder äthiopische Henochbuch (1. Hen. oder Hen.) die „umfangreichste jüdische Pseudoepigraphie . . ., die sowohl auf das jüdische wie auf das christliche Denken den größten Einfluß ausgeübt hat."

Das äthiopische Henochbuch (1. Hen.), ursprünglich wahrscheinlich aramäisch oder teilweise auch hebräisch abgefaßt, ist vollständig nur in einer äthiopischen Übersetzung bekannt. Die Vorlage für diese Übersetzung war eine fragmentarisch noch vorhandene griechische Version. Die in ihren älteren Teilen von ca. 167 bis 164 v. u. Z. abgefaßte Schrift wurde 1773 in Äthiopien entdeckt und im 19. Jahrhundert im Westen verbreitet. In der äthiopischen christlichen Kirche gilt sie als kanonisch. In Qumran fand man Fragmente in aramäischer Sprache, die eine essenische Abkunft des Textes vermuten lassen. 1. Hen. ist kein geschlossenes Buch, sondern eine Sammlung von einzelnen Stücken verschiedenen Ursprungs und Alters. Ihnen ist lediglich gemein, daß sie alle vorgeben, vom Patriarchen Henoch, der legendären Gestalt im 1. Buch Mose bzw. der Genesis (5, 19—24), geschrieben worden zu sein. Es lassen sich neben einer Einleitung und einem Schluß fünf Teile mit zusammen 108 Kapiteln unterscheiden, von denen der 1. Teil die Erzählungen über die Engelwelt in den Kapiteln 6 bis 36 enthält. Jedoch ist auch dieser Text nicht einheitlich. Neben einem älteren Noachbuch (Kap. 6—11) finden wir unterschiedliche Texte bei wechselnder Reihenfolge. Dem (oder besser den) unbekannten Autor(en) schwebte bei der Abfassung der Texte das Urbild des altpersischen Ahriman vor, der sich mit seinem Anhang gegen die Lichtmächte des Himmels, also gegen die obere Welt, erhob. Die hier sicherlich überlieferte uralte mythische Vorstellung, die weniger mit der des jüdischen Satans zu tun hatte, gelangte in das Neue Testament und von hier aus über die Kirchenväter sogar in die protestantische Dogmatik des 16. und 17. Jahrhunderts.

Im späten Mittelalter wurde der „Fall der Engel" ganz allgemein zum Vorbild für die „sündhafte" geschlechtliche Verbindung der „bösen" Dämonen mit den Menschen: eine Vorstellung, die schließlich in den Ketzer- und Hexenverfolgungen durch die Bulle des Papstes Innozenz VIII. (1432/1484—1492) im Jahre 1484 auch kirchlich sanktioniert wurde.

Neben dem äthiopischen Henochbuch gibt es noch das sogenannte slawische Henochbuch (2. Hen.), das in seiner ältesten erhaltenen Form altslawisch (glagolitisch) abgefaßt ist. Die slawische Übersetzung läßt eine griechische Vorlage erkennen, die wiederum ein hebräisches Original vermuten läßt. Als Entstehungszeit wird das 1. Jahrhundert vor bis nach unserer Zeitrechnung angenommen.

Vom 2. Hen. existieren vier Handschriften, in der Belgrader Volksbibliothek, in der Leningrader Akademie der Wissenschaften sowie die Veröffentlichungen von Popov und Uvarov. Eine deutsche Übersetzung gab 1922 G. Nathanael Bonwetsch zu Leipzig heraus. Es entsprechen:

Slawisch		Äthiopisch	Inhalt
Kap. 4–21	=	Kap. 72–82	Astronomie
Kap. 22–38	=	Kap. 6–36	Angelologie
Kap. 39–66	=	Kap. 91–105	Mahnreden Henochs

Die für uns interessanten Stellen in der slawischen Ausgabe finden wir in den Kapitel 18 und 26:

Und allen aber den himmlischen Heerscharen gab ich eine Bildung von feuriger Natur. Und es blickte mein Auge auf einen festen, sehr harten Stein, und von dem Blitzen meines Auges empfing auch der Blitz die wunderbare Natur: sowohl Feuer im Wasser und Wasser im Feuer, weder löscht dieses jenes noch trocknet jenes dieses aus. Deswegen ist der Blitz schärfer und heller als das Leuchten der Sonne, und weiches Wasser ist fester als harter Stein.

Und von dem Stein aber schnitt ich ab ein großes Feuer; und von dem Feuer schuf ich die Ordnungen der leiblosen Heerscharen zehn Myriaden Engel: auch ihre Waffen feurig und ihre Kleidung flammendes Feuer. Und ich gebot, daß sie stehen ein jeder in seiner Ordnung. Hier ward herabgeworfen Satanael von der Höhe mit seinem Engeln. Einer aber von der Ordnung der Erzengel, sich abwendend mit der Ordnung, welche unter ihm, empfing einen unmöglichen Gedanken, daß er setze seinen Thron höher als die Wolken über der Erde, damit er gleich werde meiner Kraft.

Und ich warf ihn hinab von der Höhe mit seinen Engeln. Und er fliegt beständig in der Luft über dem Abgrund.

Soweit das 26. Buch der „Heiligen Geheimnisse des Henoch" (32). Doch schon im 18. Buch heißt es:

Und es sprachen zu mir die Männer: Dies sind die Gregoroi, die abgefallen sind von dem Herrn, zweihundert Myriaden, mit ihrem Fürsten Satanael, und die nach ihnen gingen in ihrer Nachfolge, die Gebundene sind auf dem zweiten Himmel, umfangen von großer Finsternis; die herabgestiegen auf die Erde von dem Thron des Herrn an den Ort Hermon und brachten die Gelübde auf dem Gipfel des Berges Hermon. Und sie sahen die Töchter der Menschen, daß sie schön sind und nahmen sich Weiber. Und es ward befleckt die Erde durch ihre Taten und die Frauen der Menschen; großes Böses tun sie zu allen Zeiten dieses Äons, frevelnd Vermischungen vollbringend . . . (32)

Im Buch Genesis heißt es (6, 1–3):

Als sich die Menschen über die Erde hin zu vermehren begannen und ihnen Töchter geboren wurden, sahen die Gottessöhne, wie schön die Menschentöchter waren, und sie nahmen sich von ihnen Frauen, wie es ihnen gefiel.

Im 1. Hen. erfahren wir dann, daß sich 200 Engel unter ihrem Obersten Semjasa durch Eid verpflichteten, sich Menschenfrauen zu nehmen und Kinder zu zeugen. Von 19 ihrer Anführer sind die Namen überliefert: außer dem Obersten Semjasa sind es Arakiba, Rameel, Kochabiel, Tamiel, Ramiel, Danel, Ezekeel, Barakijal, Asael, Armaros, Batarel, Anael, Sakiel, Samsapeel, Satarel,

Turel, Jomjael und Sariel (6, 7). Alle 200 Engel nehmen sich je eine Frau. Die 200 Frauen gebären 3000 Ellen große Riesen. In Gen. 6, 4 heißt es:

In jenen Tagen gab es auf der Erde die Riesen, und auch später noch, nachdem sich die Gottessöhne mit den Menschentöchtern eingelassen und diese ihnen Kinder geboren hatten. Das sind die Helden der Vorzeit, die berühmten Männer.

Wir können hier unschwer Parallelen zum griechischen Schöpfungsmythos feststellen, nach welchem die ältere, von den Olympiern entmachtete Göttergeneration ebenfalls aus Riesen und Helden bestand. Nach dem Henochbuch lehrten die Engel ihre Frauen und die Menschen die Herstellung von Waffen und Kosmetika, die Zauberei und Astrologie. Die Riesenkinder verzehrten zunächst alle Eßvorräte der Menschen, dann die Menschen und schließlich sich gegenseitig (7, 1—6). Auf die Hilferufe der Menschen erschienen die vier Hauptengel Michael, Uriel, Rafael und Gabriel. Klagend wandten sie sich an Gott und bezeichneten Asasel (Asael), der höchstwahrscheinlich mit dem gleichnamigen Gegenspieler Jahwes im Levitikus 6 (7. 2. 3. 1) identisch ist, und Semjasa als die Hauptschuldigen. Was Jahwe beschließt, erfahren wir in der Genesis (6, 6—8):

Da reute es den Herrn, auf der Erde den Menschen gemacht zu haben, und es tat seinem Herzen weh. Der Herr sagte: Ich will den Menschen, den ich erschaffen habe, vom Erdboden vertilgen, nicht nur den Menschen, auch das Vieh, die Kriechtiere und die Vögel des Himmels, denn es reut mich, sie gemacht zu haben. Nur Noach (Noah) fand Gnade in den Augen des Herrn.

Im 1. Hen. wird daraufhin Noach von Uriel vor der hereinbrechenden Sintflut gewarnt (10, 1—3). Rafael wird von Jahwe beauftragt, den Anführer Asasel zu überwältigen (10, 4—6. 8):

Und Rafael sprach der Herr: Bind den Asasel an Händen und Füßen und wirf ihn in die Finsternis!
Mach in der Wüste von Dudael ein Loch und wirf ihn hinein!
Leg scharfe, spitze Steine unter ihn und bedeck ihn mit Finsternis!
Laß ihn dort für immer wohnen und bedeck sein Antlitz, daß er kein Licht schaue!
Am Tag des großen Gerichts soll er in den Feuerpfuhl geworfen werden . . .
Die ganze Erde war ja durch die von Asasel gelehrten Werke verderbt worden. Ihm schreib alle Sünden an!
(Zitiert nach 1, S. 222—223)

Der zweite Anführer der Engel, Semjasa, soll auf Geheiß Gottes durch den Engel Michael bis zum Endgericht mit den übrigen abgefallenen Engeln in den feurigen höllischen Kerker geworfen werden (10, 11—14). Hier sollen die Engel das Los mit den verdammten Menschen teilen. Gabriel wird damit beauftragt, die Riesen und „Hurenkinder" zu vernichten, indem er sie gegeneinander aufhetzt, so daß sie sich gegenseitig erschlagen (10, 9). Ihre Geister aber, die aus ihnen herausfahren, treiben bis zum Tage des großen Weltgerichts auf der Erde ihr Unwesen (15, 8. 10—12; 16, 1).

Der Satan/Teufel als Repräsentant und Urheber des Bösen ist nicht eine

8.1.3
*Satan als Urheber
des Bösen*

123

Erfindung im Einflußraum jüdisch-christlicher Offenbarung, wie auch nicht im alttestamentlichen Jahwismus überhaupt. Er gehört allerdings zu den ältesten religiösen Begriffen, soweit dualistische Spekulationen von Gut und Böse aus archaischer Zeit in die Kulturräume Kleinasiens hinüberstrahlen. So gab es schon in der vorgeschichtlichen ägyptischen Mythologie die Prinzessin Bentresch, die von einem bösen Dämon „besessen" wurde, und in der babylonisch-assyrischen Mythologie den dämonischen Halbgott Chumbaba, der als Ungeist wirkte. So versicherte der Gott Nergal sich der Hilfe von Dämonen gegen Ereschkigal. Die indischen Götter Brahma, Vishnu und Shiva standen in dauerndem Kampf gegen dämonische Mächte. Auch im indonesischen Schöpfungsmythos gab es grausame böse Geister, die als Teufel einem mißlungenen Versuch Gottes, Menschen zu schaffen, ihr Dasein verdankten. Mythen über gute, mehr aber über böse Dämonen sind praktisch über die ganze Erde verbreitet. Wir kennen eine fast unüberschaubare Literatur über das Vorkommen von Dämonen und ihrer Lehren. Wir wollen hier nur als Beispiel das Buch von Rudolf Jockel „Götter und Dämonen" (33) erwähnen.

Schärf faßt das Ergebnis seiner Untersuchungen über den Begriff „Satan" in zwei Punkten zusammen:

1. Satan hat nicht zum vornherein einen Eigennamen, sondern ist mit einem hebräischen nomen appellativum bezeichnet, aus dem dann in der jüngsten Stelle erst ein Eigenname entsteht. Zudem ist es ein nomen appellativum, das nicht an sich dämonische Wesen bezeichnet, wie etwa die sedim, sondern auch im profanen Bereich belegt ist. Im Falle der seirim, der sprachlich demjenigen des „Satans" insofern gleicht, als auch dieser Begriff teils profan, teils dämonisch gebraucht wird, fällt der inhaltliche Zusammenhang entscheidend ins Gewicht: die seirim erscheinen zusammen mit andern vorjahwistischen Dämonen und gehören damit zu jenen Erscheinungen, die ausdrücklich im Gegensatz zum Jahwismus stehen und von diesem bekämpft werden.

2. Der Satan ist, im Gegensatz zu den eigentlichen Kakodämonen, in den göttlichen Bereich einbezogen, und im Vergleich mit den mythologischen Gestalten der Seraphim, Kerubim, Leviathan und Behemot ist von ihm zu sagen, daß er nicht wie diese die Naturseite Gottes darstellt — siehe deren Tiergestalt —, sondern ein geistiger Dämon ist, mit dem Gott in dialektischer Auseinandersetzung steht. Er ist eine personifizierte Funktion Gottes, die sich schrittweise aus der Gottpersönlichkeit herausentwickelt und loslöst.

Damit ist gleichzeitig gesagt, daß er auch nicht einfach eine aus einer fremden Religion übernommene Vorstellung ist. Das schließt die Frage keineswegs aus, ob seinem Bilde Züge fremder Nachbargötter anhaften. Ein solcher Einfluß kann jedoch nur einem innergöttlichen Prozeß innerhalb der Jahwereligion adäquaten Ausdruck verliehen haben. Religiöse Figuren werden nicht einfach übernommen, sondern entsprechen einem Bedürfnis, das noch keinen Ausdruck gefunden hat. Sonst wäre nicht erklärlich, warum solcher Einfluß, etwa der babylonische, nicht schon viel früher und noch viel mehr verfangen haben sollte. Erst als die Figur des Satans reif war, sich aus der Persönlichkeit Gottes herauszulösen, konnten Züge ähnlicher Gestalten der religiösen Umwelt übernommen werden. (20, S. 203—205)

8.1.4
Satan/Teufel im
Neuen Testament
Der Wandlungsprozeß der satanischen Eigenschaften, wie sie uns im Alten Testament begegneten, wird im Neuen Testament fortgesetzt. Hier erst wird

der Satan/Teufel zum großen Widersacher, besonders des Gottessohnes Jesus Christus und des durch ihn gegenwärtig gewordenen christlichen Gottesreiches. Es finden sich in den Übersetzungen Bezeichnungen wie „Feind" oder „Versucher" (Matth. 4, 3; Thess. 3, 5), aber auch „Fürst dieser Welt" (2. Kor. 4, 4). Satan tritt im Neuen Testament auch besonders eindrucksvoll in Tiergestalt als Drache oder als Schlange auf (Apokalypse 12). Offensichtlich wird hier die Tradition und frühere Identifizierung des Satans mit den beiden uralten Tierdämonen in den nichtjüdischen, vortestamentlichen Lehren fortgeführt. Zu Beginn des Wirkens von Jesus bemerken wir bei ihm zahlreiche Exorzismen von dämonisch Besessenen: also Praktiken, die ebenfalls auf ältere Vorstellungen, wie wir sie schon im Schamanismus vorfinden, zurückgehen dürften. In der Apostelgeschichte, in den Briefen der Apostel, stoßen wir immer wieder auf die Beschreibung von Formen der Teufelsaustreibung mit Beschwörungen, wie sie uns als allgemeine Anschauungen über den Dämonismus aus vorchristlicher Zeit bekannt sind. Die zeitgenössischen Juden wie auch ihre Apologeten betrachteten Jesus daher auch als einen Zauberer.

Roskoff hat die einzelnen in Frage kommenden Stellen im Neuen Testament zusammengefaßt:

Im Neuen Testament hat die Satansidee das religiöse Bewußtsein schon ganz durchdrungen und tritt als entwickelter Teufelsglaube beinahe auf jedem Blatt entgegen. Besonders häufig findet sich der Teufel bei den Synoptikern erwähnt, unter den Aposteln oft bei Paulus, weniger in der Apostelgeschichte, desto öfter in der Apokalypse. Er tritt unter verschiedenen Benennungen auf: einmal unter dem Namen Satan (Kor. 2, 12, 7), häufig heißt er Satanas (Matth. 12, 26; Luk. 10, 18) oder Diabolos (Matth. 13, 19. 38), Echthros (Matth. 13, 25; Luk. 10, 19); an einigen Stellen führt er den Titel: Beelzeboul oder Beelzebub (Matth. 10, 25; 12, 27; Mark. 3, 22; Luk. 11, 15), einmal heißt er Belial (Kor. 2, 6, 15); oder sein Wesen wird umschrieben ...

Aus der Mannigfaltigkeit dieser Bezeichnungen dürfte ersichtlich sein: daß die Vorstellung vom Satan in jener Zeit sehr geläufig, ja vorherrschend war, daß sie einesteils an die alttestamentliche Satansidee sich anlehnt, anderenteils aber auch schon weiter entwickelt ist ... Trotz der häufigen Erwähnung des Satans im N. T. ist jedoch nie von seinem Aussehen, seiner äußeren Gestalt die Rede. In der Darstellung beim Apokalyptiker (Offenb. 12, 16) ist das hergebrachte Symbol des Drachens oder der Schlange festgehalten und kann daher nicht in Betracht kommen, abgesehen davon, daß das entworfene Bild als visionäre Erscheinung nicht aus dem Volksbewußtsein hervorgegangen ist.

Im Anschluß an den alttestamentlichen Satan erscheint der neutestamentliche zunächst als Feind und Versucher der Frommen, daher er in dieser Beziehung auch den hergebrachten Namen führt (Luk. 22, 31; Petr. 1, 5, 8), oder als Ankläger der Menschen (Offenb. 12, 10). Er wird ferner, wie im A. T., mit dem Tode in Zusammenhang gebracht (Hebr. 2, 14), zugleich aber auch mit der Sünde (Röm. 5, 12). Die weitere Entwicklung zeigt sich aber darin, daß die Feindschaft des neutestamentlichen Teufels in ihrer Beziehung zu der vom Messias gestifteten Gemeinschaft spezifisch ist. Er wird der speziell erbitterte Feind Christi und besondere Widersacher und Verderber der Christusgläubigen, die er zum Abfall zu verleiten sucht, auf deren Untergang er sinnt. Damit zerfällt die Welt in ein doppeltes Reich: das Reich

Gottes, durch Christus gestiftet, und das Reich des Teufels. Dem Reich Christi, das als Reich Gottes eine Macht und Herrschaft des Lichts ist, steht das Reich des Teufels als eine Macht und Herrschaft der Finsternis feindlich gegenüber. Dieser fällt anheim und verfällt der Gewalt des Teufels, wer aus der Gemeinschaft Christi ausgestoßen wird (Kor. 1, 5, 5), der Teufel verfinstert den Verstand und verkehrt den Willen der Menschen (Kor. 2, 4, 4; Ephes. 2, 1; Tim. 2, 2, 26). Als von Christus Abgefallene werden nicht nur grobe Sünder (Kor. 1, 5, 5), sondern auch Irrlehrer betrachtet (Tim. 1, 1, 20). Wer hingegen an Christus glaubt, entrinnt der Gewalt des Teufels und wird in das göttliche Reich versetzt (Apostelg. 26, 18; Kol. 1, 13). Der Teufel sucht der Stiftung und Ausbreitung des Reiches Christi zerstörend entgegenzuwirken (Luk. 8, 12; Kor. 2, 4, 4); Christus dagegen ist erschienen, das Reich des Satans zu vernichten (Matth. 12, 19; Joh. 12, 31; Joh. 1, 3, 8). Die Glieder des messianischen Reichs sind, wie einst dessen Stifter selbst (Matth. 4, 1; Mark. 12, 13; Luk. 4, 1–13), des Teufels Versuchungen ausgesetzt. Der Teufel bedient sich dabei der List, gibt sich den Anschein des Guten, verstellt sich zu einem Engel des Lichts (Kor. 2, 2, 11. 14; Tim. 2, 2, 26), sucht die Schwachen durch Zeichen zu überwältigen (Thess. 2, 2, 9–10) und selbst den Aposteln in ihrer Wirksamkeit hinderlich zu sein (Thess. 1, 2, 18). Dieser finsteren Macht können aber die Gläubigen mit dem Worte Gottes und dem Glauben an Christus Widerstand leisten, da sie, Kriegern gleich, mit der Waffe des Evangeliums ausgerüstet sein sollen (Matth. 4, 4; Ephes. 6, 11–20; Jak. 4, 7; Joh. 1, 5, 18). Denn der Teufel ist ein starker Geist (Matth. 12, 29) und als Beherrscher eines widergöttlichen Reiches der Gegner Gottes und der Wahrheit, und die Menschen, welche Gott und der Wahrheit widerstreben oder diese in Lüge verkehren, gehören dem Teufel an als seine Kinder (Joh. 8, 44; Joh. 1, 3, 10; Apostelg. 13, 10). Als Feind Gottes ist er auch der Feind alles Guten, sucht ohne Unterlaß den Samen des Bösen zu streuen (Matth. 13, 25. 39) und das Wort Gottes aus dem Herzen zu reißen (Matth. 13, 19). Seine erste Tat war die Verführung der Eva zur Sünde (Offenb. 12, 9; 20, 10), seine zweite die Verleitung Kains zum Brudermord; er ist daher der Urmörder, dem nach dem Blute der Heiligen dürstet und blutige Verfolgungen veranlaßt (Joh. 3, 22). Darum ist die Farbe des Drachen, unter dem er vom Apokalyptiker dargestellt wird (Offenb. 12, 3), die rote, die Farbe des Zorns und Blutes (Joh. 3, 22). Er ist der Urheber der Sünde und des Todes geworden (Kor. 1, 15, 26; Hebr. 2, 14). Seine besonderen Attribute sind Lüge, Mord, Haß. Er ist der Urlügner, der nie in der Wahrheit steht, der von Beginn gesündigt hat und stets sündigt.

Die Macht und Wirksamkeit des Teufels zeigt sich im allgemeinen in dem Abfall der Welt von Gott (Offenb. 12, 9; 20, 10; Joh. 1, 5, 19), im besondern im Götzendienst (Kor. 1, 10, 20), im heidnischen Orakel und Wahrsagerwesen (Apostelg. 16, 16), wie auch im abtrünnigen oder widerspenstigen und christusfeindlichen Judentum (Joh. 8, 44), welches die *Die Synagoge* „Synagoge des Satans" genannt wird (Offenb. 2, 9); in der Verblendung gegen die Wahrheit *Satans* des Evangeliums (Kor. 2, 4, 4; Matth. 13, 19), der Feindschaft gegen Christi Lehre, in der Sittenverderbnis in der Welt (Ephes. 2, 3) . . .

Paulus und besonders Johannes modifizieren die Vorstellung vom Teufel, indem sie ihn als Fürsten und Gott dieser Welt hinstellen (Kor. 2, 4, 4), als das böse Prinzip, das die Welt beherrscht und der Wahrheit widerstrebt (Ephes. 2, 2). Die Welt als Inbegriff alles Unvollkommenen wird im Gegensatz zum Göttlichen gedacht, und wie die Guten Kinder Gottes sind, so erscheinen die Bösen als die Kinder des Teufels. Das Wesen dieser Welt setzen Johannes und Paulus in die sinnliche, vergängliche Lust (Joh. 2, 16; Ephes. 2, 31). In der Sinnlichkeit beruht auch das Wesen der Sünde und in dieser die Vergänglichkeit, das Nichtige, daher sie der „Treiberstachel des Todes" genannt wird (Kor. 1, 15, 56).

Wenn schon der Kampf, der im A. T. kein Analogon hat, an den Parsismus erinnert, so

126

noch mehr, wenn nach neutestamentlicher Anschauung der Teufel als O b e r h a u p t von
bösen Geistern auftritt, die ihm als seine Engel (Matth. 25, 41; Offenb. 12, 7. 9; Kor. 2, 12,
7) dienstbar sind, welche Vorstellung dem A. T. auch ganz fremd ist. Es scheint bei Paulus
sogar eine gewisse Rangordnung unter den bösen Geistern angenommen zu sein, wie sie unter
den guten Engeln gedacht wird (Ephes. 6, 12) und auch im A. T., namentlich bei Daniel
vorkommt, von dem aber der Satan unerwähnt bleibt. Die bösen Geister, deren Beherrscher
der Teufel ist, sind nicht nur Plagegeister, sondern auch ethisch versuchende Mächte, und ihr
Wirken zielt daher auch auf das Verderben der Christgläubigen. Mit ihrem Oberhaupt an der
Spitze kämpfen sie gegen die himmlischen Mächte. Die Untergebenen des Teufels bilden den
Gegensatz zu den Engeln Gottes (Matth. 28, 41; Offenb. 12, 7. 9; Kor. 12, 7), und wie diese
Mächte sind, durch die sich Gott offenbart, und die Auserwählten heißen, so sind jene ver-
worfene Organe der satanischen Macht. Die Dämonologie ist zwar weder im Alten noch im
Neuen Testament so ins einzelne ausgebildet zu finden wie die Angelologie; da aber die
bösen Geister mit ihrem Herrscher, dem Satan, ausdrücklich zum Gottesreich, also zu Gott
und seinen Engeln in Gegensatz gestellt werden, so ergibt sich wohl von selbst, daß jene
ihrem Wesen nach als die Kehrseite, als die umgekehrte Analogie gedacht wurden ...

Die Engel erscheinen in bestimmten Gestalten, als schöne Jünglinge (Mos. 1, 19, 5;
Math. 16, 5; 28, 2), selbst von ihren lichten, glänzenden Gewändern ist die Rede (Offenb. 4,
4; Joh. 40, 12; Matth. 28, 3). Über die Gestalt des Satans sowohl als seiner Untergebenen
schweigen die biblischen Schriftsteller, denn das visionäre Bild in der Offenbarung erlaubt
keine Vermutung, in welcher Form das Volksbewußtsein jener Zeit den Satan und seine
Helfershelfer gefaßt habe. (19, S. 199–204, gekürzt)

Roskoff beschäftigt sich im Kapitel „Der Teufel im Neuen Testament"
ausführlich mit dem Teufelsglauben zur Zeit der Entstehung des Neuen Testaments. Er stellt hierbei das messianische Sendungsbewußtsein Christi und die
Errichtung des Reiches Gottes auf Erden dem irdischen Reich Satans als wesentlichen Inhalt des Neuen Testaments gegenüber:

Während Jesus im Matthäus-Evangelium noch als jüdischer Messias gefaßt wird, ist er im
Lucas-Evangelium schon als Erlöser und Heiland der Menschen gedacht; als Gottes Sohn
ist er mit übermenschlicher Macht ausgerüstet und betätigt dieselbe namentlich in der Heilung
der Dämonischen (Exorzismus). Nach der synoptischen Christologie ist Christus alle Gewalt
gegeben im Himmel und auf Erden (Matth. 28, 18); zu seiner messianischen Würde gehört
ferner, daß in ihm die Macht des Todes aufgehoben wird, da er der Fürst des Lebens ist
(Apostelg. 3, 15). Gott hat ihn vom Tode auferweckt, weil er durch den Tod nicht überwältigt werden kann (Apostelg. 2, 23), und ist durch die Auferstehung über das Menschliche
erhöht. Wie durch Adam, den Einen Menschen, die Sünde und der Tod in die Welt gekommen, so ist, nach der paulinischen Fassung, durch Jesus Christus die Gnade Gottes den vielen
Menschen zuteil geworden (Röm. 5, 25). Der geistigen Natur Gottes angemessen ist es, sich
in seiner Lichtnatur zu spiegeln, und so wird auch Christus wesentlich als Geist und Licht
gefaßt. Christus ist nach der paulinischen Christologie dem physischen Menschen Adam
gegenüber der geistige, himmlische Mensch. Er ist unsündhaft, in ihm ist die sündige menschliche Natur aufgehoben ...

Dem messianischen oder göttlichen Reich gegenüber ist des Satans Reich und Tätigkeit
der gerade Gegensatz. Alle Hemmnisse, die der Messias bei der Stiftung und Ausbreitung
seines Reiches zu überwinden hat, machen den Inbegriff des satanischen Reiches aus. Dieses
ist die hervorgerufene verkehrte Spiegelung des messianischen Reiches, in düsteren Farben

und auf dunklem Grunde. Den verschiedenen Seiten des Messias entsprechen auch die verschiedenen Seiten des Satans, aber in umgekehrter Bedeutung. Ist Wahrheit und Licht auf der Seite des Messias, so ist Falschheit und Lüge, Täuschung und Finsternis auf der Seite des Satans. Dort ist Leben, hier Tod, dort Geist und ewiges Leben, hier Fleisch und Vergänglichkeit, dort Sündlosigkeit, hier Sünde, dort Heil, hier Unheil.

Wie die messianische Idee spezifisch biblisch und die Vorstellung vom messianischen Reich, von den an die alttestamentliche Anschauung sich anlehnenden neutestamentlichen Schriftstellern bis zur paulinischen weiter entwickelt, spezifisch neutestamentlich genannt werden muß, so ist auch der neutestamentliche Satan nach seiner physischen und ethischen Bedeutung eine spezifisch neutestamentliche Vorstellung, weil der neutestamentliche Satan und sein Reich das Korrelat zum Messias und seinem Reich bildet. Daraus erklärt es sich auch, warum im N. T. des Satans und seines Reiches so häufig Erwähnung geschieht, weil das Messiasreich der Hauptgegenstand des N. T. ist. (19, S. 210—211, gekürzt)

Ganz anders äußert sich der moderne katholische Exeget Haag in seinem Kapitel „Satan und das Böse im Neuen Testament" (1, S. 273—385). Er läßt keinen Zweifel daran, „daß der Teufels- und Dämonenglaube des palästinischen Judentums zur Zeit Jesu gerade in seinen wesentlichen Punkten nicht auf das Zeugnis des Alten Testaments zurückgeht, sondern von jenem späteren Denken abhängig ist, das nach jüdischer und christlicher Überzeugung keinen Anspruch auf Kanonizität erheben kann" (S. 273).

In seiner ausführlichen Untersuchung über die Stellung von Jesus zum Satan kommt Haag zu dem Resultat, daß „fast alle Stellen, die in den synoptischen Evangelien vom Satan handeln, sich bei genauerer Untersuchung als Gemeindebildung erweisen" (S. 317). Für Haag sind sie daher nicht als „Ausdruck von Jesu eigenem Satansverständnis" anzusehen.

Jesus wollte das menschliche Denken nicht auf die Gestalt des Satans lenken, sondern ihm den einen und einzigen Weg zeigen, auf dem alles Böse unter den Menschen überwunden werden kann. (S. 318)

In einem „Rückblick" versucht Haag die Frage zu beantworten, ob man Satan, abgesehen von seiner mythologischen Vorstellung, als personale geistige Macht verstehen muß oder nur als eine (konkret vorgestellte) Verkörperung des (abstrakten) Bösen, wie es im Handeln des Menschen in Erscheinung tritt. Nach seiner Ansicht führt die Frage „eher von den entscheidenden satanologischen und dämonologischen Aussagen des Neuen Testaments weg, als zu ihnen hin; denn Jesus wollte die Menschen durch sein Evangelium keineswegs dazu bringen, daß sie in ihrem Leben mit dem Satan rechnen" (S. 386).

Haags Untersuchung des Neuen Testaments und sein Verhältnis zur zeitgenössischen Satanologie, die ja bei den neutestamentlichen Schriftstellern und Apologeten weitaus häufiger benutzt wurde, als es anscheinend Jesus selbst getan hat, kommt zu dem von den Traditionalisten der katholischen Kirche stark angegriffenen Ergebnis, „daß der Teufelsglaube ein Anachronismus ist, und zwar nicht für den ‚aufgeklärten' Bürger des 20. Jahrhunderts, sondern gerade auch für den Christen" (S. 388). Wir werden auf diese These Haags noch im zweiten Band zurückkommen.

Die Deutung des Satan/Teufels als eines „gefallenen" Engels erfordert eine Beschäftigung mit der christlichen Angelologie, wie sie sich aus dem jüdischen Alten Testament und dem christlichen Neuen Testament entwickelt hat. Innerhalb der mittelalterlichen römisch-katholischen Kirche erlangte die Engellehre, deren himmlische Heerscharen von Anbeginn als Widerpart die „gefallenen" Engel besaßen, eine erhebliche Bedeutung im christlichen Lehrgebäude.

8.1.4.1
Der „gefallene"
Engel Satan

Im hebärischen Sprachgebrauch sind die Engel bene ha-elohim, „Einzelwesen der göttlichen Sphäre". Sie sind also wohl ursprünglich die Söhne (oder Töchter) von Göttern oder von Göttern gezeugte Wesen. Durch die starken monotheistischen Bestrebungen des Jahwismus wurden sie zu Wesen aus der Umgebung Jahwes abgewandelt, die zwar göttlichen Ursprungs, aber keine eigenständigen göttlichen Gestalten mehr waren. Sie umgeben Gott als eine „himmlische Versammlung". Nach Schärf schließt sich dieser „göttliche Aufteilungsprozeß" der Substanz des „innergöttlichen Umfangs" rein sprachlich nicht an den individuellen Gottesnamen Jahwe an, „sondern an den schon in seiner sprachlichen Form als ursprünglich pluralistischer Begriff noch erkennbaren Gottesnamen elohim."

Die bene
ha-elohim des
Alten Testaments
als Ursprung der
guten Engel und
bösen Teufel im
Neuen Testament

Die bene ha-elohim bilden in ihrer gleichartigen Vielheit das „Heer des Himmels" seba hassamaim ... Daß dahinter wohl alte Gestirnsgottheiten gestanden haben, geht aus mehreren Stellen hervor, wo von Sonne, Mond und Sternen als dem Seba has-samaim gesprochen wird, das anzubeten der Mensch sich nicht verführen lassen soll (Deut. 4, 19; 17, 3; 2. Kor. 17, 16; 21, 3. 5; Zeph. 1, 5; Jerem. 8, 2; His. 31, 26–28).

Im Zusammenhang mit dem Gottesnamen Jahwe seba'ot hat das seba has-samaim zu einer Diskussion Anlaß gegeben ... In einer gründlichen Studie geht G. Westphal (unter dem Titel seba has-samaim, in: Orientalische Studien II, Festschrift für Th. Nöldeke, S. 719–728) dem Problem nach. Er kommt zum Schluß, daß es sich ursprünglich um ein himmlisches Kriegsheer handelt, das Jahwes Kriege mitkämpft, entsprechend etwa dem „wilden Heer" der deutschen Märchen ... Von diesem himmlischen Kriegsheer hat Jahwe seinen Namen Jahwe seba'ot ... Ein schwacher Punkt seiner Beweisführung liegt vor allem darin, daß er für die übrigen, nicht kriegerischen Funktionen des seba has-samaim keine befriedigende Erklärung weiß: „Dieser zweifellos in der Periode der Eroberungen entstandene Ausdruck wurde dann den jeweiligen Vorstellungen von der Aufgabe und Tätigkeit der ‚himmlischen Heerscharen' angepaßt, so hat das seba has-samaim in 1. Kor. 22, 19ff. eine beratende Tätigkeit, später erhielt es die Aufgabe beständigen Lobpreises Jahwes, so Ps. 48, 2; 103, 20ff. Als dann unter Manasse der babylonisch-assyrische Gestirnsdienst in Juda und Jerusalem eindrang, fand man den alten, an sich ziemlich gegenstandlos gewordene Ausdruck für geeignet zur Bezeichnung dieses neuen Kultobjektes." Gerade letzteres scheint mir aber völlig unwahrscheinlich. Westphal geht nicht genug auf die enge Verbindung der seba-hassamaim-Vorstellung mit derjenigen der bene ha-elohim ein. Er wird auch dem durchaus überwiegenden Gebrauch von seba has-samaim für die Gestirne nicht gerecht. Sein Hinweis darauf, daß das himmlische Heer ursprünglich aus meteorologischen Mächten hervorgegangen sei, die Sterne als Hilfstruppen des Gewittergottes Jahwe erscheinen ... reicht keineswegs aus. Die vielen Stellen, die von der Anbetung der Gestirne sprechen, zeigen deutlich, daß es sich um die Vorstellung von den Gestirnen als Götter handelte ...

Historisch ist der Prozeß wohl so zu denken, daß die Gottgestalt Jahwe eine Vielheit alter Gottheiten, eben all die hypostasierten Naturkräfte, in sich aufnahm. Nach diesem ursprünglichen Einschmelzungsprozeß bilden diese Gottwesen aber Elemente einer neuen Struktur und bekommen darin ihren Ort. Die historische Prägung, die einem alten Bezugssystem entstammt, erhält im neuen Bezugssystem eine neue Färbung oder erfährt eine völlige Umprägung ...

So werden die aus dem pluralistischen Gottesbegriff elohim „entstandenen" bene ha-elohim nach dem Einschmelzungsprozeß zu Wesensseiten Jahwes. Die Bedeutung ihres Namens darf daher für diese neue Stufe nicht überwertet werden. Sie sind nicht mehr eine Vielfalt nebeneinanderstehender Naturgewalten, sondern die Naturgewalt in Jahwe, gewissermaßen sein Aspekt der schöpferischen, aber auch zerstörerischen Natur. Noch deutlicher als das „Heer des Himmels", dessen urtümlich mythologischer Charakter nicht weiter bildhaft umrissen ist, geht dies aus andern Beispielen hervor. So sind die Seraphim, die in der Theophanie Jesajas den göttlichen Thron umgeben, entsprechend den bene ha-elohim der erwähnten Stellen, noch als ausgesprochen mythologische Tiergottheiten zu erkennen.

Ihr Ursprung ist bisher noch nicht mit Sicherheit festgestellt worden. Man neigt aber allgemein zur Annahme, daß es sich um schlangenartige Fabeltiere handelte, worauf der Name sarf deutet, der vielleicht auf den brennenden Biß des Tieres hinweist. Eine zwingende Analogie bilden aber auch die nehasim has-serafim, die Sarafen der Wüste, wo von der geflügelten Schlange die Rede ist (Nu. 21, 4—6; Jes. 30, 6) ...

So sind Seraphim und Kerubim ein besonders deutliches Beispiel der zu Wesensseiten Jahwes gewordenen alten Naturgottheiten ... Nun treten aber auch die bene ha-elohim als Boten auf. So bekommt in der Vision des Micha ben Jimla der „Geist" ja den Auftrag, Ahab zu betören, und auch der Satan des Hiob-Buches hat eine Botenfunktion. Aber gerade an diesen Beispielen wird ein wesentlicher Unterschied sichtbar, der uns wieder auf unsere Hauptspur, den Satan als einen der bene ha-elohim zurückführt ... Er erscheint wie ein personifizierter böser Einfall Gottes. Die dunkle, dämonische Seite in Gott fängt an, aus der ambivalenten Vermischtheit mit seiner Lichtseite herauszutreten, sich als ein distinkter dunkler „Geist" zu zeigen. Es ist aber erst ein Konflikt im „Heer des Himmels", d. h. zwischen seinen Wesensseiten, nicht ein solcher zwischen ihm als Bewußtsein und einer einzelnen Tendenz um ihn. Diese weitere Stufe ist erst in der Satansvorstellung des Hiob-Buches erreicht ...

Nicht als distinkter, von Gott selbst sich abhebender Wille, wohl aber als eigenmächtig durch ein Tun, das nicht von Gott befohlen, sondern sogar gegen seinen Willen geschieht, erscheinen die bene ha-elohim in der fragmentarischen Erzählung von Gen. 6, 1—4. Sie sahen, „daß die Töchter der Menschen schön waren, und sie nahmen sie sich zu Weibern, welche sie nur wollten." Sie stellten also eine selbständige Zielstrebung dar. Sie folgen einem Gelüste, einem Drang zum Menschen hin. Gewissermaßen hinter Gottes Rücken verbinden sie sich mit den Menschen ...

Es wurde oft darauf hingewiesen, es liege eine Unlogik darin, daß Gott nicht, wie zu erwarten wäre, die Engel bestrafe, sondern die Menschen, indem er diesen die Lebensdauer verkürzt. Vom inneren Zusammenhang her erscheint es mir aber durchaus folgerichtig: eine Seite in Gott will sich dem Menschen einen, eine andere aber will dies durchaus nicht, weil dem Menschen dadurch Gott gleich würde ... Es ist dieselbe Problematik wie in Gen. 3, 1, wo eine Seite Gottes, nämlich die dunkle Schlange, die Menschen verführen will, daß sie wie

Gott sein werden und wissen, was gut und böse ist, die andere aber sie gerade um dessentwillen aus dem Paradiese vertreibt. Die Schlange ist schon sehr früh, aus einer richtigen Intuition heraus, mit dem Satan identifiziert worden (Weisheit Salomonis 2, 24). Denn indirekte Hinweise dafür ergeben sich aus den alttestamentlichen Satanstellen durchaus. Ein solch indirekter Zusammenhang ist gerade der zwischen Gen. 3 und Gen. 6, 1—4. Aus ihm ergibt sich auch der weitere von Gen. 3 mit dem Satan des Hiob-Buches, der ja auch einer der bene ha-elohim ist. Der Satan ist wie die Schlange im Paradies und die bene ha-elohim in Gen. 6, 1ff. darauf aus, die Beziehung des Menschen zu Gott zu verändern. Gott selbst arbeitet im Alten Testament durch seine dunkle Seite am Menschen als „die Kraft, die stets das Böse will und stets das Gute schafft." Denn obwohl in der Paradiesesgeschichte es der Sündenfall katexochen ist, ist Gott gerade auf diese Sünde des Menschen, zu wissen, was gut und böse ist, ja dann in der Folge für seine Heilszwecke angewiesen. Im Hiob-Volksbuch vermag der Satan den Menschen Hiob nicht direkt zu der geplanten Sünde zu verführen, aber in der Hiobdichtung wird Hiob doch bis tief in die ans Blasphemische grenzende Auflehnung gegen Gott hineingerissen — dies übrigens ein weiterer Umstand, neben den bereits erwähnten, der die theologische Zusammengehörigkeit von Satanfigur im Volksbuch und dem Hiob der Dichtung zeigt. Hiobs Frau stellt übrigens den Teil in ihm dar, der dem Satan verfällt. Sie redet die Worte zu Hiob, die genau den geheimen Intentionen des Satans entsprechen: „Fluche Gott und stirb." Auch dies ergibt eine auffallende Parallele zur Schlange und Eva in der Paradiesesgeschichte . . .

Überblicken wir dies alles in Hinsicht auf die Wesensbestimmung der bene ha-elohim, so ergibt sich uns als hervorstechendes Merkmal ihre Zugehörigkeit zu Gott im positiven wie negativen Sinne. Sie gehören zu seinem vollen Wesen, sie bilden seinen Hofstaat. Der Keim eines eigenen Willens ist ihnen aber sichtbar, der alte „Nähte" auflöst und erkennen läßt, daß diese Einheit bereits aus eigener Vielheit entstanden war resp. hinter der Eigenwilligkeit der bene ha-elohim der bezwungene Wille alter Götter wieder lebendig wird . . . In unserem Zusammenhang wesentlich ist, daß die rebellierenden Sterngottheiten eines alten Mythos im Alten Testament zu — eigenwilligen — Wesenheiten der einen Gottpersönlichkeit Jahwe geworden sind. Als einer der bene ha-elohim ist der alttestamentliche Satan mit dem mythologischen Hintergrund dieser Stellen verbunden. Es ist daher wohl nicht zuviel gesagt, wenn man in ihnen die wirklichen Keimzellen der späteren Vorstellung vom Satan als gefallener Luzifer sieht. Das „Luziferische" ist, wie aus allem bisher Angeführten schon fühlbar geworden sein mag, im Wesen des alttestamentlichen Satans schon angelegt. (19, S. 251—274, gekürzt)

Auf einen kurzen Nenner gebracht, will Schärf hier den Nachweis erbringen, daß das personifizierte Böse, repräsentiert durch Satan, letztlich nur eine der vielen Wesenheiten des allumfassenden Gottes ist, die im Laufe der Zeit sich verselbständlicht hat.

Die Kirchenväter der ersten drei Jahrhunderte unserer Zeitrechnung, wie Justinus Martyr (2. Jh.), Athenagoras (2. Jh.), Tatian (2. Jh.), Marcus Minucius Felix (2.—3. Jh.), Quintus Septimus Florens Tertullian (um 150—230) und Irenäus (um 115—202) schlossen sich in ihren Lehren weitgehend der biblischen Lehre von den Dämonen an, die nach der Genesis und dem apokryphen Buch Henoch Sprößlinge der Töchter der Menschen und der gefallenen Engel waren. Im Streit zwischen den Kirchenlehrern und den damals bedeutenden

Gnostikern wurde die christliche Erlösungslehre immer mehr dogmatisiert. Besonders Irenäus führte den Teufel in die kirchliche Dogmatik ein. Nach Athenagoras war der Teufel entgegen der Ansicht der meisten Gnostiker von Gott gleich den übrigen Engeln geschaffen worden. Ihm wie jedem anderen Engel stand es nach eigenem Willen frei, gut oder böse zu sein. Satan war durch eigene Schuld böse geworden. Hierin stimmten fast alle christlichen Kirchenlehrer überein. Unterschiedlich war die Beurteilung der Kirchenväter, warum der Satan/Teufel aus der himmlischen guten Welt verstoßen worden war. Origenes sah seine Hauptsünde im Hochmut und in der Anmaßung gegenüber Gott. Irenäus, Tertullian und Caecilius Cyprian (3. Jh.) sahen den Grund im Neid, während Methodius (3. Jh.) beide Gründe zu verbinden suchte. Caecilius Firmianus Lactantius (um 300) glaubte, daß der Teufel aus Verdruß über den Vorrang des ersten Geistes, also aus Neid um das Ebenbild Gottes im Menschen, aufrührerisch wurde. Nach Theophilus (2. Jh.) wurde der Neid des Teufels durch Adam und Eva angeregt, der aus diesem Grunde deren Sohn Kain zum Brudermord an Abel aufstachelte. Dadurch wurde der Teufel gleichzeitig zum Urheber des Todes des Menschen.

Titus Flavius Clemens Alexandrinus (2. Jh.) sah den Fall der Engel in ihrer Lüsternheit. Aus ihrer geschlechtlichen Verbindung mit den Menschenfrauen, die für einen Himmlischen unwürdig sei, wären sie zu Genossen des Teufels geworden. Sie bilden in der Klasseneinteilung der Teufel die Unzucht- oder Buhlteufel, die in der Welt herumschwärmen und die Menschen ins Unglück treiben, vor allem ihre Sinnlichkeit antreiben und sie zu „Wollust" und „Unzucht" verführen.

Diese Dämonen unter der Herrschaft des Teufel/Satans suchen nach Clemens Alexandrinus unter den Menschen ständig ihre Macht zu erweitern. Der wahre Christ ist aber vor den Verstrickungen des Teufels und seiner Heerscharen geschützt, da diese vor der Kraft des durch die Sakramente der Kirche erhaltenen göttlichen Charakters weichen müssen. Daher suchen sie, da sie dem wahren Christen nichts anhaben können, ihn auf äußere Weise zu schädigen, indem sie Unwetter, Dürren, die verschiedensten Katastrophen und Krankheiten über Mensch und Tier verbreiten. Um diese Maßnahmen mit größerem Erfolg durchführen zu können, vermitteln die Dämonen gerne ihre bösen Künste gottlosen Frauen, die diese dann zum Schaden der Christenheit als Dienerinnen des Teufels ausführen.

Augustinus und die Dämonenwelt

Der lateinische Kirchenvater Aurelius Augustinus (354–430), ursprünglich Gnostiker und Dualist, lehrte, daß von Ewigkeit an zwei einander gegenübergestellte (polare), sich bekämpfende Reiche bestünden, die Civitas Dei und die Civitas Diaboli. In seinen dualistischen Staaten gehörten zum ersteren neben Gott die Engel und guten Menschen, während im zweiten der Teufel mit seinen Dämonen, den Zauberern und bösen Menschen, lebte. Zur Civitas Diaboli gehöre auch das römische Weltreich, das allerdings durch die christliche Kirche besiegt würde. Augustinus kannte auch die magische Verwandlung von Mensch zu Tier und umgekehrt, ebenso den „bösen Blick" des magischen Menschen, wie die Bezauberung der Feldfrüchte und die Wettermacherei. Die bei den Galliern Dusii genannten Faune oder Walddämonen seien „Incubi", die mit den Frauen Unzucht trieben.

Nachdem das Christentum Staatsreligion geworden war, wurde durch eine strenge Gesetzgebung die Zauberei verdammt. Kaiser Konstantin (um 280/306 bis 337) ließ bereits die Haruspices, die Zauberer, meist aber Zauberinnen, lebendig verbrennen und ihren Besitz konfiszieren. Dieser Brauch, der durch das ganze Mittelalter üblich war, ließ auch im christlichen Abendland, auf Andersdenkende angewandt, die Leidtragenden Hölle und Fegefeuer schon auf dieser Welt verspüren.

Soldan—Heppe—Bauer fassen die christliche Dämonenlehre der ersten drei Jahrhunderte wie folgt zusammen:

Die Dämonen wohnen im dichteren Dunstkreise der Erde. Da sie Leiber besitzen, so bedürfen sie auch der Nahrung, die sie aus dem Qualm der heidnischen Opfer einsaugen. Ihre Körperlichkeit ist aber unvergleichlich feiner und dünner als die der Menschen, wodurch es ihnen möglich wird, in den Geist wie in den Leib des Menschen einzudringen. Nach Tatian sind die Dämonenleiber luft- und feuerartig. Nach Tertullian ist der Dämon wie jeder Geist gewissermaßen ein Vogel und mit einer solchen Schnelligkeit der Bewegung begabt, daß er in jedem Augenblick an jedwedem Ort sein kann. Diese gar nicht vorstellbare Schnelligkeit in der Bewegung der Dämonen ist auch eine der Ursachen gewesen, weshalb die Völker ihnen den Charakter der Göttlichkeit beilegten.

An Macht und Wissen sind die Dämonen den Menschen unendlich überlegen, woraus Tatian folgert, daß sie nicht, wie Josephus annahm, für Seelen verstorbener böser Menschen zu halten wären. Origenes meint, die Dämonen wüßten vieles Zukünftige aus der Bewegung der Gestirne; Tertullian nimmt an, daß sie ihr außerordentliches Wissen de incolatu aeris et de vicinia siderum et de commercio nubium hätten ...

Für alle Kirchenlehrer der ersten drei Jahrhunderte steht ganz unzweifelhaft fest, daß die Götter der Griechen und Römer nichts anderes als Dämonen waren, daß sie es gewesen sind, die als vermeintliche Gottheiten sich mit Weibern vermischt haben, daß die Namen der heidnischen Götter dieselben Namen sind, die sie sich selbst beigelegt haben, und daß sie daher als die eigentlichen Urheber des Heidentums mit seiner Mythologie und seinem Kultus gelten müssen. Die Dämonen sind es gewesen, die zur Begründung des abgöttischen Glaubens an ihre vermeintliche Gottheit scheinbare Wunder taten, die ihre Stimme aus den Orakeln ertönen ließen, die bei den Augurien in Vögel und andere Tiere eindrangen, die in den Tempelstatuen sich verbargen und sich einen Kultus darbringen ließen, und die die Menschen zur Astrologie und Magie verführten.

Der Teufel und dessen Dämonen sind unablässig bemüht, ihr Reich zu erweitern, indem sie die ihnen zugänglichen Menschen in ihre eigene Gottlosigkeit und Verdammnis zu verstricken suchen. Doch ist ihnen dieses nur bei denjenigen möglich, die gottlos leben und um ihr Seelenheil unbekümmert sind, die sie daher namentlich durch Träume und Trugbilder zu betören und an sich zu locken suchen ...

Die Christen freilich sind gegen die Anläufe des Satans und der Dämonen ein- für allemal sichergestellt. Vor ihnen müssen sie weichen, aber gerade darum ist die Bosheit des Dämonen-reiches vor allem gegen die Christen und gegen die Kirche gerichtet . . .

Ihre Wirksamkeit üben sie in allen unheilbringenden Naturphänomenen aus. Sie verursachen Mißwachs, Dürre, Pest und andere Krankheit, dringen in reißende Tiere ein, durch die sie Schaden stiften, während sie die dem Menschen nützlichen Tiere zugrunde richten, und schleichen sich selbst in die Gedanken des Menschen, um diese zu verwirren, von Gott abzulenken und daraus für den von ihnen abgefallenen Menschen wie für andere Unheil anzurichten. Um ihre heillosen Anschläge zur Ausführung zu bringen, teilen sie ihre geheimen Kenntnisse gern gottlosen Weibern mit. (21, I, S. 72—74, gekürzt)

8.1.6
Vorläufer des Teufels im germanischen Kulturraum

Im germanischen vorchristlichen Kulturraum war die Gestalt eines Satan/ Luzifer/Teufels, wie er sich im jüdisch-christlichen Kulturgebiet des nördlichen Mittelmeeres und darüber hinaus entwickelte, zunächst unbekannt.

Die germanische Mythologie unterschied zwischen guten und bösen Dämonen. Zu den ältesten dämonischen Urriesen, die in etwa den Titanen der vorgriechischen Götterwelt entsprachen und keine Asen, also keine echten

8.1.6.1
Forniotr

Götter waren, gehörte Forniotr, eine Art Naturdämon und Halbgott. Über seinen anscheinend vorwiegend negativen Charakter wissen wir sehr wenig. Offensichtlich war er ein Elementargeist, denn nach der altnordischen Sage, der Edda, waren seine drei Söhne Kari, „der über die Winde herrschte", Hlêr, der Gott des Wassers, und Logi, der Gott des Feuers.

Der germanische Forniotr identisch mit dem lateinischen Forneus?

Forniotr scheint wohl mit dem später in der Zauberliteratur verballhornten, vielleicht latinisierten, Forneus identisch zu sein, den der Agrippa-Schüler und Satanologe Johannes Wierus (Weier, Wier, Weyer, 1515—1588) zuerst in seinem Liber apologeticus de Pseudo-Monarchia Daemonum (in einem Sammelband bei Oporin Nachf. 1577 in Basel erschienen) als einen der höllischen Geister aufführt. Über Forneus heißt es:

Forneus, magnus marchio, similis monstro marino, reddit hominem in Rhetoricis admirabilem, optima fama et linguarum peritia ornat, tam amicis quam inimicis gratum facit. Subsunt huic 29 legiones ex ordine partim Thronorum partim Angelorum.

In deutscher Übersetzung:

Forneus, ein großer Markgraf, ähnlich einem Meeresungeheuer, macht er den Menschen in der Rhetorik bewundernswert, schmückt ihn mit dem besten Ruf und hervorragenden Sprachkenntnissen, macht ihn Freunden und Feinden angenehm. Ihm unterstehen 29 Legionen, teils aus der Gruppe (Ordnung) der Herrschenden (Throne), teils (aus der Gruppe) der Engel.

Dieser Forneus erscheint später in dem anonymen

Doctor Faust's großer und gewaltiger Meergeist worinn Lucifer und drey Meergeister um Schätze aus den Gewässern zu holen beschworen werden. Amsterdam, bey Holbeck Böcker Verkäuffer in dem Kohlsteg, Anno 1692. (Eine Neuausgabe erschien als Moonchild-Edition 1 bei Mannfred Ach—Friedrich-W. Haack, München 1976)

Hier tritt Forneus zusammen mit zwei anderen Meergeistern, Vepar und Zaleus, auf, „die alle mit vielen Millionen Geistern in ungeheuern Bildern, schwarz, deren Haare Schlangen sind und deren Zunge das Feuer ist, schrecklich anzusehen, herfürwimmeln."

134

Über Forneus erfahren wir:

Welch ein Brausen auf dem Meere oder im Wasser; welch ein Donnern und Blitzen in der Lufft, und welch ein Heulen und Wehklagen der Meerwunder, und der Thiere im Wasser höret man nicht da! Denn auch diese erzittern über die Befolgsamkeit der höllischen Geister, die wie der Blitz von ihrem Obristen ausfaren. Die ganze Reise währet drey Minuten. Alsdann kommt der Forneus in einer schönen Gestalt auf einem feuerglühenden Phaeton, der von dem Cerberus gezogen wird, dahergejaget. Er kommt, und sein furmann Furfur zügelt den Cerberus, der vor Grimm sich zur Größe eines Elephanten aufblähet und vor dem Throne Lucifers Halt macht. Und Amaymon, abgeordnet vom Lucifer, redet ihn also an: „Befolgsamer Diener des Beelzebub, unsers Obristen, komst du mit Güthern aus dem Reiche der Wasser vor unsern Herrn bestimt, zurick? Das ist recht. Du solst auch mit einer hehern Charge heimgehen an deinem Ort. Lucifer declarirt dich durch meinen Mund zum Oberschazmeister aller Meerkleinodien und verordnet dir 29 Legionen weiser Geister mit Mohrenköpfen. Komme nun vor dem Schemel unseres gebiters. Uiber antworte ihm deine hergebrachten Güther. Er wird dir hold seyn und dich seinen geliebten Oberschazmeister nennen; ein Titel, den du dir durch die Befolgsamkeit seiner Gesetze erworben hast."

Es folgt ein Gespräch zwischen Forneus und Luzifer, der zusammen mit Amaymon die Kleidung persischer Kaufleute trägt. Vier Exorzisten versuchen durch deutsche, griechische, hebräische und russische Beschwörungen, dem Teufel die Schätze zu entlocken. Der Meister der Beschwörer ist blau, seine Gesellen schwarz, weiß und rot gekleidet. Ihre Beschwörung nehmen sie in einem magischen Kreis, welcher aus Galgenketten und Radnägeln gefertigt ist, auf einer Triangel stehend vor.

Forniotr/Forneus war ein frühgermanischer Elementar-(Wasser-)Geist, der im Laufe der christlichen Dämonisierung vorchristlicher Götter und Dämonen zu einem Unhold im teuflischen Herr des Satan/Luzifers wurde.

Doch am nächsten der Gestalt des christlichen Teufels steht sein Sohn 8.1.6.2 Logi oder Loki, deren beider Wesen verschmelzen. Jacob Grimm beschreibt ihn: *Logi/Loki* Logi (und seine zwei Brüder Hlêr und Kari) scheinen Wasser, Feuer, Luft elementarisch darzustellen. Nun stehen in einer merkwürdigen Erzählung Logi und Loki sich zur Seite, ein Wesen aus dem Kreise der Riesen dem Genossen und Gesellschafter der Götter. Das ist gewiß nicht bloßes Wortspiel, beide bezeichnen ein und dasselbe nach verschiedener Auffassung. Logi die Naturkraft des Feuers, das im Laut fortgeschobene Loki zugleich eine Verschiebung des Begriffs: aus dem plumpen Riesen ist ein schlauer, verführerischer Bösewicht geworden. Man darf beide dem Prometheus und Hephaistos der Griechen an die Seite setzen, Okeanos war jenem verwandt und befreundet. Doch beide mengen sich. In Loki, von dem das Übel ausgeht, erscheint auch der riesige Teufel, der die Götter, wie Hephaistos, zum Lachen aufregt, dessen Hinken an Hephaistos und die lahme Flamme, dessen Fesselung an Prometheus gemahnt. Loki wird gleich seinem Sohne Fenrir in Fesseln gelegt. Wie Hephaistos das Netz für Ares und Aphrodite schmiedet, bereitet auch Loki ein Netz, worin er selbst gefangen wird. Zumal vorstechend ist die Analogie, daß Hephaistos durch Zeus vom Olymp herabgestürzt wird, wie der böse Feind durch Gott aus dem Himmel in die Hölle, obgleich die Edda von Loki weder einen solchen Sturz berichtet, noch ihn als künstlichen Schmied und Meister der Zwerge darstellt. Wahrscheinlich gab es von Loki und Logi viel reichere Sagen . . .

Lokis frühere Gemeinschaft mit Odin … Hönir (und) Lodr (entsprechen der Göttertrias) Hlêr, Logi, Kari … Von dem schaffenden (schöpfenden) Odin geht Atem und Geist aus, von Lodr, dem lodernden Feuer, Blut und Farbe, dunkler würde ein Bezug des Sinn verleihenden Hönir auf das Wasser bleiben. Dieser Hönir gehört zu den schwierigsten Erscheinungen der nordischen Mythologie und er ist in Deutschland spurlos verschollen. Aber auch der Feuergott, der nach jener Abstufung entweder gothisch Laúha, althochdeutsch Loho oder gothisch Luka, althochdeutsch Locho heißen müßte, scheint mit Verlust des Namens ganz in dem Wesen des späteren Teufels aufgegangen … Auf solcher Identität zwischen Logi und Loki beruht eine andere noch nachzuweisende Spur des nordischen Dämons bei den übrigen deutschen Stämmen. Wenn Logi von liuhan (lucere) stammt, wäre Loki scheinbar zu der Wurzel lukan (claudere) übergetreten, lok bedeutet altnordisch finis, consummatio, loka repagulum, weil der Riegel schließt. Im Beowulf tritt ein feindseliger, teuflischer Geist auf namens Grendel und seine Mutter (Grendeles môdor) als wahrhafte Teufelsmutter und Riesenmutter …

Loki aus Utgarda

Außer dem asischen Loki stellt uns Snorri in der Edda noch einen andern Utgardaloki als König auf, dessen Künste und Macht sogar den göttlichen Thôr täuschen, und dessen Hausgenosse es eben war, der sich selbst jenem Loki überlegen zeigte. Von diesem Utgarthilocus berichtet Saxo, der in seinem ganzen Werk des eddischen Loki mit keinem Worte erwähnt, wunderbare Dinge: er schildert ihn als riesenhaftes in entlegenem Lande wohnendes, halbgöttliches Ungeheuer, das im Sturm gleich andern Göttern angerufen werde und Hilfe leiste. Ein mutiger Held, namens Thorkill, besteht die abenteuerliche Fahrt zu Utgarthilocus. Das alles ist nichts als fabelhafte Veränderung des Besuchs, den nach Snorri Thôr bei Utgardaloki abstattet.

Utgarda identisch mit Agarthi?

Utgarda oder Utgarthi ist sicherlich identisch mit dem legendenumwobenen zentralasiatischen Agharti oder Agarthi (Agarttha), das wohl zuerst Joseph Alexandre Saint-Yves d'Alveydre (1842–1909) und dann Karl Haushofer (1869–1946) nach orientalischen Überlieferungen beschrieben haben.

Hervorzuheben bleibt, daß Thorkill dem Utgarthilocus eins seiner großen speerähnlichen Haare rauft und mit nach Hause bringt. Utgardar sind die äußersten Grenzen der bewohnten Welt, wohin das Altertum die Stätte der Riesen und Ungeheuer, die Hölle versetze …
Loki, zur Strafe seiner Untaten, wird gleich dem gütigen Prometheus, der den Menschen die Flamme zugeführt hatte, in Fesseln gelegt, aus denen er aber am Weltende wieder frei werden soll. Eins seiner Kinder, Fenrir, d. h. er selbst in der Wiedergeburt, verfolgt in Wolfsgestalt den Mond und droht ihn zu verschlingen … Sonnen- oder Mondfinsternisse waren vielen heidnischen Völkern schauerlich. Die eintretende und wachsende Verdunkelung der leuchtenden Kugel schien ihnen der Zeitpunkt, wo sie der gaffende Rachen des Wolfs zu verschlingen drohe, und man glaubte durch lautes Geschrei dem Monde Hilfe zu leisten. Dieses Losbrechen des Wolfs und die dereinstige Erledigung Lokis aus seinen Banden, der zur Zeit des Ragnaröckurs die Götter bekämpfen und überwinden wird, stimmt auffallend zu der Lösung des gefesselten Prometheus, durch welchen alsdann Zeus gestürzt werden soll … Durch die Zuckungen des gefesselten Loki entsteht das Erdbeben, gerade wie bei Prometheus … (30, Bd. 1, S. 199–204, gekürzt und auf unsere Schreibweise umgestellt)

Wir können aufgrund der historischen Tatbestände feststellen, daß die altnordisch-germanische Mythologie relativ wenig zur Bildung der christlichen Gestalt des Teufels beigetragen hat. Der Teufel/Satan in Mittel- und Nordeuropa ist daher auch weitgehend aus dem mediterranen Kulturraum übernommen worden.

Die Vorstellungen über die äußere Gestalt der gefallenen Engel, des Teufels und seiner Unterteufel, sind, ähnlich wie für die himmlischen Heerscharen, etwas verworren und unterschiedlich. Sie haben zwar einen „böseren" Leib als jene, sie sind jedoch „feiner" als die Leiber der Menschen. Es ist eine Art „Astralleib": eine Vorstellung, die wir durch die Jahrhunderte bis in unsere Zeit bei den Spiritisten fortgesetzt finden. Nach Tatian bestehen die Dämonenleiber aus Luft oder Feuer. Ohne Körper sind die Dämonen nach Theodoretos (um 390–458), sie sind daher auch für keine Strafe empfänglich. Sie heißen „unkörperlich" im Gegensatz zu den geistigen Leibern der Seligen. Wo eine Leiblichkeit der Dämonen vorgestellt wird, bedürfen sie der Nahrung. So saugen sie, z. B. bei Origenes, den Dampf der Weihrauchopfer ein. Ihren Wohnsitz haben sie in der Sphäre unter dem Mond. Da die Körperlichkeit nach Origenes „luftartig" ist, wird es den Dämonen möglich, in die Menschen einzudringen und sie besessen zu machen, eine Vorstellung, die ebenfalls älteren antiken Vorbildern entspricht. Sie führte die Tradition vom Succubus und Incubus durch die Jahrhunderte bis in unsere Zeit fort. Infolge ihrer langen Übung verstünden es die Dämonen, die Zukunft aus den Bewegungen und Konstellationen der Gestirne herauszulesen. Diese Annahme ist in den mittelalterlichen Faustbüchern fortgeführt worden. Die Bösartigkeit der kleinen Teufel gegenüber den Menschen haben wir bereits im Dämonenglauben früherer Kulturen kennengelernt. Ihre Positionen und ihre speziellen Aufgabenbereiche wurden in der Dämonologie ausgebaut. Selbstverständlich wurde auch die „Schwarze Magie" mit Hilfe des Teufels und seiner Trabanten ausgeübt.

8.2
Vorstellungen über die äußere Gestalt der Dämonen

Die Tradition der Vorstellung vom Succubus und Incubus

Wie in der christlichen Kirche die Rede von einem Alten und Neuen Bunde und dessen Mysterien geläufig war, so wurde diese Vorstellung auch auf das Verhältnis der Ketzer zu dem Teufel übertragen. Tertullian weiß schon, daß der Teufel beim Götzendienst die Sakramente nachahme, seine Gläubigen und Getreuen taufe und seine Krieger auf der Stirne zeichne. Die Ketzer, von den Kirchenvätern als Kinder, Diener und Krieger des Satans betrachtet, wurden mit den Götzendienern auf gleiche Linie gestellt. Man fand den Grund der Ketzerei und des Heidentums im gegnerischen Willen und erklärte beide als Eingebung des Teufels, der darüber ergrimmt sei, daß seinem Reiche durch die christliche Religion Abbruch geschehe und daher sich zu rächen suche. Aus demselben Grund müssen diejenigen, die sich einer asketischen Lebensweise gewidmet, um eine gottgefällige Heiligkeit, somit eine höhere Stufe christlicher Vollkommenheit zu erlangen, dem Teufel ein ganz besonderer Greuel sein. Schon in den ersten christlichen Jahrhunderten hatte der Glaube, durch Enthaltsamkeit, überhaupt durch Unterdrückung sinnlicher Triebe mit Gott in nähere Verbindung treten zu können, große Verbreitung gewonnen, und Athenagoras spricht von einer Menge von Männern und Frauen, welche diesem Glauben gemäß leben. Es ist begreiflich, daß der Teufel auf solche Personen seine besondere Aufmerksamkeit wirft und sie zum Gegenstand seiner Versuchungen und Neckereien besonders gern wählt ... (16, S. 236)

Von einigen Kirchenvätern wurden die Dämonen und Teufelchen nach verschiedenen menschlichen Lastern unterteilt. Jedes Laster erhielt einen besonderen Dämon zugeordnet. Sogar der Geschlechtstrieb wurde vom Teufel abgeleitet und als lasterhaft angesehen. Dieser Auffassung widersprach aber z. B. Origenes. Durch Freß- und Sauflust der Menschen würden die Wollust und Unsittlichkeit angeregt und damit gesündigt. Auch hierfür wurde ein Dämon verantwortlich gemacht. Man machte sich das „Sündigen" sehr leicht, indem man es einfach einem bösen Dämon in die Schuhe schob.

<table>
<tr><td>8.3
Abwehrzauber</td><td>In der antiken Welt wurden zahlreiche Formen eines Abwehrzaubers aus prähistorischen Zeiten übernommen, die teilweise durch Volksbräuche, aber auch durch das Christentum selbst in das mittelalterliche Abendland gelangten. Wir kennen alle die vielfach noch gebräuchliche Abwehr des Menschen vor ihm unheimlich erscheinenden Erscheinungen und Ereignissen durch Amulette, Gebete, Kreuzschlagen und eine innige Gläubigkeit, die allerdings oft mit einer Einfältigkeit einhergeht.</td></tr>
</table>

Seit alters gab es bestimmte Medien, die zur Dämonenabwehr besonders geeignet waren. Hierzu gehörte das Blut, das in verschiedenen Ritualen mit unterschiedlicher Bedeutung angewandt wurde (vgl. 8. 9. 1. 1); das Wasser, das besonders in Form der Waschung als Reinigungsritus eine Rolle spielte; Tieropfer und teilweise Menschenopfer, wie wir sie bei der Anthropophagie kennen (8. 9. 1); die magischen Kräfte von Pflanzen ebenso wie die von bestimmten Bildwerken. Farben, wie Blau und Rot, wurden zur Dämonenabwehr benutzt, auch Glocken, Schellen, Knarren usw. waren Gerätschaften des Abwehrzaubers.

In der christlichen Glaubenslehre siegt jeder Gläubige über den Dämon, wenn er, wie schon Origenes betonte, im Kampf mit ihm dessen Stelle einzunehmen vermag. Ein von einem Christen überwundener böser Geist wird in den Abgrund gestoßen und verliert das Recht, andere zu verführen. Nach Ansicht der meisten Kirchenväter wolle Gott nicht das Böse, sondern lasse es nur zu, daß es, zwar nicht durch Gottes Wille, doch nicht ohne ihn geschehe. Als Erklärung für diesen Widerspruch wird entweder die Freiheit des Menschen oder aber die Wirksamkeit des Teufels und seiner bösen Dämonen angeführt. Auf die spezielle Dämonenaustreibung, den Exorzismus, haben wir an verschiedenen Stellen hingewiesen. Er stellt ebenfalls eine besondere Form des uralten und auch vom modernen Menschen noch nicht völlig überwundenen Abwehrzaubers gegenüber dem Unheimlichen dar. Haag hat sich in seiner Arbeit ausführlich in den Kapiteln „Dämonenabwehr" und „Besessenheit" (1, 151–162, 391–439) mit dem Thema beschäftigt.

<table>
<tr><td>8.4
Der Teufel und
seine Synonyme</td><td>Bevor wir uns mit der Bedeutung und dem Wandel der Teufel/Satan-Lehre und der in diesem Zusammenhang stehenden Dämonologie durch die Jahrhunderte bis in das Mittelalter beschäftigen wollen, soll die Herkunft des Namens „Teufel" und seiner Synonyme untersucht werden. Im „Universal</td></tr>
</table>

Lexicon" von Johann Heinrich Zedler aus der ersten Hälfte des 18. Jahrhunderts heißt es:

Der Griechische Name ist $\Delta IABO\Lambda O\Sigma$, daher auch das Lateinische Wort: DIABOLUS herkommt. $\Delta\iota\acute{a}\beta o\lambda o\varsigma$ aber stammet her von dem Worte $\delta\iota a\beta\acute{a}\lambda\lambda\omega$, welches eigentlich heißt transigo, telis transjicio, einem einen Wurfspieß durch den Leib jagen; metaphorisch aber heißt es aliquem calumniari & accusare, einen verlästern und anklagen, als Dan. III, 8; 2 Macc. III, 11. da die Zunge einer Verleumders mit einem Wurfspieße verglichen wird, mit welcher man des Nächsten Ehre verletzet. Von diesem Worte kommt nun her $\delta\iota a\beta o\lambda\grave{\eta}$, Calumnia, die Verleumdung, und $\delta\iota\acute{a}\beta o\lambda o\varsigma$, calumniator, ein Verleumder. Wenn es von bösen verleumderischen Menschen gebrauchet wird, so stehet es im Plurali 2 Tim. III, 3. Tit. II, 3, ausgenommen von Juda, Joh. VI, 70, welcher per metonymiam in Singulari $\delta\iota\acute{a}\beta o\lambda o\varsigma$ genennet wird, weil er ein gantz besonderes Werckzeug des Teuffels war. Ordentlich aber führet er im Singulari diesen Nahmen Princeps malignorum Spirituum, der Fürst oder vornehmste unter den bösen Geistern, 1) weil er GOtt bey den Menschen verleumdet und verklaget, wie er gleich bey dem Fall unserer ersten Eltern den Anfang darinn gemacht, da er GOtt als ein neidisches und mißgünstiges Wesen ihnen vorzubilden suchte; 2) weil er die Menschen bey GOtt verklaget, daher Offenb. XII, 10 der Verkläger unserer Brüder genennet wird; 3) weil er die Menschen untereinander zusammen hetzet, und eine Begierde zu verleumden bey ihnen erwecket. Das ist also die wahre Ursache, warum er Diabolus genennet wird; nicht aber hat er den Nahmen von duo und bolus, ein Bißen, wie es einer von den Scholastickern daher deriviren will, weil er zwey Bissen aus dem Menschen mache, wenn er ihn verschlinge, und erstlich seine Seele, hernach auch seinen Leib auffresse. Von dem Griechischen Worte $\delta\iota\acute{a}\beta o\lambda o\varsigma$ kommt das deutsche Wort Teuffel her. In den ältern Zeiten haben unsere Vorfahren aus dem mit der Lehre des Christenthums zu ihnen gekommenen Wort Zabulu, Zabe gemacht. (Johann Georg) Wachter (1663–1757, Germanist, Verfasser des ersten etymologischen Wörterbuches in deutscher Sprache, leitete in seinem) Glossarium Germanicum (continens origines et antiquitates totius linguae, 2 Bde. 1736/37, hiervon das Wort) „Zaubern" (ab). Und wollen einige vor Teuffel Daifel oder Daivel geschrieben haben, um deren Ursprung des Titels in und von dem Wort Diabolus desto besser zu verstehen zu geben, um desto merckbarer zu machen. Wo in der Deutschen Übersetzung Teufel gefunden wird, trifft man an dessen statt im Griechischen wohl das Wort $\delta a\iota\mu\omega\nu$, oder $\delta a\iota\mu\acute{o}\nu\iota o\nu$, als Tob. VI, 17. Matth. VII, 20. VIII, 31. IX, 33. 34., X, 8. XI, 8. XII, 24. 27. 28. XVII, 18.; 1 Cor. X, 20. 21. 1 Tim. IV, 1. Jac. II, 19. Offenb. IX, 20. XVI, 14. XVIII, 2. welches bey den Heyden sehr gebräuchlich war, und damit sie eine Art Mittel-Geister angezeiget haben wolten, zwischen der Höchsten Gottheiten und denen Menschen, auch übrigen Dingen dieser Welt. (24, Sp. 1544–45)

Der Name „Teufel", der bereits im Althochdeutschen als „tiufal" bekannt ist, ist also in seinem Ursprung nichts anderes als der griechische $\delta\iota\acute{a}\beta o\lambda o\varsigma$. Der Name gelangte zu den Germanen während der christlichen Mission durch die Arianer. (W)ulfilas unterscheidet im 4. Jahrhundert nach dem griechischen Bibeltext zwischen diabaulus, satana und unhulpô. Den letzteren Ausdruck benützt er zur Übersetzung des griechischen $\delta a\iota\mu\acute{o}\nu\iota o\nu$. Im Althochdeutschen bleibt zwar der Begriff satanas unverändert, doch der diabolus der Vulgata wird zum tiubil, tieval und bald zum diuval, diufal und tiufal. Er wird zugleich zum Synonym für das daemonium. Aus dem diabolos des Kirchenlateins wurde so der diabolus und im Gotischen der diabaulus. Wir kennen im Mittelhochdeutschen Bezeichnungen für den Teufel, wie tievel, tiufel, tivel, und im Neuhochdeutschen schließlich den Teufel. Denselben Sprachstamm besitzen die Bezeichnungen im Englischen: devil; im Niederländischen: duvel oder duivel; im Isländischen: djöfull; im Schwedischen: djefvul; im Dänischen: djävel; im Italienischen: diavolo; im Spanischen: diablo; im Französischen: diable; im Polnischen: djabel; im Böhmischen: d'abel; im Russischen: diavol und im Serbo-Kroatischen: djavo.

Außer dem Synonym „Teufel" für den Satan tauchen im Laufe der Zeit in älteren Schriften weitere Bezeichnungen auf, welche die gleiche Bedeutung wie die des Satan/Teufels selbst erreichen.

8.4.1   In den jüdischen Apokryphen und im Neuen Testament (2. Kor. 6, 15) er-
Belial scheint, wie bereits Roskoff erwähnt, ein Belial oder Beliar. Die hebräische Grundbedeutung heißt etwa „Nichtsnutz", von dem Wort „Nichtsnutzigkeit" oder „große Schlechtigkeit" abgeleitet. Kaupel (16, S. 124) meint: „wenn die Apokryphen und die neutestamentliche Stelle Belial für Satan gebrauchen, so liegt darin eine passende Neubezeichnung. An sich wäre es denkbar, daß man dem Satan den Namen eines bestimmten verächtlichen Wesens, im Lauf der Zeit Belial benannt, etwa eines heidnischen Gottes beigelegt hätte." Von einigen Autoren, so z. B. von Greßmann in „Die Religion in Geschichte und Gegenwart" (Tübingen 1909–13, Bd. 1, S. 1021), wird ein Zusammenhang mit
Belial in der der babylonischen Unterweltsgöttin Belili angenommen. In der 1382 verfaßten
Schrift des Schrift des Jacobus de Theramo, auf den wir noch beim späteren Quellen-
Jacobus von studium eingehen werden, heißt es über Belial: Die teuflischen Mächte haben
Theramo den Dämon Belial zum offiziellen Vertreter der höllischen Interessen gewählt. Nach alter Überlieferung kennt Belial sich in juristischen Fragen gut aus. Er erscheint vor Gott und fordert, daß die Taten Christi untersucht werden sollen. Gott ernennt den König Salomo zum Richter, und Christus als der Angeklagte verlangt Moses zum Verteidiger. Eine deutsche Ausgabe in mittelhochdeutscher

140

Sprache der Schrift des Jacobus de Theramo erschien 1473 zu Augsburg. Hierin befindet sich ein Holzschnitt, der den Vertreter der Hölle in einer Besprechung mit seinen unheimlichen Gesellen zeigt. Der Rachen der Hölle ist mit einem Pfahl weit aufgesperrt. Darin sitzen die Teufel und hören aufmerksam zu.

Im Buch Belial finden wir König Salomo als Richter wieder. Ein anderer Holzschnitt zeigt, wie Belial dem Richter Salomo in Gegenwart des Moses seine Vollmacht aushändigt.

In Belials Beschwerde heißt es, daß ein „gewisser Jesus" sich gesetzwidrig in die höllischen Rechte eingemischt und sich die Herrschaft über Dinge angemaßt habe, die ihn nichts angingen. So wolle er Macht über die Hölle, das Meer, die Erde und alle Wesen, die sie bewohnen, ausüben. Belial tut alles, um den Richter für sich zu gewinnen. Er tanzt sogar vor Salomo. Dessen Urteil fällt aber zugunsten Christi aus. Belial bleibt nichts anderes übrig, als Berufung einzulegen. In der zweiten Instanz unter dem Richter Josef, Minister des ägyptischen Königs, wird ein Kompromiß erarbeitet, den Kaiser Oktavian, Aristoteles, Jeremia und Jesaja entscheiden. Christus wird für nichtschuldig befunden, während Belial/Satan seine Macht bestätigt erhält. Er behält die Macht über alle Gottlosen, die am Jüngsten Tag verdammt werden.

Haag erwähnt Beliar, wohl die griechische Bezeichnung des hebräischen Belial, in seiner Arbeit (1) im jüdischen Jubiläenbuch (Jub), das etwa im 2. Jahrhundert v. u. Z. entstanden ist und eine volkstümliche Nacherzählung der biblischen Geschichte von Genesis 1 bis Exodus 12 darstellt. Hier ist Beliar ebenfalls der Verführer zur Sünde und ein Ankläger vor Gott. Zu den jüdischen Pseudoepigraphen zählt ferner die Schrift der „Testamente der Zwölf Patriarchen" (Test XII), die ebenfalls im 2. Jahrhundert v. u. Z. entstanden sein dürfte und in Fragmenten in griechischer, armenischer und slawischer Sprache überliefert worden ist. In diesen Fragmenten werden die „Geister Beliars" oder „Engel Satans" den „Engeln des Herrn" gegenübergestellt. Diese Beliarsgeister werden am Tag des Jüngsten Gerichts der Rache der himmlischen Heerscharen ausgeliefert. Offensichtlich durften diese Geister dem Menschen nur soweit schaden, wie es ihnen von Gott erlaubt wurde.

Die mehrfache Wendung „Geister Beliars" oder „Engel Satans" gibt zu erkennen, daß die bösen Geister einen Vorgesetzten haben, dessen Ziele sie dienen. Er führt den Namen Beliar oder Satan, heißt aber auch „Teufel", „Herrscher des Irrtums" oder auch einfach „Herrscher". Seine Werke sind dem Gesetz des Herrn zuwider wie das Licht der Finsternis. Er flieht deshalb die Gesetzestreuen. Der Messias wird ihn binden und für alle Zeiten in das Feuer schleudern.

Die Satanologie von Test XII stimmt mit jener von Jub darin überein, daß die Engelsünde nur eine Randerscheinung ist. Die zentrale Rolle spielt Beliar. Er ist die Ursache der sittlichen Unordnung in der Welt. Unter seinen dienenden Geistern nehmen die acht „Irrtumsgeister" eine besondere Stellung ein. Wie für die bösen Geister wird auch für Beliar die Frage nach seiner Herkunft nicht gestellt; diese wird einfach als gegeben angenommen.

Verständlich werden solche Vorstellungen nur, wenn wir uns vor Augen halten, daß Test XII in einer bereits geprägten dualistischen Tradition steht, wie sie uns vor allem in der Gemeinderegel von Qumram begegnet. Während bei Jub von einem Dualismus nur insofern die Rede sein kann, als die Schrift von einer dem Menschen feindlichen und ihn bedrängenden Geisterwelt spricht, ist der Mensch in Test XII von zwei entgegengesetzten Geisterwelten umworben ... (1, S. 234—235, gekürzt)

Belial in den Schriften von Qumram

Am Nordwestufer des Toten Meeres fand man seit 1947 in elf Höhlen in Tongefäßen Schriften der Gemeinde von Qumran, deren „Lehrer der Gerechtigkeit" um die Mitte des 2. Jahrhunderts v. u. Z. lebte. Aufgrund archäologischer Untersuchungen von 1952 bis 1956 konnte man diesen Ort als ein Zentrum einer essenischen Gemeinde lokalisieren. Der Name „Essener" wird wahrscheinlich die gräzisierte Form des aramäischen Ausdrucks für die hebräischen „Chassidim" bedeuten, eine Gruppe frommer Juden, die die Anfänge des Makkabäeraufstandes unterstützten und ihr Ende mit dem jüdischen Aufstand gegen Rom im Jahr 68 n. u. Z. fanden. In der Qumrangemeinde gab

142

es einen personal aufgefaßten bösen Geist, der in der Regel unter dem Namen Belial auftrat. Sein Charakter wird als das „Törichte, das ein Mensch sagt, das Schlechte, das einer tut, und das Verderben, das im Gericht offenbar wird" umschrieben, also abstrakt ausgedrückt. Er wird aber auch als Herr über das „gesamte Heer seiner Herrschaft" (18, 1) bezeichnet. In der Schrift über den endzeitlichen Kampf der „Söhne des Lichts" gegen die „Söhne der Finsternis" besitzt Belial eine eschatologische Bedeutung. Auf der Seite der Söhne des Lichts kämpfen die Engel Gottes, auf der anderen Seite das Heer Belials. Die Entscheidung zugunsten der Söhne des Lichts fällt in der siebenten Phase des Kampfes, in der die „große Hand Gottes" Belial und seine mitstreitenden Engel unterwirft.

Das verderbliche Treiben Belials und seiner Geister scheidet die Menschheit in zwei Lager: „In der Finsternis seiner Herrschaft und in seinem Ratschluß sucht er (Belial) Frevel und Verschuldung zu verursachen. Und alle Geister seines Loses sind Engel des Verderbens; in den Gesetzen der Finsternis wandeln sie, und danach steht ihr Verlangen insgesamt" (13, 11f.) . . .

Noch eindrucksvoller wird dieser ethische Dualismus im Abschnitt 3 (13–4, 26) der „Gemeinderegel" ausgesprochen, einem Text, der seit Auffindung die Ausleger frappiert hat und als das klassische Lehrstück des dualistischen Denkens der Qumrangemeinde gilt . . . „In der Hand des Fürsten des Lichtes liegt die Herrschaft über alle Söhne der Gerechtigkeit, auf den Wegen des Lichtes wandeln sie. Aber in der Hand des Engels der Finsternis liegt alle Herrschaft über die Söhne des Frevels, und auf den Wegen der Finsternis wandeln sie". . . „Und alle Geister seines (des Engels der Finsternis Belial) Loses suchen die Söhne des Lichtes zu Fall zu bringen. Aber der Gott Israels und der Engel seiner Wahrheit (Michael) hilft allen Söhnen des Lichtes." Dennoch ist diese Weltzeit so sehr durch das Wirken Belials gekennzeichnet, daß sie kurzweg die Zeit der Herrschaft Belials genannt wird. (1, 18, 2, 19)

Kein Zweifel besteht jedoch über den Ursprung Belials. Er wurde, wie sein Gegner, der Engel Michael, als Führer der Söhne des Lichts von Gott geschaffen: „Du hast Belial gemacht zum Verderben, zum Engel der Feindschaft" (13, 11). „Er (Gott) hat die Geister des Lichtes und der Finsternis geschaffen" (3, 25).

Auch Belial nur eine Schöpfung Gottes

Er (Gott) hat Belial seinen Anfang, aber damit (für jüdisches Denken) auch schon sein Ende gesetzt. Eine radikalere Absage an jede legendenhafte Spekulation über die Herkunft des Teufels, aber auch an jedes Liebäugeln mit einem kosmischen Dualismus könnte nicht erteilt werden . . .

Zweifellos verläßt der Verfasser der Gemeinderegel mit der Vorstellung von den beiden in die Schöpfung einbezogenen und die Menschheitsgeschichte beherrschenden Geistern den Boden der Bibel, und es ist nicht verwunderlich, daß manche Ausleger gerade in diesem Element des qumranischen Dualismus die zarathustrische Lehre vom „Heiligen Geist" und vom „Bösen Geist", nur jetzt in jüdischem Gewand, wiederfinden wollen. Das mag dahingestellt bleiben. Jedenfalls zeigt der Zweigeister-Dualismus von Qumran mit seiner Vorstellung eines von Gott geschaffenen und trotzdem gehaßten Teufels, zu welche Inkonsequenzen eine Theologie gezwungen ist, die die Hypothese von einem das Böse in der Welt verursachenden Zwischenwesen konsequent zu Ende denkt.

Dennoch kann man der Geisterlehre von Qumran seine Achtung nicht versagen. Verglichen mit der bunten, von einer überbordenden Phantasie konstruierten Teufelswelt des ersten Henochbuches und anderer Pseudoepigraphen eignen dem qumranischen Weltbild mit den zwei von Gott ausgehenden und in Tugend oder Sünde Teil des Menschen werdenden Geistern großer Ernst und eine beachtliche Einheitlichkeit. Von einer leiblich-materiellen Bedrohung des Gläubigen durch Belial ist keine Rede. Und so hervorgehoben die Rolle ist, die Belial im Weltgeschehen spielt, so ist er doch nur ein Hilfsmittel, um die geistig-moralische Situation, in welcher sich der Fromme in Zeit und Welt vorfindet, einsichtig zu machen. Die ganze Aufmerksamkeit gilt nicht Belial, sondern Gott und seinem Heil. (1, S. 239—240)

8.4.2   Im Volksmund wird der Teufel mit dem „Beelzebub ausgetrieben". Der

Beelzebub Name Beelzebub (oder Belzebub, verballhornt: Belezbul oder Belzebud) findet sich im Neuen Testament bei Markus (3, 22): „Die Schriftgelehrten aber, die von Jerusalem herabgekommen waren, sprachen: Er hat den Beelzebub, und durch den obersten Teufel treibt er die Teufel aus." Im 23. Vers heißt es: „Und er (Jesus) rief sie zusammen und sprach zu ihnen in Gleichnissen: Wie kann ein Satan den andern austreiben?" (Vers 26) „Setzt sich nun der Satan wider sich selbst und ist mit sich selbst uneins, so kann er nicht bestehen, sondern es ist aus mit ihm." Aber auch Matthäus (10, 25; 12, 24 und 27) wie bei Lukas (11, 15, 18—19) wird praktisch das gleiche Thema behandelt. Nach der Erzählung in den Evangelien ist er der ἄρχων τῶν δαιμονίων, also der „Herrscher der Dämonen". Das macht seine Rolle als Oberhaupt der Teufel, eben als Satan, verständlich. Über seine etymologische Herkunft, die wahrscheinlich vom hebräischen „Sebul" = „Kot", „Dünger" abzuleiten ist, berichtet das „Handwörterbuch des deutschen Aberglaubens" (17, Bd. 1, Sp. 1029—1030):

Merkwürdig ist nur, daß der Name Beelzebul sich nicht außerhalb des N.T. findet, es sei denn, daß er deutlich auf die neutestamentlichen Stellen zurückgehe. Das macht auch die Ableitung aus (dem hebräischen) „Mistbaal" als Spottname schwierig; nirgends verraten die Rabbiner oder die jüdisch-apokryphe Literatur eine Kenntnis des Namens. Reitzensteins Hinweis im Poimandres (S. 76) auf jüdische Planetengebete, wo er als Dämon des Saturn erscheint, kann nicht helfen, weil die Gebete doch spät sind; daß der Dämon einer astrologischen Geheimlehre angehört, läßt sich nicht erweisen. Andererseits ist auch die Form der Vulgata und des Syrers kaum ursprünglich, sondern wohl eher eine Angleichung an den phönizischen Beelzebub, den Gott von Ekron (2. Könige, 1, 2, 6), wo Symmachus Βεελ-ζεβούβ transkribiert, die Septuaginta Βάαλ μυία, ϑιὸς, Ἀκάαρον also „Fliegenbaal", „Fliege", übersetzen. Man sieht nicht ein, wie und warum der Stadtgott von Ekron im N.T. zum Haupt der Dämonen wurde. Nach mittelalterlichen arabischen Berichten ist Beelzebul der König der Dschinnen, der stirbt und beklagt wird. Man vergleiche das Motiv vom toten Pan, vielleicht ein Nachklang des Tammuz- oder Adoniskult. Bar Bahlul erläutert Beelzebul als elaha aziza verabba, d.i. „starker und großer Gott". Möglicherweise ist auch das Wort „Wohnung" zu denken im Sinne der Wohnung Gottes, des Himmels, also „Herr des Himmels", oder im Sinne „Hausherr" (Matth. 10.24) ... Nebenformen sind Belzebuth, Belzebuc, Besebuci usw.

In der späteren Zauberliteratur begegnet uns dann der Name Beelzebub sehr oft, er wird dort zum Patron der Magie. Als „Baal der Fliegen", also dem Gott der Fliegen, wurde ihm in Ekron im Lande der Philister ein Tempel errichtet.

Beelzebub als Fliegendämon besitzt eine ältere Vorlage in der zoroastrischen Dämonologie. Hier ist es der weibliche Dämon Nasu, der die Unreinheit, die Verwesung und den Zerfall verkörperte. Nasu nährte sich von Leichen. Sie konnte von aasfressenden Hunden und Vögeln vertrieben werden, die als hilfreiche Geschöpfe des Lichtbringers Ormuzd auftraten. Von ihrem starren Blick vertrieben, verließ der Dämon in Gestalt einer scheußlichen Fliege den Leichnam. Durch den uns überlieferten sogenannten Sag-did-Ritus, der bestimmte Waschungen für bestimmte Körperteile vorsah, also ein Reinigungsritus war, konnte sich der dämonengläubige Mensch vor dem Unheil der Fliegendämonen bewahren.

Beelzebub als Fliegendämon war auch den Theologen und Dämonologen des mittelalterlichen Abendlandes bekannt. Kurt Seligmann berichtet in seinem „Weltreich der Magie" (34):

Pierre Le Loyer (1520–1634), erster Rat des Königs von Frankreich und tüchtiger Fachmann auf diesem Gebiet, erzählt uns von einer Besessenen in der Stadt Laon. Beelzebub floh, nachdem er auf richtige Weise ausgetrieben worden war, aus ihrem Munde in Gestalt einer Fliege. „Dies ist gar wohl bezeugt", sagt er, „von Notaren und rechtschaffenen Männern, so daß niemand diesen Vorfall bezweifeln kann."

Im Christentum wird Beelzebub für den Fürsten des Reiches der Finsternis gehalten. Sein Ansehen und sein Ruhm ließen andere Fliegendämonen entstehen, z. B. die Teufelchen, die von englischen Hexen gesäugt werden, und die große Fliege, die den langobardischen König Kunibert stach. Dies ereignete sich, als der König sich mit seinen Günstlingen darüber beriet, wie er sich am besten zweier widersetzlicher Edelleute entledigen könnte. Der ganze Hof machte auf die Fliege Jagd. Es gelang aber nur, ihr fünf Beine abzuschneiden. Inzwischen waren die beiden Edelleute von einem erschöpften, einbeinigen Manne über den Zorn des Königs unterrichtet worden und konnten entkommen.

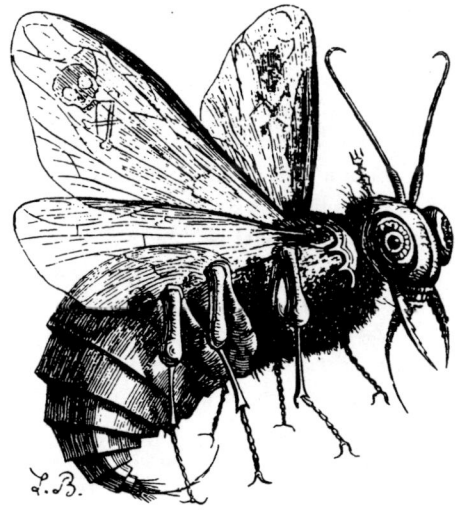

Aus: L. Breton, Collin de Plancy, Dictionnaire infernal, Paris 1863

Eine weitere zwielichtige Gestalt unter den zahlreichen Versionen bekannter Teufel ist der schon mehrfach erwähnte Sam(m)ael (Samiel, Samuel). Wir wiesen darauf hin, daß er im kabbalistischen Sohar Erwähnung findet (7. 2. 6. 1). An einer Stelle (II, 42f.) heißt es: „Endlich schuf Gott den Sammael und alle seine Scharen, welche den Engeln gleichsam als Wolken dienen, auf denen sie zur Erde niederschweben, oder als Rosse, auf denen sie reiten." Diese Scharen des Sammael galten als Geister oder Dämonen, die nach der Vorstellung der jüdischen Kabbalisten, aber auch bestimmter gnostischer, nichtjüdischer Gruppen, in den Zwischenräumen, den sogenannten Intermundien, zwischen Himmel und Erde wohnen. Sammael (hebräisch: der „Linke") wird im jüdischen Schrifttum zum Fürsten der Dämonen. Besonders in der Zauberliteratur ist Sammael eine Art Mittelfigur zwischen dem Todesengel und dem Satan. Er ist zwar ein Geschöpf Gottes, aber nicht wie im Parsismus, dem Zervanismus oder Zoroastrismus, ein selbständiges böses Prinzip, sondern eben nur ein „Versucher", der personifizierte „böse Trieb" des Menschen schlechthin. Damit ist er mehr ein Erprober der sittlichen Kraft des Menschen und damit höchstens ein Widerpart des „guten Anteils" im Menschen selbst. Bei dem spanischen Kabbalisten Isaak ben Jakob Kohen traten, wie wir bereits berichteten, Sammael und Lilith erstmals als dämonisches Ehepaar an der Spitze der finsteren Hierarchien auf. Scholem berichtet (26, S. 259–262, gekürzt):

Das Alter dieser Vorstellungen zeigt sich auch darin, daß hier noch die sehr alte, von den Gnostikern des 2. Jh.s aus jüdischen Kreisen übernommene Etymologie des Namens des Teufels Sammael, der in Konkurrenz mit dem alten Beliar aufkam, als „blinder Archont", Sar summa, erhalten ist.

Die (sethianischen?) gnostischen Texte von Nag Hammadi kennen diese Etymologie von Sammael als „blindem Gott" ... Theodor bar Konai wußte noch um 900, daß die Ophiten Samiel (d. h. Sammael) als einen „blinden Engel" im ersten Himmel kennen, der böse und satanisch sei. Isaak Kohen kannte sogar Traditionen, die vom Leviathan – der bei den Ophiten ja mit Sammael identisch ist – als dem „blinden Drachen" sprechen, hebr. Tannin ʼiwwer oder auch Tanninsam, was ja einem Tannin summa entspricht. In der mandäischen Literatur ist Sammael als ein Dämon der Blindheit bekannt. Bei den Sabiern von Harran hieß Mars „der blinde Herr" ... Das kommt daher, daß der Planetenengel des Mars in der sehr alten jüdischen Engelreihe eben Sammael ist. Der Name Sammael selber ist in den bisher bekannten sabischen Texten in Vergessenheit geraten, seine aramäische und arabische Übersetzung dagegen nicht: Sammael als Engel des Mars z. B. bei Jehuda ben Barzilai zu Jesira. Noch spätbyzantinische Zaubergebete kennen die „blinde Schlange", was offenbar in den gleichen Zusammenhang gehört. An diesem Detail zeigt sich also, daß in der Tat die Quellen Isaaks alte Vorstellungen, die sich in der orientalischen Gnosis verzweigt haben, auch im Judentum, aus dem sie stammten, bewahrt haben.

In der Provence sind aramäische Texte aufgetaucht, die teilweise in der Tat wohl im 12. Jh. aus dem Orient direkt in der Provence gelangt sein können ... Zum Teil freilich scheinen dann dort in den ältesten Kabbalistenkreisen weitere, in offensichtlich künstlichem Aramäisch verfaßte Variationen der in diesen Stücken behandelten Themata der dämonologischen Hierarchien verfaßt worden zu sein, von denen wir Reste besitzen, wie jenes pseudogaonäische Responsum über die Beschwörung des Fürsten der Dämonen, die auch von der Offenbarung des Propheten Elias in der Nacht des Versöhnungstages spricht. Die älteste Schicht dieser Quellen unterschied schon zwischen einer alten und einer jungen Lilith und kennt merkwürdige Namen von dämonischen Herrschern der drei Bereiche des Äthers und deren Gemahlinnen, wobei sich jüdische Namen mit solchen offensichtlich fremder Herkunft verbinden.

„Die alte Lilith ist die Frau des Sammael; beide sind in einer Stunde im Bild Adams und Evas geboren, und sind in Umarmung miteinander. Aschmedai, der große König der Dämonen, hat zur Frau die junge Lilith, die Tochter des Königs, dessen Name Qaphsaphuni ist und der Name seiner Frau Mehetabel, Tochter des Matred (aus Gen. 36, 39), und ihre Tochter ist Lilitha" (Madda'e ha-Jabaduth, II, S. 260) ... In einer anderen dieser Traditionen (II, 256) stehen Sammael, dem Archonten Edoms, die drei Könige Aschmedai, Qaphqaphuni und Qaphsaphuni gegenüber. Alle vier Archonten haben je zwei Bräute oder Frauen, über deren Namen es verschiedene Traditionen gab. Die Verdoppelung der Frauen spricht für den Ursprung dieses Systems im Orient. Aschmedai und Lilith haben einen Sohn, der als großer Dämonenfürst den Beinamen „Schwert Aschmedais" führt, und da Aschmedai hier als Archont Ismaels, d. h. des Islams auftritt, ist man sehr versucht, in diesem Beinamen so etwas wie eine Parodie auf die bei arabischen Fürsten beliebte Kunja Sajf al-Islam (Schwert des Islam) zu sehen ...

Daß solche sehr alten Namen und Überlieferungen von großen Vorgängen in mythischen Formen bewahrt bleiben konnten, überrascht nicht. Hat sich doch auch in jüdisch-dämonologischer Überlieferung der Name des Ahriman, Agro-Mainju, des Herrn der Dämonen im Parsismus, in nur leicht entstellter Form als Agrinus (aus Agro-Mainus) erhalten. Er tritt in mehreren, in der Geniza von Kairo erhaltenen Agadas über die dämonischen Nachkommen Adams und seiner ersten Frau Lilith auf, und heißt dort der „Erstgeborene des Adam und der Lilith" ...

Daß die Gattin (Matred) des letzten edomitischen Königs aus Genesis 36 als Dämonenname auftritt, könnte in der Tat schon darauf hinweisen, daß hier eine Umdeutung dieser Königsreihe von Edom auf Archonten der Finsternis zugrunde lag. Sammael ist in diesen Quellen ja ebenfalls der Herrscher über Edom, im mittelalterlichen Judentum seit früher Zeit ein Deckwort für das Christentum, das als dem Reich der Finsternis entstammend betrachtet wurde.

Erst in der Provence sind diese und ähnliche rein dämonologische Traditionen zu einer Lehre von der „linken Emanation" ausgebaut worden, die versuchte, sie mit der Emanationslehre von den zehn Sephiroth in Verbindung zu setzen. Diese Vorstellungen sind dann aus der Provence gerade nach Kastilien gelangt, wo man gern ältere pseudoepigraphische Autoritäten für sie anführte ...

Isaak war an der Frage über die Natur Sammaels (Samuels) interessiert. So erfahren wir von ihm, daß Sammael ursprünglich aus der Kraft der Sephira Pahad stammt, also aus jener der Sephirot, die in der Kabbala auf den „Weg der linken Hand" führt, den wir in einem besonderen Kapitel behandelten (8. 1. 1). Über die Stellung Sammaels in der Kabbala meint Scholem:

(Sammael) hatte also eine legitime Stellung im heiligen Verband des Ganzen der Schöpfung. Erst als er sich im Amaleq-Kampfe gegen Israel und die von ihm repräsentierte heilige Ordnung erhob — wird dieser Kampf doch von der jüdischen Tradition stets als ein ungeheures metaphysisches Ereignis verstanden —, verlor er diesen legitimen Platz und empfängt seitdem seine Kraft nur indirekt von den Gestirngeistern, „nicht mehr auf dem Wege der ursprünglichen Schöpfungsordnung." Erst messianisch wird dieser Stand Sammaels wiederhergestellt und dadurch der Thron Gottes zu seinem ursprünglichen vollständigen Stand, der jetzt lädiert ist, restituiert werden. Hieraus ergibt sich, daß Isaak der Blinde ein Anhänger der Lehre von der „Wiederbringung des Satan", der Apokatastasis, war. Im Judentum, das keine formelle dogmatische Autorität für die Bestimmung des Glaubensinhaltes anerkannte, war diese Frage, die in der Geschichte der christlichen Kirchen eine so große Rolle gespielt hat, offen und wurde ohne Leidenschaft behandelt. Die Meinungen waren auch dort geteilt, und die Mystiker hingen oft dieser Lehre an. Spätere kabbalistische Theorien in dieser Richtung, wie zum Beispiel Joseph Gikatillas „Mysterium der Schlange", haben ihre Inspiration wohl von Isaak dem Blinden. Das Merkwürdige bei Isaak ist, daß der Sturz Sammaels von seinem Rang nicht, wie zu erwarten wäre, beim Fall Adams erfolgt, für den er nach der Aggada ja verantwortlich ist, sondern erst beim Amaleq-Kampf. Darin sind ihm die späteren Kabbalisten nicht gefolgt, die auch, wo sie die Lehre von der Apokatastasis vertreten, sie mit der Wiederherstellung der von der Ursünde gestörten Harmonie aller Dinge in Verbindung bringen. Aber auch bei Gikatilla bezog die Schlange ursprünglich, wie bei Isaak, ihre Kraft unmittelbar aus dem heiligen Bereich der Emanationen, außerhalb deren „Mauern" sie stand und als ein Genius der ganzen sublunarischen Welt wirkte. Auch dort bringt erst ihr Aufstand Unordnung im harmonischen Verband der Welten hervor und isoliert Sammael als Genius des Bösen. (19, S. 262–63)

8.4.4

Mephistopheles

Die Herkunft des Namens „Mephistopheles" als eines weiteren Synonyms für den Teufel ist unbekannt. Wahrscheinlich hebräischen Ursprungs, kommt die Bezeichnung in biblischen Texten aber nicht vor. Im „Handwörterbuch des deutschen Aberglaubens" (17, 2. Bd. VI, Sp. 174–182) wird über seinen Ursprung lediglich spekuliert. Unter den etymologischen Hypothesen finden wir das hebräische „mephir" = „Zerstörer", „tophel" = „Lügner" oder das zusammengesetzte Wort „Mephophiel" = „Zerstörer des Guten" als ursprünglichen Begriff. Zwar wurde der Mephistopheles erst durch Goethes „Faust" allgemein bekannt, doch erscheint er bereits bei dem englischen Dramatiker Christopher Marlowe (1564–1593) und dem berühmten William Shakespeare (1564–1616). Wir finden in der Literatur die verschiedensten Namensschreibungen: Mephistophiles, Mephas-, Mephesto-philes, später Mephistophiles und Mephistophelus, während im „Höllenzwang", auf den wir noch zurückkommen, hauptsächlich der Name Mephistophiel neben Mephistophiles und einmal Mephistopholus gebraucht wird. Wir dürfen annehmen, daß der der Volksliteratur nahestehende „Höllenzwang" mit Mephistophiel die ursprüngliche Form des Namens wiedergibt. Sie entspricht mit ihrer Endsilbe -el (= Gott) den Namen anderer Dämonen.

Eine weitere Version über die vermutliche Herkunft und älteste Namensnennung des Mephistopheles gibt Karl Kiesewetter in seinem „Faust" (35, S. 163):

Nicht die Schreibweise Mephistopheles, wie Goethe, Mephistophilus, wie Shakespeare oder Mephistophilis, wie Marlowe und einige Zauberbücher schreiben, ist der richtige, sondern die Schreibweise der alten Volksbücher: Mephostophiles, „der das Licht nicht Liebende", ist richtig, und die Ableitung des Namens von Mephitis . . . oder vom hebräischen mephiz (Zerstörer) und tophel (Lügner) wird hinfällig.

Bevor wir uns der letzten und bedeutendsten Namensidentität Satans, nämlich mit dem Luzifer beschäftigen, wollen wir zunächst einige Dämonen erwähnen, die meist in späterer Zeit mit Satan identifiziert oder zumindest in sein Gefolge eingestuft wurden. Sie sind aber fast alle „älterer Herkunft" als Satan selber.

Der Dämon Aschmedai, Asmodäus (Asmodeus), auch Hasmodäus oder Hasmodai, erscheint zum ersten Mal in dem jüdischen apokryphen Buch Tobit (3, 8, 17). Über sein Verhältnis zu König Salomo, dem großen Zauberer, ebenso über seine Stellung in der jüdischen Zauberliteratur, haben wir in den „Erleuchteten" berichtet. Der Name dürfte persischen Ursprungs sein, er entspricht einem Aeshma-Devi. Im Avesta findet sich ein Aeshma als böser Geist, während er im jüdischen Talmud (Gitt. 68a, Pesach. 110a und Targ. Koh. I, II) der König der Dämonen ist, also in etwa die gleiche „soziale Stellung" wie der Satan innehat. Seine Identität mit dem Teufel erhält er bereits im 1. Pseudo-Cyprianischen Gebet. Ebenso finden wir ihn als Ἀσμωδὰς und Ἀσμωδαὶ in den Verzeichnissen der Stundenengel und -dämonen der mittelalterlichen Astrologie. Gelegentlich stellt er hier die Intelligenz des Mondes dar. Seit dem Mittelalter besitzt er auch eine Rolle im Volksglauben und in späteren Dämonologien.

8.4.5
Asmodäus

Leviathan und Behemoth kommen als Fabeltiere im Alten Testament vor. Sie dürften aus einer prähistorischen vorjahwistischen Vorstellungswelt stammen und ursprünglich Tierdämonen gewesen sein. Leviathan ist das kosmische Drachentier. Wie finden es bei Hiob (3, 8) und in den Psalmen 74, 14 und 104, 26 erwähnt:

8.4.6
Leviathan, Behemoth und Rahab

Verwünschen sollen sie die Verflucher der Tage, die es verstehen, den Leviathan zu wecken. (Hiob, 3, 8)

Du hast die Köpfe des Leviathan zermalmt, ihn zum Fraß gegeben den Ungeheuern der See (korrigiert: dem Volk von Wüstentieren). (Ps. 74, 14)

Dort ziehen die Schiffe dahin, auch der Leviathan, den du geformt hast, um mit ihm zu spielen. (Ps. 104, 26)

Von den Forschern ist der Name Leviathan aus dem hebräischen liwja = „gewunden", im übertragenen Sinne „Kranz" oder „der Kranzartige", d. h. der Ozean, „der um die Länder seinen Wogengürtel schlingt". Das Wort „liwja" wird wiederum mit der ägyptischen Sprachwurzel ltn in Zusammenhang gebracht, die sich bereits im Ugaritischen finden soll. Leviathan ist der König aller Ungeheuer.

Für das nilpferdähnliche Ungeheuer Behemoth wird ebenfalls ägyptischer Ursprung angenommen. Bei Hiob (40, 15) heißt es: „Siehe doch Behemoth (das Nilpferd), das ich wie dich erschuf! Gras frißt es wie ein Rind." Wie der Leviathan in seiner Drachengestalt, hat auch Behemoth in der Vorstellungswelt des prähistorischen Menschen seinen Ursprung wohl in einer ganz fernen Urerinnerung an die Riesensaurier. Ob Behemoth mit Baphometh, dem Dämon der Templer, in Beziehung gebracht werden kann, bedarf noch einer Untersuchung. Jedenfalls dürften beide Ungeheuer zu den zahlreichen Drachensagen in aller Welt beigetragen haben. Wir finden besonders den Leviathan seit dem Mittelalter auch in Hexenprozessen und Sagen als Synonym für den Teufel.

Die Nennung von dem aus Ägypten stammenden Leviathan und Behemoth im Alten Testament wird von einigen Forschern als Beweis für eine mögliche Identität des hebräischen Satans und des ägyptischen Seth (Sutech oder Setech), herangezogen. Zu den Attributen des Seth gehören auch das Krokodil, welches öfters mit einem Drachen identifiziert oder verwechselt wird, und das Nilpferd, wie bereits Plutarch berichtete. Beide sind auch mit mythologischen Meeresungeheuern verwandt. Eines von ihnen ist Rahab, das auch gelegentlich als Personifikation Ägyptens erscheint, so bei Jesaja (30, 7; 51, 9):

Nichtig und nutzlos ist die Hilfe Ägyptens; darum nenne ich das Land: die untätige Rahab.

Wach auf, wach auf, zeig deine Macht, Arme des Herrn! Wach auf wie in früheren Tagen, wie bei den Generationen der Vorzeit! Warst du es nicht, der die Seeschlange totschlug und den Drachen durchbohrte?

Die Seeschlange (hebräisch: Rahab) und der Drache (hebräisch: Tannin) sind wie Leviathan mythische Gestalten der Unterwelt. Rahab wird vom akkadischen ra'abu oder rahabu = „ungestüm sein" abgeleitet. Auch ihr babylonischer Ursprung wird diskutiert. Jedenfalls sind alle drei chthonische Wesen aus der Frühzeit des Menschen. Im Psalm 89, 11 ist von Rahab die Rede: Rahab hast du durchbohrt (wie ein Aas) und zertreten, deine Feinde zerstreut mit starkem Arm. Nach Plutarchs „Über Isis und Osiris" (c. 32) ist der ägyptische Gott Seth mit dem Meer identisch, „in welchem sich der Nil (Osiris) bei seinem Ausflusse auflöst und gänzlich verschwindet." Im Alten Testament erscheint, wie wir sahen, Jahwe, im Hiobbuch (3, 8; 26, 12) als Überwinder der Rahab, des Leviathan und Behemoth. Nach Schärf „ist aber hier das Überwundene zu einer Wesensseite seiner selbst geworden. Er überwindet seine Natur in sich selbst durch sein Wissen um sie. Hierin liegt eine eminente psychologische Wahrheit, die als Mythologem an der Gottpersönlichkeit erlebt wird." (20, S. 238)

Die Überwindung der Ungeheuer durch eine göttliche Macht findet sich als Mythologem bereits in Ugarit und im babylonischen Marduk-Mythos. Schärf meint:

Hier werden die verschiedenen Schichten der Fremdbeeinflussung biblischer Auffassungen sehr schön sichtbar: In einer späteren Zeit werden die alten, kanaanäisch-babylonischen Mythologeme zum geeigneten Bild des eschatologischen Endkampfes zwischen Gott und Teufel, der seinerseits persisch beeinflußt ist. Im neutestamentlichen Satan der Johannesapokalypse findet sich die Identifikation des Urdrachens mit dem Satan expressis verbis. Der Kampf zwischen Michael und seinen Engeln einerseits und dem Drachen und dessen Engeln andererseits endet damit, daß „der große Drache, die alte Schlange, die da heißt Teufel und Satan" (V. 9), auf die Erde geworfen wird — in enger Parallele zum persischen

Angromainyu, dem dasselbe geschieht bei seinem mißglückten Versuch, in die nächste Umgebung Ahura Mazdas einzudringen. Hier, in der Johannesapokalypse (20, 1–3), findet die in Jes. 24, 21–23 angedeutete Anschauung ihre volle Ausprägung. (20, S. 273)

Abbadon (Abaddon) als Fürst der Furien und Stifter des Unheils entstammt dem Neuen Testament (Offenb. Joh. 9, 11). Hier wird er als Βασιλεὺς, als König der dämonischen Heuschrecken, bezeichnet. Als Engel des Abgrunds, der hebräisch abaddon und griechisch Ἀβαδδὸν = „Verderber" genannt wird, ist er schon bei Hiob (26, 6; 28, 22; 31, 12) für den Sachbegriff „Abgrund", aber auch für „Untergang" und „Totenreich" personifiziert. Als Abadon (oder Abathon) erscheint der Name neben Sabaoth gelegentlich an Stelle des Teufels in koptischen Zaubertexten und in der späteren Zauberliteratur. 8.4.7 *Abbadon*

Der Dämon des Reichtums und (in der Dämonologie Agrippas) Fürst der neunten Ordnung der Verdammten, Mammon, besitzt seinen Namen von dem ursprünglich aramäischen und neuhebräischen mamon = „Geld, Vermögen", das im Syrischen mamûno, mamûn heißt und der Vokalisierung des byzantinischen Μαμωνᾶς entspricht. Bei Irenäus (2. Jh. n. u. Z.) heißt es lateinisch in seiner Schrift gegen die Ketzer (Contra omnes haereses [Basel: Froben 1526]) Mammonas. In der deutschen Übersetzung lautet die Stelle (3. Buch, 8. Kap., 1) in der „Exegese über Matthäus 6, 24" des Neuen Testaments, welche identisch ist mit Lukas 16, 13: 8.4.8 *Mammon*

Niemand kann zwei Herren dienen; er wird entweder den einen hassen und den anderen lieben, oder zu dem einen halten und den anderen verachten. Ihr könnt nicht Gott dienen und zugleich dem Mammon.

Um so mehr bekennt auch der Herr selbst, da er befahl, dem Kaiser zu geben, was des Kaisers ist, und Gott, was Gottes ist (Matth. 22, 21), den Kaiser als Kaiser und Gott als Gott. Ähnlich erklärt er selbst das Wort „Ihr könnt nicht zwei Herren dienen", dahin: Ihr könnt nicht Gott dienen und dem Mammon." Gott nennt er Gott und Mammon Mammon. Den Mammon nennt er nicht Herrn, wenn er sagt: „Ihr könnt nicht zwei Herren dienen", sondern er lehrt seine Schüler, Gott zu dienen, aber vom Mammon sich nicht unterwerfen und beherrschen zu lassen. „Denn", sagt er, „wer Sünde tut, ist ein Knecht der Sünde" (Joh. 8, 34). Wie er also die, welche der Sünde dienen, Knechte der Sünde nennt, aber keinesfalls die Sünde selbst Gott, so nennt er die, welche dem Mammon dienen, Knechte des Mammons, aber den Mammon nicht Gott. Mammon aber heißt in der jüdischen Sprache, die auch die Samariter reden, geizig und habgierig — was auf Hebräisch auch „Mamuel" heißt —, oder es bedeutet einen Schlemmer, der der Gaumenlust nicht widerstehen kann. Mag es nun diesen oder jenen Sinn haben, wir können nicht Gott dienen und dem Mammon. (Zitiert nach der Übersetzung von E. Klebba in der „Bibliothek der Kirchenväter". Kempten u. München: Jos. Kösel 1912, 1. Bd. S. 224–225)

Hier ist bereits eine Personifizierung erfolgt und Mammon ein Götze des Reichtums. In den Historia certaminis apostolici des Pseudo-Abdias, der seinen Namen fälschlicherweise von dem Propheten des Alten Testament in der Vulgata: Abdias, Hebräisch: Obadja, hat, und die 1566 zu Paris erschienen ist, heißt es (5. 15):

Mamona autem daemonis nomen est, qui lucris carnalibus praeest, et dominator eorum qui diligunt mundum.

In der mittelalterlichen Scholastik, z. B. bei Petrus Lombardus (um 1100–1160) und später etwa bei dem noch zu behandelnden Johannes Wier(us) (1515–1588) in seiner Schrift De praestigiis daemonum von 1563, wird Mammon unter die Teufel eingestuft. Der ebenfalls noch näher zu besprechende Agrippa von Nettesheim (1486–1535) ist unsere älteste Quelle für das Vorkommen des Mammon in der teuflischen Heerschar. In seiner berühmten Schrift de Occulta Philosophia von 1533 heißt es in der deutschen Übersetzung von 1856 bei Scheible im 18. Kapitel des dritten Buches „Von den Ordnungen der bösen Dämonen, ihrem Falle und ihren verschiedenen Naturen":

Einige Theologen theilen auch die bösen Dämonen in neun Grade ein, welche gewissermaßen den neun Ordnungen der Engel entgegengesetzt sind. Die, welche die erste Stelle einnehmen, heißen Pseudothei, d. i. falsche Götter, die den Namen Gottes mißbrauchend als Götter verehrt werden wollen und Opfer und Anbetung fordern ... Der Fürst dieser Ordnung ist ... Beelzebub (8. 4. 2), d. i. der alte Gott ... Als zweite Ordnung folgen die Lügengeister ... Ihr Fürst ist jene Schlange Python (8. 11) ... Die dritte Ordnung ist die der Gefäße der Ungerechtigkeit ... Ihr Fürst ist Belial (8. 4. 1) ... Die vierte Ordnung ist die der Rächer der Verbrechen. Ihr Fürst heißt Asmodeus (8. 4. 5) ... In der fünften Ordnung folgen sodann die Zauberer ... Ihr Füst heißt Satan (8. 1. 2) ... Die sechste Ordnung ist die der Gewalten der Luft ... Ihr Fürst heißt Meririm ... In der siebenten Ordnung befinden sich die Furien ... Ihr Fürst heißt in der Offenbarung auf Griechisch Apollion, auf Hebräisch Abbaddon, d. i. der Vertilger und Verwüster (8. 4. 7). Die achte Stelle nehmen die Ankläger oder Auskundschafter ein, deren Fürst Astaroth (8. 10. 1), d. i. der Kundschafter, auf Griechisch Diabolos, oder der Ankläger und Verläumder heißt ...

Die letzte (neunte) Ordnung endlich nehmen die Versucher oder Nachsteller ein, welche sich einzeln den Menschen zugesellen, und die wir deßhalb böse Genien nennen. Ihr Fürst heißt Mammon und bedeutet die sinnliche Lust. (Magische Werke, Bd. 3, S. 108–111, gekürzt)

Im lateinischen Original von 1533 heißt die Stelle:

Porrò ultimum locum habent tentatores siue insidiatores, qui singulis hominibus singuli adsunt, quos iccirco malos gneios uocamus, & princeps eorum Mammon, qui interpretatur cupiditas. (pag. CCXLV)

Nach Agrippa werden pauschal alle Fürsten der bösen Dämonen „Teufel genannt".

Im „Handwörterbuch des Deutschen Aberglaubens" heißt es unter dem Stichwort „Mammon" (17, Bd. V, Sp. 1560):

Unter den in (Georg Rudolph) Widmanns Faustbuch (von 1599) genannten Regenten der Hölle ist Mammon derjenige, welcher die „Finantzer, Wucherer, Schinder u. a." regiert ... Als Dämon der Reichtümer beschwören ihn darum auch nach (Martin Antonius) Delrio (1551–1608) die Schatzgräber: his incubonibus thesauricis aiunt perfectum (1. prefectum) M., quem veteres Plutum dixere, hunc incantatores, fere semper irrito conatu conjurant, et plerumque cum vitae utriusque, nusquam non cum meliores vitae amissione, (in der Schrift Disquisitionis magicae [Köln 1679], 310) wie er ihn dann weiter nennt: Deus divitiarum, sicut et Hebraeis seu Syris, Mammona" (312).

In der Hygromanteia Salomos, der griechischen Rezension der Clavicula Salomonis [Licht u. Finsternis, Bd. 2, 299–306: 5. 2. 1] ist der Dämon der I. Stunde des 2. Tages. Als Μαμονάς begegnet er in weiteren byzantinischen Zauberbüchern und als Μαμουνάς, der Dämon, in einem byzantinischen Amulett. Nach (Jacques Albin Simon) Collin de Plancy (1793–1837, in seinem Dictionnaire Infernal, ou Recherches et anecdotes sur les demons ... [Paris: 1818]) ist er der Dämon der Habsucht und spielt in der höllischen Pseudomonarchie die Rolle eines Gesandten des Teufels in England. Delrio bespricht auch ein Amulett, das Kranke am Hals tragen mußten und auf dem unter anderem die Dämonen-Namen standen: „Bulfar, Narthim, Oleasar, Bilech, Mammon, Oriens" etc.

Das Wort „Mammon" als personifizierter Dämon erscheint erstmals im deutschen Sprachraum etwa mit Widmann. Durch die Bibelübersetzung Martin Luthers (1483–1546), die im Erstdruck 1522 erschien, kam der Begriff auch in seiner ursprünglichen Bedeutung von „Reichtum, Geld" zur Geltung.

Wann eine Identität des Mammon mit dem Gott des Reichtums, Pluto, angenommen wurde, die gelegentlich in mittelalterlichen Dämonologien anzutreffen ist, kann nicht gesagt werden. Bei Delrio ist sie jedenfalls, quem veteres Plutum dixere, bekannt. In der griechischen Mythologie ist Plutos, Sohn des Jason und der Demeter, zwar der Gott des Reichtums, aber oft auch nur das Appellativum „Reichtum". Da der Reichtum der vornehmlich Ackerbau betreibenden Griechen der Getreidevorrat war, wurde Plutos zum Sohn der Getreidegöttin oder auch als Synonym für Hades, den Gott der Unterwelt, den Sohn des Kronos und der Rhea (8. 10. 4. 1. 1), zum unterirdisch herrschenden Gott des Reichtums. Dieser Übergang des Herrschers über die Schätze der Erde, wie die Ackerfrüchte und die Metalle, zum Herrn der Toten wird im 6. Jahrhundert v. u. Z. in Eleusis angenommen.

Zu den ursprünglichen Vorbildern des Teufels, zumindest für seine äußere Gestalt, aber auch für einige typische Charakteristika seines Wesens, gehört die aus archaischer Vorzeit stammende Tiergottheit, die in der antiken Götterwelt zur mythischen Bocksgestalt des „Großen Gott Pan" wurde. Er ist wohl in der Tat das eigentliche Vorbild des Satans im mittelalterlichen Hexensabbat.

8.5
Die vielschichtige Gottheit Pan und die Beziehungen zum Teufel

Der griechische Gott Pan, mit menschlichen und tierischen Zügen eines Bockes, war der Hüter der Viehherden Arkadiens, das in alter Zeit Pania, Pans Land, hieß. In manchen griechischen und noch älteren Mythen war er ein Sohn des Hermes und der Nymphe Dryope, einer Tochter des Dryops. Dieser war wiederum als Sohn des Apoll und der Dia, der Anführer des Volkes der Dryoper am Berg Parnassos. Nach anderer Überlieferung entstammte Pan einer Verbindung der Nymphe Oineis oder der Penelope, der Gattin des Odysseus, und des Hermes, der in der Gestalt eines Widders mit einer der Damen geschlafen hatte. Schließlich galt er auch als der Sohn der in Ziegengestalt wandelnden Nymphe Amaltheia. Pan dürfte trotz seiner widersprüchlichen Herkunft mit Sicherheit ein archaischer, tiergestaltiger, in vielen Landschaften heimischer Vegetationsgott gewesen sein, der (ähnlich wie sein jüdisch-christlicher, von

8.5.1
Pan in der griechischen Mythologie

„heidnischen" Göttern abstammender, also dämonischer „Kollege" Satan) die Bocksgestalt seiner ursprünglichen archaischen, tierdämonischen Bedeutung verdankte. Wir finden seine „Urgestalt" im ägyptischen Pan, auf den wir später eingehen. Bei seiner Geburt trug Pan Hörner, einen „Hippenbart", einen Schwanz und Ziegenfüße. Seine äußere Gestalt besaß so eine frappierende Ähnlichkeit mit dem im kleinasiatischen Raum entstandenen Teufel. Seine Häßlichkeit veranlaßte im Mythos seine Mutter, vor ihm zu fliehen. Sein Vater, der göttliche Hermes Trismegistos, soll ihn zur Belustigung der Götter mit auf den Olymp genommen haben. Pan war nach einer anderen Version der Mythe ein Ziehbruder des Zeus und damit nach der Genealogie des Olymp älter als Hermes. Die Widersprüche seiner Abstammung sind evident. Bald wird er als ein Sohn des Kronos und der Rhea, bald als Sohn des Zeus und der Hybris angesehen. Es zeigt sich deutlich, daß Pan aus der vormythischen Zeit in verschiedenen Formen und unter verschiedenen Aspekten in die hellenische Götterwelt integriert wurde, ohne daß man eigentlich wußte, woher er kam.

Im Gegensatz zu den übrigen Göttern lebte er nicht auf dem Olymp, sondern in seinem Stammland Arkadien. Hier war er ursprünglich „zu Hause". Er bewachte dort Viehherden und Bienenstöcke. An den Lustbarkeiten der Bergnymphen nahm er regen Anteil. Den Jägern half er, ihre Beute zu erjagen. Im Grunde genommen faul, arbeitsscheu und schläfrig, vertrieb er jedoch seine Störenfriede mit einem lauten, unheimlichen Schrei. Das Wort „Panik" stammt von dieser für den Menschen weniger sympathischen Eigenart des Pan.

Pan war trotz seines Müßigganges ein eifriger Schürzenjäger. Sein Geschlechtstrieb war sehr stark ausgeprägt; er rühmte sich, alle trunkenen Mänaden des Dionysos verführt zu haben. So trieb er es auch mit der Nymphe Echo, die ihm Iynx gebar. Mit Eupheme, der Amme der Musen, zeugte er Krotos, den Bogenschützen, der später in den astronomischen Tierkreis versetzt wurde. Als Pan versuchte, die keusche Pitys zu vergewaltigen, entkam ihm diese nur dadurch, daß sie in eine Fichte verwandelt wurde. Die von ihm verfolgte Syrinx verwandelte sich in Schilfrohr. Da Pan sie unter dem anderen Schilfrohr nicht ausmachen konnte, schnitt er einige Schilfrohre ab und verfertigte sich hiervon eine Flöte, die berühmte Panflöte. Sein größter Erfolg unter seinen *Pan und Selene* zahlreichen Liebesabenteuern war die Verführung der Selene. Dazu versteckte er seine haarige und dunkle, bockhafte Gestalt unter wohlgewaschenen weißen Fellen. Selene erkannte ihn nicht und war bereit, auf seinem Rücken zu reiten und mit ihr tun zu lassen, was ihm gefiel (Lukian, Dialoge der Götter XXII, 4).

Durch die geschlechtliche Verbindung Pan/Selene geraten wir bereits in die Nähe des Mythenkreises um Satan/Luzifer/Teufel und seine lunaren Beziehungen. Ranke-Graves weist auf diese Zusammenhänge hin (14, Bd. I, S. 90):

Pan, dessen Name gewöhnlich von $\pi\alpha\epsilon\tilde{\iota}\nu$ = „weiden" abgeleitet wird (aber auch von $\pi\tilde{\alpha}\nu$ = „das All", wohl besser von „alle", da alle Götter des Olymp ihn gerne hatten, Anm. d. Verf.), ist eine Mythologisierung des „Teufels" oder „aufrechten Mannes" des arkadischen Fruchtbarkeitskultes, der dem Hexenkult des nordwestlichen Europas sehr ähnlich ist ...

Da Hermes, der Sage nach, den Orgien der Mainaden in Gestalt eines phallischen Steins (der ursprünglichen Hermes-Stele), des Zentrums des Kults, beiwohnte, hielten die Schafhirten ihren Gott Pan für Hermes' Sohn ... Hermes, der Zeus durch die Vergewaltigung der Maia (des Titels der Erdgöttin als Alte Frau) geboren wurde, war ursprünglich kein Gott, sondern die totemistische Macht einer phallischen Säule. Solche Säulen waren der Mittelpunkt orgiastischer Tänze zu Ehren der Göttin ... Der Besuch des Hermes bei Penelope in der Gestalt eines Bockes — der Bocksteufel ist im nordwestlichen Hexenkult so häufig wie die Ziege —, ihre kollektive Schwängerung durch alle anwesenden Bewerber sowie die Behauptung, daß Pan mit jeder der Mainaden geschlafen habe, beziehen sich auf die orgiastische Natur der Festlichkeiten zu Ehren der Fichtengöttin Pitys oder Elate. Die arkadischen Bergbewohner waren die primitivsten (und wahrscheinlich auch ethnisch ältesten) Einwohner Griechenlands ...

Diese Anmerkungen Ranke-Graves' führen uns in eine archaische Zeit zurück, in der die Vegetations- und Fruchtbarkeitskulte im östlichen Mittelmeerraum bei nahezu allen Anliegern noch weitgehend identisch waren. Eine direkte ideengeschichtliche Verbindung dieser Bocksgestalt zum Anführer des mittelalterlichen Hexensabbats ist augenscheinlich. Diese ursprüngliche Kultform ist erst später durch die kulturelle und religiöse Weiterentwicklung innerhalb der einzelnen Mittelmeerkulturen modifiziert und mit unterschiedlichem Erfolg sittlich und ethisch „gereinigt" worden. Durch die Umformung und die Unterdrückung der ursprünglichen, stark sexual-magisch geprägten Kulte und Rituale wurde das recht sinnliche irdische Geschehen in den sich entwickelnden Hochreligionen spiritualisiert. So entstand schon in jener Frühzeit eine „Untergrundkultur", welche diese Spiritualisierung und Verdrängung des Sexuellen durch das Christentum in ihren Mysterienkulten nicht vorwegnahm. Ein bestimmter Teil dieser „Untergrundkulturen" bewahrte rudimentär die alten Mythen und Rituale. Zu dieser Gruppe müssen wir auch die von uns zu behandelnden Satanisten rechnen.

Wenn wir bisher die Gestalt des Gottes oder Halbgottes Pan aus der Sicht des griechischen Mythos betrachtet haben, wollen wir jetzt noch einen wichtigen Aspekt des Pan berühren, der ihn auch als ursprüngliche Gottheit des Alten Ägypten ausweist.

8.5.2
Der ägyptische Pan

Auf der Suche nach dem ägyptischen Pan müssen wir uns im heutigen Ägypten in die Ruinen in der Nähe des Dorfes Timai el Amdîd im Nildelta begeben, wo im Alten Reich der Gau Hat-mehit (XVI) am östlichen Mündungslauf des mittleren Nilarms mit den beiden Städten Mendes und Thmuis auf dem westlichen Ufer lag. Die Gaugöttin Hat-mehit (die Erlesene der Fische), mit einem Fisch als Totem, den Nilfisch Lepidotos, vielleicht aber auch einem Delphin aus dem nahen Mittelmeer auf dem Haupt, tritt gegenüber dem Stadtgott von Mendes, einem Widder, zurück. Die im Griechischen benannte Stadt Mendes hieß altägyptisch Dêdet. In ihr stand ein prächtiger Tempel, der dem

8.5.2.1
Der Bock von Mendes

heiligen Ziegenbock Ba-neb-dêdet, dem „Bock, Herr von Dêdet", griechisch Bendêtis, gewidmet war. Er wurde von den Ägyptern zwar in der Überlieferung aus ältester Zeit immer noch als ein Widder dargestellt, aber von den Griechen richtiger als τράγος, also als ein „Ziegenbock", bezeichnet. Der Bock von Mendes war ein zeugungsgewaltiger Fruchtbarkeitsgott, der die Frauen veranlaßte, zu ihm zu beten, wenn sie ein Kind erwünschten. Auch der verstorbenen Böcke, die dort bestattet waren, wurde gedacht. Herodot berichtet von einer großen Trauerfeier, die der ganze Gau von Mendes nach dem Tod des heiligen Bocks abhielt:

Der Grund, weswegen die genannten ägyptischen Gaue keine Ziegen und Böcke opfern, ist folgender: Die Bewohner von Mendes rechnen zu dem Kreis der acht Götter auch den Pan und behaupten, dieser Acht-Götter-Kreis sei älter als der Zwölf-Götter-Kreis. Nun malen die Maler und meißeln die Bildhauer den Pan aber ähnlich wie die Hellenen, nämlich mit Ziegenkopf und Bocksfüßen, glauben freilich nicht, daß diese Darstellung richtig ist, sondern glauben, daß er ebenso aussieht wie die anderen Götter. Warum sie ihn trotzdem so darstellen, wüßte ich aber nicht leicht zu sagen. Jedenfalls aber werden in Mendes alle Ziegen heilig gehalten, die männlichen noch mehr als die weiblichen, und die Ziegenhirten stehen in höherem Ansehen als die anderen Hirten. Ein bestimmter Ziegenbock aber wird ganz besonders verehrt, und wenn er stirbt, herrscht im ganzen Gau von Mendes tiefe Trauer. Der ägyptische Name aber sowohl für den Bock wie für den Pan ist Mendes. Als ich dort war, ereignete sich im Gau von Mendes folgende wunderbare Begebenheit: ein Bock paarte sich öffentlich mit einer Frau. Alle Welt erfuhr davon (II, 46).

Unser Gewährsmann Herodot(os), der etwa um 490 in Halikarnassos geboren wurde und etwa um 425–420 v. u. Z. starb, beschreibt hier auf seiner Studienreise durch Ägypten den Bockskult von Mendes (Dêdet). Der von ihm erwähnte sodomitische Akt einer Paarung eines (heiligen) Bocks mit einer Frau kann hier nur als eine der ältesten Formen der sakralen Prostitution angesehen werden, die wahrscheinlich auf eine viel ältere Überlieferung aus dem Alten Reich zurückzuführen ist. Wenn Herodot seinen ihm bekannten griechischen Pan mit dem ägyptischen Ba-neb-dêdet identifiziert, so ist das keineswegs ein Phantasieprodukt unseres Gewährmannes, sondern die Konsequenz aus den übereinstimmenden Fakten der beiden Kulte. Tiergottheiten sind eindeutig ein Relikt aus archaischen Zeiten. Wir können hier in die Frühgeschichte Ägyptens zurückgehen bis auf die Gaubildung, die wir in das 4. Jahrtausend v. u. Z. zu setzen haben. Wohl dürfen wir annehmen, daß „der Bock von Mendes" ursprünglich ein Widder gewesen ist, doch ist eine Verwechslung oder Wandlung von Schaf und Ziege unter den ägyptischen Tiergottheiten aus der Geschichte des Schafes zu erklären. Jean Yoyotte schreibt zum Stichwort „Schaf" im Dictionnaire de la civilisation égyptienne (36, S. 228–229):

Die älteste in Ägypten gezüchtete Rasse (Ovis longipes paleo-aegyptica) war kenntlich an ihrem hohen Wuchs, dem langen Schwanz und vor allem an den Hörnern, die sich auf beiden Seiten des Kopfes waagrecht spiralig nach außen drehten. Die Widder trugen eine prächtige Mähne. Diese Rasse starb in Ägypten schon im 2. Jahrtausend v. Chr. aus . . . Die älteste

Abbildung eines mumifizierten Widders stammt aus der 1. Dynastie (3. Jahrtausend)! Widder-gestaltige Gottheiten waren in der Tat sehr zahlreich ... so z. B. der Gott Herischef (grie-chisch Harsaphes) von Herakleopolis; der Widder von Mendes, dessen riesiger Granitschrein noch heute auf der verödeten Stätte zu sehen ist, die einst seine Stadt war; schließlich der Gott Chnum, der berühmteste aller Widdergötter ... Alle diese Götter hatten die Gestalt des Widders der älteren Schafrasse. Nachdem aber das irdische Abbild dieser großen Götter seit dem Mittleren Reich verschwunden war, sah man sich gezwungen, entweder die Widder der jüngeren Rasse (Ovis platyra aegyptica) als heilige Tiere zu inthronisieren oder, an an-deren Plätzen, den Bock der Mamber-Ziege, einer in Ägypten sehr häufigen Ziegenart. Daher spricht Herodot von dem „Bock von Mendes". Aus den religiösen Darstellungen konnten beide jedoch die ausgestorbene Rasse nicht verdrängen. Seit Urzeiten waren diese Widder-götter mächtige Wesen, in denen die Kräfte verborgen lagen, die die Entstehung des Lebens garantierten. Ihr Gehörn bildete einen Bestandteil verschiedener magischer Kronen, die von Göttern und Königen getragen wurden, und sie waren der Inbegriff des Schreckens, den das Übernatürliche verbreitet. In den Hieroglyphen diente der Widderkopf als Ausdruck des Ansehens und der Macht ...

Wir können mit Sicherheit behaupten, daß der ägyptische Bocksgott von Mendes, den Herodot in richtiger Vermutung mit dem griechischen Pan in Verbindung gebracht hat, der ursprüngliche bocksgestaltige Gott gewesen ist, der in der späteren Kommunikation der mittelmeerischen Völker untereinander mit dem archaischen Gott Pan aus Arkadien zumindest in seinem äußeren Habi-tus und seinem starken Sexus als zeugungsgewaltiger Gott verschmolz.

Herodot berichtet an dieser Stelle über den „Acht-Götter-Kreis", der nach Ansicht seiner damaligen Gewährsleute älter war als der zu Herodots Zeiten verehrte „Zwölf-Götter-Kreis". Zu dem Kreis altägyptischer Götter, die hier nicht näher bezeichnet werden, gehörten wahrscheinlich auch die sieben Planeten-götter: Ra oder Rê, der Sonnengott; Isis, die Mondgöttin und Schwester des Osiris; Thoth, ursprünglich der ibisgestaltige Mondgott, der von den Griechen mit Hermes-Merkur gleichgesetzt wurde; Ptah, der bei den Griechen mit Vulkan und Mars gleichgesetzt wird; Typhon, die sengende Gluthitze des Saturn; Ammon, dem Jupiter gleichgesetzt, und Neith-Urania, die ägyptische Venus, auch mit Isis und Bubastis gleichgesetzt. Und weiter heißt es bei Herodot (II, 145):

Bei den Hellenen galten als die jüngsten Götter Herakles, Dionysos und Pan. Bei den Ägyp-tern dagegen ist Pan der älteste Gott des Acht-Götter-Kreises, also der ältesten Götter-dynastie. Und Herakles gehört zu dem zweiten Götterkreis der zwölf Götter und Dionysos zu dem dritten, der von dem letzteren abstammte. Wieviel Jahre nach Meinung der Ägypter zwischen Herakles und dem König Amasis liegen, habe ich oben schon auseinandergesetzt. Bis zu Pan sind es also noch mehr Jahre, bis zu Dionysos weniger, und doch rechnen sie auch von Dionysos bis Amasis noch fünfzehntausend Jahre. Die Ägypter wollen das ganz be-stimmt wissen, da sie beständig die Jahre der Könige und Oberpriester berechnen und aufschreiben.

Herodot bezieht sich hier auf die Zeitrechnung des Hekataios aus Milet, eines Geschichtsschreibers, der um 500 v. u. Z. lebte. Der Dionysos-Kult wird aber bereits in der Linearschrift B der Tontafeln von Knossos auf Kreta und Pylos in Messenien aus der Mitte des 2. Jahrtausends v. u. Z. erwähnt. Folgen wir der Vermutung des Herodot, so gehört Pan zu den ältesten ägyptischen Göttern. Über unsere eigene Vermutung haben wir bereits berichtet. Herodot fährt fort:

Dagegen liegen zwischen dem hellenischen Dionysos, der ein Sohn von Kadmos' Tochter Semele gewesen sein soll, und dem heutigen Tage nur etwa eintausendsechshundert Jahre, und von dem hellenischen Herakles, dem Sohn der Alkmene, bis heute nur neunhundert Jahre, und von Pan, dem Sohn der Penelope — der hellenische Pan ist doch des Hermes und der Penelope Sohn —, nur achthundert Jahre, noch weniger als vom troischen Kriege bis heute.

Was nun Dionysios und Pan betrifft, so mag man derjenigen Sage folgen, die man für glaubwürdiger hält. Meine eigene Meinung über die Herkunft der hellenischen Götter habe ich bereits dargelegt. Wenn Dionysos, der Sohn der Semele, und Pan, der Sohn der Penelope, sich ebenso wie Herakles, des Amphitryon Sohn, als Heroen berühmt gemacht und in Hellas ein menschliches Leben geführt hätten, dann könnte man ihnen ebenso wie von Herakles sagen, sie seien sterbliche Menschen gewesen, denen man die Namen älterer Götter beigelegt hätte. Nun erzählen aber die Hellenen, daß Zeus den Dionysos gleich nach seiner Geburt in seine Hüfte eingenäht und ihn nach Nysa in Äthiopien, jenseits von Ägypten, gebracht habe; und von Pan wissen sie überhaupt nichts zu sagen, wohin er gekommen ist. Darum bin ich überzeugt, daß diese beiden Götter den Hellenen noch später bekannt geworden sind als die anderen Götter. (37, S. 146)

8.5.3

Pan als Gottheit mehrerer chthonischer Göttergenerationen

Kerényi weist bei dem Versuch, Pan in die richtige Göttergeneration einzustufen, darauf hin, daß es einen Pan in mehreren griechischen Göttergenerationen gegeben hat:

Unser großer Dichter und Mythologe, Aischylos, unterschied zwei Pane: einen Sohn des Zeus, den Zwillingsbruder des Arkas, und einen Sohn des Kronos. Die Unterscheidung verschiedener Pane kam auch in zusammengesetzten Namen zum Ausdruck, wie Titanopan, Diopan, Hermopan, jeweils nach dem Vater so genannt, oder Aigipan, der „Ziegenpan", wenn man keine Eltern angeben wollte. Im Gefolge des Dionysos oder in Darstellungen von Szenen in der wilden Natur erschienen nicht nur ein großer Pan, sondern auch kleine Pane, Paniskoi, in derselben Rolle wie die Satyrn ... Die Ähnlichkeit mit den Satyrn, die zuerst sicher in Mehrzahl da waren, hat nur Zersplitterung und Vervielfachung des Gottes Pan beigetragen, der ursprünglich vielleicht überhaupt nur neben einem Zwillingsbruder da war und die dunklere Hälfte eines männlichen Götterpaares.

Man wird Eigenschaften schon erkannt haben, die ihm in zahlreichen kleinen Geschichten zugeschrieben wurden: das Dunkle, Schreckenerregende, Phallische, aber nicht immer Bösartige. Freilich konnte er auch bösartig werden, zumal wenn man in der Mittagsstunde seinen Schlaf störte. Er führte den Reigen der Nymphen in der Nacht, führte auch den Morgen heran und hielt von den Bergspitzen Ausschau. Es wurden manche Liebesgeschichten von ihm erzählt, in denen er Nymphen verfolgte, oft mit demselben Erfolg wie Apollon die Daphne: die Nymphe Pitys verwandelte sich in eine Fichte, Syrinx in das Schilfrohr, aus dem Pan die syrinx, die aus einer Reihe von Rohren bestehende Hirtenflöte, verfertigte. Echo, von Pan verfolgt, wurde zu bloßer Stimme, zum Widerhall. Pans besondere Liebe galt aber Selene. Darüber wurde erzählt: Die Mondgöttin wollte dem dunklen Gott nicht folgen. Da kleidete sich Pan in weiße Schafspelze und lockte so die Geliebte zu sich. Er trug sie sogar

158

auf dem Rücken. Es ist freilich nicht sicher, ob er von Anfang an diese Verwandlung brauchte, um die Rolle des erfolgreichen Liebhabers zu spielen, die sich immer wieder von der Dunkelheit umfangen läßt. (12, S. 172–73)

Kerényi deutet hier auch auf eine mögliche Funktion hin, nämlich der des Abend- und Morgensterns. Er leitet hier die Nacht mit dem Nymphenreigen ein und führt den Morgen heran, welcher auf den Bergspitzen zuerst in Arkadien auftaucht. Wir dürfen daher annehmen, daß auch Pan den Charakter des Planeten Venus, zumindest in bestimmten Teilen seines Wirkungsbereichs, besessen hat und damit im Techtelmechtel mit der Mondgöttin nahe Beziehungen zu den dunklen Mächten der alten Götterwelt besaß.

Interessant ist die Interpretation des Wesens des göttlichen Pan durch den Medizinhistoriker Werner Leibbrand (1896–1974) in seiner Geschichte des Eros und Sexus (38). Auf eine Arbeit des Altphilologen R. Herbig, „Pan, der griechische Bocksgott" (Frankfurt/Main: 1949), eingehend, meint Leibbrand:

Herbig macht darauf aufmerksam, daß von allen Geburtsmythen des Pan gerade jene Abstammung von Hermes das Wesen Pans am deutbarsten macht, seinen Hang zum Schweifenden, die Verbindung mit Widder und Ziegenbock und die Erfindung seines musikalischen Instrumentes, der Syrinx. Übereinstimmend ist die mütterliche Herkunft aus dem nymphischen Bereich der wildwachsenden Natur. Nymphen sind seine Mütter, seine Pflegerinnen, seine Gefährten bei Spiel, Tanz, Musik und seine Objekte erotischer Annäherung. Sein Eros ist wie sein Wesen ständig schweifend; er besitzt keine feste Bindung, keine Geliebte oder Gattin. Alles ist vielmehr elementar an ihm, er ist sexueller Trieb schlechthin und damit auch Sinnbild zeugender Kraft. Seine enge Verbindung zu Hermes erklärt die Errichtung von Panhermen. Wie die Satyrn und vor allem Priap wird er meist ithyphallisch dargestellt. So bespringt er ursprünglich Geißen als Erzeuger und Herdenmehrer, er gesellt sich zu Nymphen und verfolgt im menschlichen Bereich Frauen in erotischer Absicht, aber auch schöne Knaben. Dieser Wesenszug Pans erhält eine weitere Beleuchtung in der Schilderung des Diogenes von Sinope durch Dion von Prusa (Dionis Prusaensis quem vocant Chrysostomum quae extant omnia, Berlin: 1893, Vol. I. 83 ff.). Dion behandelt des Diogenes rigoristische Lebensweise, seine Askese in Nahrung, Kleidung, den Jahreszeiten gegenüber, sein beständiges Anpassen des Leibes an alle Unbilden der Natur und der Lebensumstände, seine Unabhängigkeit von jeder Art Luxus. Dennoch aber ist Diogenes „nicht dem Leibesinteresse abhold", wie es die Dummen etwa vermeinen könnten. Sein Leben befindet sich in Harmonie mit dem Wechsel der Natur, sie verleiht Seelenruhe und körperliche Gesundheit ... Einklang mit der Natur bedeutet dagegen Liebe zur vegetarischen Ernährung, zum Wassertrinken an Stelle des Weines, Bedürfnislosigkeit, die keinesfalls identisch mit Genußlosigkeit ist. Gerade der Nicht-Verweichlichte ist in der Lage, den Genuß unverdorbener Naturgüter zu erfahren, so verhält es sich auch mit der Erotik ... Schließlich fährt Dion von Prusa fort, Diogenes habe erzählt, „den Sexualakt in dieser Weise spielend zu betreiben, sei eine Erfindung des Pan, als er, von Lust nach der Nymphe Echo ergriffen, diese nicht finden konnte und Tag und Nacht durch die Berge getrieben wurde. Da habe Hermes selbst ihn dieses gelehrt aus Mitleid mit dessen Notlage, da er doch sein Vater war. Als Pan dies gelernt habe, sei er von der Überanstrengung (des Suchens nach Echo) befreit worden, und von Pan haben die Hirten gelernt, von dieser Art Gebrauch zu machen ..." (38, I, S. 115–16)

Pan wird hier also in der Kunst des Onanierens von seinem Vater Hermes unterrichtet, um diese Technik der Selbstbefriedigung dann an die „Hirten", also an die Menschen, weiterzugeben.

Diese mit Genuß verbundene Selbst-Befriedigung des Sexualtriebes, deren Erfinder Hermes und Pan sind, hat Herbig veranlaßt, auch die Pausaniasstelle vom Pan solutis in diesem Sinn zu deuten: Pan als Löser und Befreier sexueller Spannungen. Interessant ist diese Auffassung Pans im Zusammenhang mit der stoischen Ethik, die zu einer merkwürdigen These führt. Bedürfnislosigkeit ist nicht identisch mit Genußlosigkeit, d. h. hier, der Genuß fließt vielmehr aus der Anspruchslosigkeit im Essen, Trinken und in der Betätigung „der Gabe Aphrodites" (Onanie). Es soll also durch dieses rousseauisch anmutende Naturideal erhalten bleiben und endet in der Erotik folgerichtig in einem weltanschaulich begründeten Solipsismus. Abgeleitet aus der Urtriebhaftigkeit Pans, aus dem Mythos, bedeutet er in dieser Weltschau einen Wert ...

Elementar wie sein Trieb sind auch das plötzliche Erscheinen und Verschwinden von Pan. Panischer Schrecken und panisches Dasein der im heißen Mittagsglast ruhenden Natur sind bis heute Ausdruck bestimmter menschlicher Erlebnisphänomene. Gelegentlich wird Pan eine pflegerische Funktion für die Herden zuerkannt, er erscheint bildhaft als Widderträger mit einem Widder auf der Schulter. Diese Vorstellungen vom guten Hirten dringt später in den frühchristlichen Darstellungskreis ein. Pan ist hier nicht nur Gott der Hirten, er ist auch gleichzeitig Gott der Fischer und Jäger ...

Pan ist ein echter, wenn auch niederer Gott; im Olymp ist er nicht heimisch, aber er gehört in späterer Zeit dem Thiasos des Dionysos an, ist Mitglied des bacchischen Schwarmes und auch im dionysischen Theater vertreten. Neben der charakteristischen Beziehung zu Dionysos hat Pan wesenhafte Verbindung zur thebanischen Kybele, er ist ihr Hund als Begleiter, und in Gesellschaft von Aphrodite tritt er als Spielgefährte auf ...

Der hellenische Kult des arkadischen Hirtengottes — außerhalb der orphischen Lehre, durch die er dann offenbar im Rom der Kaiserzeit erscheint —, zeigt eine große Verbreitung in ganz Griechenland ...

Entsprechend seiner ländlichen Natur lagen seine Kultstätten im Wald, Feld, Gebirge, in bäuerlichen Gemeinden. Seine Lieblingssitze sind Berge, Bäume, Höhlen oder Grotten. Dort befanden sich die Bildwerke des Gottes. Ziegen- oder Rehfell, Hasenwurfholz und die Syrinx, Flöte oder Leier sind seine Attribute ...

Daß Pan ein echter Gott, allerdings ein niederer Gott der Fruchtbarkeit, zuständig für die Vermehrung von Bodenerzeugnissen, von Herden und auch für die Fruchtbarkeit der Frauen von Bedeutung war, ist sicher. Seine schon bemerkte ithyphallische Darstellung weist darauf hin.

Es gibt Abbildungen sexueller Betätigungen von Paninnen an Panhermen und von Liebesopfern im Panheiligtum, aber diese Darstellungen sind doch selten, und von großen sexuell orgiastischen Kulten, großen Prozessionen wie im Dionysoskult mit seinen Phallophorien, von ausgedehnten Festen und Opfern ist nichts bekannt. Der Pankult ist auf das ländliche Leben beschränkt, ist schlicht und bescheiden, solange er auf griechischem Boden verbleibt. So ist er in seiner Verbindung mit Dionysos, der thebanischen Kybele oder Aphrodite untergeordneter, dienender Gott; dennoch zeigt gerade diese Verbindung seine Zugehörigkeit zu zeugenden Kräften.

Ganz anders aber ist die Vorstellung von Pan als Allgott aufzufassen. Wann dieser Gedanke auftaucht, ist nicht sicher zu entscheiden ... Die ältere Meinung, besonders von Roscher (in seiner Schrift „Pan als Allgott", Leipzig 1893) vertreten, sieht die Ursache dieser

Umdeutung des arkadischen Hirtengottes zum Allgott Pan in der Identifizierung, die die Griechen von Pan mit früheren Allgöttern der Ägypter vorgenommen hätten. Diese Entwicklung wird in Hellas ins 7. bis 6. Jahrhundert v. Chr. verlegt, soll sich vor allem durch die Orphik weiterverbreitet haben und dadurch in die stoische Lehre getragen worden sein; im römischen Kaisertum habe sie ihre größte Rolle gespielt. Roscher weist auf den Unterschied zwischen beiden Auffassungen hin: die Orphik betone mehr den kosmisch-pantheistischen Charakter der Gestalt Pans, während die Stoa in ihrem Rationalismus den kosmologischen Standpunkt allegorisch deute. Bei beiden wird die äußere Gestalt des arkadischen Gottes beibehalten.

Moderne Forschungen lehnen diese Identifikationssynthese von Pan mit dem ägyptischen Pantheismus ab und lassen Pan als Allgott nicht vor dem Hellenismus erscheinen. Literarisch zuerst beglaubigt wird diese Theorie jedenfalls in der neronischen Zeit, und zwar von Cornutus. Sie ist für die Kaiserzeit sicher festzustellen.

Zwei spätere Kultlieder (etwa um 200 n. Chr.), ein epidaurischer Hymnus und der 11. orphische Hymnus auf Pan, zeigen in aller Deutlichkeit das spätere Panbild als Allgott, dessen äußere Gestalt stets die des alten Bocksgottes bleibt. In der epidaurischen Hymne wird er „Stütze des Alls" genannt, der die olympischen Götter mit „ambrosischer Musengabe netzt", wenn er zum Olympos hinaufsteigt. Er bleibt dabei Nymphenführer mit der Syrinx, die er erfunden hat. Im orphischen Hymnos ist er „dem All entsprossen, Allerzeuger, vielnamiger Gott, Weltenherrscher, Mehrer, Lichtträger, Fruchtbringer, Paian, Grottenbewohner, Strenggesinnter, wahrer Zeus, Gehörnter" . . .

Hier finden sich ebenfalls bereits Parallelen zum Luzifer/Satan, der in seinem vorchristlichen, noch positiven Aspekt als „Lichtträger" uns besonders noch im folgenden Kapitel beschäftigen wird. Leibbrand führt die spätere Identifikation des Pan mit dem Luzifer auf die von Plutarch (um 46–120) in seiner Schrift „De defectu oraculorum" im Kapitel 17 erwähnte Sage vom Tod des „Großen Pan" zurück. Dem Mythos nach war Pan der einzige Gott, der in irdischer Zeit starb. Der ägyptische Steuermann Thamus befand sich nach dieser Mythe auf der Reise von Griechenland nach Italien. An der epirotischen Küste der Paxosinsel hörte er eine göttliche Stimme über das Meer rufen: „Thamos, bist du da? Wenn du nach Palodes kommst, verkünde dort, daß der Große Gott Pan gestorben ist." Thamos tat, wie ihm geheißen, und an allen Küsten erhob sich lautes Klagen und Weinen. In Rom verbreitete sich die Nachricht sehr rasch. Kaiser Tiberius habe die Nachricht vom Tode des Gottes Pan durch Philologen untersuchen lassen und dem Thamos geglaubt. Ranke-Graves meint zur Erklärung dieser eigentümlichen Legende:

Der Ägypter Thamos hat anscheinend die zeremonielle Klage Thamos Panmegas tethneke (griechisch: „der unendlich große Tammuz ist tot!") als „Thamos, der große Pan ist tot!" mißverstanden. Auf jeden Fall hat Plutarch, ein Priester zu Delphi . . . diesen Irrtum für möglich gehalten und darüber berichtet. Als jedoch Pausanias ein Jahrhundert später ganz Griechenland bereiste, fand er die Schreine, Altäre, heiligen Höhlen und heiligen Berge des Pan noch häufig besucht. (14, I, S. 90)

Leibbrand zu dieser Überlieferung über den Tod des Pan:

Bedeutungsvoll ist die Wiederaufnahme dieses Plutarchberichtes durch den Kirchenvater Eusebius (um 260–340) zwei Jahrhunderte später, der Plutarch wörtlich zitiert (Praeparatio evangelica V, 17). Für den Christen Eusebius sind die nichtchristlichen Götter sterbliche Dämonen. Sie existieren, aber nicht als Götter, ihr Tod ist die Ursache des Aufhörens der Orakel. Ihr Tod selbst ist bedingt durch den Tod und die Epiphanie Christi. Eusebius betont, daß sogar Heiden wie Tiberius den Tod der Dämonen bestätigen. Eine Gleichsetzung von Pan und Teufel findet sich bei Eusebius noch nicht; indessen sind innerhalb der Patristik die Dämonen Gefolge des Satans. Das uns hier beschäftigende Problem ist folgendes.

Verschmelzung des Pan mit dem Teufel Aus dem Plutarchbericht und aus dem des Eusebius bilden sich im christlichen Abendland jene schon angedeuteten Vorstellungen heraus, die einmal Pan mit dem Teufel und fast gleichzeitig Pan mit Christus gleichsetzen. (Der Altphilologe A. G.) Gerhard (in seinen Aufsätzen „Der Tod des großen Pan" in: Sitzungsber. d. Heidelberger Akadem. d. Wissensch., philos.-hist. Kl., Jg. 1915); „Zum Tode des großen Pan" (in: Wiener Stud. Zschr. f. klass. Philog., Jg. 1915, 323ff. und 1916, 341ff.) hat in minutiösester Weise diese Versionen vom Tod des großen Pan untersucht und diesen Fragenkreis bis in die neueste Literatur hinein verfolgt. Beide Auffassungen sind von großer Bedeutsamkeit für das kontinuierliche Weiterleben des Pan, gerade zur Zeit der lebendigsten Hexenjahrhunderte. Wichtig ist vor allem die Auffassung von Pan als dem christlichen Teufel, weil von seiten der Christen ja stets der Teufel als Gott der Hexen bezeichnet wurde.

Daß dieser mittelalterliche Teufel bildnerisch und literarisch seinen Bocksfuß mit dem des pferdehufigen Satyrn so häufig vertauscht, liegt daran, daß schon in hellenistischer Zeit im bukolischen Genre der Satyrtyp sich mit dem Pantyp vermischt und umgekehrt, so daß bocksgestaltige Satyrn an Stelle pferdegestaltiger und mit Pferdehufen versehene Pane auftreten.

Die Auffassung von Pan als Teufel taucht literarisch spätestens schon im 12. Jahrhundert auf. F. Piper hat in seinem heute noch einzigartigen Werk über „Mythologie und Symbolik der christlichen Kunst" (Weimar 1847–1851) gezeigt, daß der Zusammenhang der Antike mit der abendländischen Kunst formell und materiell niemals unterbrochen war.

Bildnerische Darstellungen von Pan als Teufel finden sich aus dem 13. Jahrhundert, als innerhalb der beginnenden Renaissance die antike Satyrgestalt dem christlichen Teufel bestimmte Züge entleiht. Da die moderne Forschung heute die bocksgestaltigen Wesen als Pane ansieht, wird man diese Satyrdarstellungen meist mit Pan gleichsetzen können. So befindet sich an der Kanzel in Pisa ein Jüngstes Gericht von Niccolò Pisano von 1620, das als Teufelsgestalt einen Satyr oder Pan zeigt. In gleicher Weise erscheint der Teufel auf den Gemälden des Campo Santo. A. Conze weist (in seiner Arbeit „Heroen und Göttergestalten in der griechischen Kunst", Wien 1885) auf das Portal der Kirche in Trau von 1240 hin, auf dem sich ein Pan mit Bocksbeinen, zwei Hörnern, langzottig, aber nicht ithyphallisch befindet. Er betont, daß gerade im Dalmatien der römischen Zeit die Panverehrung sehr stark war.

Ein hölzernes Altarbild von 1587, aus der Zeit der geläufigsten Teufelsvorstellungen also, das die Höllenfahrt Christi schildert, besitzt als Teufel eine Panfigur mit Hörnern, Schwanz und Bocksfüßen. Wernicke bekräftigt die Tatsache, „daß die mittelalterlichen Vorstellungen vom Teufel im letzten Grunde von der Figur des Pan abgeleitet sind" . . .

Von den vielen literarischen Zeugnissen ist das von (Jean) Bodin (1529–1596) hervorzuheben, dem die These Pan gleich Teufel wohl bekannt war. Innerhalb des Kapitels in seinem Hexentraktat „Über die natürlichen und menschlichen Mittel, verborgene Dinge zu erfahren" (Paris 1582) geht Bodin auf den Plutarchbericht ein. Zuvor erfolgt eine grundsätzliche Scheidung christlicher Auffassung über die Natur von allen pantheistisch oder dualistisch gefärbten häretischen Richtungen. Die schlimmste bleibt die der Manichäer vom guten und bösen Prinzip, mit dem die Erklärung verborgener Dinge auf gottlose Weise durchgeführt wird . . .

162

Der Begriff Pan ermöglicht es Bodin, des Picus von Mirandola Häresie zu decouvrieren, denn für ihn und seine Adepten gelte, daß alle Dinge der Natur von Pan tingiert seien. Pan aber bedeute Satan. „Denn alle Alten", fährt Bodin fort, „haben unter dem Begriff Pan das verstanden, was die Hebräer Satan genannt haben", und unter dem panischen Schrecken habe man immer die teuflischen Schrecken verstanden. Hier geht er auf den Plutarchbericht ein, der in seinem Werk „De defectu oraculorum" den Prinzen der Dämonen als den großen Pan bezeichne, bei dessen Tod die anderen Dämonen in lautes Wehklagen ausgebrochen seien. Eusebius bestätige diesen Bericht von Plutarch. Die Zitierung des Plutarchberichtes in der Version Pan = Teufel entspricht dem 16. Jahrhundert. Bei Bodin gewinnt diese Darstellung an Interesse, weil sie sich in seinem Werk über die Zauberer befindet und weil Bodin immer wieder den Zusammenhang von Zauberern und Hexen mit bestimmten Häresien betont.

Noch 1773 findet sich in der literarischen Tradition dieser Auffassung bei Goethe die Anspielung von Pan = Teufel, und zwar in seinem „Satyros oder der vergötterte Waldteufel". Hier tritt deutlich Pan in der Gestalt des Satyr auf, nackt, zottig, borstig, mit langen Ohren, der singend Mädchen betört, erotische Abenteuer sucht, aber gleichzeitig durch seine bezwingende Göttlichkeit alles Volk hinreißt, so daß es ihn als neuen Gott auf den Altar seines Tempels setzt. Er selbst schildert sich im Werden der Natur vom Chaos zum geordneten All als Ganzem. Hier zeigt sich deutlich die Vorstellung vom Allgott-Pan wieder, indessen wird er gleichzeitig als Teufel bezeichnet und muß schließlich als „Tier" entweichen. Noch nachhaltiger sind die theologischen und literarischen Deutungen seit der Renaissance vom Pan als Christus, Gott, Papst oder als Bezeichnung großer Persönlichkeiten. Auf alle diese Versionen, besonders auf die der neuesten Zeit, etwa die von Pan im Jugendstil, als Bürgerschreck für die viktorianische Moral oder auf seine Darstellung bei Hamsun oder in Gerhart Hauptmanns „Griechischem Frühling" sei immer wieder auf die Schriften Gerhards verwiesen. Nur ein Beispiel aus der englischen Lyrik zu Beginn des 19. Jahrhunderts muß in unserem Zusammenhang noch kurz erörtert werden, weil hier Pan in Verbindung mit einer „Witch" genannt wird. Es handelt sich um Shelleys Gedicht „The Witch of Atlas". Shelley hatte dieses Gedicht während einer mehrtägigen Wanderung in Italien konzipiert. Er selbst nannte es ein „visionäres Gedicht" . . . Worauf es ankommt, ist das Erscheinen des Pan, des „universal pan", im Zusammenhang mit der „lady-witch", der Hexe von Atlas. Ihr Auftreten liegt in einer Art goldenem Zeitalter, als die Erde noch mit den lichten Gestalten der Götter bewohnt war, die ihr eine Art Vollkommenheit gaben. Innerhalb eines elementischen Verwandlungsprozesses nimmt in der Höhle des Atlasgebirges eine große weibliche Naturmacht Bewegung und Gestalt an zu jener Witch, die voll unermeßlicher Schönheit und Liebe alle Wesen der Natur und alle Götter anzieht. Wilde Tiere werden von ihr besänftigt, alle Waldgötter eilen zu ihr, der „alte Silen", Dryope, Faun und auch Pan erscheint . . .

Pan in der Bedeutung des „universal pan", des Allgottes, wird hier in dichterischer Schau mit jener großen weiblichen Naturmacht, jener „lady-witch", zusammen genannt. Als adäquate Geister nehmen sie sich wahr . . . Diese pantheistische Naturmystik Shelleys läßt die Gestalt Pans im Zusammenhang mit einer weiblichen Naturgöttin wiedererstehen, die ihm wesenhaft in seiner Eigenschaft als „universal pan" entspricht . . .
(38, I, S. 117—127, gekürzt)

Der mit urteuflischen Attributen versehene Pan oder der panhafte christliche Teufel wird hier von Leibbrand mit einer Deutlichkeit nachgezeichnet, die uns seine Gestalt bis in unsere Zeit so verlockend gemacht hat. Auch auf dem „Weg zur linken Hand" unter den „Erleuchteten" taucht der Urgott Pan mit seinen allzu menschlichen Zügen immer wieder auf, so in den Lehren der Golden Dawn, bei Aleister Crowley und in versteckter Form in vielen Varianten.

Schon jetzt können wir feststellen, daß die Gestalt des christlichen Teufels zumindest seinem Wesen nach weitaus dem hellenistischen Mythenkreis entstammt und mit dem „gefallenen Engel" Luzifer/Eosphoros/Helal erst von den Kirchenvätern zu einem nur negativ wirkenden „bösen" Wesen und Herrscher der Dämonen verschmolzen wurde. Die Bibel hat hierbei eine völlig untergeordnete Rolle gespielt. Die von uns zitierten Texte des Neuen Testaments gaben lediglich zusammen mit denen des Alten Testaments und im Buch Henoch für die Kirchenväter den Anlaß, die Gestalt des Bösen, die unter den verschiedensten Namen und Bedeutungen bisher in den „heiligen" Schriften vorkam, als Widerpart Jesu „neu" zu ordnen. Hierbei wurden aber viel mehr die volkstümlichen mythischen Gestalten aus der hellenistischen Welt, die selbstverständlich auch den Kirchenvätern bekannt waren, zur Ausgestaltung der teuflischen Wesenheit und ihrer Charakteristika verwandt als etwa die biblische Dämonologie der alten Juden.

8.6 Luzifer, sein Ursprung und seine verschiedenen Aspekte im Wandel der Zeiten

8.6.1
Herkunft des Namens

Für den christlichen Satansbegriff steht synonym der Name Luzifer. Dieser Luzifer, der uns in der Bibel zum ersten Mal im Alten Testament als der „strahlende Morgenstern", als Helal, begegnet, wird in der griechischen Übersetzung des Alten Testaments, der Septuaginta, zum Eosphoros, dem „Lichtträger". In der lateinischen Vulgata finden wir ihn schließlich als lucifer wieder.

8.6.2
Die ursprüngliche Bedeutung

Der „Lichtbringer" oder „strahlende Morgenstern", der mit dem Planeten Venus identisch ist, war bei vielen Altvölkern bekannt und seit alters sagen- und mythenumwoben. Im griechischen Mythos, der uns hier besonders zu interessieren hat, erscheint der Lichtbringer Eosphoros oder Phosphoros als ein Sohn der Titanin Eos, der Göttin der Morgenröte. Sie entstammt dem alten vorhellenischen Göttergeschlecht unter der Führung des Kronos und ist identisch mit der lateinischen Aurora. Schon sehr früh war der Eosphoros-Luzifer Sinnbild und Name des Morgensterns. Eine Bedeutung in unserem Zusammenhang als Luzifer/Satan erhielt die Gestalt allerdings erst durch eine Erzählung im Alten Testament, das ja vom Christentum übernommen und von den christlichen Kirchenvätern interpretiert wurde. So heißt es im Buch des Propheten Jesaja 14, Vers 12—23:

Wie jäh bist du vom Himmel gefallen, strahlender Morgenstern! Zu Boden bist du geschmettert,
du Bezwinger der Völker.

Du hattest in deinem Herzen gedacht: Ich ersteige den Himmel; dort oben stelle ich meinen
Thron auf, über den Sternen des Höchsten; auf den Berg der Götterversammlung setze ich
mich, im äußersten Norden.

Ich steige weit über die Wolken hinauf, um dem Höchsten zu gleichen.

Doch du wirst hinabgeschleudert zur Hölle, in die unterste Grube.

Jeder, der dich sieht, starrt dich an, er begafft dich und denkt: Ist das der Mann, der die
Königreiche in Schrecken versetzte, vor dem die Erde erbebte, der die Welt zur Wüste gemacht hat, ihre Städte zerstörte, der die Gefangenen eingesperrt hielt und keinen entließ?

Alle Könige der Völker haben ihre Gräber und ruhen in Ehren; du aber wurdest ausgestoßen
und von niemand begraben, ein verachteter Bastard. Mit Toten, die das Schwert durchbohrt
hat, bist du bedeckt, wie ein zertretener Leichnam. Die anderen werden in steinernen Grüften
bestattet; doch du liegst allein da, ohne Begräbnis.

Du hast dein eigenes Land zugrunde gerichtet, seine Menschen getötet; darum soll man die
Namen der Nachkommen dieses Verbrechers niemals mehr nennen: Richtet eine Schlachtbank
her für seine Söhne wegen der Sünden des Vaters, damit sie sich niemals wieder erheben und
die Welt erobern und mit Trümmern erfüllen.

Ich will mich gegen Babel erheben — Wort des Herrn der Heere —, mit Stumpf und Stiel
will ich Babels Namen und Samen vernichten — Wort des Herrn. Ich mache es zum Platz für
die Eulen und zu einem sumpfigen Teich, mit meinem vernichtenden Besen fege ich es hinweg — Wort des Herrn der Heere.

Wir verfügen noch über eine weitere moderne Übersetzung dieser Stelle:

Hinabgeschleudert zur Hölle ist deine Pracht samt deinen klingenden Harfen. Auf Würmer
bist du gebettet, von Maden bedeckt.

Wie jäh bist du vom Himmel gefallen, strahlender Morgenstern! Zu Boden bist du geschmettert,
du Bezwinger der Völker.

Du hattest in deinem Herzen gedacht: Ich ersteige den Himmel; dort oben stelle ich meinen
Thron auf, über den Sternen des Höchsten (über die Sterne Gottes); auf den Berg der Götterversammlung setze ich mich, im äußersten Norden.

Ich steige weit über die Wolken hinauf, um dem Höchsten zu gleichen.

Doch du wirst hinabgeschleudert zur Hölle, in die unterste Grube.

Jeder, der dich sieht, starrt dich an, er begafft dich und denkt: Ist das der Mann, der die
Königreiche in Schrecken versetzte, vor dem die Erde erbebte, der die Welt zur Wüste gemacht hat, ihre Städte zerstörte, der die Gefangenen eingesperrt hielt und keinen entließ?

Alle Könige der Völker haben ihre Gräber und ruhen in Ehren; du aber wurdest ausgestoßen
und von niemand begraben, ein verachteter Bastard. Mit Toten, die das Schwert durchbohrt
hat, bist du bedeckt, wie ein zertretener Leichnam. Die anderen werden in steinernen Grüften
bestattet; doch du liegst allein da, ohne Begräbnis. Du hast dein eigenes Land zugrunde gerichtet, seine Menschen getötet; darum soll man die Namen der Nachkommen dieses Verbrechers niemals mehr nennen.

Der Vollständigkeit halber möchten wir auch noch die allerdings modernen
wissenschaftlichen Ansprüchen nicht mehr entsprechende Übersetzung Martin
Luthers wiedergeben:

Wie bist du vom Himmel gefallen, du schöner Morgenstern! Wie bist du zur Erde gefällt, der
du die Heiden schwächtest!

Gedachtest du doch in deinem Herzen: „Ich will in den Himmel steigen und meinen Stuhl über die Sterne erhöhen; ich will mich setzen auf den Berg der Versammlung in der fernsten Mitternacht; ich will über die hohen Wolken fahren und gleich sein dem Allerhöchsten."

Ja, zur Hölle fährst du, zur tiefsten Grube.

Wer dich sieht, wird dich schauen und betrachten (und sagen): „Ist das der Mann, der die Welt zittern und die Königreiche beben machte? Der den Erdboden zur Wüste machte und die Städte darin zerbrach und gab seine Gefangenen nicht los?"

Alle Könige der Heiden miteinander liegen doch in Ehren, ein jeglicher in seinem Hause;

du aber bist verworfen fern von deinem Grabe wie ein verachteter Zweig, bedeckt von Erschlagenen, die mit dem Schwert erstochen sind, die hinunterfahren zu den Steinen der Grube, wie eine zertretene Leiche.

Du wirst nicht wie jene begraben werden, denn du hast dein Land verderbt und dein Volk erschlagen; denn man wird des Samens der Boshaften nimmermehr gedenken.

Richtet zu, daß man seine Kinder schlachte um ihrer Väter Missetat willen, daß sie nicht aufkommen noch das Land erben noch den Erdboden voll Städte machen.

Und ich will über sie kommen, spricht der Herr Zebaoth, und zu Babel ausrotten ihr Gedächtnis, ihre Übriggebliebenen, Kind und Kindeskind, spricht der Herr,

und will Babel machen zum Erbe der Igel und zum Wassersumpf und will sie mit dem Besen des Verderbens kehren, spricht der Herr Zebaoth.

In der ursprünglichen jüdischen Version des Alten Testaments heißt es bei Jeschajahu (Jesaja) analog, daß Hillel ben Schachar (= „der Morgenstern, der Sohn des Morgenrots") sich fünfmal gegen den Herrn auflehnte: „empor in den Himmel will ich steigen; über Gottes Sterne errichten meinen Thron; mich niederlassen auf dem Berg der Versammlung in der äußersten Mitternacht; steigen will ich auf die Höhen der Wolken und mich gleichstellen dem Höchsten."

Wir dürfen annehmen, daß die Erzählung im Alten Testament ursprünglich wenigstens teilweise aus der gemeinsamen mythischen Vergangenheit der semitischen Stämme stammt. Die Schriften des Propheten Jesaja sollen im 8. Jahrhundert v. u. Z. entstanden sein, nach anderen Untersuchungen aber erst im 2. Jahrhundert. Vielleicht beziehen sie sich in ihrem zweiten Teil aber auch nur auf einen tendenziösen Bericht oder eine Wunschvorstellung der Exiljuden über einen (historisch nicht näher fixierbaren) König der Babylonier. Er wird in der Erzählung durch eine imaginäre Macht, den „Herrn der Heere", der hier mit dem jüdischen Gott Zebaoth von den Übersetzern in der Luther-Bibel identifiziert wird, vom Thron gestoßen und in die Unterwelt verdammt. Die Parallelen des Schicksals des sagenhaften Königs im Alten Testament mit dem des himmlischen Morgensterns im griechischen Mythos sind so auffällig, daß hier ideengeschichtliche Zusammenhänge nicht geleugnet werden können. Der sicherlich prähellenische „Sohn der Morgenröte" Eosphoros ist hier mit den Überlieferungen der alttestamentlichen Juden bewußt oder unbewußt zusammengebracht oder durcheinandergebracht worden. Schließlich und endlich verschmolz nach der Auffassung mehrerer Mythenforscher der Sturz des (irdischen) Königs mit dem Untergang des (himmlischen) Helal-Eosphoros-

Luzifer, des strahlenden Morgensterns, dessen Glanz am Himmelszelt mit der aufgehenden Sonne erlosch.

Schon Origenes, dann Eusebius und andere christliche Kirchenväter haben den „Lichtbringer" mit dem Teufel in Verbindung gebracht. Die Identifikation des Satans mit dem Luzifer des Jesaja des Alten Testaments durch Vergleich mit dem Lukas-Evangelium (10, 18) im Neuen Testament durch Tertullian und den Papst Gregor den Großen ist historisch unhaltbar und als ein in der Folge schwerwiegender Irrtum anzusehen. Der Grund für den vielleicht bewußt gewollten „Irrtum" dürfte die echte Konkurrenz dieses „lichtausstrahlenden" heidnischen Gottes gegenüber dem „blassen", wenig überzeugenden jüdisch-christlichen Jahwe gewesen sein. Unter allen heidnischen Göttern mußte vor allem dieser Lichtgott dämonisiert und mit negativen Aspekten ausgestattet werden. Im griechischen Sprachgebiet identifizierte man daher den personal aufgefaßten Morgenstern Λουτξηφέρ oder Λουτξιφέρ mit dem Teufel. Im Mittelalter ist Luzifer schließlich auch im offiziellen kirchlichen Sprachgebrauch zum Synonym für den Satan/Teufel geworden.

Identifizierung des Satans mit dem Luzifer durch die Kirchenlehrer

Er blieb jedoch bei einigen gnostischen Gruppen eine eigene göttliche Kraft, ja der eigentliche Gott. So war zum Beispiel Luzifer bei den Katharern keineswegs ein Wesen mit negativen Aspekten, sondern der Lichtbringer „Lucibel":

Lucifer ascendet in coelum ad decipiendum homines qui tibi etant (sic); nam a principio omnes homines qui fuerunt et nunc sunt erant in paradiso, et (sic) Lucifer qui tunc vocabatur Lucibel.

Im Mittelalter wurde in einer Synagoge der gnostischen Häretiker in Köln im Jahre 1233 ein „luziferianischer Kult" absolviert. Eine Anhängerin dieses Kultes nannte man Luciferi amasia. In Angermünde (in der ehemaligen Provinz Brandenburg an der Eisenbahnstrecke zwischen Berlin und Stettin gelegen) tötete man 1336 eine Gruppe von Luziferianern. 1312 wurde in Österreich eine gnostische Gruppe von Adamiten beschuldigt, Teufelsdienst zu treiben, da die „comparabant missas Lucifero". Der Sprachforscher und Ethnologe Lorenz Diefenbach (1806–1883) zitiert in seinem „Glossarium latino-germanicum mediae et infimae aetatis" von 1857 einen mittelalterlichen Text: „Luciper i(d est) satrael lucifer i(d est) princeps diabolorum" (pag. 337). Der Name Satrael ist hier eine durch Sater, eine andere Bezeichnung für Saturnus, beeinflußte Form für Satanael. Satanael wiederum war der „erstgeborene Sohn Gottes" in bestimmten gnostischen Systemen. Luzifer-Satanael war auch der „Erstgeborene" im Triumvirat Gott, Christus und Luzifer bei den Euchiten und Bogumilen, die wir in „Licht und Finsternis" behandelten (4. 3. 3. 3 und 4. 3. 3. 4). Einige Autoren der germanischen Mythenforschung haben Luzifer mit Loki in Verbindung gebracht. (Vgl. hierzu HdwbdA. 17, Bd. 2, Sp. 1471)

Um die schwierigen und komplizierten Zusammenhänge und Vorgänge bei der Entstehung des heutigen Luzifer-Bildes etwas transparenter zu machen,

8.6.2.1

Eos-Aurora, die Mutter des Eosphoros-Luzifer

167

müssen wir zunächst den langen und widersprüchlichen Weg des im Archaischen wurzelnden „Lichtbringers" bis zum boshaften Satan/Luzifer der Christen verfolgen. Bei der Untersuchung der kleinasiatischen und griechisch-hellenistischen Mythen über den Morgenstern auf ihren Inhalt wird ihr gemeinsamer Ursprung offenkundig.

Bei Homer erhebt sich am Ende jeder Nacht Eos, die Tochter des Titanen Hyperion und der Theia, von ihrem Lager im Osten. Eos war eine Schwester des Sonnengottes Helios und der Mondgöttin Selene:

Eos erhob sich vom Lager zur Seite (ihres Geliebten) des hehren Tithonos,
Licht den ewigen Göttern und sterblichen Menschen zu bringen.
(Homer, Odyssee, 5. Gesang, Vers 1–2)

Die gleiche Stelle der deutschen Übersetzung von Johann Heinrich Voß (1751–1826), die 1779 vollendet und 1781 herauskam, lautet in der neuen Übersetzung durch Roland Hampe (*1908), welche 1979 bei Reclam erschien (39), folgendermaßen:

Eos machte sich auf vom Lager beim edlen Tithonos,
Um das Licht zu bringen den Göttern und sterblichen Menschen.

Die folgende Stelle aus dem 23. Gesang der Odyssee ist für uns aufschlußreicher. Hier zunächst die „moderne" Übersetzung:

Und den Klagenden wäre erschienen das rosige Frührot,
Hätte Athene mit strahlenden Augen nicht andres ersonnen;
Hemmte sie doch den Lauf der Nacht am Ende und hielt auch
Am Okeanos auf die golden thronende Eos,
Ließ sie die Pferde nicht schirren, das Licht zu bringen den Menschen,
Lampos und Phaëthon, die als Fohlen fahren die Eos.

In der Übersetzung von Voß:

Über ihr Klagen wäre die rosige Eos erschienen,
Hätte nicht wiederum Neues die leuchtende Pallas ersonnen.
Hemmte sie doch die Nacht an ihrem Ende und hielt auch
Am Okeanos fest die goldene Eos und ließ sie
Noch die hurtigen Rosse nicht schirren, den Menschen zu leuchten,
Lampos und Phaëthon, mit denen Eos dahinfährt.
(Homer, Odyssee, 23. Gesang, Vers 243–246)

Eos, Tochter der Titanen, die als urzeitliche Götter vor dem Aufkommen der jüngeren Generation, der griechischen Götterwelt unter der Führung von Zeus, deren Platz einnahmen, war das „heilige Frühlicht", die „rosenrot-Fingrige", die im Mythos mit ihrem Wagen, gezogen von Lampos und Phaëthon, zum Olymp fuhr, um dort die Ankunft ihres Bruders Helios zu verkünden. Mit dem Sonnengott begab sie sich dann gemeinsam auf die Reise nach Westen, um nun als Hespera, als die Göttin der Abendröte, ihre gemeinsame Ankunft an den westlichen Küsten des Okeanos erneut anzukünden.

Eines Tages fand die Göttin der Liebe, die uns noch beschäftigende Aphrodite, Eos mit ihrem Geliebten Ares (römisch: Mars) im Bette vor. Im 2. Jahrhundert v. u. Z. schildert Apollodoros diesen Vorfall, der mit der Bestrafung der Eos durch die verärgerte Aphrodite endete. Eos mußte fortan mit einer ständig anhaltenden sinnlichen Liebe junge Sterbliche lieben, damit sie wenigstens die Götter in Frieden ließ. Heimlich begann nun Eos die Menschen zu verführen. Zuerst kam Orion an die Reihe, es folgten Kephalos, dann Kleitos. Dies tat sie, obwohl sie mit dem Titanen Astraios verheiratet war. In ihrer Eigenschaft als Ehefrau gebar sie ihrem Gemahl nicht nur den Nord-, West- und Südwind, sondern auch den Eosphoros (oder Phosphoros) und, wie einige ältere Mythen und Hesiod behaupten, überhaupt alle Sterne des Himmels:

Dem Astraios gebar denn Eos die mutigen Winde:
Zephyr, den klärenden Hauch, den Boreas, der da dahinstürmt,
Und den Notos, in Liebe dem Gott die Göttin gelagert;
Und die frühgeborne, lichtbringende Göttin gebar dann
Später leuchtende Sterne, die hell den Himmel bekränzen.
(Hesiod, Theogonie, Vers 378—382)

Nach unseren heutigen Maßstäben war Eos, ähnlich wie Aphrodite, eine äußerst sexbetonte, ja nymphomane Dame, der in der Liebe nichts zuviel wurde, um ihrem Ehegemahl mehr als einmal die Hörner aufzusetzen. Ihr triebhaftes Wesen und ihr damit im Zusammenhang stehendes Schicksal besitzt gewisse Parallelen zu den früher erwähnten Empusen und Lamien (7. 2. 4. 1—2). Eos wird bei Hesiod sicherlich nicht ohne Grund auch als die Mutter des Nordwindes bezeichnet, der wiederum im pelasgischen Schöpfungsmythos als Boreas identisch mit der Schlange Ophion (8. 11. 1. 1) ist. In der jüdischen Mystik tritt der Nordwind als „linker Gott" Sammael auf (8. 8. 3). Mit der späteren Bedeutung der Eos-Aurora in der mittelalterlichen alchemistisch-gnostischen Literatur haben wir uns im 2. Teil des Buches „Licht und Finsternis" beschäftigt (6. 3. 2. 1. 1). Ranke-Graves widerlegt sich eigentlich selbst, wenn er die Göttin der Morgenröte zunächst als eine „hellenische Erfindung" ansieht und einige Sätze später zugibt, daß sie sich aus der „blutfingrigen indischen Muttergöttin Uschas" entwickelte. Aus der Uschas wurde Eos. Mit Sicherheit ist die Gestalt der Eos älteren Ursprungs als der Hellenismus.

Für Ranke-Graves sind die Liebesgeschichten der Eos mehr Allegorien als mythische Überlieferungen:

Eos' fortwährende Liebesaffären mit jungen Sterblichen sind ebenfalls Allegorien: Die Morgendämmerung läßt die nächtlichen Leidenschaften der Liebenden wieder aufflammen. Die Allegorie ihrer Ehe mit Astraios besagt, daß die Sterne mit der Morgendämmerung im Osten verschmelzen und Astraios, der Morgenwind, sich erhebt, als wäre er deren Emanation. Eos wird — der Wind galt ja als Befruchter — durch Astraios die Muter des Morgensternes, der allein am Himmel steht. Astraios war ein anderer Name für Kephalos, von dem es gleichfalls heißt, daß er mit Eos den Morgenstern zeugte. Da Abend- und Morgenstern identisch sind und das letzte Erscheinen der Dämmerung am Abend gesehen wird, folgert die philosophische Überlegung, daß alle Sterne und alle Winde mit Ausnahme des Morgenwindes, der bei der Morgendämmerung aufkommt, von Eos geboren sein müssen. Diese Auffassung widerspricht jedoch dem Mythos von der Schöpfung des Boreas durch die Mondgöttin Eurynome. (8. 11. 1. 1) (14, Bd. 1, S. 133)

Wir sehen eigentlich keinen Widerspruch zum pelasgischen Schöpfungsmythos, da in späterer Zeit sehr gut aus der ursprünglichen ungeschlechtlichen Zeugung des Boreas eine geschlechtliche werden konnte.

Wie uns Hesiod schon vor 2600 Jahren in seiner „Theogonie" weiter berichtet hat, gebar Eos ihrem vorübergehenden Geliebten Hephaistos den Phaëthon. Dieser wurde im Gegensatz zu der Erzählung Homers, in der Phaëthon lediglich ein Wagenpferd des Himmelswagens der Eos war, noch als Kind von Aphrodite entführt und verführt. Aphrodite machte ihren jugendlichen Geliebten Phaëthon zum Hüter ihrer heiligen Schreine.

8.6.3
Phaëthon

Geburt und Eos gebar dem Tithonos den erzgepanzerten Memnon,
Abstammung König der Aithiopen (Äthiopier), Emanation auch, den Gebieter.
Auch einen leuchtenden Sohn ließ sie dem Hephaistos erblühen,
Phaëthon, einen Mann, gewaltig und ähnlich den Göttern.
Diesen, als er noch klein in zarter, blühender Jugend
Und ein spielendes Kind, entrückte die lächelnde Göttin
Aphrodite und brachte in ihre heiligen Häuser
Ihn als den mächtigen Hüter im Tempel und göttlichen Dämon.
(Hesiod, Theogonie, Vers 984—991)

Nach einer völlig anderen Version des Phaëthon-Mythos, so z. B. bei dem Römer Gaius Julius Hyginus (um 64 v. u. Z.—17 n. u. Z.) in seinen „Fabulae und Astronomica", bei dem berühmten Publius O. Naso Ovid(ius) (43 v. u. Z.— 17 n. u. Z) in seinen „Metamorphosen" und dem später lebenden Nonnos aus dem ägyptischen Panopolis im 5. Jahrhundert in den „Dionysiaka", war Phaëthon ein Sohn des Sonnengottes Helios und der Okeanide Klymene, der Tochter der Meeresgöttin Thetis. Trotz der widersprüchlichen Herkunft des Phaëthon ergibt sich aus der Genealogie der griechischen und römischen Götter ganz klar, daß Phaëthon auf keinen Fall mit dem Morgenstern Eosphoros-Luzifer identisch ist. Die spätere Verschmelzung der Mythen des vom Himmel stürzenden Phaëthon mit dem niemals vom Himmel gestürzten Eosphoros-Luzifer im sogenannten „Alten Testament", dessen einzelne Teile historisch ganz verschiedenen Zeitabschnitten der jüdischen Geschichte angehören und in denen sich Historisches mit Mythischem mischt, hat im Buch Jesaja zu dem großen Irrtum geführt, den die christlichen Kirchenlehrer bei der Zusammenstellung ihrer „Bibel" zu den folgenschweren Mißverständnissen über den Charakter des leuchtenden Eosphoros-Luzifer führte. Wir können nach der modernen Forschung über das Alte Testament für das Buch Jesaja das 2. Jahrhundert v. u. Z. ansetzen. Zu jener Zeit dürfte in der jüdischen Überlieferung die tragische Verschmelzung von Phaëthon mit Eosphoros aus Unkenntnis der griechischen Quellen, falscher Auslegung und Übersetzung oder mit voller Absicht erfolgt sein. Sie wurde dann kritiklos von den christlichen Exegeten der jüdischen Überlieferung übernommen.

An Hand der Überlieferungen des Mythos vom Phaëthon bei Ovid und Nonnos, welche die ursprüngliche griechische Version beibehielten und keinen jüdisch-christlichen Einflüssen unterlagen, wollen wir unsere Theorie über die Beziehungen des Phaëthon zur Gestalt des Eosphoros-Luzifer darstellen. Sie wird die bewußte oder unbewußte Fälschung des Charakters des letzteren nachweisen und einen Beitrag zum Verständnis der unterschiedlichen Aspekte dieser uns interessierenden, so vielschichtigen Gestalt liefern.

Zunächst geben wir den Mythos des Phaëthon in der Überlieferung des Ovid in der deutschen Übersetzung von Thassilo von Scheffer (1873–1951) wieder, die allerdings unserem heutigen Stil- und Sprachempfinden nicht mehr entspricht. Eine neuere moderne Übersetzung ist bisher leider nicht vorhanden.

Nach Ovid begibt sich Phaëthon im Zweifel an seiner Abstammung vom Sonnengott Helios, dem römischen Phoebus, vor den Thron seines Vaters. Äußerer Anlaß war eine höhnische Bemerkung des Epaphus über seine umstrittene Abstammung: *Streit um die Abstammung mit Epaphus*

Nun so glaubte man, gebar (Syrinx) endlich aus Jupiters Samen
Epaphus, der in den Städten mit seiner Mutter zusammen
Tempel besitzt. Ihm war an hoher Gesinnung und Jahren
Phaëthon gleich, Sols Sohn. Als dieser sich prahlerisch einstens
Über ihn stellte, sich brüstend, es wäre Phoebus sein Vater,
Trug es nicht Inachus' Enkel und rief: „Du glaubst ja der Mutter
Alles, du Tor, dich bläht das Bild eines falschen Erzeugers."

Phaëthon hemmte erglühend aus Scham die zornige Wallung,
Und vor Klymene bracht er des Epaphus Schmähung und sagte:
„Mutter, fühl es mir nach, ich, sonst so keck und so sicher,
Mußte schweigen. O Schmach, daß man mir solche Beschimpfung
Sagen durfte und ich sie nicht zu erwidern vermochte.
Aber sofern ich wirklich aus himmlischen Samen entsprossen,
Sichre den Himmel mir dann und beweise so herrliche Abkunft."

Riefs und umschlang mit den Armen den Hals der Mutter und flehte,
Ihm bei dem eigenen Haupt und Merops' Haupt und der Schwestern
Hochzeitsfackeln ein Zeichen des wahren Erzeugers zu geben.
Ungewiß ist, ob nun die Mutter durch Phaëthons Bitten
Oder aus eigenen Zorne ob solcher Beschimpfung bewogen,
Himmelwärts streckte die Arme und, schauend zum Lichte der Sonne,
Rief: „Bei jenem Glanz und seinen funkelnden Strahlen,
Schwör ich dir, Sohn, bei ihm, der uns vernimmt und uns anblickt:
Er, den du droben erblickst, ja er, der Ordner des Weltalls,
Sol ist dein Vater. Ist falsch mein Wort, versag er mir selber
Ihn zu schaunen, mir scheine zum letztenmale sein Leuchten.
Klein ist die Mühe für dich, des Vaters Palast zu erkunden;
Ist doch das Haus, wo er aufsteigt, ganz nahe unseren Landen.

Bist du gewillt, so schreite dorthin, und er wird dich belehren."
Freudevoll springt er sogleich nach solchen Worten der Mutter
Phaëthon auf, sein Herz ist ganz erfüllt von dem Himmel.
Sein aethiopisches Land und das der sonnebestrahlten
Inder durcheilt er und kommt zum östlichen Hause des Vaters.

Phaëthon bei seinem Vater Helios-Phoebus

Königlich ragte auf Säulen die Burg des Sonnenbeherrschers
Hell von schimmernden Gold und flammensprühender Bronze;
Elfenbein zierte blendend des Hauses obersten Giebel,
Silbern aber erstrahlten die Doppelflügel der Pforte.
Herrlicher noch als der Stoff war seine kunstvolle Arbeit:
Hatte doch Mulciber selbst die Umgürtung des Meeres gebosselt,
Auch die Scheibe der Erde und über der Scheibe den Himmel;
Bläuliche Götter durchstrichen die Flut, der tönende Triton . . .
Menschen und Städte trägt die Erde und Wälder und Tiere,
Flüsse und Nymphen dazu und andere Götter der Fluren,
Und darüber erhebt sich des Himmels glänzender Wölbung,
Sternenbilder je sechs zur Rechten und Linken des Tores.

Als nun Klymenes Sohn hierher auf steigendem Pfade
Kam und unter das Dach des bezweifelten Vaters getreten,
Lenkte er gleich den Schritt zum Antlitz seines Erzeugers,
Blieb aber stehen von fern; er vermochte den Glanz aus der Nähe
Nicht zu ertragen. Da saß in lichtem Purpurgewande
Phoebus auf fürstlichem Thron, der hell umglänzt von Smaragden.
Neben ihm rechts und links der Tag, das Jahr und der Monat,
Auch die Jahrhunderte und der Horen geordneter Reihe,
Stand auch der grünende Lenz, umwunden von blühendem Kranze.
Stand der erntende Sommer, ein Ährengeflecht in den Haaren,
Stand auch der Herbst, befleckt vom Saft der gekelterten Trauben,
Auch der eisige Winter mit greisen, struppigen Haaren.
In der Mitte thronend ward Sol des wunderbetroffenen,
Bangen Jünglings gewahr mit alles schauenden Augen.
„Was führt dich her? Was kommst du zu diesem Palaste,

Helios erkennt Phaëthon als seinen Sohn an

Phaëthon?" sprache er, „du unleugbarer Sproß deines Vaters."

Der erwidert: „O Licht des unermeßlichen Weltalls,
Phoebus, Vater, gestattest du solche Benennung und birgt nicht
Klymene ihre Schuld mit vorgespielter Täuschung,
Gib mir dann, Vater, ein Pfand, das mich in Wahrheit als deinen
Sproß erweist und micht von jedem Zweifel befreie."

Also sprach er; da legte der Vater vom Haupte der Strahlen
Leuchtenden Kranz und gebot dem Sohne näherzutreten.
Und ihn umarmend sprach er: „Du bist der Meine zu heißen

Würdig, und Klymene hat dir wahr deinen Ursprung verkündet.
Daß du dem Zweifel entsagst, erbitte beliebige Gabe,
Und ich gewähre sie dir. Und mit dem Eidschwur der Götter
Sei mein Zeuge der Strom, den nie mein Auge gesehen."

172

Kaum ist das Wort entflohn, begehrt er den Wagen des Vaters
Und einen Tag das Recht, die geflügelten Rosse zu lenken.

Phaëthon
wünscht die
Rosse des
Himmelswagens
des Helios zu
lenken

Jetzt bereut der Vater den Schwur, und dreimal und viermal
Schüttelnd sein leuchtendes Haar, begann er: „Wie blind und wie sinnlos
Ward mein Wort durch das deine! O dürfte man doch ein Versprechen
Brechen. Dies eine, mein Sohn, gesteh ich, würd ich verweigern;
Warnen darf ich jedoch, denn wahrlich, dein Wunsch ist gefährlich.
Phaëthon, du erbittest gar Großes, was deinen geringen
Kräften nicht geziemt und solchen kindlichen Jahren.
Sterblich bist du, doch wünscht du, was keinem Sterblichen zukommt.
Mehr sogar, als selbst den himmlischen Göttern vergönnt ist,
Forderst du unbedacht. Sich selbst mag jeder genügen.
Keiner außer mir vermag auf der glühenden Achse
Sich zu halten. Sogar der Herrscher des weiten Olympus,
Der aus der schrecklichen Hand die vernichtenden Blitze entsendet,
Würde den Wagen nicht lenken. Und was gleicht Jupiters Größe?
Steil ist anfangs der Weg, daß kaum ihn morgens die frischen
Rosse bewältigen: mittags erreicht er die Höhe des Himmels,
Wo ich Erde und Meer tief unten selber oft schaudernd
Sehe und mir die Brust erbebt vor banger Besorgnis.
Jäh ist der Weg zuletzt und fordert sichere Lenkung:
Ja, auch Tethys sogar, die tief in den Wellen mich aufnimmt,
Pflegt zu befürchten, ich würde kopfüber heruntergerissen.
Denke dazu den Himmel, wie er in ständiger Schwingung
Samt den hohen Gestirnen sich dreht in eiligem Wirbel.
Ich aber stemm mich dawider, und nicht wie die andern, erlieg ich
Solcher Gewalt und fahre dem rasenden Kreise entgegen.
Wenn ich den Wagen dir gäbe: was tätest du? Kannst du dich stemmen
Gegen den rollenden Pol, daß dich die Achse nicht wegrafft?
Wähnst du im Herzen gar, dort Haine und Städte der Götter
Vorzufinden und Tempel, die reich an geweihten Geschenken?
Nein, durch Hinterlist geht der Weg und durch gräßliche Tiere.
Wenn du die Bahn auch hieltest und schweiftest nie in die Irre,
Mußt du dennoch durchschreiten des Stiers bedrohende Hörner
Und des Hämoniers Geschoß, den Rachen des schrecklichen Löwen,
Auch durch den Skorpion, der die dräuenden Scheren im Kreise
Krümmt, und den Krebs, dessen Scheren in anderer Richtung sich krümmen.

Die Schwierig-
keiten des
Rosselenkens auf
der Himmelsbahn

Wähne auch nicht, daß die von jenem Feuer beseelten
Rosse, das sie schnaubend nun blasen aus Maul und aus Nüstern,
Leicht zu bändigen seien, da kaum mich selber sie dulden,
Wenn sie mutdurchglüht im Nacken der Zügel sich wehren.
Hüte dich, Sohn, daß nicht dir meine Gabe zum Unheil
Werde und ändre besser den Wunsch, so lange es noch Zeit ist.
Freilich, du wünschest ein Pfand, daß du dich sicher als meinen
Sohn betrachten darfst. Dies Pfand sei meine Besorgnis.
Deines Vaters Furcht beweist dir den Vater. O schau doch,
Schau mein Angesicht; könnten doch deine Augen das Herz mir

Phaëthon soll
von seinem
Wunsch Abstand
nehmen

Ganz durchdringen und drinnen mein väterliches Sorgen erkennen!
Blicke umher, und was die Welt an Schätzen und Reichtum,
Groß und herrlich birgt im Himmel, im Meer und auf Erden,
Wähle dir irgendein Gut und fürchte nicht, daß ich es weigre.
Nur auf das Eine verzichte, das eher mit richtigem Namen
Strafe als Ruhm genannt; du forderst ja Strafe als Gabe.
Warum umhalst du Tor mich so mit schmeichelnden Armen?
Zweifle nicht: du erlangst (ich schwörs bei den stygischen Fluten)
Alles was du wünschst: nur muß du verständiger wünschen.''

Phaëthon besteht Also mahnte der Gott; doch jener verschließt sich der Warnung.
auf die Erfüllung Hält an dem Vorsatz fest und brennt vor Begier nach dem Wagen.
des Wunsches Zögernd, solange es ihm noch möglich, führte der Vater
Phaëthon zu dem Wagen, den ragend Vulcanus gefertigt.
Golden war seine Achse und golden die Deichsel und golden
Rings der Kranz um die Räder, die Speichen waren von Silber;
Chrysolithe am Joch und dort gereihte Juwelen
Warfen leuchtend zurück das Bild des sich spiegelnden Phoebus.

Eos-Aurora W ä h r e n d h o c h g e m u t d i e s W e r k u n d a l l e s d e r J ü n g l i n g
erscheint am S t a u n e n d m u s t e r t e , s i e h , d a t a t s c h o n w a c h s a m A u r o r a
Himmelszelt mit A u f i m s c h i m m e r n d e n O s t e n d a s p u r p u r n e T o r u n d d e n V o r h o f
ihrem Sohn R o s e n b e s t r e u t ; d i e S t e r n e e n t f l i e h e n , a m E n d e d e s Z u g e s
Eosphoros- L u c i f e r , u n d a l s l e t z t e r v e r l ä ß t e r d i e W a c h e a m H i m m e l.
Luzifer Wie der Titan sein Sinken gewahrte und daß sich das Weltall
Rötete und die Hörner des schwindenden Mondes verblaßten,
Hieß er die flüchtenden Horen, ins Joch die Rosse zu führen.
Dieses Gebot erfüllten sie rasch, und von ragenden Krippen
Führen sie gleich herbei die feuerschnaubenden Renner,
Satt vom ambrosischem Saft, und schirrten die klirrenden Zäume.
Drauf mit heiliger Salbe bestrich der Vater des Sohnes
Antlitz und lieh ihm die Kraft, die wilden Flammen zu dulden.
Dann umgab er sein Haar mit Strahlen und seufzte aus tiefer,
Unheil ahnender Brust und sprach bekümmerten Herzens:
Anweisungen für ,,Magst du wenigstens hier des Vaters Ermahnungen folgen!
die Lenkung der Spare, Knabe, den Stachel und brauche stärker die Zügel.
Rosse Rennen sie doch von selbst; schwer ist es ihr, ihr Drängen zu hemmen.
Wähle auch nicht die Bahn, die alle fünf Zonen durchschneidet:
Schräg zieht hin der Pfad in weit sich dehnender Krümmung,
Ist mit dreier Zonen Begrenzung zufrieden und meidet
Beide, den südlichen Pol wie den Bären am nördlichen Pole.
Dort sei der Weg; du kannst noch deutlich Gleise gewahren.
Und daß Himmel und Erde die gleiche Wärme empfangen,
Senke dich weder, noch treibe den Wagen hinauf in den Äther.
Gehst du zu hoch hinauf, verbrennst du die himmlischen Häuser,
Gehst du zu tief, die Erde, am sichersten hälst du die Mitte.
Biege nicht allzusehr nach rechts zur gewundenen Schlange,
Noch entweiche zu weit nach links zum tiefen Altare:
Halte dich zwischen beiden. Das Weitere vertrau ich Fortunen,

174

Wünschend, sie helfe und riete dir besser, als wie du dir selber.
Während ich rede, berührte bereits im Westen die feuchte
Nacht ihr Ziel: nun ist kein längeres Zögern gestattet.
Auf denn! es gilt. Das Dunkel entflieht, und es leuchtet Aurora.
Nimm die Zügel zur Hand, doch schwankst du noch etwa im Herzen,
Mache dir meinen Rat und nicht den Wagen zunutze,
Jetzt, wo du es noch kannst, noch stehst auf gesichertem Boden.
Eh du die Achse betrittst, die töricht zum Unheil erbetne.
Schaue gesichert zu; laß mich die Erde erleuchten!"

Jugendlich leicht besteigt der Jüngling den flüchtigen Wagen,
Steht dann oben und faßt mit der Hand die erhaltenen Zügel
Freudig und dankt von da dem ungern gewährenden Vater.
Schon in Flammengewieher erfüllten die Rosse des Gottes,
Pyrois und Eous indes, und Aethon und Phlegon als vierter,
Rings die Lüfte und schlagen mit ihren Hufen die Schranken.
Als sie nun Tethys, die das Los ihres Enkels nicht kannte,
Rückgeschoben und frei sich bot der unendliche Weltraum,
Rasen die Rosse dahin und die Luft mit den Hufen zerteilend,
Bahnen sie sich durch Wolken den Weg, und von Schwingen gehoben,
Überholen sie schon den dort gebürtigen Ostwind.
Aber die Last war jetzt zu leicht, und die Pferde der Sonne
Spüren sie kaum, und das Joch entbehrte der sonstigen Schwere;
Und wie bauchige Schiffe, die nicht genügend belastet,
Haltlos schwanken im Meer bei allzuleichtem Gewichte,
So von gewohnten Drucke befreit, macht Sprünge der Wagen,
Uns als wäre er leer, wird er in die Lüfte geschleudert.
Als das Viergespann nun dies merkt, verläßt es die alten
Gleise in rasendem Lauf, nicht achtend frührerer Ordnung.
Phaëthon bebt und weiß nicht mehr die Zügel zu lenken,
Noch wo der Weg, und wenn ers wüßte, wie er sie zwänge.
Nun erwärmen zuerst von den Strahlen die kalten Trionen
Und versuchten umsonst das verbotene Bad in dem Meer.
Die dem eisigen Pol zunächst gelagerte Schlange,
Die sonst träge vor Kälte und keinem ein Bild des Entsetzens,
Taute nun auf und schwoll zu neuem Zorne im Feuer,
Du auch, Bootes, entflohst bestürzt, so meldet die Sage,
Wenn du auch lässig gingst und dich dein Wagen zurückhielt.

Als aber Phaëthon nun, der Unglückselige, schaute
Hoch vom Himmel die tief, tief unten liegenden Länder,
Wurde er bleich und ihm bebten die Knie in plötzlichem Schrecken,
Und bei dem blendenden Licht umzog ihm Dunkel die Augen.
Hätt er doch, wünscht er, nie berührt die Rosse des Vaters,
Nie seine Herkunft erkannt und so erfolgreich gebeten;
Wünschend, er hieße der Sohn der Merops, wird er geschleudert
Wie eine Barke im Sturm, wenn ihr der Steuermann hilflos
Zügel schießen läßt und sie Göttern vertraut und Gelübden.
Was zu tun? Schon hat er viel vom Himmel im Rücken

Phaëthon beginnt die Fahrt

Die vier Rosse: Pyrois, Eous, Aethon und Phlegon

Phaëthon erschrickt

175

Vorwärts zum Untergang schaut er, wohin zu gelangen das Schicksal
Ihm verwehrt, und bald auch sieht er rückwärts zum Aufgang.
Ratlos starrt voll Angst und läßt die Zügel nicht fahren,
Strafft sie auch nicht und hat die Namen der Rosse vergessen.

Zitternd erblickt er auch verstreut aus wechselndem Himmel
Schreckensgestalten und rings Gebilde von dräuenden Tieren.
Ist da ein Ort, da krümmt die beiden Scheren im Kreise
Der Skorpion, und beugend den Schwanz und die doppelten Fänge
Streckt sich weit in den Raum zweier anderer Bildern der Sterne.
Wie ihn der Knabe gewahrt vom Schweiße schwärzlichen Giftes
Triefen und Wunden drohn mit krumm gebogenem Stachel,
Läßt er in eisigem Schreck wie sinnlos die Zügel entgleiten.
Als sie nun aber schlaff den Rücken der Rosse berühren,
Brechen sie aus und durchrennen, von keinem Lenker gehalten,
Fremde Gebiete der Luft, und wo es sie immer gelüstet,
Der Wagen gerät Jagen sie ungelenkt und kreuzen schon oben des Äthers
völlig außer Kurs Feste Sterne und reißen den Wagen irrend vom Wege.
Bald in schwindelnder Höhe und bald abschüssige Pfade
Fliegen sie hin und geraten in erdennahe Gefilde.
Tief unter ihrem Gespann sieht Luna verwundert des Bruders
Die Katastrophe Rosse rennen. Versengt, beginnen die Wolken zu rauchen;
ist da Feuer ergreift bereits an den obersten Gipfeln die Erde,
Spalten tun sich auf, die nährenden Säfte versiegen,
Falb verwelkt das Gras, es lodert das Laub an den Bäumen,
Und die trockene Saat gibt Nahrung dem eigenen Verderben.

Das ist nur wenig: doch sinken auch große Städte und Mauern;
Ganze Länder sogar mit allen bewohnenden Völkern
Verödung Wandelt der Brand in Asche, es brennen Berge und Wälder,
der Erde Brennt der kilikische Taurus, der Athos, der Oeta, der Tmolus,
Trocken nun, brennt der einst so quellendurchrieselte Ida,
Helikons Jungfrauenhöh und der, wo später Oeagrus
Ausbruch Herrschte. Von doppelter Glut brennt nun der Ätna unendlich,
des Ätna Eryx, Cynthus und Othrys, das Doppelhaupt des Parnassus,
Rhodope auch, wo endlich der Schnee geschmolzen, und Mimas,
Dindyma, Mykale auch und der feuergeweihte Kithaeron.
Skythien nutz sein Frost nicht mehr: der Kaukasus lodert,
Pindus und Ossa, und höher als beide Olympus,
Auch die luftigen Alpen, der Appeninus in Wolken.

Die Erde steht Da sieht Phaëthon nun, wie rings in Flammen der ganze
in Flammen Erdkreis lodert, er selbst kann nicht die Hitze ertragen.
Kochende Luft, als wäre sie einer Esse entstiegen,
Atmet er ein und fühlt nun auch den Wagen erglühen;
Nicht vermag er länger die Asche und sprühenden Funken
Zu ertragen, und rings umglühen ihn wirbelnde Schwaden,
Schwarz von Dunkel umhüllt, er weiß nicht, wohin er sich wende,
Noch wo er sei, ihn reißt die Willkür der fliegenden Rosse.

176

Damals, so meint man, drang den äthiopischen Völkern
Hoch das Blut in die Haut und gab ihnen schwärzliche Farbe.
Und auch Libyen ward, da alles Wasser verdorrte,
Trockener Sand, und die Nymphen beweinten mit flatternden Haaren
Ihre Quellen und Seen . . .

Aller Boden zerspringt; in den Tartarus dringt durch die Spalten
Licht und erschreckt den König der Tiefe und seine Gemahlin.
Und auch das Meer versiegt, und was einst Wellen gewesen,
Wird zu sandigem Feld, und Höhen, die unter der Fläche
Ruhten, steigen empor und vermehren die Zahl der Zykladen.
Grundwärts streben die Fische, nicht wagen sich über die Wasser
die gekrümmten Delphine wie sonst in die Lüfte zu schnellen.
Rücklings treiben entseelt gestreckt die Leiber von Robben
Oben umher auf der Flut. Selbst Nereus, heißt es, und Doris
Hielten sich mit den Töchtern in laulichen Grotten verborgen.
Dreimal wagte Neptun mit finsteren Blicken die Arme
Aus dem Wasser zu strecken, doch dreimal vertrieb ihn der Gluthauch.

Die Meere versiegen, alles Leben stirbt

Aber die nährende Tellus, so wie sie vom Meere umgeben,
Zwischen den Wassern der See und all den geflüchteten Quellen,
Die sich zusammengedrängt im Schoße der dunklen Mutter,
Hob, bis zum Hals verdorrt, ihr niedergesunkenes Antlitz
Und hielt schützend die Hand an die Stirn und bebte gewaltig.
Alles erschütternd, sank sie um ein weniges tiefer,
Als sie gewöhnlich erscheint, und sprach mit heiliger Stimme:
„Wenn es dir also gefällt und ich es verdiene, was zaudert,
Göttergebieter, dein Blitz? Und soll ich durch Feuer vergehen,
Laß mich dem deinen erliegen. Das wäre mir Trost im Verderben.
Kaum vermag ich den Mund zu solcher Bitte zu öffnen."
(Dampf verschloß ihr die Lippen): „Oh sieh meine brennenden Haare,
Meine Augen so voll, so voll von Asche das Antlitz.
Dankst du mein Blühen mir so, und so belohnst du die treuen
Dienste, daß ich die Wunden des scharfen Pfluges, der Egge
Reißen ertrug und ständig im ganzen Jahr gequält bin,

Die Mutter Erde, Tellus, klagt und bittet den Göttervater um Erlösung der ihr zugefügten Qualen

Daß ich Blätter dem Vieh, die milde Frucht des Getreides
Biete dem Menschengeschlechte und auch den duftenden Weihrauch?
Aber gesetzt, daß ich Zerstörung verdiente, was haben
Denn das Meer und dein Bruder verdient? Was schwinden die Wellen,
Die ihm vom Schicksal bestimmt, und sind nun vom Himmel entfernter?
Rührt dich aber weder zu mir noch zum Bruder die Liebe,
So erbarme dich doch des Himmels! Blicke nach beiden
Polen, wie beide rauchen, und wenn sie das Feuer vernichtet,
Stürzt euer himmlisches Haus. Sieh, wie auch Atlas sich abmüht.
Kaum auf den Schultern mehr hält er länger die glühende Achse.
Wenn die Himmelsburg, das Meer und die Länder vergehen,
Sinken wir wieder zurück ins alte Chaos. Entreiße
Was noch übrig, dem Brand und erwäge die Rettung des Weltalls."

Abschmelzen der Polkappen

Die Erdachse gerät ins Wanken

Also flehte die Erde, denn nicht vermochte sie länger,
Diesen Qualm zu ertragen und mehr zu sagen; ihr Antlitz
Zog sie in sich zurück, in Höhlen, die nahe den Toten.

Zeus-Jupiter greift ein
Doch der allmächtige Vater beruft die Götter zu Zeugen,
Auch den Verleiher des Wagens, daß alles verdürbe, wenn er nicht
Hilfe brächte, so steigt er hoch zum obersten Himmel,
Wo er pflegt mit Wolken der Erde weit zu umhüllen,
Und von wo er den Donner erregt und die Blitze herabwirft.
Jetzt aber hatte er weder Gewölk zur Umhüllung der Erde,
Noch auch Regen, um ihn vom Himmel niederzugießen.
Donnernd aber entsandte er rechts vom Ohre des Blitzes

Durch einen Blitzstrahl des Zeus wird Phaëthon vom Wagen geschleudert und getötet
Strahl auf den Lenker, entriß ihm das Leben und warf ihn vom Wagen
Nieder und dämpfte so das Feuer mit wilderem Feuer.
Scheuend stutzen die Rosse und springen zur Seite und reißen
Aus dem Joche den Hals und entfliehn den zerrissenen Riemen.
Hierhin fallen die Zügel und dort, getrennt von der Deichsel,
Schleift die Achse und drüben die Speichen zertrümmerter Räder;
Weit liegt rings verstreut der Rest des zerschlagenen Wagens.

Der Sturz des toten Phaëthon vom Himmel
Phaëthon aber, mit wirren, im Feuer lodernden Haaren
Stürzt kopfüber hinab und wird durch die Lüfte in langem
Bogen geschleudert, wie wenn ein Stern zuweilen vom heitern
Himmel zu fallen scheint, auch wenn er nicht wirklich gefallen.
Fern von der Heimat nimmt ihn die Flut des entlegenen, großen
Stromes Eridanus auf und bespült sein rauchendes Antlitz.
Nymphen Hesperiens bergen den noch von der Flamme des Dreizacks
Rauchenden Leib im Grabe und geben dem Steine die Aufschrift:
„Phaëthon liegt allhier; er lenkte den Wagen des Vaters.
Konnt er ihn auch nicht halten, erlag er doch mächtigem Wagnis."
Denn der Vater verbarg im Jammer der bitteren Trauer
Sein verhülltes Haupt; und wenn wir der Sage vertrauen,
Ging ohne Sonne ein Tag vorüber. Die Lohe gewährte
Helles Licht, so bot das Unheil doch einigen Nutzen . . .
(Ovid, Metamorphosen, 1. Buch, Vers 748—779; 2. Buch, Vers 1—8, 239, 260—332)

Magische Verwandlung der Schwestern des Phaëthon
Der Mythos des durch den Blitz des Zeus getöteten und vom Himmel gefallenen Phaëthon endet mit der Totenklage der Mutter Klymene und der Töchter des Helios um ihren Halbbruder. Während ihrer Klagen erstarren Phaethusa, Lampetia und eine dritte Schwester von den Füßen aufwärts zu Bäumen. Zeuge dieser Verwandlung war der Sohn des Sthenelos, Kygnos, ein Verwandter des Phaëthon von seiten der Mutter. Er wurde in einen Schwan verwandelt:

Neu wird Kygnos zum Schwan, doch traut er nicht Juppiters Himmel,
Immer gedenk, daß jener so grausam Feuer entsandte.
Weiher und offene Seen bewohnt er; voll Haß auf das Feuer
Wählt er zum Wohnsitz das Wasser, den Widersacher der Flammen.
(Metamorphosen, 2. Buch, Vers 377—380)

178

Der Vater des Phaëthos, Phoebus-Helios-Sol, trauert und grollt:

Helios-Phoebon trauert um seinen Sohn

„Von Anfang der Zeiten war es mein Schicksal, nicht Rast noch Ruhe zufinden
Mich reuen alle die Mühen, die ich ohn Ende und Ehren bestanden.
Lenke ein anderer doch, wer will, den leuchtenden Wagen!
Wills aber keiner und halten sich dessen die Götter nicht fähig,
Tu er es selbst; dann ruhten, hat er unsre Zügel in Händen,
Wenigstens einige Zeit die väterverwaisenden Blitze.
Hat er gespürt die Kraft der feurigen Renner, dann sieht er,
Daß nicht Tod verdient, wer sich nicht tüchtig gezügelt.“
(Metamorphosen, 2. Buch, Vers 385–393)

Erst auf inständiges Bitten der übrigen Götter und einer Entschuldigung, aber auch Drohung durch den Göttervater Zeus-Jupiter übernimmt Helios wieder die Zügel der Quadriga des Himmelswagens. Karl Kerényi kommentiert die Geschichte des Phaëthon aus seiner Sicht:

Helios über-nimmt nach anfänglicher Weigerung wieder die Lenkung des Himmelswagens

Schon im Altertum gab es gelehrte Leute, die, wenn sie die gemeinsame Geschichte hinter den verschiedenen Erzählungen von derselben, mit einem bestimmten Namen benannten mythologischen Gestalt nicht erkannten, einfach erklärten, es seien mehrere mit demselben Namen gemeint. Das war fast immer voreilig und wäre es auch jetzt, wollte man beispiels-weise zwei göttliche Jünglinge mit dem Namen Phaëthon unterscheiden. Man weiß ja schon, daß ein Sohn des Helios, gleichsam eine jüngere oder kleinere Sonne, so hieß. Es darf hinzu-gefügt werden, daß ein Himmelskörper diesen Namen eben nur dann erhielt, wenn er wie eine „kleine Sonne“ erschien. Später galt der Planet Jupiter oder der Saturn, der bei uns, wie im Orient, auch den Sonnennamen trug, als „Phaëthon“. Ursprünglich aber hieß jener Stern so, welcher der Göttin Aphrodite am nächsten stand. Im Orient war dieser der Planet der Liebesgöttin und heißt daher bis heute Venus. Von unserem Volk wurde er auch als Abend- und als Morgenstern bewundert, als Hesperos und Phosphoros oder Eosphoros, als wären es zwei verschiedene, schöne Sterne. Man gab dem Phosphoros die Eos und den Kephalos zu Eltern, wie man sie auch dem Phaëthon ... zu Eltern gab. Die Beziehung zu Aphrodite ist darin solcher Art, daß sie uns den Adonis in die Erinnerung rufen muß. Die Geschichte von Phaëthon gehört eigentlich zu denen von den Geliebten der großen Liebesgöttin ... Aphro-dite ... erhob ihn zum Rang eines Gottes oder göttlichen Geistes, eines Daimon, was eben jener Art der Unsterblichkeit entspricht, die Adonis besaß. Auch in den übrigen Erzählungen, in denen nicht der nur halb göttliche Kephalos, sondern Helios sein Vater war, hatte Phaëthon wenigstens eine Mutter und einen Stiefvater, die ihn mit der Welt der Sterblichen und Toten verbanden. Nach einer Erzählung hieß die Mutter Klymene, und Merops war ihr Gatte und der Stiefvater ihres Sohnes. Dieser herrschte in einem Land, das dem Sonnengott besonders lieb war, wie Aithiopien oder die Insel Kos. Vermutlich ist unter dem Namen Merops Helios selbst zu verstehen. Klymene war ein Name der Totenkönigin Persephone, und es wurde auch erzählt, daß die Gattin des Merops, persephonegleich, früh in das Totenreich hinab-sank ...

Auf Kreta hieß der verunglückte Lenker des Sonnenwagens Adymnos oder Atymnios. Er war der Bruder der Europa, und man erlebte sein Wiedererscheinen täglich am Abend. Der gestürzte Morgenstern erscheint ja als Abendstern wieder und ist am Abendhimmel erst der Tempeldiener der Aphrodite. (12, S. 190–92, gekürzt)

Bevor wir diesen Mythos kommentieren wollen, soll zunächst noch die Version des Schicksals Phaëthons aus der Sicht des Nonnos von Panopolis in den Dionysiaka wiedergegeben werden. Hermes berichtet dem Dionysos:

Menschenerfreuender Hirt irdischen Lebens, o Bakchos,
Wenn dich ein süßes Verlangen nach alten Mären erfaßte,
Will ich die ganze Sage von Phaëthon gründlich erzählen.
Der Okeanosstrom, der die Wölbung des Weltalls umgürtet,
Der um den feuchten Drehpunkt sein erdumfassendes Wasser
Führt und von Anbeginn mit Tethys ehelich lebte,
Zeugte als wässriger Gott die Klymene, schöner als alle
Die Najaden, die Tethys am feuchten Busen ernährte,
Eine zarte Jungfrau mit blendenden Armen, um deren
Schönheit Helios litt, der die zwölf Monde des Jahres
Wälzt und die sieben Zonen des Äthers im Kreise durchwandelt.
(Darunter versteht Nonnos die sieben übereinandergelegten Bahnen der Planeten, die sonst
Kyklen heißen. Anm. d. Verf.)
Walter des Feuers, litt er durch anderes Feuer: des Wagens
Flamme, den Glanz seiner Strahlen bezwang das Feuer der Liebe.
Als er einst über der Bucht des besonnten Okeanosstroms
Seinen heißen Leib in den östlichen Wassern erfrischte,
Da erblickte er nah die Jungfrau, wie sie im Strome
Nackend schwamm im Spiel auf der Flut des Vaters und leuchtend
Schimmerte dort im Bade; so glich sie im Glanze dem hellen,
Vollgerundeten Schein der doppelten Hörner, wenn abends
Sich die nährende Mene (= Selene) im stillen Wasser bespiegelt.
Ohne Sandalen stand halbsichtbar im Wasser das Mägdlein;
Ihre rosigen Wangen beschossen Helios; mitten
Schnitten den Anblick des Leibes die Wellen, und damals verhüllte
Keine Binde die Brust des Mädchens, durchglänzend die Feuchte,
Schimmerte rot das Rund der Kuppel der silbernen Brüste.

Und der Vater vermählte die Jungfrau dem Lenker des Äthers.
Klymenes Brautlied sangen die schrittbeflügelten Horen
Und das Hochzeitsfest des leuchtenden Helios; ringsum
Tanzten Najaden-Nymphen, und bei dem wässrigen Brautbett
Wurde in blitzender Hochzeit gefreit die fruchtbare Jungfrau,
Und mit kühlen Armen empfing sie den heißen Verlobten.
Brautbettdienender Glanz erstrahlte vom Heere der Sterne,
Und der Stern der Kypris, (H)eosphoros, Künder der Ehe,
Flocht ein hochzeitlich Lied, und zum Geleite der Feier
Sandte bräutlichen Strahl statt einer Fackel Selene.
Hesperiden jauchzten; mit Tethys, der Gattin, zusammen
Brauste Okeanos laut Gesang mit quellender Kehle.
(Auch hier erscheint Eosphoros-Luzifer als ein fester Bestandteil der Himmelswelt und ist
nicht mit dem später stürzenden Phaëthon zu verwechseln. Anm. d. Verf.)

Klymenes Leib schwoll an durch die befruchtende Ehe,
Und als reif die Frucht, gebar die Jungfrau ein Kindlein,

Einen göttlichen Sohn von leuchtendem Glanze; es brauste
Bei der Geburt des Knaben ein Lied der Äther des Vaters.
Als er dem Schoße entsprang, da wuschen Okeanos' Töchter
Diesen herrlichen Sohn in den Wogen des Ahns, sie umwanden
Ihn mit Windeln; da stürmten die Sterne in glänzendem Fluge,
Wie sie gewohnt, hinab in die Flut des Okeanosstromes
Und umringten den Knaben. Die Wehemutter Selene
Sandte leuchtenden Schimmer; und Helios nannte den Knaben
Mit seinem eigenen Namen, mit Recht, denn die Schönheit des Sohnes
Zeugte dafür; es war auf dem strahlenden Antlitz des Buben
Sichtbar all der Glanz, der dem Vater Helios eigen.
(38. Gesang, Vers 105–154)

Der kleine Phaëthon fällt beim Spiel ins Meer, was als ein Zeichen seines *Phaëthon*
späteren Sturzes gedeutet wird. Als Knabe fertigt er ein Holzwägelchen, be- *wächst auf*
spannt es mit vier Lämmern und ahmt darin die Sonnenfahrt seines Vaters
nach. Herangewachsen, bestürmt er den Vater unaufhörlich, einmal den wirklichen Sonnenwagen fahren zu dürfen: Aber der Vater verneint den Wunsch, *Wunsch, den*
und da fleht der Knabe *Sonnenwagen*
des Vaters
Süßer noch; um zu trösten ihn wegen des luftigen Wagens, *zu lenken*
Sagte zum jungen Sohn der Vater mit zärtlicher Stimme:
„O du Heliossohn, Geblüt des Okeanosstromes,
Wünsch eine andere Gabe. Was soll dir der himmlische Wagen?
Meide den schnellen Lauf der Rosse, denn du vermagst nicht
Meinen Wagen zu lenken, den ich ja selber kaum meistre . . .“
(38. Gesang, V. 193–199)

Doch kann er schließlich dem bittenden Sohn nicht widerstehen und er-
klärt ihm zunächst den Weg des Sonnenwagens und der übrigen Planeten
(denn die Sonne war ja nach antiker Auffassung im geozentrisch-ptolemäischen
Weltbild ebenfalls ein Planet) durch die zwölf Tierkreise am Himmelszelt.
Also sprach der Vater und setzte Phaëthon häuptlings
Seinen goldenen Helm, umgab ihn mit feurigem Kranze;
Siebenfach umwand er des Sohnes Flechten mit Strahlen.
Mit dem weißen Gürtel umkränzte er Phaëthons Hüfte,
Und er bekleidete ihn mit seinem feurigen Leibrock
Und umschnürte ihm auch die Füße mit Purpursandalen.
Dann überließ er dem Knaben den Wagen; von östlicher Krippe
Führten die Horen herbei des Helios feurige Rosse.
Kühn trat an das Joch (H)eosphoros, und er umschloß dort
Mit dem hellen Geschirr der Pferde dienenden Nacken.
Phaëthon aber stieg ein. Es gab ihm die Zügel zu lenken, *Abfahrt des*
Schimmernde Zügel, dazu die bunte, glänzende Geißel, *Gespanns*
Helios, sein Erzeuger; er zitterte ängstlich und schweigend,
Denn er erkannte, wie kurz das Leben des Sohnes. Am Ufer
Sah ihn den Wagen besteigen die halb nur sichtbare Mutter;
Klymene bebte vor Freude in ihrer Liebe zum Sohne.

181

Phosphoros funkelte schon, die morgenbringende Leuchte;
Da ging Phaëthon auf. Den östlichen Bogen betretend,
Badete er in den Wassern des Ahns, des Okeanosstromes.
(38. Gesang, V. 291–309)

Auch hier geht aus dem Text wie bei Ovid eindeutig hervor, daß Eosphoros keineswegs mit dem vom himmelfallenden Phaëthon identisch ist, da er seine Position am Himmelszelt als Ankünder des Morgens niemals verlassen hat. Über das „Aus-der-Bahn-Laufen" des Sonnenwagens erfahren wir bei Nonnos:

Da durchliefen ihm seine ins Joch geschlossenen, hellen
Rosse den Tierkreisbogen nach ihrer alten Gewohnheit.
Unerfahren peitschte mit seiner feurigen Geißel
Phaëthon wie toll den Rücken der Pferde, und diese
Scheuten, wildgemacht von dem Stachel des grausamen Lenkers.
Unwillig rannten sie über die Schranken des üblichen Pfades,

Die Fahrt gerät außer Kontrolle des Rosselenkers

Und die Rosse irrten am Achsendrehpunkt vorüber,
(also an der Achse des Himmelsgewölbes, dem himmlischen Nordpol)
Da sie ein anderes Geißeln gewohnt von dem früheren Lenker.
Und es herrschte Verwirrung bei Boreas' nördlichem Rücken
Und beim südlichen Ende, und da bestaunten die schnellen
Horen am Himmelstor des Tages veränderte Formung;

Warnung an Phaëthon durch Eosphoros

Eos zitterte bang, und der Stern des Phosphoros gellte:
„Wohin jagst du denn, Knabe was treibst du den Wagen rasend?
Spare die mutige Geißel. Vor beiden mußt du dich hüten:
Vor dem Chor der Planeten und dem der befestigten Sterne,
Daß nicht der kühne Orion mit seinem Schwert dich töte,
Daß nicht der greise Bootes mit flammender Keule dich schlage.
Hüte dich weiterhin vor irrem Treiben, damit dich
Nicht der Himmelswalfisch in seinem Bauche begrabe,
Daß dich der Löwe nicht zerreiße oder des Himmels
Stier dich nackenkrümmend mit flammendem Horne durchstoße.
Scheue dich vor dem Schützen, daß er die Sehne nicht anzieht
Und dich dann erschießt mit feuerspitzigem Pfeile.
Mag kein neues Chaos entstehen und morgens die Sterne
Hell am Himmel erscheinen, und nicht womöglich am Mittag
Dann der taumelnde Tag der hellen Selene begegnen."
(38. Gesang, V. 321–346)

Hier wird Phaëthon vom Morgenstern Eosphoros oder Phosphoros sogar ermahnt, die Peitsche oder Geißel bei den Rossen nur ganz vorsichtig zu gebrauchen. Er weist auf die Gefahren hin, die Phaëthon beim Durchfahren der einzelnen Tierkreissphären zustoßen können. Die kosmische Katastrophe ist da:

Die kosmische Katastrophe tritt ein

Riefs, und Phaëthon trieb den Wagen noch ärger im Zickzack
Bald nach Süden, nach Norden, nach Westen und wieder nach Osten,
Und es herrschte Verwirrung im Äther. Des stetigen Weltalls

Veränderung der Erdachse

Fügung erschütterte er, daß sich am Ende die Achse (von Pol zu Pol)
Krümmte, die mitten durch des Äthers Umschwung hindurchgeht.

182

Mühsam das Sterngewölbe, das selbst sich drehende, hebend,
Stand mit gebogenen Knieen gekrümmt der lybische Atlas (der Träger des Himmels)
Nun noch mit schwererer Bürde. Da streifte den Himmelsäquator
Außerhalb des Bären mit krummer Windung des Bauches
Zischend der Drache, der läuft mit dem Sternbild des Stieres zusammen.
(38. Gesang, V. 347–356)

Nonnos beschreibt jetzt die Verwirrung am Himmel, wobei sich die Stern- *Chaotische*
bilder auch untereinander befehden. Nachdem Phaëthon den Sternenhimmel *Zustände am*
völlig durcheinandergebracht hat, greift Zeus ein: *Sternenhimmel*
und auf der Erde

Da aber schmetterte Zeus mit dem Blitzstrahl Phaëthon nieder,
Daß er wirbelnd hinab in die Flut des Eridanos stürzte.
Neugewonnene Fügung wie früher fesselnd und einend,
Überließ er die Rosse dem Helios wieder und führte
Wieder den himmlischen Wagen zum Osten; da liefen die schnellen,
Sonnendienenden Horen auf ihren üblichen Pfaden.
Wieder lachte rings die ganze Erde; von oben
Reinigte weit die Felder ein Regen des Lebensverleihers
Zeus, und er löschte mit nassem Getröpfel das schwelende Feuer,
Alles, soviel auf die Erde aus heftig brennenden Mäulern
Hoch am Himmel gegeifert die wiehernden, glühenden Rosse.
Auf ging Helios, lenkte den wiedergewonnenen Wagen,
Und es mehrte sich neu die Saat, es lachte der Weinberg
Und empfing wie früher des Äthers belebende Leuchte.
(38. Gesang, V. 410–423)

Phaëthon wurde von Zeus als Sternbild an den Himmel versetzt, wo er als *Phaëthon wird*
Sternbild des Fuhrmanns den Himmelswagen hält, während seine Schwestern *zum Sternbild*
sich wie bei Ovid in klagende Bäume verwandeln.

Wir haben den Himmelssturz des Phaëthon nach der Erzählung des Ovid
und des Nonnos so ausführlich behandelt, da wir über dieses Epos eigene
Schlußfolgerungen ziehen möchten. Welche älteren Quellen Hyginus und Ovid
benutzt haben, ist unbekannt. Nonnos dürfte einige weitere Quellen für sein
Epos gekannt haben. Fest steht aber mit Sicherheit, daß der Himmelssturz des
Phaëthon aus der griechischen, wahrscheinlich aber aus der prähellenischen
Mythologie übernommen wurde. Viele Namen im Epos sind noch nicht einmal
latinisiert. In beiden Epen wird mit einer so erstaunlichen Akribie eine Naturkatastrophe geschildert und mit vielen Einzelheiten ausgeschmückt, daß man
fast meinen möchte, der jeweilige Berichterstatter habe diesem Schauspiel
selbst beigewohnt. Als historischen Hintergrund dieser Erzählung können wir
ohne weiteres ein tatsächliches Naturereignis vermuten, das in der Geschichte
der Menschheit nicht nur in einem Mythos aus grauer Vorzeit überliefert worden ist. Vielleicht handelte es sich um den Aufprall eines Meteors auf die Erde
und dessen Explosion. Die Folge war das Freiwerden riesiger Energiemengen,
zusammen mit einer enormen Hitzeentwicklung. In der Erzählung ist die Ur-

sache dieses Ereignisses das „Außer-Kurs-Laufen" des Himmelswagens des Sonnengottes, durch das Fehlverhalten und die Unfähigkeit des Phaëthon, die Rosse des Sonnengottes zu lenken, hervorgerufen.

8.6.3.1

Phaëthon ist nicht identisch mit Eosphoros-Luzifer

Phaëthon ist bei Ovid ganz sicherlich n i c h t mit dem Eosphoros-Luzifer identisch, wie aus dem Vers: „. . . da tat schon wachsam Aurora(-Eos) auf im schimmernden Osten das purpurne Tor und den Vorhof rosenbestreut. Die Sterne entfliehen, am Ende des Zuges Lucifer . . ." (Vers 12–15 im 2. Buch), hervorgeht. Hier gehört der Morgenstern Eosphoros-Luzifer eindeutig zu einem festgefügten Sternenverband, der mit seiner „Mutter" Eos eine funktionelle Einheit bildet und keineswegs vom Himmel stürzt. Das gleiche gilt auch für die Erzählung des Nonnos (38, 299 u. 307). Phaëthon ist bei Ovid und Nonnos auch nicht der Sohn der Eos wie bei Hesiod, sondern ein außerehelicher Sohn der Nymphe Klymene mit dem Sonnengott Helios-Phoebus. Phaëthon konnte, astronomisch gesehen, sehr gut ein Wandelstern oder ein Komet gewesen sein, der in der Vorzeit mit der Erde kollidierte oder auf Kollisionskurs bei der Berührung mit der Erde oder im Vorbeiflug zu dieser Katastrophe Anlaß gab. Ein jüdischer Arzt und Psychoanalytiker, russischer Abstammung und in den USA lebend, Immanuel Velikovsky (*1897), hat eine eigenwillige Theorie der Entstehung der Venus in unserem Planetensystem entwickelt, auf die wir im Folgenden noch näher eingehen werden. Er führt zahlreiche Mythen aus der ganzen Welt an, um seine Theorie zu untermauern. In diesen Mythen wird vielfach ein grausames Ereignis durch einen mit einem langen Feuerschweif versehenen Stern erwähnt, das mit dem im Ovidschen Epos geschilderten Sturz des Phaëthon sehr gut in Verbindung gebracht werden kann.

Folgenschwere Verwechslung des Schicksals des Phaëthon mit Eosphoros-Luzifer

Diese von uns zur Diskussion gestellte Spekulation einer Kollision oder Beinahekollision würde es auch verständlich machen, daß der bei Ovid nicht mit dem Eosphoros-Luzifer verwechselte Phaëthon den „Sturz vom Himmel" vollzog und nicht — wie sonst allgemein behauptet — Luzifer. Im Alten Testament der Juden führte die fälschliche Identifizierung oder Verwechslung des Phaëthon mit Helal-Eosphoros-Luzifer zu einer folgenschweren Konsequenz. Die christlichen Kirchenväter übernahmen die biblische Mythe in ihre Engellehre und machten den „abgestürzten" Luzifer zum Satan. Bei Jesaja war bereits der mythologisch überlieferte Sturz des Phaëthon dem Helal „in die Schuhe geschoben" worden, um ihn dann mit einem zeitgenössischen babylonischen (?) König zu verbinden. Das im Neuen Testament bei Lukas im 1. Jahrhundert, also zu Beginn unserer Zeitrechnung, entstandene Kapitel 10, Vers 18: „Da sagte er zu ihnen: Ich sah den Satan wie einen Blitz vom Himmel fallen", hat offensichtlich den ursprünglichen Mythos vom Himmelssturz des Phaëthon schon mit dem des Satan-Luzifers verbunden. In seiner Urform ist Phaëthon, der durch den Blitz des Zeus vom Himmel stürzt, mit Sicherheit dieselbe mythische Gestalt, die im Neuen Testament irrtümlicherweise in der

Gestalt des Satans das gleiche Schicksal erleidet. In Wirklichkeit hat Eosphoros-Luzifer seine Position am Himmelszelt niemals verlassen, wie es die moderne Astronomie bewiesen hat.

Lassen wir zunächst noch einige Autoren zum Thema Morgenstern-Phaëthon zu Wort kommen, bevor wir uns etwas ausführlicher mit der Theorie Velikovskys auseinandersetzen. Der evangelische Theologe Hermann Gunkel (1862–1932) schreibt in seiner Arbeit „Schöpfung und Chaos" (Göttingen 1895) zum Verhältnis Morgenstern-Phaëthon:

Der Morgenstern, Sohn der Morgenröte, hat ein eigentümliches Geschick. Hell erstrahlend eilt er am Himmel empor, aber er kommt nicht zur Höhe; die Sonnenstrahlen machen ihn erblassen. Diesen Naturvorgang schildert der Mythus als einen Kampf Eljons gegen Helal, der einst zur Höhe des Himmels hinauf wollte, aber zur Unterwelt herab mußte. Ganz ähnlich spricht der griechische Mythus von dem frühen Tode Phaëthons, Sohn der Eos; auch Phaëthon ist der Morgenstern; φαέθον ist seiner Wortbedeutung nach mit helel (helal, glänzend) identisch.

Im Babylonischen ist der Name Hêlal und der Hêlal-Mythus einstweilen nicht bezeugt. Damit ist freilich der babylonische Ursprung nicht ausgeschlossen. Wenn babylonisch, würde der Mythus sich wohl auf den Mercur beziehen. Im andern Falle würde man etwa auf phönicische Herkunft raten. (S. 133–134)

Gunkel stellt allerdings die Identität von Helal-Eosphoros mit Phaëthon nicht in Frage. Ebenso kommt der amerikanische Gelehrte Julian Morgenstern über seinen Namensvetter zu keinem neuen Ergebnis in seiner Untersuchung „The Mythological Background of Psalm 82" (in: Hebrew Union College Annual. Cincinnati/USA 1939, S. 29–126). Er vergleicht den Text des Psalms 82 mit den Stellen im Alten Testament Jesaja 24, 21–23, Genesis 6, 1–4 und Jesaja 14, 13, und kommt zu dem recht konstruierten und kaum wahrscheinlichen Ergebnis, daß die Psalmstelle 6–7, „Wohl habe ich gesprochen: Götter seid ihr, ihr alle seid Söhne des Höchsten. Doch wahrlich, wie Menschen sollt ihr sterben . . .", die Genesis-Stelle 6, 4 hinreichend erklärt: „Wie bist du zu Boden gefallen, du strahlender Morgenstern!". In dem Mythos handelt es sich um Engel, die sich mit Menschentöchtern verbanden und dafür bestraft wurden, und zwar dadurch, daß sie von nun an „wie Menschen leben" sollten. Nach Morgenstern wurden ursprünglich also nicht die Menschen, sondern die gefallenen Engel bestraft. Im Nachsatz des Psalm 82, 7: „(Ihr) sollt stürzen wie einer der Fürsten" wird ein weiterer Mythos sichtbar: derjenige des rebellischen und deswegen gestürzten helel ben sahar, der in Jesaja 14, 12–23 als Bild für den anmaßenden König von Babylon erscheint. Auf beide Mythen bezieht Morgenstern den Text Jesaja 24, 21–24. Die Gestalt des „S(h)ahar" erscheint schon in der Mythologie von Ugarit als Sohn von El und Zwillingsbruder von Shalem.

Eine eindeutige Ablehnung der Identität des Phaëthon mit Helal-Eosphoros-Luzifer konnten wir in der für uns überschaubaren Literatur nicht entdecken. Wir möchten daher wenigstens zum Teil die These Velikovskys heranziehen,

Spekulationen um Natur-katastrophen durch stellare Einflüsse

die er erstmals in den USA in einem Buch unter dem Titel „Worlds in Collision"
1950 veröffentlichte (40). Seine Spekulationen blieben umstritten und wurden
von der Fachwelt völlig abgelehnt.

Nach Velikovsky ereigneten sich im Verlauf der jüngeren Erdgeschichte
zwei Naturereignisse, welche die Mythologie der Menschheit beschäftigten:
das erste um die Mitte des 2. Jahrtausends v. u. Z. und das zweite im 8. oder
zu Beginn des 7. Jahrhunderts v. u. Z. Als Quellen für seine These führt er
„geschichtliche Dokumente zahlreicher Völker der ganzen Erde, das klassische
Schrifttum, die Dichtungen der nordischen Völker, die heiligen Bücher der
Völker des Morgens- und Abendlandes, die Überlieferungen und den Volksglauben der Primitiven, alte astronomische Inschriften und Karten, archäologische, geologische und paläontologische Funde" (40, S. 8) an. Er kommt aufgrund seiner Untersuchungen zu dem Schluß, den er in einem „Nachwort"
so zusammenfaßt:

Alle kosmologischen Betrachtungen gingen bisher von der Annahme aus, daß die Planeten
Milliarden Jahre lang in ihren Bahnen kreisen. Wir behaupten dagegen, daß sie erst seit ein
paar tausend Jahren auf ihren heutigen Bahnen dahinziehen. Wir behaupten weiterhin, daß
ein Planet, nämlich die Venus, früher ein Komet war und erst zu Menschengedenken unter
die Planeten aufgenommen wurde, wodurch es möglich wird zu beschreiben, wie wenigstens
einer dieser Planeten entstanden ist. Wir haben vermutet, daß der Komet Venus seinen Ursprung in dem Planeten Jupiter hatte. Dann fanden wir, daß kleinere Kometen aus der
Begegnung zwischen Venus und Mars hervorgingen, woraus sich eine Erklärung für die Her-
kunftsweise der Kometen des Sonnensystems ergab. Daß diese Kometen nur einige tausend
Jahre alt sind, erklärt auch, warum sie trotz des Zergehens ihrer Schweife im Weltenraum
sich noch nicht völlig aufgelöst haben. Aus der Tatsache, daß die Venus einstmals ein Komet
war, erkannten wir, daß Kometen keineswegs massenlose Gebilde sind, wie man wohl annahm, die die Sterne gewöhnlich durch ihre Schweife hindurchscheinen und die Köpfe von
ein oder zwei Kometen beim Vorbeigehen vor der Sonne unsichtbar waren. Wir behaupten,
daß sich die Erdbahn und damit die Länge des Jahres mehr als einmal änderte, daß die
geographische Lage der Erdachse und ihre astronomische Richtung sich wiederholt verschob,
und daß noch in jüngerer Zeit der Polarstern innerhalb des Sternbildes des Großen Bären
lag. Die Länge des Tages änderte sich; die Polarregionen verschoben sich; das Polareis geriet
unter gemäßigte Breiten, und andere Gebiete rückten in den Polarkreis.
Wir kamen zu dem Schluß, daß zwischen der Venus, dem Mars und der Erde elektrische
Entladungen stattfanden, als ihre Atmosphäre bei nahen Begegnungen in Kontakt kam, daß
die Magnetpole der Erde vor nur wenigen tausend Jahren vertauscht wurden, und daß mit
der Veränderung der Mondbahn eine wiederholte Änderung der Länge des Monats einherging.
In den 700 Jahren zwischen der Mitte des 2. Jahrtausends und dem 8. Jahrhundert vor der
Zeitwende bestand das Jahr aus 360 Tagen und der Monat aus fast genau 30 Tagen, während
zuvor der Tag, der Monat und das Jahr wiederum andere Längen hatten ... Wir erkannten,
daß die Religionen der Völker der Welt einen gemeinsamen astralen Ursprung haben, daß
die Berichte der hebräischen Bibel über die Plagen und die anderen Wunder zur Zeit des
Exodos geschichtlich wahr sind und daß die geschilderten Wunderzeichen eine natürliche Erklärung haben. Wir erkannten, daß es einen Weltenbrand gab und daß Petroleum vom Himmel
herabströmte; daß nur ein kleiner Teil der Menschheit und der Tierwelt davonkam ...

Wir sahen, warum in den Mythen von Völkern, die durch weite Meere getrennt sind, gemeinsame Vorstellungen zutage treten, und wir erkannten die Rolle der Weltkatastrophen im Inhalt der Sagen, den Grund, warum Planeten vergöttlicht ... (40, S. 333—335, gekürzt)

Die interessanten Spekulationen Velikovskys sind sicherlich einer Überlegung wert. Auf seine zwar wenig wahrscheinliche Vermutung, daß der Planet Venus ursprünglich aus einem Kometen oder gar aus dem Jupiter entstanden sei, werden wir im Kapitel über den androgynen Morgen- und Abendstern zurückkommen. Hier soll uns zunächst noch Velikovskys Abschnitt über Phaëthon beschäftigen:

Die Griechen sowohl wie die Karier und andere Völker an den Küsten des Ägäischen Meeres erzählen, daß die Sonne einstmals aus ihrer Bahn gedrängt wurde und einen ganzen Tag lang verschwand, während der Erde versengt und überflutet wurde.

Nach der griechischen Sage machte der junge Phaëthon, der den Anspruch erhob, von der Sonne abzustammen, an jenem unheilvollen Tage den Versuch, den Sonnenwagen zu lenken. Es war ihm aber unmöglich, „gegen die wirbelnde Pole" seine Bahn einzuhalten, und „ihre rasende Achse" schleuderte ihn fort. Der griechische Name Phaëthon bedeutet „der Lodernde".

Viele Schriftsteller haben sich mit der Erzählung von Phaëthon befaßt; die bestbekannte Darstellung stammt von dem römischen Dichter Ovid ...

Wie sollten die Dichter gewußt haben, daß eine Änderung in der Bewegung der Sonne am Firmament einen Weltenbrand verursachen mußte, mit auflodernden Vulkanen, siedenden Flüssen, schwindenden Meeren, neu entstehenden Wüsten, auftauchenden Inseln, wenn ein derartiges Ereignis sich nicht tatsächlich zugetragen hätte?

Auf diese Störung der Sonnenbewegung folgte eine Zeitspanne von der Länge eines Tages, während die Sonne überhaupt nicht erschien ... Diese lang anhaltende Nacht in einem Teil der Welt muß ein anhaltender Tag in einem anderen Teil entsprochen haben. Bei Ovid handelt es sich um dieselbe Erscheinung, wie sie das Buch Josua (10, 11—13) schildert, jedoch auf einer anderen geographischen Länge. Dies mag gleichzeitig zu Betrachtungen über die geographische Herkunft der indo-iranischen oder karischen Einwanderer Griechenlands anregen. Die Erdkugel änderte die Neigung ihrer Achse, und auch die Breiten veränderten sich. Ovid schließt die in der Erzählung von Phaëthon enthaltene Schilderung der Weltenkatastrophe mit folgenden Worten: „Indem sie alle Dinge unter ihrem gewaltigen Beben erschütterte, sank sie (die Erde) ein wenig tiefer unter ihren gewohnten Platz zurück."

Plato berichtet eine Geschichte, die Solon, der weise Herrscher Athens, zwei Menschenalter zuvor gehört hatte Solon hatte bei einem Besuch in Ägypten einige in alten Überlieferungen bewanderte Priester über die früheste Geschichte befragt. Er entdeckte dabei, daß „weder er selbst noch irgendein anderer Grieche auch nur irgend etwas — so möchte man fast sagen — über die Dinge wußte." Solon erzählte den Priestern die Geschichte von der Sintflut, die einzige alte Überlieferung, die ihm gegenwärtig war. Einer der Priester, ein alter Mann sagte: „Es waren und es werden viele mannigfaltige Vernichtungen der Menschheit sein, die größten durch Feuer und Wasser, weniger große durch zahllose andere Ursachen. Sowohl in deinem Lande, wie in unserem wird erzählt, wie vor Zeiten Phaëthon, der Sohn des Helios, seines Vaters Wagen anschirrte und, außerstande, ihn auf der gewohnten Bahn zu lenken, alles auf Erden verbrannte, während er selbst durch einen Blitzschlag umkam. Diese Geschichte hat, so wie sie erzählt wird, die Gestalt einer Sage. Wahr daran ist aber das Auftreten einer Verschiebung der Himmelskörper in ihrer Bewegung um die Erde sowie

eine Zerstörung aller Dinge auf Erden durch einen wütenden Feuerbrand, die sich in langen Zeitabständen wiederholt." (Plato, Timaios, 22c–d)
(40, S. 134–137, gekürzt)

Sprague de Camp hat in seinem Buch „Versunkene Kontinente" (41) zu den Spekulationen von Velikovsky Stellung genommen, wenn er schreibt:

Trotz seiner eindrucksvollen Versuche gelingt es Velikovsky nicht, die Kopernikus–Newton–Einstein-Vorstellung vom Kosmos außer Kraft zu setzen. Einige seiner mythologischen Bezugnahmen sind ungenau, der Rest beweist lediglich einmal mehr, daß der Fundus der überlieferten Mythen umfangreich genug ist, um ihn für jede erdenkbare Spekulation heranzuziehen. Die Babylonier hinterließen einwandfreie Venus-Beobachtungen, die sich 5000 Jahre zurückdatieren lassen. Danach hatte die Venus die gleichen Umlaufdaten wie heutzutage ... Zudem ist die Theorie vom physikalischen ebenso wie vom mechanischen Standpunkt aus unsinnig. Kometen sind keine Planeten, und sie können auch nicht zu solchen werden. Sie sind lose Ansammlungen von Meteoren. Eine solche Masse – selbst wenn sie die Größenordnung eines normalen Berges hätte – könnte bei einem Einschlag vielleicht einige Landschaften verwüsten oder einen kleinen Staat, aber sie könnte nicht merkbar die Umlaufbahn der Erde beeinflussen oder deren Rotation. Und der Gaskörper, den ein Komet hinter sich herzieht, ist so verdünnt, daß der Schweif eines ganz schön großen Kometen, zur Dichte von Eisen zusammengepreßt, in eine Aktentasche gehen würde! (41, S. 101)

Wenn wir auch die Entstehungsgeschichte unseres Planetensystems, wie sie uns Velikovsky darstellt, mit erheblicher Skepsis betrachten, so kann uns der Widerlegungsversuch von de Camp ebensowenig völlig überzeugen. Mit dem Vorstoß des Menschen von heute in die vierte Dimension, mit den neuen Gravitationstheorien und der damit verbundenen neuen Version über die Entstehung des Kosmos durch einen Urknall, stehen wir wieder am Anfang unserer im Laufe der menschlichen Entwicklung entstandenen Weltentstehungstheorien, denn solche bleiben sie auch in unserer Zeit. Warum soll in prähistorischer Zeit, in der schon Menschen lebten, nicht ein riesiger Komet auf seiner Bahn durch den Kosmos die Erde so nahe berührt haben, daß es zu den bei Ovid erwähnten Naturkatastrophen auf unserer Erde gekommen ist? Nichts spricht nach unseren heutigen wissenschaftlichen Erkenntnissen dagegen. Die Thesen von Velikovsky können wir hierbei völlig vernachlässigen, da unser Planetensystem ganz sicherlich nicht auf dem von ihm beschriebenen Wege entstanden sein dürfte.

Der deutsche Astronom Joachim Herrmann geht in seinem Buch „Das falsche Weltbild – Astronomie und Aberglaube" (42, S. 145–150) ebenfalls auf die Hypothesen Velikovskys ein, die teils polemisch und wenig überzeugend, teils doch aufschlußreich und verständlich widerlegt werden.

8.7
Vom Werden und Wandel der Gottheiten und Dämonen mit ihren Sternbildern und Kulten

Der Zyklus von Licht und Finsternis ist so alt wie die Erde selbst. Dieses Werden und Vergehen von Helligkeit im Wechsel mit der Dunkelheit hat mit Bestimmtheit schon den vor- und frühgeschichtlichen Menschen beschäftigt. Das, was er erschaut, ist nicht die Erde, die ihm durch Meere, Flüsse, durch Urwälder und Wüsten, Berge und Täler versperrt ist, sondern der überall sicht-

188

bare Himmel. Die Lichtträger am Himmel, die Sterne, besonders aber die wärmende oder sogar versengende Sonne am Tage, und der die Nacht erhellende Mond sind für ihn von großer Bedeutung. Tag für Tag und Nacht für Nacht, Jahr für Jahr ziehen sie am Himmelszelt an ihm vorüber. Sie sind für den Menschen das Gesetz des Schicksals, sie zeigen ihm den Willen der Götter und Dämonen an. So gibt er schon sehr früh den Gestirnen Namen, die mit seinem irdischen Leben Bezüge haben. Noch bevor er die Sterne zu zählen beginnt oder gar ihre Bewegung zu bestimmen und zu messen vermag, faßt er bestimmte Sterngruppen unter einem Namen zusammen, der in der Phantasie des Menschen irdischen Erscheinungen und Bildern gleichgesetzt wird. Als himmlische Einzelwesen gelten ebenfalls schon sehr früh die Planeten, allen voran Sonne, Mond und der Morgen- bzw. Abendstern, also der Planet Venus.

Zwischen dem Makrokosmos am Himmel und dem Mikrokosmos auf der Erde und den Menschen bestehen von Beginn an enge Beziehungen, zumindest seit der Mensch die „imaginative Kraft des Schauens" besitzt, die der Paläontologe Edgar Dacqué (1878–1945) „Natursichtigkeit" nannte. Sie wird zu Beginn der Hochkulturen von einem begrifflich-logischen Denken abgelöst. Naturereignisse auf der Erde wie im erschaubaren Kosmos werden von Beginn an in Mythen zunächst von Mund zu Mund und nach der Entwicklung der ersten Schriftzeichen auch in Texten überliefert. Das Aufleuchten der Sterne, die wie die ganze Natur als lebendig aufgefaßt wurden, war ein Zeichen der Götter, die nach und nach mit einzelnen Sternen oder ganzen Gruppen identifiziert wurden.

In den Sternbildern und ihren Konstellationen erkennt man eine Bild-Sprache der Götter, d. h. ihr Fatum, ihren zeichenhaften Spruch für Leben und Schicksal. Himmelskunde ist für den archaischen Menschen Lebenskunde und eine Lehre von den Weltordnungen, jedoch ursprünglich keineswegs der Versuch, eines Menschen Zukunft mit Hilfe der Sterne zu ergründen, sondern „der Versuch einer Weltauffassung von großem Stil und imposanter Einheitlichkeit" (Franz Boll, 1867–1924). Was am Himmel vorbildlich geschieht und sichtbar, soll auch auf Erden geschehen (2. Mose, 25, 8ff.), das Heiligtum, die Städte sollen nach himmlischen Vorbildern gestaltet, die kultischen Begehungen und sozialen Notwendigkeiten nach himmlischen Zeichen vollzogen werden . . . (Alfons Rosenberg in: 8, Bd. I, Sp. 186)

Wir dürfen aufgrund der Funde von Bestattungen annehmen, daß auch der prähistorische Mensch einen gewissen Jenseitsglauben besessen hat. Makro- und Mikrokosmos war für den archaischen Menschen eine funktionelle Einheit, die durch die „Lehre von den Entsprechungen" veranschaulicht wurde. Wir haben die Spekulationen der frühen Menschheit ausführlich in unserem Buch „Die Erleuchteten" behandelt. Werden und Vergehen, Geburt, Leben und Tod waren die herausragenden Eigenschaften, mit denen sich der Mensch seit Anbeginn zu beschäftigen hatte. Die ungeschlechtliche und später die geschlechtliche Zeugung waren Ausgangspunkt allen Lebens und der Fruchtbarkeit von Mensch, Tier und Pflanzen. Hierbei spielte in der Symbolik der frühen

Das Makro-Mikrokosmos-Denken des archaischen Menschen

Fruchtbarkeit und Sex in der kultischen Symbolik

189

Fruchtbarkeitskulte die Vagina der Erdmutter und der Phallus des (meist himmlischen) Erzeugers eine wichtige Rolle.

Die Menhire und Masseben der vorwiegend mediterranen Megalithkulturen sind phallische Male. Damit verbindet sich der anscheinend im Neolithikum von dem Raume zwischen der Donau und den westasiatischen Steppen ausgegangene Kult einer Liebes-, Fruchtbarkeits- und Erdgöttin, deren Sinnbild das gebär- und nährgewaltige Weib ist. Von den taurisch-iranischen Dorfkulturen strahlt ihr Einfluß auf das Mittelmeergebiet aus. Dieser Kult hat sich Mesopotamien und Kreta gewonnen und die archaischen Hochkulturen beeinflußt. Ischtar, Atargatis, Baalath, die Dea Syra, Kybele im semitischen Raum, außerhalb desselben die Magna Mater, Isis, und später Aphrodite, Ariadne, Eurydike, Venus, Nana gehören in diesen Bereich, dazu die männliche Entsprechung, der Stiergott, das „Goldene Kalb" der Juden. Es ist auch ein Kult der sterbenden und wiedererstehenden Pflanzenwelt. Die Mutter-göttin trauert um einen ihr entrissenen Jüngling — Tammuz, Attis, Adonis — oder paart sich mit dem Stier. Die ewig unvereinbaren weiblichen Wünsche, der Stier wie der schöne Knabe sind Kennzeichen dieser irdischen Liebestheologie, die für Sumer, Babylon und Assur gilt.

Ägyptens Beitrag ist eine Theologie der göttlichen Zeichen. Wohl sind in der Frühzeit Isis und Osiris ins Niltal gelangt. Aber die Formel des andersgearteten klassischen Ägypten ist in der Form zu suchen. Der Ägypter faßt das Göttliche nicht in der Metapher des Phallos, sondern in einem Heiligen Zeichen, einer „Hieroglyphe" . . . Möglicherweise hat diese west-geborene Art Göttliches zu fassen, den östlichen Osiriskult unter die Erde gedrängt . . . Im Gegensatz zum oben geschilderten Glaubensstil wirkt dieser Glaube unsinnig, nüchtern-abstrakt, diesseitig, eindeutig, herrscherlich. Diese Theologie muß naturnotwendig, gleich der das Schöpfungsprinzip umfassenden und dadurch unendlich vermehrbaren mesopotami-schen, polytheistisch bleiben. Gemeinsam sind beiden großen Kulturkreisen des Vorderen Orients zwei weitere Glaubensgrundsätze: sie machen sich Bilder der Götter und schaffen Götter nach dem Bilde des Menschen. Dieser sinnfälligen und sinnenbetörenden Fülle ver-lockender Göttergestalten stellt das kleine israelitische Hirtenvolk in heiliger Nüchternheit drei Lehren entgegen, die eine reine Verneinung der ihren sind . . . Im Ringen mit der Bilder-theologie ihrer Umwelt wird später die bildlose Lehre der Juden immer mehr spiritualisiert und ihr Gott zur großartigsten Abstraktion.

Die älteste Theologie der indogermanischen Völker — Griechen, Italiker, Römer, Ger-manen — ist vorwiegend eine Theologie der göttlichen Wörter, d. h. das Wort, das ein Ding, eine Naturkraft, einen sittlichen Begriff bezeichnet, wird zum Gottesnamen. Das hat einen unbegrenzten Polytheismus zur Folge, der unter dem Einfluß der mittelmeerischen Religionen mit ihrer Sinnlichkeit und ihren menschengestaltigen Göttern immer mehr zum Anthropo-morphismus wird. Auch in den buddhistischen Religionen Indiens und Chinas, in der alt-persischen Religion finden sich Elemente dieser Theologie. Doch sind diese Religionen andere Wege gegangen . . . (Eckart Peterich in: Hdb. d. W., 8, Bd. 1, Sp. 188–189)

Weibliche (lunare) Kultformen

Die ältesten weiblichen Kulte, die im Zusammenhang mit der Magna Mater, mit dem schon sehr früh zum lunaren (weiblichen) Prinzip erkorenen Mond und der aphroditischen Liebesgöttin Venus stehen, werden uns in der Folge zu be-schäftigen haben, da sie uns erst den Schlüssel zur Vorgeschichte des Hexen-wesens bieten.

8.7.1

Mondkulte und ihre Beziehungen zum Morgenstern

Mondkulte werden heute von der Forschung übereinstimmend als die ältesten Kultformen des „Schwarzen Schamanismus" der Pflanzenzüchter an-gesehen. Es war nicht die Sonne, die zuerst den prähistorischen Menschen be-

190

eindruckte, sondern der Mond, der am nächtlichen Himmel im ständigen Wechsel die Phantasie des magischen Menschen anregte. Aus dem Vollmond wurde in aller Regelmäßigkeit der Neumond. Die Art, wie der Mond von einer Seite angenagt und schließlich ganz verschlungen wurde, dann aber wieder auferstand, hat die Mythen der Urvölker auf der ganzen Erde intensiv beschäftigt. Die Regelmäßigkeit dieser Erscheinungen führten den Menschen zu einer Berechnung der Zeit nach diesem Rhythmus des Mondwechsels. Kelten, Germanen wie Semiten und Hamiten zählten die Zeit nach Mondnächten und nicht nach Sonnentagen. Diese Zeitrechnung hat sich teilweise noch bis in unseren heutigen Sprachgebrauch erhalten, so z. B. bei den Engländern, die statt 14 Tagen 14 Nächte (fortnight) zählen.

Der Mond war Mittelpunkt vieler Himmelsreligionen. Er beherrschte nach der Meinung der Altvölker Licht und Finsternis und die Lehren über sie. Die Sonne war im Gegensatz zum Mond nur am Tage zu sehen, niemals aber in der Nacht. Daß das Tageslicht von der Sonne verursacht wird, beachteten unsere Altvorderen nicht.

Der wohl ursprünglich androgyn oder männlich aufgefaßte Mondgott verlor langsam seine männlichen Attribute, zu denen neben dem Phallos vor allem die Stierhörner zählten, und metamorphosierte zur Frau Luna, der weiblichen Mondgöttin, deren Attribut die Sichel war. Ähnlich ging es dem männlichen Morgenstern, der schon sehr früh mit dem weiblich vorgestellten Abendstern zum Planeten Venus verschmolz. Wir dürfen annehmen, daß die jeweilige Dominanz der männlichen oder weiblichen Gottheit von der matriarchalischen oder patriarchalischen Kulturstufe der Menschen abhing, ohne allerdings diese Hypothese beweisen zu können. Nach Zehren (43) gehört es zu den ungelösten archäologischen Problemen, daß „so ein gewaltiger Mondgott, wie er bei den Ägyptern, Sumerern, Babyloniern, Assyrern, Hethitern, ja überhaupt bei allen Indogermanen, aber auch bei Semiten und Hamiten und sogar bei den Mongolen auftrat, eine so starke Konkurrenz durch eine weibliche Gottheit erfuhr." Er spekuliert recht glaubhaft, wenn er über diesen Geschlechtswandel berichtet:

Zweifellos wird die Entdeckung des dem weiblichen Zyklus entsprechenden Mondlaufes manche religiöse Vorstellung beeinflußt haben, aber konnte eine Religion deshalb einfach ihren männlichen Mondgott mit dem Phallus und den Stierhörnern kurzerhand in ein weibliches Wesen umwandeln? — Das kann sich keine Glaubenslehre leisten. Jedoch half hier die Entwicklung selber: der ägyptische Ptah von Memphis, der Atum von Heliopolis und auch der Osiris von Abydos wuchsen nämlich über ihre lunare Urbedeutung hinaus und entfalteten sich zu unbestimmten Himmelsgottheiten, zu Vegetations- oder Mysteriengöttern, die endlich auch mit der Sonne identifiziert wurden. Das Festhalten an überlieferten Gottesnamen und die Übertragung auf andere Gottheitsbegriffe ist dabei am wenigsten zweifelhaft.

Die weiblichen Mondgöttinnen des Altertums begannen folgerichtig, das Leben, die Gesundheit, Empfängnis und Niederkunft aller Frauen zu lenken und zu beschützen; mit anderen Worten: sie beherrschten das weibliche Geschlechtsleben. Man sah in ihnen keinen Stier mehr, sondern eine Kuh. In zahlreichen Bildwerken erscheinen sie mit riesigen Hörnern oder mit einem ganzen Kuhkopf auf dem weiblichen Körper. Und eine sehr bedeutsame Mysterienreligion begann in Ägypten zu verkünden, daß Osiris, wenn schon die Kuh die Hörner gemeinsam mit dem Stier besaß, jedenfalls sein männliches Attribut verlor: den Phallus. Ein Fisch hatte ihn (nach der Isis-Osiris-Sage) aufgefressen. Freilich kamen noch andere Motive hinzu, um Osiris zu einem phalluslosen Gott werden zu lassen. Jedoch zeigt sich schließlich in der ägyptischen Mysterienreligion, daß Osiris seinen Phallus wiederfand; zwar nicht mehr im Original, aber eine gütige Göttin formte ihn nach.

Diese seltsamen Geschichten um Osiris lassen sich nur durch gegensätzliche Anschauungen erklären, die sich zeitweise bekämpft haben. Auf die Tatsache, daß in diesem Kampf das Geschlecht des Mondes — männlich oder weiblich — im Mittelpunkt stand, weist auch die zeitweilige Abschaffung der Hörner hin, die offenbar einen allzu männlichen Charakter besaßen ... Plutarch erzählt noch, daß der Mond zweigeschlechtlich sei: „Den Mond nennen sie die Mutter des Universums, und er ist männlicher und weiblicher Natur zugleich." Noch heute stellen sich die Mangyanen auf den Philippinen ihren Mondgott Diwita halb Mann, halb Frau vor, der eigentlich beides zugleich sei.

So zeigen sich beim Monde Stufen seiner Metamorphose, die im Grunde nie abgeschlossen wurde, ja sogar Rückbildungen erfuhr. Bei den Ariern bis nach Indien verwandelten sich weibliche Gottheiten der Indogermanen wieder in Männer. In den modernen Sprachen besitzt der Mond beiderlei Geschlecht. Für die Romanen ist er weiblich, für die Deutschen männlich. Die Germanen begrüßten noch in den ersten Zeiten ihrer Bekehrung zum Christentum den „Herrn Mond". Auch in allen Eskimogebieten ist der Mond männlich, und die Sonne seine Schwester.

Griechenland kannte in seiner späteren Kulturentwicklung nur noch die weibliche Form der Mondgottheit und vergaß, daß Jason, Hephaistos, Dionysos und Adonis und andere ursprünglich alte Mondgötter waren. Hekate ... war eine der vielen Mondgöttinnen. Später mit der Persephone und der Artemis verbunden, entwickelte sich Hekate zur Sühnegottheit der Mysterienfeiern zu Ägina, Samothrake, Lagina und Eleusis. Endlich entfaltete sie sich auch zur Herrin der Gespenster, aller Beschwörungen und jeder Zauberei. Ebenso war die Iphigeneia, die „Geburtsmächtige", eine Seite der allmächtigen und weiblichen Mondgottheit. Als Geschlechtsgöttin opferte man ihr, die Kinder schenkte, auch Kinder; gleiches gilt für die Medeia (Medea). Menstruationsgöttinnen waren ferner die Selene und die Hera. Die römische Göttin Juno gleicht in vielen Eigenschaften der griechischen Hera. Wenn auch nicht mehr klar als Mondgöttin gekennzeichnet, so weist doch ihr ältester und am meisten verbreiteter Beiname „Lucina" („Lichtbringerin") darauf hin. Unter diesem Namen war sie zugleich Geburtsgöttin. Als Juno Fluonia galt sie als Menstruationsgöttin; und unter mehreren anderen Beinamen rief man sie auch als göttliche Entbinderin und Retterin der Gebärenden an. (43, S. 166—169)

Zusammenhang von Mond- zyklus und Menstruation

Zu den ältesten Spekulationen gehörten neben der Annahme eines Zusammenhanges von Mondzyklus und Menstruation auch die Frage und ihre Beantwortung, wer wohl den Mondwechsel veranlaßte. Das nächtliche hellleuchtende Wesen am Himmel wurde mit abnehmendem Mond „aufgefressen" und ganz zum Verschwinden gebracht. Stets aber trat es aus der Finsternis wieder hervor, um mit zunehmenden Monde wieder ganz zu einem leuchtenden Gestirn zu werden. Unter den Tiersymbolen, die sehr häufig für bestimmte Sterne verwandt wurden, war für den Mond besonders das Rind (der männliche Stier wie die weibliche Kuh) vorzufinden. Bereits unter den vor- und frühgeschichtlichen Felszeichnungen sind uns zahlreiche Abbildungen von Rindern mit allerdings unterschiedlicher Bedeutung überliefert.

Im weiteren Verlauf unserer Untersuchung werden wir die Stiersymbolik, die eine besondere Rolle im Zusammenhang mit der Vorgeschichte der mittelalterlichen Dämonenwelt spielt, wie auch die Schlangensymbolik zu besprechen haben.

Zunächst wenden wir uns dem Morgen- und Abendstern, also dem Planeten Venus zu.

Der erste christliche Kirchenvater, der den Morgenstern Eosphoros-Luzifer mehr oder weniger willkürlich mit dem Teufel/Satan verglich, war Origenes in seiner Schrift περὶ ἀρχῶν, lateinisch: De principiis prooemium (1, 5, 5; 4, 22) und in einer Homilie über das Buch XII.

Origenes behauptet im Zusammenhang mit der im Christentum aufkommenden Engellehre, daß der ursprünglich mit Phaëthon verwechselte Helal-Eosphoros-Luzifer als himmlischer Geist in den Abgrund stürzte, nachdem er sich Gott hatte gleichstellen wollen. Tertullian (150—230), Cyprian (um 400) und Ambrosius (um 340—397) sowie einige andere weniger bekannte Kirchenväter schlossen sich im wesentlichen dem Origenes und seiner dem hellenischen Mythos entlehnten Auffassung an. Hieronymus (um 348—420), Cyrillus von Alexandrien (412—444) und Eusebius (um 260—340) sahen dagegen in der Prophezeiung des Jesajas, also der jüdischen Überlieferung folgend, nur das mystifizierte Ende eines Königs von Babylon. Sie betrachteten den irdischen Sturz dieses heidnischen Königs allerdings auch für einen deutlichen Hinweis auf den himmlischen Sturz Satans. Letztere Behauptung war hier wohl mehr eine Konzession an die von ihnen vertretene christliche Lehre als ihre eigene Überzeugung. Wir werden bei der näheren Betrachtung der Geschichte des Teufels noch einmal auf die unterschiedlichen Anschauungen einiger Kirchenväter zurückkommen.

Halten wir fest, daß Eosphoros-Luzifer ursprünglich keineswegs nur negative Aspekte besaß, darauf muß immer wieder hingewiesen werden. Erst ziemlich spät wurde seine Gestalt schließlich und endlich durch die Verschmelzung völlig verschiedener mythischer Wesen zu einem notorischen Bösewicht christlicher Prägung abgestempelt.

Bevor wir in der Geschichte des Eosphoros/Luzifer/Satan weiter zu den mittelalterlichen Vorstellungen des Luzifer/Satan/Teufel vordringen, haben wir uns zunächst mit der Gestalt des Planeten Venus, dem androgynen Gebilde von Morgen- und Abendstern und seinen zahlreichen, teilweise widersprüchlichen Aspekten zu befassen.

Wir dürfen aufgrund der heutigen Forschung annehmen, daß bereits im alten Babylon der Planet Venus, der ja, astronomisch gesehen, mit dem Morgen- und Abendstern identisch ist, zweigeschlechtlich gedacht wurde: männlich als Morgenstern und weiblich als Abendstern. Seine Androgynie (7. 1. 4) war wohl doch ein klarer Ausdruck der schon damaligen Erkenntnis seiner Einheit, die er trotz seiner widersprüchlichen männlichen und weiblichen Aspekte besaß. Zweigeschlechtlich waren ja auch die ältesten Wesenheiten in den meisten Kosmogonien, die archaische Überlieferungen und Weistümer der Welt der Antike fortvermittelten. Sie wurden später von jüngeren Kulturen, meist modifiziert und angepaßt, in der Form von Mythen oder allegorisch ausgestattet, übernommen. Ebenso wie für den Mond hatten die Babylonier für die Venus mehrere Bezeichnungen. Diese richteten sich zum Teil nach den Monaten, in denen der Planet sichtbar war. Der Unterschied des männlichen und weiblichen Aspekts der Venus fiel mit dem der Göttin Ischtar von Akkad und der Ischtar von Erech zusammen. Peuckert hat in seiner „Astrologie" (44) die Mythen über den Morgen- und Abendstern in der Alten Welt untersucht und eigenwillig interpretiert:

Gerade bei den nordsemitischen Stämmen, den Akkadern und den Babyloniern fällt auf, daß sie zwei Gruppen unterschieden: Sonne, Mond und Venus als die eine, und Merkur, Mars, Jupiter und Saturn als die andere . . . In den stereotypen südarabischen Götteraufzählungen kommen regelmäßig drei oder vier Gottheiten vor. Als erste findet sich stets der Planet Venus „Athar" (männlich), als zweite der Mond unter verschiedenen Namen (männlich), als letzte die Sonne „Schams" (weiblich) . . . Nach der Mondhymne von Ur war der Mond der Vater, weil die Sonne überall in der Mondreligion weiblich erscheint (wie umgekehrt der Mond in der Sonnenreligion männlich ist). Bei den Arabern ist noch heutzutage wie im Deutschen der Mond „qamar" männlich, die Sonne „schams" weiblich, und weil sie im typischen südarabischen Gottesbegriff die einzige weibliche Gottheit ist, wird sie die göttliche Mutter. Dies stimmt mit der harranischen Gottesauffassung überein, denn der harranische Mondgott Sin hat eine Gemahlin, die „Königin" Scharratu (wahrscheinlich die weibliche Sonne) und außerdem zwei Kinder, eine Tochter Ischtar (Venus) und einen Sohn Nusku (Merkur) . . . In der babylonischen Theologie ist Venus die Tochter, Merkur der Sohn Gottes.
Dieses sicherlich sehr alte und vielleicht schon ursemitische System erlitt nun eine Veränderung. Die weiblichen Gestirnsgottheiten flossen in der jüngeren Zeit in eins zusammen. Sie beide werden im Umkreis südsemitischer Stämme, also bei den Minäern und in Saba, im Bild der weiblichen Sonne gedacht, Venus ist nicht wie sonst weiblich, sondern männlich geworden, und Merkur ist eliminiert . . . Das ist bei Süd- und Westsemiten wohl der deutliche Ausdruck einer Gottessohn-Idee . . .
Die nordsemitischen Stämme haben eine gleiche und doch wieder andere Entwicklung durchgemacht, indem in der babylonischen Religion Ischtar die eigentliche Göttin ist. Sie hat als Tochter und Mutter eine ähnliche Doppelnatur wie die südarabische weibliche Sonne . . . Die Gottessohn-Idee scheint demnach eine allgemeine, ursemitische zu sein. Hier aber macht man die Venus, die im Süden das Gestirn des Gottessohnes wurde, zum Stern der Ischtar, zu der sternischen Inkarnation der weiberzeitlichen magna mater . . .
Die ihre Felder bebauenden babylonischen Frauen beteten sie als Ischtar an, bei den Syrern hieß sie Astarte und in Ephesus die hundebrüstige Diana. In der Apostelgeschichte 19 wird erzählt, wie Paulus ihr begegnet . . . Die Lateiner — wie bereits die Griechen — haben sie verwandelt: aus einem reifen und gebärenden Weibe wurde sie zur Jungfrau, aus einer magna mater zu der Artemis, zur Jungfrau Kore und Diana . . . (44, S. 36—41, gekürzt)

Wir werden die Wandlung des weiblichen Aspekts der Venus vom „demetrischen" zum „aphroditischen Archetyp" im Sinne Evolas noch näher untersuchen. Diese Wandlung ist ideengeschichtlich im kausalen Zusammenhang mit den Vorläufern des mittelalterlichen Hexenwesens zu betrachten. Die Venuskulte der Antike haben damit enge Beziehungen zu den mittelalterlichen Hexenkulten.

Wenn die christlichen Kirchenväter dem Eosphoros-Helal-Luzifer „böse" Eigenschaften zubilligten, dann haben sie mit Wahrscheinlichkeit an die südsemitische männliche Version des Morgensterns gedacht, als sie fälschlicherweise Luzifer mit Satan identifizierten. Überhaupt müssen wir annehmen, daß semitisch-jüdische Gottheiten, wie sie in der apokryphen Zauberliteratur als Dämonen neben der offiziellen jüdischen Lehre des Alten Testaments und des Talmud im Volksglauben weiterhin eine bedeutende Rolle spielten, auch dem frühen Christentum nicht unbekannt blieben.

Seit alters zeigt der Planet Venus zwei Erscheinungsformen: als Abendstern am westlichen Horizont, wo er der untergegangenen Sonne in das Reich der Finsternis, in die Unterwelt, folgt, und als Morgenstern im Osten, wenn er, bevor die Sonne aufgeht, in das Reich des Lichts führt.

Die Umlaufzeit der Venus um die Sonne, den Mittelpunkt unseres Planetensystems, beträgt 224,7 Tage. Wir nennen diese Umlaufzeit ein „siderisches Jahr" des Planeten. Als Morgenstern ist die Venus auf der nördlichen Halbkugel vor Sonnenaufgang im Osten etwa 240 bis 250 Tage im Jahr hintereinander sichtbar, dann verschwindet sie. Das Licht der Sonne, der sich die Venus langsam nähert, „verschluckt" sie. Für uns durch das Licht der Sonne unsichtbar, vollzieht sich die „obere Konjunktion" der Venus mit der Sonne, wobei sie aus unserer Sicht hinter der Sonne bleibt. Nach zwei bis drei Monaten taucht der Wandelstern aus dem Strahlenbereich der Sonne wieder auf. Von der Erde aus betrachtet, die auf einer größeren Bahn mit einer geringeren Geschwindigkeit um die Sonne kreist, kehrt die Venus nach 584 Tagen zu ihrem Ausgangspunkt zurück. Dies ist das „synodische Jahr" der Venus. 71 Tage lang geht sie jeden Morgen immer früher vor der Sonne auf, bis sie ihren größten westlichen Winkelabstand von der aufgehenden Sonne erreicht. Danach erhebt sie sich jeden Morgen weniger und weniger und tritt nach 221 Tagen in die „obere Konjunktion". Etwa einen Monat vor dem Ende dieser Periode wird sie vom Sonnenlicht überstrahlt, so daß sie die rund 60 Tage, in der Nähe der oberen Konjunktion, in der Helligkeit der Sonne nicht zu erkennen ist. Sie ist von der Sonne „verschluckt" oder „verschlungen" worden.

Als Wandelstern erscheint die Venus nunmehr unter dem Namen des Abendsterns. Jetzt erscheint sie im Westen nach dem Sonnenuntergang. Für 221 Nächte entfernt sich die Venus nun von dem Punkt der „oberen Konjunktion". Von dem Tage an, an dem sie zuerst als Abendstern erscheint, geht sie jede Nacht weiter entfernt von der untergehenden Sonne auf, bis sie ihren östlichsten Winkelabstand erreicht. Dann nähert sie sich 71 Nächte lang wieder der Sonne, bis sie schließlich in ihre „untere Konjunktion" eintritt, sich also zwischen der Erde und der Sonne befindet. Sie ist dann gewöhnlich ein oder zwei Tage lang unsichtbar. Als Abendstern bleibt die Venus etwa 240 bis 250 Tage sichtbar. Da die „untere" Konjunktion nicht so lange dauert wie die „obere", erscheint die Venus schon wieder nach 8 bis 14 Tagen westlich von der aufgehenden Sonne als Morgenstern.

Von uns aus gesehen, entfernt sich die Venus nie sehr weit von der Sonne. Wenn sich der Mond dem Standort der Venus nähert, steht er ebenfalls immer in der Nähe der Sonne und besitzt dabei eine zunehmende oder abnehmende Sichelgestalt. Die Venus erreicht in bestimmten Phasen ihres Laufes eine derartige Leuchtkraft, daß sie sogar am hellen Tag sichtbar wird.

Diese Bewegungen der Venus und deren genaue Dauer sind den Völkern des Orients und Okzidents schon vor mehr als 2000 Jahren bekannt gewesen. In der Tat ist das „Venus-Jahr", wie es sich aus der synodischen Umlaufzeit der Venus ergibt, im Kalender sowohl der Alten wie der Neuen Welt angewendet worden. Fünf synodische Venusjahre ergeben 2919,6 Tage, während acht Jahre von 365 Tagen insgesamt 2920 Tage ergeben, und acht Julianische Jahre von 365$\frac{1}{4}$ Tagen insgesamt 2922 Tage. Das bedeutet mit anderen Worten, daß in vier Jahren zwischen dem Venus-Kalender und dem Julianischen Kalender ein Unterschied von ungefähr einem Tag auftritt. (40, S. 177)

8.7.2.1.1.2

Der männliche Aspekt des Morgensterns

Wie beim Mond können wir mit Sicherheit annehmen, daß auch der Morgenstern in ältester Zeit als männlich oder, noch wahrscheinlicher, androgyn angesehen wurde. Gottheiten, deren Geschlecht im Mythos einmal männlich und zum anderen weiblich erscheint, sind mit aller Wahrscheinlichkeit ursprünglich fast immer androgyn gewesen. Im Mythos der Altvölker war ja auch der Ur-Adam, der Adam-Kadmon, zweigeschlechtlich. Die Urmenschen in dem von Plato überlieferten Mythos werden als geschlechtslos oder androgyn bezeichnet. Die Geschlechtsdifferenzierung fand erst in späterer Zeit statt. Dies war ein Vorgang, der sich aus verschiedenen Gründen ereignete.

8.7.2.1.1.2.1

Ist der ägyptische Horus mit dem Morgenstern identisch?

Zehren, der in seinem hier häufig zitierten Buch des öfteren ziemlich gewagte, doch wie Velikovsky recht interessante Spekulationen unternimmt und mehr oder weniger überzeugende Thesen, besser Hypothesen, aufstellt, sieht in der Gestalt des ägyptischen Horus auch eine Verkörperung des Morgensterns:

In den ältesten Inschriften Ägyptens erscheint als Sohn oder auch als Bruder des Osiris, der ursprünglich und, wenn auch verdunkelt, mindestens bis in die Zeiten der Ramessiden (13.–12. Jahrhundert v. Chr.) der Mond war, ein großer Königsgott namens „Horus".

Horus ist zwar der Sohn des Mondes – ein Hinweis auf die Tatsache, daß die Mondreligion älter ist –, aber Horus ist größer als der Mond. In den Texten der Unas-Pyramide heißt es: „Bist du Horus, der Sohn des Osiris?" ... Nach den zahlreichen Texten der Pyramiden am Nil zu urteilen, treten fast alle Mondgötter zu Horus über und erkennen seine Größe an. Zweitausend Jahre später ist Horus nicht mehr der Sohn, sondern der Bruder des Osiris ...

196

Ist jener Horus tatsächlich die männliche Gottesgestalt des Venus-Sternes? — Ja, Horus ist es. Nicht allein die Inschrift des Horustempels zu Edfu und ein Text im Totenbuch weisen darauf hin, dergestalt, daß Horus als „Großer der beiden Schlangen" bezeichnet wird, der die Göttinnen Nechbet und Uto, die zwei Schlangen darstellen, mit sich nimmt . . . Horus wird vielmehr in Edfu ausdrücklich, wenn auch erst in der Spätzeit, als Morgen- und Abendstern bezeichnet. (43, S. 199)

Noch assyrische Texte aus Ninive erklären, daß der Morgenstern ein männlicher Gott, der Abendstern dagegen eine Göttin sei (Jeremias, 2, 170). Auch der israelitische Prophet Iesaias bezeichnet im Alten Testament den Morgenstern noch als Mann. Selbst die große semitisch-akkadische Ischtar — eindeutig als Göttin des Venus-Sterns nachgewiesen —, die sich in ihrer langen Religionsgeschichte zu einer ausgeprägten weiblichen Gottheit entwickelt, ist in Babylon mitunter noch als bärtige Gestalt — als Ischtar barbata — dargestellt. Man denke ferner an . . . den sumerischen Falkengott Ninschara, an die männlichen Gottheiten der iranischen und indischen Indogermanen — Mithra und Varuna — und endlich an die griechischen Venusgestalten Hesperos und Phaëton-Eosphoros.

Die Lösung des Problems, ob die weibliche Geschlechtsauffassung des Abendsternes der männlichen des Morgensternes weichen sollte, oder umgekehrt, war viel schwerwiegender und dringender, als man es sich heute vorzustellen vermag. Die Erkenntnis von der Einheit verlangte aber eine Lösung. Und wenn man heute vielleicht anführen könnte, daß das Geschlecht einer Gottheit nicht ihre Bedeutung oder ihre Macht beeinflussen könnte, dann sei dem entgegengehalten, daß sich wohl kein Christ die Gottesmutter Maria als Mann vorzustellen vermag und jeden Versuch, sie zu vermännlichen, als absurd bezeichnen würde. Manche sumerische oder akkadisch-babylonische Mythen aus sehr alter Zeit bekunden aber noch einen weiteren, nicht in der Geschlechtsauffassung begründeten Gegensatz zwischen Morgen- und Abendstern, sondern einen solchen, der sich aus dem Wechsel beider Sterne ergibt. Erschien der eine, war vorher der andere verschwunden oder umgekehrt. Nach einfachsten Vorstellungen fand dergestalt eine Art Kampf um die Herrschaft am Himmel statt — ein zäher, immer wiederkehrender Kampf zwischen zwei Gottheiten, von denen die eine immer im Totenreich weilte, während die andere herrschte . . . (43, S. 307)

Eine weitere allerdings uns weniger überzeugende Hypothese von Zehren ist seine Behauptung, daß der Morgenstern in der Frühzeit mit dem jüdischen Gott Jahwe identisch sei. Nach Zehren ist die Himmelsgöttin, in der Bibel mit Eva identisch, älteren Datums als Jahwe.

Der Name „Jahwe" wird von der neuzeitlichen Forschung mit mehr oder weniger großer Unsicherheit erklärt. Zum Teil wird er auf „Hawa" oder „Haja" — in der älteren, dann nicht mehr gebräuchlichen Form auf „Ha-wah" — zurückgeführt. Andere Religionswissenschaftler meinen, daß die ursprüngliche Form „Ja-huwa" gelautet haben könnte, wenn man in dem arabischen „huwa" die ursemitische Form des Fürwortes „Er" annehme, das im Hebräischen — wie auch im Arabischen neben „huwa" — „hu" heiße. Der Name „Ja-huwa" würde dann bedeuten: „O Er"! Aus einem solchen „Ja-huwa" ließe sich dann sowohl die Kurzform „Jahu" als auch „Jahwä" oder „Jahwa" erklären.

Wenn diese Überlegung zutrifft, dann liegt in jenem Ausruf „O Er!" ein deutlicher Hinweis auf etwas konkret Sichtbares, dessen eindrucksvolles Erscheinen zu einem solchen Ausruf Anlaß gibt. Freilich ist es nicht mehr der Feuerherr vom Sinai, zu dessen Füßen der Saphir leuchtet, und den Moses und die 70 Ältesten am Himmel sahen — es ist vielmehr der Jahwe, der im letzten Segen des Moses — vierzig Jahre später — erwähnt wird . . .

Vergegenwärtigt man sich einmal, welche Wirkungen eine religiöse Umstellung von einer höchsten weiblichen Gottheit auf eine männliche – die beide gleichen (androgynen, Anm. d. Verf.) Ursprungs sein könnten – hervorrufen muß, so wird schon klar, daß die Geschlechtsauffassung in der naiven Welt der Symbole eine ungeheure Bedeutung besitzt.

Um wieviel mehr war vor dreitausend Jahren die gleiche Frage von ausschlaggebender Bedeutung. Eine Religionslehre, die im Venusstern einen männlichen Gott sah, mußte sich zwangsläufig scharf von der Göttin trennen, die nach unseren Begriffen dasselbe bedeutet. Männliche Venus-Gottheiten sind, wie erwiesen, im Orient keine Seltenheit. Nicht nur der Horus Ägyptens ist ein Mann, sondern auch gerade der Gott, der einen starken Einfluß auf die israelitische Religionsgeschichte ausgeübt haben dürfte: Athar. Er ist eine der Ischtar und Astarte wesensgleiche Gottheit, wurde aber in der südarabischen Religion männlich aufgefaßt.

Noch ist Jahwe kein unsichtbarer, über Himmel und Erde thronender Gott, sondern derjenige, der als Morgenstern den Mond in die Unterwelt (statt in das lunare Jenseits) hinabführt, und als Abendstern wieder lebendig macht und „heraufführt". Aber gerade im Hinblick auf die beginnende Vereinigung von Abend- und Morgenstern wird jene Stelle im 1. Buch Samuel (2, 6) bedeutsam, der ein ganz unmißverständlicher Vergleich der Unfruchtbaren (Morgenstern) mit der Fruchtbaren (Abendstern) vorangeht (1. Sam. 2, 5). Hier zeigt sich auch ein Hinweis darauf, daß sich das eine in das andere verkehre.

Die israelitische Theologie (als Resultat eines patriarchalischen Systems nomadischer Hirtenvölker, Anm. d. Verf.) ist auf männliche Götter eingestellt. Die hebräische Sprache besitzt noch nicht einmal ein eigenes Wort für „Göttin". Und Jahwe läßt sich weder als Muttergottheit anbeten, noch duldet er eine Muttergottheit neben sich. Die Himmelskönigin in den Tempel des „Herrn" zu bringen, ist deshalb in den Augen einiger Propheten eine Entheiligung.

Das ändert freilich nichts an der Tatsache, daß Jahwe merkwürdig ähnliche Züge wie die Himmelskönigin trägt. Die jungfräuliche Anath – eine mit der Astarte-Aschera zusammenhängende Venus-Göttin – ist, wie Jahwe, Kriegsgottheit. Jahwe ist ferner, nach den Behauptungen der Syrer, ein Gott der Berge; nach unseren Begriffen: ein Gott des Horizontes. Jahwe ist kein Gott, der die weiten Flächen des Landes beherrschen kann, so argumentierten offensichtlich die Syrer, weil er nicht über den ganzen Himmel geht und nie in der Himmelsmitte erscheint (1. Kön. 20, 28). Auch Horus wird ausdrücklich mit dem Horizont zusammengebracht.

Zum andern kommt der Name Jahwe auch in direkter Verbindung mit dem der Anath vor. In einem alten Psalm steht das Wort Anath oder Anoth an Stelle von Jahwe (Ps. 18, 36; 2. Sam. 22, 36) . . . Endlich spricht ein Brief der israelitischen Gemeinde von Elephantine in Ägypten aus, wer Jahwe ist. Der Brief stammt aus dem Ende des 5. Jahrhunderts v. Chr. Zu dieser Zeit erscheint in Elephantine der Name „Anath-Jahu".

Werden dunkle Textstellen der Heiligen Schrift dergestalt verständlich, so erhellt sich nunmehr noch ein weiteres: Weil Jahwe weder Morgenstern allein noch Abendstern allein, weil er vielmehr der beide Erscheinungsformen in sich vereinigende Gott ist, deshalb ist Jahwe nicht mehr bildlich darstellbar. Er läßt sich in keiner der beiden traditionellen und festgefügten Gottesgestalten des Morgens und des Abends beschreiben. Und nichts kennzeichnet deshalb die Situation des Moses besser als die Lehre von dem „unteilbaren" Gott: „Höre, Israel, der Herr, unser Gott, ist ein einiger Gott!" (Deut. 6, 4). Kein Gedanke daran, was später die Einfalt der untergehenden Antike meinte, Jahwe sei der einzige Gott. Das fiel dem Deuteronomisten nicht im Traume ein, als er seinen „einigen" Herrn darstellte . . .

Jahwe ist so und so; er ist abends und morgens da, richtiger: abends oder morgens. Weil

Jahwe ein so neuartiger Gott ist, der sich weder als Morgenstern noch als Abendstern beschreiben läßt, wird in der Heiligen Schrift wieder ein Gottesbund geschlossen. Die Bündnisse mit Noah und Abraham sind hinfällig geworden. Folglich ist Jahwe mehr als Anath, mehr als Astarte oder wie die weiblichen Göttinnen des Morgen- und Abendsternes heißen mögen: Jahwe ist deutlicher der beide Sterne in sich vereinigende Gott. Er ist der aus besserer Naturkenntnis entstandene Gott, in dem sich das Wesen des Morgen- und Abendsternes in einem übergeordneten neuen Begriff auflöst. Auch Jahwe ist keine religionsgeschichtlich festbegründete und unveränderliche Gottesgestalt. Der Jahwebegriff des Moses wurde offenbar im Laufe der folgenden Jahrhunderte und im steten Kampf gegen die Baal-Lehre zu einem wiederum synkretisierten Gottesbegriff umgeformt, aus dem endlich der unsichtbare, aber persönliche Gott entstand, den niemand mehr beschreiben kann, aber auch nicht mehr beschreiben darf ... (43, S. 338—341, gekürzt)

Im Gegensatz zu dem meist männlich aufgefaßten Morgenstern war der Abendstern von Anfang an weiblichen Geschlechts. Die Göttin des Abendsterns war die Göttin der Gebärenden und der Liebe. Sie war die Geschlechtsgöttin, die Kinder gebar, der man aber auch neugeborene Kinder zum Opfer brachte. Sie folgte auf ihrer Bahn der Sonne nach, um nach Sonnenuntergang im Westland zu verschwinden. Im Westen lag nach Ansicht der Alten das Totenreich, aus dem der Mond aufstieg. Im Westen lag also das wahre Mysterium von Zeugung und Geburt.

8.7.2.1.1.3
Der weibliche Aspekt des Morgensterns

Das Wunder der Göttin, die sich schließlich aus einem jungfräulichen Morgenstern in die abendliche Liebesgöttin verwandelt und von dieser wieder in eine Jungfrau — der Göttin, die auf ihre Art Begleiterin des Mondes das Gesetz von Tod und Zeugung, von Stirb und Werde, lehrt — stellte also die Theologie des Altertums vor einen schier unlösbaren Konflikt. (43, S. 311)

Nachdem der Morgenstern weibliche Züge angenommen hatte, blieb er — anders wie der Abendstern — eine „Jungfrau", die nicht (den Mond) gebar. In ägyptischen Pyramidentexten und im Alten Testament wurde er daher auch der „Unfruchtbare" genannt.

Dort, wo trotz des grundlegenden Unterschiedes der Versuch gemacht wurde, die überkommenen Begriffe von der astralen Himmelsjungfrau des Morgens mit dem Wesen der abendlichen Muttergöttin zu vereinen — nur dort ergab sich, fast zwangsläufig, die Lehre von der jungfräulichen Gebärerin. Es war die Konsequenz einer besseren Naturerkenntnis; derjenigen nämlich, daß die beiden, sich in der Zeitherrschaft am Himmel ablösenden Sterne ein und derselbe sind. (43, S. 311)

Vor mehr als viertausend Jahren vollzogen die Sumerer die Vereinigung der beiden Gottheiten. Über die semitische Ischtar-Astarte, auf deren Ursprung und ihre Charaktere wir noch eingehen, verbreitete der „aphroditische Archetyp" im Sinne Evolas (8. 10. 5) sich vom syrischen Askalon über die ionischen Inseln auf das griechische Festland. Ihren Siegeszug, der uns im griechischen Mythos erhalten ist, werden wir verfolgen.

Im Abschnitt über den Sturz des Phaëthon im letzten Kapitel haben wir auf die Spekulationen von Velikovsky (40) hingewiesen. Nach seiner These ist die

8.7.2.1.2
Spekulationen um den Planeten Venus

Venus durch eine kosmische Katastrophe in der ersten Hälfte des zweiten Jahrtausend v. u. Z. entstanden:

Wenn ich erkläre, daß der Planet Venus in der ersten Hälfte des zweiten Jahrtausends neu entstanden ist, so ist damit gleichzeitig gesagt, daß im dritten Jahrtausend nur vier Planeten sichtbar waren und demnach in astronomischen Darstellungen aus dieser frühen Zeit der Planet Venus nicht verzeichnet sein kann.

Auf einer alten indischen Planetenübersicht, die dem Jahre 3102 v. Chr. zugeschrieben wird, fehlt unter den sichtbaren Planeten allein Venus. Die Brahmanen der Frühzeit kannten das Fünf-Planeten-System nicht, und erst in einer späteren (der „Mittleren") Zeit sprachen sie dann von fünf Planeten.

Auch die babylonische Astronomie hatte ein Vier-Planeten-System. E. F. Weidner berichtet im „Handbuch der babylonischen Astronomie" (1915, S. 61) von einer in Boghazkoi in Kleinasien gefundene Sterntabelle: „Daß der Planet Venus fehlt, wird keinen wundernehmen, der die überragende Bedeutung des Vier-Planeten-Systems in der babylonischen Astronomie kennt." Weidner vermutet, daß Venus in der Liste der Planeten fehlt, da „sie mit Mond und Sonne zu einer Trias gehört." (40, S. 149)

Das die Venus als Trias mit Mond und Sonne zu den ältesten triadischen Systemen gehört, ist die allgemein gültige Auffassung, welche auch von Carl Bezold u. a. vertreten wird. So heißt es in der von Wilhelm Gundel herausgegebenen 6. Auflage des Buches „Sternglaube und Sterndeutung" (45):

Am umfangreichsten unter allen bis jetzt bekannt gewordenen astrologischen Planetenbeobachtungen sind die Aufzeichnungen über Venus. Die Erkenntnis, daß Morgen- und Abendstern eins sind, reicht in Babylon bis um 2000 (v. u. Z.) zurück.

Aufgänge des Planeten am 1. oder 15. Monatstag wurden besonders gewertet, ebenso die Änderung seiner Deklination, sein Ansteigen bis in die Nähe des Zenits, sein Verschwinden im Osten oder im Westen, seine untere Konjunktion, sein Unsichtbarbleiben auf einen bis zwei Monate und endlich seine „Erneuerung", d. h. sein Wiedererscheinen. Auch das Licht der Venus wurde astrologisch gedeutet: ihre Leuchtkraft beim Auf- oder Untergang, ihr gelblicher oder weißlicher Glanz und ihr Erscheinen bei Tag, ja sogar am Mittag ... Auch die Beziehungen der Venus zu anderen Himmelskörpern wurden in den Kreis dieser Beobachtungen gezogen: sie kann z. B. in einen Mondhof treten oder sich Jupiter, Mars und Saturn nähern; sie kann aber auch einen oder mehrere Fixsterne, die kleiner sind als sie, „zu sich nehmen" und „herrscht" dann, offenbar vermöge ihrer Leuchtkraft, über diese. Eine ganze Reihe von Sternbildern ..., wie Virgo (Spica), Corona borealis (Gemma) und Lyra (Wega) kann sie vertreten, wobei nach den Angaben eines babylonischen Schultextes diese Vertretung gelegentlich auf bestimmte Monate oder auch auf den Stand der Venus am West- oder Osthimmel beschränkt worden zu sein scheint. (45, S. 6)

Die starke, teils mit unterschiedlicher Intensität ausgestrahlte Leuchtkraft der Venus wird uns durch die Ergebnisse der jüngsten astronomischen Untersuchungen mit den Venus-Sonden der Amerikaner und Russen verständlich. Nach der ersten Auswertung der amerikanischen Sonden „Venus 1" und „Venus 2", die im Dezember 1978 in eine Umlaufbahn um die Venus gelangt und dort „weich" gelandet waren, aber von der großen Hitze zerstört wurden, besteht die Atmosphäre der Venus wie auch ihre Oberfläche aus einer „Höllenküche". Wie das Institut der Raumfahrtsbehörde der NASA in Mountain View

(Kalifornien) zu Beginn des Jahres 1979 berichtete, gibt es in der Venus-Atmosphäre ständig gewaltige Entladungen mit Blitzen von einer Frequenz bis zu hundert Entladungen innerhalb von 5 Minuten. Auf der Venusoberfläche wüten ständig große Brände, die Oberflächentemperatur beträgt ca. 470 Grad Celsius. Da die Atmosphäre zum größten Teil aus Kohlendioxid besteht, können wir von einer gigantischen Treibhausatmosphäre sprechen, aus der es dauernd Schwefel und Schwefelsäure „schneit" oder „regnet". Ein Venustag dauert aufgrund der langsamen Rotation des Planeten 52 Erdentage. Die von den Amerikanern gemachten Angaben werden durch die russischen Venus-Sonden bestätigt. Die Wissenschaft hat also die Beobachtungen der Alten hinsichtlich der Leuchtkraft der Venus aufklären können.

Velikovsky erhärtet seine Theorie, daß die Venus ursprünglich ein Komet gewesen sei, mit der Überlieferung der Völker Mexikos, daß die Venus rauchte: „Der Stern, welcher rauchte – la estrella que humeava, war Sitlae choloha, welchen die Spanier Venus nennen." So heißt es im Codex Telleriano-Remensis, den schon Alexander von Humboldt (1769–1859) glossierte. (Die richtige Schreibung lautet „citlalpopoca".) Der spanische Gelehrte Bernardino de Ribeira (um 1500–1590), der unter dem Namen Sahagún bekannt wurde, berichtete, daß die Mexikaner einen Kometen „einen Stern, der raucht" nannten (Historia General de las Cosas de Nueva España, Buch VII, Kap. 4).

Velikovsky weist darauf hin, daß im indischen Atharva-Veda (VI, 3, 15), welches aus dem ersten vorchristlichen Jahrtausend stammen soll, die Venus „wie Feuer mit Rauch" aussehe. Im Traktat Sabbath des babylonischen Talmud (156a) heißt es: „Feuer hängt herab vom Planeten Venus."

Diese Erscheinung wird auch von den Chaldäern beschrieben. Der Planet Venus „hatte einen Bart". Diese selbe Bezeichnungsweise („Bart") ist auch in der modernen Astronomie bei der Beschreibung von Kometen gebräuchlich. (40, S. 153)

Mit diesem glühenden Schweif war die Venus ein außerordentlich glänzender Himmelskörper; es ist deswegen nicht verwunderlich, daß die Chaldäer sie als eine „helle Fackel", als „Diamant, der leuchtet wie die Sonne" bezeichneten und ihr Licht dem der aufgehenden Sonne verglichen . . .

In ähnlicher Weise schilderten auch die alten Hebräer den Planeten: „Das strahlende Licht der Venus flammt von einem Ende des Kosmos bis zum anderen Ende" . . . Mit einem Schweif behaftet und auf einer noch nicht kreisförmigen Bahn umlaufend, war Venus mehr ein Komet als ein Planet . . . Die Araber nannten Is(c)htar (Venus) mit dem Namen Zebbaj – „eine mit Haar", und so war es auch bei den Babyloniern. „Manchmal sind die Planeten mit Haaren versehen", schrieb Plinius (Hist. nat. II, 23), eine Behauptung, für die eine alte Beschreibung der Venus gedient haben mag. Nun ist aber Haar bzw. coma ein Kennzeichen der Kometen, und in der Tat leitet sich das Wort Komet von dem griechischen Wort für Haar ab . . .

Das coma der Venus änderte seine Form je nach der Stellung des Planeten. Wenn sich der Planet Venus heute der Erde nähert, so ist er nur teilweise beleuchtet, während ein Teil der Scheibe im Schatten ist; er hat Phasen wie der Mond. In dieser Stellung ist er wegen der geringen Entfernung am leuchtendsten. Als die Venus noch einen Schweif hatte, müssen die Hörner ihrer Sichel durch die erleuchteten Teile ihres Schweifes verlängert gewesen sein. Sie hatte somit zwei lange Anhängsel und sah aus wie ein Stierkopf. (40, S. 151–153)

Velikovsky bringt die Stiersymbolik und die Stierkulte mit der Venus in Zusammenhang. Wie wir sahen, ist aber auch der Mond mit dem männlichen und weiblichen Rind identifiziert worden. Daher soll im folgenden Kapitel die vielschichtige Stiersymbolik untersucht werden. Sie zeigt uns interessante Teilaspekte zum Gesamtthema. Peuckert meint im Hinblick auf die Spekulationen von Velikovsky in seiner ,,Astrologie" (44):

Zur Zeit, da Venus unserer Sonne – und der Erde – erstmals nahekam, beunruhigte sie die Erde. Ungeheure kosmische Stürme brachen aus, es ereigneten sich Blut-, Stein- und Feuerregen, Erdbeben, See-Katastrophen, Finsternisse, die Achse der Erde schwankte, die kalendarischen Zeiten kamen durcheinander, und bei der etwa fünfzigjährigen Umlaufzeit des unheilschaffenden Kometen befürchten die Menschen nach je fünfzig Jahren Untergang und Elend ohne Ende. Ich (Peuckert) will von den befragten Zeugnissen Velikovskys hier nur einige wenige nennen: Venus habe in jener Zeit eine ungeheure Leuchtkraft gehabt. Als eine ,,helle Fackel", als einen ,,Diamanten, welcher leuchtet wie die Sonne", als ein ,,gar herrliches Schauwunder" haben die Babylonier sie beschrieben. Der Midrasch Rabba zum Kapitel Numeri 21 braucht einmal den Satz: ,,das strahlende Licht der Venus flammt von einem Ende der Schöpfung bis zum andern", und der chinesische Text der Soochowkaste (1193) spricht von jenen fernen Zeiten, da ,,Venus am hellichten Tage erschien und alles sichtbar war und da sie auf ihrem Wege über den Himmel mit der Sonne an Helligkeit wetteifern konnte." Ägyptische Priester und Gelehrte zur Zeit Setis sahen ,,einen kreisenden Stern, welcher sein Feuer in Flammen ausstreut ... eine Feuerflamme in seinem Sturm", und noch im 7. Jahrhundert, in den Tagen Assurbanipals beschrieben sie die Assyrer als die, ,,die in Flammen gekleidet ist und oben eine Krone von gewaltigem Glanze trägt."

Ich (Peuckert) kann es nicht entscheiden, ob Venus als einst eingefangener Komet bezeichnet werden darf, wohl aber möchte ich glauben, daß sie früher heller gewesen sei. Wahrscheinlich um ihres großen Glanzes willen stellte man sie den Gestirnen, die größer und leuchtender als die Planeten sind, zur Seite. Und wohl wegen ihrer überwältigen Helle, wegen ihrer Grausamkeit und Schönheit wurde sie der Stern der Magna Mater.

Betrachten wir die Schilderung bei Jesaja über den Morgenstern im Alten Testament unter diesem Aspekt, der freilich auch nur eine Spekulation ist und bleiben wird, dürfen wir doch annehmen, daß hier gewisse kausale Zusammenhänge unter den hier übereinstimmenden Mythen vom ,,Fall des Morgensterns" auf nahezu dem ganzen Erdball bestehen. Der Schritt von dem schönen, aber grausamen Luzifer zu dem vom Himmel gefallenen Satan der Kirchenväter wäre dann bereits vorgezeichnet gewesen und verständlich. Gleichgültig, ob wir den Morgenstern nun unter seinen männlichen oder weiblichen Vorzeichen erfassen, er hat auf jeden Fall in den Geheimlehren der Alten Welt und in der ausgeprägten Phantasie ihrer Schöpfer eine wichtige, ja teilweise eine dominierende Rolle gespielt. Mit Velikovsky meint Peuckert zum Stierkult:

Wenn sich der Planet Venus heute der Erde nähert, so ist er nur teilweise beleuchtet, während ein Teil der Scheibe im Schatten ist. Er hat Phasen wie der Mond. In dieser Stellung ist er wegen der geringen Entfernung am hellsten. Als die Venus noch einen Schweif hatte – folgt man der Version ihres Ursprungs als Komet –, müssen die Hörner ihrer Sichel durch die er-

leuchteten Teile ihres Schweifes verlängert gewesen sein. Sie hatte somit zwei lange Anhängsel und sah wie ein Stierkopf aus. Sanchuniathon (ein phönikischer Geschichtsschreiber,
der um 1250 v. u. Z. in Berytos [Beirut] oder Tyros eine Geschichte der Phöniker geschrieben haben soll, die der Grieche Herennios Philo übersetzt und aus der Eusebius die phönikische Mythologie und Kosmologie entnahm, Anm. d. Verf.) sagt, daß Astarte (Venus)
einen Stierkopf hatte. Der Planet wurde sogar Aschteroth-Karnaim genannt. Astarte mit
Hörnern – ein Name, den man (nach Genesis 14, 5; I. Makkabäer 5, 26. 43) auch einer
Stadt in Kanaan zu Ehren dieser Gottheit gegeben hatte. Das Goldene Kalb, das Aaron und
das Volk Israel am Fuße des Sinai anbeteten, war ein Bild dieses Sternes ... das Ebenbild
eines Kalbes wurde von Jerobeam in Dan, im großen Tempel des nördlichen Königreiches,
aufgestellt (III. Könige 12, 26 ff.). Wir wissen seit langem, daß der Stier das Tier der magna
mater war, daß man auf Kreta ihr zu Ehren kultische Stierspiele und Stierkämpfe veran-
staltete und daß ein Stier im mutterrechtlichen Kreta mit Europa den König zeugte, mit
Europa, die Zeus durchs Meer entführte und beschlief, so wie Pasiphaë von einem Stier
beschlafen wurde und von ihm den Minotauros hatte. Pasiphaë wie jene Europa aber sind nur
andere Namen für die kretische magna mater. Ist nach all diesem zu verwundern, wenn die
alten Astrologen lehrten, der Stier sei der Ort unter den Sternen, wo die Venus sich zu Hause
fühle, wo sie sich ganz entfalte und wo alle ihre Kräfte wirksam würden.
(44, S. 35–46, gekürzt)

Folgen wir der These Peuckerts und gehen noch einen Schritt weiter, so
können wir, wenn hier die Stiergestalt in der Tat einen männlichen Aspekt des
Morgensterns darstellt, der sich mit verschiedenen Damen lunaren Ursprungs
geschlechtlich vereinigt, im übertragenen Sinne den Stier als symbolische Gestalt für den „Lichtträger" auch mit den älteren Lichtgöttern Ahriman und
Ormuzd in Verbindung bringen. Für uns wahrscheinlicher ist jedoch die Ansicht der meisten Forscher, daß es sich bei dem Stier um ein altes Tiersymbol
für den ursprünglich männlich aufgefaßten Mond handelt.

Fassen wir zunächst das bisher über die männlichen und weiblichen Aspekte 8.7.2.1.3
des Morgen- und Abendsterns Venus Gesagte zusammen. Wir können fest- *Zusammen-*
stellen, daß „die" Venus als ein göttliches Wesen unterschiedlichen Geschlechts, *fassung*
welches in späterer Zeit über den Weg des Eosphoros-Helal zum christlich-
lateinischen Luzifer wurde, ursprünglich keineswegs nur mit negativen (bösen
dämonischen) Attributen versehen war. Eher ist das Gegenteil der Fall gewesen.
Erst im Christentum wurden nach der Verbreitung über den mediterranen
Raum böse Dämonen oder Gottheiten aus verschiedenen Kulten antiker Völker
mit dem Luzifer/Satan verschmolzen und die neue Gestalt zum Ausdruck des
Bösen schlechthin, zum Widersacher Gottes. Damit erlitt die aus verschiedensten mythischen Gestalten verschmolzene Gestalt des Luzifer/Satans das gleiche
Schicksal wie viele seiner ehemaligen Götterkollegen des alten Pantheons, sofern sie nicht mit ihm von vornherein identifiziert wurden. In der christlichen
Lehre erhielten sie höchstens die Position eines „gefallenen Engels" einge-
räumt und so den Charakter eines bösen Dämonen in der teuflischen Heerschar,
deren Refugium die Hölle (mit gelegentlichen Ausflügen auf die Erde) war.

Die mittelalterlichen Gnostiker bewahrten zum Teil dagegen die ursprüngliche Bedeutung des Luzifer in ihren Lehren. Ja, sie schlossen sich sogar diesem „Herrn der Unterwelt", oder besser, der „irdischen Welt" an. Dabei übernahmen sie lediglich die tradierten Geheimlehren über den Lichtgott, der sporadisch auch in den Apokryphen ein bescheidenes Dasein führte. Seine Mythen waren in den ersten Jahrhunderten unserer Zeitrechnung noch recht verbreitet und auch nach der Übernahme des Christentums durch die römische Staatskirche im Untergrund vorhanden. Manchmal war die Ausübung dieser Lehren über den Lichtgott Luzifer nur noch der schwache Versuch, eine geistig-religiöse Opposition zum jüdisch-christlichen Gott Jahwe zu bilden, dessen Züge im Alten Testament nicht immer den Intentionen und Absichten auch kritischer christlich-orientierter Gläubiger entsprochen haben dürften.

Befassen wir uns nun mit den verschiedenen Varianten des Stierkultes in antiker Zeit.

8.8
Stiersymbole und -kulte

Durch die interdisziplinäre Zusammenarbeit von Archäologie und Mythosforschung wissen wir, daß es besondere Zentren des Stierkultes in Kleinasien, in Nordafrika, wie überhaupt im mediterranen Raum, also auch in Europa, gegeben hat. Den Stier als Kult- oder Religionssymbol finden wir vor den Palästen der Sumerer, Babylonier und Assyrer, der Hethiter und Perser. Stiere trugen das „eherne Meer" im Tempel Solomos. Goldene Stiere befanden sich in den jüdischen Heiligtümern von Bethel und Dan. Auch in den ältesten Urkunden des Iran und Indiens wird gelegentlich der Stier oder die Kuh als heiliges Tier erwähnt. Die ursprünglich reine Tiergestalt des Stieres als Gottes- oder Himmelssymbol veränderte sich schon im dritten Jahrtausend v. z. Z. — wie auch andere Tierdämonen — zu einer Mischform: entweder zu einem Menschenleib mit einem Stierkopf oder auch umgekehrt zum Stierleib mit einem Menschenkopf. Der Stierkopf wurde schließlich zu einem Kopfschmuck hochgestellter Persönlichkeiten oder Halbgötter, wobei meist die Stierhörner nur noch angedeutet waren. So wurden die Stierhörner zu einem Symbol und Ausdruck des göttlichen Wesens. Nicht nur die alten Mondgötter trugen jetzt Hörner, sondern auch andere Gottheiten, wie ihre irdischen Vertreter, die Könige, Pharaonen und Fürsten.

8.8.1
Ägypten

Deutlich wird das Vorkommen einer besonderen Stiersymbolik in Ägypten. Der berühmte Apis-Stier von Memphis — wohl ursprünglich auch ein Tierdämon — wurde, so berichtet der Priester und Schriftgelehrte Manetho (3. Jh. v. u. Z.), nach dem ägyptischen Mythos in der 2. Dynastie der Könige des Alten Reiches — etwa in der 1. Hälfte des 3. Jahrtausends v. z. Z. — zum Gott und heiligen Tier erhoben. Stierabbildungen als heiliges Idol eines Tierdämons wurden bereits in vorgeschichtlichen Gräbern am Nil aufgefunden.

Von Ägypten nahmen aller Wahrscheinlichkeit nach die Israeliten den goldenen Apis-Stier und seine Anbetung als „Goldenes Kalb" auf ihrer Flucht

204

im 13. oder 12. Jahrhundert v. u. Z. nach Kanaan mit. Gegen das Gebot Mosis und trotz blutiger Auseinandersetzungen wurde die Form der Stieranbetung bis in die jüngste Königszeit im 7. Jahrhundert v. u. Z. beibehalten.

In einer jüngeren Version der ägyptischen Osiris-Legende wird der Apis-Stier nach seinem Tode zu einer Einheit mit Osiris verschmolzen. Die Namen Osiris und Apis wurden zusammengezogen. Das ergab Wortprägungen wie Osarapis, Osarape, Sarapis oder Serapis. Wir haben die Bedeutung des Serapis-Kultes und seiner Tempel in Ägypten bereits kurz im zweiten Teil von „Licht und Finsternis" behandelt (6. 1. 6. 5. 3). Wegen seiner Wichtigkeit als Kern eines Verschmelzungsprozesses möchten wir an dieser Stelle noch auf einige weitere Zusammenhänge aufmerksam machen.

Zur Gottheit wurde Serapis unter dem makedonischen König Ptolemaios I. (Soter I., 304—282 v. u. Z.). Sein Kult sollte Griechen und Ägypter verbinden. Man nimmt auch an, daß Ptolemäus einen alten babylonischen Gott Sar-Apsî mit nach Ägypten brachte, was aber weniger wahrscheinlich ist als die Verschmelzung von Osiris und Apis. Ptolemäus I. erhob ihn jedenfalls offiziell zum Reichsgott des von ihm stark hellenisierten Ägyptischen Reiches. In Serapis finden wir gewissermaßen ein „Kunstprodukt" zwischen dem alten Pharaonenglauben und griechischen Mysterienreligionen. Sein Kult verbreitete sich von dem prächtigen Hauptheiligtum in Alexandria, dem Serapeion, nach Osten aus, so nach Ephesus, Jerusalem, bis nach Indien zu den Sakenkönigen. Im Westen fanden sich Kultstätten u. a. in Puteoli und Rom. So wurde Serapis unter seinen Anhängern zusammen mit seiner Gattin Isis immer mehr ein Universalgott, der wiederum mit anderen Göttern, z. B. mit Zeus, aber auch als Heilgott mit dem Schlangengott Asklepios, verbunden wurde. In der Funktion eines Heilgottes half er den Kranken in allen Nöten, ohne die von Osiris geerbte besondere Beziehung zu den Toten zu verlieren. Aus Papyrus-Urkunden sind uns zwei Tempeldienerinnen bekannt, die gleichzeitig im Asklepeion und im Serapeion Kulthandlungen verrichteten. In der Gestalt der Göttinnen Isis und Nephthys hatten sie den Tod des Apis-Stieres zu beweinen.

Nach dem Aufkommen des Christentums wurde der Serapis-Kult bald heftig bekämpft. Das Serapeion in Alexandria wurde 391 n. u. Z. von dem Patriarchen Theophilos zerstört und verbrannt. War doch Serapis als ein Heilgott auch ein Erretter (Soter) und eine Art Messias, und somit eine zu starke Konkurrenz für den christlichen Messias Jesus Christus.

In der Welt des Hellenismus verglich und identifizierte man Serapis auch mit dem Dionysos, ebenso wie Isis mit Demeter. Die innere Verwandtschaft ihrer Mythen und Kulte ist in der Tat überzeugend. Sie weisen auf gemeinsame Ursprünge hin, die zu entwirren allerdings nicht mehr möglich sein dürfte. Schon vor Herodot hatte man im mediterranen Raum Osiris mit Dionysos und Isis mit Demeter identifiziert. Wahrscheinlich waren die Kulte aus dem Nildelta

schon in prähistorischer Zeit nach Kreta und Attika gelangt. Wir haben mehrfach auf die Identität von Attis-Osiris-Adonis und ähnliche mythische Gestalten
hingewiesen, wie auch auf ihre weiblichen Entsprechungen. Den Isis-Osiris-
Mythos behandelten wir ausführlich im zweiten Teil von „Licht und Finsternis"
(6. 1. 6. 4. 5).

Der belgische Religionshistoriker Franz Cumont (1868–1947) hat in seinem
Werk über die „Orientalischen Religionen im römischen Heidentum" im Kapitel
„Ägypten" (46, S. 68–93) den Serapis-Kult beschrieben. Wir folgen bei unserer
Schilderung im wesentlichen seinen Ausführungen. Der hellenistische Serapis-
Kult wurde in der lateinischen Welt mehr als über fünfhundert Jahre ausgeübt.
Ebenso wie Isis und Osiris in Ägypten bereits mit mehreren Lokalgottheiten
des Alten Reiches verschmolzen und einen „komplizierten Charakter" ange-
nommen hatten, ebenso wie Isis mit Demeter, Aphrodite, Hera, Semele, Io,
Tyche, Astarte, Atargatis, Anaitis und anderen griechischen und vorderasiati-
schen Lokalgottheiten verschmolz, wurde auch Osiris-Serapis mit Zeus, Pluto,
Helios, besonders aber mit Dionysos identifiziert.

Wie Isis ihren Charakter im Laufe der Zeit veränderte und als Isis-Aphrodite-
Venus bei den Römern zu einer Einheit wurde, so nahm auch Serapis-Dionysos
einen wilden, orgiastischen, bacchantischen Zug an. Neben den öffentlichen
Zeremonien gab es einen Geheimkult. Hier war der Zugang nur über eine
stufenweise (mit Graden versehene) Initiation möglich. Apuleius, der uns etwas
über die ägyptischen Mysterien, wenn auch sehr unvollständig, überliefert hat,
durchwanderte drei Grade, ehe er das Geheimnis des Kultes als „volle Offenbarung" empfing. Unter Ptolemäus I. wurden anscheinend ägyptische und
griechische Riten mit ihrer jeweiligen Mysterientradition zu einer neuen Religion
verbunden, doch der Lehrinhalt der neuen hellenistischen alexandrinischen
Mysterien blieb wohl rein ägyptisch. Der Kernpunkt der Lehre blieb nämlich
die Vorstellung, daß der Mensch durch die Identifikation mit Osiris-Serapis die
Unsterblichkeit erlangen könne. Die ägyptische Tradition äußerte sich hier
besonders im Osiris-Serapis-Kult. „Das Schicksal des Osiris, des gestorbenen und
wiedererwachten Gottes, wurde schließlich typisch für das eines jeden Menschen, welcher die Totenbräuche beobachtete." (46, S. 91)

Der Verstorbene wird, wenn er Osiris-Serapis fromm gedient hat, diesem assimiliert und
nimmt an seiner Ewigkeit in dem unterirdischen Reiche teil, wo der Totenrichter thront.
Er lebt nicht als schwacher Schatten oder als zarter Hauch fort, sondern im Vollbesitze
seines Leibes wie seiner Seele. So lautete die ägyptische Lehre und so jedenfalls auch die
der Mysterien, welche in der griechisch-lateinischen Welt gefeiert wurden.

Durch die Initiation wurde der Myste zu einem übermenschlichen Leben wiedergeboren
und den Unsterblichen gleich. In seiner Ekstase glaubte er die Schwelle des Todes zu über-
schreiten und die Götter der Unterwelt und des Himmels von Angesicht zu Angesicht zu
schauen. Nach seinem Tode werden Isis und Serapis, wenn er die Vorschriften genau erfüllte,
welche sie ihm durch den Mund des Priesters gaben, sein Leben über die ihm vom Schicksal

bestimmte Dauer verlängern, und er wird in ihrem unterirdischen Reiche ewig an ihrer Seligkeit teilnehmen und ihnen seine Huldigungen darbringen können . . .

Als die alexandrinischen Mysterien sich während der Republik in Italien verbreiteten, hatte noch keine Religion den Menschen eine gleich bestimmte Verheißung seliger Unsterblichkeit gebracht. An Stelle der schwankenden und widerspruchsvollen Meinungen der Philosophen über das Schicksal der Seele bot Serapis eine Gewißheit, die auf göttlicher Offenbarung beruhte und durch den Glauben unzähliger Generationen, die sich zu ihr bekannt hatten, bestätigt war. Was die Orphiker hinter dem Schleier der Legenden dunkel geahnt und Großgriechenland verkündigt hatten, nämlich, daß dieses Erdenleben eine Prüfung sei, die auf ein anderes, höheres und reineres Dasein vorbereiten solle, daß die Seligkeit im Jenseits durch Riten und Bräuche verbürgt werden könne, die von den Göttern selbst offenbart seien, das alles wurde jetzt mit einer bis dahin unerhörten Bestimmtheit und Klarheit gepredigt. Vor allem durch diese eschatologischen Lehren hat Ägypten die lateinische Welt und besonders die elenden Massen gewonnen, welche den Druck all der Ungerechtigkeiten der römischen Gesellschaft schmerzlich empfanden. (46, S. 91–92, gekürzt)

Wir wagen im Zusammenhang mit dem Serapis-Kult, der sich um die Jahrtausendwende fast auf den gesamten Mittelmeerraum ausgedehnt hatte, zu behaupten, daß das aufkommende Christentum in diesem Kult einen weitaus größeren Konkurrenten sah als in anderen zeitgenössischen heidnischen Religionen, die in den ersten Jahrhunderten unserer Zeitrechnung im Römischen Imperium auftauchten bzw. latent vorhanden waren. Daher wurde die Vorstellungswelt des Serapis-Kultes besonders intensiv bekämpft oder Teile seines Ritus vom Christentum übernommen und in die christliche Lehre integriert. Das ursprünglich positiv, ja glückselig aufgefaßte Unterweltsreich der Unsterblichen und Seligen wurde zu einem makabren Verdammungsort aller Sünder und Ungläubigen umfunktioniert. Die frühantike semitisch-griechische Vorstellung von der furchtbaren Unterwelt kam zu neuem Ansehen.

Konsequent wurde durch die christlichen Kirchenlehrer die paradiesische Welt der Toten des jetzt (unter christlichen Aspekten) verdammungswürdigen Serapis-Kultes, wie überhaupt aller Gefilde in den Wiederauferstehungslehren außerhalb des Christentums, dem äußeren und inneren Interieur der christlichen Hölle angeglichen. Da sich das christliche Lehrgebäude im wesentlichen aus der geschickten Kompilation und Modifizierung vorhandener Lehren und Spekulationen zu einer neuen „Offenbarungs"religion entwickelte, wurde auch bei der Beschaffung eines notwendigen Ortes für die Verdammten und Ungläubigen keineswegs Originalität beansprucht, sondern „Bewährtes" übernommen. Wir kommen auf die christlichen Höllenvorstellungen und ihren Ursprung zurück (8. 10. 4).

Das ursprüngliche Vorbild des Serapis haben einige Autoren in der Gestalt des aus Syrien stammenden Gottes Pluto(s)-Hades gesehen, der vom Höllenhund Kerberos (8. 10. 4. 1) begleitet wurde. Das Korn dieses Gottes des Reichtums wurde in unterirdischen Kornkammern aufbewahrt, also im Bereich des Unterweltsgottes, mit dem Pluto schließlich verschmolz. Auch als Serapis behielt er als Symbol das Scheffelmaß, den Kalathos, auf dem Haupte. Es war das Symbol der Gnade und des Überflusses. In Alexandria war das Götterbild so aufgestellt, daß es genau einem Fenster gegenüber stand. Am Gründungstag des Tempels fielen die Sonnenstrahlen auf die Lippen der Gottesstatue; ein symbolischer Kuß, der für die Serapis-Anhänger jedesmal ein tiefes religiöses Erlebnis darstellte.

8.8.2

Griechenland

Bei den Griechen hieß die Göttin Artemis mit ihren vielen Beinamen auch tauropolis, die „Stiertummelnde" oder „die sich mit einem Stier abgebende". Im griechischen Mythos trug Zeus einst in Gestalt eines Stiers die schöne Europa, die Tochter Agenors, des Poseidons Sohn, von der sidonischen Küste bei Tyros über das Meer auf die Insel Kreta. Nach einem nochmaligen Gestaltswandel in einen Adler vergewaltigte oder besser verführte Zeus Europa. Die „Vergewaltigte" gebar ihm drei Söhne: Minos, Rhadamanthys und Sarpedon. Nachdem Europa von dem nicht gerade monogamen Göttervater Zeus verlassen worden war, heiratete sie den kretischen König Asterios. Da diese Ehe kinderlos blieb, adoptierte Asterios die drei mit Zeus gezeugten Söhne Europas. Nach dem Tode des Königs beanspruchte Minos den kretischen Thron. Um göttliche Hilfe zu erlangen, weihte er dem Poseidon als Großvater Europas einen Altar und bat ihn darum, daß ein Stier aus dem Meer entsteigen möge, damit er ihn dem Poseidon opfern könne. In diesem Augenblick schwamm ein strahlend weißer Stier ans Ufer. Minos wollte diesen herrlichen Opferstier jedoch behalten und versuchte Poseidon zu betrügen, indem er einen anderen Stier opferte.

Pasiphäe

König Minos war mit Pasiphäe, einer Tochter des Helios und der Nymphe Krete (auch Perseis genannt), verheiratet. Der von Minos beleidigte Poseidon, der den Betrug natürlich sofort durch sein göttliches Allwissen bemerkt hatte, wollte sich an Minos rächen. Aus diesem Grunde ließ er sich Pasiphäe in den nicht geopferten Stier verlieben.

Die griechische Mythologie ist bekanntermaßen voll von Eros und Sexus, ja sie strotzt geradezu von Geschlechtsakten, die aus unserer heutigen Sicht als sexuelle Perversionen bezeichnet werden müßten. Diese sind aber zumindest teilweise als Allegorien zu deuten, oder sie enthalten symbolische, nicht mehr in ihrer Ursprünglichkeit verstandene und daher falsch interpretierte „Hintergedanken" aus magisch-mythischen wie auch archaisch-religiösen Vorstellungswelten. Ranke-Graves schildert das sodomitische Verhalten der Pasiphäe nach antiken Quellen:

Sie gestand dem Daidalos ihr widernatürliches Begehren. Dieser berühmte Kunsthandwerker aus Athen (der bekanntlich seinem Sohn Ikarus der Sage nach das Fliegen beibrachte), lebte nun zu Knossos im Exil und schnitzte belebte Puppen, die Minos und seiner Familie die Zeit vertreiben halfen. Daidalos versprach, ihr zu helfen. Er baute eine hohle, hölzerne Kuh, überzog sie mit einer Kuhhaut und setzte sie auf in den Hufen versteckte Räder. So schob er

208

seine Atrappe auf die Wiese in der Nähe von Gortys, wo Poseidons Bulle unter den Eichen zwischen den Kühen des Minos weidete. Er zeigte Pasiphäe, wie sie die Klapptür im Rücken der Kuh öffnen, in das Gestell hineinschlüpfen und ihre Beine in dessen Hinterteil verbergen könne. Dann zog er sich diskret zurück. Bald kam der weiße Stier angetrottet und bestieg die Kuh. So wurde Pasiphäes Begierde befriedigt, und sie gebar später den Minotauros, ein Ungeheuer mit dem Kopf eines Stieres und der Gestalt eines Menschen. (14, I, S. 265—266, zitiert nach Diodorus Siculus, Pausanias, Apollodoros und Vergil)

Nach dem um 150 lebenden Reise- und Geschichtsschreiber Pausanias (III, 26, 1) war Pasiphäe der Name der Mondgöttin, die auch Itone oder Athene hieß. Er deutete die Mythe wohl richtig als rituelle (sakrale) Heirat zwischen der Mondpriesterin (oder Mondgöttin) und dem Göttersohn und „Heiligen König" Minos in der Verkleidung mit einer Stiermaske. Diese „moralisierte" Deutung der Mythe wird wohl der ursprünglichen Deutung der geschilderten Handlung nicht ganz gerecht.

Ranke-Graves sieht hier eine symbolische Verbindung zwischen Sonne und Mond. Weiße Stiere waren hauptsächlich dem Mond geweiht. Wir hatten auf diese nahe Beziehung von Stier (oder Kuh) und Mond bereits hingewiesen.

Da der König Minos auch nicht gerade ein treuer Ehemann war, der es mit vielen Frauen, darunter einigen Nymphen, so mit Britomartis von Gortyna, einer Tochter der Leto, trieb, erzürnte Pasiphäe und verzauberte ihren liebestollen Gatten. Bei jeder Liebschaft mit einer anderen Frau vergoß er nun anstelle seines männlichen Samens einen Schwarm giftiger Schlangen, Skorpione und Tausendfüßler, die die Eingeweide der Geliebten zerfraßen (Antonius Liberalis, Transformationes 41). Diese wenig schöne, abschreckende Art sprach sich schnell bei den zur Liebe geneigten Gespielinnen des Minos herum. Eines Tages erschien Prokris, die Tochter des Königs Erechtheus von Athen, auf *Prokris* Kreta, nachdem ihr Gatte Kephalos sie verlassen hatte. Der liebesgewandte Minos verführte sie, indem er sie mit einem Hund, der noch nie seine Beute verloren und mit einem Pfeil, der noch nie sein Ziel verfehlt hatte, bestach. Hund und Pfeil hatte Minos einst von Artemis als besonderes Zeichen ihrer Zuneigung erhalten. Bevor sich aber Prokris dem Minos hingab, bestand die drohendes Unheil Ahnende darauf, daß er einen Antizaubertrunk zu sich nähme. Dieser war ein Gebräu aus magischen Wurzeln, welche die Hexe Circe (Kirke) zusammengebraut hatte. Prokris wollte sich damit vor dem durch den Zauber der Pasiphäe anstelle des Spermas hervorquellenden Ungeziefer schützen. Der Trunk hatte die erwünschte Wirkung. Jetzt fürchtete allerdings Prokris den Unmut der Pasiphäe. Um von ihr nicht auch verzaubert zu werden, änderte sie ihren Namen in Pterelas, verkleidete sich als Knabe und kehrte nach Athen zurück.

Ihr Gatte Kephalos, dessen Liebesverhältnis mit Eos bereits von uns erwähnt wurde, wollte gerne von seiner Exgattin, die er in der Verkleidung des Jünglings nicht erkannte, den Hund und Pfeil der Artemis erwerben. Doch Prokris wollte die von Minos als Liebesgeschenk erhaltenen Gegenstände ebenfalls nur für einen Liebesdienst abgeben. Im Bett gab sie sich voller Tränen dem Kephalos als Exgattin zu erkennen. Es kam zur Versöhnung, doch Artemis war über die mehrfache Verschacherung ihrer Geschenke durch käufliche Ehebrecher sehr erbost. Sie ließ daher Prokris mißtrauisch gegenüber Kephalos werden, der ohnehin sein Liebesverhältnis zu Eos noch nicht abgebrochen hatte. Eines Tages folgte sie ihm zu einem Stelldichein. Der überraschte Kephalos erschoß Prokris mit Hilfe des Pfeils der Artemis. Daraufhin wurde Kephalos vom Areopag, dem höchsten Gerichtshof Athens, wegen Mordes zur ewigen Verbannung verurteilt. Nach Aufenthalten in Theben und auf der Insel Kephallenia stürzte er sich schließlich aus Kummer um die von ihm getötete und doch so geliebte Prokris von einem Felsen.

Ranke-Graves deutet die Mythe folgendermaßen:

Die Verführung der Nymphen durch Minos im Stil des Zeus stellt ohne Zweifel die rituelle Heirat des knossischen Königs mit den Mondpriesterinnen der verschiedenen Stadtstaaten in seinem Reiche dar. Die Mondgöttin wurde im östlichen Kreta Britomartis genannt. Daher identifizierten die Griechen sie mit Artemis und mit Hekate. Im westlichen Kreta war sie Diktynna. Der Name Diktynna hängt in der Mythe mit diktyon = „das Netz" zusammen. Diktyon bezeichnet hier ein Netz, wie es zur Jagd oder auch zum Fischfang verwendet wurde. Artemis vergöttlichte der Sage nach Britomartis als Diktynna. Die Göttin jagte daher den Heiligen König (Minos) mit dem Netz. Nach Einführung des patriarchalischen Systems wurde (umgekehrt) die Göttin in einer Liebesjagd vom Heiligen König verfolgt.

Die Verfolgung der Britomartis durch Minos beginnt dann, wenn die Eichen in vollem Grün stehen — wahrscheinlich in den Hundstagen, da Seth die Isis und das Kind Horus in den Marschen des Nildeltas verfolgte — und endet neun Monate später, am Vorabend des Maitages. Die Verführung Europas durch Zeus fand zur gleichen Zeit statt.
(14, Bd. I, S. 273)

Wir können also auch bei den Stiersagen im griechischen Mythos die nahen Bezüge zum Mond und seinen Kult beobachten. Der Stier ist aber auch stets ein Symbol der Fruchtbarkeit gewesen. So wurde der Mond-Stier ein Fruchtbarkeitsgott, ein zeugender Gott, dessen imposanter Phallus im Mittelpunkt seines Kultes stand.

8.9
Menschenopfer als Ausdruck sakraler Handlungen

In den Fruchtbarkeitskulten der frühen Zeit in der Menschheitsgeschichte waren nicht nur zeugungsgewaltige Stiere und Phallen Ausdruck eines sinnenfrohen Kultus, sondern es gab auch für unsere Begriffe makabre Riten von Tier- und Menschenopfern. Wir haben an anderer Stelle (7. 1. 2. 1. 2) bereits darauf hingewiesen, daß zu den ältesten Formen menschlicher Bedürfnisse, sich die Götter und Dämonen geneigt oder gar gefügig zu machen, aber auch ihnen zu danken, das Opfer gehört. Neben dem Gabenopfer, das mit dem Erstlingsopfer gegenüber dem Göttlichen oder Dämonischen den Dank zum Ausdruck bringen wollte, stand das Sühneopfer, dessen Höhepunkt das Menschenopfer war. Bei den Gabenopfern waren es meist die „Erstlinge" von Pflanzen und Tieren, aber auch gelegentlich Menschen, hier in erster Linie Neugeborene.

Das Kinderopfer als rituelle Handlung, schon im Alten Testament beschrieben, lernten wir bereits bei bestimmten gnostischen Sekten kennen (4. 3. 1. 6. 6).

Erst im Jahr 1979 erbrachte die Archäologie den Nachweis, daß schon in minoischer Zeit auf Kreta Menschenopfer aus sakralen Gründen durchgeführt wurden. Am Fuße des heiligen Berges Juchta wurde auf einem Hügel ein Heiligtum ausgegraben, das offensichtlich in der Zeit zwischen 1700 und 1650 v. u. Z. durch ein Erdbeben mit anschließendem Brande vernichtet wurde. Der griechische Gelehrte Jannis Sakellarakis berichtete im August 1979 über diese Ausgrabungen. Danach fand man in einem der drei Räume des Heiligtums auf dem Altar ein Menschenskelett mit einem bronzenen Dolch an der Stelle der Brust. Im gleichen Raum wurden noch zwei andere menschliche Skelette gefunden, die mit ihrer ekstatischen, tanzenden Haltung an minoische Darstellungen liturgischer Feiern erinnerten. Nach Sakellarakis handelt es sich bei dieser Ausgrabung um das erste Zeugnis eines Menschenopfers im gesamten prähistorischen Raum der Ägäis. Im Vorraum wurde ein viertes Skelett eines Menschen gefunden, der anscheinend auf der Flucht aus dem Gebäude Opfer der Naturkatastrophe wurde. Der fliehende Mann versuchte anscheinend, ein besonders kostbares Kultgerät, in dem wahrscheinlich das Opferblut aufgefangen wurde, in Sicherheit zu bringen.

Archäologischer Nachweis von Menschenopfern auf Kreta

Ein weiterer archäologischer Fund im mediterranen Raum läßt ebenfalls auf anthropophagische Kulte schließen. Von britischen Archäologen wurde unweit des minoischen Palastes von Knossos, also ebenfalls auf Kreta, ein Haufen von rund 200 Knochen gefunden, die von etwa 10 Kindern stammen, die alle unter 15 Jahre alt waren. Sie stammen aus der minoischen Kulturepoche, die etwa um 1900 v. u. Z. begann und um 1450 v. u. Z. durch das schon erwähnte Naturereignis, wahrscheinlich durch einen Vulkanausbruch auf der nicht weit entfernten Insel Santorin, vernichtet wurde.

Viele der aufgefundenen Knochen tragen feine Spuren von Messern, wie sie sonst an Tierknochen vorkommen, von denen das Fleisch abgelöst worden ist. Derartige Knochenfunde hatte es vorher nicht gegeben. Der Brite Peter Warren von der Universität Bristol, der die Ausgrabungen neben dem Palast von Knossos leitete, ist der Ansicht, daß die Knochen zu der Annahme führen müssen, im minoischen Zeitalter gab es einen religiös-rituellen Kannibalismus. Die Funde bestätigen oder untermauern die vorher geschilderten Ausgrabungen am Berge Juchta.

Wenn man die grausame Sage vom Minotauros in die Spekulationen über anthropophagische Kulte im minoischen Zeitalter einbezieht, so findet man hier vielleicht einen Wahrheitsgehalt in der legendären Überlieferung. Über Minotauros berichteten wir bereits im Zusammenhang mit Pasiphäe (8. 8. 2). Warum soll es neben dem Inzest, sexuellen Perversionen, wie der Sodomie, nicht auch den vielleicht religiös motivierten Kannibalismus gegeben haben?

Das prähistorische und vor allem antike Kulturbild der Alten Welt ist sicherlich im Zeitalter des historischen Klassizismus falsch oder zumindest verschönt gezeichnet worden, um die Heroisierung des Gesamtbildes der griechischen Kultur nicht zu stören.

Dieser Stier Minotauros, den Pasiphäe nach ihrem sodomitischen Akt gebar, ein Ungeheuer mit dem Kopf eines Stieres und der Gestalt eines Menschen, erhielt auf Geheiß des Königs Minos von den besiegten Athenern alle neun Jahre sieben Jünglinge und sieben Jungfrauen zum Fraß vorgesetzt. Sie waren ein Fremdopfer, das die Kreter dem im Labyrinth hausenden Ungeheuer anstelle eines eigenen Menschenopfers erbrachten. Ranke-Graves meint:

Die sieben athenischen Jünglinge, die dem Minotauros geopfert werden mußten, waren wahrscheinlich der jährliche Ersatz für den knossischen König (7. 1. 3. 5). Wahrscheinlich wollten die Kreter lieber fremde als eigene Opfer verwenden. „Jedes neunte Jahr" bedeutet: „am Ende jedes Großen Jahres von einhundert Mondzyklen." Wenn anstelle des Heiligen Königs sieben Knaben getötet worden waren, mußte er selber sterben. Die sieben athenischen Jungfrauen starben nicht: Sie wurden Dienerinnen der Mondpriesterin. (14, Bd. 1, S. 282)

Der Minotauros hatte den Namen Asterios oder Asterion. Ihn tötete schließlich Theseus. König Minos und die Kreter verleugneten die Existenz eines Minotauros und behaupteten, das Labyrinth, der vermeintliche Aufenthaltsort des Minotauros, sei lediglich ein gut bewachtes Gefängnis, in dem die athenischen Jünglinge und Jungfrauen für die Begräbnisspiele des Androgeus, eines Sohnes des Minos und der Pasiphäe, zur Verfügung standen. Sie waren also als Opfer für einen uns nicht mehr bekannten Totenkult vorgesehen. Einige von ihnen waren nach Plutarch u. a. Opfer am Grabe des Androgeus, andere wurden als Sklaven verschenkt. Mit diesen Kultstätten von oder um Knossos standen im Mythos neben Ariadne auch Dionysos und Artemis in Beziehung, also Gestalten, die wir an anderer Stelle kennen lernen (8. 10. 6; 8. 11. 6. 3). Der deutsche Wissenschaftler Hans Georg Wunderlich betrachtet den von dem Engländer Sir Arthur Evans ausgegrabenen Palast von Knossos als eine riesige Begräbnisstätte und Zeugnis eines umfangreichen minoischen Totenkults. In seinem Buch „Wohin der Stier Europa trug" (1972) werden noch viele Rätsel um den Palast von Knossos aufgezeigt. Die Stierrolle in der minoischen Religion konnte bis heute noch nicht aufgeklärt werden. Gefundene Fresken deutete Wunderlich als Szenen der Menschenopferung für den dem Gott Baal geweihten heiligen Stier.

Menschenopfer bei den Juden Im Alten Testament (Jeremias 7, 30—31) heißt es über den Götzendienst der Juden:

Ja, die Söhne Judas taten, was meinen Augen mißfällt — Wort des Herrn. Sie haben in dem Haus, über dem mein Name ausgerufen ist, ihre Scheusale aufgestellt, um es zu entweihen. Auch haben sie die Opferstätte des Tofet im Tal Ben-Hinnom gebaut, um ihre Söhne und Töchter im Feuer zu verbrennen, was ich nie befohlen habe und was mir niemals in den Sinn gekommen ist.

212

Zu diesen „Scheusalen", welche die Juden anbeteten und ihnen Menschenopfer darbrachten, gehörte der sagenhafte Moloch. Es heißt im 2. Buch der
Könige, daß der Judenkönig Joschija dem Hohenpriester Hilkija und den
anderen Priestern und Wächtern an der Schwelle des Tempels befahl, „alle
Gegenstände aus dem Tempel des Herrn hinauszuschaffen, die für den Baal,
die Aschera und das ganze Heer des Himmels angefertigt worden waren"
(23, 4). Er setzte die Götzenpriester ab, die von den Königen von Juda bestellt
worden waren und auf den Höhenheiligtümern, in den Städten Judas und in
der Umgebung Jerusalems Opfer verbrannt hatten. Ebenso beseitigte er die
Priester, die dem Baal, der Sonne, dem Mond, den Bildern des Tierkreises und
dem ganzen Heer des Himmels geopfert hatten. Das Bild der Aschera schaffte
er aus dem Haus des Herrn und aus Jerusalem hinaus in das Kidrontal und verbrannte es dort ... Ferner riß er die Gemächer der Hierodulen am Tempel
nieder, in denen die Frauen Schleier für die Aschera webten (23, 5—7). Ebenso
machte er die Feuerstätte der Söhne Hinnoms unrein, damit niemand mehr
seinen Sohn oder seine Tochter für den Moloch durch das Feuer führen konnte
(23, 10).

Über den Moloch berichtet im Alten Testament auch das 3. Buch Mose
(18, 21): „Von deinen Nachkommen darfst du keinen für Moloch darbringen"
und (20, 2—5):

Der Herr sprach zu Mose: Sag zu den Israeliten: Jeder Mann unter den Israeliten oder unter
den Fremden in Israel, der eines seiner Kinder dem Moloch gibt, muß sterben. Die Bürger
des Landes sollen ihn steinigen. Ich bin es, der das Angesicht gegen einen solchen richtet,
und ich werde ihn aus seinem Volk ausrotten, weil er eines seiner Kinder dem Moloch gegeben, dadurch mein Heiligtum verunreinigt und meinen heiligen Namen entweiht hat. Falls
die Bürger des Landes ihre Augen diesem Mann gegenüber verschließen, wenn er eines seiner
Kinder dem Moloch gibt, und ihn nicht töten, so bin ich es, der sich gegen diesen Mann und
seine Sippe wendet. Ich werde sie aus der Mitte ihres Volkes ausrotten, ihn und alle, die sich
mit ihm dem Molochdienst hingeben.

Die Drohungen des jüdischen Rachegottes Jahwe gegen die Anhänger seines
scheinbaren Konkurrenten Moloch sind unmißverständlich, wie stets alle seine
Empfehlungen gegenüber Andersdenkenden. Wer war nun dieser Moloch, der
den Zorn des Jahwe so erregte? Wir wissen es bis heute nicht sicher. Auch die
Stelle bei Jeremia 32, 35 gibt uns keine Auskunft:

Sie errichteten die Opferstätte des Baal im Ben-Hinnom, um ihre Söhne und Töchter für den
Moloch durchs Feuer gehen zu lassen. Das habe ich ihnen nie befohlen, und niemals ist mir
in den Sinn gekommen, solchen Greuel zu verlangen und Juda in Sünde zu stürzen.

Das Wort „Moloch" ist eine griechische Umschreibung des hebräischen
„Molek". Dies wiederum ist die Vokalisation des kanaanäischen Gottes Melek,
der wiederum mit Melkart, dem tyrischen Stadtgott, identisch sein dürfte.
Melek-Melkart, der „König", war zeitweise der höchste Gott im kanaanäisch-
phönizischen Pantheon. Die älteste, noch wiedergefundene Abbildung dieses

Gottes ist eine Melkartstele, die Ben-Adad I., Herrscher von Damaskus, um 850 v. u. Z. in der Nähe von Aleppo errichten ließ. Sie zeigt einen halbnackten Mann, der einen konischen Hut und auf der Schulter eine Axt trägt. Über seinen Kult wissen wir nichts. Offensichtlich ist Melek-Melkart später mit dem griechischen Herakles (wegen seines Attributs Keule?) als „thasischer Herakles" (Herodot) verschmolzen worden, nachdem er schon vorher von alttestamentlichen Juden mit dem semitischen Baal identifiziert wurde.

Seine semitische Kultstätte scheint ursprünglich im Hinnomtal, dem späteren Gehenna, also der alten Bezeichnung für die Hölle, gelegen zu haben. Das Tal liegt südlich von Jerusalem. Ganz offensichtlich haben auch die Juden dort ihre Menschenopfer in Form ihrer Söhne und Töchter dem Moloch-Melek-Melkart erbracht.

Wir dürfen heute annehmen, daß Menschenopfer seit frühester Zeit im mediterranen Raum, nachweisbar im östlichen, stattgefunden haben. Die Zeugnisse aus dem minoischen Kulturraum, wie aus dem semitischen (kanaanäisch-phönizisch-jüdischen), sprechen eindeutig dafür. Aber erst in der phönizischen (tyrischen) Kolonie Karthago, die ihr Herkunftsland später weit überflügeln sollte, aber an den alten Kulten der Heimat traditionsgemäß streng festhielt, fanden die Archäologen Tausende von Urnen voll verbrannter Kinderknochen. Bekannt wurden diese Kinderopfer durch den französischen Schriftsteller Gustave Flaubert (1821–1880), der seine Erlebnisse in Nordafrika zusammen mit den Horrorgeschichten vom Moloch zu seinem berühmten Roman „Salammbo" verwandte. Hier wird Moloch zu einem erzenen Ungeheuer, das mit mechanisch sich bewegenden glühenden Händen lebende Kinder in seinen unersättlichen Rachen schaufelt und verschlingt.

Bei diesem Molochkult, den wir mit dem Melek-Melkart-Kult identifizieren, spielt das „Tofet" (Tophet) eine wichtige Rolle. Die in der Bibel erwähnten Tofets haben tatsächlich existiert. Es waren Altäre, die im Freien, meist auf Bergen standen. Archäologen fanden sie u. a. in Karthago und auch am Monte Sirai auf Sardinien. Im Umkreis dieser Altäre fand man verbrannte Tier- und Menschenknochen, so daß die Überlieferung der Bibel und einiger anderer Quellen als authentisch angesehen werden muß.

Eine neue Version und Deutung des Begriffs „Moloch" hat der Italiener Sabatino Moscati in seinen Büchern „Sulla storia del nome Canaan" (Rom 1959) und „The World of the Phoenicians" (London 1968) zur Diskussion gestellt. Nach seiner Erklärung ist das phönizische und punische Wort für ein im Tofet dargebrachtes Opfer „molk". Zusammen mit dem Briten B. H. Warmington („Carthage", London 1960) deutet er die an den Erinnerungsmalen auf den Altarplätzen gefundene Inschrift M L K als „geheiligte Darbringung". Man solle daher das Wort Moloch mit „an Opfers Statt" übersetzen. Nach Moscati hat das phönizische Wort in dem Kompositum M L K M R in Nordafrika die Römerzeit überlebt. Durch Einsetzung der hebräischen Vokale wurde es zu „molchomor" und als solches ins Lateinische übertragen. Moscati folgert daraus, daß es einen Gott namens Molech oder Moloch nie gegeben habe. Die Phönizier und die Karthager haben zwar die Opferung von Menschen als d a s Opfer schlechthin betrachtet, aber in der Regel nicht vollzogen. Nur in allergrößter Not haben sie das Ritual buchstabengetreu erfüllt. Im Prinzip dürfte dies doch das Menschenopfer nach dem Ritual des Moloch-Kultes gewesen sein. Wir können hier Moscatis Argumente nur als eine schwache Widerlegung der doch wohl tatsächlich erfolgten Menschenopfer, insbesondere von Kindern, bezeichnen und möchten den Angaben der Bibel und den der Archäologen eher glauben.

Im punischen Karthago bestand im Götterglauben die alte kanaanäische Trinität fort. Baal-Hammon glich dem fast gesichtslosen archetypischen Urgott El, Tanit war ein finsterer Erdgott und Melkart offensichtlich der Moloch. Ihnen wurden nicht nur Mehl, Öl, Milch oder Tierfleisch geopfert, sondern auch Menschen, besonders Kinder. Die Opfer wurden im Tofet lebendig verbrannt.

Nach dem griechischen Historiker Diodoros Siculus, der im 1. Jahrhundert v. u. Z. lebte und aus Sizilien stammte, wurden die zum Tode Geweihten in die ausgestreckten Hände einer großen Bronzestatue gelegt. Von dort glitten sie ins Feuer und verbrannten lebendig. Diodor hat dann Flaubert zu seinem Horrorroman angeregt, dessen Kern aber einen Wahrheitsgehalt besitzt. Es war das Ritual des fürchterlichen Moloch oder Molchomor. Menschen wurden besonders dann geopfert, wenn die Stadt Notzeiten überstehen mußte. So sollen rund zweihundert Kinder aus den besten Familien Karthagos geopfert worden sein, als im Jahr 310 v. u. Z. der Sizilier Agathokles vor den Mauern der Stadt stand. Nach einem Sieg über die Sizilianer dagegen mußten dreitausend Kriegsgefangene „durch das Feuer gehen".

Ältester Hinweis auf rituelle Menschenverbrennungen

Es ist überliefert, daß während der Zeremonie die meistens daran teilnehmenden Angehörigen der Opfer am Altar nicht ihren Kummer zeigen durften. Jede Träne und jeder Seufzer schmälerte den Wert des Opfers. Baal-Hammon und Tanit verlangten das den Menschen Teuerste als Opfer, dies aber mit frohen und unbewegten Gesichtern.

Diese Ritualistik führte mit Recht dazu, daß die Karthager von den übrigen Mittelmeeranwohnern als finster und gefährlich angesehen wurden. Auch ihre größten Gegner, die Römer, die selbst vereinzelt Menschenopfer darbrachten, so z. B. nach der Schlacht bei Cannae (216 v. u. Z.), waren von der punischen Religion zutiefst abgestoßen. Weniger bekannt ist, ob an den Altären der Astarte-Tinat auch solche Menschenopfer üblich waren oder ob nur orgiastisch-sinnliche Feiern mit den Hierodulen zu harmloseren Vergnügungen führten.

Es gibt in diesem Zusammenhang genügend Zeugnisse aus der Archäologie und antiken Literatur über kultisch-kannibalische Riten.

8.9.1
Anthropophagie als religiöser Akt

Noch in frühchristlicher Zeit traut Tertullian der Landbevölkerung im Schwarzmeergebiet zu, daß sie „ihre Eltern verspeiste" (Tert. adv. Marc. 1 f.). Daß auch die alten Israeliten Menschenfleisch aßen, behauptet der Prophet Ezechiel von seinen Landsleuten (Ez. 36, 13–14). Und in der Weisheit Salomos steht geschrieben: „Die da Menschenfleisch fraßen und greulich Blut soffen; womit sie dir Gottesdienst erzeigen wollten" (Weish. 12, 6).

Das kann nichts anderes als kultisches Kannibalismus bedeuten; das Buch der Weisheit Salomos bezeichnet ihn ausdrücklich als „Gottesdienst".

Am klarsten tritt der kultische Zug des Menschenfressens dort ans Licht, wo die trauernden Hinterbliebenen ihre verstorbenen Angehörigen verspeisten. Nahmen sie auf diese Art die Lebenskraft, den Geist oder die Seele in sich auf? Lebten die Eltern sozusagen in den Kindern weiter?

Freilich wurden nicht allein die Eltern von den Kindern aufgegessen, vielmehr auch die Kinder von den Eltern. Die nordische Gudrun gibt dem Gatten die eigenen Kinder zur Speise: „An den Spieß gesteckt, schmorten ihre Herzen; ich gab sie dir zu kosten für Kälberherzen" (Edda, Atlamal, 80). Im deutschen Märchen vom Machandelboom köpft die Stiefmutter den unschuldigen Knaben mit dem Deckel der Apfeltruhe und setzt das gekochte Fleisch dem heimkehrenden Vater vor. Im griechischen Mythos bietet die Königin Prokne das Fleisch ihres Sohnes dem Tereus an (Aischylos, V, 1144). Atreus tötet die Söhne seines Bruders Thyestes und setzt ihr Fleisch dem Vater zum Festmahl vor. Tantalos versucht dasselbe mit dem Fleisch seines Sohnes bei den Göttern, angeblich um ihre Allwissenheit zu prüfen. Marter und Kult zeigt sich in Italien. Nach Älian stachen die italienischen Lokrer den Töchtern des Tyrannen Dionysius von Syrakus Nadeln unter die Nägel, bis sie starben. Dann zerstießen sie die Gebeine in Mörsern und verzehrten das abgelöste Fleisch (Plutarch, Timoleon 13; Älian Verm. Gesch. VI, 12; IX, 8).

Greift man nunmehr auf das Hilfsmittel zurück, in den Vorstellungen und Bräuchen der heutigen Primitiven Anhaltspunkte für die Vorstellungswelt der Altmenschen zu finden, so zeigen sich deutlich mehrere ganz verschiedene Motive, die sich nicht ohne weiteres auf einen Nenner bringen lassen:

Bei einigen Primitiven der Gegenwart ist es oder war es bis vor kurzem Brauch, das Gehirn des Stammeshäuptlings, freilich auch dasjenige erschlagener Feinde, aufzuessen. Die Ergebnisse der Bodenforschung scheinen dies auch für die Jahrtausende v. Chr. zu bestätigen. Wahrscheinlich gab es lange Zeiten hindurch Volksstämme, zum Beispiel in England, in keineswegs spärlicher Anzahl, die den trauernden Hinterbliebenen empfahlen, das Gehirn der verstorbenen Häuptlinge oder Eltern in aller Ehrfurcht zu verspeisen.

Von den Indianern Kolumbiens – die noch in der Gegenwart in dem Ruf standen, die schlimmsten Menschenfresser ganz Südamerikas zu sein – wird berichtet, daß sie die Tötung schwangerer Frauen bevorzugten, um deren Embryo zu essen. Es sind wahrscheinlich Vorstellungen, das erst zum Leben Kommende, ein neues Leben also, in sich aufzunehmen. Es ist gut denkbar, daß hinter den alten Kinderverspeisungen ähnliche Vorstellungen standen (wie sie auch bei den Sperma-Gnostikern und ihren geistigen Nachfolgern mit Mittelalter und in freilich entarteter Form im 18. Jahrhundert anzutreffen sind, auf die wir an den betreffenden Stellen hinwiesen oder noch hinweisen werden; Anm. d. Verf.).

Leichenzerstückelung, um Fleisch und Blut zur Förderung der Fruchtbarkeit auf die Felder zu verstreuen, ist ein Brauch, der sich bis in die Gegenwart bei den Primitiven vieler Landschaften nachweisen läßt. Symbolische Reste einer derartigen Sitte scheinen sich bis in das 19. Jahrhundert n. Chr. in christlichen, mitteleuropäischen Provinzen – so Franken, Thüringen, Böhmen – erhalten zu haben . . .

Bei primitiven Pflanzervölkern des Südens ist noch heute nicht selten die Überlieferung vorhanden, daß durch ein erregendes Geschehen die „Urzeit" beendet worden sei. Im Mittelpunkt jenes umwälzenden Ereignisses stand dabei der Tod oder die Tötung eines Gottwesens, das in den Erzählungen der Primitiven noch jetzt vielfach mit dem Monde identifiziert oder wenigstens mit diesem in Verbindung gebracht wird. Durch das Sterben jenes Gottwesens seien die Nahrungspflanzen entstanden. Die Anschauungen der Primitiven gehen noch weiter: aus den Körpern des getöteten Gottwesens würden Pflanzen – also Nahrung – entstehen. Dieses Thema ist weltweit verbreitet und hängt eng mit den Tötungskulten der Primitiven zusammen ... Die gleichen oder wenigstens ähnlichen Gedanken fanden die Assyrologen schon bei den Sumerern oder Akkadern am Euphrat und Tigris zu Beginn der geschichtlichen Zeit ...

Es ist so, als höre man schon in der Frühgeschichte der Menschheit das Wort des christlichen Erlösers über die Erde raunen: „Wer mein Fleisch ißt und mein Blut trinkt, der hat das ewige Leben ... Wer mein Fleisch ißt und mein Blut trinkt, der bleibt in mir und ich in ihm" (Jo. 6, 54, 56). (43, S. 146–49, im Auszug)

Die Anthropophagie, d. h. die „Menschenfresserei", die unter dem Namen „Kannibalismus" wohl am bekanntesten wurde, ist für uns, die wir doch in einer gewissen Zivilisation mit einem Anspruch auf Kultur leben, nur sehr schwer verständlich. Sie ruft mit Recht unseren Abscheu hervor und ist eine makabre Form zwischenmenschlicher Beziehungen in der Menschheitsgeschichte. Ihre ideengeschichtliche Basis besaß sie in religiösen und magischen Motiven, die im einzelnen noch einer gründlicheren Untersuchung bedürfen. Christian Spiel hat in seinem Buch „Menschen essen Menschen" (47) ausführlich zu dem Phänomen „Menschenfresserei" Stellung genommen. Wenn er auch in seiner Arbeit die religiös-magische Anthropophagie etwas zu kurz behandelt und den Kannibalismus primär – zumindest in den Primitiv-Kulturen – mehr dem Nahrungstrieb des Menschen zuordnet, so hat er doch einige wichtige Aussagen zum Thema gemacht. *Magische Bedeutung der Anthropophagie*

Der Begriff „Kannibalismus", ein rundes, handliches, geradezu schmackhaftes Wort, in allen Sprachen mühelos auszusprechen, ist natürlich viel jünger als die Erscheinung, die er bezeichnen will. Der unfreiwillige Erfinder des Wortes ist der uns aus anderen Gründen bekannte Christoph Kolumbus. 1993 könnten wir, wenn wir wollten, den 500. Geburtstag dieser „Wortgründung" feiern. Kolumbus, so geht die Rede, fiel einem Hörfehler zum Opfer. Er verstand den Stammesnamen der Karaiben als „Kaniben". Schon bald wurden aus den dem Menschenverzehr obliegenden Karaiben-Kaniben die gottverlassenen Sünder, die seitdem Kannibalen heißen. (47, S. 8) *Herkunft des Namens „Kannibalismus"*

Spiel definiert die Anthropophagie oder den Kannibalismus als den „Verzehr von Menschen oder Teilen von solchen durch Menschen – unstatthaftes, ‚widernatürliches' und widergöttliches Artfressen."

Eine besondere Form der Anthropophagie stellt der Genuß beziehungsweise das Trinken menschlichen Blutes dar. Seine Ursprünge verlieren sich in der menschlichen Frühgeschichte. Wir können folgende Anlässe für den Brauch des Bluttrinkens feststellen: *8.9.1.1 Bluttrinken als Teil-anthropophagie*

1. Der wohl älteste Anlaß des Bluttrinkens war die animistische Vorstellung

in bestimmten Primitiv- bzw. Frühkulturen, daß im Blut des besiegten Gegners dessen Lebenskraft gebunden sei. Man hatte beobachtet, daß mit dem Ausbluten eines Menschen (wie auch eines Tieres) der Tod einherging, er also die Lebenskraft verlor. Man glaubte mit dem Trinken dieses Blutes des tapferen besiegten Kriegers dessen Vitalität zu übernehmen und seine Kraft sich aneignen zu können. Es ist also das gleiche Motiv, welches wir ganz allgemein für die religiöse Vorstellung des Kannibalismus annehmen müssen.

2. Wohl ebenso alt dürfte die Menschenopferung und die Weihung des Blutes für eine Gottheit oder einen Dämon sein. Damit sollte im Sinne eines Sühneopfers (7. 1. 2. 1. 2) das Wohlwollen erfleht oder der Zorn des überirdischen Wesens besänftigt werden.

3. Die Vermischung des Blutes zweier oder mehrerer Menschen und der Genuß dieser Mischung sollte nach tradiertem Glauben seit alter Zeit die Bindung zwischen den Bluttrinkenden besonders eng gestalten. Dieser Brauch hat sich bis heute innerhalb bestimmter Kulturkreise erhalten.

4. In der christlichen Lehre spielt Christi Blut im Abendmahlswein und in den Hostien eine wichtige Rolle.

5. Menschenblut wurde seit der menschlichen Frühzeit mit verschiedenen Beimischungen zu Heilzwecken verwandt, wobei nach der unter 1 erwähnten Glaubensvorstellung hier Blut als Remedium bei Krankheiten wirken sollte.

6. Das Menstrualblut nimmt mit verschiedenen Anwendungen eine Sonderrolle ein.

7. Menschenblut spielte in der Horrorwelt des Vampirismus als Nahrung die wesentliche Rolle.

Die Wurzeln der magisch-mythischen Bedeutung von Blutritualen sind uralt und weltweit verbreitet. Schon der Volkskundler Richard Andree (1835–1912) hat in seinem Buch „Die Anthropophagie" (48) darauf hingewiesen, daß die kulturelle Entwicklung in Europa zwar „erfolgreich gegen diese entmenschte Sitte angekämpft hat", aber sich nicht rühmen kann, „daß dieses Phänomen ihr zu allen Zeiten unbekannt gewesen wäre."

Menschenblut scheint in der Tat seit alters „ein ganz besonderer Saft" (Goethe) gewesen zu sein, dessen Genuß für den Menschen eine irrationale Bedeutung im Sinne einer magischen Wirkung gehabt hat. Eine rationale Erklärung jedenfalls gibt es nicht. Spiel stellt daher die Frage:

Könne es sein, daß die mystische Bedeutung des Blutes in zahlreichen Akten und Ritualien, die auch der modernen und vor allem der christlichen Religion nicht fremd sind, die Erklärung dafür gibt?

Wir können diese Frage mit einem klaren Ja beantworten. Das menschliche Blut verkörpert schon seit jeher, seitdem es Überlieferungen aus der Vorstellungswelt unserer Vorfahren gibt, das Lebensprinzip. Bereits der Urmensch dürfte beobachtet haben, daß beim Verbluten eines Menschen auch dessen Leben schwand, eine Beobachtung, die ebenfalls für die erjagten Tiere galt. Sicherlich hat er seine Schlüsse daraus gezogen und dem Blut eine animistische Bedeutung gegeben. Im Alten Testament finden wir gleiche Spekulationen in den Büchern Mose, so im 3. (17, 11) und 5. (12, 23). Wir alle kennen die volkstümlichen Begriffe, wie die „Stimme des Blutes", die „Blutprobe" beim sogenannten „Bahrrecht" als Gottesurteil, ferner die „Blutsbrüderschaft" und nicht zuletzt den uns hier besonders interessierenden mit Blut geschriebenen Pakt mit dem Teufel. Unter dem Begriff „Bahrrecht" verstand man den Glauben, daß die Wunden eines Ermordeten in Gegenwart des Mörders wieder zu bluten anfangen. Über den Blutpakt mit dem Teufel werden wir im zweiten Band zu berichten haben.

Homer erzählt in der Odyssee im 11. Gesang über ein Opferritual mit der Beschwörung der Seelen Gestorbener. Die große Zauberin Kirke hatte Odysseus und seine Mannen an den „Rand des tiefen Okeanos-Stromes" zu dem „Volk und (der) Stadt der kimmerischen Männer" gesandt. Nachdem sie dort am Ende der Welt und an der Pforte des Hades ein Loch gegraben hatten, um drum herum Opfergaben für die Toten zu legen, begannen sie mit den Beschwörungen. Hierbei schlachteten sie Schafe und ließen über dem Loch das Blut in die Grube fließen:

Da ergriff ich die Schafe, und über die Grube sie haltend,
Schnitt ich die Kehlen durch, und das Blut, das schwarze, verströmte.
Da versammelten sich aus der Tiefe die Seelen der Toten (35—37).
. . .
Deren viele umschwärmten die Grube von hier- und von dorther
Mit unendlichem Schreien; da packte mich bleiches Entsetzen (42—43).

Odysseus erfährt nun Einzelheiten von der Seele seines toten Gefährten Elpenor, wie dieser ums Leben kam. Elpenor bittet Odysseus, seine noch nicht bestattete Leiche zu verbrennen. Das verspricht Odysseus. Jetzt erscheint die Seele seiner Mutter Antikleia:

Und mir kamen, als ich sie sah, die Tränen vor Mitleid.
Aber ich ließ auch so, wie heftig die Schmerzen mich drängten,
Sie dem Blute nicht nahen (um sie davon trinken zu lassen), bevor ich (den Seher)
Teiresias fragte.
Und nun kam heran des Thebaners Teiresias Seele,
Haltend ein goldenes Zepter; er erkannte mich gleich und sagte:
„Göttlicher Laertiade, erfindungsreicher Odysseus,
O unseliger, weshalb, das Licht der Sonne verlassend,
Kamst du, die Toten zu sehen und die unerfreuliche Stätte?
Zieh dich zurück von der Grube und halte das Schwert weg, das scharfe,
Daß von dem B l u t   i c h   t r i n k e und dir Untrügliches sage."
(90—96)

Nachdem Teiresias vom Blut getrunken hatte, prophezeite er dem Odysseus die Zukunft bis zur Rückkehr in seine Heimat. Der Text aus dem griechischen Mythos, wie ihn uns Homer hinterließ, zeigt deutlich, daß schon in vorgeschichtlicher Zeit das Bluttrinken als Nahrung toter Seelen (Vampirismus unter Punkt 7) angenommen wurde.

Im Stil einer wissenschaftlichen Quellensammlung des 19. Jahrhunderts und gegen den stark aufkommenden Antisemitismus in seiner Zeit hat der Berliner protestantische Theologe Hermann L. Strack (1848–1922), Begründer eines Institutum Judaicum im Jahr 1883, 1891 eine Arbeit veröffentlicht unter dem Titel:

Das Blut im Glauben und Aberglauben der Menschheit mit besonderer Berücksichtigung der „Volksmedizin" und des „jüdischen Blutritus".

Wir folgen der 8. Auflage von 1900, die bei H. C. Beck in München erschien. In seiner Auseinandersetzung mit den zeitgenössischen Antisemiten, die besonders auf einen jüdischen Blutritus hinwiesen, für den jungfräuliche Christenmädchen „geschächtet" worden sein sollen, wurde dieses Buch zu einer Verteidigungsschrift der Juden gegenüber der Anschuldigung jüdischer Ritualmorde.

In seinem historischen Rückblick weist Strack zunächst auf anthropophagische Kultformen bei den Spermagnostikern hin, die von uns ausführlich behandelt wurden (4. 3. 1).

Menschenopfer und Anthropophagie in Rußland Für uns von Interesse sind u. a. die Berichte von Strack über das russische Sektenwesen des 18. und 19. Jahrhunderts. Im zaristischen Rußland unterschied man innerhalb des Sektenwesens, des Raskol, zwei Hauptrichtungen: die Popowzy (Gruppen mit einer Priesterschaft) und die Bespopowzy (die Priesterlosen). Zu letzteren gehörten bestimmte fanatische neognostische Gemeinden, die in ihrer christlich übertünchten Religiosität Menschenopfer für den Christengott oder für die „heidnischen" Götter ihrer Vorfahren durch Selbstmord oder durch Tötung eines Opfers bei besonderen Anlässen darbrachten. Im Vordergrund stand hier bei diesen extremen Sekten natürlich ein besonderer religiöser Fanatismus mit psychopathologischem Charakter. Strack berichtet:

Im Jahr 1870 suchte ein Muschik (Kleinbauer) die Opferung Isaaks nachzuahmen. Er band sein siebenjähriges Söhnchen auf eine Bank und schlitzte ihm den Bauch auf. Danach begann er vor den Heiligenbildern zu beten. „Verzeihst du mir?" fragte er das sterbende Kind. „Ich verzeihe dir, und Gott ebenso" antwortete das Schlachtopfer, das auf diese Szene eingelernt worden war.

Das Gericht von Odessa hatte im Jahre 1879 über je einen Fall von Selbstgeißelung, von Kreuzigung, von Selbstverbrennung und von Verstümmelung „aus Frömmigkeit" abzuurteilen ...

Die Chlysten Nicht zum eigentlichen Raskol gehören die mystischen, in nahen Beziehungen zueinander stehenden Sekten der Chlysty (Geißler) und der Skopzy (Verschnittenen). (Von uns behandelt 6. 3. 6. 7.) Die Versammlungen der Chlysty oder, wie sie auch genannt werden,

Ljudi Boshii (Gottmenschen) sind äußerlich denen der bekannten „tanzenden Derwische" in Kairo und (In)stambul vergleichbar. Während die meisten Chlysty zu ihrer Abendmahlsfeier nur Wasser und Schwarzbrot verwenden, bedienten etliche laut mehr als einem Zeugnis (Leroy-Beaulieu zitiert Philaret's Geschichte der russischen Kirche, Liwanow's Raskolniki i Ostroshniki, Renzki's Ljudi Boshii i Skopzy) sich des Fleisches und Blutes eines Neugeborenen, und zwar des ersten Knaben, der von einer zur „Gottesmutter" erkorenen „heiligen Jungfrau" nach der auf ihre Wahl folgenden ekstatisch-obszönen Feier zu erwarten war. Wurde ein Mädchen geboren, so wurde es wieder heilige Jungfrau; war es aber ein Knabe, ein „Christosik" (kleiner Christus), so wurde er am achten Tag nach seiner Geburt geopfert. Aus dem mit Mehl und Honig vermischten Herzen und Blut wurden die Abendmahlsbrote hergestellt. Das nannte man: mit dem Blut des Lammes kommunizieren. Andere kommunizierten, wie man behauptet, mit dem noch warmen Blut ihres kleinen Jesus.

Von einer anderen Art, wie Skopzen und Chlysten sich den Stoff zu ihrer Abendmahlsfeier verschafften, berichtet (A.) v. Haxthausen (Studien über die inneren Zustände Rußlands, Hannover 1847) I, 349: Einer Jungfrau von 15 Jahren, die man durch große Versprechungen überredet hat, wird, während sie in einer Wanne mit warmen Wasser sitzt, die linke Brust abgelöst. Die abgeschnittene Brust wird auf einer Schüssel in kleine Stücke zerlegt, welche von allen anwesenden Mitgliedern der Gemeinde verzehrt werden. Dann wird das Mädchen in der Wanne auf einen in der Nähe stehenden Altar gehoben, und die ganze Gemeinde tanzt wild um denselben her und singt dabei. Mein obgedachter Schreiber hat mehrere solcher dann stets wie Heilige verehrten Mädchen kennengelernt, und sagt, sie hätten mit 19–20 Jahren bereits ausgesehen, als ob sie 50–60 Jahre alt seien. Sie stürben in der Regel auch vor dem 30. Jahr. Eine wäre jedoch verheiratet gewesen und hätte zwei Kinder gehabt.
(S. 17–19, geringfügig gekürzt)

Ganz besonders scheint im asiatischen Teil des zaristischen Rußlands das Menschenopfer beim Ausbruch von Seuchen, besonders der Cholera, verbreitet gewesen zu sein. Strack erwähnt mehrere Fälle.

Etwa 200 Werst (km) von Kasan (der Hauptstadt des gleichnamigen, von den Russen 1552 eroberten Chanats, eines Tatarenreichs, das heute als tatarische autonome Sowjetrepublik zur UdSSR gehört; Anm. d. Verf.) liegt das Dorf Stary-Multan, dessen Bewohner sich zur russisch-orthodoxen Kirche bekennen, mit einer Kirche und einem Priester. Im Jahr 1892 waren durch Mißernte Hungersnot und Typhus eingekehrt, und man fürchtete Cholera. Man begann zu zweifeln, ob die bisherige Gottesverehrung die rechte sei. Man glaubte die überirdischen Mächte durch Opfer versöhnen zu müssen. Tieropfer halfen nichts. Da erhielt ein Weiser des Dorfes die Offenbarung, ein „zweibeiniges" Opfer (Kurban) werde verlangt, ein Menschenopfer also. Im Dorf lebte ein Mann aus einem anderen Kreis, also ohne Verwandte und Freunde am Ort selbst. Dieser Unglückliche wurde am 4. (16.) Mai 1892 in das Gemeindehaus geschleppt, dort entkleidet, mit den Füßen an der Decke aufgehängt, und nun begannen 15 Personen mit Messern auf den nackten Körper einzustechen. Das den Wunden entströmende Blut wurde sorgfältig aufgefangen, gekocht und von den Opfernden getrunken. Auch Lunge und Herz wurden verzehrt. Bei der Opferung beteiligten sich der Dorfschulze, der bäuerliche Polizeidiener und der Kirchenälteste. Die Leute waren so sehr von der Rechtmäßigkeit ihrer Handlung überzeugt, daß sie sich nicht im geringsten bemühten, den Mord zu verheimlichen. Er kam bald zur Kenntnis der Behörden. Nach dreiviertel Jahren gelangte der Prozeß zum Abschluß: die Teilnehmer am Ritualmord wurden zu langjähriger Zwangsarbeit verurteilt. (S. 19–20)

Das Begraben lebender Menschen war eine besondere Form von Menschenopfern, die gelegentlich, vornehmlich beim Ausbruch oder zur Verhütung einer Cholera, nicht nur in Rußland dargebracht wurden. Derartige Fälle schildert Strack aus den Jahren 1831, 1855, 1861 und 1871. Sie könnten als Ausdruck eines atavistischen, vorchristlichen Verhaltens unter nur oberflächlich zu Scheinchristen „bekehrten" Menschen psychologisch verstanden werden.

Der Samojede Jefrem Pyerka auf Nowa Semlja erdrosselte während der Hungersnot des Winters 1881 das Mädchen Ssawanei, um, wie er offen erklärte, dem Teufel ein Opfer darzubringen, weil Gott, an den er glaube, ihm in der Zeit der Hungersnot nicht geholfen habe. Später fertigte er ein hölzernes Götzenbild und wollte diesem seinen Zeltgenossen Andrei Tabarei opfern. Er warf ihm eine Schlinge um den Hals, und nur das Einschreiten des Weibes Pyerka's rettete A. vom Tode (S. 20).

Blutrituale auf dem indischen Subkontinent
Ein indisches Blutritual aus dem Staat Madras zitiert Strack aus der Wiener „Neuen Freien Presse" v. 4. Mai 1888 (Nr. 8510) nach einer Veröffentlichung aus einer englischen medizinischen Zeitschrift:

Eine in der Präsidentschaft Madras wohnende Frau sollte vom Teufel besessen und deshalb unfruchtbar sein. Ihr Vater fragte deshalb einen Teufelsaustreiber um Rat, welcher ein Menschenopfer für notwendig erklärte. Eines Abends versammelten sich daher der Vater, der Exorzist und 5—6 andere Männer und ließen das bestimmte Opfer nach einer religiösen Zeremonie kommen. Ohne Böses zu ahnen, kam dasselbe und erhielt sofort soviel geistige Getränke, bis es bewußtlos wurde. Man schnitt ihm alsdann den Kopf ab und brachte sein mit Reis vermengtes Blut der Gottheit als Opfer dar. Den Leichnam schnitt man in Stücke und warf ihn in ein Bassin. Die alsbald entdeckten Mörder legten ein unumwundenes Geständnis ab. (S. 21)

Wir haben über religiöse rituelle Menschenopfer auf dem indischen Subkontinent bereits früher berichtet (4. 1. 1. 3). Ein aus gleichen Motiven erfolgter ritueller Mord an elf Frauen und Mädchen in Manwat wurde noch 1973 bekannt.

Blutopfer in der Antike
Strack berichtet ausführlich über den auf der ganzen Erde weitverbreiteten Brauch des Trinkens von Menschenblut „zur Bekräftigung des gegebenen Worts" (S. 21—27). Herodot kennt diesen Brauch schon bei den Skythen, Medern und Lydern. Tacitus erfuhr ihn von den Iberern und Armeniern. Bei den Griechen und Römern war er ebenfalls üblich. Meist wurde zum Umtrunk das Blut mit Wein vermischt. Es war aber stets Eigenblut der Vertrags- oder Freundschaftspartner. Von einem echten Menschenopfer zu diesem Zwecke berichtet Diodorus Siculus:

Als Apollodorus (1. Drittel 3. Jh. v. u. Z.) durch eine Verschwörung sich der Herrschaft über die Stadt Cassandrea auf der makedonischen Landzuge Pallene bemächtigt hatte und sie sichern wollte, rief er unter dem Vorwand eines Opfers einen befreundeten Jüngling, schlachtete ihn den Göttern, gab den Mitverschworenen die Eingeweide zu essen und ließ sie das mit Wein gemischte Blut trinken . . .

Nach Plutarch (Publicola, Kap. 4) schwor der vertriebene Tarquinius Superbus mit den Söhnen des Brutus und anderen einen furchtbaren Eid. Hierbei wurde Blut eines geschlachteten Menschen getrunken und die Eingeweide des Geopferten berührt. Nach Sallust (Catilina, Kap. 18) sollen Catilina und seine Mitverschworenen vor seinem Mordanschlag mit Wein gemischtes Menschenblut getrunken haben. Aus dem Bericht geht allerdings nicht hervor, ob es ihr eigenes oder das Blut eines getöteten Opfers gewesen ist.

Auch bei den Iren, Franzosen und den Südslawen war die „Blutsbrüderschaft" bekannt. Dagegen sei nach Jakob Grimm (Deutsche Reichsaltertümer, Göttingen 1854, S. 193) den alten Germanen „das Trinken des Bluts frem gewesen." Im mediterranen Raum scheint jedoch das Bluttrinken allgemein verbreitet gewesen zu sein, da es auch von den semitischen Arabern, zumindest in der vorislamischen Zeit, bekannt ist. So berichtet schon Herodot (III, 8): *Blutsbrüder-schaft*

Wenn zwei einander Treue geloben wollen, so macht ein dritter, der zwischen sie getreten ist, beiden mit einem spitzen Stein einen Schnitt an der Innenseite der Hand, nimmt dann aus ihren Mänteln je einen Faden und bestreicht mit dem Blut sieben in der Mitte liegende Steine, wobei er Dionysos und Urania anruft.

Hier finden wir bei dem Blutritual einen deutlichen religiösen Bezug auf bestimmte Göttergestalten, deren chthonischen Charakter wir an anderer Stelle ausführlich behandelt haben. Leider sind uns die Zusammenhänge derartiger Blutrituale als Ausdruck einer besonders engen Verbindung der Partner des Rituals zueinander und mit ihrer Götterwelt leider nicht näher überliefert und daher weitgehendst Spekulationen unterworfen.

Im HdwddA (17, I, Sp. 1435–36) heißt es zum Stichwort „Bluttrinken":

In dem Blute liegt die Seelenkraft. Aus diesem Grund war das Bluttrinken üblich; denn man glaubte, „durch das Trinken des Blutes könne man die seelische Kraft des Menschen oder Tieres gewinnen." Davon erzählt schon das Nibelungenlied (V, 2054): „Dâ von gewan vil krefte ir etliches lip." Von den Ungarn schreibt die Chronik des Abtes Regino von Prüm: „Sie trinken Blut, verschlingen als Heilmittel die in Stücke zerteilten Herzen derer, die sie zu Gefangenen gemacht." Daher rührt auch die Sitte, das Blut gewisser Tiere zu trinken ... Moses verbot umsonst das Bluttrinken; auch der Koran untersagt den Genuß des Blutes; ebenso kämpfen die Bußverordnungen des Mittelalters aufs hefstigste dagegen. Ein Zweig dieses Aberglaubens bis in die Neuzeit hinein, das Bluttrinken im Liebeszauber ...

Weil dem Blut eine besondere Kraft innewohnt, sind besonders die Toten darauf aus, damit gestärkt zu werden. Diesem Glauben entsprang der entsetzliche Glaube an Vampire ...

Andererseits hat das Blutopfer die Bedeutung, das Orenda (d. h. den Glauben an unpersönliche, besonders wirkungsvolle Kräfte oder Mächte, die in körperlichen oder unkörperlichen, durch die Sinne wahrnehmbaren Objekten wirksam werden) der Götter und Dämonen wieder aufzufrischen; später verblaßte es zu der Meinung, man erfreue und versöhne sie damit.

Ganz besonders aber ist das Blut zu Heilzwecken dienlich und wirksam. Eduard Meyer berichtet in seiner „Geschichte des Altertums" (7) über den Blutzauber bei den Semiten: *Semitischer Blutzauber*

Zu bestimmten Zeiten werden (bei den Semiten) große Feste gefeiert, so bei den Israeliten das echt nomadische Frühlingsfest des Passah, bei dem ihr die Erstgeburt der Lämmer geschlachtet wird: das Fleisch wird zur Nacht von den Familien verzehrt, während Jahwe draußen umgeht, das an die Pfosten der Wohnungen (ursprünglich der Zelte) geschmierte Blut zu schlürfen. Sonst ist der Gott zugegen in dem Steinkegel (kanaanäisch: masseba) auf dem Holzpfahl (aschera), den man aufrichtet, und in dem Tisch (Altar) aus Erde oder Felssteinen, auf dem er die Opfer erhält. Das Leben, das er spendet, sitzt im Blut. Dies ist daher ihm heilig, und wird ihm beim Opfer dargebracht, auf die Erde oder den Opferstein gegossen. Zugleich aber ist das Mahl oder Opfer im Stammesleben dasjenige Moment, wodurch die friedliche Gemeinschaft der Menschen immer von neuem begründet wird: beim Mahl herrscht Friede, und auch der Fremde, ja der mit Blutschuld Belastete ist unantastbar, sobald er vom Mahl genossen hat, es begründet das geheiligte Gastverhältnis. So schafft es auch eine Gemeinschaft, eine Blutsverwandtschaft zwischen den Stammgenossen und der Gottheit. Daher wird der heilige Stein mit Blut beschmiert und dadurch zugleich die Verpflichtung der Gottheit, dem Stamm zu helfen, immer von neuem begründet. (Bd. 1, 2. Abt. S. 403–04)

Blutrituale in bestimmten Freimaurersystemen Ein treffendes Beispiel, daß auch in Europa bis in unsere Zeit das menschliche Bluttrinken, also eine anthropophage Teilhandlung, üblich war (oder noch ist), stellt ein Ritual dar, das in einem bestimmten freimaurerischen Hochgradsystem zumindest bis 1932 ausgeübt wurde. Im IX. Grad, dem „Hocherleuchteten Auserwählten Vertrauten", des Systems der „Großen Landesloge der Freimaurer von Deutschland" wird die höchste Wissensstufe dieses Freimaurerordens vermittelt. Das Ordensmitglied Otto Hieber (1840–1930) hat in einer „nur für Brüder des 9. Grades mit Genehmigung der höchsten Ordensabteilung als Handschrift für Kapitelbrüder gedruckten" Schrift „Der Grad der Auserwählten Brüder" (Berlin 1910) über das Ritual dieses Grades und die damit verbundene „Blutsbrüderschaft" im wahrsten Sinne des Wortes berichtet. Auf Seite 17 heißt es u. a.:

Bei der Aufnahme in diesen Grad wird der Aufzunehmende am Daumen der rechten Hand geritzt, so daß etwas Blut fließt, das in einem Kelch aufgenommen wird. Aus einer dreieckigen Kristallflasche, in der das Blut von all den Brüdern aufbewahrt ist, die diesem 9. Grad angehören, und die ihm seit Gründung des Ordens angehört haben, wird etwas Blut in den Kelch gegossen, so daß das Blut des Aufzunehmenden mit dem Blut der lebenden und der verstorbenen Brüder des 9. Grades (vermengt mit etwas Wein) vermischt ist. Die anwesenden Brüder des 9. Grades und der Aufzunehmende trinken dann diese Flüssigkeit gemeinsam aus diesem Kelch. Der Rest des Kelches wird in die Kristallflasche zurückgegossen. Die auserwählten Brüder des 9. Grades haben nun von dem Blut des Aufzunehmenden getrunken, und das Blut des Aufzunehmenden, von dem ein Rest in die Flasche zurückgegossen wurde, ist nun auch gemischt mit dem Blut der lebenden und verstorbenen Brüder. Der Aufzunehmende hat also das Blut des Gründers des Ordens, des (Johann Wilhelm) Ellenberger, genannt (Kellner von) Zinnendorf (1753–1782), in sich aufgenommen.

Eugen Müllendorf (1856–1934), Landesgroßmeister der Großen Landesloge der Freimaurer von Deutschland vom 24. Juni 1916 bis zum 24. Juni 1931, erklärte noch am 15. März 1932 als Zeuge in einem Zivilprozeß des Freimaurergegners, Ex-Freimaurers und Ludendorff-Anhängers, Rechtsanwalt Robert Schneider, in Karlsruhe gegen den Freimaurer Wilhelm Fluhrer vor dem Vernehmungsrichter am Amtsgericht Berlin eidesstattlich:

224

Es ist richtig, daß bei der Aufnahme in den Grad der Auserwählten der Aufzunehmende von dem Blut derjenigen Brüder trinkt, die vor ihm in diesen Grad aufgenommen wurden. Richtig ist auch, daß von dem Blut des Aufzunehmenden einige Tropfen in die Flasche aufgenommen werden, in der die Blutspuren von den Brüdern aufbewahrt sind, die bisher diesem Kapitel angehörten. Seit wann diese Zeremonie eingeführt ist, weiß ich nicht. Hieber schreibt, wie ich aus der vorgelegten Photographie seiner Schrift „Leitfaden durch unsere Ordenslehre" aus dem Jahre 1921 ersehe, daß die Bibel bei dieser Zeremonie am Schlusse des Propheten Joel aufgeschlagen ist.
(zitiert nach R. Schneider, Die Freimaurerei vor Gericht, München: J. F. Lehmann 1936³, S. 22)

Die von Müllendorf erwähnte Stelle im aufgeschlagenen Buch des Propheten Joel im Alten Testament lautet:

„Aber Ägypten soll Wüste werden und Edom eine wüste Einöde, um den Frevel an den Kindern Judas begangen, daß sie unschuldiges Blut in ihrem Lande vergossen haben. Aber Juda soll ewiglich bewohnet werden und Jerusalem für und für, und ich will ihr Blut nicht ungerochen lassen, und der Herr wird wohnen in Zion." (Joel 4. 19—21)

Der Freimaurer- und Symbolforscher August Horneffer (1875—1955) hat in seinem Buch „Symbolik der Mysterienbünde" (Heidelberg: 1924; Nachdruck: Schwarzenburg: Ansata 1979) dieses in der Großen Landesloge von Deutschland praktizierte Ritual auf seinen antiken Ursprung zurückgeführt.

Daß der Neuaufgenommene zum Bruder wird und zeitlebens ein Bruder bleibt, kennzeichnet die Veränderung und Erneuerung, die er als Myste erfahren hat ... Die Wiedergeburt, die Reinigung, Befreiung und Erleuchtung ist bedingt durch die Verbrüderung ... *Vom Wesen des Frei- maurerischen (mystischen) Blutrituals*

Durch den Wiedergeburtsakt geht der Mensch eine mystische Blutsverwandtschaft mit den übrigen Wiedergeborenen ein. Er wird Mitglied einer geistigen Familie ...

In gewissem Betracht vereinigt der Mensch, der die Wiedergeburt erfährt, in sich selber die Dreieinigkeit von Vater, Mutter und Kind. Der schöpferische Lichtfunke lebt in ihm selber, wie er selber auch die lichtbedürftige Höhle und in der Höhle geborene Logos ist. Jedoch haben sich Mysterienbünde mit dieser rein subjektiven Erklärung niemals zufrieden gegeben; sie haben den Vorgang als eine Wechselwirkung von Objekt und Subjekt, von Einzelmensch und Gemeinschaft aufgefaßt. Die Wiedergeburt ist ihnen zugleich eine Bundesschließung, eine mystische Unio ...

Der Mensch schließt, wenn er Bruder wird, den mystischen Blutbund nicht nur mit den Personen, die bei der Aufnahme zugegen und mittätig sind, auch nicht nur mit der Gesamtheit aller Bundesmitglieder; der Bund reicht weiter, er umfaßt alles, was lebt, alles, was ist. Hinter dem Meister, der die Verbrüderung vollzieht, steht ein größerer Meister; und über dem Bundestempel wölbt sich ein größerer, ins Ungemessene sich ausdehnender Alltempel. Die (Mysterien-)Bünde drücken diesen Gedanken der kosmischen Unio mythologisch durch die Gleichsetzung ihres Bundesheros mit dem Weltschöpfer, mit dem Allvater oder mindestens mit dessen Sohn, dem vollstreckenden Wort (Logos) aus ... (S. 167—169, gekürzt)

Nach Horneffer gehört zu dem Akt der Verbrüderung im Mysterienbund neben dem Unionsgedanken, der in androgynen Bünden auch den Geschlechtsakt, z. B. als sakrale Orgie (7. 1. 2. 3), einschließt, der Verbrüderungskuß, der (Lehrlings- oder Ritter-)Schlag, die Handauflegung, das Verbrüderungsmahl und das Blutmischen.

Wenn (nach der animistischen Auffassung) der Geist im Blute steckt, kann man sich eines anderen Geist nicht besser einverleiben als dadurch, daß man dessen Blut in den eigenen Körper leitet. Der gegenseitige Austausch des ganzen Wesens, der bei der Verbrüderung erstrebt wird, kommt daher aufs treffendste darin zum Ausdruck, daß die Beteiligten etwa ihr Blut in ein gemeinsames Gefäß rinnen lassen und daraus trinken. Wenn der Nachdruck bei der Verbrüderung auf die Vereinigung mit Gott gelegt wird, so streichen die Beteiligten ihr Blut an das Götterbild, besprengen damit den Altar oder dergleichen.

Diese Blutzeremonien verschmelzen leicht mit dem heiligen Blutmahl, bei welchem der im Blute befindliche Gottesgeist oder Bundesgeist gemeinsam verzehrt wird. Für den Gott oder auch für die bundesbedürftigen Menschen tritt dann meist ein Opfertier oder ein Pflanzensaft.

Die Blutmischung verschmilzt auch oft mit der ... Besieglung und Tätowierung. (Besieglung = dem Novizen wird ein Siegel auf die Stirne, Zunge oder auf einen anderen Körperteil mit Wasser, Öl oder Brandmal aufgedrückt. Tätowierung = dauerhafte Besieglung z. B. durch subkutane Hautfärbungen — wie noch heute bei Seeleuten usw. — oder Brandzeichen. Anm. d. Verf.) Die beim Blutlassen hervorgebrachte Wunde erhält dann bestimmte rituelle Formen und gilt als Bundeszeichen. So ist der Gezeichnete deutlich als Verbrüderter erkennbar; er ist nun ein Glied und Stück des Bundes, denn das Gottesmal, das er in seiner Haut trägt und das sich mit seinem Blute gemischt hat, ist ja die Bundesmarke ... (S. 178)

Über die spezielle Teilanthropophagie, wie auch über die Anthropophagie ganz allgemein beim Brudermahl, also dem heiligen gemeinsamen Mahl, äußert sich Horneffer ebenfalls in der für uns kompetenten richtigen Interpretation:

Das heilige Mahl heißt mit Recht Kommunions- oder Brudermahl. Es ist in manchen Mysterienbünden zum Brennpunkt und Höhepunkt des gesamten Bundeslebens geworden. Was wird beim Mahle verzehrt? Dem ursprünglichen Sinne nach der Bundesgeist selber oder ein den ganzen Bund vertretendes Bundesmitglied. Wer nimmt das Mahl ein? Wiederum der Bundesgeist oder der Bund. Das sind Widersprüche, die sich nur dem Geweihten, der das große Geheimnis der Wiedergeburt und mystischen Unio erlebt hat, auflösen. Das Mahl ist eine Opferhandlung; der Bundesgeist, nach dessen Einverleibung die Mysten verlangen, ist das Opfer(tier); sein heiliges Fleisch und Blut genießen sie. Aber auch der Novize ist das Opfer(tier): gefesselt und geschmückt wird es dem Bundesgeiste dargebracht, wird von ihm getötet und in seiner Vertretung von den Mysten verzehrt, d. h. von der Bundeshöhle gleichsam verschlungen, um dann zu neuem geistigen Leben aus der Höhle wieder hervorzugehen. Man sieht hier das sexuelle Bild mit dem Bild der Nahrungsaufnahme verschmilzt. Die Befruchtung durch den Mund ist das vermittelnde Bild.

Die Gottesopferung in Verbindung mit dem kannibalischen Brudermahl ist ein vielerörtertes Kapitel der allgemeinen Religionsgeschichte. ... Die Mysterienbünde haben am meisten dazu beigetragen, daß diese religiöse Uridee erhalten, vergeistigt und unter die höchsten Formen der menschlichen Unionssymbolik eingereiht worden ist ... (S. 183–84)

Blutmischungs- Der Genuß des Blutes beim heiligen Mahl erinnert uns an die ... Blutmischungs-
riten riten. Das Trinken des Blutes bedeutet nichts anderes als das äußere Bestreichen oder Besprengen mit dem Blute. So ist z. B. der Brauch bei der jüdischen Priesterweihe, daß das Blut des Opfertieres nicht wie sonst an den Altar oder gegen das Volk gesprengt wurde, sondern dem Priesterkandidaten an das rechte Ohrläppchen, den rechten Daumen und die rechte Fußzehe gestrichen wurde, eine dem Blutgenuß gleichwertige Verbrüderungshandlung. Auch gehört die Verwendung des Blutes bei den berühmten Teufelspakten hierher: wer sich mit seinem eigenen Blut unterzeichnet, schließt in doppeltem Sinn eine Blutsbrüderschaft mit dem „Kontrahenten".

Die Mysterienbünde setzen, wenn sie den Ritus des Essens und Trinkens nicht aufgeben wollen, häufig Vegetabilien an die Stelle des Blutes und Fleisches, besonders Rauschstoffe in flüssigem oder festem Zustande. Die Mysteriengötter standen ja mit den Rauschpflanzen in engem Zusammenhang: Wein, Soma (Haoma), aber auch die Getreidearten, aus denen sich alkoholische Getränke brauen lassen, und die Bäume (Sträuche u. bestimmte Pflanzen, Anm. d. Verf.), die Rauschsäfte hergaben, waren den Mysteriengöttern heilig und ursprünglich ihnen wesensgleich. Die Rauschmittel haben bei der Entstehung der menschlichen Bruderbünde eine ausschlaggebende, viel zu wenig gewürdigte Rolle gespielt. Ihre erregende, Lust und Freude schaffende Wirkung wurde als Wirkung des „Geistes" empfunden und in eine Reihe mit den Wirkungen der übrigen magisch-symbolischen Vergöttlichungs- und Verbrüderungsmittel gesetzt . . . (S. 186—87)

Rauschdrogen (z. B. Alkohol) als Blutersatz

Die Anthropophagie hat mit Sicherheit starke Beziehungen zu den archaischen Fruchtbarkeitskulten mit ihren sexual-magischen Riten. So hielten z. B. die Karaiben noch in der Zeit ihrer Entdeckung durch die Europäer geraubte Mädchen in Käfigen, um sie nach geschlechtlichem Mißbrauch rituell zu verspeisen. Wir schilderten ein Beispiel im Buch „Licht und Finsternis" im Brauchtum der Marind-Anim. Menschenfleisch als Aphrodisiakum oder Menschenblut und menschliche Exkremente sind z. B. in Form der Mumia in der magischen Rezeptur der Okkultmedizin auch in unserem Kulturraum hinreichend bekannt geworden.

8.9.2 Anthropophagie und Sexualität

Noch inniger waren Sexualität und Anthropophagie verknüpft, wenn Kannibalen dem Menschenverzehr kräftigende Wirkungen zuschrieben. Menschenfleisch als vermeintliches Stärkungsmittel erscheint vielleicht etwas weniger absurd, wenn man sich vergegenwärtigt, von welch verschiedenen Substanzen Schutz gegen sexuelle Entkräftung und Neubelebung der Sexualkraft erhofft wurde und wird . . .

Anthropophagie, ersehnt oder vollzogen, im Bündnis mit der „Liebe", mit aggressiver Sexualität, hat immer wieder große Namen der europäischen Literatur fasziniert. Eine ganze schwarze Romantik fühlte sich in enger Affinität zum mystischen Komplex des Menschenverzehrens. Von Théophile Gautier und Gustave Flaubert bis zu Gabriele d'Annunzio. Der Begriff des Vamps, der sich bis zu Gautier zurückverfolgen läßt, entwickelte im Laufe seines literarischen Lebens Züge einer menschlichen Gottesanbeterin. Sexueller Vorkannibalismus, komprimiert dargestellt im verzehrenden Akt des Kusses, tritt ans Licht, wenn in Flauberts „November" die Kurtisane Marie dem Liebhaber ihre Lippen auf den Nacken drückt und „mit gierigen Küssen wie ein Raubtier im Leibe seines Opfers" wühlt. In Michel Tourniers „Erlkönig" fühlt sich eine weibliche Figur, im passiven Pendant, nach einer Liebesnacht verzehrt „wie ein Beefsteak".

Léon Bloy läßt in seinen Histoires désobligeantes einen Ehemann den Nebenbuhler einladen und morden; die ehebrecherische Gattin verzehrt ahnungslos das Herz des Getöteten. Bloy greift damit auf das Vorbild Barbey d'Aurevillys zurück, der in einer Novelle des Les Diaboliques einen ähnlichen Fall schildert, allerdings bewußt anthropophag: Die entdeckte Ehebrecherin will das Herz des Geliebten essend in sich aufnehmen. Der entsetzte Gatte tritt ihrem tollen Kommunionsverlangen entgegen, und trauernd beichtet die Beraubte: „Ich hätte mit diesem Herzen das heilige Abendmahl genommen wie mit einer Hostie. War Esteban nicht mein Gott?" (47, S. 62—63, gekürzt)

Zum unbekannten, im Magisch-Mythischen sich verlierenden Ursprung der Anthropophagie meint Spiel (47, S. 77—78):

8.9.3 Zur Ursprungsgeschichte der Anthropophagie

Der Ursprung des Menschenessens, die Geburt des „abscheulichen Lasters" als Sitte in so zahlreichen Weltgegenden, liegt im mystischen Dunkel. Mythen und Märchen, ätiologisch und apologetisch, abschreckend und zur Besserung bestimmt, berichten von einer untergegangenen Tradition, so wie Homer von Troja berichtet. Homer hat recht behalten; sind die Fabeln der Mythenschätze zur Ammenmärchen? — „Wie die vergleichende Mythologie in den Volksmärchen und Sagen reichen Stoff zum Wiederaufbau der alten Götterwelt gefunden hat, so können, und mit noch größerem Rechte, die Anklänge, welche Märchen und Sagen verschiedener, heute auf einer hohen Kulturstufe stehender Völker an Menschenfresserei zeigen, als Überbleibsel aufgefaßt werden und dazu dienen, das ehemalige Vorhandensein der Anthropophagie darzutun" (R. Andree).

Die beste Entschuldigung, die zudem den Vorteil bot, die Entstehung in eine graue Vorzeit zu verlegen, war stets ein kannibalischer Gott, der mit seinem Vorbild die Menschen zum Menschenessen anleitete . . .

8.9.3.1 Spiel weist auf die Anthropophagie oder Theophagie im griechischen
Anthropophagie Mythos hin (47, S. 82–83):
im griechischen
Mythos Odysseus' Abenteuer mit Polyphem und bei den Lästrygonen lassen ahnen, daß das Phänomen des Menschenverzehrs der griechischen Welt nicht völlig fremd war, und diese Vermutung wird unterstützt durch eine Fülle kannibalischer Erzählungen in der griechischen Mythologie — allerdings erzieherischer, abschreckender Fabeln, in denen es mit den Menschenessern allemal ein böses Ende nimmt.

Kronos Zeus' Vater, der Vatermörder Kronos, tritt uns als erster himmlischer Kannibale entgegen. Es half Kronos nichts, daß er all seine Kinder verschlang. Zeus, den er unwissend ausgelassen hatte, erfüllte die Prophezeiung und schritt dann mit unnachsichtiger Strenge gegen irdische Kannibalen ein. Tatsächlich scheinen die Interventionen des Gottes nicht ohne Anlaß gewesen zu sein; noch in christlicher Zeit sollen in abgelegenen Gebieten Arkadiens Hirten dem Menschenverzehr gefrönt haben.

Klymenes Sein eigenes Fleisch und Blut verzehrte auch der Arkadier Klymenes. Er mißbrauchte seine Tochter Harpalyke und suchte ihr dann einen Ehemann, dem er sie aber, noch immer
Harpalyke von blutschänderischer Gier entflammt, wieder wegnahm. Harpalyke mordete aus Rache den Sohn-Bruder und setzte ihn dem Vater vor. Die Götter verwandelten sie in einen Raubvogel.

Nach der Niederwerfung Thrakiens reiste Dionysos in sein geliebtes Boiotien. In Theben verleitete er die Frauen, sich seinen Lustbarkeiten auf dem Berge Kitharion anzuschließen. Pentheus, der König von Theben . . . nahm ihn, zusammen mit all seinen Mainaden, gefangen, verfiel aber dem Wahnsinn und fesselte anstelle des Dionysos einen Stier. Wieder entflohen die Mainaden und zogen tobend über den Berg, wo sie Kälber in Stücke rissen. Pentheus versuchte, ihrem Treiben Einhalt zu gebieten. Aber von Wein und religiöser Inbrunst berauscht, zerrissen sie auch ihn Glied um Glied. Seine eigene Mutter Agaue führte die Rasenden an. Sie war es, die ihrem Sohn eigenhändig den Kopf abriß.

Alkithoë, In Orchomenos weigerten sich die drei Töchter des Miyas, Alkithoë, Leukippe und
Leukippe und Arsippe — letztere auch Aristippe oder Arsinoë genannt —, an den Ausschweifungen teilzu-
Arsippe nehmen. Dionysos selbst, als Mädchen verkleidet, hatte sie dazu eingeladen. Darauf wechselte er seine Aufmachung und erschien nacheinander als Löwe, als Stier und als Panther. Die Mädchen wurden wahnsinnig. Leukippe bot ihren eigenen Sohn Hippasos als Opfer an. Die drei Schwestern rissen ihn in Stücke und verschlangen ihn. Dann zogen sie in wilder Lust über die Berge, bis endlich Hermes sie in Vögel verwandelte.

Der Mord an Hippasos wurde hernach in Orchomenos alljährlich bei einem Feste, das

Agriona (= „Aufforderung zur Wildheit") hieß, gesühnt. Die Regeln schreiben vor, daß eine Schar von weiblichen Adepten zunächst den Dionysos suchte und, wenn sie feststellte, daß er mit seinen Musen über alle Berge wäre, sich im Kreise zu Rätselspielen niederließ, bis der Priester des Dionysos aus seinem Tempel eilte und die, die er zuerst fing, mit einem Schwerte tötete.

Agaue, Mutter des Pentheus, ist hier die Mondgöttin. Sie stand den Orgien vor. Hippasos wird durch die drei Schwestern, Symbole der Nymphengestalt der Dreifaltigen Göttin, in Stücke gerissen ... Ähnlich wurde auch Poseidon als Fohlen von seinem Vater Kronos verzehrt, in einer früheren Fassung wahrscheinlich von seiner Mutter Rhea. Die Sage läßt darauf schließen, daß die alten Riten, bei denen Mainaden das jährliche Knabenopfer — Sabazios, Bromios, oder wie immer es genannt wurde — in Stücke rissen und roh verschlangen, durch die zivilisierteren Feste des Dionysos ersetzt wurden. Der Wandel wird durch die Opferung eines Fohlens anstelle eines Knaben gekennzeichnet. (14, Bd. 1, S. 92—93, 97)

Der Bruder des Königs Atreus von Mykene, Thyestes, ständiger Rivale seines Bruders und Geliebter der Ehefrau des Atreus, Aërope, zeugte mit ihr Pleistenes, der den gleichen Namen trug wie ein Sohn aus erster Ehe des Atreus mit Kleola. Atreus schickte Mörder aus, die den Pleisthenes II. töten sollten, aber versehentlich durch eines List des Thyestes den Sohn des Atreus (Pleisthenes I.) ermordeten. Aus Rache kam es dann zu einem grausamen Akt von Anthropophagie: *Atreus und Thyestes*

Atreus schickte nun einen Boten nach Mykene, um Thyestes mit dem Angebot der Verzeihung und der Hälfte seines Königreiches zurückzulocken. Sobald Thyestes angenommen hatte, erschlug Atreus Aglaos, Orchomenos und Kallileon, die drei Söhne des Thyestes von einer der Naiaden ..., dann tötete er den Säugling Pleisthenes II. und Tantalos III., seinen Zwillingsbruder. Er hackte ihnen ein Glied nach dem anderen ab und setzte ausgewählte Stücke ihres Fleisches, in einem Kessel gekocht, Thyestes bei seiner Rückkehr als Willkommensgruß vor. Als Thyestes sich satt gegessen hatte, sandte Atreus die blutigen Häupter, Füße und Hände auf einem anderen Teller ausgelegt zu ihm, um ihm zu zeigen, was er nun in seinem Magen hätte. Thyestes schreckte zurück, erbrach sich und sprach einen unentrinnbaren Fluch über den Samen des Atreus aus (Tzetzes, Chiliades I, 18 ff.; Apollodoros, Epitome II, 13; Hyginus, Fabeln 88, 246, 258; Scholiast zu Horaz' Dichtkunst; Aischylos, Agamemnon 1590 ff.).

Thyestes war nicht der letzte Heros, der sein leibliches Kind auf einem Teller vor sich aufgetischt fand. Das gleiche geschah einige Jahre später auch Klymenos, dem arkadischen Sohn des Schoinos, der von einer blutschänderischen Leidenschaft zu Harpalyke, seiner Tochter von Epikaste, erfaßt wurde. Nachdem er Harpalyke mißbraucht hatte, verheiratete er sie an Alastor, nahm sie ihm dann aber wieder weg. Um sich zu rächen, mordete Harpalyke den Sohn, den sie ihm gebar — er war auch ihr Bruder —, kochte den Leichnam und legte ihn Klymenos vor. Sie wurde in einen Raubvogel verwandelt; Klymenos erhängte sich. (14, Bd. 2, S. 44—45)

Anthropophagie wird auch in der Mythe von Tantalos, dem König von Paphlagonia, betrieben. Tantalos, dessen Abstammung umstritten ist, verriet die olympischen Geheimnisse des Zeus und stahl die göttliche Nahrung Nektar und Ambrosia, die er mit seinen sterblichen Freunden teilte. Tantalos hatte aber bereits vorher auf einem Bankett der Olympier auf dem Berge Sipylos *Tantalos*

Pelops seinen eigenen Sohn Pelops, den er mit der Pleiade Dione neben Niobe und Broteas gezeugt hatte, getötet und zerstückelt. Die Fleischstücke warf er in den Topf, in dem er das Mahl für die Götter zubereitet hatte. Keinem der Götter *Demeter* aber blieb die Schandtat verborgen außer der Demeter, die vom Fleisch der linken Schulter des Pelops aß, um sich dann voller Ekel abzuwenden. Als Strafe wurde sein Königreich Paphlagonia vernichtet. Nach des Tantalos Tötung durch Zeus wurde seine unsterbliche Seele zu ewigen Qualen in der Gesellschaft von Ixion, Sisyphos, Tityos und anderen Übeltätern verurteilt. Von Durst und Hunger fast aufgezehrt, hing er an den Ästen eines Obstbaumes über einem sumpfigen See, dessen Wasser bis zu seiner Hüfte reichte und manchmal bis zu seinem Kinn anstieg. Immer aber, wenn er trinken wollte, ging das Wasser zurück, und es verblieb nur der schwarze Schlamm unter seinen Füßen. Gelang es ihm, eine Handvoll Wasser zu schöpfen, so rann es durch seine Finger, noch ehe er es an die vertrockneten Lippen brachte. Der Obstbaum war reichlich mit Birnen, Äpfeln, süßen Feigen, Oliven und Granatäpfeln behangen. Wenn er danach griff, wurden sie durch den Wind außer Reichweite gebracht. Ein riesiger Stein über dem Baum drohte ständig den Schädel des Tantalos zu zerschmettern. *Lykaon* In jedem Fall war das Hauptgericht die gleiche Eingeweidesuppe, welche die kannibalistischen arkadischen Schafhirten ... dem Wölfischen Zeus bereiteten. Lykaon, ein Sohn des Pelasgos, hatte als erster Arkadien zivilisiert und die Anbetung des Zeus Lykaios eingeführt, den Gott aber mit der Opferung eines Knaben erzürnt. Zur Strafe verwandelte Zeus ihn in einen Wolf und zerstörte sein Haus mit einem Blitz. Lykaons (unfromme) Söhne waren zweiundzwanzig an der Zahl; andere meinen sogar fünfzig. Auf die Nachrichten von den Untaten dieser Söhne machte Zeus sich selber auf und besuchte sie, als armer Reisender verkleidet. Sie waren so unverschämt, ihm eine Suppe aus den Eingeweiden ihres Bruders Nyktimos und denen von Schafen und Ziegen vorzusetzen. Zeus ließ sich nicht täuschen und stieß den Tisch, auf dem sie ihm dieses ekelerregende Mahl servierten, um. Der Ort wurde nachher als Trapezos bekannt. Mit Ausnahme des Nyktimos, den er wieder zum Leben erweckte, verwandelte Zeus alle Söhne Lykaons in Wölfe.

Jedoch ist die Verzehrung des Pelops nicht in direkter Weise mit dem Wolfskult verbunden ... Diese alte Sage störte die späteren Mythographen. Nicht zufrieden damit, Demeter von der Schuld zu befreien, absichtlich Menschenfleisch gegessen zu haben, und empört ableugnend, daß die Götter das ihnen Vorgesetzte bis zum letzten Bissen aßen, erfanden sie eine rationalistische Erklärung für diese Mythe. Sie schrieben, daß Tantalos ein Priester war, der die Geheimnisse des Zeus Nichteingeweihten verriet. Worauf die Götter in seiner Priesterwürden entkleideten und seinen Sohn mit einer abscheuerregenden Krankheit bestraften; doch die Ärzte operierten an ihm herum und setzten ihm neue Knochen ein, die Narben hinterließen, so daß es aussah, als ob er in Stücke gehackt und wieder zusammengeflickt worden war (Tzetzes, Über Lykophron, 152). (14, Bd. 1, S. 122–23; Bd. 2, S. 22–23, 27–28)

Nach der Ansicht von Ranke-Graves wurde das anthropophage Fest von Tantalos zu Ehren des Zeus veranstaltet und „mit der jährlichen Opferung des kindlichen Interrex und mit Kronos' Ausspeien der Kinder, die ihm Rhea geboren hatte, verwechselt." Wir sind der Auffassung, daß die Mythe in der

Tat über rituelle Kinderopfer aus prähellenischer Zeit berichtet. Die Anthropophagie war unter den Urbewohnern Arkadiens nicht unbekannt. Schon Aristoteles hat in der Antike die Frage nach den Ursachen der Anthropophagie mit der „tierischen Wildheit" des Menschen beantwortet. Er meinte damit „Krankhaftigkeit, gleich dem Gelüst der Schwangeren nach Kohlen, Erde und dergleichen." Der Verfasser der „Naturgeschichte", Plinius der Ältere, diagnostizierte religiösen „Wahn" als Ursache, und noch heute herrscht weitgehend die Vermutung, mit dem Menschenverzehr sei ein „kultisches" Bedürfnis gestillt worden.

Die Frage nach dem letzten Grund für das der Zivilisation so fremde wie befremdende Phänomen der Mitmenschenverspeisung ist dann mit dem Beginn der Welterkundung durch die europäischen Entdecker immer häufiger gestellt und oft genug auch beantwortet worden, meistens allzu bündig. Einmal war es der Hunger, dann, ohne nähere Präzision, „Aberglaube"; pathologische Zustände sollen Geburtshelfer der Sitte und Unsitte gewesen sein, und manche Erklärungsversuche verstiegen sich bis zu der abstrusen Vermutung, es könne Erblichkeit im Spiel sein... Man vermengte Ursprung und Sinn, Entstehungsgründe und Motivationen wurden bunt durcheinandergeworfen, was sie in der Wirklichkeit schon genug waren.

Lange hat man, aus der Sicht der „gesunden" Zivilisation, das Menschenessen schlechthin als eine Entwicklungsstörung der Naturvölker betrachten wollen, die sich mit ihrer Sittigung von selbst geben werde. Andere sprachen von einer ursprünglichen Anlage des Menschen; wieder andere meinten, das Auftreten des Kannibalismus sei rein umweltbedingt gewesen. (47, S. 111–112, gekürzt)

Wir dürfen mit Sicherheit annehmen, daß die Ursache des Menschenverzehrs in animistischen Vorstellungen im Sinne der uralten Lehre von den Entsprechungen zu suchen ist. Die Sympathielehre, daß Gleiches mit Gleichem zu erzielen ist, hat bekanntlich auch in der Heilkunde seit der Antike eine große Rolle gespielt, und, wie wir sahen, auch bei der Austreibung von Dämonen aus dem Besessenen. Nach alten Rezepten stärkte der „Spiritus", der aus dem Gehirn eines Menschen gezogen wurde, das Gehirn dessen, der ihn einnahm. Öl von Menschenhänden diente zur Behandlung der Gicht an den Händen und Öl von den Füßen zur Behandlung der Gicht an den Füßen. Wir können solche Verordnungen noch in Rezeptsammlungen des 16. und 17. Jahrhunderts nachlesen. Spiel äußert sich auch hierzu (S. 115–116):

8.9.3.2
Anthropophagie unter dem Aspekt der Sympathielehre und der okkulten Medizin

„Humanmedizin" als Mittel gegen Schwächezustände und Krankheiten stand nicht nur im fernen Asien, sondern auch in unseren Breiten vorzeiten in hohem Ansehen. Besonders das menschliche Blut, mit dem man schon im Alten Ägypten (die Therapie verordnete Bäder in Blut) den Aussatz oder anderwärts die Epilepsie zu kurieren hoffte, galt als heilkräftig und wundertätig. Bei der öffentlichen Hinrichtung einer Kindsmörderin in Pommern drängte das schaulustige Publikum herbei, um in einem Lappen einen Tropfen Blut der Exekutierten aufzufangen und nach Hause zu tragen. Solche blutgetränkten Lappen wurden dann von Bäckern in den Brotteig und von Brauern ins Bier getaucht, um ihre Ware der Kundschaft besonders begehrenswert zu machen. Noch in den siebziger Jahren des vergangenen Jahrhunderts kam es in Norddeutschland zu Grabschändungen, veranlaßt von derartigen Vorstellungen; die Täter entnahmen den Leichen Fleischstücke oder Blut, um damit Kranke zu kräftigen. Auch galten die Herzen ungeborener Kinder als probate Mittel gegen Räuber und Diebe und wurden in diesem Glauben sogleich nach dem Abortus roh verzehrt...

Wir finden hier einen Volksaberglauben wieder, der in einer ritualisierten Form als religiös-magische Vorstellung bei den Spermagnostikern, später im Mittelalter bei den Neognostikern und schließlich in den Schwarzen Messen der Neuzeit gebräuchlich war. Allerdings waren die ursprünglichen Motivationen zur Durchführung der Anthropophagie Neugeborener innerhalb eines dieser magisch-religiösen Rituale andere als die im Volksaberglauben. Sie besaßen aber den gleichen Ursprung. Wir haben ausführlich hierzu bereits im Buch „Licht und Finsternis" Stellung genommen.

Ein gewisser moralischer Universalismus, der seit dem Beginn der Entdeckungsgeschichte sittliche Maßstäbe aus Europa exportierte, hinging und alle Völker lehrte, hat die „Zwänge", mit dem anthropophage Kollektive die Menscheneßsitte aufrechterhielten, weitgehend übersehen. An einem wohlbekannten Beispiel läßt sich leicht darlegen, wie zähe sich die ärgsten Gräuel hielten, wenn sie vom Kollektiv praktiziert oder auch hingenommen wurden, zumal bei Beteiligung „religiöser" Vorstellungen. Der gegen Ende des 15. Jahrhunderts in Europa um sich greifende Hexenwahn — der Bestialitäten mit sich brachte, die es mit Exzessen der „Wilden" mühelos aufnehmen — behauptete sich jahrhundertelang . . . (47, S. 118).

Spiel faßt das Ergebnis seiner Untersuchungen wie folgt zusammen:

Die Sitte, Menschen zu opfern, faktisch oder sublimiert, ist ein gemeinsames Erbe der Menschheit — von Nordamerika bis zur fernsten Südsee, aus frühen Ackerbaukulturen wie hochentwickelten Zivilisationen, im primitiven Fetischglauben nicht anders als in ihrer erhabensten, spirituellsten Form, der christlichen Religion. „Solche Beispiele von Menschenopferungen", schreibt G. C. Vaillant (in seinem 1944 erschienen Buch „The Aztecs of Mexico"), „kehren in den Religionssystemen der Welt immer wieder, und wir bewahren in unserer eigenen Kultur den Gedanken des Opfertodes, freiwillig oder unfreiwillig erlitten, als einen Akt der Hochherzigkeit. Ja, das erhabene Beispiel des Erlösers versetzt diesen Gedanken von der Aufopferung zum Wohl der Menschheit auf die höchste geistige Ebene."

Bei zahlreichen Menschenopferungen war die Annahme beteiligt, die Gottheiten verzehrten wenigstens zum Teil die Dargebrachten. Die Priester der Azteken offerierten das herausgerissene Menschenherz ihrem Gott. Das Kostbarste war Götterspeise, im Verzehr des Minderen einte sich das Volk in einer bescheidenen Kommunion den Himmlischen. Götter aßen Menschen. (47, S. 130)

8.9.3.3
Anthropophagie
als Sühneopfer

Wilhelm Wundt schreibt zur sakralen Anthropophagie in seiner „Völkerpsychologie" im vierten Kapitel über die „Seelenvorstellungen" im Abschnitt „Der Ursprung des Sühnopfers. Kannibalismus und Menschenopfer" (18, S. 334—337, hier gekürzt):

Der Mensch, der mit dem Fleisch eines andern oder eines Tieres dessen Kräfte zu gewinnen glaubt, will nun im Opfer den Dämon oder Gott dadurch versöhnen oder für seine Wünsche gewinnen, daß er ihn am Genuß teilnehmen läßt. Darum vereinigt das blutige Opfer ursprünglich stets beide Seiten: die Darbringung des Opfertiers oder des geopferten Menschen als Speise für den Gott und den Genuß des Opferfleisches von seiten des Opfernden . . .

Wenn jenes dem Opferkultus selbst schon vorausgehende Motiv der Aneignung fremder geistiger Kräfte die Tatsache begreifen läßt, daß wahrscheinlich nirgends den primitivsten Stufen der Kultur der Kannibalismus gefehlt hat, so macht es nun aber auf der andern Seite dieser enge Zusammenhang des Sühneopfers mit den Göttern dargebotenem Mahle wahrscheinlich, daß erst die Rückwirkung, die das Sühneopfer wieder auf den Opferkultus ausübte, dem blutigen Opfer jenen Vorzug verschaffte, den wir es in der Frühzeit aller Kulturvölker gewinnen sehen. Im Zauber- wie im Totenopfer können Pflanzen, Früchte und andere Gegenstände, namentlich jedoch äußere als Seelenträger geltende Körperteile, wie Haare, Nägel, Zähne, neben Tieren und Menschen als Opferobjekte dienen. Im Sühnopfer gelten aber vor allem Blut, Fett, Nieren und Fleisch, die unmittelbar dem Lebenden entnommen sind, als das Gott wohlgefälligste Opfer. Erst eine spätere Stufe, auf der die Opferidee bereits wieder eine bedeutsame Wandlung durchgemacht hat, stellt dann mehr und mehr die Produkte menschlicher Kultur, die Feldfrucht und das aus ihr bereitete Mehl und Brot, neben das blutige Opfer, wobei aber dieses als das ältere noch lange seinen Vorrang behauptet. Gerade als ein Erzeugnis und teilweise freilich auch als eine Entartung des blutigen Opfers erscheint so der Kannibalismus immerhin in einem etwas anderen Lichte, als wenn man ihn, wie es oft geschah, als eine bloße Äußerung des rohesten Nahrungs- oder eines haßerfüllten Vernichtungstriebes beurteilt. Im Menschenopfer entspringt auch er aus den tiefsten Regungen der menschlichen Seele, die sich in ihm in ihrer stärksten und freilich auch rohesten Form äußern: aus dem Trieb, sich die Eigenschaften anzueignen, die der Mensch auf das höchste schätzt, und aus dem Wunsch, die Götter zu versöhnen, indem er sie an dem Genuß dieser besten Güter teilnehmen läßt. So ist die äußerste Form des Sühnopfers das Menschenopfer. Darum ist nun aber auch schon der Tierkultus, so wenig auch bei seiner Entstehung natürlich diese Absicht obgewaltet hat, in seiner Wirkung auf das Opfer unwillkürlich zu einem Mittel geworden, das den Menschen von der furchtbaren Last, die ihm der Opferkultus auferlegte, erlöst hat. Klingt doch eine Erinnerung an die Ablösung noch in der israelitischen Legende von Isaaks Opferung (1. Mos. 22, 1–18). Dennoch hat sich in einer Form das Menschenopfer selbst bei den Kulturvölkern der Alten Welt noch in eine spätere Zeit gerettet: in dem freiwilligen Opfertod, den der einzelne für die Verfehlungen auf sich nimmt, deren sich die Gemeinschaft schuldig gemacht hat ... Das ist im Keim bereits dieselbe Idee, als deren erhabenste Verkörperung uns das Bild des Menschensohnes gilt, der die Sünden der Welt auf sich nimmt. Nur das Sühnopfer ist dieser höchsten religiösen Steigerung fähig; aber es setzt selbst die primitiven Opferformen voraus. Aus ihnen konnte es nur unter dem Hinzutritt der mythologischen Motive hervorgehen, die überall erst jener unter der Einwirkung des Naturmythos stehenden Entwicklung eigen sind, der auch die Tabuvorstellungen als die nächsten psychologischen Grundlagen des Sühnopfers angehören.

Bei der Frage nach jenen Motiven, die bei den Menschen zum Opferritus führten, bei dem die Anthropophagie eine wesentliche Rolle spielte, kommt Wundt zu drei Hauptgründen: das Zaubermotiv, „das allen ursprünglichen Beschwörungs- sowie den später sogenannten Bitt- und Dankopfern zugrunde liegt"; das Motiv der Dämonenfurcht, „das, in dem Totenkultus (Nekromantie) wurzelnd, offenbar früh schon einem mannigfachen Bedeutungswandel unterworfen war", und das Sühnemotiv, „das in den entwickelteren Religionen das wirksamste geworden ist." Selbstverständlich gab und gibt es unter den drei Motiven enge Zusammenhänge und Wechselwirkungen:

Die drei Formen des Opferkultes, die jenen Motiven hauptsächlich entsprechen, (sind) das Beschwörungsopfer, das Totenopfer und das Schuldopfer, zugleich typische Beispiele eines Bedeutungswandels, bei dem die späteren Motive bereits keimartig in den vorangegangenen schlummern, und bei dem daher Verbindungen und Verschiebungen der Vorstellungen oft ohne deutlich sichtbare Grenze ineinander übergehen. Namentlich schließen so die späteren Opfermotive immer zugleich die ursprünglichen, vor allem das primäre unter ihnen, das

Zur Motivation des Menschenopfers

Zaubermotiv, in sich. Auch das Bitt- und das Dankopfer suchen durch irgendeinen dem Opfer innewohnenden Zauberzwang die Erfüllung der Bitte oder die Gunst der glück- und unglückbringenden Mächte für die Zukunft zu sichern. Das Sühnopfer will gleichzeitig durch Gegenzauber eine Tat ungeschehen machen und durch direkten Zauber den Zorn der strafenden Mächte in Erbarmen und Huld umwandeln. Darum führen alle Opferbräuche im letzten Grunde auf Zaubervorstellungen zurück, die sich dann aber mit andern, dem wirklichen Leben entnommenen praktischen Motiven verbinden und durch diese schließlich in den Hintergrund gedrängt werden, wenn sie auch kaum jemals ganz verschwinden. Das verhindert schon die das menschliche Maß übersteigende Macht der Dämonen und Götter, die, wie sie selbst zauberhaft, auch nur durch Zauber gewonnen werden kann.
(18, S. 341—342, gekürzt)

Beenden wir das Kapitel über die Anthropophagie mit den Worten von Spiel (47, S. 134):

Die Kommunion, in der Menschen sich mit Göttern zum Menschenmahl vereinigen, wird zum mystischen Einswerden, wenn der Mensch den Gott selbst ißt. Wieder spielt ein anderer Mensch, diesmal nicht als Essender, sondern zu seinem Ungemach als Gegessener den Mittler — der Gott wird stellvertretend verzehrt. Nach der Überzeugung des Essenden aber verleibt er sich nicht einen Mitmenschen ein, begeht er keinen kannibalischen, sondern einen gottverzehrenden Akt...

Menschen aßen auch Kinder als Götter. Priester der Azteken opferten Kinder und kneteten ihr Blut mit einem Mais-Teig zu einem Ebenbild des Gottes Huitzilopochtli. Diesem eßbaren Idol wurde das Herz herausgeschnitten und dem aztekischen König zum feierlichen Verzehr dargereicht, während die Vornehmen sich jeder mit einem Stückchen der Figur aus Kinderblutteig begnügen mußten.

Wir erkennen hier wiederum starke Parallelen zu den Opferriten der mediterranen Spermagnostiker, wie wir sie in „Licht und Finsternis" beschrieben haben (4. 3. 1. 6. 7). Auch gewisse Kinderopfer im indischen Tantrismus dürften die gleichen ideengeschichtlichen Ursachen besitzen. Der christliche Kirchenvater Epiphanius kann bei seiner Schilderung eines Rituals der Barbelo-Gnostiker nicht von den ihm völlig unbekannten Aztekenkulten einer fernen und damals unbekannten Welt inspiriert worden sein, sondern muß erfahrene oder gar selbst erlebte Geschehnisse berichtet haben.

8.10

Die Vorläufer des Teufels im antiken Mythos

Kehren wir nach dieser Betrachtung des Problems der Anthropophagie in der menschlichen Kulturentwicklung zu den weiblichen und männlichen Sternkulten zurück, wie sie uns in unserem Zusammenhang interessieren.

Wir haben uns in den vorangegangenen Kapiteln zunächst mit mythischen Gestalten befaßt, die meist als böse Dämonen, gewissermaßen als Prototypen des Teufels, in den jüdischen und christlichen heiligen Schriften vorzufinden sind. In der griechischen und ägyptischen Mythologie begegnete uns der vielseitige Pan. Wir versuchten, die Ursprünge des Eosphoros-Luzifer und seine Verbindungen zum vom Himmel gefallenen Phaëthon abzuklären. Die Zusammenhänge zwischen den Mond- und Venuskulten und dem späteren „teuflischen Treiben", die unterschiedlichen Aspekte und Bedeutungen auf ihrem Wege „zur linken Hand" wurden aufgezeigt.

Wir wollen nun unsere Betrachtung mit einer Gruppe mythologischer Figuren fortsetzen, die uns aus der „heidnischen" Antike als Götter, Halbgötter, Dämonen und Ungeheuer überliefert sind. Ihre äußeren Gestalten und ihre Charakteristika haben ebenfalls als Vorläufer der teuflischen Gestalten des Mittelalters zu gelten und ihre Erscheinungen bis in unsere Zeit geprägt.

8.10.1

Die sumerisch-semitischen Götter

In den ältesten für uns historisch faßbaren Hochkulturen von Sumer und Akkad, die ihre Nachfolgekulturen von Babylon und Assyrien beeinflußten, gab es eine dreigeteilte Welt mit einer Göttertriade.

Sumer und Akkad

Diese Trinität, welche sich im Christentum dann auf Gottvater, Sohn und Heiligen Geist bezog, finden wir in zahlreichen archaischen Religionen. Anu, der Herr des Himmels, Ea (Enki), der Herr des Meeres, zugleich Gott der Weisheit und der König dieser Götterfamilie, sowie der Erd- und Luftgott Enlil hatten ihre Entsprechungen in vielen anderen Triaden. Ea, die Personifikation des Wissens, war der Vater des Bel (Ba'al), des „Herrn". Eine spätere Triade stellte den Mondgott Sin, den Sonnengott Shamash und den Sturmgott Adad dar. Letzterer war der Sohn des „Höchsten", des Anu. In der Stadt Larsa hieß der Sonnengott Utu und in Ur der Mondgott Nana(r). In Kutha schließlich herrschte der Unterwelts- und Kriegsgott Nergal. Neben den Göttern trat eine Unzahl von Dämonen — meist in Tiergestalt oder teils Mensch, teils Tier oder in Mischformen — auf.

Die göttliche Trinität

Bei den akkadischen Semiten kam es zu einer Verschmelzung semitischer und sumerischer Überlieferungen. Mit dem Basler Altphilologen Bernhard Wyss wollen wir unter dem Begriff „Semiten" alle Völker verstehen, welche die semitische Sprache sprechen, also linguistische und nicht rassische Merkmale berücksichtigen.

Es ist nicht undenkbar, daß diese zu verschiedener Zeit in die Geschichte eintretenden Völker einander ursprünglich auch anthropologisch verwandt gewesen sind. In geschichtlicher Zeit sind sie aber dem Menschenschlag nach ebenso differenziert wie die Völker der indogermanischen Sprachfamilie. Deshalb ist es unzulässig, von einer „semitischen Rasse" zu sprechen. Ihre mit großer Wahrscheinlichkeit bestimmbare Heimat ist wohl die nordarabische Steppe. Die dortigen schwierigen Lebensbedingungen haben in großen zeitlichen Abständen immer neue Wellen semitischer Nomaden in das fruchtbare Zweistromland und an die palästinisch-syrische Küste ausbrechen lassen:
1. Seit dem 3. Jahrtausend die nach Nordbabylonien eingewanderten Akkader.
2. Um 2000 die Amoriter, die nach Kölestrien eindringen, Babylon gründen und Hauptträger der altbabylonischen Kultur sind; gleichzeitig mit ihnen gelangen wahrscheinlich die Phöniker und die Kanaanäer in ihre geschichtlichen Wohnsitze.
3. Vor 1200 die Aramäer, die es nur im neubabylonischen Chaldäerreich zu einer großen staatlichen Organisation bringen, die den ganzen Vorderen Orient aber dermaßen überfluten, daß ihr Dialekt darin schließlich zur allgemeinen Verkehrssprache wird; ihrer Gruppe sind auch die Israeliten zuzuzählen.

4. Im 7. Jh. n. u. Z. die Araber.

Eine semitische Sprache, die sich vom Babylonischen nur mundartlich unterscheidet, sprechen auch die Assyrer … Das Assyrische und das Babylonische werden unter dem Oberbegriff des Akkadischen zusammengefaßt. (8, Bd. 1, Sp. 203–204, gekürzt)

Semitische
Gottheiten
Ischtar/Astarte

Die Götter der Semiten wurden männlich „il“ und weiblich „ilât“ genannt. Für ilât benutzte man auch das Wort athar, im Babylonischen „is(ch)tar“, im Kanaanäisch „aschtar“, „aschtart“ und im Aramäischen „attar“. Etymologisch ist der Name nicht aufgeklärt. Es besteht aber eine besondere Beziehung zur Fruchtbarkeit und zur (sexuellen) Zeugung. Ilât — bei Herodot (I, 131) Αλιττα, bei den Arabern zu Allât kontrahiert — wurde bei den Phönikern zur Astarte. Das Geschlecht der Gottheit hat in den religiösen Vorstellungen der semitischen Wüstenstämme gegenüber dem homogenen Wesen der göttlichen Macht nur eine untergeordnete Bedeutung. So wurde Athar in Südarabien ein männlicher Gott, während umgekehrt die Sonne S(c)hamas(ch) oder Schams bei den Nordsemiten fast überall männlich, in Arabien dagegen weiblich aufgefaßt wird.

Der amerikanische Semitologe William Foxwell Albright berichtet in seinem Buch „Die Religionen Israels“ (49) über die semitisch-kanaanäische Götterwelt:

Die
kanaanäische
Götterwelt

Der kanaanäische Gattungsbegriff für „Gott“ war ursprünglich ilum, woraus später el wurde. Das ist ziemlich sicher eine Adjektivbildung des Stammes ’wl, der „stark, mächtig“ bedeutet. Die Götter wurden entweder ’elîm genannt oder benê ’el, wörtlich „die Söhne Gottes“ im Sinne von „Glieder der ’el-Gruppe“, also Götter. (Vgl. 2. 1. 4. 1) Das ist eine weithin bezeugte semitische Art und Weise, die Zugehörigkeit zu einer Klasse oder Zunft auszudrücken. Der ’el im spezifischen Sinne war das Haupt der Götterwelt, El. Sein Name bedeutet ursprünglich präzis „der Gott“, so wie im Hebräischen „der Priester“ der Hohepriester bedeutet. El war im allgemeinen eine mehr schattenhafte Gestalt in weiter Ferne, wie der sumerisch-akkadische Himmelsgott Anu oder der ägyptische Rê, der Sonnengott, aber wie jene stieg El bisweilen von seiner Höhe nieder und wurde der Held recht irdischer Mythen. Wir wissen nicht, was sein ursprünglicher Wirkungsbereich gewesen ist. Seine Funktionen waren vielleicht in vorgeschichtlicher Zeit nicht fest umschrieben … El hieß „Vater der Jahre“ und „Vater der Menschen“, er hieß auch „Vater Stier“, das heißt Erzeuger der Götter, unter stillschweigendem Vergleich mit einem Stiere inmitten einer Herde von Kühen und Kälbern. Wie der homerische Zeus war El „der Vater der Menschen und Götter“. Altgriechisch-phönikischer Göttermischung entsprechend, verwendet Philo den Namen Kronos für El um verschiedener ähnlicher Züge willen. Zum Beispiel wurden beide Götter von ihren Nachfolgern auf dem Götterthron gestürzt: von Zeus in Griechenland und von Baal in Kanaan … Nach Philo hatte El (Kronos) drei Frauen: Astarte, Asherah (Rhea) und Baaltis („meine Herrin“, die Göttin von Byblos), die alle drei seine Schwestern waren. Auch die ugaritischen Texte machen Asherah zur Gemahlin des El. Philo schildert El als furchtbaren blutigen Tyrannen … Zum Beispiel stürzte er seinen eigenen Vater Himmel (Uranos) und entmannte ihn, er erschlug seinen eigenen Lieblingssohn (wahrscheinlich Jadîd, „der Geliebte“) mit dessen eiserner Waffe, er schlug seiner Tochter den Kopf ab, er schlachtete seinen „einzig-erzeugten Sohn“ als Opfer für den Himmel (Uranos) … (S. 86–106, gekürzt)

Baal/Eschmun/
Melkart

Die Gestalt des großen Sturmgottes Baal, des Götterkönigs, überragt die kanaanäische und die daraus entstandene phönizische Götterwelt. Da das Wort ba’lu einfach „Herr“ bedeutet, so konnte es auf verschiedene Götter angewendet werden. Baal, der Sohn der Aschera-Baalat, verschmolz mit dem sidonischen Eschmun und dem tyrischen Melkart, wie auch mit dem noch zu erwähnenden Adon(is). Der ursprüngliche „Herr" im alten vorderasiatischen Pantheon war wohl (spätestens seit dem 15. Jh. v. u. Z.) der semitische Sturmgott Hadad (akkadisch Adad), doch er verlor seinen Platz zugunsten von Baal.

Baals Gattin war seine Schwester Anath, also auch ein Paar, das Inzucht trieb. Bei Philo ist sie die Tochter des El. Anath erscheint als Gattin Baals sowohl in Ugarit (15. Jh. v. u. Z.) als auch in Ägypten (13. Jh. v. u. Z.). In Samaria (9. Jh. v. u. Z.) scheint dagegen As(c)herah diesen Platz eingenommen zu haben. Baal gehört zu den interessantesten Gestalten der altorientalischen Mythologie. Er war nicht unsterblich, sondern starb jährlich einmal, um dann stets wieder aufzuerstehen. Dieses Gehen und Wiederkommen stand im engen Zusammenhang des Fruchtbarkeitszyklus, des Sterbens und Wiedergeborenwerdens der Natur. In seiner Abstraktion wurde er schließlich zu einem Idol von einem Gott, der für die Menschheit einen Opfertod erlitt. An den vorderasiatischen Mittelmeerküsten feierte man Baal als Baal-Schamim, den Herrn des Himmels, Baal-Libanon, den Herrn des Gebirges, Baal-Rosch, den Herrn der Vorgebirge und als Melkart, den Stadtgott von Tyros, der sich schließlich zu einem Sonnengott entwickelte.

Anath/Ascherah als Mutter, Gattin und Schwester Baals

Baal war auch ein großer Liebhaber.

Der Aufenthaltsort des Baal dürfte ursprünglich das Gebirge gewesen sein, so wie auch die griechische Götterwelt das Gebirge (Olymp) bevorzugte. Die Bewohner von Biblos verehrten ihn auf den Hügeln des benachbarten Afka, die Sidonier auf den Höhen am Rande ihrer Stadt. Seine Mutter As(c)herah bevorzugte dagegen steinerne Häuser (Tempel) in den Siedlungen selbst. Wir kommen auf den Zusammenhang von Baal und Baalat und einer Steinsymbolik weiter unten zurück.

Albright stellt die kanaanäische Mythologie zwischen die mesopotamische, ägyptische, kleinasiatische und ägäische, während die kanaanäische Götterwelt an mesopotamische wie an homerische Vorstellungen erinnert.

Baal entspricht dem Ellil, Marduk oder Adad im Osten und dem Zeus im Westen. Die drei Göttinnen Astarte, Anath und Asherah entsprechen dem mesopotamischen Innini-Ishtar und der Aphrodite, Athene, Hera und anderen ägäischen Gestalten. Resheph (Herr der Unterwelt, des Krieges und der Pest) und Haurôn (Gott der Unterwelt, des Bodens und der Fruchtbarkeit) sind dem Ninurta und Nergal des Ostens, dem Apollon des Westens parallel. Shulmân (der Heilgott) entspricht dem Apollon oder in seiner späteren Gestalt Eshmûn dem Äskulap (Asklepios), Kôshar (Handwerker, Erfinder von Waffen, Werkzeugen und Gott der Künste) ist Hephaistos (Vulcan) ... Die kanaanäische Theogonie, namentlich in ihrer späteren, phönikischen Form, ähnelt der frühen griechischen Theogonie viel mehr als der babylonischen. Je mehr wir von der horitisch-hethitischen (anatolischen) Religion erfahren, desto mehr bemerken wir, daß sie mit der kanaanäischen Religion noch mehr gemeinsam hat als sowohl die ägäische wie die mesopotamische. (49, S. 106, gekürzt)

237

Die vieldeutige Ischtar und ihre Synonyme

Von den weiblichen Gottheiten des östlichen mediterranen Raumes drängte sich im Laufe der Zeit die vielschichtige Gestalt der Is(c)htar in den Vordergrund. Is(c)htar oder Aschtar findet sich als Apellativum im Buch Deuteronomium des Alten Testaments (7, 13; 26, 4) als eine wohl aus kultischen Segenssprüchen stammende Formel für den Wurf von Kleinvieh (Meyer). Ischtar ist ursprünglich vielleicht die Bezeichnung für eine gebärende Göttin. Nach dem Seßhaftwerden der Nomadenstämme wurden auch die Götter seßhaft. Die Gottheit wurde zum „Inhaber" ihrer Wohnung, was im südsemitischen durch den Namen dhu (männlich) und dhât (weiblich), im nordsemitischen Baal (männlich) und Baalat (weiblich) ausgedrückt wurde. Der Wohnort, z. B. Saraj, Libanon, Tyros, Byblos usw., wurde hinzugefügt.

Ihr Ursprung

Die sumerische Götterhierarchie mit dem Erd- und Luftgott Enlil von Nippur ändert sich unter den Amoritern in Babylon. Der Weltengott Marduk nimmt die Stelle Enlils ein; er besiegt Tiamat, die Göttin des Urmeeres. Daraufhin unterstellen sich die übrigen Götter dem Marduk. Marduk wurde schließlich von dem Sonnengott Schamasch verdrängt. An die zweite Stelle trat die vom männlichen zum weiblichen Mondgott gewandelte Ischtar im babylonischen Pantheon. Unter Hammurabi (1728–1686 v. u. Z.) begann die Aufzeichnung der überlieferten Mythen. Es entstanden gewaltige Kosmogonien, das Gilgamesch-Epos und die Unterweltfahrt Ischtars, die uns bis heute überliefert worden sind. Im neubabylonischen Reich der Chaldäer, das etwa von 625 bis 539 v. u. Z. existierte, wurde der babylonische Stadtgott Marduk zum Universalgott des Reiches. Seit jener Zeit können wir eine Hinwendung zu einer monotheistischen Weltauffassung beobachten, in deren Pantheon stets ein oberster Gott zu finden ist. Im jüdischen und von ihm abhängigen christlichen Monotheismus findet diese Tendenz ihren absoluten Höhepunkt. Die Nebengötter werden zu Dämonen.

Das ursprüngliche Bild der „Großen Mutter", die nahezu überall auf der Erde zu den ältesten und wichtigsten archaischen Gottheiten gehörte, verschmolz im östlichen Mittelmeerraum mit anderen, meist als Stadtgöttinnen imponierenden weiblichen Wesenheiten. Wir betonten eingangs, daß die frühen Gottheiten nahe Bezüge zu den Gestirnen besaßen. Die weiblichen Götter zählten den Mond und die Venus schon sehr früh zu ihren Sternsymbolen. Luna und Venus wurden in der Mythologie bald verwechselt, bald mit anderen weiblichen Gottheiten gleicher Eigenschaften vertauscht oder verschmolzen. Ihre Attribute waren vorwiegend Sinneslust, Geschlechtlichkeit und Fruchtbarkeit. Die später immer mehr auf die Liebe spezialisierten Damen unter der Götterwelt begannen neben ihrer Ehe mit dem Göttervater Liebesverhältnisse mit männlichen Kollegen im Pantheon, aber auch mit Halbgöttern oder gar Menschen einzugehen. Ihre Liebespartner waren meist auch keine erotischen Abstinenzler. Mit ihnen geht häufig ein Phallos-Kult einher, der die Eigen-

schaften der angebeteten Gottheiten im (sexual-magischen) Kult nachvoll-
zieht, um so mit den Göttern eins zu werden oder sich wenigstens mit ihnen
identifizieren zu können. Die Liebesverhältnisse der einzelnen Liebesdamen
sind bald nicht mehr voneinander zu trennen. Es kommt zu einer heillosen
Verwirrung, die man dadurch zu beseitigen versucht, daß man die einzelnen
lokalen Kulte verschmilzt, so daß überregionale Kulte entstehen.

Die Göttin der Liebe (und der Fruchtbarkeit) besitzt in der Folgezeit unter
verschiedenen Synonymen fast überall in der Alten Welt die gleiche Funktion
und Bedeutung. Schon Herodot setzt die Göttinnen der Liebe Venus-Aphrodite-
Ischtar-Mylitta mit der arabischen Allât (oder Al-ilât = „die Göttin") gleich,
deren Heiligtum in Palmyra stand.

In der Astronomie hatten die Babylonier große Fortschritte gemacht. Ihre
Messungen und Berechnungen der Gestirne und die entdeckten Gesetzmäßig-
keiten in den Gestirnsbewegungen gaben jetzt ihrer Religion einen ausgeprägten
Aspekt des astralen Schicksalsglaubens.

Schon sehr früh verschmolz die sumerische Mondgöttin Nana(i) oder Inanna Verschmel-
von Uruk, die sich im Geschlechtswandel aus dem männlichen Gott Nan(n)a(r) zungen in
herausgebildet hatte, mit der ursprünglich akkadischen Stadtgöttin Ischtar. Sie Kleinasien von
galt als die Göttin der Fruchtbarkeit und der wohl von Anfang an damit ver- Nana/Inanna/
bundenen geschlechtlichen Liebe. Sehr früh wurde Ischtar auch mit dem Ischtar
Planeten Venus in Verbindung gebracht. Damit vollzog sich ihre Wandlung aus
dem androgynen Mondgott zum androgynen Planeten-Gott Venus. Bereits vor
viertausend Jahren vereinigten die Sumerer die jungfräuliche Morgengöttin mit
der mütterlichen, liebenden und gebärenden Abendgöttin.

Inanna (Innin[a] oder Nini) erscheint in frühen religiösen Hymnen und Gebeten der Sumerer. In einer Reihe von 10 Herrschern in der Zeit von 2500 bis
2350 v. u. Z. erscheint als dritter Eannatum, der mit der Eroberung von Ur die
dortige 1. Dynastie stürzt. Er will Inanna den Thron verdanken. Die sumerischen und akkadischen Fürstengeschlechter von Ur, Isin und Larsa beten sie an.
Der Fürst Gudea (um 2050) von Lagasch bezeichnet sie als „Herrin der Schlachten". Ihr Name Innin bedeutet „Himmelsherrin", und Tammuz galt als ihr
Sohn.

Der sumerische Dumuzi, der „rechte" oder „wahre Sohn", heißt im Hebräi- Tammuz, Sohn
schen Tammuz. Als Hirte und Fischer ist er der „Herr der Viehherden" oder der und Geliebter
„Hirtenwohnung". Gleichzeitig ist er aber auch der Geliebte der „Großen
Göttin" Inanna-Innin, der als ihr „Oberpriester" zum Neujahrsfest mit ihr
Hochzeit feiert. Wir werden uns mit ihm noch näher zu befassen haben.

Als Abendgöttin ist die „Große Mutter" Innin von Uruk gleichzeitig die Aschtart/Anata/
„Mutter des Herrn" (Tammuz). In Kanaan ist die Große Mutter (Magna Mater) Baalat/Aschirat/
die Hauptgöttin, die meistens den Namen Aschtart trägt. In Byblos heißt sie Aschtarot
Baalat, an anderen Orten Anata (Anuth), in der Tell-Amarna-Epoche Aschirat

und im Alten Testament meist im Plural Aschtarot. Sie ist identisch mit der Ischtar Babylons und Assyriens.

Über Ischtar und ihre Synonyme hat Albright eine interessante Übersicht gegeben, die wir im Auszug wiedergeben:

Die drei Göttinnen Astarte (Ashtaroth), Anath und Asherah stehen in den verwickeltsten Beziehungen zueinander. In der hebräischen Bibel scheinen die Göttinnen Ashtaroth und Asherah wiederholt miteinander vertauscht zu werden, beide werden mit Baal zusammen erwähnt. In Ägypten werden zu gleicher Zeit Anath und Astarte zu einer Göttin 'Antart verschmolzen, während im späteren Syrien ihr Kult durch den einer zusammengesetzten Gottheit 'Anat-'Ashtart, aramäisch 'Attar'atta (Atargatis), verdrängt wurde. Astarte war Göttin des Abendsterns, und ursprünglich muß sie mit einer männlichen Gestalt 'Ashtar, dem Gott des Morgensterns, identisch gewesen sein, der von Süd-Arabien, Moab, Ugarit und aus dem römischen Syrien belegt ist. Der ursprüngliche Charakter der Anath ist noch dunkel, und Asherah war anfänglich Meeresgöttin. Alle Gottheiten hatten aber hauptsächlich mit Krieg und Geschlechtsleben zu tun. Das Geschlechtsleben war ihr vornehmlichster Bereich. In einem ägyptischen Texte des 13. Jahrhunderts v. Chr. heißen Anath und Astarte „die großen Göttinnen, die immerzu fruchtbar sind, ohne je ihre Jungfräulichkeit zu verlieren." Sie sind daher zugleich Muttergottheiten und göttliche Kurtisanen ...

Die andere Seite des Geschlechtslebens, die diese Göttinnen verkörpern, ist eher als sinnlich denn als mütterlich zu bezeichnen. Anath heißt gewöhnlich in den ugaritischen Mythen die „Jungfrau Anath". Das gebrauchte Wort batultu bedeutet auch im Hebräischen „Jungfrau". Philo von Byblos erwähnt die Jungfräulichkeit der Anath (Athena) und Astarte. Sakrale Prostitution war, wie es scheint, ein ganz unvermeidlicher Bestandteil des Kultes jeder phönikischen und syrischen Göttin, was auch ihr persönlicher Name war, wie wir aus vielen Hinweisen der klassischen Literatur erfahren, namentlich aus Herodot, Strabo und Lukian. Als geweihte Dirne hieß die Göttin für unsere Auffassung seltsam genug „die Heilige" oder wörtlich „die Heiligkeit der Astarte" usw. ... Als Beschützerin des Geschlechtslebens waren diese interessanten Damen auch Kriegsgöttinnen ...

Asherah heißt in der ugaritischen Literatur Athiratu-yammi. Da der Stamm '-th-r (hebräisch '-sh-r) im Ugaritischen und im biblischen Hebräischen „gehen" bedeutet und da der erste Teil die Vokale eines intransitiven Partizipiums hat, so müssen wir offenbar übersetzen „die auf dem Meere Wandelnde" oder vielleicht „die im Meere Wandelnde". Diese Benennung erinnert auffallend an die ähnliche Bezeichnung des modernen syrischen Schutzpatrons der See el-Khadhir (Khidr), der heutzutage khauwâd el-buhûr, „der im Meer Watende", heißt. Die abgekürzte Form Athir(a)tu wurde seit früher Zeit statt des vollen Namens gesetzt, wie in so vielen Fällen im alten Vorderen Orient. Wir finden den kürzeren Namen zuerst in der Form Ashratum in einer sumerischen Inschrift, die ein amoritischer Beamter um 1700 zu Ehren des Hammurabi gesetzt hat. Hier heißt sie „Braut des Anu" (des Himmelsgottes). In der ungefähr gleichzeitigen kanonischen Liste der babylonischen Götter heißt sie ebenfalls Braut des Anu; dieser war seiner Funktion nach dem kanaanäischen El nahe verwandt. Asherah wird in der ugaritischen Mythologie durchwegs als Weib des El betrachtet. Da die Kanaanäer den El mit dem unterirdischen Quell des süßen Wassers fern im Westen oder Norden nahe verbanden, so ist es kaum überraschend, daß seine Gattin vornehmlich eine Meeresgöttin ist. Asherah war im 15. Jahrhundert die Hauptgöttin von Tyros und trug den Beinamen Qudshu, „Heiligkeit". In der Bibel erscheint Asherah als Göttin an der Seite des Baal, dessen Gattin sie mindestens bei den südlichen Kanaanäern geworden zu sein scheint. Wie schon bemerkt, finden wir in der Bibel einen verwirrenden Wechsel vor zwischen den Göttinnen Asherah und Astarte. Die meisten biblischen Anführungen des Namens zeigen jedoch, daß er damals auf einen hölzernen Kultgegenstand bezogen wurde, den man verbrennen oder fällen konnte wie einen Baum und der auf erhöhtem Platze neben Weihrauchaltären und Steinpfeilern aufgestellt wurde. In der amtlichen Bibelübersetzung wird das Wort asherah gewöhnlich mit Hain wiedergegeben nach dem Vorgang der griechischen und römischen Übersetzungen, die vermutlich auf alter Überlieferung beruhen. Was der Kultgegenstand genau war, können wir nicht sagen; am wahrscheinlichsten irgendein hölzernes Emblem, wofür wir gleichzeitige babylonische Beispiele haben. Die Verwandlung einer Meeresgöttin in einen „Hain" ist freilich so erstaunlich wie irgendeine Verwandlung, die man in der Religionsgeschichte kennt. (49, S. 89—94, gekürzt)

Wenden wir uns zunächst einigen interessanten Aspekten der Ischtar zu, wie sie uns in den schon erwähnten Mythen und Epen überliefert sind.

Ein wohl schon aus sumerischer Zeit stammendes babylonisches Epos „Die Niederfahrt der Ischtar" ist uns überliefert. In ihm beabsichtigt Ischtar, in die Unterwelt hinabzusteigen: *Ischtars Niederfahrt in die Unterwelt*

Nach der Behausung, die niemand verläßt, der sie betrat,
nach dem Wege, dessen Bahn sich nicht wieder wendet,
nach der Behausung, deren Bewohner des Lichts entbehren;
wo sie das Licht nicht schauen, in Finsternis wohnend.

Ischtar gelangt an das Tor von Kurnugea, das der Pforte des Hades entsprach. Zum Torhüter sprach Ischtar die Worte:

Pförtner, he, öffne dein Tor!
Öffne dein Tor, daß ich eintreten kann!
Öffnest du das Tor nicht, so daß ich nicht eintreten kann,
zerschlage ich die Tür, zerbreche ich den Riegel,
zerschlage die Pfosten, hebe die Türen aus,
führe ich die Toten hinauf, daß sie die Lebenden essen,
daß mehr als Lebendige der Toten gebe!

Der Torhüter erbittet sich von Ischtar eine Frist, um sie der Unterweltsherrscherin Ereschkigal zu melden. Ereschkigal kann sich Ischtars Wunsch nicht erklären, da sie doch sonst im hellen Licht lebe und hier Dunkelheit herrsche. In der Unterwelt müsse man Lehm essen und Schmutzwasser trinken, während jedem die Ohren vom Klagen und Weinen der trauernden Hinterbliebenen schmerzen und gellen. *Ereschkigal, die Unterweltsgöttin*

Als Erschekigal dieses vernahm,
ward ihr Antlitz gleich einer abgehauenen Tamariske;
gleich einem niedergeschlagenen Rohrbusch ward sie völlig niedergeschlagen:
„Wozu hat ihr Herz sie veranlaßt, wozu hat ihr Sinn sie getrieben?
Siehe, ich trinke Wasser mit den Unterweltsgeistern,
statt Speisen esse ich Lehm, statt Bier trinke ich schales Wasser.
Laß mich weinen über die Männer, die ihre Gattinnen verlassen mußten,
laß mich weinen über die Frauen, die aus ihres Gatten Armen gerissen wurden,
laß mich weinen über das schwache Kindlein, das vor seiner Zeit dahingerafft ward.

Geh, Pförtner, öffne dein Tor!
Behandle sie nach den alten Gesetzen!
Da ging der Pförtner und öffnete ihr das Tor.

Beim ersten Tor sprach der Pförtner · zu Ischtar: „Tritt ein, Herrin, die Unterwelt wird sich über dein Kommen freuen!" Damit band er ihr das Kopftuch ab, und Ischtar fragte verwundert: „Warum bindest du mir mein Kopftuch ab?" Sie erhielt aber nur zur Antwort: „Tritt ein, Herrin, denn also lautet das Gesetz der Herrscherin des Totenreiches!" Am zweiten Tor wurden Ischtar die Orgehänge abgenommen, am dritten der Halsschmuck, am vierten die Schmuckstücke an ihrer Brust, am fünften der Gürtel mit den magischen Steinen, die die Geburten erleichtern helfen, am sechsten die Spangen an ihren Armen und Füßen und am siebenten und letzten Tor schließlich ihr Lendentuch. Immer wieder fragte Ischtar den Pförtner, warum er dies tue, und an jedem Tor erhielt sie dieselbe Antwort. Es war nämlich ein Gebot, daß man das Reich der Toten nur nackt betreten dürfe, doch Ischtar wußte dies nicht.

Endlich stand Ischtar vor Ereschkigal, doch kaum hatte sie die ersten Worte gesprochen, da fuhr diese auf sie los und befahl Namtar, ihrem Boten, ihre göttliche Schwester einzuschließen und sie mit sechzig Qualen zu quälen: Krankheit der Augen, Lähmung an Händen und Füßen, Krankheit des Herzens, Kopfwunden usw., kurz: Qualen über den ganzen Leib. Ischtar war nun gefangen bei Ereschkigal in der Unterwelt. Inzwischen hatte Ischtars Verschwinden auf der Erde üble Folgen gehabt. Alle Fruchtbarkeit von Mensch, Tier und Pflanze und jede geschlechtliche Liebe war versiegt, als sie, die Göttin der Fruchtbarkeit und Liebe, nicht mehr anwesend war.

Nachdem nun Ischtar nach Karnugea hinabgestiegen,
bespringt der Stier nicht mehr die Kuh, beugt sich der Esel nicht mehr über die Eselin,
beugt sich der Mann nicht mehr über das Weib in der Gasse:
es schlief der Mann an seiner Stätte,
es schlief das Weib für sich allein.

Die trauernden Götter entsenden einen Boten in die Unterwelt

Die Götter waren über das Versiegen von Geburt und Wachstum sehr besorgt. Papsukal, der himmlische Bote, mit dem späteren Hermes identisch, wandelte in Trauergewändern umher. Er begab sich zu Nannar, dem Mondgott, und zu Ea, dem weisesten unter den Göttern. „Seit Ischtar in die Unterwelt hinabgestiegen ist, ist auf der Erde alles Leben erstarrt. Was soll geschehen?" Da erschuf Ea einen Spielmann namens Asuschu-Namir und befahl ihm, in die Unterwelt hinunterzusteigen und Ereschkigal durch sein magisch-musisches Spiel zu erheitern, bis sie den großen Göttern schwöre, ihm einen Krug mit dem Wasser des Lebens zu geben. In seinem Trauergewand stieg Asuschu-Namir hinab, spielte vor Ereschkigal und begehrte dann von ihr einen Krug Lebenswasser. Ereschkigal wurde sehr zornig und fuhr Asuschu-Namir an: „Du begehrst, was man nicht begehren darf. So sei verflucht! Was in den Gossen der Stadt ist, sei deine Speise; die Abwässer seien dein Trank! Dein Schlafplatz sei der Schatten der Stadtmauern, und du sollst auf den Schwellen der Häuser sitzen wie ein Bettler!"

Asuschu-Namir begab sich betrübt zu den Göttern zurück, ohne daß es ihm gelungen war, Ischtar zu befreien. Da entsandten die Götter den Tammuz, den Sohn-Geliebten der Ischtar, hinab zu Ereschkigal. Seine Weisen waren jedoch keineswegs erheiternd. Tammuz klagte um Ischtar, und sehnsuchtsvoll waren seine Weisen. Dies ergriff Ereschkigal. Sie sprach zu ihm: „Mein Bruder, laß ab von deinem Spiel, ehe dein Leid mein Herz sprengt. Was du wünscht, sei dir gewährt!" Jetzt ließ Ereschkigal Ischtar von Namtar herbeiholen und mit dem Wasser des Lebens besprengen. Sogleich flohen Tod und Siechtum von Ischtar. Nun wurde Ischtar mit Tammuz durch die sieben Tore zurückgeführt. An jedem Tor erhielt sie ihre Kleidung und den Schmuck ausgehändigt. Als sie aber mit Tammuz durch das siebente Tor trat, erblickte sie den Himmel und das Licht. Von nun an nahm alles Leben und Werden auf Erden wieder seinen geordneten Lauf. Ischtar war der Welt wiedergegeben. Liebe und Fruchtbarkeit kehrten zurück.

Bei dem großen göttlichen Liebespaar Ischtar—Tammuz war Tammuz die *Das Liebespaar Ischtar—Tammuz* Symbolgestalt des Getöteten und Wiederauferstandenen. Damit war er der männliche Part Ischtars für das Werden und Vergehen allen Lebens auf der Welt. Parallelen seiner Mythe mit der des ägyptischen Osiris, wie auch zur Orphik, sind nicht zu verkennen. Man hat daher den Ursprung der Osiris-Legende gelegentlich nach Osten verlegt. Es sei, wie es will, es gibt genügend und eindeutige Kriterien für eine Analogie der Mythen von Osiris, Tammuz und Adonis, also auch für ihren gemeinsamen Ursprung. Besonders interessant erscheint uns im Mythos von Ischtars Niederfahrt in die Unterwelt die sicherlich bedeutungsvolle Kulthandlung des Durchschreitens der sieben Tore bei gleichzeitigem Ablegen ihrer (sieben) Kleidungsstücke bis zur vollständigen Nacktheit. Dieser uralte, geheimnisvolle Ritus besitzt wiederum starke Parallelen zum Tanz der sieben Schleier, der uns ebenfalls in verschiedenen Versionen mythisch überliefert worden ist. Den mystisch-magischen Aspekt der „rituellen Nacktheit" hat uns Evola deutlich gemacht (8. 10. 5. 1).

Über die zahlreichen Liebschaften der Ischtar, die in dieser Hinsicht ihrer *Ischtar im Gilgamesch-Epos* griechischen Nachfolgerin Aphrodite in nichts nachstand, geht schon aus einer Stelle des berühmten Gilgamesch-Epos hervor, welches sich in einem Zyklus sumerischer Kurz-Epen um den frühgeschichtlichen König der Sumerer, Gilgamesch, gruppiert und um 2000 v. u. Z. entstanden ist. Es heißt hier, daß Ischtar ein Auge auf Gilgamesch geworfen habe. Sie versuchte ihn in ihren Tempel zu locken, um seine Geliebte zu werden und versprach ihm allerlei herrliche Dinge, so einen goldenen Wagen, von den Sturmwinden gezogen; Könige und Fürsten sollten seine Füße küssen; die Erträge des ganzen Landes sollten ihm gehören, und die Ziegen und Schafe seiner Herden sollten Zwillinge und Drillinge werfen. Ischtar konnte als Göttin der Fruchtbarkeit solche Versprechungen machen. Doch Gilgamesch wies die Liebesbeteuerungen und Versprechungen der Ischtar schroff ab:

O Herrin, behalte für dich deine Reichtümer!
Einer Hintertür gleichst du, die nicht zurückhält Wind und Sturm,
Einem Palaste, der die Helden zerschmettert . . .
Welchen deiner Gatten liebtest du ewig,
Welcher deiner Schäfer vermochte dich zu fesseln?
Wohlan, ich will aufzählen all deine Buhlen,
Will der Rechnung Summe ziehen!

Die früheren Geliebten der Ischtar und ihr Schicksal

Dem Tammuz, deinem Jugendgeliebten,
Hast du Jahr für Jahr zum Klagen bestimmt.
Den bunten Schäfer gewannst du lieb,
Du schlugst ihn, zerbrachst ihm die Flügel,
Nun steht er im Walde (als ein Vogel), ruft: kappi!
Du liebtest den Löwen, den kraftgewaltigen:
Sieben und abermals sieben grubst du ihm Fanggruben.
Du liebtest das Roß, das kampfesfrohe,
Peitsche, Sporn und Geißel bestimmtest du ihm,
Sieben Meilen zu jagen bestimmtest du ihm,
Aufgewühltes Wasser zu trinken bestimmtest du ihm,
Seiner Mutter Silili bestimmtest du Klagen.
Du liebtest den Hirten, den Hüter,
Der ständig dir Asche streute,
Täglich dir Zicklein schlachtete:
Du schlugst ihn, in einen Wolf verwandelst du ihn;
Es verjagen ihn seine eigenen Hirtenknaben,
Und seine Hunde zerbeißen ihm die Schenkel.
Du liebtest Ischullanu, den Gärtner deines Vaters,
Der ständig Sträuße dir brachte,
Täglich deinen Tisch schmückte;
Die Augen erhobst du zu ihm, ihn verlockend:
„O Ischullanu, deine Kraft wollen wir genießen!"

. . .

Ischullanu spricht zu dir:
„Was verlangst du von mir?
Hat meine Mutter nicht gebacken, habe ich nicht gegessen,
Daß ich Speisen essen sollte, die Böses und Fluch bringen?"
Du hörtest diese seine Rede:
Du schlugst ihn, verwandeltest ihn in eine Fledermaus . . .
Jetzt liebst du mich und wirst mich wie jene verwandeln.

Ischtar war wütend auf Gilgamesch für jene Antwort auf ihr Liebesbegehren. Sie stieg zum Himmel empor zu ihrem Vater Anu und zu ihrer Mutter Antum. Hier beklagte sie sich bitterlich über Gilgameschs Betragen. Doch Anu bewahrte seine Ruhe und erwiderte: „Du hast ihn wohl herausgefordert? Ihm deine Liebe angeboten? Stimmt das? Dann hast du es dir selbst zuzuschreiben, wenn er dir all deine Zauberkünste vorhielt!" Ischtar aber gab das Spiel nicht so schnell auf und drohte: „Vater, schaffe mir den Himmelsstier herbei, damit er Gilgamesch töte! Weigerst du dich, so werde ich die Türen der Unterwelt zertrümmern und die Toten heraufführen, daß sie die Lebenden fressen!" Schwer lastete die Drohung auf Anu. Wenn Ischtar in Zorn geriet, war sie fähig, für sieben Jahre eine Hungersnot herbeizurufen und alles Wachstum auf Erden verdorren zu lassen. Aber auch Ischtar war sich dessen wohlbewußt, daß sie vorsichtig sein mußte. Sie versprach, für hinreichend Getreide Sorge zu tragen und Gras für das Vieh bereitzuhalten, wenn der Vater ihr den Himmelsstier überließe.

Anu gab schließlich nach und überließ Ischtar den Stier. Sie nahm das gewaltige Tier und führte es an einer Kette auf die Erde hinunter nach Uruk. Dort verbreitete sein Erscheinen furchtbaren Schrecken unter der Bevölkerung, denn sogleich fielen sechshundert Männer seinem Schnauben zum Opfer. Dann stürzte er sich auf Enkidu. Der packte ihn bei den Hörner, aber der Stier schüttelte ihn ab. Da rief Enkidu Gilgamesch zu Hilfe, während er indessen den Stier am Schwanze festhielt. Gilgamesch schlug ihm den Kopf ab. Dann schnitten sie dem toten Stier das Herz aus dem Leibe, legten es ehrfurchtsvoll Schamasch zu Füßen und warfen Ischtar ein Stück Stierfleisch ins Gesicht. *Der Himmelsstier*

Unschwer sind gemeinsame Ursprünge für die Mythen, in denen Ischtar auftritt, zu erkennen. Ihre Eigenschaften sind teilweise in beiden Epen identisch. Andererseits wird der Charakter der Ischtar im Gilgamesch-Epos wesentlich negativer beurteilt. Ja, hier erhält die Göttin der (geschlechtlichen) Liebe und Wahrerin allen Lebens auf Erden die unheimlichen Züge einer liebestollen, aber verräterischen, bösen Zauberin: eine Charaktereigenschaft, die sie nie mehr ganz loswerden konnte und sie zur ältesten Vorläuferin der bösen Hexe griechischer und römischer Erzählungen und der christlichen mittelalterlichen Teufelin oder Hexe machte. *Die dunklen Eigenschaften der Ischtar*

In der 3. Dynastie von Ur (um 2050–1950 v. u. Z.) stand Inanna-Ischtar an zweiter Stelle der Götterhierarchie. Das zeugende, männliche Prinzip, durch Nanna, den gewaltigen Mondgott dargestellt, machte Nanna-Inanna nun zur Mutter des Mondes, aber auch zur Tochter oder Geliebten. Als heilige Inanna von Uruk vereinigt sie sich mit der Herrin von Isin. Im sumerischen Isin wird als „Herrin" Ninkarrak verehrt. Sie ist eine Ärztin, die Krankheiten beseitigen, aber auch bringen kann. Sie vermag die männliche Potenz zu lähmen und ist damit eine frühere Vorgängerin der Göttinnen der Geschlechtlichkeit. *Weitere Verschmelzungen: Inanna/Isin/ Ninkarrak*

Als Baba ist Inanna die Stadtgöttin der sumerischen Stadt Lagasch. Wie Inanna, die Stadtgöttin von Uruk, ist Baba von Lagasch eine Tochter Anus, des Himmelsgottes. *Baba*

Die „große Herrin" Ningal, Gemahlin des Mondgottes Sin-Nanna, ist die Mutter der Sonne und dem Mondgott von Ur gleichgestellt. So wird Inanna-

Baba-Ningal-ischtar, die Esther des Alten Testaments, zur „Mutter" und zur „Tochter" des Mondes, gleichzeitig bleibt sie „die heilige Jungfrau" oder „jungfräuliche Mutter". Als Jungfrau ist sie aber gleichzeitig die „Samenerzeugerin" und „Schwangere", wie die „Eröffnerin des Mutterleibes".

Bei der Ischtar von Uruk finden wir die ersten Anzeichen einer sakralen Prostitution. In der späteren Zeit wird die sakrale Prostitution im Vorderen Orient und am östlichen Mittelmeer zu einem Kult um die Himmelskönigin, auf den wir noch zurückkommen.

Weisen alle diese Vorstellungen — abgesehen von der Bezeichnung Jungfrau — ... schon sehr auf die griechische Liebesgöttin Aphrodite hin, so zeigt sich in ihr doch ebenso die kriegerische Seite ... „Kriegerische Ischtar" wird sie genannt ... Die Göttin des Kampfes und der königlichen Gewalt ist bereits mit der Göttin der Liebe zu einer Gottesgestalt zusammengewachsen ...

Beinamen und
Synonyme   Doch die babylonische Ischtar besitzt, wie die sumerische Inanna, viele Beinamen: A(n)nunitu, Aschschuritu — als Stadtgöttin von Assur — oder Scharrat Ninua — Königin von Ninive — und sicherlich verbirgt sich auch hinter anderen Namen, die plötzlich auftauchen, keine andere Göttin als die Ischtar oder die Inanna: Anunit, Nintu, Nin-sikilla — „die Herrin der Reinen" —, Damgal-nunna — „die große Gattin des Fürsten" —, Nin-kurra — „die Herrin des Hochlandes" —, Mach — „die Erhabene" —, Ninmach — „die erhabene Herrin" —, Ninchursag — „die Herrin des kosmischen Gebirges". Oder sie heißt als Heilsgöttin Gula, die „Herrin, die die Toten erweckt", die „Tote lebendig macht" durch das Betasten mit „ihrer reinen Hand". (43, S. 313—319, gekürzt)

Ba'alat oder
Ba(a)ltis   Die allgemeine Bezeichnung für eine Gottheit „il" oder „ilât", „aschtart" usw. gilt ursprünglich auch für den semitischen Gottesnamen „Ba'al" oder „Ba'alat" (= „Ba[a]ltis), den „Herrn der Länder". Aus dem Beinamen entwickelte sich bei dem sumerisch-babylonischen Gott Enlil von Nippur und später bei Marduk von Babel der Gottesname Bêl. Er wurde von den Assyrern und den Aramäern übernommen.

Das Wort „ba'al" heißt ursprünglich im Arabischen „Ehemann". Zunächst als Appellativum verwandt, wurde es bei den Phönikern und Amoritern die Bezeichnung für die Steinkegel und Holzpfähle am Altar, die den Menhiren und Masseben entsprachen, also Phallussymbole waren; Ba'al-schammân (= „Herr des Steinhügels"). Der Kult dieses Himmelsgottes war weit verbreitet, er hieß kanaanäisch: Ba'al-schamaim und aramäisch: Be'elschamain. Bei den semitischen Babyloniern und Akkadern wie bei den Assyrern hatte der Himmelsgott Anu neben dem Sonnengott Schamasch eine weitaus größere Bedeutung gewonnen als bei den Sumerern. Das weibliche Gegenstück als Himmelskönigin ist die Aschera (Aschrat) der Amoriter. Ihr entspricht die aramäische Atar-schamein, die „Göttin des Himmels", die phänikische „Astarte des Himmels Ba'als" in Sidon.

Im phönikischen Byblos verehrte man die große Göttin, die Ba'alat von Byblos. Neben ihr finden wir als ihr männnlichen Partner Adônî oder Adonai (= „mein Herr"). Er war der Gott der blühenden Vegetation, die im Hochsommer dahinstirbt. Auf ihn kommen wir ebenfalls noch zurück.

Unsere Kenntnisse über die alten Vegetations- und Stadtgötter der Phönizier besitzen wir neben den bei Eusebius erwähnten Fragmenten des Herennios
Philon von Byblos (1./2. Jh. n. u. Z.), der seine Angaben von seinem phönikischen Landsmann und Priester Sanchuniathon (12. Jh. v. u. Z.) haben will, vor
allem aus den Ausgrabungen in Ras Schamra. Hier wurden altphönikische
Epen aus dem 14. Jahrhundert v. u. Z. gefunden. Dabei erhielt die stark helle-
nistisch übermalte Darstellung des Philon doch eine weitgehende Bestätigung.
In dem gut ausgebildeten Göttersystem, dem El, der König und Vater der   *Das phönikische*
Götter, vorstand, findet sich Aschirat, die Mutter von 70 Göttern. Neben   *Pantheon*
dieser älteren Göttergruppe besteht eine jüngere mit Baal oder Alijan Baal, dem
Vegetationsgott, und Mot, der göttlichen Personifikation des in die Erde ge-
senkten und wieder sprießenden Korns, an der Spitze. Beide gehören zum Kreis
der sterbenden und wiederauferstehenden Gottheiten. Sie tragen getrennt die
Züge, die später in Adonis vereint erscheinen. Neben den Stadtgöttern, in Tyros
ist es Melkart (mel kart = „König der Stadt", der Tyrische Herakles der Griechen),
in Karthago Baal Hammon, in Byblos Adon (griechisch Adonis = „Herr"), in
Sidon und Berytos ist es Eschmun, tritt vor allem, wie wir sahen, als weibliche
Gottheit Aschtart (Astarte), die von den Griechen schon sehr früh mit Aphrodite verglichen wird, in den Vordergrund. In Byblos wird sie einfach als Baalath
(Herrin) verehrt, in Karthago als Tanit (die dea caelestis der Römer).

Interessant ist für uns die Annahme von Zehren, daß die Himmelsgöttin   *Die semitische*
Eva, identisch mit verschiedenen Göttinnen Kleinasiens, auch bei den Semiten   *Himmelskönigin*
als weibliche Gottheit älterer Herkunft als der männliche Jahwe war:

Kein Buch, keine Schriftensammlung, kein Lied und kein Epos des Altertums vermag den
Kampf um die Himmelskönigin besser zu schildern als das Alte Testament. Am Anfang der
Menschheitsgeschichte taucht die Himmelskönigin in der Bibel als Eva auf. Ihr hebräischer
Name war Chavvah oder Chavveh. Obwohl sie — wie die Genesis lehrt — den Tod und die
Sünde heraufbeschwor, ist sie, nach dem gleichen Text, die Mutter aller Lebendigen, die
Stammutter allen Lebens (Gen. 3, 20). Als Lebensspenderin trägt sie auf diese Weise nicht
nur die Züge der abendlichen Mutter- und Geschlechtsgöttin, sondern sie ist es selber. Erst
eine ihr feindlich gesonnene Kultrichtung zerrte sie von ihrem himmlischen Throne herab.
Sie, die als Himmelskönigin niemals mit der Schlange in Feindschaft lebte, sondern mit ihr
verbunden war, wie zahllose Darstellungen beweisen, wird in der Genesis von einer (bösen)
Schlange verführt.

Eva ist — gleichgültig wie sie hieß — eine uralte Göttin Kanaans. Die Ausgrabungen der
Gegenwart haben ergeben, daß die Bevölkerung Kanaans (Palästina) schon in vorgeschicht-
licher Zeit — im 4. Jahrtausend v. Chr. — eine Göttin und einen Gott verehrte, wobei die
Göttin den Vorrang besaß.

Wie der Name Chavveh entstand, ist ungewiß. Nach der Geschichte des kanaanäischen
Gebietes zu urteilen, ist es denkbar, daß er indogermanischer Herkunft ist, das heißt, daß
er schon bestand, bevor Moses mit seinen israelitischen Stämmen in das Gelobte Land zog.
Dort herrschten im 2. Jahrtausend v. Chr. die indogermanischen Herrenschichten der Hethiter
und Churriter. Aus ihrem Kulturbereich im kleinasiatisch-syrischen und mesopotamischen
Raum ist bekannt, daß sie um die Zeit des Abraham, gegen Mitte des 2. Jahrtausends v. Chr.,

eine Göttin Hepa (Hepet, Chepa, Chepit) verehrten, die Gemahlin des auf einem Stier stehenden Wettergottes Teschup. Dieselbe Göttin wird in kleinasiatischen (lydischen) Inschriften „Mutter Hipta" genannt und als Mutter des Dionysos-Kindes bezeichnet. Von hier greift die Geschichte der vermuteten Eva auf den Lebensbereich der indogermanischen, wahrscheinlich aus Europa stammenden Hethiter über, die in einer Inschrift hinterlassen haben: „Sonnengöttin von Arinna, meine Herrin, Königin aller Länder! Im Lande Hatti nennst du dich Sonnengöttin von Arinna, aber in dem Lande, das du dir zum Zedernlande machtest, nennst du dich Hepat."

Diese (und weitere) Quellen lassen vermuten, daß die biblische Eva in jener indogermanischen Hepa ihr Vorbild besitzt, zumal die Hepa auch als Liebesgöttin verehrt wurde. Wenn diese Hypothese sich durch weitere Forschungen als haltbar bestätigen sollte, dann wäre es auch wahrscheinlich, daß jene Hepa-Eva aus dem Erdteil herkommt, in dem sie ein paar Jahrtausende später am meisten genannt und abgebildet wurde: aus Europa ...

In den alttestamentarischen Schriften setzen vor der Mitte des letzten Jahrtausends v. Chr. die Kämpfe um die Himmelskönigin ein — religiöse Kämpfe, die mit dem Eifer des Hasses und mit Anbeten der Liebe geführt werden. Ihr kanaanäischer Name war unter anderem Aschtoreth (Astarte), und er trägt anscheinend bereits eine böse Diffamierung in sich ... Freilich, schon in der Genesis (38, 14 f.) werden die Thamar als Dirne und im Buche der Richter (16, 19) die Dalila des Samson als die „Schwächende" gekennzeichnet — beides Gestalten, die an die abendliche Liebesgöttin in herabsetzendem Sinne erinnern. ... In der Hauptsache wird aber in der Bibel der aramäisierte Astarte-Name „Aschera" genannt. Der Kampf gegen diese Herrin und Königin setzt bereits in den Texten des 5. Buches Mose mit der Unduldsamkeit und Rachsucht ein, wie sie Glaubensgebote mitunter zu beseelen vermögen ... Aus Salomos Regierungszeit heißt es: So verehrte Salomo die Astarte, die Göttin der Sidonier ... (1. Kön. 1, 5). Sidonier sind die Einwohner von Sidon, der phönikischen Handelsstadt am Meer. Salomos Sohn Rehabeam erlebt im 10. Jahrhundert v. Chr. die Spaltung des Reiches. Die abgefallenen Stämme treiben weiter „Abgötterei". Aber auch das Reich Juda unter Rehabeam handelt gegen den „Herrn". Das ändert sich auch unter den königlichen Nachfolgern nicht sonderlich. Manasse von Juda stellt das Götterbild der Astarte direkt im Tempel von Jerusalem auf (2. Kön. 21, 7) ... Sein Sohn Josia räumt — offenbar zum erstenmal — gründlich auf ... Aber ist es nicht bereits zu spät? Stehen nicht schon die Wetterwolken einer Katastrophe am Horizont?

In der ersten Hälfte des 6. Jahrhunderts v. Chr. muß der Prophet Jeremia die zornigen Drohungen seines Gottes verkünden: „Du aber bete nicht für dieses Volk, erhebe nicht für sie Gebet und Fürsprache! Dringe nicht in mich, denn ich werde nicht auf dich hören! Siehst du denn nicht, was sie in den Städten Judas und in den Gassen Jerusalems treiben? Die Kinder sammeln Holz, die Väter zünden das Feuer an, und die Frauen kneten Teig, um Kuchen für die Himmelskönigin zu backen" (Jer. 7, 16—18). (43, S. 332—337, gekürzt)

8.10.1.1.1

*Zusammen-
fassung*

Fassen wir unser Wissen über Ischtar-Astarte und ihre zahlreichen Synonyme zusammen, so können wir feststellen, daß die Göttin in ihren Ursprüngen zum sumerisch-akkadisch-ägyptisch-semitischen — also vorwiegend kleinasiatischen — Kulturkreis gehört. Astarte erscheint in der Bibel als Gattin des kanaanäischen Gottes Baal. Hier heißt es 1. Könige, 18—19: „Wohlan, so sende nun hin und versammle zu mir das ganze Israel auf den Berg Karmel und die vierhundertundfünfzig Propheten Baals, auch die vierhundert Propheten der Aschera, die vom Tisch Isebels essen." Aschera-Ischtar-Astarte wurde schließlich im

248

9. Jahrhundert in Samaria neben den ursprünglich selbständigen Göttinnen Anath und Aschera, die ja ohnehin mit ihr identisch waren, die Gemahlin des Baal. Die drei semitischen Göttinnen Astarte (Aschtaroth), Anath und Aschera(h) stehen in vielschichtiger Weise und komplizierten Beziehungen zueinander. In der Bibel werden sie gelegentlich untereinander vertauscht. In Ägypten werden sie mit einer Göttin Antart verschmolzen. Im späteren Syrien ist ihr Kult der einer synkretistischen Gottheit: Anath-Aschtart, aramäisch: Attar'atta (Atargatis). Wir konnten ferner feststellen, daß die Vielnamige die Göttin des Abendsterns war und wohl ursprünglich – vielleicht androgyn – mit dem männlichen Gott des Morgenstern Aschtar identisch ist. Aschtar hieß in Ugarit und in Südarabien in älterer Form Athar. Aus den akkadischen Zeugnissen dürfen wir schließen, daß der Morgen- und Abendstern androgyn eine archaische Gottheit war, die erst später geschlechtsspezifische Unterschiede zeigte. Als Abendstern wurde Aschtar in Mesopotamien zur weiblichen Gottheit Ischtar, in Kanaan zur weiblichen Aschtartu, der griechischen Astarte. Bemerkenswert ist aber, daß Aschtar, in der phönikischen Form Asthor, in der griechischen Astor, noch in römischer Zeit in Syrien als männliche Gottheit verehrt wurde. In Moab wurde Aschtar mit dem südarabischen Gott Chemosch identifiziert. In der jüdischen Bibel finden wir schließlich das für uns besonders wichtige Zitat aus kanaanäischer Dichtung bei Jesaja, in dem der vorisraelische Gott als Helâl, Sohn der Morgenröte, erscheint und vom Himmel gestürzt wird.

Die etymologische Bedeutung der Namen der einzelnen Gottheiten ist bis heute noch nicht völlig aufgeklärt. Sicherlich bestanden aber bei allen besondere Beziehungen zur Geschlechtlichkeit und damit zur Zeugung und Fruchtbarkeit. Diese Eigenschaften wiederum ließen sie schon sehr früh in die Nähe weiblicher Gottheiten treten oder geschlechtsspezifisch umwandeln. Der ursprüngliche Charakter dieser weiblichen Gottheiten ist ebenfalls noch unklar. Anath und Aschera waren anfänglich wahrscheinlich Meeresgöttinnen. Alle Gottheiten hatten aber übereinstimmend mit dem Geschlechtsleben, aber auch mit dem Krieg etwas zu tun. In ägyptischen Texten hießen im 13. Jahrhundert v. u. Z. Anath und Astarte „die großen Göttinnen, die empfangen, aber nicht gebären". Es waren also Göttinnen, die stets fruchtbar waren, aber nicht ihre Jungfräulichkeit verloren. Sie waren daher zugleich Muttergottheiten und göttliche Kurtisanen. Evola hat ihre beiden recht unterschiedlichen Eigenschaften als „demetrische und aphroditische Archetypen" bezeichnet (8. 10. 5).

In erster demetrischer, Eigenschaft war Aschera in der ugaritischen Literatur die „Schöpferin der Götter", also die Große Mutter; Anath erhielt den Beinamen „Erzeugerin der Völker". In der hebräischen Bibel wird der Plural des Namens Aschtar (Astarte) mehrfach im Sinne von zeugen gebraucht. Aschtart findet sich als Appellativum im Deuteronomium in einer stereotypen Formel als Segensspruch für den Wurf von Haustieren.

Der aphroditische Archetyp wird eigenartigerweise mit dem Begriff der Jungfrau verknüpft. So heißt Anath gewöhnlich in den ugaritischen Mythen „Jungfrau". Das hierfür gebrauchte Wort batultu bedeutet im Hebräischen ebenfalls „Jungfrau" (bethûlah). Philo von Biblos erwähnt in der 1. Hälfte des 2. Jahrhunderts die Jungfräulichkeit der Anath (Athena) und Astarte.

In dem vorangegangenen Kapitel haben wir das Vordringen eines Venuskultes aus dem semitischen Kleinasien nachweisen können. Über die Ionischen Inseln gelangte er nach Griechenland und Zypern. Die Große Mutter verlor langsam ihre ursprüngliche Bedeutung als mütterlich-weiblicher demetrischer Archetyp, um mehr einen aphroditischen, nämlich den der Liebesgöttin, anzunehmen. Im Mittelpunkt des Kultes stand jetzt Aphrodite unter ihren verschiedenen Namen.

Die ältesten Kultstätten der Aphrodite auf dem griechischen Festland befanden sich wahrscheinlich in Sparta, Elis und Athen. In Sparta erschien sie in zweierlei Gestalt: als die bewehrte Aphrodite Enophios und als die gefesselte Aphrodite Morpho. Unter ihren vielen Beinamen erhielt sie gelegentlich das Prädikat „Königin" (Basilis) oder die „Himmlische" (Urania). Als Urania besaß sie bestimmte Funktionen, die wir bereits bei den Göttinnen Kleinasiens beobachten konnten. In Korinth wurde sie schließlich zur Königin der Prostituierten, zur Aphrodite Hetaira oder Porne. Auf Zypern erhielt sie den Beinamen „die Barmherzige" (Eleemon). In der Gestalt der Aphrodite vereinigten sich zahlreiche Eigenschaften von ursprünglich verschiedenen Göttinnen oder Dämonengestalten, die in der Mythengeschichte des mediterranen Raumes allmählich verschmolzen. Sie zu entwirren, wollen wir im Folgenden versuchen.

Der sicherlich älteste Mythos über den Ursprung der Aphrodite ist uns durch Hesiod(os) (um 700 v. u. Z.) in seiner Theogonie erhalten geblieben. Es ist die Schöpfungsgeschichte der Urgötter, der Titanen, die bei ihm aus ihrer archaischen Welt hervortreten:

Grausig war Kraft und Wucht, sie glichen gewaltigen Riesen.
Denn von allen, die so aus Gaia und Uranos (Erde und Himmel) stammten,
Waren die schrecklichsten sie, verhaßt dem eigenen Vater
Gleich von Anfang. Sobald einer von ihnen geboren,
Barg er sie alle und ließ sie nicht zum Lichte gelangen,
Tief im Schoße der Erde, sich freuend der eigenen Untat,
Uranos. Aber es stöhnte im Innern die riesige Erde
Grambedrückt und sann auf böse, listige Abwehr;
Und sie formte sogleich ein graues Eisengebilde,
Eine gewaltige Sichel; den lieben Kindern zur Lehre
Sprach sie ermutigend so, bekümmert im eigenen Herzen:
„O ihr Kinder von mir und dem grausigen Vater, sobald ihr
Willig, mir zu gehorchen, so rächst an dem eigenen Erzeuger
Schlimme Schmach; zuerst hat er ja selber gefrevelt."
Sprachs, und alle erfaßte Entsetzen, und keiner von ihnen
Redete; nur der große, der listenmächtige Kronos

Gab, von Mut beseelt, der erhabenen Mutter die Antwort:
„Mutter, so will den ich dir dies versprechen und möchte
Gern das Werk vollenden, denn unser Vater
Kümmert mich wenig, zuerst hat er ja übel gehandelt."
Sprachs; da freute im Herzen sich sehr die gewaltige Gaia,
Barg ihn in sicherm Versteck und gab eine zahnige Sichel
Ihm in die Hände und lehrte ihn lauter listige Schliche.
Ankam mit der Nacht der gewaltige Uranos, sehnend
Schlang er sich voller Liebe um Gaia und dehnte sich endlos
Weit. Da streckte der Sohn aus seinem Verstecke die linke
Hand und griff mit der rechten die ungeheuerlich große,
Schneidende, zahnige Sichel und mähte dem eigenen Vater
Eilig ab die Scham und warf im Fluge sie wieder
Hinter sich; sie entflog nicht eitel und unnütz den Händen.
Denn die blutigen Tropfen, so viel sie niedergeronnen,
Sammelt alle die Erde; im Lauf der kreisenden Jahre
Schuf sie Erinnyen draus, gar starke und große Giganten,
Waffenleuchtende Riesen, die ragende Lanze in Händen,
Nymphen auch, melische nennt man sie auf unendlicher Erde.
Aber sobald er die Scham mit der stählernen Sichel geschnitten
Und sie vom Lande geworfen hinab in das brandende Weltmeer,
Trieb sie lange dahin durch die flutenden Wellen; da hob sich
Weißlicher Schaum aus unsterblichem Fleisch, es wuchs eine Jungfrau
In ihm empor, sie nahte der heiligen Insel Kythere
Erst, doch gelangte sie dann zum ringumflossenen Kypros.
Aus stieg dort die Göttin, die hehre, herrliche; Blüten
Sproßten unter den Schritten der Füße, und Götter und Menschen
Nennen sie nun Aphrodite, weil sie aus Aphros, dem Schaume,
Aufwuchs, auch Kythereia, weil sie Kythere sich nahte,
Schaumgeborene Göttin und Kythereia im Kranzschmuck,
Kyprosentstandene auch, weil entsprossen der Brandung von Kypros
Und auch Schamerfreute, weil aus der Scham sie entsprossen.
Eros geleitete sie, und der herrliche Himeros folgte,
Als die soeben Geborne zur Sippe der Götter emporstieg.
Dieses Ehrenamt und Anteil ward ihr von Anfang,
Unter den Menschen sowohl wie unter den ewigen Göttern:
Jungfräuliches Gekose und frohes Lachen und Arglist,
Süßes Ergötzen und Wonne und Liebe und schmeichelnde Milde.
(Hesiod, Theogonie, Vers 153—206)

Kronos entmannt seinen Vater Uranos

Die „Schaumgeborene" war also, prosaisch ausgesprochen, ein metamor-
phosiertes Produkt aus dem Penis des von seinem Sohn, dem Titanen Kronos
(lateinisch: Saturnus), kastrierten Vater Uranos, des Himmelsgottes aus dem
ältesten im griechischen Mythos vorhandenen Göttergeschlecht. Nach diesem
sicherlich aus archaischer Vorzeit stammenden Mythos entstieg die göttliche
Aphrodite bei Kythere dem Meere, bei einer Insel an der Südspitze des Peloponnes. Von hier aus begab sie sich in die kleine Stadt Kythera auf der Insel

Zypern. Begleitet wurde sie von Eros, dem ursprünglichen Dämon und späteren Gott der Liebe, dem zeugenden Prinzip, und von Himeros, dem Gott der Sehnsüchte.

Zur Überlieferung dieses uralten Mythos durch Hesiod meint Ranke-Graves:

Hesiod, der diese Sage überliefert, war ein Abkömmling der Bewohner Kadmeias; diese kamen wahrscheinlich nach dem Zusammenbruch des hethitischen Reiches aus Kleinasien und brachten die Geschichte der Entmannung des Uranos mit. Es ist jedoch bekannt, daß diese Sage nicht hethitischen Ursprungs ist, da eine frühere, churritische (horitische) Fassung entdeckt wurde. Die um 2200 v. Chr. erstmals bezeugten Churriter waren ein indogermanisches altorientalisches Kulturvolk, das zuletzt am Euphrat saß und nach 1400 v. Chr. von den Hethitern vernichtend geschlagen wurde. Hesiods Fassung bezieht sich wahrscheinlich auf ein Bündnis der verschiedenen prähellenischen Siedler Süd- und Mittelgriechenlands, die Anhänger des Titanenkultes waren, gegen die frühen hellenischen Eindringlinge aus dem Norden. Ihr Kampf war erfolgreich, doch beanspruchten sie die Oberherrschaft über die nördlichen Ureinwohner, die durch sie befreit worden waren.

Die späten Griechen lasen „Kronos" als Chronos, den „Vater Zeit" mit seiner unbarmherzigen Sichel. Er wird wie Apollon, Asklepios, Saturn und der frühe britische Gott Bran mit einer Krähe abgebildet; Kronos bedeutet wahrscheinlich „Krähe", wie das lateinische cornix und das griechische corone. Die Krähe war ein Vogel des Orakels, von dem man glaubte, daß er die Seele des geopferten Heiligen Königs in sich aufnahm. (14, Bd. 1, S. 31)

Nach einer anderen Version, die wir in Homers Ilias vorfinden, war Aphrodite die Tochter einer Verbindung von Zeus mit Dione, der Göttin der Eiche, die wiederum entweder eine Tochter des Okeanos und der Meeresnymphe Tethys oder der Luft und der Erde war.

In beiden Versionen ist aber Taube und Sperling ihr Attribut. Ranke-Graves kommentiert:

Aphrodite, „die Schaumgeborene", ist die gleiche weiterrschende Göttin, die sich aus dem Chaos erhob und auf dem Meere tanzte und die in Syrien und Palästina als Ischtar oder Aschtaroth verehrt wurde. Die bekannteste Stätte ihres Kultes war Paphos, wo noch immer das ursprünglich weiße, gesichtslose Abbild der Göttin in den Ruinen eines grandiosen römischen Tempels gezeigt wird. Jeden Frühling badeten dort ihre Priesterinnen im Meer und tauchten verjüngt wieder auf.

Man nennt sie die Tochter der Dione, denn diese war die Göttin der Eiche, Nistplatz der lüsternen Taube. Zeus behauptete, ihr Vater zu sein, nachdem er das Orakel der Dione zu Dodona in Besitz genommen hatte. Daher wurde Dione ihre Mutter. „Tethys" und „Thetis" sind die Namen der Göttin als Schöpferin – wie „Themis" und „Theseus" aus dem Wort tithenai = „verfügen" oder „befehlen" geformt – und als Göttin des Meeres, da alles Leben im Meere begann. Tauben und Spatzen waren wegen ihrer Lüsternheit bekannt. Fischnahrung wird noch heute im ganzen Mittelmeergebiet als Aphrodisiakum, d. h. Liebesmittel, betrachtet. Kythera war ein wichtiges Zentrum kretischen Handels mit dem Peleponnes. Wahrscheinlich hat von hier der Kult der Aphrodite Griechenland erreicht. Die kretische Göttin hatte eine enge Verbindung mit dem Meer. (14, Bd. 1, S. 41)

Hesiod berichtet, daß Aphrodite auch die „Schamerfreute" ($\varphi\iota\lambda o\mu\eta\delta\acute{\epsilon}a$) genannt wurde. Sie liebte die Sinnlichkeit, den Geschlechtsverkehr. Daher waren die Geschlechtsteile auch ihre adäquaten Symbole. $M\tilde{\eta}\delta\epsilon a$ bezeichnet im

Griechischen den Penis. Der Plural ist die Bezeichnung für das gesamte männliche Genitale. Der durch Kronos beim Uranos vollzogene Akt stellt im medizinischen Sinne eine Kastration dar. Derartige Entmannungsriten, die sicherlich auch hier eine mythische Funktion besitzen, wurden von uns früher an anderer Stelle erwähnt (6. 3. 6. 7. 2).

Eros ist bei Hesiod der Begleiter der Aphrodite. Er soll nach einer Variante des Mythos ihr Sohn gewesen sein, den sie mit Hermes, mit Ares oder sogar mit Zeus, ihrem eigenen Vater, gezeugt hat. *Eros, ein Sohn der Aphrodite?*

Eros, das griechische Wort für „Leidenschaft", war für Hesiod nur ein Begriff. Die frühen Griechen stellten ihn, wie Alter oder Pest, als Ker oder geflügelte „Bosheit" dar, da unbezähmte Leidenschaft einen störenden Einfluß auf eine geordnete Gesellschaft haben könnte ... Zur Zeit des Praxiteles wurde er sentimental als schöner Jüngling dargestellt. Sein berühmtester Schrein war zu Thespai, wo die Boiotier ihn in Gestalt einer phallischen Säule verehrten: Hermes oder Priapos unter einem anderen Namen. Die verschiedenen Berichte über seine Eltern sprechen für sich. Hermes war ein phallischer Gott, Ares als Gott des Krieges vermehrte die Begierde in den Frauen der Krieger. Daß Aphrodite die Mutter des Eros und Zeus sein Vater war, ist ein Hinweis darauf, daß physische Leidenschaft selbst vor Inzest nicht haltmacht ... (14, Bd. 1, S. 48—49)

Eros ist in der Tat unter diesem Aspekt ein Teil des polaren Gegensatzpaares, welches hier das männliche Prinzip gegenüber dem weiblichen der Aphrodite symbolisiert. Die Inzesthandlung von Zeus und Aphrodite ist, wie der Inzest Isis—Osiris und der unten geschilderte von Myrrha und Kingras, als eine heilige Handlung zu verstehen und nicht lediglich als eine „physische Leidenschaft" im Sinne der Deutung von Ranke-Graves. Nach Kerényi ist Aphrodite ebenfalls dieselbe, welche die orientalischen Nachbarn unter den verschiedenen Namen, wie Ischtar oder Aschtoret, die spätere Astarte, verehrt haben.

Sie war im Orient eine besonders liebesbedürftige, aber auch grenzenlose Liebeslust spendende Göttin, der am Himmel der Abend- und Morgenstern — der Planet Venus — und unter den Tieren vor allem die Taube gehörte ... (12, S. 68)

Kerényi fährt fort:

In jener Geschichte bleibt Aphrodite außerhalb des Kreises der olympischen Götter, selbst nachdem sie da aufgenommen worden ist. Sie blieb aber auch wegen ihres größeren Machtbereiches außerhalb des Olympos, etwa wie Hekate, mit der sie sich eng berührte, wenn ihr als Aphrodite Zerynthia an der thrakischen Küste, oder als Genetyllis an der attischen, Hunde geopfert wurden. Sie war für die Athener die älteste Moira. Sonst galt sie auch als Tochter des Kronos, gemeinsam mit den Moiren und Erinnyen. Die Erzählung von ihrer unmittelbaren Abstammung von Uranos verband unsere große Liebesgöttin für alle Zeiten mit dem Meer. Sie war für uns die Anadyomene, die aus den salzigen Wellen „auftauchende" Göttin, und trug auch den Beinamen Pelagia, „die vom Meere".

Unter den zahlreichen Beinamen der Aphrodite oder von ihren Synonymen seien folgende genannt: Epitragia, Epitymbria, Erykina, Komaitho, Melainis, Schoinis, Skotia, Urania, ferner Aphrodite, „die Älteste der Schicksalsgöttinnen", *Beinamen und Synonyme*

„des Bundes", der „Fisch", die „Fremde", die „Hervorlugende", die „Kyprische", die „Temnische", die „Troische", die „Vereinigende", die „Siegreiche", die „Wölfische" usf. Unter den Homosexuellen, so berichtet Plato, welche in Athen die Knabenliebe (Päderasterie) bevorzugten, wurde eine Aphrodite Pandemos, die „gemeine Liebe", von der Aphrodite Urania, der „himmlischen Liebe", unterschieden.

Aphrodite Pandemos und Urania

In Wirklichkeit drückt das Wort Pandemos die Gegenwart der Göttin bei allen Ständen und Gemeinden eines Volkes aus, die sie friedlich verbindet. Der Name Urania bezeugt ihre Herkunft als orientalische Himmelsgöttin, zu der ihre Verehrer — wie in Korinth — nach einem hochgelegenen Heiligtum auf dem Gipfel eines Berges hinpilgerten, und bei der sie von gütigen Tempeldienerinnen empfangen wurden. Diese zwei Beinamen erscheinen auch mit einem dritten vereinigt und bilden eine Dreiheit, so in dem sehr altertümlichen Kult in Theben, wo die Göttin in ihrer dritten Form Apostrophia, „die sich Abwendende", hieß ... (12, S. 69)

Dione

Ein Synonym für Aphrodite ist Dione. So lautet die Femininform zu Zeus. Es bestehen gewisse Parallelen bei ihren Eigenschaften zur Diana, der lateinischen Göttin des hellen Himmels. Auch als Wassergöttin wurde Dione bekannt. Im Heiligtum von Dodona wurde sie zusammen mit Zeus als Quellgott verehrt, dessen Gattin sie hier war. Kerényi meint zum Thema „Beinamen der Aphrodite":

Die Bedeutungen der Beinamen

Allzuviele Geschichten sind aus unserer Mythologie verlorengegangen, die gerade von den bekanntesten Gottheiten erzählten. Der Sinn der Erzählungen war in der Gestalt der Gottheit selbst da; keine einzige Erzählung vermochte aber die ganze Gestalt mit allen ihren Aspekten zu fassen. Die Götter lebten in der Seele unserer Vorfahren, und sie gingen in keine Geschichte restlos ein. Es war indessen — und das ist heute noch so — in jeder Geschichte etwas von ihnen lebendig, das zur Ganzheit ihrer Gestalt gehörte. Die Erzählungen ihrerseits gehen nicht restlos in einem einzigen Wort, dem Namen oder in einem Beinamen der Gottheit auf. Sie sind aber gewissermaßen doch darin enthalten, wie etwa die Erzählung von der Geburt der Aphrodite im Beinamen Anadyomene. So gehören auch die erhaltenen Beinamen zur Kenntnis unserer Mythologie, und bei Aphrodite müssen noch einige aufgezählt werden, damit alle Aspekte unserer großen Liebesgöttin zutage treten.

Das Wort aphrodite nahm in unserer Sprache die Bedeutung von „Liebesgenuß" an. Auf dieses Geschenk der Göttin bezieht sich bei alten Dichtern das Beiwort chryse, „die Güldene". Man darf es jedoch nicht zu eng fassen, denn es drückt zugleich die ganze Atmosphäre der Urania, der orientalischen Himmelsgöttin, aus, die auf Zypern den Beinamen Eleemon, die „barmherzige", trug. Es ist schon eine Verengerung der Atmosphäre, wenn die Hetären die Göttin als eine von ihnen, als Aphrodite Hetaira oder Porne, verehrten. In dieser verengerten Atmosphäre entstanden Kunstwerke, die die Schönheit der Göttin als Kalliglutos oder Kallipygos, „die mit dem schönen Gesäß", mit hochgehobenem Kleide zeigten, nachdem unsere Bildhauer allmählich erreicht hatten, daß die Nacktheit der badenden Göttin ihre Betrachter nicht mehr mit Furcht erfüllte. In Sparta, wo die Frauen große Freiheiten in der Liebe besaßen, hieß Aphrodite mit demselben Beinamen „Herrin", der sonst der Name einer Zeusgattin war: sie wurde Aphrodite Hera genannt. In einem Heiligtum der Spartaner wurde sie unter zwei Aspekten, mit zwei Beinamen, verehrt: bewaffnet, als Aphrodite Enoplios, und gefesselt, als Aphrodite Morpho, „die Gestaltete" oder „die Gestalten

Wandelnde", wahrscheinlich ein anderer Name für jene Eurynome, die Mutter der Chariten, von der man (wußte), daß sie zweigestaltig und gleichfalls gefesselt war. Aphrodite hieß in Sparta auch Ambologera, „die das Alter Hinausschiebende". In Athen hatte sie ihren Garten als Aphrodite en kepois und wurde da als Urania und älteste Moira verehrt. Am Kap Kolias, an der attischen Küste, war sie auch Genetyllis, gleich der Venus Genetrix der Lateiner, eine Schutzgöttin der Geburten. Sie führte eine Gruppe von drei Göttinnen an und erhielt wie Hekate auch Hundeopfer. Auf einer Gans reitend, erscheint sie auf einem schönen Vasenbild, als Epitragidia saß sie auf einem Bock. Die Dichter nannten sie nach ihrer Lieblingsinsel Zypern Kypria oder Kypris . . .

Der Bock als Attribrut der Aphrodite Epitragidia führt uns in eine andere Welt. Beinamen wie Melaina oder Melainis, „die Schwarze", und Skotia, „die Dunkle", können zwar, wie Pausanias meinte, mit ihrer Liebestätigkeit in der Nacht in Zusammenhang gebracht werden, ebenso kann man aber einen Bezug zur Mondgöttin und den Dämonen der Finsternis annehmen. In Athen galt die schwarze Aphrodite als die Älteste der Schicksalsgöttinnen und Schwester der Erinnyen. Ihren dunkeln Aspekt beweisen Beinamen wie Androphonos, „die Mordende" oder „Männer-Tötende", Anosia, „die Unheilige", und Tymborychos, „die Begrabende". Als Epitymbidia ist sie „die auf den Gräbern" wandelnde Göttin, während sie als Persephaessa zur Unterweltskönigin wird. Aphrodite war also nicht nur eine Göttin der Liebe, sondern wurde auch mit einer Todesgöttin gleichgesetzt, ähnlich wie die Venus Libitina der Römer.

Die dunklen Aspekte der Göttin

Eine besondere Version des Geburtsmythos der Aphrodite berichtet Sextus Pompejus Festus Grammaticus im 2. Jahrhundert. Danach wurde sie aus einer Muschel geboren und landete an der Küste der Insel Kythera. Die nackte Göttin wurde zuerst von den Griechen an der kleinasiatischen Küste in der Stadt Knidos abgebildet. Hier galt auch die Muschel als heiliges Tier der Liebesgöttin. Bei Homer wurde die nackte Aphrodite auf Zypern von den Horen empfangen und bekleidet. Die Horen waren die Töchter der Themis, der Göttin „der der Natur innewohnenden Regel der Geschlechter", also der natürlichen Schamhaftigkeit. Nach griechischer Auffassung, außer bei den Dorern, war der Anblick der in Kleinasien üblichen Nacktheit der Liebesgöttin gegen die Themis. Erst bekleidet und geschmückt konnte Aphrodite den Göttern vorgeführt werden. Über die Bedeutung der rituellen Nacktheit haben wir an anderer Stelle berichtet (8. 10. 5. 1).

Die nackte Aphrodite

Das intensive und ausgeprägte Liebesleben der Aphrodite begann schon in der Zeit, als sie noch im Meere lebte, also in der vorolympischen Zeit. Claudius Aelianus (um 200 v. u. Z.) erzählt uns in seiner Schrift De natura animalium (14, 28) über ihr Liebesverhältnis mit Nerites, dem einzigen Sohn des Nereus. Es war der schönste unter den Menschen und Göttern:

8.10.2.1.1
Die Liebhaber Aphrodites

Nerites

Als die Zeit kam, wo sie nach Gebot des Schicksals unter die Olympier aufgenommen werden sollte und der Vater sie rief, wollte sie den Gefährten und Spielgenossen mit sich nehmen auf den Olymp. Der aber zog das Leben mit seinen Schwestern und Eltern im Meere vor.

Aphrodite wollte ihm Flügel schenken. Auch das schätzte er nicht. So verwandelte ihn die Göttin in eine Muschel und wählte zum Begleiter und Diener den jungen Liebesgott Eros. Ihm gab sie die Flügel . . . (12, S. 71)

Der um 800 vor unserer Zeitrechnung lebende Homer hat Aphrodite in seiner Odyssee berühmt gemacht. Hier schildert er drastisch ein außereheliches Liebesabenteuer der Liebesgöttin mit Ares, dem Gott des Krieges, und wie sich der gehörnte Ehemann Hephaistos, der Gott des Feuers, rächt:

Aber der Sänger hub an, die Leier zu schlagen, und herrlich
Sang er von Ares' Liebe zu Kypris im prächtigen Stirnreif.
Wie sie heimlich zuerst im Haus des Hephaistos der Liebe
Pflogen; er schenkte ihr viel und schändete Lager und Ehebett
Ihres Gatten Hephaistos. Dem aber brachte die Kunde
Helios, der die beiden in Liebe umschlungen gesehen.
Aber sobald Hephaistos die kränkende Kunde vernommen,
Eilte der Gott in die Schmiede und braute arge Gedanken,
Hob auf den Block einen mächtigen Amboß und schmiedete Fesseln,
Unzerreißbar, unlöslich, sie fest darinnen zu ketten.
Als er nun so eine Falle voll Zorn auf Ares geschmiedet,
Schritt er ins Schlafgemach und an sein Lager der Liebe,
Und einkreisend schlang er um die Pfosten die Fesseln.
Zahllos hingen sie so von den Balken der Decke hernieder
Wie ein überfeines Gespinst, unsichtbar für jeden,
Selbst für die seligen Götter, so trugvoll war es geschmiedet.
Als nun mit dem Trug so völlig das Lager umschlossen,
Ging er scheinbar nach der schönerrichteten Feste
Lemnos, die ihm am liebsten von allen Ländern der Erde.
Doch nicht lässig lag der goldene Ares auf Lauer,
Und sobald er den Weggang des Künstlers Hephaistos gewahrte,
Eilte er schnell zum Hause des hochberühmten Hephaistos,
Hingerissen von Liebe zu Kypris im prächtigen Stirnreif.
Sie saß da, soeben vom mächtigen Vater Kronion
Heimgekehrt. Schon nahte sich Ares dem Innern des Hauses,
Faßte sie bei der Hand, rief ihren Namen und sagte:
„Schnell, du Teure, zum Lager, laß uns dort kosen und ruhen,
Denn Hephaistos ist nicht daheim, er eilte von dannen
Wohl nach Lemnos hinab zu der Sintier rauhem Gerede."

Ares riefs; da schien auch ihr das Lager willkommen.
Beide bestiegen das Bett und ruhten und wurden umfangen
Von den listigen Fesseln des kunstgewandten Hephaistos.
Und die vermochten kein Glied zu regen oder zu heben
Und erkannten gar bald, daß kein Entrinnen mehr möglich.
Schon aber kam heran der gepriesene, hinkende Meister;
War er doch umgekehrt, bevor er Lemnos erreichte,
Auf des Helios Ruf, der für ihn Wache gehalten.
Eilig schritt er nach Haus, das Herz voll Sorge und Unmut.
Wild wuchs seine Wut, als die Pforte durchschritten,

256

Und er brüllte so schrecklich, daß alle Götter es hörten:
„Vater Zeus und ihr anderen unsterblichen, seligen Götter,
Kommt, ein lächerlich Ding, doch auch ein arges zu schauen,
Wie Aphrodite, die Tochter des Zeus, den hinkenden Gatten
Dauernd entehrt; so liebt sie den abscheulichen Ares.
Ist er doch so schön, hat starke Füße, ich aber
Wurde lahm geboren. Das hat kein andrer verschuldet
Als meine beiden Eltern; o hätten sie nimmer gezeuget!
Aber schaut, wie dort die zwei in Liebe vereinigt
Ruhen in meinem Bett, mit Schmerzen muß ich sie ansehn.
Aber ich meine, die schlafen so keinen Augenblick wieder,
Wären sie noch so verbuhlt; da wird das Vergnügen am Beischlaf
Ihnen vergehen. Es werden die listigen Bande sie fesseln,
Bis ihr Vater mir völlig die Brautgeschenke zurückgab,
Die ich ihm für solch ein schamloses Mädchen erstattet.
Ja, seine Tochter ist schön, doch ihre Sinne unzähmbar."

Riefs. Da nahten die Götter der ehernen Schwelle des Hauses,
Nahte der Länderumstürmer Poseidon, es nahte der Spender
Hermes, es nahte bereits der große Schütze Apollon,
Aber es blieben aus Scham die weiblichen Götter zu Hause.
Vorn an der Pforte standen die himmlischen Spender des Guten,
Und unauslöschlich Gelächter erhoben die seligen Götter,
Wie sie das künstliche Werk des klugen Hephaistos erblickten.
Und da sagte wohl mancher und sah zu dem Nachbar hinüber:
„Böses gedeiht doch nie. Der Langsame fängt den Geschwinden,
Wie auch Hephaistos jetzt, der langsame, Ares ereilte,
Ihn, den geschwindesten unter den Göttern auf hohem Olympos,
Er, der lahme durch List. Nun ist ihm der Buhler verschuldet."

Solches redeten dort die Götter untereinander,
Und zu Hermes sprach Zeus' Sohn, der Herrscher Apollon:
„Hermes, Sohn des Zeus, Geleitsmann, Spender des Segens!
Möchtest du nicht, gepreßt in solche gewaltigen Fesseln,
Schlafend liegen im Bett bei Aphrodite, der goldnen?"
Ihm erwiderte drauf der helle, leuchtende Bote:
„O, geschähe das doch, du Herrscher und Schütze Apollon!
Mögen mich dreimal mehr unendliche Fesseln umwinden,
Und ihr alle es schaun, ihr Götter und göttlichen Frauen,
Dennoch schliefe ich gern bei Aphrodite, der goldnen."
Sprachs, und aufs neue erhob sich das Gelächter der Götter.
Nur Poseidon lachte nicht mit; er flehte ohn Ende
Den geschickten Hephaistos, er möge den Ares erlösen,
Und so sprach er denn zu ihm die beflügelten Worte:
„Mach ihn los, denn ich verspreche: nach deinem Verlangen
Wird er gebührende Buße im Kreise der Götter dir zahlen."

Ihm erwiderte drauf der gepriesene, hinkende Künstler:
„Nein, verlange das nicht von mir, o Herrscher Poseidon!

Bei Nichtsnutzigen nutzt auch nichts die geleistete Bürgschaft.
Denn wie könnte ich dich im Kreise der Himmlischen fesseln,
Wenn mir Ares entginge und Schuld und Banden entränne."
Ihm erwiderte drauf der Länderumstürzer Poseidon:
„Höre, Hephaistos, wenn Ares sich wirklich seiner Verpflichtung
Fliehend entzieht, dann werde ich sie dir selber bezahlen."

Ihm erwiderte drauf der gepriesene, hinkende Künstler:
„Unrecht wär es, unmöglich, dir deine Bitte zu weigern."

Also sprach er; dann löste die Kraft des Hephaistos die Fesseln.
Und sobald die beiden der starken Bande entledigt,
Sprangen sie eilig auf; der eine stürzte nach Thrake,

Aphrodite flüchtet nach Kypros Und Aphrodite enteilte nach Kypros, die lächelnde Göttin,
Wo ihr ein heiliger Hain und ein duftender Altar in Paphos.
Und dort mußten sie die Chariten waschen und salben
Mit ambrosischem Öl, dem Glanz der ewigen Götter,
Und in reizende Kleider sie hüllen, ein Wunder zu schauen.
(Homer, Odyssee, 8. Gesang, Vers 266—366)

In der Übersetzung von Hampe heißt es:

Der aber schlug die Saiten und stimmte den schönen Gesang an
Über des Ares Liebe zur schön mit Kränzen geschmückten
Aphrodite, wie sie zuerst sich im Haus des Hephaistos
Heimlich vereinten; er schenkte ihr viel, und Lager und Bettstatt
Schändete er des Herrn Hephaistos. Dem aber tat es
Helios kund; der gewahrte die beiden in Liebe Vereinten.
Als Hephaistos nun die kränkende Kunde vernommen,
Lief er zur Schmiede hin und brütete Böses im Sinne,
Hob aufs Gestell den großen Amboß und schmiedete Fesseln,
Unzerbrechlich, unlöslich; da sollten sie beide drin stecken.
Als er aber gefertigt die Falle im Zorne auf Ares,
Ging er ins Schlafgemach hin, dort wo sein eigenes Bett stand;
Und er schlang im Kreise die Fesseln rings um die Pfosten
Und ließ viele von oben herab vom Deckgebälk hängen,
Fein wie Spinnengewebe; die hätte wohl keiner gesehen,
Selbst von den Göttern nicht; so täuschend war es gefertigt.
Aber nachdem er den ganzen Trug um das Lager gebreitet,
Ging er zum Schein nach Lemnos, der schön errichteten Feste,
Die ihm die liebste ist von allen Ländern der Erde.
Doch nicht blind lag Ares, der Gott mit den goldenen Zügeln,
Auf der Lauer und sah, wie der kunstberühmte Hephaistos
Sich entfernte; da lief er zum Haus des berühmten Hephaistos
Hin, von Liebe gedrängt zur schönbekränzten Kythere.
Die saß da, grad erst vom mächtigen Vater Kronion
Heimgekehrt; doch der drang ein ins Innre des Hauses,
Reichte ihr seine Hand und sprach und sagte die Worte:
„Kom jetzt, Liebe, zu Bett; erfreun wir uns beide des Lagers,
Denn Hephaistos ist nicht mehr im Lande, sondern er ging schon

Zu den barbarisch redenden Sintiern ferne in Lemnos."
Also sprach er; da schien auch ihr willkommen das Lager.
Beide bestiegen das Bett und legten sich; aber da fielen
Rings um sie die künstlichen Fesseln des klugen Hephaistos,
Und da gab es kein Regen der Glieder und kein Erheben;
Und da sahen sie ein, daß kein Entrinnen mehr möglich.
Ihnen nahte sich schon der berühmte mit Armen gewandte
Meister, zurückgekehrt, noch ehe er Lemnos erreichte.
(8. Gesang, Vers 266–301)

"Diese der Offenbachschen Komik nicht entbehrende rhapsodische Erzählung macht begreiflich", so meint der schon zitierte Werner Leibbrand
in seinen "Formen des Eros" (38), "wenn der fast 300 Jahre später lebende
Naturphilosoph aus Kolophon, Xenophanes, der die Gründungsgeschichte
des unteritalischen Elea berichtet hat, die Unmoral dieser ‚stehlenden und
ehebrecherischen' homerischen Götter dazu benutzt, einen Monotheismus zu
fordern . . ."

Bei Homer finden wir in der Ilias aber noch eine weitere Liebesgeschichte
der Aphrodite, und zwar mit Anchises, dem mythischen Helden aus dem *Anchises*
dardanischen Königshaus in Troja. Sie wird allerdings nur kurz angedeutet:

Aber die Dardaner führte der Sohn des Anchises, Ainaias,
Den Aphrodite, die Göttin, vom Helden Anchises empfangen,
Als in den Schluchten des Ida sie sterblichem Manne sich hingab.
(Homer, Ilias, 2. Gesang, Vers 819–821)

Dieses Liebesverhältnis ist in einem dem Homer zugeschriebenen Hymnus an Aphrodite ausführlicher überliefert. Kerényi hat diesen Mythos zusammengefaßt:

Über drei Göttinnen hatte Aphrodite keine Macht: über Athene, Artemis und Hestia. Alle
anderen Götter und Göttinnen besiegte sie; sie zwang Zeus, sterbliche Frauen zu lieben,
und seine göttliche Schwestergattin Hera, die Tochter des Kronos und der Rhea, zu vergessen.
Darum mußte sich Aphrodite, nach dem Willen des Zeus, auch in einen Sterblichen, den
Hirten Anchises, verlieben. Dieser weidete seine Rinder auf den Höhen des Idagebirges und
war schön wie die Unsterblichen. Aphrodite erblickte ihn, und mächtig ergriff sie die Liebe.
Sie eilte nach Zypern, zu ihrem Tempel in Paphos. Die Tempeltüre schloß sie hinter sich,
die Chariten badeten sie und salbten die große Göttin mit unsterblichem Öl, dessen Duft
den ewigen Göttern anhaftet. In schönem Gewand, mit Gold geschmückt, kehrte sie eilends
nach Troja zurück, zum Idagebirge, der Mutter von wilden Tieren.

Sie nahm den Weg durch das Gebirge zur Stallung. Schweifwedelnd folgten ihr graue
Wölfe, wild blickende Löwen, Bären und schnelle Leoparden, die nie genug Gazellen ver-
zehren konnten. Die Göttin freute sich, als sie die Tiere erblickte und erfüllte ihre Herzen
mit Liebe, daß sie sich paarweise hinlegten im Schatten der Wälder. Aphrodite betrat das
Zelt der Hirten und fand Anchises allein. Er ging auf und ab uns spielte Zither. Vor ihm
stand Aphrodite, als wäre sie eine schöne, zarte, sterbliche Jungfrau. Anchises erblickte sie,
und sann und staunte über ihre Schönheit, ihren Wuchs und die herrliche Kleidung. Sie trug
ein Gewand, dessen rote Farbe mehr blendete als das Feuer, ihre Brüste leuchteten wunderbar, wie von Mondschein umgossen. Liebe ergriff den Anchises, und er redete die Göttin an.

Er begrüßte sie wie eine Unsterbliche, versprach ihr Altar und Opfer, und bat um ihren Segen für sich und seine Nachkommen. Da log ihm die Göttin, sie sei ein sterbliches Mädchen, eine phrygische Königstocher, spreche aber auch die Sprache der Troer. Aus dem Chor der Artemis, in dem sie mit ihren Spielgenossinnen und mit Nymphen tanzte, hätte Hermes sie entrafft und durch die Luft von Phrygien hierhergebracht. Denn sie sei berufen − so sagte ihr der göttliche Bote − die Gattin des Anchises zu werden. Doch möge, bat sie, der Hirt sie zuerst noch unangetastet lassen, er möge sie den Eltern und Brüdern zeigen, deren Schwiegertochter und Schwägerin sie sein werde, möge auch an ihre Eltern wegen der Mitgift einen Boten schicken, und erst danach Hochzeit feiern.

Mit diesen Worten entfachte die Göttin noch mehr die Liebe des Anchises. „Bist du ein sterbliches Mädchen und zu meiner Gattin bestimmt, so wird mich weder Gott noch Mensch zurückhalten von dir. Selbst wenn Apollon mich nachher mit seinen Pfeilen treffen sollte, lieben will ich dich jetzt sofort, und danach sterben!" So rief der Hirt und ergriff die Hand der Aphrodite. Sie folgte ihm, sich immer wieder zurückwendend, als wollte sie umkehren, die schönen Augen niedergeschlagen, zum Lager. Auf weichen Decken lagen Felle von Bären und Löwen, die Anchises selbst erbeutet. Er nahm ihr den schimmernden Schmuck, löste ihren Gürtel und enthüllte sie. Nach dem Willen der Götter lag der Sterbliche neben der unsterblichen Göttin, ohne es zu wissen. Erst in der Stunde, wo die übrigen Hirten heimkehren sollten, weckte Aphrodite den schlafenden Geliebten und zeigte sich ihm in ihrer wahren Gestalt und Schönheit. Anchises erschrak, als er ihre schönen Augen sah. Er wandte sich ab, verhüllte sein Angesicht und flehte Aphrodite um Rettung an. Denn kein sterblicher Mann bleibt für sein übriges Leben heil, der mit einer Göttin schlief.

Es wird noch weiter erzählt, daß Aphrodite über den Sohn, den sie von Anchises empfangen hat, und über dessen Nachkommen das Beste und Schönste prophezeite. Der Sohn war Äneas, der als Gründer der Nation der Latiner bei unseren italischen Nachbarn sollte berühmt werden. Sich selbst beklagte die Göttin, hatte sie sich doch einem Sterblichen hingegeben. Niemandem dürfe Anchises verraten, daß es ihr Sohn sei, wenn die Nymphen ihm ein Kind brächten, als wäre es von einer unter ihnen geboren. Sonst würde ihn der Blitz des Zeus treffen. Es wird berichtet, daß Anchises später durch einen Blitzschlag lahm wurde, weil er in seiner Trunkenheit geprahlt hatte. Doch gab es eine Erzählung auch darüber, daß er mit Blindheit gestraft wurde, weil die Nacktheit der Göttin sah. Bienen hätten ihm die Augen ausgestochen. (12, S. 77−79)

Ranke-Graves schildert diese Episode wie folgt:
Obwohl Zeus niemals, wie manche behaupten, mit seiner Adoptivtochter Aphrodite das Lager teilte, führte ihn doch die Magie ihres Gürtels oft in Versuchung. Zu guter Letzt beschloß er, sie zu erniedrigen: Er ließ sie sich leidenschaftlich in einen Sterblichen verlieben. Es war dies der schöne Anchises, König der Dardaner, ein Enkel des Ilos. Eines Nachts, als er in der Hütte seiner Hirten auf dem troischen Berg Ida schlief, besuchte ihn Aphrodite in der Verkleidung einer phrygischen Prinzessin ... Als sie sich in der Morgendämmerung trennten, offenbarte sie ihm ihre göttliche Natur und ließ sich sein Wort geben, über diese Nacht tiefstes Stillschweigen zu bewahren. Anchises wurde vor Schreck erfaßt, als er erfuhr, daß er die Nacktheit einer Göttin gesehen hatte, und bat sie, sein Leben zu schonen. Sie versicherte ihm, daß er nichts zu befürchten hätte und daß ihr Sohn berühmt sein würde. Einige Tage später, als Anchises mit seinen Freunden bei einem Trinkgelage war, fragte ihn einer: „Würdest du eher mit der Tochter des Soundso als mit Aphrodite selber schlafen?" „Da ich mit beiden geschlafen habe", antwortete Anchises achtlos, „finde ich die Frage überflüssig."

Zeus hörte diese Prahlerei und warf einen Blitz nach Anchises. Dieser wäre sofort getötet worden, hätte nicht Aphrodite ihren Gürtel dazwischengeworfen und so den Blitz in den Boden zu seinen Füßen abgelenkt. Trotzdem schwächte der Schock Anchises so sehr, daß er nie wieder aufrechtstehen konnte. (14, Bd. 1, S. 58)

Aphrodite Urania („Königin des Berges") oder Erykina („von der Heide") war die Nymphengöttin des Hochsommers. Den Heiligen König, der sich mit ihr auf einem Berggipfel paarte, tötete sie, wie die Bienenkönigin die Drohne tötet. Daher die Erwähnung der Bienen, die das Heidekraut lieben, und des roten Gewandes, das Aphrodite in ihrer Liebesnacht mit Anchises auf dem Berggipfel trug. Daher stammen auch die Anbetung Kybeles, der phrygischen Aphrodite auf dem Berge Ida, als Königin-Biene, und die ekstatische Selbstentmannung ihrer Priester zum Andenken an ihren Liebhaber Attis. Anchises war einer der vielen Heiligen Könige, die von einem rituellen Donnerkeil niedergeschlagen wurden, wenn sie mit der Tod-im-Leben-Göttin zusammen gewesen waren, (so z. B. der Titan Iasios [oder Iasion], der es gewagt hatte, die Magna Mater Demeter zu berühren). In der frühesten Version des Mythos wurde er getötet. In späteren Fassungen gelang es ihm, zu entfliehen, so daß die Geschichte des frommen Aineias, der das heilige Palladium nach Rom brachte und seinen Vater aus dem brennenden Troia rettete, glaubhaft wurde. Anchises hatte einen Altar zu Aigesta in der Nähe des Berges Eryx. (14, Bd. 1, S. 60—61)

Ein weiterer irdischer Liebhaber der Aphrodite war der König der Zyprioten, *Pygmalion* Pygmalion, Sohn des Belos. Der Name Pygmalion oder — wie er vereinzelt auch genannt wurde — Pygmaion wird von den Etymologen vom griechischen pygmaios = „Zwerg" abgeleitet. Pygmalion war ein Künstler, ein Bildhauer. Zu den nach ihrer Gestalt zwerghaften Künstlern gehören im Mythos auch die Kabiren von Samothrake und die Telchinen von Rhodos, ebenso der eher zu den göttlichen Riesen zu zählende kunstfertige Hephaistos auf Lemnos. Von Pygmaion wird erzählt, daß er für die Kyprier mit Adonis identisch gewesen sei. Adonis, ebenfalls Geliebter der Aphrodite, wie auch sein Kult werden uns noch im Folgenden zu beschäftigen haben.

Ovid(ius) hat in seinen „Metamorphosen" Pygmalions Erlebnis mit der *Ovid erzählt* göttlichen Aphrodite erzählt:

Weil Pygmalion sah, wie sie so schändlich ihr Leben
Führten, wollte er, geschreckt durch diese Laster, die vielfach
Grade den Weibern eigen, nun ehelos ohne Gemahlin
Leben, und lange teilte er drum mit keiner das Lager.
Kunstvoll formt er indessen geschickt und bewunderungswürdig
Schneeiges Elfenbein und gibt ihm Formen, wie niemals
Herrlich ein Weib gelebt, und liebend beschaut er sein Kunstwerk.
Eine Jungfrau ist es, so wahr, als wäre sie lebend,
Und als ob nur Scham sie hindere, sich zu bewegen.
So verbarg sich denn Kunst in Kunst. Pygmalion selber
Staunt, und das Bildnis des Leibes erregt ihm ein glühend Entzücken.
Manchmal prüft seine Hand das Werk, ob es lebender Körper,
Ob es Elfenbein sei: doch glaubt er dieses auch dann nicht.
Küsse gibt er und wähnt sie erwidert und spricht und umarmt sie,
Glaubt, daß weich in die Haut sich die tastenden Finger versenken,

Fürchtet auch wohl, es könnten vom Druck der Glieder sich röten.
Bald auch schmeichelt er ihr und bringt ihr Geschenke, wie Mädchen
Ihrer sich freuen, Muscheln und runde Kiesel und kleine,
Niedliche Vögel dazu und tausendfarbige Blumen,
Lilien, bunte Bälle und von den Bäumen geweinte
Tränen der Heliaden; er schmückt ihre Glieder mit Kleidern,
Ziert ihren Hals mit langen Geschmeiden, die Finger mit Ringen:
Kleine Perlen enthängen den Ohren und Kettchen am Busen;
All das ziert sie, doch scheint sie nackend nicht weniger lieblich,
Legt sie auf einen Pfühl, gefärbt von sidonischen Schnecken,
Nennt sie Lagergenossin, und, gleich als ob er es fühle,
Bettet er ihren Nacken gestreckt auf flaumige Daunen.
Venus' heiliger Tag, die festlichste Feier auf Kypros,
Nahte, und ganz mit Gold die gebogenen Hörner umkleidet,
Sanken die jungen Kühe, getroffen im schneeigen Nacken.
Weihrauch dampfte empor. Pygmalion, als er geopfert,
Stand am Altare voll Furcht und sprach: „Da Götter ja alles
Geben können, erfleh ich zum Weibe"; (nicht wagt er zu sagen:
„Elfenbeinernde Jungfrau") er sagt nur: „eine ihr ähnlich".
Aber die goldene Venus, die selbst dem Feste genaht war,
Fühlte des Flehens Sinn, und als ein freundliches Zeichen
Flackerte dreimal züngelnd und hell in die Lüfte die Flamme.
Wie er daheim, begibt er sich gleich zu dem Bilde des Mädchens,
Neigt sich über das Lager und küßt sie: sie scheint zu erwarmen.
Wiederum naht er dem Munde und befühlt mit den Händen den Busen:
Weich wird unter der Hand das Elfenbein, mildert die Härte,
Schmiegt sich den Fingern an so fügsam, wie Wachs des Hymettus
An der Sonne erweicht und unter dem bildenden Daumen
Vielfach sich gestaltet und brauchbar durch den Gebrauch wird.
Staunend, voll Zweifel auch, mit Bangen und Täuschung befürchtend,
Faßt er mit liebender Hand die Ersehnte wieder und wieder,
Körper ward sie, schon fühlt der Daumen das Schlagen der Adern.
Da nun richtet beglückt an Venus der paphische Heros
Danküberströmende Worte und preßt nun endlich die Lippen
Nicht auf ein Lippengebilde, und die erhaltenen Küsse
Fühlt die Jungfrau, errötet und scheu um Lichte die lichten
Augen erhebend, erblickt mit dem Himmel sie auch den Geliebten.
So erscheint zu dem Bund, dazu sie verholfen, die Göttin,
Und als die Hörner des Mondes zum neunten Male sich runden,
Bringt sie den Paphos zur Welt. Von ihm trägt die Insel den Namen.
(Ovid, Metamorphosen, 10. Buch, Vers 243–297)

Ranke-Graves kommentiert:

Pygmalion, der mit der Oberpriesterin der Aphrodite zu Paphos verheiratet war, scheint
das weiße Abbild der Göttin als Unterpfand für den Bestand seines Thrones bei sich verborgen gehalten zu haben. Wenn sein Sohn Paphos, den ihm die Priesterin gebar, wirklich
sein Nachfolger auf dem Thron Kypros' gewesen ist, so war er der König, der die patriarchalische Ordnung auf Kypros einführte. Es ist jedoch wahrscheinlicher, daß er, ebenso

wie sein Enkel Kinyras, sich am Ende seiner achtjährigen Regierung weigerte, das Abbild der Göttin herauszugeben. Vielleicht ist es ihm dadurch und durch eine zweite Ehe mit einer anderen Priesterin der Aphrodite gelungen, seine Regierungszeit zu verlängern. Eine andere Priesterin — das könnte allerdings nur heißen, daß er seine eigene Tochter Metharme, die ja die Thronerbin war, geheiratet hat. Metharme bedeutet „Wechsel". (14, Bd. 1, S. 190)

Im phönikischen Byblos lernten wir neben der „Großen Mutter" Baalat den *Adonis* göttlichen „Herrn" Adonai kennen. Er ist mit dem griechischen Adonis identisch. Der Name „Adonis" stammt vom phönikischen Adon = „Herr". Er stellt eine griechische Variante des syrischen Halbgottes Tammuz dar, der ursprünglich ein Dämon war, dem das jährliche Wachstum in der Natur zu überwachen oblag. Im kleinasiatischen Raum, besonders in Syrien, und von hier nach Zypern und auf den griechischen Kontinent vorgedrungen, zeigt der Mythos des Adonis und sein weit verbreiteter Kult die engen Beziehungen des gesamten Kulturraumes im östlichen Mittelmeer.

Der Sitz des Adoniskultes bei Byblos lag an einem der Stadt benachbarten Bach, dessen Quelle Apheq im Libanon liegt. Der Ort heißt heute arabisch Nahr Ibrahim. Nach der Mythe verfärbt sich im Hochsommer sein Wasser blutrot vom Blute des getöteten Gottes. Adonis war ein herrlicher Jüngling, den die Baalat liebte. Von den neidischen Göttern wurde er durch einen mächtigen Eber an der Quelle des Baches getötet. In Apheq wird noch heute das mit Blüten geschmückte Lager der Göttin mit dem aus der Unterwelt wieder zurückgekehrten Geliebten zum Mittelpunkt des Trauerfestes um den getöteten „Herrn". Der Kult wurde schon früh mit dem des von Isis und Osiris in Ägypten identifiziert. Nach dem ägyptischen Mythos wurde der Sarg mit der Leiche des Osiris, den Seth in den Nil geworfen hatte, nach Byblos über das Meer getragen. Die Baalat von Byblos war in Ägypten gut bekannt. Sie wurde mit Hathor gleichgesetzt. In Byblos wie in Ägypten war der Kopfschmuck der Baalat-Hathor eine Sonnenscheibe zwischen zwei Hörnern.

Bei den Phönikern selbst war Adonis, der bei den Griechen als phönikischer Gottesname erschien, unbekannt. „Adôn" ist bei ihnen nur ein Epitheton, also ein als Beifügung gebrauchtes Eigenschaftswort, das jedem männlichen Gott zusteht.

Adonis, der Geliebte der Liebesgöttin, wird im Mythos in Bezug zu dem arabischen Myrrha- oder Smyrnastrauch gestellt. Sein stark duftendes Harz war bei den Völkern des Altertums sehr geschätzt. Dieses Harz hieß Myrrha oder Smyrna.

Im Mythos war Myrrha oder Smyrna eine Königstochter. Ganz sicher ist *Adonis, das* ihre Abstammung nicht. Entweder war sie die Tochter des Königs Theias aus *Produkt eines* dem Libanon oder Königs Kinyras von Zypern, des Begründers von Paphos. *Inzests* Myrrha verliebte sich in ihren Vater. Es gelang ihr, ihn durch Täuschung zum Inzest zu bewegen. Sie schlief mit ihm zwölf Nächte lang. Als der Vater den

Betrug am letzten Tag im Schein eines verborgenen Lichts entdeckte, verjagte er sie mit gezücktem Schwert. Voll Scham verbarg sie sich als Schwangere aus dieser verbotenen Liebe. Sie flehte die Götter an, weder unter den Lebenden noch unter den Toten leben zu müssen. Zeus, nach einer anderen Version Aphrodite, erbarmte sich ihrer und verwandelte sie in einen Baum. Aus seinem Holz strömen die Tränen als würziges Harz und aus der Baumrinde entsprang als Frucht Adonis.

Adonis war so schön, daß sich sogleich Aphrodite in ihn verliebte. Sie barg das Kind nach seiner Geburt in einer Lade, die sie der Königin der Unterwelt, Persephone, zur Aufbewahrung übergab. Diese öffnete neugierig die Lade und erblickte das schöne Kind, in das sie sich ebenfalls sogleich verliebte. Sie wollte es nicht mehr zurückgeben. Der Streit um die Herausgabe kam vor Zeus, der ein weises Urteil sprach: Adonis verblieb für einen Teil des Jahres bei Persephone und verbrachte den anderen Teil bei Aphrodite. Ranke-Graves hat die Erzählungen über Adonis zusammengefaßt:

Eines Tages prahlte die Gemahlin des Königs Kinyras von Kypros — manche nennen ihn König Phoinix von Byblos, andere König Theias, den Assyrer —, daß ihre Tochter Smyrna schöner noch wäre als Aphrodite. Unverzüglich rächte sich die Göttin für diese Beleidigung. Sie ließ Smyrna sich in ihren Vater verlieben und in dunkler Nacht in sein Bett kriechen; ihre Dienerin hatte ihn so trunken gemacht, daß er nicht mehr wußte, wer er war. Später entdeckte Kinyras, daß er sowohl der Vater wie auch der Großvater des ungeborenen Kindes seiner Tochter war. Wild vor Zorn ergriff er sein Schwert. Sie floh aus dem Palast. Auf dem Gipfel eines Hügels holte er sie ein. Aber Aphrodite verwandelte Smyrna schnell in einen Myrrhenbaum, den das herabfallende Schwert in zwei Hälften spaltete. Heraus fiel das Kind Adonis in einer Truhe, der sie Persephone, der Königin der Toten, anvertraute. Sie bat Persephone, die Truhe an einem dunklen Ort zu verbergen. Doch Persephone, von Neugier gepackt, öffnete die Truhe und fand darin Adonis. Er war so lieblich, daß sie ihn heraushob und in ihrem eigenen Palaste aufzog. Die Nachricht erreichte Aphrodite, die sofort in den Tartaros eilte, um Adonis zurückzufordern. Persephone, die den schönen Jüngling inzwischen zu ihrem Liebhaber gemacht hatte, wies sie ab. Aphrodite wandte sich an Zeus. Dem aber war nicht verborgen geblieben, daß auch Aphrodite mit Adonis liegen wollte. Er weigerte sich, diesen so peinlichen Streitfall zu schlichten. Er verwies ihn an einen niedrigeren Gerichtshof, dem die Muse Kalliope vorstand. Kalliope entschied, daß Persephone und Aphrodite gleiches Recht an Adonis hätten — Aphrodite, weil sie ihm zur Zeit seiner Geburt rettend zu Hilfe gekommen war, Persephone, weil sie ihn aus der Truhe befreit hatte. Dem Jüngling aber sollte jährlich ein Urlaub von den liebessüchtigen Forderungen der beiden unersättlichen Göttinnen zustehen. Daher teilte sie das Jahr in drei gleiche Teile, von denen er einen Teil mit Persephone, einen mit Aphrodite und den dritten allein verbringen sollte.

Aphrodite verzaubert Adonis
Aphrodite aber versuchte, den Schiedsspruch zu hintertreiben: Mit Hilfe ihres magischen Gürtels verführte sie Adonis, auf seine Ferien zu verzichten und ihr auch den Teil des Jahres zu schenken, der Persephone zustand.

Persephone, mit Recht empört, ging nach Thrakien, wo sie ihrem Wohltäter Ares erzählte, daß Aphrodite ihn mit Adonis betröge. „Ein einfacher Sterblicher", rief sie, „und dazu noch weibisch!" Ares wurde eifersüchtig und stürzte in der Verkleidung eines wilden Ebers auf Adonis, der in den Bergen des Libanon jagte. Er spießte ihn vor den Augen Aphro-

dites auf seine Hauer und tötete ihn. Dem Blute des Adonis entsprangen Anemonen, und *Der Schieds-*
seine Seele stieg hinab in den Tartaros. Aphrodite ging weinend zu Zeus und bat, daß Adonis *spruch des Zeus*
nur die dunkle Hälfte des Jahres mit Persephone verbringen sollte, während er für die Sommermonate ihr verbleiben solle. Großherzig bewilligte Zeus ihre Bitte. Manche aber sagen,
Apollon wäre der Eber gewesen, der Aphrodites Frevel hätte rächen wollen.

Um Adonis eifersüchtig zu machen, verbrachte Aphrodite mit Butes, dem Argonauten, *Butes*
einige Nächte in Lilybaion. Durch ihn wurde sie Mutter des Eryx, eines Königs von Sizilien.
Die Kinder, die sie von Adonis hatte, waren Golgos, der Gründer des kyprischen Golgi, und
Beroe, die Gründerin von Beroia in Thrakien. Manche sagen auch, daß Adonis, nicht Dionysos,
der Vater ihres Sohnes Priapos war. (14, Bd. 1, S. 58—60)

Dem Mythos von Myrrha-Smyrna und Adonis kommentiert Ranke-Graves:

Der Mythos über Kinyras und Smyrna spiegelt offensichtlich einen Geschichtsabschnitt, in
dem der Heilige König einer matrilinearen Gesellschaft beschloß, seine Regierungszeit über
das übliche Maß hinaus zu verlängern. Er heiratete eine junge Priesterin, dem Namen nach
seine Tochter, die für den nächsten Zeitabschnitt als Königin destiniert war. Damit ver-
hinderte er, daß sie einen anderen Prinzen heiratete und sein Königtum an diesen verloren-
ging . . .

In Syrien, Kleinasien und Griechenland war das heilige Jahr der Göttin einst in drei *Tierattribute*
Teile geteilt und dem Löwen, der Ziege und der Schlange zugesprochen. Die Ziege, das *der Göttin*
Zeichen des mittleren Teils, war der Liebesgöttin Aphrodite geweiht; die Schlange, das des
letzten, der Todesgöttin Persephone. Der Löwe, das Sinnbild des ersten Teiles, war der
Göttin der Geburt heilig, die hier Smyrna genannt wurde und die keinen Anspruch auf
Adonis hatte. In Griechenland wurde dieser Kalender später durch ein Zwei-Jahreszeiten-
Jahr ersetzt, das entweder durch die Tagundnachtgleichen östlicher Art, wie etwa in Sparta
und Delphi, oder durch die nördliche Art der Sonnenwenden, wie etwa in Athen und Theben,
bestimmt war. So wird die Verschiedenartigkeit der beiden Urteile, nämlich das der Berg-
göttin Kalliope und das des Zeus, verständlich.

Tammuz wurde, wie viele andere mythische Gestalten, von einem Eber getötet, wie
Osiris, der kretische Zeus, Ankaios von Arkadien, Karmanor von Lydien und der irische
Held Diarmuid. Es scheint, daß dieser Eber einst eine Bache mit halbmondförmigen Hauern
war, eine Darstellung der Göttin selbst als Persephone; als aber das Jahr geteilt wurde und
die helle Hälfte vom Heiligen König, die dunkle von seinem Stellvertreter oder Rivalen, oder
Finn mac Cool, der Diarmuid tötete. Die Adonia, ein Trauerfest zu Ehren des Tammuz,
wurde in jedem Frühjahr in Byblos begangen. Die Geburt des Adonis aus einem Myrrhenbaum — die Myrrhe war ein wohlbekanntes Liebesmittel — verweist auf den orgiastischen
Charakter seiner Riten. Das tropfende Harz der Myrrhe galt als für ihn vergossene Tränen.
(Gaius Julius) Hyginus (um 64 v. u. Z.—17 n. u. Z.) ließ Kinyras König von Assyrien sein,
vielleicht, weil die Anbetung des Tammuz dort ihren Ursprung hatte. (14, Bd. 1, S. 61—62)

Ovid hat uns in seinen „Metamorphosen" den Mythos von Myrrha, Adonis *Ovid erzählt*
und Aphrodite überliefert:

Jener Kinyras auch ward hier (in Paphos) geboren, man hätte
Glücklich ihn preisen gekonnt, wenn er kinderlos wäre geblieben.
Schreckliches will ich besingen. Hinweg, ihr Töchter und Väter!
Oder, sofern mein Sang doch euern Sinnen gefällig.
Mangle mir euer Vertrauen und schenkt der Tat keinen Glauben,
Oder, wenn ihr sie glaubt, so glaubt auch an ihre Bestrafung.
Ließ jedoch die Natur ein solches Verbrechen geschehen,

(Nenn ich Ismariens Völker beglückt und unseren Erdteil)
Nenn ich beglückt dies Land, daß fern es von jenen Gebieten,
Die solche Laster gezeugt. Und sei die panchaeische Erde
Auch an Balsam reich, an Zimt und bäumenentquollnem
Weihrauch und anderen Blumen, wenn es daneben die Myrte
Trägt: so wert war nicht die neuentstandene Pflanze.
Leugnet Cupido doch selbst, daß seine Geschosse dich trafen,
Myrrha, und nimmt den Schutz vor solchem Vergehen die Fackel.
Doch mit stygischem Brand und geschwollenen Nattern befällt sie
Der drei Furien eine: den Vater zu hassen ist ruchlos,
Ruchloser aber als Haß ist solche Liebe. Erlesne
Edle begehren dich rings. Die ganze Jugend des Ostens
Eifert die Braut zu gewinnen. Aus allen, Myrrha, erwähle
Einen zum Gatten: doch fehle, so meint sie, bei allen der eine.
Zwar sie fühlt es und sucht die schändliche Lust zu bekämpfen.

Moralische Verteidigung des Tochter-Vater-Inzests

Und sie spricht zu sich selbst: „Wo treibt es mich hin? Was beginn ich?
Götter und kindliche Scheu und geheiligte Rechte der Eltern,
Wehret, so fleh ich, dem Frevel, und hemmt mich bei solchem Verbrechen,
Falls es Verbrechen ist. Doch die kindliche Liebe verurteilt
Solche Liebe doch nicht. Die anderen Tiere vereinen
Ohne Bedenken sich doch. Die Kuh läßt ruhig den Vater
Ihren Rücken bespringen. Der Hengst nimmt die Tochter zur Gattin,
Schafen gesellt sich der Bock, die er selber erzeugte, der Vogel
Läßt sich befruchten von dem, durch den er selber entstanden.
Glücklich, wem solches erlaubt. Und nur die Sorgfalt der Menschen
Gab so üble Gesetze, und neidische Rechte verweigern,
Was der Natur genehm, doch sagt man, es gäbe ja Völker,
Wo sich die Mutter dem Sohne und die Tochter dem eigenen Vater
Hingibt, und doppelte Lust noch so die Innigkeit steigert.
Weh mir, daß ich nicht auch daselbst geboren und hier nun
Leide die Ungust des Ortes. Doch warum bedenk ich das alles
Immer auf neue? Entweiche, verbotene Hoffnung! Als Vater
Ist er nur liebenswert. Und wenn ich als des großen
Kinyras Tochter nicht wäre, dann könnte mich Kinyras freien;
Nun, wo er mein ist, ist er nicht mein, und die nahe Verwandtschaft
Schadet mir nur; als Fremde wär leichter das Ziel zu erreichen.
Fortgehen möcht ich von hier und die Grenzen der Heimat verlassen,
Um den Frevel zu fliehen. Mich Liebende fesselt die böse
Glut, daß ich Kinyras sehe, leibhaftig berühre und spreche
Und ihn mit Küssen bedecke, wenn mir nichts weiter vergönnt ist.
Darüber hinaus, was kannst du ruchlose Jungfrau erwarten?
Und du fühlst doch, wie sehr du Rechte und Namen verwechselst,
Buhlin neben der Mutter und Dirne des Vaters zu werden,
Schwester des Sohnes zu heißen und Mutter des eigenen Bruders!
Schrecken dich nicht die Schwestern, die schwarz mit Schlangen behaarten,
Die mit grausigem Brand dir Auge und Antlitz bestürmen,
Um dein schändliches Herz zu schaun? Doch da mit dem Leibe
Du vom Frevel noch rein, so bleibt es im Herzen und kränke

266

Nicht das Gesetz der großen Natur mit dem Frevel der Unzucht.
Wolltest du auch, so verbietet es sich von selber. Denn er ist
Fromm und gesittet. Ich wollte, er glühe in ähnlichem Wahnsinn."

Sprachs: doch Kinyras, der bei der Menge würdiger Freier
Zweifelte, welchen er wähle, befragte die Tochter nun selber
Unter Nennung der Namen, wen sie zum Gatten begehre.
Stumm bleibt sie zuerst, und an den Mienen des Vaters
Hangend, erglüht sie und netzt mit tausend Tränen die Augen.
Kinyras in dem Glauben, dies sei nur jüngfräulich Zagen,
Wehrt ihr zu weinen und trocknet dann ihre Wangen und küßt sie.
Allzu froh ist Myrrha darob und auf sein Befragen,
Was für ein Mann ihr erwünscht, antwortet sie: „Einer wie du es bist."
Er versteht nicht den Sinn der Worte und lobt sie: „So bleibe
Immer so kindlich fromm." Bei der kindlichen Liebe Erwähnung
Senkt, ihrer Schuld bewußt, die Jungfrau die Augen zu Boden.

*Myrrha liebt
ihren Vater
Kinyras*

Mitternacht wars; und der Schlaf erquickte die sorgengelösten
Glieder. Doch Kinyras' Tochter liegt wach, geschüttelt von wilder
Glut und erwägt immer wieder die unbezähmbaren Wünsche.
Bald verzweifelt sie, bald will sie es wagen und schämt sich,
Giert aber doch und weiß sich nicht Rat. Wie ein ragender Baumstamm
Nach unzähligen Schlägen noch harrt des entscheidenden Streiches,
Schwankend, wohin er falle, und beide Seiten sich scheuen:
Also schwankt ihr Gemüt, von so mancherlei Wunden erschüttert,
Unstet hin und her und weiß nicht, wohin sich zu wenden.
Nur im Tode ist Maß und Ruhe der Liebe zu finden,
Und so wählt sie den Tod. Sie erhebt sich und will mit der Schlinge
Sich erdrosseln und knüpft hoch an den Pfosten den Gürtel:
„Kinyras, lebe denn wohl und ahne, warum ich gestorben",
Ruft sie und umfügt den erblassenden Hals mit der Schlinge.
Doch das Gemurmel der Worte, erzählt man, erreichte der alten
Amme Ohren, die treu des Pfleglings Schwelle bewachte.
Auf springt hastig die Alte, entriegelt die Türe, und wie sie
Sieht, daß alles zum Tode bereitet, entfährt ihr ein rascher
Schrei, sie schlägt sich, zerreißt ihr Busengewand, und die Schlinge
Trennt sie vom Hals, und nun erst beginnt sie zu weinen; um Myrrha
Wirft sie die Arme und fragt, was die Schlinge bedeute.
Schweigend verharrt das Mädchen, und regungslos blickt sie zu Boden,
Traurig, daß sie ertappt bei ihrem verzögerten Selbstmord.
In sie dringt die Alte, ihr graues Haar und den welken
Busen entblößend, beschwört sie bei ihrer Wiege, der ersten
Nahrung, ihr doch zu vertrauen, was sie so quäle; doch Myrrha
Wendet sich seufzend ab, nun drängt die Alte und bietet
Nicht nur Worte der Treue: „Entdecke dich", sagt sie, „und helfen
Will ich dir gern; ich bin für meine Jahre noch rüstig.
Packte dich Wahn, so hab ich ja heilende Früchte und Kräuter;
Hat dich einer verhext? Ich läutre durch magische Bräuche.

Oder ist's Götterzorn? Der läßt sich durch Opfer versöhnen.
Was denn bliebe noch sonst? Dir blühen ja Haus und Vermögen;
Alles ist richtig im Stand, auch leben noch Vater und Mutter."

Bei dem Namen des Vaters entringt sich Myrrha ein tiefer
Seufzer. Auch jetzt noch wähnt in ihrem Herzen die Amme
Keinerlei Frevel, doch glaubt bereits sie Liebe zu ahnen.
Unentwegt beschwört sie das Mädchen, was es auch wäre,
Ihr zu entdecken, sie hebt die Weinende auf ihren greisen
Schoß, und ihren Leib mit den kraftlosen Armen umschlingend
Sprach sie: „Ich fühle, du liebst, und dann auch fürchte nicht länger,
Wird doch mein Eifer dir dienen, auch soll es nimmer dein Vater
Wissen." Da sprang sie rasend vom Schoß und preßte ihr Antlitz
Tief in die Kissen und rief: „Hinweg, ich flehe dich, schone
Meine verzweifelte Scham. Verlaß mich und frage nicht länger,
Was mich so quält: denn Greuel ist, was du zu wissen begierig."
Schaudernd vernimmt es die Greisin und hebt die von Alter und Schrecken
Zitternden Hände und stürzt sich flehend dem Pflegling zu Füßen,
Schmeichelt ihr bald, und bald, wenn sie nicht alles erfähre,
Schreckt sie und droht mit Verrat des Stricks und begonnenen Selbstmords,
Doch sie gelobt ihr Hilfe, sobald ihr die Liebe gestanden.
Myrrha erhebt ihr Haupt, und mit strömenden Tränen benetzt sie
Ihrer Ernährerin Brust, bald ist sie bereit zu gestehen,
Bald wieder stockt sie, und schamhaft ihr Haupt im Gewande verhüllend
Ruft sie: „O Mutter, wie warst du beglückt durch solch einen Gatten."
Dies nur spricht sie und seufzt. Die Amme durchrieselt ein kalter
Schauer, denn nun versteht sie die Worte; es sträuben die weißen
Haare sich rings ihr hoch empor am Scheitel. Gar vieles
Rät sie, daß Myrrha, wenn möglich, die grause Liebe ersticke.
Zwar erkennt die Jungfrau, wie richtig die Mahnung, und dennoch
Ist sie entschlossen zum Tod, wenn sie nicht den Geliebten erlange.
„Lebe denn", rief die Amme, „genieße deinen", sie wagt nicht
„Vater" zu sagen; sie schweigt und bekräftigt durch Eid ihr Versprechen.

Ceres! jährliches Fest ward fromm von den Müttern begangen,
Jenes, wobei sie, den Leib gehüllt in weiße Gewänder,
Erstlingsfrüchte bringen, in Ährenkränzen gewunden,
Und neun Nächte hindurch des Mannes Berührung und Liebe
Streng zum Verbotenen zählt. Cenchreïs, des Königs Gemahlin,
War auch unter der Schar und teilte die heimliche Feier.
Während das Ehebett so der gesetzlichen Gattin entbehrte,
Findet unheiltätig die Amme den trunkenen König,
Preist ihm ein liebendes Mädchen, doch unter erlogenem Namen,
Rühmt ihre schöne Gestalt, und, befragt um das Alter der Jungfrau,
Sagt sie: „Der Myrrha gleich." Befohlen, das Mädchen zu bringen,
Kehrt die Alte nach Haus und ruft: „Nun freue dich, Liebling,
Unser ist nun der Sieg." Doch fühlt die unselige Jungfrau
Nicht nur volle Beglückung, ihr Herz ist voll ahnender Trauern.
Aber sie freut sich doch: so groß ist ihr innerer Zweispalt.

268

Nächtiges Schweigen umhüllte die Welt, es lenkte Bootes
Seitlich schon hinab die Deichsel des Siebengestirnes,
Als zur üblen Tat nun Myrrha nahte. Die goldne
Luna entwich vom Himmel, und Dunkel verhüllt die Sterne;
Lichtlos wurde die Nacht. Du, Ikarus, bargest dein Antlitz
Erst, und Erigone dann, die verstirnt wegen kindlicher Liebe.
Dreimal strauchelt ihr Fuß, ein warnendes Zeichen, und dreimal
Tönte der Unheilsschrei des todverkündenden Käuzchens.
Dennoch geht sie; ihr mindern die Scham die Nacht und das Dunkel.
Mit der Linken hält sie die Hand der Amme, und tastend
Sucht im Dunkel die Rechte den Weg, und schon auf der Schwelle
Steht sie, öffnet die Tür und läßt in die Kammer sich ziehen.
Schwankend bricht sie fast in den Knien zusammen. Ihr schwinden
Farbe und Blut, der Mut verläßt sie, weiter zu schreiten.
Um so näher dem Greuel, je mehr erschrickt sie. Was Wagstück
Reut sie, und unerkannt wär sie noch gerne entwichen.
Aber die Greisin zieht die Zögernde hin an das hohe
Lager und übergibt sie mit diesen Worten dem König:
„Nimm sie! das Mädchen ist dein", und schließt die verfluchte Verbindung.   *Der Inzest*
So auf dem Lager der Unzucht empfängt der Erzeuger sein eigen
Fleisch und Mädchenscheu und ihr Zagen sucht er zu dämpfen;
Nennt sie vielleicht auch Tochter des Alters wegen und sie ihn
Vater darauf, damit auch Namen der Blutschuld nicht fehlen.
Schwanger vom Vater verläßt sie die Kammer und trägt den verruchten
Samen im schandbaren Schoß und mit ihm die Frucht ihrer Untat.
Folgende Nacht erneut sie die Tat und endet auch dann nicht;
Da hieß Kinyras endlich, gespannt die Geliebte zu schauen
Nach so häufiger Lust, die Leuchte holen und sah nun
Seine Tochter und Schuld. Da Jammer am Reden ihn hindert,
Reißt er das blinkende Schwert herab aus der hangenden Scheide.
Myrrha entflieht, und gehüllt in nächtiges Dunkel entging sie
So dem sichern Tode; und weite Gefilde durcheilend
Mied sie Panchaeas Fluren und weit Arabiens Palmen.
Neunmal erneuerte sich der Mond dem irrenden Weibe,
Bis sie ermüdet zuletzt sich ruht im Lande von Saba.
Kaum mehr ertrug sie die Bürde des Schoßes und wußte die eignen   *Eigenanklage der*
Wünsche nicht, Todesangst und Lebensekel erfaßte sie,   *nach Saba*
Und da betete sie: „Wenn je ihr geständige Sünder,   *geflüchteten*
Götter, erhört, ich verdien es und bin der Strafe gewärtig.   *Myrrha*
Doch daß den Lebenden ich nicht lebend ein Ärgernis werde
Oder den Toten im Tode, so stoßt mich aus beiden Bezirken
Aus und versagt mit Leben und Tod durch eine Verwandlung."

Beichtende hört ein Gott. Zumindest fanden die letzten
Wünsche ein göttliches Ohr. Denn durch der Bittenden Füße
Stieg schon Erde empor, und schräg durch die berstenden Nägel
Streckte sich Wurzelgeflecht, dem wachsenden Baume zur Stütze.
Knochen werden zu Holz, das Mark aber blieb in der Mitte;

Blut ging über in Saft, in größere Zweige die Arme
Und in kleine die Finger; die Haut verhärtet zu Rinde.
Als den schwangeren Leib schon wachsend der Baumstamm umzwängte,
Ihr die Brust überdeckte, bereit den Hals zu umhüllen,
Zögerte Myrrha nicht und senkte dem nagenden Holze
Selbst sich entgegen und barg ihr Antlitz unter der Rinde,
Und obgleich mit dem Leibe die früheren Sinne ihr schwanden,
Weint sie nun doch und lau entrinnen Tropfen dem Baume.
Ehre erweist man den Tränen; die stammentquollene Myrrhe
Trägt den Namen von ihr und lebt in der Zeiten Gedächtnis.

Geburt des Adonis Doch in dem Stamme wuchs der in Sünden empfangene Knabe,
Und er suchte den Weg, sich aus der Mutter zu drängen,
Und der befruchtete Schoß schwoll an in der Mitte des Baumes.
Schwer ist die Mutter bedrängt; doch mangeln den Schmerzen die Worte
Und der Gebärenden Stimme kann auch Lucina nicht rufen.
Doch einer Kreißenden ähnlich gekrümmt entsendet der Baumstamm
Häufige Seufzer und wird von fallenden Tränen gefeuchtet.
Huldreich nahte sich da Lucina den leidenden Ästen,
Legte die Hände daran und sprach entbindende Worte.
Rissig wird nun der Baum, und da drängt aus gespaltener Rinde
Lebend die Last, es wimmert ein Knabe; ihn betten Najaden
Weich auf das schwellende Gras, gesalbt mit den Tränen der Mutter.
Loben mußte sogar der Neid sein Antlitz; wie lieblich
Nackte Liebesgötter, vom Maler auf Tafeln gebildet,
So erschien er, und daß die Tracht keinen Unterschied mache,
Nimm den leichten Köcher dem Gott oder gib ihm dem Knaben.

Unversehens entgleitet die Zeit auf rauchenden Flügeln,
Und nichts Schnelleres gibt es als Jahre. So ist auch der Knabe,
Der, von Schwester und Ahn erzeugt, noch eben im Baume
Venus-Aphrodite verliebt sich in Adonis Ruhte und just geboren, ein Kind von berückender Schönheit,
Schon ein Jüngling und schon ein Mann und schöner als jemals:
Schon gefällt er auch Venus und rächt die Gluten der Mutter.
Achtlos als eins seine Mutter der köchertragende Knabe
Küßte, streifte er ihr mit entragendem Pfeile den Busen.
Von sich stieß der Verletzte den Sohn; doch war ihr die Wunde
Tiefer, als es erschien, und sie selber es merkte, gedrungen.
Schon von des Mannes Schönheit berückt, beachtet sie Zyperns
Küste nicht mehr, sie strebt nicht nach dem umbrandeten Paphos,
Noch der metallschweren Stadt Amathus und dem fischreichen Gnidos,
Meidet den Himmel sogar; mehr gilt als der Himmel Adonis.
An ihm hängt sie, ihm folgt sie, und sie, die immer im Schatten
Pflegte zu ruhn und durch Pflege noch ihre Schönheit zu heben,
Schweift nun durch waldige Höhn, durch Haine und dornige Klüfte,
Bis an die Knie ihr Kleid geschürzt nach der Art der Diana,
Hetzt die Hunde, sie jagt nach ungefährlicher Beute,
Hirschen mit hohem Geweih, nach Damwild und flüchtigen Hasen.
Aber sie hütet sich wohl vor starken Ebern und meidet

Raubgierige Wölfe und krallenbewaffnete Bären
Und die Löwen noch mehr, die am Blute der Rinder sich letzen.
Dich auch mahnt sie, Adonis (wenn nur Ermahnungen frommten),
Solches Getier zu fürchten. „Sei gegen ein Flüchtiges mutvoll",
Spricht sie, „gesichert ist nicht gegen Kühne die eigene Kühnheit.
Allzu verwegen bedenke, wie du mich selber gefährdest.
Reize nicht Tiere, die selbst von Natur mit Waffen gerüstet,
Daß mir zu teuer nicht werde dein Ruhm. Denn weder dein Alter,
Noch dein Antlitz, noch was sonst Venus rührte, das rührt doch
Löwen nicht, Borstengetier und Herz und Augen des Wildes.
Stark wie der schmetternde Blitz sind der Eber gebogene Hauer,
Fürchterlich sind im Zorn und im wilden Sprunge die Löwen,
Ein mir verhaßtes Gezücht." Er fragt nach dem Grunde. „So höre",
Spricht sie, „und staune, wie sehr sich einst dies Untier verschuldet.
Aber ich bin erschöpft von ungewohnter Beschwerde,
Schau, da schmeichelt uns ja der Pappel willkommener Schatten,
Rasen bietet ein Lager, da laß uns ruhen miteinander."
Erdwärts bettete sie am Boden sich, ruhte im Rasen,
Und auf dem Jüngling selbst, in seinem Schoße den Nacken,
Rückgelehnt und unterbrach mit vielen Küssen die Worte . . .

Verführung des Adonis

Aphrodite-Venus erzählt jetzt dem Adonis die Geschichte von Atalanta, *Der Mythos* der einzigen Tochter von Iason und der Klymene. Sie war von ihrem Vater *von Atalanta* ausgesetzt, zunächst von einem Bären ernährt, dann von Jägern gefunden und aufgezogen worden und galt als eine Jungfrau mit jagdlichen Ambitionen. Wer sie erringen wollte, mußte sich zuerst mit ihr im sportlichen Wettlauf messen und sie besiegen. Wer sie nicht bezwang, war des Todes. Da erschien Hippomenes, der Sohn des Megareus aus Onchestus, Urenkel des Neptun, Herrscher des Meeres. In Liebe zu Atalanta entbrannt, aber auch nicht ohne Wirkung auf sie, flehte er vor dem Wettlauf zu Aphrodite, ihm zu helfen. Sie überreichte ihm drei goldene Äpfel und unterwies ihn, wie er sie gebrauchen solle. Während des Laufes ließ er einen Apfel nach dem anderen fallen. Atalanta wurde durch ihren Glanz jedesmal abgelenkt und verlor so den Lauf. Hippomenes gewann so die geliebte Frau, aber er vergaß, Aphrodite für ihre Hilfe zu danken. Doch als Hippomenes sogar noch an einer heiligen Sätte Unzucht trieb, verwandelte ihn Aphrodite in einen Löwen. Aphrodite warnte nun ihren Geliebten Adonis vor den wilden und unberechenbaren Tieren.

„Diese, du Trautester, flieh und die übrigen Arten des Wildes,
Das dir zum Kampfe die Brust, nicht aber flüchtig den Rücken
Bietet, damit dein Mut nicht gar uns beide verderbe."
So ermahnt sie ihn zwar und fuhr von Schwänen gezogen
Fort durch die Luft davon; doch trotz sein Mut ihrer Mahnung.
Einmal jagten die Hunde auf sicherer Fährte verfolgend
Aus dem Dickicht ein Schwein, und bei seiner Flucht aus dem Walde
Traf es nur seitlich leicht der Wurf des kinyrischen Jünglings.
Zornig aber entriß sich das Schwein mit gebogenem Rüssel

Ein Eber tötet Adonis

271

Rasch den blutigen Spieß, und wie der Jäger nun bebend
Schutz sucht, verfolgt ihn wütend der Eber und schlägt in die Weichen
Tief ihm die Hauer und streckt ihn sterbend nieder zu Boden.

Als Cytherea die Lüfte auf leichtem Wagen durcheilte,
Hatte sie Zypern noch nicht erreicht mit den Flügeln der Schwäne,
Als sie von fern schon hört des Sterbenden Stöhnen und wieder
Lenkt die schimmernden Vögel zurück, und wie sie vom hohen
Äther ihn halbentseelt sich wälzend im Blute gewahrte,
Sprang sie herab, zerriß ihr Brustgewand und zerraufte
Jammernd ihr Haar und schlug mit wütenden Händen den Busen,
Haderte wider das Schicksal und rief: „Du wirst doch nicht alles
An dich nehmen. Dir soll, Adonis, für immer ein Denkmal
Meiner Trauer bestehen. So soll alljährlich im Bilde
Stets erneut mein Gram um dein Verscheiden sich zeigen.
Wandeln will ich zur Blume dein Blut. Denn war es gestattet,
Dir, Proserpina, nur, in duftende Minze der Nymphe
Leib zu ändern? Wie könnte denn uns die Mißgunst versagen,
Kinyras' Heldensohn zu wandeln? Und solches verkündend,
Sprengte sie in das Blut wohlriechenden Nektar. Da stieg es,
Kaum berührt, empor, wie schillernd schwellende Blasen
Fahlem Sumpfe entsteigen; es währte nicht länger als eine
Stunde vergeht, da wuchs aus dem Blut eine Blume von gleicher
Farbe wie die der Frucht des punischen Baumes, die unter
Zäher Schale die Kerne verbirgt. Doch kurz ist ihr Dasein.
Denn da nur allzu lose hinfällig die Blätter ihr hängen,
Wird sie vom Winde verweht und trägt nach diesem den Namen."
(Ovid, Metamorphosen, 10. Buch, Vers 298—739)

Ovid hat hier nach dem Westen gelangte kleinasiatische Mythen mit
Allegorien in poetischer Form gemischt und ein Epos geschaffen, das unsterblich geblieben ist. Deutlich kann man jedoch den überlieferten Stoff
vom lyrischen Zierat trennen.

Der bekannte Althistoriker Franz Altheim (1898—1976) hat in seiner
Schrift „Der unbesiegte Gott — Heidentum und Christentum" (50, S. 22—23)
über den Ort des Adoniskultes in seiner fast poetischen Sprache ganz allgemein
berichtet:

Das Hauptfest fiel erst in den Hochsommer. Man gedachte Adonis' Bund mit der Liebesgöttin, seines Todes und seiner Wiedererstehung; man säte die Adonisgärten, die man mit
dem toten Gott hinaustrug und in die Quellen warf. Vegetation in Werden und Vergehen
war überall mit Adonis verbunden, und zuweilen spricht sich solche Verbundenheit mit
ursprünglicher Gewalt aus. Die Adonisquelle in Aphaka, hoch im Libanon gelegen, birgt noch
heute alle Schauer, die das Gegenüber von Blühen und Sterben, von Leben und Tod, dieser
Pole der Natur, umschließt.

In schwieriger Wanderung steigt man am abfallenden Ufer des Adonisflusses aufwärts.
Dunkle Schluchten, den Blick einfangend, wechseln mit weiten Ausblicken, die die Küste
und das leuchtende Auge des Meeres auftauchen lassen. Zuletzt gelangt man in einen ge-

waltigen Kessel, gebildet von grauen Felswänden, die gleich einem Theaterhalbrund den Ankommenden umschließen. Hier entspringt der Fluß, und diese Stätte ist zugleich Quelle und Ursprung des Lebens. Aus den Flanken einer Felswand tritt das strömende Wasser ans Licht; aus dunkler Grotte stürzt es in mächtigem Fall herab, um dann in tiefeingeschnittenem Bett meerwärts zu eilen. Ein ungewöhnlicher Eindruck, steigert er sich noch durch die Umgebung, in der sich die Geburt des Wassers vollzieht. Alles umher scheint Stein: Fels- und Geröllhalden, die zu senkrechten, meist von Wolken verhüllten Wänden aufsteigen; unzugänglich, steil, verschlossen, abgewandt und unfruchtbar. Inmitten solch todeshafter Starre geschieht, daß das erweckende, belebende, heilige Wasser hervorbricht und überall, wohin es dringt, die Pflanzen in Fülle sprießen läßt. Gegenüber von Fels und üppigen Gras, von Tod und Wachstum: dieses Wunder, unbegreiflich und doch sich ereignend, daß aus totem Gestein die lebensspendende Flut hervorbricht — es tritt im mächtig ergreifenden Bild der Natur, in der göttlichen Schöpfung selbst hervor. Wo Tod und Leben, Unfruchtbarkeit und überschäumendes Blühen in eins verwoben sind, erscheint die Hierodule. Als Hetäre, die im Kult verwurzelt ist, vereinigt sie beide Bereiche in sich: üppige Lust und jenes Umsonst, das über ihrem Tun steht. Überhaupt geht das Weibliche dem Manne, die Göttin ihrem Geliebten an Rang voraus. Noch heute lebt an der Adonisquelle die Erinnerung an sie, nicht an Adonis. Brennende Lämpchen stellen die Einheimischen der Herrin des Ortes zu Ehren auf. Denn von ihr erhoffen sie Heilung und Hilfe. Sie zu gewinnen, hängen sie nach antikem Brauch Stoffetzen an den heiligen Baum, einen wilden Feigenbaum unfern des Tempels.

Über die eigentlichen Kulthandlungen wissen wir nur sehr wenig. Nach *Lukian über den* Lukian schlugen sich die Teilnehmerinnen am Kult an die Brüste, weinten und *Adoniskult* jammerten, um dann, „wenn sie mit Klagen und Heulen fertig sind, dem Adonis zu opfern, als einem, der aus dem Leben geschieden ist. Danach stellen sie fest, daß er wieder lebt. Sein Abbild stellen sie unter freiem Himmel auf. Sie beginnen dann ihre Köpfe kahl zu rasieren, wie der Ägypter, wenn sie den Tod des Apis beklagen. Diejenigen Frauen aber, die sich weigern, geschoren zu werden, haben sich folgender Strafe zu unterwerfen: Einen ganzen Tag lang stehen sie bereit, ihre Körper zu vermieten. Der Platz, an dem dies geschieht, ist einzig Fremden zugänglich. Aus dem Erlös für den Geschlechtsverkehr mit diesen Frauen wird eine Opfergabe an Aphrodite gekauft."

Diese Schilderung des Adonis-Kultes des kritischen und oft satirischen Berichterstatters aus dem 2. Jahrhundert n. u. Z., Lukian (um 120—um 180), klingt recht prosaisch. Hier ist allerdings die zeitlich auf einen Tag beschränkte Prostitution als Strafe für die Verweigerung des Kahlscherens gedacht, was aus anderen Quellen nicht hervorgeht. Wir kommen auf die Hintergründe der (Tempel-)Prostitution noch ausführlich zu sprechen (8. 10. 5).

Eine wichtige Rolle spielt Aphrodite auch im Mythos um Paris und Helena. *Aphrodite und* Auch hier ist es der Apfel, der mit der Gestalt der Aphrodite in Zusammenhang *das Urteil des* gebracht wird. Folgen wir im Auszug der die verstreut überlieferten Mythen *Paris* zusammenfassende Erzählung von Ranke-Graves. Paris, Sohn des Königs Pria- *Paris* mos von Troja und seiner Gattin Hekabe, wurde wegen eines Traumes der Hekabe kurz vor der Geburt des Paris, wonach sie ein Holzscheit gebar, aus

273

dem zahllose feurige Schlangen hervorkrochen, zwar nicht, wie von Priamos befohlen, nach der Geburt getötet, sondern von dem weichherzigen Agelaos nur auf dem Berge Ida ausgesetzt. Hier wurde er, ähnlich wie Atalanta, von einer Bärenmutter gesäugt. Als Agelaos fünf Tage nach der Aussetzung sich nach dem Schicksal des Paris erkundigen wollte, sah er das Wunder und nahm den Säugling, um ihn in einer „Tasche" nach Hause zu tragen. Von dieser „Tasche" hat „Paris" seinen Namen. Er zog ihn mit seinem eigenen Sohn auf und brachte dem König Priamos die Zunge eines Hundes als Zeichen der vermeintlichen Tötung des Paris. Nach einer anderen Version des Mythos soll Hekabe den Angelaos bestochen haben, Paris zu schonen und das Geheimnis vor Priamos zu wahren.

Als Hirte wuchs Paris zu einem schönen und intelligenten Jüngling heran. Obwohl Paris zu dieser Zeit nur ein Sklave war, wurde er der auserkorene Liebhaber der Brunnennymphe Oione, Tochter des Flusses Oineus. Sie war von Rhea in der Kunst des Wahrsagens unterrichtet worden und von Apollon in der Heilkunst ... Die größte Freude (des Paris) war es, die Stiere des Agelaos gegeneinander kämpfen zu lassen. Den Sieger krönte er mit Blumen und den Unterlegenen mit Stroh. Als ein Stier dauernd gewann, stellte ihn Paris gegen die Sieger der Herden seines Nachbarn auf, die alle besiegt wurden. Schließlich bot er eine goldene Krone an, die er auf die Hörner eines jeden Stieres setzen wollte, der seinen eigenen besiegen könnte. Da verwandelte sich Ares im Scherz in einen Stier und gewann den Preis. Daß Paris ohne Zögern seine Krone dem Ares gab, überraschte und erfreute die Götter, als sie vom Olympos zusahen. Dies ist der Grund, warum Zeus ihn zum Schiedsrichter der drei Göttinnen erwählte.

Er weidete sein Vieh auf dem Berge Gargarar, dem höchsten Gipfel des Ida-Gebirges, als Hermes, begleitet von Hera, Athene und Aphrodite ihm den goldenen Apfel und die Botschaft des Zeus überbrachte: „Paris, da du so schön bist, wie du in Herzensangelegenheiten weise bist, befiehlt dir Zeus zu urteilen, wer die schönste dieser Göttinnen ist."

Das Urteil des Paris

Paris wollte zunächst den Apfel in drei Hälften teilen, doch das wurde ihm untersagt. Er solle sich klar entscheiden und nur einer der Göttinnen den Apfel reichen.

„So sei es", seufzte Paris. „Aber zuerst bitte ich diejenigen, die verlieren werden, sich nicht über mich zu ärgern. Ich bin nur ein Mensch und so dazu bestimmt, die dümmsten Fehler zu begehen."

Die Göttinnen waren einverstanden, sich seiner Entscheidung zu unterwerfen.

„Genügt es, sie so zu beurteilen, wie sie sind?" fragte Paris den Hermes, „oder sollten sie nackt sein?"

„Die Regeln des Wettkampfes mußt du entscheiden", antwortete Hermes mit einem versteckten Lächeln.

„In diesem Fall — würden sie sich freundlicherweise entkleiden?" Hermes befahl den Göttinnen, dies zu tun, und drehte ihnen höflich den Rücken zu.

Aphrodite war bald fertig, doch Athene bestand darauf, daß sie ihren berühmten magischen Gürtel entfernen sollte, der ihr einen ungerechten Vorteil vor den anderen gab, da sich jeder in die Trägerin verliebte. „Also gut", sagte Aphrodite voller Ärger. „Dies werde ich tun unter der Bedingung, daß du deinen Helm ablegst — du siehst ohne ihn schrecklich aus."

„Wenn ihr nun nichts dagegen habt, muß ich euch einzeln beurteilen", verkündete

Paris, „um ablenkende Argumente auszuschließen. Kommt hierher, göttliche Hera! Werdet ihr beiden anderen Göttinnen so gut sein, uns für eine Weile allein zu lassen?"

Nachdem Paris auch die körperlichen Vorteile der Athene besichtigt hatte, kam Aphrodite an die Reihe.

Aphrodite kam auf ihn zu, und Paris errötete, denn sie kam so nahe, daß sie einander berührten.

„Schau bitte genau, übersieh nichts . . . Nebenbei, sogleich als ich dich sah, sagte ich zu mir: ‚Bei meinem Wort, dort geht der schönste Jüngling Phrygiens! Warum verschwendet er sich hier in der Wildnis und hütet dummes Vieh?' Ja, warum tust du es eigentlich, Paris? Warum ziehst du nicht in eine Stadt und führst ein zivilisiertes Leben? Was kannst du schon verlieren, wenn du jemanden wie Helena von Sparta heiratetest, die so schön ist wie ich und nicht weniger leidenschaftlich? Ich bin überzeugt, daß kaum, seid ihr beide euch begegnet, sie ihr Heim, ihre Familie und einfach alles verlassen wird, um deine Geliebte zu werden. Sicherlich hast du von Helena gehört?"

„Bis jetzt noch nie, meine Herrin. Ich wäre dir dankbar, würdest du sie mir beschreiben."

„Helena hat eine helle und zarte Hautfarbe, da sie einem Schwanenei entsprang. Sie kann mit Recht Zeus ihren Vater nennen, sie liebt die Jagd und das Ringen und verursachte einen Krieg, als sie noch ein Kind war. Als sie volljährig wurde, warben alle Prinzen Griechenlands um ihre Hand. Jetzt ist sie mit Menelaos verheiratet, dem Bruder des Hochkönigs Agamemnon. Aber dies spielt keine Rolle – du kannst sie haben, wenn du willst."

„Wie ist dies möglich, wenn sie bereits verheiratet ist?"

„Beim Himmel! Wie unschuldig du noch bist! Hast du noch nie davon gehört, daß es meine göttliche Pflicht ist, solche Dinge zu arrangieren? Ich schlage vor, daß du mit meinem Sohn Eros als Führer durch Griechenland ziehst. Wenn du Sparta erreicht hast, werden er und ich zusehen, daß Helena sich Hals über Kopf in dich verliebt." „Würdest du dies auch beschwören?" fragte Paris erregt.

Aphrodite sprach einen feierlichen Eid aus, und Paris sprach ihr ohne einen weiteren Gedanken den goldenen Apfel zu.

Paris entscheidet sich für Aphrodite

Durch dieses Urteil lud er den schwelenden Haß Heras wie auch Athenes auf sich, die Arm in Arm hinwegzogen, um den Untergang Troias zu planen. Aphrodite stand mit einem boshaften Lächeln abseits und dachte nach, wie sie ihr Versprechen wohl am besten halten könnte. (14, Bd. 2, S. 260–263, gekürzt)

Aphrodite erscheint hier schon recht deutlich als die Verführerin, die Intrigantin, die Ehen zerstört und Menschen durch ihre Zauberkräfte verführt, Unrechtes zu tun. Es ist das abseitige Bild der Liebesgöttin, das wir bereits bei ihren Vorläuferinnen verspürten.

8.10.2.1.2
Die große Zauberin Aphrodite als „Ahnfrau" der Hexen

Daß Aphrodite natürlich auch eine große Zauberin war, ist mehrfach überliefert. Durch ihre Funktion einer Magierin wurde sie im Christentum wie ihre anderen Götterkollegen und -kolleginnen zu einem Dämon und wegen ihrer dunklen Aspekte zu einer teuflischen Gestalt. Wir kommen auf ihre Eigenschaft als Hexe noch zurück. Einst erbat sich die Gattin des Zeus, die Göttermutter Hera, sogar von der ihr sonst keineswegs gewogenen Aphrodite einen Zauber, um damit Zeus zu verführen:

Wie sie so rings den Leib mit geschmücktem Zierat umkleidet,
Schritt sie aus ihrem Gemach von dannen und rief Aphrodite

Der Zaubergürtel

275

Von den versammelten Göttern entfernt und wandte sich zu ihr:
„Folgtest du mir wohl gern, mein Kind, worum ich dich bitte,
Oder schlägst du es ab, weil du im Herzen erbittert,
Daß den Danaern ich und du den Troern gewogen?"

Ihr erwiderte drauf die Aphrodite mit lieblichem Lächeln:
„Here, du würdige Göttin, du Tochter des mächtigen Kronos,
Sage mir, was du meinst, mich heißt das Herz es erfüllen,
Wenn ichs erfüllen kann und falls es wirklich erfüllbar."

Listig erwiderte drauf die hohe, erhabene Here:
„Gib mir der Liebe Verlangen und Reiz, mit denen du alle
Ewigen Götter bezwingst und alle sterblichen Menschen.

. . .

Ihr erwiderte drauf Aphrodite mit lieblichem Lächeln:
„Unrecht wär es unmöglich, dir eine Bitte zu weigern,
Ruhst du doch in des Zeus, des höchsten Gottes, Umarmung."
Sprachs und löste unter der Brust den gemusterten, bunten
Gurt, worinnen sie alle verführenden Gaben bewahrte.
Drinnen lag der Genuß, das Sehnen und trauliche Kosen,
Lockende Mittel, das Herz des größten Weisen zu fangen;
Diesen legte sie ihr in die Hände und sagte bedeutend:
„Da, nimm hin und birg im Busen den schimmernden Gürtel;
Drinnen ist alles verwahrt. Nicht unverrichteter Sache,
Wähne ich, kehrst du heim, und alle Wünsche erreichst du."
Lächelnd hörte es Here, die Göttin mit glänzenden Augen,
Lächelnd nahm sie und barg in ihrem Busen den Gürtel.
(Homer, Ilias, 14. Gesang, Vers 187–223)

In der neuen Übersetzung von Hampe lautet dieser Abschnitt:

Aber nachdem sie den ganzen Schmuck sich umgelegt hatte,
Schritt sie aus dem Gemach heraus und rief Aphrodite
Und sprach dann zu ihr, getrennt von den anderen Göttern:
„Ob du mir jetzt wohl folgst, liebes Kind, in dem, was ich sage,
Oder lehnst du es ab, mir zürnend in deinem Gemüte,
Weil die Danaer ich und du die Troer begünstigst?"
Ihr erwiderte drauf die Tochter des Zeus, Aphrodite:
„Hera, erhabene Göttin, du Tochter des mächtigen Kronos,
Sage, woran du denkst; zu erfüllen heißt mein Gemüt mich,
Wenn ich's erfüllen kann und möglich ist, es zu erfüllen."
Zu ihr sagte mit listigem Sinne da Hera, die Herrin:
„Gib mir Liebe und Liebesverlangen, mit denen du immer
Alle Unsterblichen zwingst und alle die sterblichen Menschen.
Denn ich gehe nun hin zu den Grenzen der fruchtbaren Erde,
Will nach dem Ursprung der Götter, Okeanos, und Mutter Tethys,
Schauen, die mich zu Hause behüteten und mich erzogen;
Rheia brachte mich hin, als Zeus, der donnernde, Kronos
Unter die Erde und unter das wogende Meer hinab sandte.
Diese will ich besuchen, um dauernde Hader zu schlichten;

276

Denn schon lange Zeit enthalten sie beide einander
Sich vom Lager und Liebe, da Zorn ihr Gemüt hat befallen.
Könnte ich beiden ihr liebes Herz durch Worte bewegen,
Auf ihr Lager zu steigen und sich in Liebe zu einen,
würde ich immer bei ihnen lieb und achtbar geheißen."
Ihr erwiderte drauf die lächelnde Aphrodite:
„Nein, ich könnte und dürfte auch nicht den Wunsch dir verweigern;
Da in den Armen des Zeus, des Ersten und Besten, du ruhest."
Sprachs und löste sich dann von der Brust das bunte gestickte
Busenband. Drin waren alle die Zauber enthalten:
Drin war Liebe und Liebesverlangen und Liebesgeplauder,
Wie es schon oft verständigen Männern die Sinne berückt hat.
Das überreichte sie Hera und sprach sie an mit den Worten:
„Da, dies Busenband befestige dir an dem Busen,
Das verzierte; in ihm ist alles enthalten; nicht, glaub ich,
Kehrst du erfolglos zurück, was immer im Sinne du vorhast."
Lächeln band sie das Busenband an den eigenen Busen.

Liebeszauber durch den magischen Gürtel

Aphrodite, die, wie ihre Vorläuferin Ischtar, als große Zauberin einen magischen Gürtel trug, der jeden mit Liebe zu seiner Trägerin erfüllte, war zwar von Zeus mit Hephaistos, dem lahmenden Schmiedegott und Gott des Feuers, verheiratet worden, aber der wahre Vater dreier ihrer Kinder, die sie gebar (Phobos, Deimos und Harmonia), war Ares. Doch blieb dies nicht der einzige Ehebruch der göttlichen Aphrodite, wie wir sahen.

Mit Hermes brachte sie zum Beispiel eine Nacht zu, nachdem er seine Liebe zu Aphrodite vor allen Göttern offen eingestanden hatte. Die Frucht dieser Nacht war Hermaphroditos, das zweigeschlechtliche Wesen, dessen mythische Bedeutung von uns bereits angedeutet wurde.

Hermes

Auch Poseidon, der sich für die beiden gefangenen Liebesleute eingesetzt hatte, erhielt seinen Liebeslohn. Aphrodite gebar ihm zwei Söhne: Rhodos und Herophilos. Trotz der zahlreichen Fehltritte seiner Angetrauten blieb Hephaistos in seine Gattin verliebt und trennte sich nicht von ihr.

Poseidon

Mit Dionysos zeugte Aphrodite den Priapos. Er besaß riesige Geschlechtsteile, die das häßliche Kind von Hera erhalten hatte, da sie hiermit die Unzüchtigkeit Aphrodites zum Ausdruck bringen wollte. Andere Mythen nannten Adonis als den Vater des Priapos. Priapos wurde ursprünglich durch grobgehauene, hölzerne phallische Skulpturen dargestellt, die bei den dionysischen Orgien verwendet wurden.

Dionysos und Aphrodite zeugen den Priapos

Leibbrand hat diese Vielseitigkeit der Aphrodite auf seine Art interpretiert (38):

Aphrodites Vielseitigkeit

Die chthonische Omnipotenz zeigt sich in ihrer Hypostase als minoische Taubenherrin, als Schenkerin vegetativen und animalischen Lebens. Dies führt zur Annahme ihrer Zweigeschlechtlichkeit; ihre pflanzliche Fruchtbarkeit trägt deutlich sexuellen Charakter. Zur ihr gehören Myrte, Zypresse, Granatapfel.

Weitere Attribute aus dem Wasser sind Muscheln und Delphine. Liest man die homerischen

Verse, die das Gelächter der Götter hervorriefen, so ist bezeichnend, daß die impetuose Gewalt der Liebe hier moralinfrei behandelt wird, denn das Moralische daran ist nur eine rhetorische List. Die allgemein menschliche Situation macht nicht halt vor einem deftigen Ehebruch, zu dem Aphrodite durch die körperliche Fehlerlosigkeit des schönen Ares angeregt wird. Dieses Phänomen, das sie selbst in den Liebesfesseln fängt, in die sie zugleich andere Sterbliche und Unsterbliche zu fangen gewohnt ist, wird durch Psychologisierung höchstens verkleinbürgert. Hera, die in erotischer Hinsicht mit ihrem Ehegatten Zeus auch bessere Tage erlebt hatte, wie uns Platon im „Staat" ins Gedächtnis ruft, wenn er die Geschichte von der alles umwerfenden Gewalt erzählt, deren Magie er von Hera derart zu spüren erhält, daß er sogleich in seiner Erschütterung, ohne daheim ins Bett zu gehen, mit ihr auf der Erde sich umschlang; diese Hera hat an Aphrodite ein Anliegen ...

Auf diese Stelle macht Platon im „Staat" aufmerksam, als er von der moralischen Standhaftigkeit redet. Die Situation wird etwas bedenklich im Gespräch, da es schließlich um die „Größe Homers" gehe. Man müsse besser „mit der Erzählung Schluß machen." Die Jugend könne sich andernfalls auf die Götter berufen. Es ist bezeichnend, daß diese Auseinandersetzung im „Staat" erfolgt, der eben ohne repressive, zur Moral hin ausgelegte Momente nicht auszukommen vermag ...

Die homerische unmittelbare Welt ist moralinfrei, die des „Staates" setzt die Moral in willkürlicher Weise nach einem Staatsidol. Das geht auch in Sachen Aphrodites nicht ohne Repressionen ab.

Indessen bleibt Aphrodite beispielsweise in Sparta die Morpho, also die Dunkle. Liebe und Tod vereint sie in sich. Der platonische Rationalismus des „Staates" ist bei Empedokles noch nicht sichtbar. Bei ihm ist noch alles in Aphrodite ähnlich verbunden, Kypris tränkte die Erde mit ihrem Naß, es zaubert das Goldene Zeitalter herbei, in dem noch ohne Ares, Zeus, Poseidon die kyprische Göttin als Königin regierte. Sie hat jenen Schwerpunkt der Göttlichkeit, wie Euripides ihn im „Hippolytos" schildert; diese Kypris beherrscht Äther und Meer. Alles ist aus ihr entstanden. Sie verstreut und verteilt „eros", dessen Nachfahren wir alle sind. Die Alten hätten es noch gewußt, ihre Macht trieb selbst Zeus zu Semele.

Unter den homerischen Hymnen gibt es einen an Aphrodite von mehr als 200 Versen. Eine Konzentration jedoch all dessen, was Aphrodite ausstrahlte, ergibt sich in dem Sappholied, sie wird „Poikilothrónos" genannt, doloploke, Potnia (Herrin). Sie wird angefleht, die Anruferin nicht ganz in Gram und Qualen niederzuzwingen; geschildert wird sie auf ihrem Gespann, von munteren Vögeln gezogen, sie durchrauscht die Lüfte zur Erde ...

Bei Platon, also weit später, wird Aphrodite im Vergleich zu Eros wenig genannt. Im „Sophistes" ist sie im Sinne des Empedokles als vereinigende Liebe genannt, und in seinem Siebenten Brief ... wird die Unstillbarkeit des Triebes neben Fressen und Saufen seiner Meinung nach zu Unrecht mit der Aphrodite in Verbindung gebracht. Die Gestalt des Eros bei Platon ist vielschichtiger als jene Zweiheit der Aphrodite Urania und Pandemos.

Das aphroditische Wesen bei Nietzsche

Aphrodite als Göttin für sich, also auch ohne Begleitung des Eros, ist freilich schwer denkbar. Nietzsche sagte in seiner „Philosophie im tragischen Zeitalter der Griechen" (1873):

„Hier appelliert Parmenides an eine qualitas occulta, an einen mystischen Hang des Entgegengesetzten, sich zu nähern und sich anzuziehen, und er versinnlicht jenen Gegensatz durch den Namen der Aphrodite." Zugleich betont Nietzsche ihren von den Phöniziern übernommenen Ursprung ... 1876/78 meint er, innerhalb der großen Weise des Unheils habe Empedokles „eine einzige heil- und hoffnungsvolle Erscheinung Aphrodite" erkannt, „sie gilt ihm als Bürgschaft, daß der Streit nicht ewig herrschen, sondern einem milderen Dämon einmal das Szepter überreichen werde." In der „Morgenröte" (1880) polemisiert er gegen das Christentum im Namen von Eros und Aphrodite als „großen idealfähigen Mächten", die weder „höllische Kobolde" noch „Truggeister" seien; er schließt daran eine Enttabuisierung des Sexuellen innerhalb der viktorianischen Ära an, die Freud vorangeht. Er hat selbst gegen die Stoa ein Mißbehagen, weil sie die aphroditischen Düfte nicht ertragen kann (Jenseits von Gut und Böse, 1889).

Nietzsches Lehrmeister in der Jugend, Arthur Schopenhauer, (hat in seiner) Metaphysik der Geschlechtsliebe . . . in Band 2 seiner „Parerga und Paralipomena" in § 197 die hesiodische Legende der Entstehung von Uranos und seinen Begleitern Eros und Himeros übernommen. Dies veranlaßt ihn freilich dann, in § 204 dem hellenischen Götterglauben den Rücken als Asket zu kehren, da er der Bejahung des Willens zum Leben diene . . .

Ihm gegenüber nimmt Nietzsche eine bei weitem konkretere Stellung zur Wirkungsweise des Aphroditischen ein. Er lehnt des Lehrmeisters Pessimismus ganz grundsätzlich mit den Worten ab (Menschliches . . . I, 141):

„In allen pessimistischen Religionen wird der Zeugungsakt als schlecht an sich empfunden, aber keineswegs ist diese Empfindung eine allgemein-menschliche, selbst nicht einmal das Urteil aller Pessimisten ist sich hierin gleich. Empedokles zum Beispiel weiß gar nichts vom Beschämenden, Teuflischen, Sündhaften in allen erotischen Dingen; er sieht vielmehr auf der großen Wiese des Unheils nur eine heil- und hoffnungsvolle Erscheinung, die Aphrodite, sie gilt ihm als Bürgschaft, daß der Streit nicht ewig herrschen . . . werde."

Nietzsche schreibt nicht darüber, daß so manches, was Empedokles hinterließ, orientalischen Ursprungs ist, so beispielsweise der Sündenbegriff des Meineids im Sinne des Peccatum originale, daß also im Grunde dieser Inhalt wie vieles der Pythagoreer durchaus unhellenisch ist. (38, Bd. I, S. 47–53, gekürzt)

Fassen wir das über Aphrodite-Venus Gesagte zusammen, so dürfen wir *Zusammen-* feststellen, daß die aus Kleinasien nach Westen gelangte Göttin der Liebe zwei *fassung* wesentliche Aspekte (neben vielen anderen) in sich birgt: einen hellen, lichten und einen dunklen, in Finsternis gehüllten. Mit letzterem besitzt Aphrodite Parallelen mit den Göttinnen der Nachtseite des Pantheon wie Hekate, Kybele, Demeter, Persephone, Artemis u. a., die letztlich auch alle einst ein Abbild oder ein Teilaspekt der „Großen Mutter" gewesen sind. Wir gehen auf diese Gruppe von weiblichen und männlichen Göttern und Dämonengestalten im folgenden Kapitel ein. Sie stellen ebenfalls mit ihren Eigenschaften und Aspekten Vorläufer der teuflischen Unterwelt des Mittelalters dar.

In den vorangegangenen Kapiteln lernten wir die Vorläufer und Weggenossen 8.10.3 des mittelalterlichen Teufels kennen, ebenso die verschiedenen Aspekte des *Die chthonischen* Planeten Venus und die mit ihm in Zusammenhang stehenden Kulte. Wir wur- *Kinder der* den Zeuge der engen Verbindungen von Anthropophagie und Prostitution in *Urmutter Gaia* ihrer sakralen Funktion. Jetzt haben wir uns mit der Urgestalt von des „Teufels Großmutter" und den Gestalten der Unterwelt zu befassen, wie sie uns aus der Antike in Mythen und Sagen im Volksmunde des Abendlandes überliefert worden sind und als höllische Geister bis in unsere Zeit „überlebten". Ausgangspunkt oder besser Ursprung dieser Gruppe von Ungeheuern, welche das bunte Bild der höllischen Geister vervollständigte, waren die Nachfahren der Urmutter, der „Großen Mutter", der Magna Mater, der Erdmutter Gaia.

In der Theogonie Hesiods ist Gaia oder Ge (Ga) als Mutter Erde eines der Urprinzipien der Schöpfung neben dem Chaos und Eros. Sie ist identisch mit der pelasgischen Eurynome (8. 11. 1. 1). Aus ihr gehen Himmel (Uranos), Gebirge und Meere (Pantos), ferner die Titanen, die Kyklopen und die Hekatoncheiren hervor. Aus den Blutstropfen, die Gaia bei der grausamen Verstümmelung des Uranos aufnimmt, entstehen die Erinnyen, die Giganten und die melinischen Nymphen. Ihre Kinder mit dem Gott des Meeres, Pontos, werden wir später kennenlernen. Im Kampf der Olympier gegen die ältere Göttergeneration der Kroniden, zu denen Gaia zählt, unterstützt sie die Titanen. Aus ihrer Verbindung mit dem Titanen Tartaros geht Typhoeus (Typhon) hervor.

Die Erdmutter Gaia

8.10.3.1
Die „Kinder des Meeres"

Aus dem Meer entstammen nach dem griechischen Mythos zwei prophetische alte Männer: Nereus und Phorkys. Beide waren mit ihren Geschwistern Thaumas, Eurybia und Keto Kinder der Gaia und des Pontos. Nereus zeugte mit der Nymphe Doris fünfzig Nereiden, die schöngestaltig, sanft und segenspendend als Begleiterinnen der Meeresgöttin Thetis eine positive Tätigkeit ausübten. Der „böse" Phorkys dagegen erzeugte im Inzest mit seiner Schwester Keto grausame Wesen.

Ihre Schlangen- und Drachengestalt

Sie gehören zu den Schlangen- und Drachengestalten, die wir zu den archaischen Tierdämonen zu zählen haben. Sie stehen in enger Verbindung zur teuflischen Welt des späteren christlichen Abendlandes, die auch die heiligen Schlangen der heidnischen und gnostischen Welt in ihre Dämonologie einbezog. Wir werden diese Zusammenhänge von Schlangen- und Teufelskult noch näher zu untersuchen haben (8. 11).

8.10.3.1.1
Die Phorkiden

Zu den nach ihrem Vater benannten Phorkiden gehören Ladon, Echidne und die beiden Triaden, bekannt als die Gorgonen Stheino, Euryale und Medusa bzw. die Graien Enyo, Pemphredo und Deino. Von einigen Mythologen werden auch die drei Hesperiden Hespere, Aiglis und Erytheis hinzugerechnet. Nach dem Mythos waren auch die Phorkiden ursprünglich von ansehnlicher Gestalt. Als jedoch einst Athene in der Nacht die Gorgone Medusa mit ihrem Liebhaber Poseidon in ihrem Tempel beim Tête-à-tête überraschte, verwandelte sie das ganze Geschlecht in Ungeheuer.

Wie alle Phorkiden besaß auch Ladon eine Schlangengestalt. Er konnte sprechen und bewachte die goldenen Äpfel der Hesperiden, bis ihn der Held Herakles mit einem Pfeil tötete.

Die schlangengestaltige Echidne oder Echidna schlief mit dem größten Ungeheuer, das es je gab: mit Typhon, dem Sohn der Mutter Erde und dem Unterweltsgott Tartaros. Aus dieser verwandtschaftlichen Verbindung entstanden die Monstren Kerberos, der Höllenhund und Wächter des Hades (8. 10. 4), die vielköpfige Wasserschlange Hydra, die in Lerna lebte, die feuerspeiende Ziege mit dem Haupt eines Löwen und dem Schwanz einer Schlange, Chimaira (Chimäre), und Orthros, der zweiköpfige Hund des Geryon. Orthros schlief mit seiner eigenen Mutter und zeugte mit ihr die Sphinx und den nemeischen Löwen. Wir kommen auch auf diese Ungeheuer zurück, da sie ebenfalls zu den Vorläufern der höllischen Gestalten des Mittelalters gehören.

Die eine Hälfte des Körpers der Echidne war eine liebliche Frau, die andere eine fleckige Schlange. Sie lebte einst unter den Arimi in einer tiefen Höhle, ernährte sich von Menschenfleisch ... Der hundertäugige Argos tötete sie, während sie schlief ... (14, Bd. 1, S. 112).

Die Große Göttin, die chthonische Göttin aller Dinge, die im pelasgischen Schöpfungsmythos unter dem Namen der Eurynome mit ihr praktisch identisch ist, war als Mondgöttin die Herrscherin des Himmels und der Erde; als Eurybia („weite Stärke") beherrschte sie das Meer; als Eurydike („weite Gerechtigkeit") war sie die schlangenumgebene Herrscherin der Unterwelt, der männliche Menschenopfer dargebracht wurden. Die Opfer wurden wahrscheinlich durch Schlangengift umgebracht.

Euridykes Tod durch einen Schlangenbiß und der mißlungene Versuch des Orpheus, sie in die Welt der Lebenden zurückzubringen, erscheinen erst in einem späteren Mythos. Vermutlich ist diese Sage irrtümlich von Bildern abgeleitet worden, die die Ankunft des Orpheus im Tartaros zeigen. Seine Musik bezauberte die Schlangengöttin Hekate oder Agriope (= „grausames Antlitz"), so sehr, daß sie allen Geistern, die in die orphischen Mysterien eingeweiht waren, besondere Vorrechte gewährte. Vielleicht ist die Geschichte auch von anderen Bildern abgeleitet, die den Dionysos (dessen Priester Orpheus ja war) im Tartaros auf der Suche nach seiner Mutter Semele zeigen. An Schlangenbissen starben nur ihre Opfer, nicht Euridyke selbst. (14, Bd. 1, S. 101).

Echidnes Tod durch die Hand des Argos bezieht sich wahrscheinlich auf die Unterdrückung des Schlangenkultes zu Argos. Ihr Bruder Ladon ist die Orakelschlange, die sich um einen Apfelbaum windet, das Schreckbild aller Paradiese. Außer dem Namen Eurybia führte die Mondgöttin in ihrer Eigenschaft als Herrscherin der Meere noch zahlreiche andere Namen. So hieß sie auch Thetis („Verfügerin") oder, mit dessen Variante, Tethys; ferner Keto, als das Meeresungeheuer, das dem hebräischen Rahab oder dem babylonischen Tiamat entspricht; Nereis als die Göttin des nassen Elementes; Elektra als die Spenderin des von den Alten hochgeschätzten Bernstein; Thaumas und Doris als Existenzen voller Wunder und voller Reichtum; Nereus — auch Proteus = „erster Mensch" genannt — war der prophetische „alte Mann des Meeres", der seinen Namen von Nereis, nicht umgekehrt, erhielt. Auf einer frühen Vasenmalerei ist er mit einem Fischschwanz abgebildet. Aus seinem Körper kommen ein Löwe, ein Hirsch und eine Schlange hervor. In ähnlicher Weise wechselt auch Proteus in der „Odyssee" seine Gestalt, um die Jahreszeiten ... zu kennzeichnen. (14, Bd. 1, S. 113)

Die drei Gorgonen Medusa („die Königin"), Stheino (Stheno, Sthenusa = „die Mächtige") und Euryale (= „die Weitspringende") gehören neben den Graiai zu den antiken Vorläufern und Vorbildern der spätantiken und mittelalterlichen Hexen. Sie entsprechen in ihrem Äußeren und nach ihrem Wesen weitgehend den Vorstellungen der abergläubischen Menschheit ihrer Zeit. Der britische Altphilologe und Mythologe H. J. Rose berichtet im „Handbuch der griechischen Mythologie" (51) über die Kinder des Phorkys:

Die Graiai sind anscheinend nichts anderes als das personifizierte Alter, wie auch ihr Name mit der Wurzel von γέρων (Greis) und γραῦς (alte Frau) zusammenhängt. Es scheint charakteristisch für die Abneigung der Griechen gegen alles Unschöne, daß sie bei Hesiod gleichwohl „schönwangig" genannt werden, ein Beiwort, das die Vorstellung von jungen blühenden Frauen erweckt... Und doch stimmen sämtliche Autoren darin überein, daß sie blind und zahnlos sind, genau gesagt, daß sie zu dritt nur ein Auge und einen Zahn haben. Perseus, dem es gelang, ihr Auge und ihren Zahn zu stehlen, wollte sie ihnen nur zurückgeben, wenn sie ihm dafür die Zauberschuhe, das Felleisen und die Tarnkappe, die er brauchte, überließen. Nach einer anderen Version, der Aischylos folgt, stahl er nur das Auge, das er in den See Tritonis warf, wodurch die Gorgonen, deren Hüterinnen die Graiai waren, unbewacht blieben, so daß er sie überraschen konnte.

Das Haupt der Gorgo   Man hat mit Recht darauf aufmerksam gemacht, daß wir vom Haupt der Gorgo schon hören (das Perseus ihr abschlug), bevor uns irgend etwas von der Gorgo selbst erzählt wird. Der Kern des Mythos besagt, daß es irgendwann und irgendwo ein Geschöpf von so entsetzlichem Aussehen gab, daß alle, die es erblickten, sofort zu Stein erstarrten. Mir scheint, daß diese Sage damit erklärt werden kann, daß ein Träumender, wenn er in einem Angsttraum ein entsetzliches Gesicht sieht, völlig hilflos und wie zu Stein erstarrt daliegen kann; auch mag der nicht nur im alten und modernen Griechenland, sondern allgemein verbreitete Aberglaube vom bösen Blick mitgespielt haben...

Homer spricht von der Gorgo für gewöhnlich nur als von einem Zeichen und bloß einmal von einem lebendigen Ungeheuer. Die griechische bildende Kunst der älteren Zeit stimmt damit überein, denn sie zeigt ein schreckliches, grinsendes Haupt mit flacher Nase, heraushängender Zunge und starren Augen, manchmal auch einen schreitenden, geflügelten Körper. Auch die Beschreibungen der nachhomerischen Dichter entsprechen dem im allgemeinen. An einzelnen Stellen freilich erscheinen die Gorgonen mit Schlangen, sei es im Haar, sei es als Gürtel, und sind auch noch mit anderen grauenerregenden Zügen ausgestattet. Dieses häßliche

Medusa   Trio wird gebildet von Sthenno, Euryala und Medusa, von denen die letzte als sterblich galt. Ihr Liebhaber war Poseidon, von dem sie schwanger war, als Perseus sie tötete. Aus ihrem

Pegasos   Rumpf entsprangen das geflügelte Pferd Pegasos und Chrysaor, „der vom goldenen Schwert", hervor.

Man kannte noch eine andere Erzählung vom Tod der Medusa, die rein attisch zu sein scheint. Da die bewaffnete Athena ein Gorgonenhaupt auf ihrem Schild trug, glaubte man, daß sie selbst in der Gigantenschlacht die Gorgo getötet hätte. Beide Überlieferungen wurden derart verschmolzen, daß man Perseus auf Athenas Bitte die Gorgo erschlagen und ihr das Haupt übergeben ließ. Der Grund für die Feindschaft Athenas gegen Medusa sollte gewesen sein, daß diese ihre eigene Schönheit über die der Athena gestellt hatte... Im Bestreben, alles Häßliche zu vermeiden, und vielleicht auch, um Poseidon nicht in Liebesverbindung mit einem so mißgestalteten Wesen wie der traditionellen Gorgo zu bringen, bildet die spätere Kunst Medusa als eine schöne Frau, seit etwa 300 v. Chr. mit einem Zug von Schrecken oder Leid um die Augen... (51, S. 26—28, gekürzt)

8.10.3.4   In der griechischen Mythologie spielen die schlangen- und drachenge-
Weitere staltigen Unwesen eine bedeutende Rolle. Sie stehen in enger Verbindung zu
schlangen- und den Schlangenkulten Kleinasiens, die wir in einem besonderen Kapitel be-
drachengestaltige sprechen. Als chthonische Götter und Dämonen sind sie teils „Kinder des
Unwesen Meeres", teils „Kinder der Unterwelt".

Geryon   Zu ihnen gehört Geryon, der Sohn des Chrysaor und der Okeanide Kallirhoë, der „Schönfließenden". Chrysaor war ein Sohn der Medusa und ein Bruder des Pegasos, wie wir sahen. Geryon besaß zwei Brüder: Geryoneus und

282

Geryones. Er war ein dreiköpfiges Ungeheuer, das gelegentlich auch mit drei Leibern beschrieben wurde. Mit seinem Hirten Eurytion und seinem Hund Orthros, einem Sprößling des Typhon und der Echidna, lebte er auf der Insel Erytheia, der „Roten Insel", in der Nähe des Stromes des Okeanos. Er wurde von Herakles besiegt und getötet.

Echidna oder Echidne, halb Weib, halb Schlange, gelegentlich als Schwester des Geryon bezeichnet, lebte in einer Höhle in der Nähe von Arima. Sie ernährte sich von Menschenfleisch und gebar dem Typhon, dem Schrecklichen, verderbenbringenden Sturm- und Glutwind, der mit alles zerstörender Gewalt aus dem Erdinnern kam, ein vielköpfiges Ungeheuer mit blitzenden Augen; verheiratet, gebar Echidna den schon erwähnten Orthros, den Höllenhund Kerberos, der nach Hesiod eine „bronzene Stimme und 50 Köpfe" besaß, die lernaiische Hydra, die Chimaira, die thebanische Sphinx oder Phix und den nemeischen Löwen. *Echidna und Typhon* *Orthros, Kerberos und Hydra*

Diese gesamte häßliche Brut läßt mit Sicherheit den Einfluß nichtgriechischer, vor allem östlicher Phantasie erkennen. Die vielgliedrigen Geschöpfe wie Geryon, Kerberos und die Hydra erinnern uns an die vielarmigen und vielköpfigen Gottheiten der indischen und anderer orientalischer Religionen, die Chimaira, eine Einheit aus Löwe, Ziege und Drache, auch das Mischwesen Echidna lassen an die geflügelten, menschenköpfigen Stiere und andere Gebilde der assyrischen und babylonischen Kunst und Sage denken. Die Sphinx wird gewöhnlich als ein Geschöpf mit Löwenkörper, Frauenkopf und Flügeln dargestellt, eine wohlbekannte Gestalt der östlichen Kunst, die früh von den Griechen übernommen wurde ...

Es scheint bezeichnend, daß die Griechen Ungeheuer solcher Art, die nicht ihrer eigenen Vorstellungswelt entstammten, in die Unterwelt versetzten. Kerberos ist für gewöhnlich, obwohl nicht immer, der Türhüter des Hades. Hesiod bemerkt gelegentlich, daß er die Neuankömmlinge einlasse, indem er sie kriecherisch umschwänzle, sie aber verschlinge, wenn sie versuchten, wieder herauszugelangen. Hier haben wir vielleicht eine ausgesprochen primitiv wilde Gestalt vor uns, nämlich den auch in der Mythologie des Pazifik nicht unbekannten Verschlinger der Toten. Dem Kerberos nicht unähnlich ist der schreckliche Eurynomos, den Pausanias auf dem berühmten Hadesbild des Polygnot in Delphoi sah. Die dortigen Erklärer des Bildes sagten ihm, er sei ein Unterweltsdämon, der das Fleisch der Toten verschlinge und nur die Knochen übrig lasse. Der Maler hatte ihn mit bleckenden Zähnen und mit einem blauschwarzen Körper von der Farbe einer Schmeißfliege dargestellt. Vergils Aeneas erblickt gleich am Eingang des Hades „das Untier von Lerna, gräßlich schreiend, und die Chimaira, mit Flammen bewehrt, auch Gorgonen und Harpyien und einen dreileibigen Schatten" (d. i. Geryon) ... (51, S. 28—30, gekürzt)

Wer die Mythen über die hellenistische Unterwelt des Tartaros untersucht, wird bald ideengeschichtliche Bezüge zur östlichen Welt des nahen Kleinasiens feststellen, ebenso aber deutlich die Vorläufer der späteren christlichen Hölle mit ihren Bewohnern wiedererkennen. Diese Unterwelt des Tartaros, die auch den Namen des persönlich aufgefaßten Oberhauptes Hades trägt, soll daher ein weiterer Gegenstand unserer Betrachtung sein. *8.10.4* *Der griechische Hades als Vorbild für die christliche Hölle*

Nach dem Mythos steigen die verstorbenen Seelen der Menschen in den unter der Erde gelegenen Tartaros, das Reich der Unterwelt, hinab. Am Haupteingang, der in einem Hain schwarzer Pappeln am Ufer des Stromes Okeanos liegt, erhalten sie von ihren Verwandten eine Münze auf die Zunge gelegt, damit sie den geizigen Charon, den Fährmann über den Fluß, bezahlen können. Er fährt sie mit seinem Nachen über den Fluß Styx, der den Tartaros auf seiner westlichen Seite begrenzt. Seine Nebenflüsse heißen Acheron, Phlegethon, Kokytos, Aornis und Lethe. Wer dem Fährmann kein Geld vorweisen kann, muß ewig auf dem diesseitigen Ufer des Flusses verharren, wenn er nicht dem Totenführer Hermes zu entfliehen vermag, um sich durch einen Hintereingang einzuschleichen. Solche Nebeneingänge gab es im lakonischen Tainaros oder im thesprotischen Aornon. Ein dreiköpfiger, nach einigen Quellen auch fünfzigköpfiger Hund namens Kerberos bewachte das gegenüberliegende Ufer des Styx. Jeden lebenden Eindringling, aber auch jeden entfliehenden Geist verschlang das Ungeheuer.

Die erste Region, in die der Tote auf seinem Wege zum Zentrum gelangte, waren die trostlosen asphodelischen Felder. Hier wandelten die Seelen der sagenumwobenen Heroen zwecklos im Gedränge unbedeutender Toter umher, *Älteste Form* eine Strafe, die besonders für sie erdacht worden war. Sie schrien wie Fleder- *des Vampi-* mäuse und waren begierig nach einem Schluck Blut, den sie gelegentlich von *rismus* einem Lebenden erhaschen konnten. Nach diesem Trank fühlten sie sich wieder wesentlich frischer und fast wie Menschen. Wir haben hier die Urform des Vampirs vor uns.

Die Mythographen machten den kühnen Versuch, die widersprüchlichen Ansichten über das Jenseits, die die frühen Bewohner Griechenlands hatten, in Einklang zu bringen. Eine dieser Ansichten besagte, daß die Geister der Toten in ihren Gräbern, in unterirdischen Höhlen oder in Erdspalten lebten. Sie konnten die Gestalt von Schlangen, Mäusen oder Fledermäusen annehmen, aber niemals als menschliche Wesen wiedergeboren werden. Eine andere Ansicht ließ die Seelen ... auf den Grabesinseln, wo ihre Körper bestattet worden waren, sichtbar umherwandeln. Eine dritte meinte, daß die Geister wieder Menschen werden konnten, indem sie in Bohnen, Nüsse oder Fische schlüpften und als solche von ihren zukünftigen Müttern gegessen wurden. Nach einer vierten Ansicht wanderten die Seelen in den fernen Norden, wo niemals die Sonne scheint; wenn überhaupt, so konnten sie nur als befruchtender Wind zurückkehren. Eine fünfte vermutete die Verstorbenen im fernen Westen, wo die Sonne im Ozean untergeht und wo eine Geisterwelt, die der unseren ähnlich ist, besteht. Nach einer sechsten Version rechnete man mit Strafen, die dem Lebenslauf angemessen waren. Dieser Ansicht fügten schließlich die Orphiker die Theorie der Metempsychosis, der Seelenwanderung, hinzu. Dieser Vorgang konnte bis zu einem gewissen Grade durch den Gebrauch magischer Formeln beeinflußt werden. (14, Bd. 1, S. 108)

8.10.4.1   Über die mythischen Gestalten des Charon und Kerberos wissen Ranke-
Die Unterwelts- Graves und Herbert Hunger zu berichten.
gestalten
Charon Charon, der Totenfährmann in der Unterwelt, übernimmt die Schatten, die ihm Hermes Psychopompos zuführt, um sie über die Unterweltströme Acheron, Kokytos und Styx überzusetzen und an das Tor des Hades zu bringen. Voraussetzung ist die Beerdigung der Leiber an der Oberwelt und die Entrichtung eines Obolos als Fährlohn, den man den Toten

unter die Zunge legt. Die Überfuhr Lebender ist Charon verboten. Nur ein goldener Zweig öffnet dem Lebenden die Pforten der Unterwelt.

Die uralte, weit verbreitete Vorstellung von einem Jenseits, das über dem Meere liegt, oder von einem Wasser, das das Land der Lebenden und der Toten trennt, kannte auch den mächtigen Totenfährmann, der die Verstorbenen ins Jenseits führte. Charon war ursprünglich dieser gewaltige, aus dem Jenseits kommende Ferge, der später — als sich die Vorstellung von einem unterirdischen Reich des Hades immer mehr ausbildete — seine oben beschriebene Funktion am Unterweltstrom vielleicht durch einen Dichter zugewiesen erhielt. (52, S. 75—76)

Der „Höllenhund" Kerberos ist nach Ranke-Graves das Äquivalent des *Kerberos* ägyptischen Anubis, des hundeköpfigen Sohnes der libyschen Todesgöttin Nephthys, der die Seelen der Toten in der Unterwelt begleitete.

In den frühen europäischen Sagen, die teilweise libyschen Ursprungs sind, wurden die Seelen der Verdammten von einer heulenden Hundemeute — den Hunden von Annum, Herne, Artus oder Gabriel — in die nördliche Hölle gejagt. Anfangs war Kerberos fünfzigköpfig wie die Meute, die den Aktaion zerriß, später aber dreiköpfig wie seine Herrin Hekate. (14, Bd. 1, S. 109)

Kerberos war ein Sohn des Typhon, der wiederum ein Sohn des Tartaros und der Gaia war, und der Echidna. Dieses Liebespaar von Ungeheuern gehört ebenfalls zu den schlangengestaltigen Göttern, die wir bei den „Kindern des Meeres" schon kennenlernten. Kerberos mit seinen drei schlangenbedeckten Köpfen läßt zwar jedermann in die Unterwelt eintreten, aber niemals zurückkehren. Nur Orpheus gelang es, ihn mit seinem Saitenspiel zu besänftigen, und Herakles konnte ihn dank seiner gewaltigen Körperkräfte überwinden. Hunger berichtet:

Der Name Kerberos ist offenbar onomatopoetisch (d. h. lautnachahmend, den kleinkindlichen Lallauten entsprechend, z. B. Wauwau für Hund. Anm. d. Verf.); er soll das Knurren des bissigen Hundes wiedergeben. Der Hund, der in der Antike als unreines Tier galt, gehörte der magischen und chthonischen Sphäre an. Um den Toten vor dem Leichen fressenden Hadeshund zu schützen, gab man ihm einen Honigkuchen mit. (52, S. 187)

Der Wegführer des Verstorbenen an die Grenze der Unterwelt ist kein ge- *Hermes* ringerer als Hermes, der rührige und vielseitige Gott, der nicht nur zahlreiche Beinamen führte, sondern auch der Wissenschaft, der Hermetik, die als Basiswissenschaft unserer „Erleuchteten" ihr Wirken von Anfang an begleitete, ihren Namen gab. Wir haben Hermes im Band der „Erleuchteten" ausführlich kennengelernt.

Das Bluttrinken der Toten, die als Fledermäuse, oder wenigstens wie sie *Vampirismus* schreiend, gelegentlich versuchen, Blut von den Lebenden abzusaugen, um sich dann wieder wohler und kräftiger zu fühlen, erinnert uns direkt an die Vampire. Mit dem Vampirismus werden wir uns im Zusammenhang mit dem Dämonenglauben, zu dem eindeutig auch diese antiken Geister der Unterwelt gehören, noch zu beschäftigen haben.

Ranke-Graves fährt bei der Schilderung der Unterwelt fort:

Jenseits (der Asphodelischen Felder) liegen Erebos und der Palast des Hades und der Persephone. Zur Linken des Palastes beschattet eine weiße Zypresse den Lauf des Lethe. Dorthin ziehen die Geister der gewöhnlichen Toten, um zu trinken. Eingeweihte Seelen jedoch vermeiden dieses Wasser und ziehen es vor, vom Teiche der Erinnerung zu trinken, der von einer weißen Pappel beschattet wird. Dies verleiht ihnen einen gewissen Vorrang von ihren Leidensgenossen. Dicht daneben, auf einem Platz, wo drei Straßen zusammentreffen, sitzen Minos, Rhadamanthys und Aiakos über die neu angekommenen Geister zu Gericht. Rhadamanthys richtet über Asiaten, Aiakos über Europäer; beide überweisen die schwierigen Fälle an Minos. Ist das Urteil verkündet, werden die Geister zu einem der drei Wege geleitet. Waren sie im Leben böse, warten die Straffelder des Tartaros auf sie; die Tugendsamen werden in die Obstgärten Elysiums gebracht. Waren sie weder gut noch böse, harren ihrer die Asphodelischen Wiesen. (14, Bd. 1, S. 106)

8.10.4.1.1   Der Gott dieser Unterwelt ist Hades, ein Sohn des Kronos und der Erd-

Der Hades göttin Rhea. Er führt auch den Namen Aidoneus, Plutos oder Pluton. Seine Gemahlin ist Persephone. Kronos hatte unter seinen drei Söhnen Zeus, Poseidon und Hades die Welt aufgeteilt, wobei letzterem die Unterwelt zukam. Hades galt als der meistgehaßte aller Götter, da er seine Untertanen aus seinem Machtbereich nicht mehr heraus ließ. Nur ganz selten gelang es einem Sterblichen, der den Tartaros kennengelernt hatte, wieder lebend an die Oberwelt

Der Zauberer zurückzukehren. Hades war auch ein Magier und Zauberer. Er besaß eine Tarnkappe zum Unsichtbarmachen, die er von den Kyklopen aus Dankbarkeit erhalten hatte. Eine derartige Tarnkappe besaß bekanntlich auch der Zwergenkönig Alberich in der Nibelungensage. Wie diesem gehörten auch Hades alle

Hades-Pluton Reichtümer an Gold und Edelsteinen, die unter der Erde lagen. Daher stammt sein weiterer Name Pluton, der „Reiche“. Auf der Erde hatte Hades dagegen keinen Besitz.

In vorhomerischer Zeit mag die Person des Hades als Gegenstück zu Zeus, gleichsam als „Schattenzeus“ und Unterweltsgott entstanden sein. Hades, der im Epos nie handelnd auftritt, verblaßt gegenüber der eigentlichen Herrin der Unterwelt, Persephone. An die Funktion eines Todesgottes scheint das homerische klytopolos (= „der durch Rosse berühmte“) zu erinnern. Man dachte Hades wohl ursprünglich als Räuber, der das Opfer überrascht und auf seinen Wagen entführt (wie Persephone und Demeter). Später übernahm Hermes Psychopompos das Amt, die Seelen in die Unterwelt zu geleiten ... Erst die Gleichsetzung des Hades mit dem unterirdisch lebenden Gott des Reichtums Plutos oder Plutons belebte die Mythenbildung. Den Gott des Reichtums dachte man unter der Erde wirkend, da er hier der Pflanzenwelt ihren Nährboden darbieten konnte. Der Name Aidoneus und Hades wurde auch als „der Unsichtbare“ gedeutet. Von hier aus nahm vermutlich die Zuweisung der Tarnkappe an Hades ihren Ausgang. (50, S. 124)

8.10.4.1.2   Die Gattin des Hades, Persephone, war eine Tochter des Zeus und seiner

Persephone Schwester, der Erdgöttin Demeter, des Sohnes und der Tochter des Kronos und der Rhea. Als Tochter der Getreidegöttin Demeter war sie auch mit dem Kornmädchen Kore identisch. Der liebestolle und inzestfreudige Zeus, dem die Mutter Rhea verboten hatte, zu heiraten, versuchte u. a. auch seine eigene Mutter zu vergewaltigen. Um sich vor seinen Handgreiflichkeiten zu schützen, verwandelte sie sich in eine Schlange. Darauf verwandelte sich Zeus ebenfalls in eine Schlange und wand sich um Rhea zu einem unlösbaren Knoten. So zeugte er auch im Inzest mit seiner Schwester Demeter die Persephone. Hier wird wie im pelasgischen Schöpfungsmythos die Zeugung der Persephone durch das Umschlingen einer männlichen Schlange um die (schlangenartige) „Große Mutter" oder Erdgöttin symbolisch ebenfalls durch die Schlange dargestellt und damit ihre schöpferische Kraft deutlich gemacht.

Persephone besaß im Gegensatz zu ihrem Gemahl anscheinend einen besseren Charakter. Sie konnte gnadenreich und mitleidsvoll sein. In ihrer archaischen Gestalt verschmolzen ältere Tierdämonen, wie der Löwe, Hund und das Pferd, in deren äußerer Gestalt sie gelegentlich auftrat. Persephone besaß unter den Göttern das Vorrecht, den Sterblichen jede Gunst zu gewähren oder sie zu verweigern.

Bei den Römern wurde Persephone, die auch Periphone oder Perephatta hieß, Proserpina genannt. In verschiedenen Mythen war sie als „Kornmädchen" Kore eine Tochter der Getreidegöttin Demeter. *Persephone-Periphone-Proserpina-Kore*

Die Mutter Erde, Demeter, Tochter des Kronos und der Rhea, hatte im Inzest Persephone geboren. Ebenfalls mit ihrem Bruder Zeus zeugte sie den Iakchos, während sie dem Titanen Iasios oder Iasion den Pluton gebar. 8.10.4.2 *Demeter*

Berühmt ist der Mythos von der Entführung und Rückkehr ihrer Tochter Kore, auf deren Suche sich Demeter begibt. Hades hatte sich in Kore-Persephone verliebt und Zeus gebeten, sie heiraten zu dürfen. Zeus wollte sich seinem älteren Bruder gegenüber erkenntlich zeigen, jedoch auch nicht die Sympathien seiner Schwester Demeter verderben. Er antwortete daher diplomatisch, er könne seinen Wunsch weder erfüllen noch verweigern. Hades entführte Kore, als sie auf einer Wiese Blumen pflückte. Demeter begann nun, auf einem mühevollen Wege ihre Tochter zu suchen. Am zehnten Tage kam sie verkleidet nach Eleusis. Der dortige König Keleus und seine Frau Metaneira gewährten der Unbekannten Gastfreundschaft und boten ihr die Stelle einer Amme bei dem neugeborenen Prinzen Demophoon an. Die Söhne des Keleus, Eumolpos und Eubuleus, hatten als Viehhirten den Raub der Kore durch Hades beobachtet. Als sie ihre Tiere hüteten, war Hades in einem Wagen, von schwarzen Pferden gezogen, mit Kore an ihnen vorbeigedonnert. Sein Gesicht war unsichtbar gewesen. Von diesem Erlebnis berichtete der Demeter ein weiterer Sohn des Keleus, Triptolemos. Demeter begab sich nun zusammen mit der ihr eng verbundenen Hekate zu Helios, dem „Allessehenden", um von ihm zu erfahren, wo Kore jetzt sei. Er verriet den beiden Göttinnen, daß Hades der Entführer Kores sei, und zwar mit der Zustimmung seines Bruders Zeus. Demeter war hierüber so empört, daß sie nicht mehr auf den Olymp zurückkehrte. Sie wanderte rastlos weiter über die Erde, die sie verfluchte. Den Bäumen verbot sie, Früchte zu tragen und den Pflanzen auf den Feldern, zu

wachsen. Sie schwor, daß die Erde solange unfruchtbar bleiben werde, bis
Kore aus der Unterwelt zurückgekehrt sei. Zeus, der ein schlechtes Gewissen
hatte, versuchte nun Demeter umzustimmen. Eine Botschaft des Olympiers,
durch Iris vorgetragen, wurde von Demeter nicht zur Kenntnis genommen.
Da schickte Zeus den Hermes zum Hades, um ihn zur Herausgabe der Kore zu
überreden. Kore konnte aber nach einem ungeschriebenen Gesetz der Unter-
welt diese nur verlassen, wenn sie nicht von der Totenspeise gegessen hatte.
Da Kore jede Nahrung verweigert hatte, mußte Hades sie ziehen lassen. Doch
Askalaphos, einer der Gärtner des Hades, hatte beobachtet, wie Kore einen
Granatapfel gepflückt und sieben seiner Kerne gegessen hatte. Damit war das
Verbleiben Kores in der Unterwelt besiegelt. Die Betroffenen konnten jedoch
einen Kompromiß aushandeln. Danach sollte Kore drei Monate im Jahr bei
Hades sein, als Königin des Tartaros unter dem Namen Persephone, die übrigen
neun Monate aber mit ihrer Mutter Demeter verbringen. Hekate erklärte sich
bereit, für die Einhaltung der Übereinkunft zu sorgen und auf Kore zu achten.

Demeter, eine der am meisten verehrten griechischen Gottheiten, war als Göttin der Fruchtbarkeit und des Wachstums, insbesondere des Ackerbaus und des Getreides, zugleich die
mütterliche unter den großen Göttinnen, die besonders von den Frauen verehrt wurde.

Das Motiv der Entführung und Rückkehr der Vegetationsgottheit mag ins Vorgriechische
zurückreichen. Auch der in Kreta lokalisierte Mythos von der Verbindung Demeters mit dem
sterblichen Iasion, deren Frucht Plutos, der Gott des Reichstums ist, weist auf die minoische
Sphäre. Die volle Ausbildung jedoch erfuhren Mythos und Kult im Mutterlande Hellas. In
der Erzählung vom Raub der Kore verband sich die Vorstellung von dem periodischen
Wechsel des Blühens und Absterbens in der Natur mit dem Gedanken an das Hervorholen
des Saatgutes zur Zeit der Aussaat im Herbst. So wie die Feldfrucht in Griechenland bei der
Ernte im Frühjahr von den Feldern verschwindet und glühende Sonnenhitze während der
Sommermonate auf den öden Flächen lastet, bis nach der Herbstaussaat die ersten grünen
Spitzen aus dem Boden emporsprießen, so dachte man Demeters Tochter Persephone für
diese Zeit unter der Erde.

Der Granatapfel, den Kore in der Unterwelt ißt, galt und gilt in Griechenland als Symbol
der Fruchtbarkeit. Die Verbindung des Jenseitsglaubens mit der menschlich ergreifenden
Gestalt der göttlichen Mutter, die verzweifelt nach ihrem Kinde sucht, verlieh dem Demeter-
Kult eine besondere religiöse Tiefe. (52, S. 85)

Dieser Mythos dürfte archaische Teile einer älteren Überlieferung enthalten. Die Reise der kleinasiatischen Ischtar in die Unterwelt bietet zahlreiche Parallelen. Die uralte Vorstellung von der Erde, die alles Lebendige aus
ihrem Schoß hervorgehen läßt, aber auch alles Todgeweihte wieder zu sich
nimmt, war bei den Hellenen weit verbreitet. Ranke-Graves hat darauf hingewiesen, daß der Granatapfel nach einer kleinasiatischen Überlieferung dem
Blute des Adonis oder des Tammuz entstammen sollte. Persephone, die den
Granatapfel ißt, sei mit der älteren Scheol, der Göttin der Hölle, identisch, die
von Tammuz verschlungen wird, während Ischtar, die wiederum mit Scheol
identisch ist, weint, um den Geist des Tammuz zu besänftigen.

Der Demeter-Kult stammt ursprünglich aus Kleinasien. Er soll Griechenland über Kreta erreicht haben. Nach Diodoros aus Sizilien (1. Jh. v. u. Z.) wurden in Knossos ähnliche Riten wie in Eleusis abgehalten. Andere Quellen weisen auf Libyen als Ursprungsort des Kultes hin. Doch einen Höhepunkt erreichte der Demeterkult in Eleusis.

Zu den ältesten griechischen Mysterien gehören jene zu Ehren der Demeter in Eleusis. Der Begriff des Mysteriums stammt vom griechischen μύειν = „sich versenken". Ein Mysterium ist ein geheimnisvolles, außerordentliches Erlebnis, in das sich der Mensch hineinversenkt. Es ist also in erster Linie ein psychischer Vorgang, der den „Mysten" dem Göttlichen näherbringen soll. Die äußeren Formen wurden den ideengeschichtlich älteren Formen, Kult, Ritus und Orgie (7. 1. 2), entlehnt. Alle Mysterien waren der Ausdruck einer religiösen Sehnsucht des Menschen, eine engere Bindung mit dem Göttlichen oder als göttlich Vorgestellten einzugehen. Während des Mysteriums erfolgte die Einweihung des Anwärters, des νεό–φυτος, des Neophyten, des „neu belebten". Nach Empfang der niederen Weihen jetzt μύστης, „Geweihter" oder „Eingeweihter" geworden, gelangte er über verschiedene Grade zum ἐπόπτης = Epopten, also zum „Beschauer" des eigentlichen Mysteriums. Die Einführung in die Mysterien erfolgte durch den μυσταγωγός, dem Einweihenden.

Evola unterscheidet nach morphologischen Gesichtspunkten (und hier nicht streng nach historischen) zwei Typen von Mysterienkulten: Die Großen (Ammonischen) und die Kleinen (Isischen) Mysterien.

Die Kleinen bzw. Isischen Mysterien können als die Mysterien der Frau definiert werden, deren Zweck die „kosmische" Reintegrierung des Individuums, seine Verbindung mit der weiblichen Substanz als Lebenskraft und Substrat der Erscheinungswelt ist. Diese Mysterien können sowohl einen lichten wie dämonischen Charakter haben, je nach ihrer Zielsetzung: einen Dämonischen in ... einer Verabsolutierung ihres Prinzips – des Weiblichen ..., das hier gegen alles, was super-,,kosmisch" ist, zu antagonistischer Wirkung gebracht wird.

Die Großen oder Ammonischen Mysterien sind mit dem „Wiederaufstieg", mit dem Wiederemporfließen der Strömung, mit der Überwindung des „kosmischen" Niveaus verbunden; sie stehen also unter dem Zeichen des transzendenten Mann-Seins und eröffnen die Reihe der Situationen, innerhalb derer diese Männlichkeit die Vorherrschaft immer mehr gewinnt.

In einer besonderen Fassung läßt sich das Mythologem des Inzests in diesen Zusammenhang einordnen. Die Frau, welche die Funktion der „Mutter" gehabt hat, die dem gespaltenen Wesen das „Wasser des Lebens" und der Auferstehung geschenkt hat (die den Kleinen Mysterien eigene „zweite Geburt"), wird von demjenigen besessen, den sie gewissermaßen geboren hatte, der ihr Sohn ist. Wenn auch mit Bezug auf die Verfahrensweisen der Ars regia, so kommt doch in der Hermetik diese Symbolik in besonders ausgeprägter Form vor. Dort wird von der ersten Phase gesprochen, welche Herrschaft der Frau, der Wasser oder der Luna oder auch albedo genannt wird, und in welcher die Frau die Oberhand über den Mann hat und ihn auf ihre Natur zurückführt (Kleine Mysterien). Nachdem der Mann sich im entgegengesetzten Prinzip aufgelöst hat, beginnt jedoch die sogenannte Herrschaft des Feuers bzw. von Sol oder auch rubedo, wo der Mann die Oberhand wiedergewinnt, über der Frau steht und sie jetzt in seine Natur verwandelt; um diese zweite Phase zu bezeichnen, wird von den Texten manchmal gerade die Symbolik des Inzests Sohn-Mutter verwendet.

Wenn Osiris mit seiner Schwester Isis schon im Mutterleib geschlechtlich verkehrte und Osiris später mit seiner Schwester Nephthys inzestiös koitierte, so gründet sich dieser Bruder-Schwester-Inzest auf die „Dichotomie der Dyade" (Evola), d. h., daß hier das polare Prinzip des männlichen Osiris und der weiblichen Isis-Nephthys als „Kinder" des „uranfänglichen Einen" betrachtet wird.

8.10.4.2.1.1
Die Eleusinien
In der mykenischen Stadt Eleusis (griech. „Ankunft") wurden im Monat Boidromion (= „um Hilfe laufen"), also im Monat September, die Eleusischen oder Eleusinischen Mysterien, die Eleusinien, gefeiert. Eleusis, eine vorgriechische Siedlung, deren Name auch mit ἐλεύθερος (= „edel, frei") in Verbindung gebracht wird, heißt heute im Neugriechischen Elefsis. Es liegt in einer fruchtbaren Ebene, etwa 22 Kilometer nordwestlich von Athen. Eleusis war zunächst die Hauptstadt eines kleinen Königreichs. Etwa im 7. Jahrhundert v. u. Z. ist die Stadt zur Zeit des Thrakerfürsten Eumolpos (des sagenhaften Sohnes des Poseidon und der Chione, der mit Eleusis verbündet war) im Kampf mit Athen unter dessen König Erechtheus nach dem Sieg der Athener in deren Stadtstaat einverleibt worden. Wir kommen auch auf diesen Mythos zurück (8. 11. 6. 1).

Wann die Eleusinien entstanden sind, läßt sich heute nicht mehr feststellen. Es ist gut möglich, daß vor der Ausübung des Demeterkultes bereits Eleusis der Ort für ältere Mutterkulte gewesen ist. Mysterienkulte dürften hier schon in prähistorischer Zeit ausgeübt worden sein, die wohl vorwiegend Fruchtbarkeitskulte mit matriarchalischen Formen waren.

Der Begriff des Mysteriums stellt ganz allgemein ein geheimnisvolles, außerordentliches Erlebnis dar, in das sich der Mensch hineinzuversetzen in der Lage sein kann (1. 1). Dem Mythos nach hat die Göttin Demeter dem Fürsten von Eleusis die Anweisung zur Errichtung der Zeremonien gegeben und ihm alle heiligen ὄργια, (=) die Orgien (7. 1. 2. 3), in Form sakraler Handlungen zur Ausübung des eigentlichen Mysteriums gezeigt.

Zum kultischen
Inhalt
Nach Ranke-Graves erfüllte sich in Eleusis „Demeters ekstatische Priesterschaft symbolisch" in ihrem „Liebesverhältnis mit Iasios oder Triptolemos oder Zeus in einer inneren Kammer des Heiligtums, indem sie einen phallischen Gegenstand in einem Frauenschuh auf- und abbewegte". Ranke-Graves glaubt, daß die Bezeichnung „Eleusis" nur eine „verkümmerte Form von Eilythuies (= „der Tempel der rasenden Gottheit") ist. Im Mysterienkult wurde auch die Wiege des Brimos, eines Sohnes der Brimo (= „die Zornige"), gezeigt. Brimo gilt als ein Beiname der Persephone (8. 10. 4. 1. 2) und Brimos als ein Synonym für Plutos. Er war besser bekannt unter dem Namen Iakchos, dessen wilder Hymnos am sechsten Tage der Mysterien bei einer Fackelprozession vor Demeters Tempel gesungen wurde.

Bei dem christlichen Kirchenvater Hippolyt(os) (um 160—nach 235) wird in seinen „Philosophumena" über das Geheimnis der Eleusinischen Mysterien berichtet:

Die Phryger nennen ihn (den Urmenschen, den vollkommenen Menschen), aber auch die grüne geschnittene Ähre und nach den Phrygern die Athener, wenn sie die eleusinischen Mysterien feiern und den Eingeweihten das große wunderbare und vollkommenste Geheimnis der Einweihung im Stillschweigen zeigen, die geschnittene Ähre. Diese Ähre ist auch bei den Athenern der vom Unbezeichneten stammende vollkommene große Glanz. Der Hierophant selbst, kein verschnittener wie Attis, aber durch Schierling entmannt und jeder fleischlichen Zeugung abhold, feiert nachts in Eleusis bei großem Feuer die heiligen unaussprechlichen Mysterien und schreit laut auf: „Den Heiligen gebar die hehre Brimo den Knaben Brimos", d. i. die Starke den Starken. Hehr ist die geistige, himmlische Geburt in der Höhe, stark aber ist der so geborene. Das Mysterium heißt ja Eleusin und Anaktoreion. Eleusin, weil wir, die Geistigen, aus der Höhe kamen und von Adamas niederflossen. Denn ἐλεύσεσθαι ist gleich ἐλθεῖν, (ἐλεύσομαι, ἦλθον = ich werde kommen, ich kam). Anaktoreion heißt es wegen des Aufwärtssteigens (ἄνω = aufwärts). Dies nennen die Teilnehmer an den Eleusinien die großen Geheimnisse. Es besteht aber die Satzung, daß sich solche, die in die kleinen eingeweiht sind, auch in die großen einweihen lassen. Denn „größerer Tod empfängt größere Belohnung" (Heraklit, Fragmente 25; vgl. 54. Anm. d. Verf.). Die kleinen Mysterien und dem Weg, der dahin führt, der breit und geräumig ist und die dem Verderben Geweihten zur Persephon(e) bringt, (spricht der Erlöser) und auch der Dichter singt:
„Aber ein Pfad ist darunter, ein schauriger lehmiger Hohlweg,
Dieser doch ist der beste, dich hin zum lieblichen Haine
Aphroditens zu führen, der Weitverehrten." (Parmenides?)

Das sind die kleinen Mysterien der fleischlichen Geburt. Die Menschen, die darin eingeweiht sind, sollen die kleinen aufgeben und sich in die großen, himmlischen einweihen lassen. Denn „die in diesen den Tod gefunden haben, erlangen größere Belohnung". Dies ist ja „das Himmelstor" und dies „das Haus Gottes" (Genesis 28, 17), wo der gute Gott allein wohnt, in das kein Unreiner eingehen wird, kein Psychischer, kein Fleischlicher, sondern es ist einzig den Geistigen vorbehalten. Wer dahingekommen ist, muß die Kleider abwerfen, und alle müssen durch den jungfräulichen Geist entmannte Bräutigame werden. Denn das ist die Jungfrau, die gesegneten Leibes ist und einen Sohn empfängt und gebiert, nicht einen psychischen, nicht einen leiblichen, sondern den seligen Äon der Äonen . . .

Wenn also das Volk im Theater zusammenkommt und einer auftritt in einem auffallenden Gewande mit einer Zither und spielt, dann singt er die großen Mysterien, ohne zu wissen, was er sagt, indem er so spricht:

„Ob du des Kronos Sproß bist, oder des seligen Zeus, oder der großen Rhea, sei gegrüßt, betrübter Verstümmelter der Rhea, Attis.

Dich nennen die Assyrer den dreifach geliebten Adonis, nennt Ägypten Osiris, das himmlische Mondhorn die griechische Weisheit, die Samothraker ehrwürdiges Adamna, die Hömonier Korybas und die Phryger bald Papas, bald den Toten oder Gott oder den Unfruchtbaren oder Aipolos, oder die geerntete grüne Ähre, oder den, den der fruchtreiche Mandelbaum zeugte, den Pfeifenbläser."

Ihn nennt man den vielgestaltigen Attis, zu dessen Preis sie singen: „Attis will ich besingen, den Sohn der Rhea, ohne Trompetenschall, ohne den Flötenklang der Kureten vom Ida, vielmehr zum Harfenklang des Phöbos: Euoi, Euan, gleich wie Pan, gleich wie Bakcheus, gleich wie der Hirt der lichten Sterne."

Um solcher Wort willen sitzen sie bei den sogenannten Mysterien der großen Mutter und glauben am ehesten durch das, was dabei getan wird, das ganze Geheimnis zu schauen. Von dem, was dort geschieht, haben sie keinen Gewinn, außer daß sie, ohne verschnitten zu sein, sich wie Verschnittene verhalten. Denn gar ernst und streng schreiben sie vor, sich des Umgangs mit einem Weibe zu enthalten, als ob sie verschnitten wären ...
(53, S. 105–109, gekürzt)

Die kleinen und großen Mysterien

Über den eigentlichen Ablauf der Mysterien wissen wir nur sehr wenig. Wir finden halbversteckte Aussagen bei Pindar, Aischylos und Sophokles u. a.

Die Kleinen Mysterien:

Sie fanden in Agrae, am Fluß Ilissos, einer Vorstadt von Athen, im Anthesterion, d. h. im Monat Februar/März, statt. Zu jener Zeit stehen die Bäume und Sträucher am Ufer des Flusses in voller Blüte. Das war der richtige Anlaß, um die Rückkehr der Tochter der Demeter aus dem Hades in den Schoß der sich wieder belebenden Natur zu feiern. Waldemar von Uxkull hat den Versuch unternommen, nach den dürftigen Quellen zu forschen und mit großem Einfühlungsvermögen die Kleinen und Großen Mysterien zu beschreiben (55):

Nach einem Bade im Ilyssos wurden die Neophyten angewiesen, sich am Eingang des Tempelbezirks einzufinden, wo sie der Hierokeryx (ein Priester aus dem Geschlecht der Keryken, der sagenhaften Abkömmlinge des Keryx, des ersten Herolds der Eleusinischen Mysterien, Sohn des Hermes und der Aglauros, Tochter des teils Mensch, teils Schlange seienden Kekrops, Sohn der Mutter Erde und erster König von Attika. Anm. d. Verf.), wie Hermes mit Flügelstab und Schlapphut an der Spitze der Mystagogen empfing und ins Innere des heiligen Haines vor einen kleinen Tempel führte. Unter dem Vorantritt der Prophantide trat ein Chor von Hierophantiden auf, weiß gekleidet mit wallendem Haar in stark hervorgehobenem Rhythmus tanzend. Sie stellten sich vors Heiligtum hin und sangen ein uraltes dorisches Lied, in dem den Neophyten gesagt wurde, ihr jetziges Leben sei nur ein Traum, sei nur scheinbar, es gäbe aber noch ein anderes, ein wirkliches Leben, das sie vor der Geburt gelebt hätten und welches sie nach ihrem Tode wieder leben würden. Zum Schluß trat die Prophantide vor und flehte zuerst mit emporgehobenen Armen den Segen der großen Göttin auf die Neophyten herab, daß sie durch Finsternis zum Lichte durchdringen mögen. Sie sprach aber auch einen fürchterlichen Fluch über denjenigen aus, der die heiligen Geheimnisse Unberechtigten mitteilen würde, die Strafe der Göttin würde ihn treffen im Scheine der Sonne oder im Schatten des Hades.

Der Kult in Agrae war ursprünglich ein Demeterkult; später wurden die Mysterien zu Ehren der Persephone und des Dionysos gefeiert, zwei Göttergestalten, die uns ebenfalls in unserem Zusammenhang zu beschäftigen haben (8. 10. 4. 1. 2 und 8. 11. 6. 3).

Die Großen Mysterien:

Ein halbes Jahr nach den Kleinen Mysterien im Februar/März folgten die Großen Mysterien im September in Eleusis als Hauptfest, das sich über mehrere Wochen erstreckte. Der oberste Hierophant (= „Weihepriester") aus dem erblichen Priestergeschlecht der Eumolpiden, der vermeintlichen Abkömmlinge des Thrakerfürsten Eumolpos und ersten Herrschers über das Heiligtum, zeigte den Neophyten die heiligen Symbole und erklärte sie. In einen langen Purpurmantel gehüllt, standen ihm drei weitere Priester aus dem Geschlecht der Keryken zur Seite. Der bedeutendste von ihnen war der Daduchos, der „Fackeln haltende", der Priester, der wahrscheinlich während des Kults die Fackel hielt. Der zweite war der Herold oder Ausrufer. Er ministrierte bei der Opferhandlung, beaufsichtigte das Opfer und gebot Schweigen, ferner war er als Vorbeter tätig. Der dritte war der Altarpriester. Diese vier Ämter wurden auf Lebenszeit vergeben und nach dem Tode in den Familien der Eumolpiden und Keryken vererbt. Unter den weiteren Priestern lasen einige aus den Eingeweiden der Opfer den göttlichen Willen. Hierbei dürfen wir annehmen, daß ursprünglich sogar eine Anthropomantie durchgeführt wurde, also eine Weissagung des Priesters aus menschlichen Körperteilen des Opfers, später ersetzt durch Zoomantie. Die in den Eleusinischen Mysterien angewandte Zoomantie durch das Haruspizium, oder griechisch, die Hieroskopie, d. h. durch die Weissagung aus den Eingeweiden der Opfertiere, wobei bei den Griechen und Chaldäern die Hepatoskopie, also die Leberschau im Vordergrund stand, ist wahrscheinlich aus dem kleinasiatischen Raum auf den Peleponnes gelangt.

Die Oberaufsicht besaß der Archon Basileus. Ein zweiter Archon (= „Anführer") hatte die Aufsicht über den gesamten Götterdienst inne. Dem Archon Basileus standen vier Epimeleten (= „Besorger", „Verwalter" oder „Aufseher") zur Seite. Sie hatten sich um die ordnungsgemäße Durchführung der Rituale und vorgeschriebenen Opfer zu kümmern. Zum Beginn der Mysterien wurde ein Aufruf verkündet. Die Neophyten versammelten sich am Vorabend vor der Einweihung in Athen. Am nächsten Tag fand die Reinigung im Meer statt. Einzelheiten über den dann folgenden kultischen Ablauf kennen wir nicht.

Am 14. (Tag des) Boidromion wurden die Heiligtümer aus Eleusis durch Jungfrauen nach Athen gebracht. Hier wurden sie im Tempel der Demeter aufgestellt. Am 15. Tag folgte erneut ein Reinigungsbad im Meer. Dann begann die Zeit des Fastens, die an den Mythos erinnern sollte, daß Demeter aus Schmerz über den Verlust ihrer Tochter neun Tage gefastet habe. Über die Vorgänge zwischen dem 15. und 19. oder 20. Boidromion sind wir ebenfalls nicht unterrichtet. An einem dieser Tage fand eine große Prozession von Athen nach Eleusis statt; sie galt dem Jakchos-Brimos-Plutos. Bei dieser Prozession wurden die zunächst nach Athen überführten Heiligtümer nach Eleusis zurückgebracht. Während der Prozession ging es recht lasziv zu, sie wirkte, wie bei vielen Vegetationskulten, auf die Teilnehmer erotisierend, was — ähnlich wie bei den Karnevalsfeiern in unserer Zeit — nach neun Monaten durch eine erhebliche Geburtenzunahme zum Ausdruck kam. In der inneren Kammer des Heiligtums vereinigten sich die Demeterpriesterinnen mit ihren Götterstellvertretern in menschlicher Gestalt im Liebesdienst für ihre Göttin.

An die dunkle Seite des Mythos, die Hadesfahrt und die Mächte der Unterwelt, erinnerten weitere Rituale, die dem Mysten durch den mühsamen Gang durch dunkle Räume und Gänge im Gewirr der unteren Tempelräume auferlegt wurden, die wir im einzelnen auch nicht kennen.

Im Allerheiligsten des Tempels stand ein Schrein, die κίστη (= „Kiste"), in der sich ein uns unbekannter Inhalt befand, das große Mysterium. Uns ist ein Spruch des Mysten erhalten, der da lautete:

Ich fastete, ich trank den Kykeon (= Mischtrank aus Gerstengraupen, geriebenem Ziegenkäse und Wein). Ich nahm ihn aus der Kiste. Ich vollzog die Handlung. Ich legte ihn wieder in den Korb und aus dem Korb in die Kiste.

Seit dem Mittelalter wurde die auch von Ranke-Graves ausgesprochene Vermutung laut, es handele sich um einen männlichen Phallos. Nach anderen Forschern wurde ein Abbild des Mutterschoßes oder einer Vagina vermutet. Wir möchten uns der ersten Deutung anschließen, da der Phallos in zahlreichen, ursprünglich matriarchalischen Kulten im Ritual eine nicht unbedeutende Rolle gespielt hat.

In den ägyptischen Mysterien, die teilweise gewisse Parallelen zu den Eleusinischen aufweisen, ist die Cista mystica der Sarg des Osiris bzw. seines aufgefundenen Phallos; bei den Juden soll die Bundeslade des Alten Testaments dieser Kiste entsprechen, was aber von ihnen empört abgestritten wird.

Das Schicksal der Eleusinien — Wir dürfen annehmen, daß die ursprüngliche sakrale Handlung der (sexuellen) „Heiligen Vereinigung", des hieros gamos, im Laufe der Jahrhunderte, wie auch andere Kulte, entartet ist und zur Profanierung des sakralen Eros, zur sexuellen Prostitution geführt hat. Die Eleusinischen Mysterien in der uns wenigstens teilweise überlieferten Form sind etwa im 7. Jahrhundert v. u. Z. aus älteren Kulten entstanden und haben mit verschiedenen Varianten und Veränderungen bis in die christliche Zeit bestanden. Im 2. Jahrhundert n. u. Z. scheint ein Brand die Tempelgebäude vernichtet zu haben. Wahrscheinlich wurde ein Teil wiedererrichtet, da der römische Kaiser Claudius (10 v. u. Z.–54 n. u. Z.) den Kult nach Rom verpflanzen wollte. Die aufkommende christliche Kirche mit ihren Kirchenvätern, zu denen auch Hippolyt gehörte, siegte schließlich im Kampf gegen das Heidentum, zu dem auch die Eleusinischen Mysterien zählten. Am Ende des 4. Jahrhunderts war Eleusis nur noch ein vorchristlicher Trümmerhaufen, aus dem sich die anliegenden Bewohner höchstens noch Baumaterial für ihre profanen Bauten verschafften.

8.10.4.2.1.2
Die Thesmophorien — Ein weiterer Kult, der zu Ehren der Demeter gefeiert wurde, waren die Thesmophorien. Er war in Griechenland weit verbreitet und wurde von den Frauen unter Ausschluß der Männer im Monat der Aussaat gefeiert. Es war ein reiner Fruchtbarkeitskult.

Demeter erscheint fast immer zusammen mit ihrer Tochter Kore-Persephone, die meist „die beiden Göttinnen" genannt werden. Zur wichtigsten Kultstätte der Demeter in Eleusis zogen während der „Großen Mysterien" die Anhänger aus Athen. Die feierliche Prozession dauerte neun Tage im September eines jeden Jahres. Hier im attischen Eleusis wurde die Vereinigung der „beiden Göttinnen" gefeiert. Am eigentlichen Mysterium durften nur Eingeweihte teilnehmen, die vorher durch eine Initiation in den Kreis der Mysten aufgenommen wurden. Also nur die Eingeweihten, die Epopten, durften die Kulthandlung mitmachen und die Göttin selbst erschauen. Es bestand eine strenge Schweigepflicht um das Geheimnis des Kultes. Die Mysten erhofften durch den Kult eine Reinigung von ihren Sünden und ein glückliches Leben im Jenseits.

Ranke-Graves nimmt an, daß die Thesmophorien ursprünglich ein orgiastisches Fest gewesen sind, bei dem die Priesterinnen der „beiden Göttinnen" sich der sakralen Prostitution hingaben. Wir kommen im Zusammenhang mit dem Mythos der Oreithyia darauf zurück.

Interessant für unsere Betrachtung ist auch der Mythos, nach dem Demeter *Demeter und* durch den Meeresgott Poseidon vergewaltigt wurde. Als Demeter, durch ihr *Poseidon* ständiges Suchen nach Kore erschöpft und entmutigt und sicherlich ohne jede augenblicklichen erotischen Ambitionen, sich in ein Pferd verwandelte, um mit der Herde des Onkos, eines Sohnes des Apoll, zu weiden, wurde sie jedoch von Poseidon erkannt. Er verwandelte sich ebenfalls in einen Hengst und besprang sie. Aus dieser Begattung gingen die Nymphe Despoina und das wilde Pferd Arion hervor. Demeters Zorn darüber war so stark, daß sie seither als „Demeter, *Demeter als* die Furie" angebetet wurde. *Furie*

Ranke-Graves kommentiert:

Der Mythos von Demeter und Poseidon stützt sich auf eine hellenische Invasion Arkadiens. Demeter wurde in Phigalia als die pferdeköpfige Schutzherrin des vorhellenischen Pferdekultes abgebildet. Pferde waren dem Mond geweiht, denn ihre Hufe hinterließen eine mondförmige Spur. Der Mond wurde als die Quelle allen Wassers betrachtet ... Die heiligen Pferde Arion und Despoina — letzterer ist einer der Namen der Demeter selbst — wurden als Kinder Poseidons angesehen ...

Demeter als Furie ist, ebenso wie Nemesis, nur ein anderer, ein mörderischer Aspekt der Göttin. Die Geschichte, die über Poseidon und Demeter in Thelpusia (Pausanias VIII, 42) und über Poseidon und eine ungenannte Furie am Brunnen von Tilphusa in Boiotien (Scholiast über Homers „Ilias" XXIII, 346) erzählt wird, war bereits alt, als die Hellenen zum ersten Mal erschienen. (14, Bd. 1, S. 52)

Bereits im Mythos von Persephone und Kore erscheint zum Schluß die viel- 8.10.4.3 seitige Göttin Hekate als Freundin der Persephone. Hekate, eine Tochter des *Hekate* Titanen Perses und der Asteria, war ebenfalls eine chthonische Gottheit, die vielfach mit der Persephone-Kore verschmolz und auch zahlreiche gleiche Charaktereigenschaften aufweist. Wie die Erinnyen, auf die wir noch zu sprechen kommen, trug sie eine Fackel in der Hand und Schlangen im Haar. Damit gehört auch sie zur Gruppe der Schlangengottheiten. Sie war die Herrin aller *Die Herrin der* nächtlichen Unwesen, eine große Zauberin und Giftmischerin. Später wurde sie *Zauberer und* zur Herrscherin aller Hexen. Als eine archaische Gottheit wanderte sie aus *Hexen* Karien in Kleinasien nach Hellas ein. Bei Homer wird Hekate nicht erwähnt.

In einem Teil der Theogonie des Hesiod, der wohl nicht von ihm stammt, wird Hekate als eine „allseits verehrte Göttin" geschildert, deren Machtbereich sich über die Erde, das Meer und den Himmel erstreckt. Von einigen Mythologen werden orphische Einflüsse angenommen.

Hekate als Herrin alles Zauber-, Spuk- und Hexenwesens war im 5. Jahrhundert sehr populär und ist uns namentlich aus Athen gut bekannt. Sie war in erster Linie Frauengöttin. Ihr Altar stand vor jedem athenischen Haus, wo man ihr ebenso wie an den von alters her irgendwie unheimlichen Weggabelungen Speiseopfer aussetzte. Hekate-Tempel sind aus Aigina, Argos, Eleusis und sonst bekannt. Mit ihrem nächtlichen Schwarm — der Wilden Jagd entsprechend — zog Hekate, von heulenden Hunden begleitet, dahin und brachte Verderben demjenigen, dem sie begegnete. Ihr Beiname Antaia (= „die Begegnerin") weist auf diese gespenstische Funktion hin. So wird sie Urheberin von allerlei krankhaften Zuständen. Zauberinnen wandten sich bei ihrem nächtlichen Treiben besonders gern an Hekate. Der Hund war ihr beliebtestes Opfertier.

Identität von Hekate-Artemis-Selene-Enodia-Persephone-Kore

Hekate wurde als Führerin des wilden Heeres oft mit Artemis, aber auch mit Selene, Enodia (Trioditis, lat. Trivia, die Göttin der „Dreiwege") und als Herrin der Toten mit Persephone gleichgesetzt. (52, S. 128).

Nach Ranke-Graves waren Kore, Persephone und Hekate „eindeutig die dreifaltige Göttin in Gestalt als Mädchen, Nymphe (junge Frau) und Altes Weib."

Persephone (von phero und phonos, „die, die Zerstörung bringt"), die in Athen Persephatta (von ptersis und ephapto, „die, die Zerstörung verursacht") und in Rom Proserpina („die Furchtbare") genannt wurde, war, wie es scheint, der Titel einer dem Heiligen König opfernden Nymphe. Der Name „Hekate" („einhundert") bezieht sich anscheinend auf die hundert lunaren Monate seiner Regierung und auf die hundertfache Ernte . . .

Bei Hesiod erscheint Hekate als die ursprüngliche Dreifältige Göttin, die im Himmel, auf Erden und im Tartaros herrschte. Die Hellenen betonten jedoch ihre zerstörende Macht und vergaßen darüber ihre schöpferische Kraft. Schließlich wurde sie nur noch in verbotenen Riten der Schwarzen Magie, besonders auf Plätzen, an denen sich drei Straßen trafen, angerufen. Daß Zeus ihr nicht die Gabe nahm, Wünsche der Sterblichen zu erfüllen, ist ein Tribut an die thessalischen Hexen, die jeder fürchtete. Hekates Löwen-, Hund- und Pferdehäupter beziehen sich offensichtlich, wie auch die drei Köpfe des Kerberos, auf das alte dreigeteilte Jahr.

Die Erinnyen und Furien

Die Gefährtinnen Persephone-Hekates waren die ebenfalls in Erebos in der Unterwelt lebenden Erinnyen oder Furien Tisiphone, Alekto und Megaira. Sie waren älter als Zeus oder irgendeiner der anderen Olympier. Sie entstanden aus den Blutstropfen, die bei der Entmannung des Uranos zu Boden fielen. Als „Töchter der Nacht" besaßen sie verzerrte Gesichtszüge, schlangenbedeckte Häupter und trugen drohend geschwungene Fackeln.

Ihre Aufgabe ist es, Klagen, die die Sterblichen vorbringen, anzuhören: Klagen über die Rücksichtslosigkeit Junger gegen Betagte, der Kinder gegenüber den Eltern, des Gastgebers gegenüber seinen Gästen, . . . und solche Verbrechen zu bestrafen. Sie jagen die Schuldigen unbarmherzig von Stadt zu Stadt und von Land zu Land. Die Erinnyen sind alte Weiber. Sie haben Schlangenhaare, Hundehäupter, kohlschwarze Körper, Fledermausflügel und blutunterlaufene Augen. In ihren Händen tragen sie messingumwickelte Geißeln; ihre Opfer sterben unter Qualen. Es ist unklug, sie gesprächsweise beim Namen zu nennen. So werden sie für gewöhnlich die Eumeniden genannt, was „die Freundlichen" bedeutet . . . (14, Bd. 1, S. 107)

Soldan—Heppe—Bauer weisen darauf hin, daß Hekate ursprünglich eine „unheilfernhaltende" und „segenspendende" Göttin war, wie sie noch bei Hesiod gepriesen wurde:

Jetzt tritt (Hekate) nach mehrfachen, zum Teil durch die Mysterien bedingten Metastasen ihres Wesens als die grauenvolle Göttin der Unterwelt und Vorsteherin des Zauberwesens auf. Sie erscheint, gerufen, in finsterer Nacht mit Fackel und Schwert, mit Drachenfüßen und Schlangenhaar, von Hunden umbellt, von der gespenstischen Empusa begleitet. An Hekate hingen sich allmählich alle Arten von Zauberei an. Von ihr hatte Medea die Gifte und Zauberkräuter kennengelernt. Die Zauberinnen schwuren bei ihr und beteten zu ihr. Auch krankhafte, nächtliche Schrecknisse, die aus dem Bette trieben, böse Träume u. dgl. galten als Anfälle der Hekate . . . (21, I, S. 37—38)

Evokationen der Hekate sind aus der antiken Literatur verschiedentlich überliefert. So lautet eine dieser Beschwörungen:

Machet eine Statue aus der Wurzel der wilden Rauten (lateinisch: Ruta graveolens L., in der Naturmedizin hauptsächlich als menstruationsförderndes Mittel angewandt) und schmücket sie mit kleinen Eidechsen (den vermeintlichen Nachkommen der mythischen Drachen). Knetet dann Myrrha, Storax und Weihrauch zusammen mit denselben Tieren und laßt die Mischung bei zunehmenden Mond an der Luft stehen; sprechet eure Wünsche dann in folgenden Sätzen aus: „Komm unterirdische, irdische und himmlische Bombo, Göttin der Land- und Kreuzwege, die das Licht bringt, die in der Nacht umherschweift, Feindin des Lichtes, Freundin und Begleiterin der Nacht, die du dich des Bellens der Hunde und des vergossenen Blutes erfreust, die du im Schatten zwischen den Gräbern umherflackerst, die du Blut wünschtest und den Toten Schrecken bringst, Gorgo, Mormo, Monde in tausend Gestalten, leihe unserem Opfer ein günstiges Ohr." Ihr sollt ebenso viele Eidechsen nehmen, wie ich verschiedene Formen habe; machet es sorgfältig; machet mir eine Wohnung von abgefallenen Lorbeerzweigen, und wenn ihr innige Gebete an das Bild gerichtet habt, werdet ihr mich im Schlaf zu sehen bekommen. (Zitiert nach Lehmann, Aberglaube und Zauberei, Stuttgart 1908, S. 64)

Die der Hekate zugeteilte Raute ist im Mittelalter eines der wichtigsten Kräuter beim Exorzismus.

Wir haben uns in den vergangenen Kapiteln mit weiblichen Gottheiten be- **8.10.5** schäftigt, die sich aus der „Großen Mutter", der Urmutter, in verschiedene *Das aphroditi-* Richtungen entwickelten. Das in der Magna mater beruhende weibliche Prinzip *sche und de-*
als ursprünglicher Part des männlichen Prinzips in der Gestalt des Urgottes, *metrische weib-*
symbolisiert durch die „Muter Erde" und den „Vater des Himmels", machte *liche Prinzip*
im Verlauf der Menschheitsentwicklung eine Umwandlung oder eine Verwandlung seiner ursprünglichen Bedeutung durch. Das weibliche Prinzip in seiner Deutung, abhängig von einer matriarchalischen oder patriarchalischen menschlichen Welt, hat sich mit dem Entstehen besonderer Kultformen ebenso „spezialisiert" wie das männliche. Mit dem Vordringen patriarchalischer Formen wurde das primär (gebärende) schöpferisch tätige Weibliche der „Großen

Göttin" in die Funktion der Liebesgöttin gewandelt. Die Macht des Weiblichen reduzierte sich auf die Macht über die Fruchtbarkeit und schließlich nur auf Sexus und Eros.

Julius Evola hat diese „Spezifizierung" des Weiblichen an sich in zwei recht unterschiedlich wirkende, aber doch das typisch „Weibliche" repräsentierende Archetypen eingeteilt: in den aphroditischen und in den demetrischen Typ. Beide Formen sind seit der ältesten prähistorischen Zeit entweder durch eine völlige Nacktheit, also eine allgemein sexuelle Betonung der weiblichen Reize, oder durch die Betonung der primären und sekundären Geschlechtsmerkmale in Wort und Bild zu beobachten.

8.10.5.1
Die rituelle Nacktheit

Wenn wir uns der christlichen, unserer Meinung nach doch etwas zu einfachen Definition nicht anschließen wollen, die völlige Nacktheit der Teilnehmer an religiös-rituellen Handlungen symbolisiere den „Unschuldszustand im Paradiese" — wie dies in zahlreichen Kulten und Riten bestimmter Mythen und in praktizierenden Geheimgesellschaften der Fall ist —, müssen wir uns zum Verständnis des ideengeschichtlichen Hintergrundes mit der Symbolhaftigkeit der Nacktheit näher beschäftigen. Evola führt diese rituelle Nacktheit auf die beiden Frauentypen, den „aphroditischen" und den „demetrischen", zurück. Der wohl ältere demetrische Typ ist schon seit der älteren Steinzeit belegt. Konkret wurde er in den prähellenischen Muttergottheiten. Im Vordergrund steht hierbei die Fruchtbarkeitssymbolik.

Außer in der späten, keuschen Form der hellenisierten Demeter erscheint sie aber auch in den älteren, nackten Göttinnen. Ihre drastischen Darstellungen finden sich dann in der Göttin mit den zahllosen Brüsten und in den nackten weiblichen Figuren, die entweder aufrecht stehend oder auf dem Rücken liegend mit weit auseinander gespreizten Beinen dargestellt sind, um ihr Geschlechtsorgan zu zeigen, aber auch um das sacrum sexuale in Form einer magischen Energie, das mana der Fruchtbarkeit der Genetrix bzw. der Urmutter, auszustrahlen. Bei gewissen primitiven Völkern hat dasselbe Motiv einen ausgeprägten Ausdruck gefunden in der stilisierten Linearzeichnung der Geschlechtsorgane — das umgekehrte Dreieck ▽ manchmal mit einem Strich in der unteren Ecke, der auf den Anfang der Spalte der Vulva hinweist —, die als Symbol oder Chrisma einer magischen Kraft gesetzt wird, welche befruchtend und gleichzeitig abschreckend wirken sollte, um denjenigen, der nicht näher kommen durfte, abzuhalten. Eine ähnliche Bedeutung können wir auch aus der weiblichen Gebärde des ἀνάσυρμα, des Hochhebens der Kleider und des Zeigens des Geschlechtsteils ablesen, einer Geste, die ebenfalls die zweite der eben genannten Bedeutung hatte . . . (10, S. 212)

Im Gegensatz zu dieser mütterlich-demetrischen Nacktheit wirkt nach Evola die „aphroditische abgründige Nacktheit", die auch im kausalen Zusammenhang mit den mittelalterlichen und neuzeitlichen Hexenkulten der Satanisten steht. Für Evola stellt der symbolisch-rituelle Tanz eine der stärksten und ausdrucksvollsten Formen dieser Nacktheit dar. Es ist der ursprünglich sakrale Tanz, wie etwa der Tanz der sieben Schleier, welcher Sakrales und Nacktheit vereinigt.

298

Die Mysterienlehre kannte die Symbolik des Durchgangs durch die sieben Planetensphären, wobei man sich allmählich von deren verschiedenen Bestimmtheiten und Bedingtheiten löste, die als ebenso viele Gewänder oder Umhüllungen abzuwerfen waren, bis man schließlich den Zustand der völligen „Nacktheit", des absoluten und bloßen Seins, erreichte, das nur es selbst ist, wenn man über die „Sieben" hinaus ist. In diesem Zusammenhang spricht Plotin von denen, die stufenweise die heiligen Mysterien hinanschreiten, indem sie die Kleider ablegen und nackt weitergehen; im Sufismus spricht man von dem tamzig, vom Zerreißen der Kleider während der Ekstase. Im entgegengesetzten Bereich, der „Natur", besteht der entsprechende Vorgang darin, daß die weibliche Potenz sich von allen ihren Formen entblößt, bis sie in ihrem Urzustand, in ihrer „jungfräulichen", allen Formen vorangehenden und allen Formen überlegenen Substanz zum Durchbruch kommt. Gerade dies wird versinnbildlicht, wenn die Frau im Tanz sich allmählich von sieben Schleiern befreit und schließlich vollständig nackt zeigt . . . Es ist das Gegenteil der uranischen Nacktheit; es ist die abgründige weibliche Nacktheit, die auch tödlich wirken kann: der Anblick der nackten Diana, durch den Aktaion getötet wird, der Anblick der nackten Athene, durch welchen Teiresias geblendet wird. Als rituelle Spur davon finden wir noch das Verbot oder das Tabu des Nackten in gewissen Sagen und gewissen Gebräuchen . . . Und wenn in den griechischen Mysterien der Anblick der Bilder des gänzlich Nackten der höchsten Stufe der Einweihung, der epopteia, entsprach, so findet das auf dem anderen Gebiet, auf dem Gebiet des Weiblichen, seine Entsprechung, z. B. im Ritual der tantrischen sexuellen Praktiken: die in Frage kommende Frau erscheint darin als die Verkörperung von prakṛtî, der göttlichen Frau und der Ursubstanz, die in den unzähligen Formen der Erscheinungswelt verborgen ist . . . Nackt bedeutet die Frau diese selbe Substanz, wie sie von jeder Form gelöst ist, d. h. in ihrem „jungfräulichen" und abgründigen Zustand . . . (10, S. 219–220)

Aufgrund des Gesagten können wir mit Sicherheit annehmen, daß die rituelle Nacktheit, die wir schon in prähistorischer Zeit annehmen können, auch bei den zahlreichen, dem libertinistisch-gnostischen Ideenkreis zuzuordnenden Geheimgesellschaften, in die wir die luziferianische Gnosis einbeziehen, zum Höhepunkt der Zeremonie gehörte. Hierbei fielen nicht nur die Schleier oder Kleider der weiblichen Teilnehmer, sondern auch die der männlichen. Wir werden auf diese ideengeschichtlich verwandten Kultformen noch verschiedentlich zurückkommen, da sie fast ein spezifisches Kriterium für diese Gruppe von Gläubigen, z. B. bei den Spermagnostikern, den Adamiten, den Chlysten, den Satanisten u. a., darstellen, das sie „differentialdiagnostisch" von ähnlichen Glaubensinhalten unterscheidet.

Evola bezeichnet im Gegensatz zu dem demetrischen Prinzip das aphroditische als das „uranfänglich Weibliche", als eine „auflösende, mitreißende, ekstatische und abgründige Kraft des Sexus":

In der mediterranen Welt besitzt vor allem die Göttin Ischtar, die Göttin der Liebe, diese Züge zusammen mit vielen anderen Gottheiten ähnlicher Struktur (Mylitta, Astarte, Tanit, Aschera, Anaitis). Ein wesentlicher Zug muß hier betrachtet werden . . . Die eben genannten mediterranen Göttinnen haben oft das Attribut „Jungfrau". Ischtar bedeutet „Jungfrau", aber sie ist zu gleicher Zeit „die große Hure", die „Himmlische Hure". Als Jungfrauen werden auch aphroditische Göttinnen aufgefaßt, die Liebhaber haben, ja sogar Göttinnen vom demetrischen Typus, die Mütter sind. Porne, Hetaira, Pandemos sind Bezeichnungen, die in

Der mythologische Begriff: Jungfrau

der ägäisch-anatolischen Welt mit der entgegengesetzten Bezeichnung „Jungfrau" vereinbar waren. Shing-Moo, die Große Göttin, die chinesische Jungfrau-Mutter, ist gleichzeitig die Schutzpatronin der Prostituierten. Wenden wir uns einem anderen Kulturkreis zu, so finden wir, daß die islamischen himmlischen Houri als Jungfrauen beschrieben werden, die immer wieder Jungfrauen werden, während sie sich doch unaufhörlich den Auserkorenen anbieten; einen Überrest dieser Idee finden wir materialisiert in dem christlichen Dogma, nach welchem Maria nicht nur empfangen hat, ohne von einem Mann befruchtet worden zu sein, sondern auch nach der Geburt Christi Jungfrau geblieben sein soll. Der tiefere Sinn dieses Zusammenhangs ist nur unvollständig von jenen Autoren erfaßt worden, welche die in der Antike mögliche Verwendung des Terminus „Jungfrau" damit erklären wollten, daß er nicht nur die Frau bezeichnete, die noch keine geschlechtlichen Erfahrungen gemacht hat, sondern darüber hinaus die nicht verheiratete Frau, das Mädchen, das zwar schon ein sexuelles Verhältnis mit einem Mann gehabt haben kann, aber nicht in der Eigenschaft als Gattin, und das die Fessel und die Unterordnung der Ehe ablehnt. Tatsache ist vielmehr, daß in all dem die Fähigkeit der „Urmaterie", jede Form anzunehmen und sich von jeder Form befruchten zu lassen, ohne sich je zu erschöpfen, ohne je in ihrer tiefsten Wurzel bezwungen zu werden, zum Ausdruck kommt. So muß man also Jungfräulichkeit als Unerreichbarkeit, als Abgründigkeit, als das Zwiegesichtige und das Ausweichende der „göttlichen Frau" auffassen; aus diesen Eigenschaften besteht ihr Aspekt: die „Unerreichbare", die auch in Verbindung mit jenem kalten Wesenselement steht, das mit der heißen und verzaubernden Eigenschaft der aphroditischen und hetärischen Natur koexistieren kann. Nach der Gestalt, die man vorzugsweise den Sirenen gab, die ihrerseits bald als „Jungfrauen", bald als Zauberinnen angesehen wurden, war der untere Teil ihres Körpers ichthyomorph, also feucht, kalt ... So ist z. B. bekannt, daß Artemis-Diana und Athene, die von der hellenischen Welt wesentlich als Jungfrauen aufgefaßt wurden, in den prähellenischen und pelasgischen Kulturen Muttergottheiten des demetrischen Typus waren. In diesem Zusammenhang konnten die jungfräulichen Göttinnen und sogar Ischtar selbst, die gleichzeitig Jungfrau und Prostituierte war, auch als Gottheiten des Krieges und des Sieges auftreten ... Hier wird also die Doppelsinnigkeit einer Macht hervorgehoben, die gleichzeitig Leben und Tod bedeutet ... (Astarte) ist die strahlende Mondgöttin, deren anderes Antlitz jedoch die abgründige „schwarze Göttin" ist, die Mater Tenebrarum, die unterirdische Hekate (auch die jungfräuliche Artemis hat gelegentlich den Aspekt der Hekate angenommen), die Juno der Unterwelt, Ischtar und Kâlî, „schreckliche Mutter", alles Archetypen, in die auch die Symbolik von abgeleiteten Gestalten wie den Schlachten- und Sturmjungfrauen, den nordischen Walküren und iranischen Fravashi einmündet ... (10, S. 215—217, gekürzt)

8.10.5.2
Die Bedeutung
der sakralen
Prostitution
im Mythos

Evola versteht es, uns mit seinem großen Einfühlungsvermögen in das sublime Verhalten der frühen Kulturen und der damit verbundenen Esoterik des Sexuellen einzuführen. In seinem Kapitel über „Sexualkulte" kommt er auch auf das Phänomen der sakralen Prostitution zu sprechen. Das noch für die Historiker des 19. Jahrhunderts so unverständliche Phänomen ist für Evola ein Teil des traditionsgebundenen Kultes allgemein. Der sakrale Sexus dient zur „Realisierung der positiven Gegenwart einer bestimmten, übersinnlichen Wesenheit in einer bestimmten Umwelt" und dient der „Übermittlung des ihr entsprechenden geistigen Einflusses auf ein Individuum oder eine Gruppe."
Eine Verhaltensweise der hierfür typischen Kulturen finden wir im Rahmen der Mysterien der Großen Göttin, bei denen erotische Praktiken gerade zu dem Zweck angewandt wurden,

300

das Prinzip der Göttin zu evozieren und ihre Gegenwart an einem bestimmten Ort und in einer bestimmten Gemeinschaft wieder erleben zu lassen. Unter anderem war dies der wahre Zweck der sogenannten sakralen Prostitution, wie sie in den Tempeln vieler weiblicher Gottheiten des aphroditischen Typs im mittelmeerischen Kulturkreis Brauch war: Ischtar, Mylitta, Anaitis, Aphrodite, Innini, Athagatia. Hier müssen zwei Aspekte unterschieden werden. Auf der einen Seite gab es den Brauch, daß kein zur Pubertät gelangtes Mädchen eine Ehe eingehen durfte, bevor es nicht seine Jungfräulichkeit in keinem profanen, sondern in einem sakralen Liebeserlebnis geopfert hatte: Die Mädchen mußten sich in dem heiligen Tempelbezirk einem Fremden hingeben, der ein symbolisches Angebot machen und in ihnen die Göttin anrufen sollte. Auf der anderen Seite gab es in diesen Tempeln eine feste Gemeinschaft von Hierodulen, d. h. von Jüngerinnen der Göttin, Priesterinnen, deren Gottesdienst in dem Akt bestand, für den die Modernen keine andere Bezeichnung haben finden können als „Prostitution": Sie feierten das Mysterium der körperlichen Liebe nicht im Sinne eines formalistischen und symbolischen Ritus, sondern schon im Sinne eines operativen, magischen Ritus – um den Strom der seelischen Kräfte zu speisen, der der Gegenwart der Göttin als Substrat diente, und um gleichzeitig denen, die sich mit ihnen vereinigten, wie in einem heilbringenden Sakrament den Einfluß oder die Kraft der Göttin selbst zu übermitteln. Diese jungen Frauen wurden auch „Jungfrauen", „Reine", „Heilige" genannt; man glaubte, daß sie in gewissem Maße eine Verkörperung der Göttin seien, daß sie die „Trägerinnen" der Göttin seien, von der sie in ihrer speziellen erotischen Funktion den Namen ishtaritu herleiten. Der Sexualakt erfüllte so einerseits die allgemeine Funktion einer Opferhandlung, durch die die Anwesenheit von Gottheiten beschworen und wiederbelebt wurde; eine zweite Funktion war strukturell mit der Eucharistie identisch: der Geschlechtsakt war der Weg zur Teilnahme des Mannes am sacrum, das in diesem Fall von der Frau getragen und verwaltet wurde; er war eine Technik, um eine fühlbare Berührung mit der Gottheit zu erlangen, ja, um sich ihr zu öffnen, wobei das Trauma der sexuellen Vereinigung mit der Unterbrechung des individuellen Bewußtseins eine besonders günstige Voraussetzung dafür schuf.

Eine solche Verwendung der Frau war nicht auf die Mysterien der Großen Göttin der mittelmeerischen Welt der Antike beschränkt; sie ist auch im Orient bezeugt. Wir finden die rituelle Hingabe der Jungfrauen gleicherweise in Indien, in den Tempeln von Jaggernaut, um die Gottheit zu „nähren", d. h. um deren Anwesenheit wirksam zu aktivieren. In vielen Fällen übten die Tempeltänzerinnen die gleichen priesterlichen Funktionen aus wie die Hierodulen von Ischtar und Mylitta – ebenso wie ihre mit mudrâ, d. h. mit symbolhaft-evokatorischen Gesten, durchwobenen Tänze in den meisten Fällen sakraler Natur waren. So war auch ihre „Prostitution" sakral. Aus diesem Grunde betrachteten es auch sehr angesehene Familien nicht als Schande, sondern als Ehre, wenn ihre Töchter von frühester Jugend an diesem Dienst in den Tempeln geweiht wurden. Unter dem Namen devadâsî galten sie zuweilen als Gemahlinnen Gottes. In diesem letzteren Fall waren sie nicht so sehr die Trägerinnen des weiblichen sacrum, die den Mann in die Mysterien der Göttin einführten, als vielmehr die Frauen, die dazu bestimmt waren, überhaupt als Feuer zu dienen, bei der sexuellen Vereinigung, die Texte der indischen Tradition mit dem Opfer im Feuer gleichsetzten.

Weiterhin muß man feststellen, daß das antike und orientalische Hetärentum sogar außerhalb derartiger kultischer und institutioneller Rahmen auch nichtprofane Aspekte hatte, da jene Frauen fähig waren, dem Liebesakt gewisse Dimensionen und einen Ausgang zu verleihen, von dem wir heute nichts mehr wissen. Kenntnisse von dem, was man hyperbiologische oder subtile Physiologie nennen könnte, sind für die fernöstlichen Hetären belegt, die oft in Körperschaften vereinigt waren, die ihre „Wappen", ihre symbolischen Abzeichen und eine eigene alte Tradition besaßen. Man kann mit Recht annehmen, daß in gewissen Fällen die profane ars amatoria durch Absinken aus äußeren Elementen einer Wissenschaft sui generis entstanden ist, die sich auf ein traditionsverwurzeltes, priesterliches Wissen gründete; es ist nicht ausgeschlossen, daß unter den Körperhaltungen, die in Werken wie den achtundvierzig Figurae Veneris von Forberg festgehalten sind, sich solche befinden, die ursprünglich den Wert des mudrâ hatten, d. h., es kann sich um magisch-rituelle Körperhaltungen handeln, die beim Sexualakt eingenommen wurden, insbesondere da Sinngehalte dieser Art sich sogar noch in Praktiken der Sexualmagie einiger moderner Kreise erhalten haben ... Im großen ganzen müssen wir festhalten, daß ursprünglich der hetärischen Frau gerade die Funktion der Verwaltung des weiblichen Mysteriums nicht fremd war, und zwar aufgrund von Möglichkeiten, die naturgegeben oder durch Tradition gezüchtet worden waren und der Frau in dem Maße offen standen, in dem sich in ihr eine grundlegende Seite des Prinzips aktivierte, dessen Verkörperung, Individuierung, lebendiges Sinnbild sie als menschliches Wesen war.

Gerade diese Möglichkeit muß bei der Prüfung anderer antiker Riten in Betracht gezogen werden: eine mögliche transzendentale Sexuierung, d. h. die tatsächliche, entweder kurz dauernde oder fast ständige Verkörperung von Gottheiten oder Archetypen des weiblichen Geschlechts in bestimmten weiblichen Menschenwesen ... In vielen ägäischen Denkmälern fließen die Gestaltungen der Priesterinnen praktisch mit den Gestaltungen der Großen Göttin zusammen, und sie geben uns Grund zu der Vermutung, daß die ersteren der konkrete Gegenstand jenes Kultes waren, den man der letzteren schuldete, weiterhin ist es eine bekannte Tatsache, daß sogar in den historischen Gestalten mittelmeerländischer und orientalischer Fürstinnen sozusagen die lebenden Abbilder von Ischtar, Isis und anderen Gottheiten des gleichen Typus verehrt wurden. Aber es ist auch der Fall von Augenblicksinkarnationen dieser Gottheiten in einem bestimmten Wesen in Betracht zu ziehen, welche durch eine magisch-rituelle Atmosphäre von jener Art hervorgerufen wurden, in welcher sich prinzipiell auch das Mysterium − mysterium transformationis − der christlichen Messe vollziehen durfte.

Hieros gamos   Derselbe Gedankengang liegt dem Fall des hieros gamos im eigentlichen Sinne zugrunde, d. h. den Theogamien, den rituellen und kultischen Vereinigungen eines Mannes mit einer Frau, die das Mysterium des Ternariums, d. h. jene Vereinigung des ewigen Männlichen mit dem ewig Weiblichen, des Himmels mit der Erde, feiern und erneuern sollten, aus welcher die Hauptströmung der Schöpfung hervorgeht. Es war also, als ob sich in den Personen derjenigen Menschen, die derartige Riten vollzogen, die entsprechenden Prinzipien verkörperten und handelten; der Augenblick ihrer physischen Vermählung wurde damit zu einer wirkenden, evokatorischen Nachbildung der göttlichen Vermählung jenseits von Zeit und Raum ...

Wir könnten für derartige Riten zahlreiche Beispiele anführen, die den kultischen Traditionen der verschiedensten Kulturen zu entnehmen wären. Stellvertretend für all diese zitieren wir das Beispiel jener antiken Mysterien, während derer einmal im Jahr die Hauptpriesterin als Personifikation der Göttin sich mit dem Manne, der das männliche Prinzip darstellte, im Heiligtum vereinigte. Wenn der Ritus vollzogen war, trugen die anderen Priesterinnen das neue heilige Feuer herbei, das als die Frucht dieser Vereinigung angesehen wurde, und an dessen Flamme wurde das Feuer der Herde der verschiedenen Familien angezündet. Nicht zu Unrecht hat man darauf verwiesen, welche Ähnlichkeit dieser Ritus mit dem zu Jerusalem am Karsamstag gefeierten Ritus hat. Überdies trägt der Osterritus der Segnung des Wassers, wie er vor allem in der griechisch-orthodoxen Kirche gefeiert wird, sichtbare Spuren der Sexualsymbolik: Die Kerze, die deutlich einen phallischen Sinn-gehalt hat, wird dreimal in das Taufwasser eingetaucht, in das Symbol des weiblichen Prinzips der Wasser; das Wasser wird berührt, es wird über das Wasser gehaucht, indem man das Zeichen der griechischen P darüber macht, die bei dieser Einsenkung gesprochen wird, ent-hält die Worte: „Es steige herab in diesen vollen Born die Kraft des Heiligen Geistes ... und er befruchte all dieses Wasser, auf daß es wirke die neue Geburt." Die im Orient außer-ordentlich weit verbreitete Ikonographie des lingam, der in die Lotosblume oder in das auf der Spitze stehende Dreieck, das Zeichen des weiblichen yoni und Symbol der Göttin oder Shakti, eingeführt wird, hat den gleichen Sinngehalt ... In Wirklichkeit hat sich der ur-sprüngliche Ritus der Hierogamie oft nur in solchen Formen erhalten, in denen ein symboli-scher Ritus oder eine angedeutete Vereinigung an die Stelle der wirklichen sakralen sexuellen Vereinigung eines Mannes mit einer Frau getreten ist.

Je nach den verschiedensten Fällen kann innerhalb des Systems der durch den Sexus bewirkten rituellen Teilnahme einmal der Mann und dann wieder die Frau der Quell des Heiligen sein. Man kann deshalb auf partielle und nicht zweiseitige Hierogamien stoßen, d. h. auf Verbindungen, in denen nur der eine der Partner in seiner Natur eine Verwandlung erlebt und einen nichtmenschlichen und göttlichen Charakter annimmt, während der andere rein menschliche Züge behält; in diesen Fällen kann die Vereinigung nicht nur auf die Teil-nahme am Mysterium abzielen, sondern auch auf die Zeugung. Die legendenhaften Er-zählungen, in denen dieses Motiv vorkommt — Frauen, die von einem Gott besessen werden, Männer, die eine Göttin besitzen —, sind bekannt ... (10, S. 304–312, gekürzt)

Evola geht auch auf eine gelegentlich überlieferte besondere Form einer *Sakrale Sodomie* Art sakraler Sodomie ein. Ein Gott oder eine Göttin hatten häufig ein bestimmtes Tier als Symbol oder Attribut in ihrem Kult. Mit diesem heiligen Symboltier ist es dann zur Paarung zwischen Mensch und Tier gekommen. Der Bericht des Herodot (II, 46) über den heiligen Widder von Mendes, der den Beinamen „Herr der jungen Frauen" trug und dem sich junge Ägypterinnen hingaben, um „göttliche Kinder" zu bekommen, weist ebenso auf eine sakrale Sodomie hin wie die Nachricht von Ovid (Fast. II, 438–442) über eine römische Sitte, die von einer göttlichen Stimme spricht, welche die sabinischen Ehefrauen der Römer aufforderte, sich von dem sacer hircus, von dem „heiligen Bock", be-fruchten zu lassen. Wir dürfen annehmen, daß alle Formen einer Kohabitation natürlicher oder unnatürlicher Art, wie sie uns in Mythen und Legenden über-liefert worden sind, auch unter einem sakralen Aspekt, der Vereinigung von Göttern und Menschen und umgekehrt, anzusehen und zu verstehen sind. Viel-leicht war es eine ursprünglich sakrale Handlung, die erst im Laufe der Zeit profaniert wurde, um dem natürlichen Lustgewinn der geschlechtlichen Ver-einigung durch eine verstärkte erotische Ausmalung und Interpretation der Mythen durch sinnenfreudige Menschen Rechnung zu tragen. Es sind dies Menschen, die sonst den Glauben an die Götter oder an einen Gott weitgehend ihrer Ratio geopfert hatten, die jedoch das Sexuelle im sakralen Ritual nicht missen mochten. Diese „obszönen" Kulte waren es allerdings auch, welche das sexuell sehr abstinente Christentum veranlaßte, die heidnischen „Sexkulte" in den Bereich des Satans und der Satanisten zu verlagern.

Wir haben mit Hilfe der Interpretation Evolas versucht, den Hintergrund der sexuellen, aber sakral motivierten älteren Kultformen aus antiker Zeit verständlich zu machen. Es verbleibt nun noch ein näheres Eingehen auf bestimmte Formen der sogenannten Venuskulte. Den Ursprung für die uns überlieferten Venuskulte müssen wir in Kleinasien und hier besonders bei den Semiten suchen. Wir haben das Rassengemisch der Semiten nach linguistischen Gesichtspunkten zusammengefaßt (8. 10. 1). Eduard Meyer äußert sich zu den ältesten Formen der sakralen Prostitution:

Von den Betätigungen des Menschen trägt besonders das Geschlechtsleben einen geheimnisvollen religiösen Charakter. Der Geschlechtsakt wird daher als eine sakrale Handlung aufgefaßt, die besonderer Weihen und Reinigungszeremonien bedarf. Daraus hat sich bei den seßhaften Nordsemiten überall, besonders aber in Babylonien und Phönikien, mit der Steigerung der Kultur eine religiöse Prostitution entwickelt, welche von den Töchtern des Volks die Hingabe der Jungfrauschaft als Opfer an eine große Göttin des Geschlechtslebens fordert: vielleicht hat dabei jedoch ein Kultus nördlicher Stämme eingewirkt, da wir dieselbe Sitte in Armenien und bei den Lydern wiederfinden. Auch männliche Prostitution geht daneben einher. Die Kehrseite dazu ist die sakrale Entmannung, die wohl sicher von Kleinasien aus nach Nordsyrien gedrungen ist . . . Auch die Weihe des männlichen Geschlechtsgliedes durch Beschneidung vor Eintritt der Pubertät scheint nicht ursemitisch, sondern, entsprechend der Tradition Josua (5, 9) und Herodot (II, 104) von Ägypten aus zu den Hebräern und Phönikern gedrungen zu sein. Von hier aus hat sie sich zu den Arabern verbreitet (bei denen in der Regel auch die Töchter beschnitten werden, wie vielfach auch in Afrika), kommt dagegen, soweit wir wissen, weder bei den Babyloniern noch bei den Aramäern vor . . .
(7, Bd. 1, 2. Abt., S. 405)

Herodot schildert in seinen „Historien" im ersten Buch die Sitten der Lyder. Dieser Text gehört zu den ältesten Quellen für eine wohl ursprünglich sakrale Prostitution, die vielleicht als eine Restform eines Ischtarkultes schon sehr profane Züge aufzeigt:

Die jungen Töchter bei den Lydern führen alle ein unzüchtiges Leben und sammeln sich dadurch eine Mitgift, bis sie in die Ehe treten. Sie wählen selber ihren Gatten . . . (I, 93).

Die Stelle beweist, daß die wohl ursprüngliche sakrale Prostitution zu Zeiten Herodots schon weitgehend einer allgemeinen Prostitution Platz gemacht hatte. Auch in Persien gab es eine sakrale Prostitution. Nach Herodot pflegen die Perser ihrem Gott auf den Gipfeln der Berge zu opfern, wobei das ganze Himmelsgewölbe die Gottheit darstellte.

Sie opfern auch der Sonne, dem Monde, der Erde, dem Feuer, dem Wasser und den Winden. Das sind ursprünglich die einzigen göttlichen Wesen, denen sie opfern; dann haben sie auch gelernt, der Urania zu opfern. Von den Assyrern und Arabern haben sie diesen Kult übernommen. Die Assyrer nennen Aphrodite Urania: Mylitta, die Araber: Alilat, die Perser: Mitra (I, 131).

Herodot nahm an, daß der älteste Tempel der Aphrodite Urania im syrischen Askalon gestanden habe (I, 105). Traf dies zu, so wäre diese wichtige Mitteilung Herodots der Beweis dafür, daß der Ischtar-Kult vom syrischen

Askalon aus seine Verbreitung auch in östliche Reiche gefunden hat. Nach dem Westen gelangte er über Zypern (Kypros). Hier verschmolz wohl Ischtar mit Aphrodite. Wir haben die vielschichtigen Aspekte der Aphrodite ausführlich behandelt (8. 10. 2). Herodot setzte richtigerweise Aphrodite mit Urania und Mylitta gleich. Mylitta war hier lediglich die griechische Umschreibung des babylonischen Wortes belit oder ba'alat, eines der vielen Synonyme der Ischtar, wie wir sahen (8. 10. 1. 1):

Die häßlichste Sitte der Babylonier dagegen ist folgende: Jede Babylonierin muß sich einmal im Leben in den Tempel der Aphrodite begeben, dort niedersitzen und sich einem Manne aus der Fremde preisgeben. Viele Frauen, die sich nicht unter die Menge mischen wollen, weil sie reich und hochmütig sind, fahren in einem verdeckten Wagen zum Tempel; zahlreiche Dienerschaft begleitet sie. Die meisten Frauen dagegen machen es folgendermaßen. Sie sitzen in dem Heiligtum der Aphrodite und haben eine aus Stricken geflochtene Binde ums Haupt. Es sind viele zu gleicher Zeit da; die einen kommen, die anderen gehen. Geradlinige Gassen nach jeder Richtung ziehen sich durch die harrenden Frauen, und die fremden Männer schreiten hindurch und wählen sich eine aus. Hat sich eine Frau hier einmal niedergelassen, so darf sie nicht eher nach Hause zurückkehren, als bis einer der Fremden ihr Geld in den Schoß geworfen und sich draußen außerhalb des Heiligtums mit ihr vereinigt hat. Wenn er ihr das Geld zuwirft, braucht er nur die Worte zu sprechen: „Ich rufe dich zum Dienste der Göttin Mylitta." Aphrodite heißt nämlich bei den Assyrern Mylitta.

Die Größe des Geldstücks ist beliebig. Sie weist es nicht zurück, weil sie es nicht darf; denn es ist heiliges Geld. Dem ersten, der es ihr zuwirft, folgt sie; keinen verwirft sie. Ist es vorüber, so geht sie nach Hause und ist der Pflicht gegen die Göttin ledig. Wenn du ihr nachher noch so viel bietest, du kannst sie nicht noch einmal gewinnen. Die Schönen und Wohlgewachsenen sind sehr schnell befreit; die Häßlichen müssen lange Zeit warten und gelangen nicht dazu, dem Brauch zu genügen. Drei, vier Jahre müssen manche im Tempel weilen. Auch auf Kypros herrscht hie und da ähnliche Sitte. (I, 199)

Der Medizinhistoriker Julius Rosenbaum (1807–1874) gibt in seiner „Geschichte der Lustseuche im Altertum" (56) eine Darstellung des Venuskults aus der rationellen Sicht eines Gelehrten im Zeitalter der Aufklärung des 19. Jahrhunderts (56, S. 48–54, gekürzt):

Die Verehrung dieser (Venus) Urania, sagt Pausanias (Descript. Graeciae lib. I c. 14), haben zuerst die Assyrer bei sich eingeführt, nach den Assyrern die Paphier in Cypern (Homer Odyss. VIII. 362. – Hesiod. Theog. 193. – Strabo XIV. 983. – Tacitus hist. II. 3. – Pausanias VIII. 5. 2) und unter den Phöniziern (Sanchoniath. fragment. ed. Orelli p. 34., Eusebius praeparat. evang. I. 10) die Einwohner von Ascalon in Palästina. Von den Phöniziern lernten sie die Einwohner von Cythere (Herodot. lib. I. cap. 105. – Homer. Hymn. IX. 1) kennen und verehrten sie. Bei den Athenern führte Aegeus ihre Verehrung ein. Von Babylon ging also der Kultus der Venus als Mylittadienst aus, verbreitete sich über das Binnenland nach Mesopotamien als sabäischer Kultus, während die Phönizier ihn als Astartedienst den Küstenländern mitteilten. Daher sagt der Kirchenvater Ephraim Syrus (Hymn. in Opp. Vol. II, p. 475. Gesenius-Kommentar zum Jesaias Tl. II. S. 540. Ephraim lebte 379 n. Chr.): „Venus ist es, welche ihre Verehrer, die Ismaeliter, verführt hat. Auch in unser Land kam sie, jetzt verehren sie am häufigsten die Söhne Hagars.
Eine Straßenläuferin (nennen sie) den Mond,

Gleich einer Buhlerin stellen sie die Venus dar.
Zween nennen sie weiblich unter den Sternen.
Und nicht sind es nur Namen,
Namen ohne Bedeutung, diese weiblichen Namen,
Voller Wollust sind sie selbst.
Denn da sie die Weiber aller sind,
Wer unter ihnen kann sittsam sein,
Wer unter ihnen keusch,
Der nicht nach der Vögel Weise seine Ehe triebe?
Wer (anders als die Chaldäer) hat die Feier jeder unsinnigen Göttin eingeführt, an deren Festen die Weiber Buhlschaft treiben."

Da wo dieser Kultus zuerst entstanden war, erhielt er sich auch am längsten in seiner ursprünglichen Reinheit, denn noch Herodot konnte berichten, daß zu Babylon die Töchter des Landes gezwungen (wurden), einmal im Leben zu Gunsten der Göttin für Geld sich einem fremden Manne preiszugeben ... Späterhin wurde dies freilich auch hier, vielleicht durch den Einfluß der viel mit ihnen verkehrenden Phönizier, anders. Denn derselbe Herodot erzählt (I. 196), daß nach Eroberung der Stadt durch die Perser die ärmere Volksklasse, aus Furcht vor der gewaltsamen Wegführung ihrer Töchter, wenn es ihnen an Unterhalt fehlte, diese zu Hafenhuren machten ...

Jene Sitte finden wir bei den Armeniern wieder, welche nach Strabo (Histor. Alexandri magni Lib. V. c. 1; vgl. Jesaias XIV. 11 XLVII. 1 Jeremias LI. 39 Daniel V. 1.) längere Zeit hindurch ihre Töchter der Anaitis weihen und sie dann erst verheiraten. Von den Lydern berichtet Herodot dieselbe Sitte, wie sie in späterer Zeit in Babylon ausgeartet war, denn auch hier gaben die niederen Volksklassen ihre Töchter des Erwerbs wegen preis. Noch in ihrer Reinheit kam der Gebrauch zu den Phöniziern, artete hier aber auch wahrscheinlich zuerst aus, obschon in einzelnen Städten dieses Landes die Sitte nur bedingungsweise befolgt worden zu sein scheint. Denn Lucian (De dea Syra cap. 6) erzählt, daß die Frauen zu Byblus, wo sich ein Tempel der Aphrodite Bybliae befand, wenn sie sich nicht am Trauerfeste des Adonis die Haare abscheren lassen wollten, einen Tag lang zu Ehren der Venus sich den Fremden preisgeben mußten. Auch bei den Puniern sowie in Cypern mußten sich die Jungfrauen ihre Morgengabe verdienen, und der Tyrann Dionysius führte diese Sitte, freilich aus einer habsüchtigen Nebenabsicht, bei den Locrensern ein. Was den Grund zu

8.10.5.3.1
Die Defloration, eine rituelle Handlung?

dieser Sitte betrifft, so könnte man einen solchen in der bei den Asiaten im Altertum ziemlich allgemein herrschend gewesenen Ansicht finden, daß die Erstlinge vor allem der Gottheit geweiht, das Hymen der Jungfrau also der Venus dargebracht werden mußte; indessen würde dadurch keineswegs erklärt werden, warum die Preisgebung fast überall gerade an Fremde erfolgen mußte. Heyne (De Babyloniorum instituto, ut mulieres ad Veneris templum prostarent, ad Herodot. I. p. 199 in den Commentat. Soc. Reg. Götting. Vol. XVI. p. 30—42) und Fr. Jacobs (Vermischte Schriften Bd. VI. S. 23—50), welche sich speziell mit dieser Sitte beschäftigten, sind zwar darüber einig, daß ihr ein religiöses Moment zugrunde liege, weichen aber in der Auffassung desselben von einander ab, ohne indessen das Rechte getroffen zu haben. Wir müssen hier wohl die Zeremonie des Preisgebens und den Akt desselben unterscheiden; erstere war religiös, letzterer nicht, denn die Weiber wurden in Babylon außerhalb des Bezirks des Tempels und in Cypern an das Meeresufer geführt, um sich dort den Fremden zu ergeben. Wäre der Akt als religiös damals betrachtet worden, so hätte er wie früher und später im Tempel oder doch in dessen Bezirk und zwar mit Einheimischen geübt werden müssen; Fremde durften ja an keiner vaterländischen Religionsausübung teilnehmen. Die

Differenzen lösen sich aber bald, wenn man bedenkt, daß im Altertum, wie noch jetzt bei mehreren wilden Völkern, nicht bloß das Menstrualblut, sondern auch das bei der Defloration durch Zerstörung des Hymens fließende Blut, somit auch der Akt der Defloration, für unrein gehalten ward. Dasselbe galt für den Beischlaf mit Witwen, weil man glaubte, daß sich bei ihnen das Menstrualblut in größerer Menge angehäuft habe, dann beim ersten Coitus entleere und dem Manne notwendig Nachteil bringen müsse ... Die Strandbewohner, welche in lebhafteren Verkehr standen, überließen nun den Fremden die verunreinigende Entjungferung, in den Binnenländern übernahmen dies Geschäft für die Vornehmen die Priester oder ein besonders dazu bestimmtes Götzenbild, ein Priapus oder Lingam. Späterhin mochte mehrfach der Grund zu dieser Sitte verkannt werden, man hielt sich nur noch daran, daß dem Bräutigam die Defloration nicht gebühre, vielmehr eine Ehrensache sei, und so brachten sich die Bräute zuerst den Hochzeitsgästen dar, wie bei den Nasomonen in Afrika und auf den Balearischen Inseln, wo dem Alter zugleich das Vorzugsrecht zukam.

Wir müssen also mehrfache veranlassende Momente zur Erklärung der in Rede stehenden Sitte zu Hilfe nehmen. Das ursprüngliche mag die Weihe der Jungfrau an die Göttin überhaupt gewesen sein (Hierodulen im älteren Sinne). Sie sollte ferner dadurch der Göttin der Lust (also der Liebesgöttin, Anm. d. Verf.) ihren Tribut bringen, um sich dann nur (zum Zweck) des Kinderzeugens mit dem Manne zu vereinigen. Die Sitte verlor ihren reinen Charakter nach und nach, ward dann auch nicht mehr allgemeine Volkssitte, sondern nur für die ärmere Klasse verbindlich, die zugleich darin eine Gelegenheit fand, sich eine Morgengabe zu erwerben, während die Reichen dafür Sklavinnen dem Tempel der Göttin zustellten und dadurch zur Entstehung der beständigen Hierodulen, aus denen späterhin die eigentlichen Freudenmädchen hervorgingen, Veranlassung gaben, somit zur Entstehung der Bordelle den Grund legten. Aus der Idee der Weihe entwickelte sich später die der Initiative für den Ehestand, welche wir in den Probenächten des Mittelalters wiederfinden, auf der einen Seite, auf der anderen die der Hörigkeit, woraus das Jus primae noctis hervorging. Als zweites Moment ist dann die Ansicht von der Schädlichkeit des Scheidenblutes bei der Defloration zu betrachten, verbunden mit dem wirklichen Nachteil, welchem zuweilen die Genitalien des Mannes bei der Entjungferung von Mädchen mit enger Scheide ausgesetzt sind, oder mindestens der Anstrengung, welche die Perforation des Hymens notwendig macht, ein Moment, das für den trägen Asiaten immer von Wichtigkeit war. Noch jetzt dankt ja der Bräutigam in Goa dem Priap, welcher seiner Braut den Gürtel löste, mit der tiefsten Anbetung, daß er ihm durch diese ehrenvolle Wohltat einer so schweren Arbeit überhoben habe. Da die Defloration für die Jungfrau noch schmerzlicher ist, und sie nur einmal mit dem Fremden zu tun hatte, so konnte sie leicht zu der Idee gelangen, daß nur der Fremde daran Schuld, mithin jedes Hingeben an Fremde mit denselben Schmerzen verbunden sei, wodurch sie dann umsomehr abgeschreckt wurde, als die Umarmung des Ehemannes ihr ja nur angenehme Gefühle erregte, sie also keine Veranlassung hatte, die eheliche Treue zu brechen.

Auch Iwan Bloch (1872–1922), einer der Nestoren der Sexuologie und Medizinhistoriker, der auch unter dem Pseudonym Eugen Dühren schrieb, berichtet in seinem zweibändigen Werk über den „Ursprung des Syphilis" (57) im Zusammenhang mit der Übertragung von Giften zum Schaden von Mensch und Tier über alte Überlieferungen:

Daß die Sage die Übertragung des Giftes vorwiegend an das weibliche Geschlecht knüpft, hängt mit dem uralten Glauben an die besondere Befähigung des Weibes für Vergiftungskünste zusammen, die es in seiner Eigenschaft als Hexe und Zauberin ausübt, wobei es besonders sich des Sexualtriebes der Männer bedient und vermittelst des „Concubitus venenatus" seinen teuflischen Zweck erreicht.

Dieser Concubitus venenatus läßt nun die mannigfaltigsten Deutungen zu. Er bildet einen merkwürdigen Bestandteil des mittelalterlichen medizinischen Aberglaubens . . .

Es gab gewisse Zustände der Frau, in denen man sie für „giftig" hielt und aus einem zu dieser Zeit vollzogenen Beischlafe alle möglichen schädlichen Folgen ableitete. Dazu gehörte zunächst die Blutung bei der Defloration. (Wilhelm) Hertz (Die Sage vom Giftmädchen, München 1893) sagt darüber:

„Über (eine) tödliche Vergiftung im Liebesgenuß herrschten in der Vorzeit und herrschen zum Teil noch heute die abenteuerlichsten Vorstellungen. In der beliebtesten und verbreitetsten Reisebeschreibung des Mittelalters, im Buch des Ritters von Mandeville, wird von einer Insel im fernen Osten erzählt, daß dort der Bräutigam nicht selbst die Ehe vollzieht, sondern hierfür einen Stellvertreter miete, der wegen der Waghalsigkeit des Unternehmens in der Sprache des Landes cadyberis, d. h. ein toller Verzweifelter, genannt werde. Dieser Brauch, so erklären die Eingeborenen, stamme aus alten Zeiten, in welchen die Jungfrauen kleine Giftschlangen im Schoße verborgen getragen hätten, durch deren Biss der erste, der ihnen beiwohnte, getötet worden sei . . .

So fabelhaft der Bericht Mandevilles klingt, so enthält er doch einen Kern Wahrheit. Denn in der Tat bestand und besteht bei den verschiedensten Völkern der Brauch, daß jener Akt, für den sich die Römer eine eigene Schutzgöttin Pertunda bestellt hatten, als eine Sache angesehen wird, der man sich gern entzieht und die daher auf einem andern als dem natürlichen Wege, durch manuellen Eingriff, durch Instrumente, durch den Phallus eines Götzen oder durch einen Stellvertreter des Bräutigams, bald gegen Bezahlung, bald aus Gefälligkeit, vollzogen wird . . .

Eine Erklärung der eigentümlichen Anschauung werden wir jedoch nicht sowohl auf dem Gebiete der Moral als auf dem des volkstümlichen Aberglaubens zu suchen haben. Da findet sich denn, was schon Rosenbaum erkannt hat, daß bei einem Teile der Menschheit nicht bloß Menstrualblut, sondern ebenso das bei der Defloration fließende Blut für unrein und schädlich gehalten wurde. Nach den Hochzeitssprüchen im Veda galten die vom Blute der Brautnacht geröteten Hemden für giftig und bösen Zaubers voll und mußten daher gleich am Morgen beseitigt werden. Zitternd vor ihrer dämonischen Macht steckte sie der Bräutigam auf die gespaltene Spitze einer Stange und bannte so ihren Zauber fest. Sie wurden dann dem Priester zu teil, der allein imstande war, sie wieder zu reinigen. Damit trieb man die bösen Dämonen des Ehebetts und verhütete, daß die junge Frau ihrem Gatten Schaden tue."

Nicht bloß das Deflorations-, sondern auch das Menstrualblut und andere Ausflüsse aus den weiblichen Genitalien galten als giftig. (57, Bd. 2, S. 501–502)

Im „Handwörterbuch des deutschen Aberglaubens" heißt es zum Thema:
Der Glaube an die Gefährlichkeit des Geschlechtsverkehrs (zumal des erstmaligen) oder auch während bestimmter Zeiten (Schwangerschaft, Menstruation, „heilige" Zeit) weist hin auf eine Art Tabunatur, die der Geschlechtsverkehr vielfach hat und die ihn als heilig und als gefährlich zugleich erscheinen läßt (vgl. auch die oft abergläubische Bewertung des Hymenblutes). Damit erklären sich verschiedene sexuelle Einweihungszeremonien; vielfach bezeugt ist vor allem die rituelle Defloration; sie geschieht durch die Gottheit bzw. den heiligen Phallus, durch Priester, König oder Häuptling, durch ältere Männer, die Mutter oder das Mädchen selbst, oft künstlich durch Instrument oder Finger, schließlich durch Diener, gewerbsmäßige Mietlinge oder irgendeinen Fremden, der sich an Stelle des Ehemanns der

Gefahr unterziehen muß und der nach dem beliebten mittelalterlichen Reisebericht des Ritters von Mandeville . . . Der Aberglaube aller Zeiten hat sich viel mit den Gefahren beim Geschlechtsverkehr . . . beschäftigt . . .

Hier muß auch das umstrittene, „universal" verbreitete „ius primae noctis" erwähnt werden, das bekanntermaßen nicht nur in Deutschland, sondern auch sonst weithin beansprucht und auch ausgeübt wurde, wie in Schottland, Nordengland, Rußland, Frankreich und Italien, und das gewiß nicht nur „ein durch die gebildete Welt gehender, beharrlich festgehaltener Aberglaube der Unwissenheit" (Wuttke) ist, sondern „ein plastischer Ausdruck eines Prinzips" (Osenbrüggen) absoluter Leibeigenschaft. Für das seit alters monogame Europa ist es durchaus unmöglich, dieses „Herrenrecht" als „Rest des Hetärismus" (Wilutzki), als „Überbleibsel aus der Zeit der Gesamtehe" zu deuten. Im germanischen Altertum weder bewiesen noch möglich, erscheint es in Europa (wohl selbst in Irland) nur als eine sich entwickelnde Folge des zunehmenden Despotismus und erfordert daher keine Bezugnahme auf den Aberglauben von der Gefährlichkeit des ersten Geschlechtsverkehrs. (17, Bd. III, Sp. 745–47)

Jus primae noctis

Wir glauben, daß die ursprüngliche Bedeutung dieser Form der Defloration doch auf einer uralten abergläubischen Überlieferung beruht, die sich dann, sakrifiziert, zu einem zum rituellen Koitus aufgewerteten Akt weiter entwickelte.

Wann und wie der Venuskultus nach Griechenland gekommen sei, läßt sich kaum ermitteln, doch behauptet Pausanias, daß ihn Aegeus (Erechtheus) nach Athen gebracht habe. Lange Zeit spielte er nur eine untergeordnete Rolle, da er von dem uralten Eros unterdrückt ward. Das physische Element mag frühzeitig von außen gekommen sein, indessen wurde ihm bald so sehr der Stempel des geistigen aufgedrückt (es wurden der Aphrodite ja die Grazien als Dienerinnen beigegeben), daß die Idee der zeugenden Kraft immer mehr in den Hintergrund trat, um der Liebe Platz zu machen, welche Asien durchaus fremd war. Die Verschmelzung des Eros und der Aphrodite, welche von ihm je erst geheiligt oder, wie der Dichter sagt, in die Versammlung (Reihe) der Götter eingeführt ward, geschah so allmählich und innig, daß es kaum gelingen dürfte, eine klare Anschauung von den Ansichten der Griechen darüber zu gewinnen. Durch den fortschreitenden Verkehr mit den Asiaten, namentlich den Phöniziern wurden fremde Sitten und Gebräuche immer häufiger übertragen und angenommen; und so sehen wir in der Blüte Griechenlands den asiatischen Charakter des Venuskultes immer deutlicher hervortreten, die Göttin selbst gewissermaßen von neuem eingeführt werden. Besonders war dies auf den Inseln und in den Hafenstädten der Fall, wo die Verehrung der Aphrodite überhaupt ihren Anfang nahm . . . (56, S. 54–55, gekürzt)

Zu den Vorläufern im Verschmelzungsprozeß des mittelalterlichen weiblichen Teufels, der archaischen „Großmutter" des Satan/Teufels und späteren „Königin der Hexen", gehört die römische Göttin Diana. Wie ihre griechische Kollegin Artemis ist sie erst in der christlichen Welt des Abendlandes zu einem Dämon oder weiblichen Teufel und ihre Anhängerinnen zu „Hexen" degradiert worden. Ihre Wandlung wie auch ihre Bezüge zu anderen antiken Gottheiten und Dämonen wollen wir im Folgenden offen legen.

8.10.6

Artemis und ihre Wandlungen zum weiblichen Teufel

Aus der griechischen Mythologie wissen wir, daß der sexuell sehr aktive Göttervater Zeus mit der Tochter der Titanen Koios und Phoibe, mit Leto, die Artemis zeugte. Für den Geschlechtsakt verwandelte Zeus sich und seine Geliebte in zwei Wachteln. Aber die mit vollem Recht eifersüchtige Ehefrau des

8.10.6.1

Artemis

Göttergatten, Hera, entsandte die Schlange Python, die Leto überallhin folgen sollte. Gleichzeitig durfte Leto nirgendwo entbinden, wo die Sonne schien. Getragen von den Flügeln des Südwindes gelangte Leto nach Ortygia in der Nähe von Delos. Hier gebar sie Artemis. Sogleich nach ihrer Geburt half sie ihrer Mutter, die noch mit einem weiteren Kinde in den Wehen lag, die enge Meeresstraße zu überqueren. Auf der Nordseite des Berges Kynthos, zwischen einem Olivenbaum und einer Dattelpalme, kam am neunten Tage nach der Geburt der Artemis ihr Zwillingsbruder Apollon zur Welt. Die bis dahin schwimmende Insel Delos wurde nun unbeweglich im Meer verankert.

Die Schlange Python und der Südwind spielen in diesem Mythos bereits vor der Geburt der Artemis eine Rolle, die bemerkenswert im Zusammenhang mit unserer Betrachtung ist. Artemis selbst dürfen wir mit Sicherheit ebenfalls als eine orgiastische Göttin vom aphroditischen Typ bezeichnen; ihre Kulte (z. B. auf Tauris) wie auch die lüsternen Wachteln als ihre heiligen Vögel zeugen dafür.

Als Artemis drei Jahre alt war, wurde sie von ihrem Vater nach Geschenken gefragt, die sie gerne besäße. Ihre Antwort lautete: „Ich bitte dich, gib mir ewige Jungfräulichkeit, so viele Namen, als mein Bruder Apollon hat, einen Pfeil und Bogen, gleich dem seinen und das Amt der Lichtbringerin."

Wir haben bereits mehrfach auf die sehr frühen Verbindungen der Artemis, welche bald je nach ihrer geographischen Verbreitung mit Kore und der italisch-römischen Diana verschmolz, zur kleinasiatischen Is(ch)tar-Astarte und damit zur Aphrodite-Venus hingewiesen. Auch ihr Verhältnis zum Eosphoros-Luzifer-Satan macht es verständlich, daß sie in diesem vielschichtigen, zahlreiche Einzelepisoden verschmelzenden Mythos schon in sehr jungen Jahren den Wunsch äußert, als „Lichtbringerin" zu gelten. Ebenso weisen ihre Beziehungen als „Stiertummelnde" zum Stier und seinen Kult auf Tauris deutlich auf ihren chthonischen Charakter hin.

Außer den oben genannten Attributen wünschte sich Artemis von ihrem Vater noch ein Jagdgewand, das sie als Göttin der Jagd trug, sechzig Ozeannymphen und zwanzig Flußnymphen als „Ehrenjungfrauen"; ferner Berge und eine Stadt. Da ihre Mutter Leto sie ohne Schmerzen getragen und geboren hatte, wurde sie später auch zur Schutzgöttin der Gebärenden, also auch zu einer Fruchtbarkeitsgöttin. Von den Zyklopen ließ sich Artemis einen silbernen Bogen und Köcher schmieden. In Arkadien traf sie den göttlichen Pan, der gerade eine Wildkatze erlegte. Er schenkte ihr drei Jagdhunde, die imstande waren, lebende Löwen zu ihrer Jagdhütte zu zerren. Außerdem erhielt sie noch sieben Jagdhunde aus Sparta.

Ihre selbstgewünschte Keuschheit verteidigte Artemis zunächst als überzeugte Jungfrau auf verschiedene Weise: um den Nachstellungen des Flußgottes Alphaios zu entgehen, beschmierte sie beispielsweise sich selbst und ihren Gespielinnen die Gesichter mit weißem Schlamm, so daß Alphaios nicht mehr wußte, wer von diesen Artemis war. Aktaion, der Sohn des Aristaios, der die badende Artemis heimlich beobachtete, wurde von Artemis in einen Hirsch verwandelt und von seiner eigenen fünfzig Hunde zählenden Meute in Stücke gerissen.

Das Mädchen mit dem Silbernen Bogen, das die Griechen in die olympische Familie aufnahmen, war das jüngste Mitglied der Dreifaltigen Artemis. „Artemis" war ein anderer Name der Dreifaltigen Mondgöttin, weshalb ihr das Recht zustand, ihre Hindinnen mit Klee, einem Symbol der Dreifaltigkeit, zu füttern. Ihr silberner Bogen galt als das Symbol des Neumondes. Doch war die olympische Artemis mehr als eine Jungfrau. An anderen Orten, zum Beispiel in Ephesos, wurde sie in ihrer zweiten Gestalt als Nymphe angebetet, eine orgiastische Aphrodite mit einem männlichen Begleiter . . . Das rituelle Bad, bei dem Aktaion sie überraschte, scheint ebenso wie die gehörnten Hindinnen vor ihrem Wagen und die Wachteln von Ortygia eher zur Nymphe als zur Jungfrau zu gehören. Aktaion war der Heilige König des vorhellenischen Hirschkultes, der am Ende einer Regierungszeit von fünfzig Monaten, zur Hälfte des Großen Jahres, in Stücke gerissen wurde. Sein Mit-König oder Stellvertreter regierte dann für den Rest der Zeit. Es gibt im irischen und walisischen Mythos zahlreiche Parallelen zu dieser rituellen Sitte. Noch im 1. Jahrhundert n. Chr. wurde ein Mann in Hirschlederkleidung von Zeit zu Zeit auf dem arkadischen Berg Lykaion gejagt und getötet (Plutarch, „Griechische Fragen, 39) . . . Die Sage von ihrer Verfolgung durch Alphaios . . . wurde wahrscheinlich erfunden, um den Gips oder weißen Ton zu erklären, mit dem die Priesterinnen der Artemis Alpheia in Letrini und Ortygia ihre Gesichter zur Ehre der Weißen Göttin bemalten.

Alph bezeichnet sowohl Weiß als auch Getreideprodukte: alphos ist Lepra; alphe bedeutet Gewinn; alphiton ist Gerste; Alphito war die weiße Korngöttin in Saugestalt. Die berühmteste Statue der Artemis hieß die „Weißgestirnte" (Pansanias I, 26, 4). Die Bedeutung des Wortes Artemis ist zweifelhaft: es kann „starkgliederig" bedeuten und würde sich von artemes ableiten; oder „die, die zerschneidet", da die Spartaner sie Artamis, von artao, nannten; oder „die hohe Zusammenruferin" von airo und themis. Die Silbe themis kann auch Wasser bedeuten, weil der Mond als Quelle allen Wassers betrachtet wurde. (14, Bd. 1, S. 73–74, gekürzt)

Wie nahe Artemis mit den aus der archaischen Zeit in die hellenistische Welt hineinragenden Sterngöttern verwandt war, zeigt die Mythe, die von Apollodoros überliefert worden ist. Danach überredete Apollon seine Schwester Artemis, den im Meer nach Delos schwimmenden Orion, Sohn des Poseidon und der Euryale, einen der schönsten Männer, zu töten, indem er ihr zurief: „Siehst du dort etwas Schwarzes, weit weg im Meere, in der Nähe von Ortygia? Es ist der Kopf des Schuftes, der Kandaon heißt. Soeben hat er Opis, eine deiner hyperboräischen Priesterinnen, verführt. Durchbohre ihn doch mit einem deiner Pfeile!"

Nun war Kandaon Orions boiotischer Kosename, aber Artemis wußte das nicht: Sie zielte und ließ den Pfeil schwirren. Dann schwamm sie ihm nach, um ihre Beute zu fassen. Da sah sie, daß sie Orion durch den Kopf geschossen hatte. Voller Verzweiflung flehte sie Apollons Sohn Asklepios an, ihn wieder zu beleben. Asklepios war bereit, dies zu tun, aber ehe er ihre Bitte erfüllen konnte, wurde er von einem Blitz des Zeus getötet. Da setzte Artemis Orions Bild unter die Sterne, ewig verfolgt vom Skorpion, (den Apollon zunächst auf Orion gehetzt hatte, da er fürchtete, daß seine Schwester Artemis den Reizen Orions erliegen könne).

Nach anderen Berichten soll Orion von dem Riesenskorpion getötet worden sein. Auch soll Artemis gezürnt haben, weil er ihre jungfräulichen Begleiterinnen, die sieben Pleiaden, Töchter des Atlas und der Pleione, lüstern verfolgt hatte ... (14, Bd. 1, S. 134—35)

Der in der Mythe erwähnte Name „Opis" soll ein Titel der Artemis gewesen sein, während die orgiastischen Priesterinnen der Artemis einen liebestollen Besucher auf ihrer Insel Ortygia töteten. Da das Sternbild des Orion die Sommerhitze mit sich brachte, wurde Orion auch mit dem ägyptischen Seth, dem Feind des Horus, identifiziert.

8.10.6.1.1

Der Artemis-Kult auf Tauris

Menschen-opfer

In einem Tempel im taurischen Chersonesos stand eine hölzerne Statue der Artemis, die Orestes, Sohn des Königs Agamemnon und der Klytaimnestra, auf Geheiß des pythischen Orakels in Delphi von Tauris nach Athen oder, nach einer anderen Version, nach Argolis bringen sollte, um seine Schwester Iphigenie vor der Opferung zu Aulis zu retten. Der taurischen Artemis wurde jeder Segler, der schiffbrüchig geworden oder von den Stürmen in den Hafen getrieben worden war, in ihrem Tempel auf Tauris öffentlich geopfert. Nach einem bestimmten, nicht näher bekannten Ritual wurde nach dem Mythos dem Opfer der Kopf abgeschlagen, nachdem es mit einer Keule niedergeschlagen worden war. Das abgetrennte Haupt wurde dann an ein Kreuz genagelt. Der Körper wurde entweder begraben oder vom Abhang des Berges, auf dem der Artemis-Tempel stand, ins Meer hinab gerollt. Opfer von edler Herkunft wurden von den jungfräulichen Artemis-Priesterinnen persönlich mit dem Schwert vom Leben zum Tode befördert. Dann wurde der Leichnam in das heilige Feuer, das vom Tartaros, also aus der Unterwelt, aus dem Boden des Tempels hervorstieg, geworfen. Nach einer anderen Version überwachte die Artemis-Priesterin lediglich die Riten und die vorausgehenden Reinigungen. Sie tötete das Opfer nicht selbst, sondern schnitt ihm nur die Haare ab. Nach dem Mythos war die uralte Statue der Göttin einst vom Himmel gefallen, für die Anhänger einer Präastronautik sicherlich ein weiterer Beweis ihrer Thesen! Der Tempel war von riesigen Säulen gestützt und besaß vierzig Stufen. Sein weißer Marmoraltar war stets vom Opferblut bedeckt. Der Raub dieser Artemis-Statue durch Orestes und seinen Freund Pylades gelang mit Hilfe seiner Schwester Iphigenie:

Iphigeneia, (die Schwester des Orest, war) vor der Opferung zu Aulis von Artemis gerettet worden. Artemis hatte sie mit einer Wolke umhüllt und zum taurischen Chersonese gebracht, wo sie sofort zur Opferpriesterin ernannt wurde und als einzige das Recht erhielt, für die heilige Statue zu sorgen. Die Taurer nannten sie dann entweder Artemis oder Hekate oder Orsiloche. Iphigeneia verabscheute Menschenopfer, aber fromm gehorchte sie der Göttin.

Orestes und Pylades wußten nichts von alledem. Immer noch glaubten sie, Iphigeneia sei unter dem Opfermesser in Aulis gestorben. Trotzdem eilten sie in einem fünfzigrudrigen Schiff zum Land der Taurer. Sie verankerten es bei ihrer Ankunft, von den Ruderern bewacht, und versteckten sich in einer Höhle, mit der Absicht, sich dem Tempel bei Anbruch der Nacht zu nähern ... (14, Bd. 2, S. 70)

Die beiden Freunde wurden jedoch von Hirten als Fremde erkannt und auf Geheiß des Königs der Taurer, Thoas, Sohn des Dionysos und der Ariadne, zum Artemis-Tempel geschleppt, um dort geopfert zu werden.

Während der (dem Opfer) vorangehenden Riten unterhielt sich Orestes mit Iphigeneia auf Griechisch, und bald entdeckten sie voller Freude, wer sie waren. Als Iphigeneia von der Natur seiner Sendung hörte, machte sie sich sogleich daran, die Statue herunterzuheben, damit er sie wegtragen könne. Plötzlich erschien jedoch Thoas, ungeduldig über den langsamen Fortgang der Opferung. Da gab die einfallsreiche Iphigeneia vor, die Statue besänftigen zu wollen. Sie erklärte Thoas, die Göttin habe ihren Blick von den Opfern, die er gesandt habe, abgewendet: der eine (Orest) sei ein Muttermörder, und der andere (Pylades) habe ihm geholfen; beide seien für das Opfer ungeeignet. Zusammen mit der Statue, die durch ihre Gegenwart befleckt worden sei, müsse sie die beiden zum Meere nehmen, um sie reinzuwaschen; dann müsse sie bei Fackellicht der Göttin ein Opfer von jungen Lämmern darbringen. Thoas solle inzwischen den Tempel mit der Fackel reinigen, sein Haupt bedecken, wenn die Fremdlinge auftauchten, und jedem befehlen, zu Hause zu bleiben, um so eine Verunreinigung zu verhüten.

Thoas wurde völlig getäuscht und stand eine Weile in Bewunderung vor so großer Weisheit verloren; dann begann er den Tempel zu reinigen. Iphigeneia, Orestes und Pylades trugen die Statue beim Licht der Fackeln zur Meeresküste hinab, doch statt sie im Meer zu reinigen, brachten sie sie eilends auf ihr Schiff. Die taurischen Tempeldiener, die sie begleitet hatten, schöpften Verdacht und wollten kämpfen. In einem harten Kampf wurden sie niedergemetzelt, und die Ruderer des Orestes stachen mit dem Schiff in See. Aber plötzlich sprang ein Sturm auf und schleuderte das Schiff zurück an die felsige Küste. Alle wären zugrunde gegangen, hätte nicht Poseidon auf die Bitte Athenes das Meer beruhigt. Mit Hilfe einer günstigen Brise erreichten sie die Insel Sminthos.

Diese Insel war die Heimat des Chryses, des Priesters des Apollon, seines gleichnamigen Enkels und dessen Mutter Chryseis. Diese schlug vor, die Flüchtlinge an Thoas auszuliefern. Denn Thoas, der nun zu deren Verfolgung eine Flotte bemannte, scheint doch mit Mordabsichten nach Sminthos gekommen zu sein, obwohl manche annahmen, Athene hätte ihn besucht und so erfolgreich überredet, daß er sogar bereit war, Iphigeneias griechische Sklavinnen in die Heimat zurückzuschicken. Da enthüllte Chryses der Ältere, der die Identität seiner Gäste erfahren hatte, seinem Enkel, daß er nicht, wie seine Mutter Chryseis stets vorgegeben hatte, Apollons Sohn, sondern der des Agamemnon sei und so ein Halbbruder des Orestes und der Iphigeneia. Da stürzten sich Chryses der Jüngere und Orestes Schulter an Schulter auf Thoas und töteten ihn. Orestes, der die Statue wieder an sich nahm, segelte heim nach Mykene . . . (14, Bd. 2, S. 71–72)

Während dieser Mythos in einigen Varianten bei Apollodoros, Euripides, Ovid u. a. berichtet wird, wird auch noch über einige weitere Versionen nach anderen, nicht näher bekannten Quellen Nachricht gegeben. So soll Orest durch einen Sturm nach Rhodos verschlagen worden sein, um dort in Übereinstimmung mit dem helischen Orakel die Artemis-Statue auf der Stadtmauer aufzustellen. Athene nannte nach einer anderen Mythe dem Orest die Grenzstadt Brauron als Bestimmungsort. Dort müsse die Statue in einem Tempel der Artemis Tauropolos aufgestellt und mit dem Blut aus der Kehle eines Mannes besänftigt werden. Iphigeneia wurde von Athene zur Priesterin dieses Tempels ernannt.

Nach diesem Bericht landete Iphigeneia im Hafen Brauron und stellte die Statue wie geheißen auf, während ein Tempel um sie herum errichtet wurde. Noch immer sei sie in Brauron zu sehen. Es sei das hölzerne Original der Abbildung der Taurischen Artemis. Nach einer anderen Legende sei jedoch das Original durch den Perserkönig Xerxes (um 519–465 v. u. Z.) erbeutet und nach Susa gebracht worden. Später sei die Statue durch den König Seleukos I. (um 358–280 v. u. Z.) von Syrien den Laodikaiern als Geschenk übergeben worden. Nach anderen Lokalmythen wiederum sei die Statue durch Orest nach Seleukeia (Syrien) gelangt, nachdem er dorthin durch einen Sturm verschlagen worden war. Auch die Lyder behaupteten, die Statue in ihrem Heiligtum der Artemis Anaitis zu besitzen; das gleiche behaupteten die Kappadokier für ihre Stadt Komana. Neben Arikia in Italien, wo Orest der Sage nach starb und begraben wurde, soll auch Sparta im Besitz der Statue gewesen sein. Die Spartaner behaupteten, schon lange vor der Gründung Roms im Besitz der Statue gewesen zu sein. Doch bald nach ihrer Aufstellung sei es zum Streit unter den rivalisierenden Anhängern der Artemis gekommen. Viele wurden im Heiligtum selbst getötet, andere starben kurz danach an der Pest. Als ein Orakel den Spartanern empfahl, die Statue durch Übergießen mit Menschenblut zu besänftigen, losten sie das Opfer aus und brachten das Opfer dar. Diese Zeremonie wurde jährlich wiederholt. Unter dem sagenhaften König Lykurgos, der Menschenopfer ablehnte, wurde das Opfer in Auspeitschungen von Knaben umgewandelt und damit abgemildert. Er ließ so lange schlagen, „bis der Altar vom Geruch des Blutes umhüllt war" (Pausanias III, 15, 6–7). Später maßen die Knaben jährlich ihre Kraft, wer am meisten Hiebe aushalten könne. Die Priesterin der Artemis sah, im Arm die Statue, dem Schauspiel zu:

Blutopfer und Algolagnie

Obwohl sie klein und leicht an Gewicht ist, hat sie in den Tagen der taurischen Menschenopfer eine so große Freude an Blut erworben, daß sie nun, wenn die Geißeln bei Knaben von edler Geburt oder ausnehmender Schönheit zu sanft niederfallen, für die Priesterin fast zu schwer zu tragen wird. Daher tadelt sie die Peitscher: „Fester, fester! Das Gewicht wird zu schwer!" (14, Bd. 2, S. 73)

Sadismus durch Flagellantentum

8.10.6.1.2

Iphigenie-Artemis

Ranke-Graves hat den Versuch unternommen, in seiner ihm eigentümlichen Interpretation, die von den griechischen Mythologen veränderten Versionen dieses Mythos nach älteren Vorlagen zu rekonstruieren:

Freunde und Hauptleute hatten Agamemnon dazu bewegt, seine Tochter Iphigeneia als Hexe (für ihr Kriegsglück) zu opfern, während die griechische Kriegsflotte auf dem Wege nach Troia wegen einer Windstille in Aulis lag. Artemis, der Iphigeneia als Priesterin gedient hatte, bestrafte Agamemnon, indem sie Aigisthos half, ihn bei seiner Rückkehr zu ermorden. Oiax erbot sich, Orestes zum Flusse Skamander zu bringen und ihm so auf der Flucht vor den Erinnyen zu helfen (vor denen er bekanntlich nach der Ermordung seiner Mutter Klytaimnestra verfolgt wurde). Dort würde ihn Athene beschützen. Statt dessen landete Oiax zu Brauron, wo Orestes von der jungfräulichen Priesterin der Artemis geopfert wurde. Oiax erzählte Elektra in Delphi die Wahrheit: daß Orestes von Iphigeneia geopfert wurde; denn

314

Iphigeneia scheint ein Name der Artemis gewesen zu sein. Iphigeneia, wahrscheinlich ein Name der früheren Artemis, war nicht einfach nur ein Mädchen, sondern auch Nymphe – „Iphigeneia" bedeutet „Mutter einer starken Rasse" – und „Altes Weib", und zwar die „Feierlichen" oder die „Dreifaltige Hekate". (14, Bd. 2, S. 74)

Den grausamen Ritus des Artemis-Kults in Brauron änderte man später dahin ab, daß an Stelle des Durchschneidens menschlicher Kehlen ein Tropfen Blut aus einer kleinen Wunde entnommen wurde. Ähnliche Blutopfer gab es auch in Mykene, Arikia, Rhodos und Komana. Der Begleitname der Artemis „Tauropolos" weist offensichtlich auf ein Stieropfer hin, das nach Ranke-Graves wahrscheinlich in seiner ursprünglichen Bedeutung das Opfer des Heiligen Königs darstellte. *Blutopfer im mediterranen Raum*

Die spartanischen Fruchtbarkeitsriten, von denen man sagt, daß sie einst auch Menschenopfer kannten, wurden zu Ehren der Aufrechten Artemis abgehalten. Nach den primitiven Bräuchen anderer Orte des Mittelmeergebietes zu urteilen, wurde das Opfer mit Weidenbast, der voller Mondmagie war, an die Statue gebunden und ausgepeitscht ... (14, Bd. 2, S. 75)

Hunger in seinem „Lexikon der griechischen und römischen Mythologie" gibt zum Stichwort „Artemis" folgende Charakteristik dieser Gottheit: *8.10.6.1.3*

Weitere Synonyme und Beinamen und ihre vielseitigen Funktionen

In der Gestalt der überaus beliebten Göttin mit ihren weit verbreiteten verschiedenartigen Kulten können wir noch heute einige grundlegende Funktionen verschiedener Gottheiten nachweisen, die im Bilde der Artemis zueinander fanden. Darüber hinaus hat die Göttin zahlreiche lokale Kulte, mit denen sie ursprünglich nichts zu tun hatte, in ihren Bereich aufgenommen. Beweis für diesen Vorgang ist u. a. das verhältnismäßig häufige selbständige Auftreten der betreffenden Beinamen, wie Alpheia, Diktynna, Eileithyia, Elaphios, Eukleia, Hyakinthropos, Karyatis, Kordax, Laphria, Limnatis, Lygodesma, Metapontia, Orthia, Tauropolos, Tridaria, Trivia oder Artemis die Arikische, die Brauronische, die Ephesische, die Hyperboräische, die Karische, die Kydonische, die Saronische, die Stymphalische und die Taurische (vom Verf. ergänzt).

Eine der grundlegenden Komponenten im Bilde der Artemis ist die Herrin der Tiere und der freien Natur überhaupt. Wir kennen diesen durch bildliche Darstellungen aus der spätminoischen bis archaischen Zeit mehrfach bezeugten Typ, der auch in einer männlichen Variante erscheint, als vorgriechische Gottheit. Aber auch die hellenischen Einwanderer müssen eine verwandte Gottheit nach Griechenland mitgebracht haben. Von hier aus erklärt sich die Stellung der Artemis als Jagdgöttin, die besonders in den homerischen Gedichten mit ihrer Schilderung der höfischen Gesellschaft hervortritt. In dem lauten Dahinstürmen der Artemis und ihres Jagdgefolges mag aber auch noch eine Erinnerung an Naturdämonen fortleben. Unter den Tieren, mit denen die Jägerin Artemis zu tun hat, sind vor allem Hirsch und Bär zu nennen ... Bei dem alljährlich mit einem Feuer verbundenen Fest der Artemis Laphria in Mittelgriechenland wurden Tiere in die Flammen geworfen.

Als Jägerin sendet Artemis mit ihren Pfeilen auch den Menschen oft den Tod. Den Orion tötet sie, weil er als mächtiger Jäger gilt, und dasselbe Motiv wird neben anderen auch für Aktaion angeführt. Im Kult der Artemis Tauropolos (Artemis als Göttin der Stiere) in Halai Araphrenides (Attika) konnte man die Widerspiegelung einstiger Menschenopfer feststellen. In Tauris wurden einer jungfräulichen Göttin Menschenopfer dargebracht, die Taurer selbst nannten sie Iphigeneia. Aus dem Anklang im Namen der Artemis Tauropolos an Tauris wurde vermutlich die Erzählung von dem Kultbild der taurischen Artemis herausgesponnen, das Iphigeneia und Orestes nach Attika zurückbringen.

Ebenso wichtig ist die Funktion der Vegetations- und Fruchtbarkeitsgöttin, die trotz der örtlichen Verschiedenheiten in den meisten Kulten der Artemis sich in irgendeiner Form nachweisen läßt. An einen (vielleicht minoischen) Baumkult erinnern mehrere Erzählungen von Kultbildern, die an Bäumen aufgehängt oder im Gesträuch versteckt gefunden wurden, z. B. das Bild der Artemis Orthia in Sparta. Die alljährliche Auspeitschung der Knaben am Altar der Artemis Orthia hat man u. a. als Schläge mit der Lebensrute aufgefaßt, wie sie im Baumkult beheimatet waren; später sei daraus die der spartanischen Abhärtung dienende Geißelung geworden. Die von Burschen und Mädchen aufgeführten Maskentänze in mehreren peloponnesischen Artemis-Kulten, besonders aber die teilweise phallischen Kulttänze in den dorischen Kolonien Siziliens und Unteritaliens deuten auf Artemis als Fruchtbarkeitsgöttin. In Kleinasien deckte sich ihr Kult mit dem der Großen Mutter Kybele-Rheia. Als asiatische Vegetationsgottheit trug Artemis auf ihrem Kultbild in Ephesos zahlreiche Brüste. Eine mütterliche Gottheit war Artemis jedoch nicht. Vielfach brachten ihr Burschen und Mädchen vor der Ehe sogenannte Voropfer dar. Aus der Funktion der Vegetationsgöttin erklärt sich auch die häufige Lage von Artemis-Heiligtümern in feuchtem, sumpfigem Gelände und Beziehungen der Göttin zu Quellen, Flüssen und Sümpfen, die in ihren Beinamen Heleia und Limnatis zum Ausdruck kommen. Natürlich hatte eine Fruchtbarkeitsgöttin auch Einfluß auf die Entbindung. So steht Artemis als Lochia den Frauen bei der Entbindung bei ...

Die Jägerin Artemis stellte man sich auch mit einer Fackel dahinstürmend vor, und die Artemis Phosphoros (Lichtträgerin) hatte in Munichia, dem Hafen von Athen, einen Tempel. Später wurde Artemis der Mondgöttin Selene gleichgesetzt, wobei auch ihre Überschneidung mit Hekate als Herrin der Tiere und der freien Natur eine Rolle spielte. Als solche hieß sie in Thessalien Enodia und Phereia.

Analog verehrten die Römer ihre Diana als Mondgöttin Luna. Als Frauengottheit und Mondgöttin hatte Diana Kulte in Rom und Latium. Ihr Tempel auf dem Aventin war das Heiligtum des Latinischen Bundes, der seit Servius Tullius unter ihrem besonderen Schutz stand. Ihr Fest fiel auf den 13. August, den Stiftungstag des Tempels. So stand Artemis-Diana als Mondgöttin zu einer Zeit, da Apollon schon als Sonnengott verehrt wurde, passend neben ihrem Bruder. Übrigens scheint die Verbindung der beiden Geschwister sekundär zu sein. Neben der unabhängigen „Herrin" und mächtigen Göttin hatte auch kein göttlicher Gemahl als Partner einen Platz ...

Der Name Artemis ist bis heute nicht erklärt. Die Ableitung aus Artamos = Schlächter ist ebenso unsicher wie die Zusammenstellung mit der lydischen Artemis. (52, S. 52–54)

Artemis-Diviana

Der Althistoriker Franz Altheim (1898–1976) leitete den Namen „Diana" von „Diviana" (= die „Leuchtende") ab. Nach seiner Ansicht entspricht die Bezeichnung etwa dem griechischen Sellasia bzw. Selasphoros, dem Beinamen der Artemis als Mondgöttin. Daß die Römer den Kult der Artemis-Diana durch Vermittlung der Etrusker kennenlernten, erwähnt der Etruskologe Ambros Josef Pfiffig (*1910) in seiner Religio Etrusca (58). Zur Etymologie dieser griechisch-etruskisch-römischen Verbindung meint er:

Der Name der schon im 6. Jahrhundert von den Etruskern übernommenen Artemis kommt in mehreren Formen vor: aritimi, arthem, artam, artume(s). De Simone (83, I, 25) leitet die beiden ersten von ionisch-attisch Artemis, die anderen aber von dorisch-äolisch Artamis ab ... Die älteste in Etrurien gefundene Darstellung der Artemis befindet sich auf einem Alabastron aus Caere und einem solchen aus Vetulonia, beide korinthische Keramiken des 7./6. Jahrhunderts (v. u. Z.) . . . Nach dem Fund der Sostratosstele, die eine neue und plausible Erklärung für den Ursprung des Apollokultes in Etrurien nahelegt, muß man sich fragen, ob nicht die etwa zur selben Zeit in Etrurien beglaubigte Kenntnis und Aufnahme der Artemis auf dieselbe Wurzel zurückgeht. Auf peloponesische Herkunft weisen unabhängig von jenem Fund Zeitstellung und dorische Dialektform des Namens — Elemente, die zu jenen gehören, die dann mit dem Namen des Demaratos von Korinth verbunden werden. Jedenfalls haben beide, Apollon und Artemis, bei den Etruskern ihren Namen behalten und sind nicht mit ähnlichen etruskischen Gottheiten identifiziert worden . . .

In Etrurien waren die Geschwister Apollon und Artemis kaum etwas anderes als fremde, aber schöne Repräsentanten des jungen Vegetationsgottes und seiner weiblichen Entsprechung, die hier als Schwester auftritt. Während die etruskische artume(s) Griechin ist und bleibt, wird die italische Diana nach und nach hellenisiert . . . (58, S. 268—269, gekürzt)

Für den schon häufig zitierten Volkskundler Will-Erich Peuckert in seinem Buch „Geheimkulte" (59) ist Artemis die Jägerin und Herrin aller Tiere.

Die Göttin, behauptete man, entspreche den Bedürfnissen ihres Volkes; so ward sie in Arkadien und im westlichen Griechenland die Herrin eines Jägervolkes. Ihr Werden hat man damit skizziert, daß Artemis und Dionysos die beiden einzigen Götter seien, welche ein Gefolge hätten. Sie war von ihren Nymphen umgeben und das nicht nur in der Poesie, sondern genau so auch im Kulte, etwa in Karyai und in Letrinoi. Und wie die Göttin mit ihren Nymphen, welche Tänze so sehr liebten, so tanzten in ihrem Dienste an vielen Orten Mädchenchöre. Man hat des ferneren schon seit langem darauf hingewiesen, daß die von Artemis und ihrem Gefolge umgehenden Vorstellungen dem entsprachen, das von der Wilden Jagd in unserm Volk umgegangen ist. Ob richtig ist zu sagen, daß die alte Göttin Artemis so etwas wie eine Zusammenfassung ihres Nymphenschwarmes gewesen sei, der sich zu einer Person verdichtende Aufbruch vieler Jäger, ob sich in ihr „die aus den Fluten und den Bergen", den Wäldern und Quellen namentlich und als Gestalt zusammenfaßten, das will mir trotz allem doch ein wenig zweifelhaft erscheinen. Es liegt natürlich nahe, einer Schar von niederen Dämonen, wo immer sie sich betätigt, einen Führer beizugeben; . . . so kann auch Artemis einmal die erste unter vielen ihresgleichen zu einer immer größeren Geltung an sich ziehenden Gestalt geworden sein; nur wird man diesen Vorgang nicht zu früh ansetzen, ihn nicht schon in die noch ganz vorgeschichtlichen Epochen rücken.

Doch Artemis hat eine für unsere Überlegungen noch viel wichtigere Bedeutung. Sie war in weiten Bezirken eine Fruchtbarkeits- und Wachstumsgöttin; schon daß in Ephesos die Magna mater Artemis genannt wurde, deutet darauf hin. Als Fruchtbarkeitsgottheit ward ihr die Eiresione dargebracht, ein zierer Zweig, der vor den Türen der griechischen Häuser aufgerichtet wurde . . . Doch noch ein weiterer Gebrauch, der in dem Dienste der Artemis vorkommt, verrät, daß sie die allgemeine Fruchtbarkeits- und Wachstumsgöttin war: die von den Lakedämoniern, den Spartanern und noch anderen Stämmen in ihrem Kult gepflegten orgiastischen, „unanständigen" Tänze. Von Männern in Weiberkleidung und von Frauen wurde ein solcher Tanz, der als obszön beschrieben wurde, in Lakonien getanzt. Die Männer trugen häßliche weibliche Masken, und sie führten Zotenreden. Das Volk gefällt sich darin und betrachtet es als Witz, gerade den alten Weibern große Geilheit zuzuschreiben; deswegen auch nahmen die Bryllichisten (das sind eben solche Tänzer) sich häßliche Weibermasken vor und brauchten sexuelle Redensarten. Wenn Frauen und Mädchen das getan hätten, wäre es keine Persiflage; in ihrer Art waren deren Tänze aber ebenso unanständig, und bei dem Mummentreiben banden sich die Weiber Phallen vor. Masken und Maibaum erinnern an mitteleuropäische Frühlingsschwärme, — und das erinnert gleichermaßen an das mitteleuropäische

Fastnachtstreiben, daß diese Umziehenden den besuchten Häusern Fruchtbarkeit verleihen ...

Sehr selten jedoch sind Nachrichten über Artemismysterien; man nimmt zwar an, der Kult der Göttin Artemis habe die Voraussetzungen besessen, zu dem gleichen Ziele zu gelangen, zu dem der Kult des thrakischen Dionysos gediehen ist, doch er habe eben dieses Ziel nicht erreicht. Trug aber der Kult der Artemis wahrhaftig die Bedingungen in sich, zu einem dem dionysischen ähnlichen Mysterium, aufzuwachsen? Eben von dieser Frage aus entwickelt sich, so will mir scheinen, jetzt eine neue Grenzbestimmung jener eigentümlichen „Feier" die bei den lakonischen Männern und Weibern üblich war; es reicht anscheinend nicht, daß ihr ein Fruchtbarkeitskult zugrunde lag und daß das Orgiastische dem Geschehen die Farbe gab, das heißt, es reichen die bekannten kultischen Äußerungen noch nicht aus, um aus dem Kulte ein Mysterium entstehen zu lassen. Die alten Mysterien sind nicht aus dem kultischen Tun erwachsen, es mußte vielmehr in einer Kultmythe erst ein Kern gegeben sein, aus dem das Fort- und Hinauswachsen über das Augenblickliche geschah. Eleusis und auch die Mythe von Osiris hatten einen solchen Kern, ... im Artemiskulte der Lakonier hat er wohl gefehlt, weil er trotz aller Möglichkeiten nicht hat wachsen können.
(59, S. 272–74, gekürzt)

Einen interessanten und viel diskutierten Beitrag über die Bedeutung des Artemis-Diana-Kults und die mittelalterlichen Hexen bringt Hans Peter Duerr (*1943), ein Angehöriger der „Dutschke-Generation", Individualanarchist, der Till Eulenspiegel unter den Ethnologen, in seinem Buch „Traumzeit" (60). Mit eigenen Erfahrungen in der Drogenszene hat Duerr in Anlehnung an Soldan—Heppe—Bauer (21) und Bächtold—Stäubli (17) eine eigene, sicherlich sehr eigenwillige und in der Fachwelt widersprochene Entstehungsgeschichte des Hexenwesens verkündet. Obwohl mit zahlreichen Quellenzitaten belegt, muß man bei seinen Interpretationen und Folgeschlüssen doch recht vorsichtig sein. Man weiß nie ganz genau, ob er es ernst meint oder ob er seinen Zunftgenossen nur ein Schnippchen schlagen will. Als Wissenschaftskritiker aus den Reihen der „Neuen Linken" hat er jedenfalls seine akademische Laufbahn schon längst beendet. Auf jeden Fall hat er zum Thema so viele neue Gesichtspunkte zur Diskussion gestellt, daß wir es für wert befinden, sie in einem eigenen Kapitel im zweiten Band ausführlicher zu behandeln.

In unserem Zusammenhang sind zunächst die beiden Kapitel „Von der Löwin der Weiber zu den Nachtfahrenden" und „Die Vagina der Erde und der Venusberg" erwähnenswert. Duerr bringt — wohl nicht zu Unrecht — Artemis-Diana als den Prototyp einer „Nachtfahrenden" in enge Beziehung zur „Großen Mutter", zur Magna Mater der archaischen Zeit. Wir haben auf ähnliche Zusammenhänge im Verlauf unserer eigenen Untersuchungen hingewiesen. Wir glauben sogar, daß in der christlichen Version sich hinter der nur noch immer negativen Aspekten ausgestatteten „Großmutter" des Teufels ursprünglich die zugegebenerweise zwielichtige „Große Mutter" verbirgt. Über ihren vielschichtigen Wandlungscharakter hat besonders Erich Neumann berichtet (61). Wir können hier leider nicht näher darauf eingehen.

Artemis, einstmals die „Löwin der Weiber", von den Griechen zur Keuschheit verpflichtet, war eine uralte Frauengöttin, eine Göttin nicht der agrarischen, vielmehr der vegetativen Fruchtbarkeit und auch eine Baumgöttin, aber wiederum nicht eine Herrin der kultivierten, von den Menschen gezogenen Bäume, sondern der unbeherrschten, wildwachsenden Natur, hierin nicht unähnlich dem Baumgott Dionysos, der nicht ein Gott des Weines schlechthin, vielmehr des wilden Weines war . . .

Das hölzerne Standbild der Artemis Orthia war von Lygoszweigen umwunden, weshalb die Göttin auch Lygodesma, „die in Weiden Gebundene", genannt wurde . . . Doch bei aller Sprödigkeit zum Trotz brach bisweilen bei den verschiedenen Ausformungen der Artemis ein anderes Wesen hervor. So schwärmte und tobte etwa die lakonische Artemis Karyatis mit ihren Baumnymphen, den Karyatides, mit offenem Haar und ungegürtetem Peplos, langgezogene Schreie ausstoßend in wilder Jagd durch die Natur, zumal wenn an gewissen Tagen im Jahr die Fesseln der Bäume gelöst wurden und die Frauen die Freiheit für ihre ekstatischen Tänze erlangten. (Die meisten Zauberinnen, wie etwa Dido oder Medea, trugen ihr Haar aufgelöst und ihre Gewänder ungegürtet. Ursprünglich waren sie wohl ganz nackt wie Kassandra in jener Nacht, als die feindlichen Krieger aus dem Bauch des hölzernen Pferdes kletterten . . . Bis vor kurzem gab es noch als eines der letzten Survivals kultischer Nacktheit das sogenannte „Regenmädchen" auf dem Balkan . . . Nackte Mädchen, die mit der Hilfe des Bilsenkrautes Regen erflehten, gab es bekanntlich im frühen Mittelalter.)

Artemis Lykaia in Syrakus hieß die „Löserin", denn sie löste sich selber wie die Frauen, die ihre Gefolgschaft bildeten. Die Tänze der Artemis Alpheiaia und mehr noch die der Artemis Korythalia, die, wie es ein Gelehrter des vorigen Jahrhunderts (Friedrich Gottlieb Welcker [1784–1868]) etwas verlegen ausdrückt, „vermutlich nicht die züchtigsten waren" (Griech. Götterlehre, Bd. II, Göttingen 1860, S. 392) und bei denen ekstatische Frauen sich künstliche Phallen vorbanden, waren bereits in der Antike berüchtigt. (Daß der orgiastische Zug erst durch orientalische Einflüsse in den Artemiskult gekommen sei, wie A. Leibbrand/ W. Leibbrand [Formen des Eros, Bd. I, Freiburg 1972, S. 93] meinen, dürfte kaum richtig sein. Allerdings haben sich solche Züge in Kleinasien, etwa in den Kulten der Ephesia, durch derartige Einflüsse deutlicher erhalten.)

Außergewöhnliches fand während solcher Feste statt. Strabo berichtet, daß es im kappadokischen Kastabala einen Tempel der Artemis Perasia gab, in welchem die Priesterinnen der Göttin mit nackten Füßen über glühende Kohlen schritten, ohne sich dabei die Haut zu versengen, und vielleicht gehen jene wilden Tänze der Nestorianerinnen während des Festes des heiligen Konstantin, bei denen die Tänzerinnen, wie ein Volkskundler (R. Zdansky) berichtet, mit den Armen herumschlagen, „als wenn sie fliegen würden" („Die Feuertreter in Thrazien" in „Die Wiener Schule der Völkerkunde", Horn 1956, S. 557), und leichenblaß, mit halb geschlossenen Augen, bis zu den Knöcheln in die Glut treten, auf derartige Feste der Artemis zurück.

Einige solcher Ereignisse scheinen, in archaischen Zeiten zumal, Initiationsfeste der Frauen gewesen zu sein. Bei den Brauronia an der Ostküste Attikas tanzten Jungfrauen der Artemis, Arktoi, „Bärinnen" genannt, in safranfarbenen Gewändern und einstmals sicherlich in Bärenfellen, um sich in Bärinnen zu verwandeln. (In einem Heiligtum der brauronischen Artemis zu Athen fand man Fragmente kleiner Kratere, auf deren Wänden Arktoi in sehr kurzem dunklen Chiton oder ganz nackt abgebildet sind.) Insbesondere von dieser Artemis hieß es, sie riefe den Wahnsinn hervor, aber sie heile ihn auch. (So heilte sie — vermutlich mit Opium, da sie als Artemis Hemera mit Mohnkapseln dargestellt wird — die von Dionysos mit Wahnsinn geschlagenen Töchter Proitos', des Königs der Argiver.)
(60, S. 25–26 mit Anm. in Klammern)

Wir dürfen annehmen, daß die altitalische Göttin der Wälder, Diana, mit ihren Kultstätten am Berg Tifata bei Capua und dem heiligen Hain von Aricia am Nemisee, schon sehr früh mit der griechischen Artemis verschmolz. Als Frauengottheit und Mondgöttin besaß sie auch Kultstätten in Rom. Ihr Tempel auf dem Aventin war das Heiligtum des Latinischen Bundes. Ihr Fest fiel auf den 13. August, den Stiftungstag des Tempels. Der Hainkönig (Rex Nemorensis), ein Diana-Priester in Aricia in Latium, war stets ein Fremder, ein Landflüchtiger oder Sklave. So wurde der Diana-Kult nach heutigen soziologischen Gesichtspunkten auch ein Kult der Armen, Unterdrückten und Sklaven.

Wir dürfen mit Pfiffig, dem andere Etruskologen zustimmen, annehmen, daß die Römer ihre Artemis-Diana von den unterdrückten Etruriern übernommen haben.

Auch die italische Diana ... war eine Göttin der wilden Tiere und als Herrin der Wölfe zumal die Gebieterin all derer, die a u ß e r h a l b der Kultur, jenseits der Ordnung lebten, die Herrin der Vogelfreien und der Fremden, aber auch eine Göttin des Krieges wie die Artemis ... (Noch im Jahre 942 beschwerte sich Papst Marinus II. beim Bischof von Capua, daß ausgelassene Tänze und Jagdtreiben am Berg Tifata ... geduldet würden. Aber noch im 19. Jahrhundert soll dort derartiges beobachtet worden sein.)

Diese Diana wurde nördlich der Alpen sehr bald mit keltischen Naturgöttern und Herrinnen der Tiere identifiziert, über deren Wesen wir nicht sehr viel wissen. (Die Namen solcher Göttinnen sind teilweise erhalten: Ancamna, die Quellgöttin Sirona, Abnoba, die unter anderem gleichfalls eine Quellgöttin war, Nantosuelta. Die Diana-Hekate wurde einer dreigestaltigen Icovellauna gleichgestellt. Auch in anderen Teilen des römischen Weltreiches war der Kult der Diana, die jeweils mit entsprechenden einheimischen Göttinnen identifiziert wurde, weit verbreitet ... In der Diana Arduinna hat man die Göttin Brig(a)it gesehen, eine Herrin der Tiere, welcher der Eber zugeordnet war, oder genauer gesagt, die Bache, jenes zerstörerische Tier, das dem Mond verbunden war, das in den Nächten durch die Wildnis jagte und nur unter Lebensgefahr verfolgt werden konnte ... Von orgiastischen Kulten, die im Zusammenhang mit derartigen Göttinnen stattfanden, etwa auf einer Insel in der Nähe der Loire-Mündung, möglicherweise Le Croisic, berichtet Strabo. Sie scheinen durch gemäßigtere Kulte ersetzt worden zu sein, die von den Nonnen der heiligen Brigit durchgeführt wurden.) Vor allem in der Umgebung von Trier, in der sich noch lange nach der fränkischen Besetzung gegen Ende des fünften Jahrhunderts heidnischer Glaube erhalten hat, verehrte man eine solche Diana ..., und es hat den Anschein, daß in der heutigen Pfalz auch Riten der kleinasiatischen Artemis, so einer Artemis-Anahita-Diana, stattfanden. Bedenkt man, daß die ephesische Diana insbesondere eine Göttin des perversen, des „umgekehrten" Geschlechtslebens war, dann dürfte die These nicht allzu gewagt sein, daß auch die Riten dieser Pfälzer Anahita nicht zu den züchtigsten gehörten.

Diana war nach römischer Aussage die „vornehmste Gottheit in Galatien" (wenn man Plutarch glauben darf), und vermutlich eine der hartnäckigsten Gegnerinnen der neuen Religion. (Was die Nymphen für die Artemis, das waren offenbar die Dianen für die Diana. Bei Martin von Bracara ist im 6. Jahrhundert die Rede davon, daß es „in silvis Dianas" gebe, „quae omnia maligni daemones et spiritus sunt." (60, S. 26—27)

Der Artemis-Kult in Ephesos war zunächst gegenüber dem sich ausbreitenden Christentum sehr widerstandsfähig. Erst zur Zeit des Johannes Chrysostomos (um 345–407) wurde der Kult zumindest oberflächlich zurückgedrängt. Bestimmte Traditionen pflanzten sich jedoch offen oder versteckt in Volksbräuchen fort, wie wir im Folgenden noch nachweisen werden.

Duerr führt den Kult der Artemis-Diana nach seinen Quellenforschungen auf prähistorische Höhlenkulte zurück. Wir wollen hier seine These zusammenfassen:

Die nachtfahrenden Weiber, die sich, auf welche Weise auch immer, „in der nacht stilli" vereinten, um in einer mehr oder weniger wilden Verzückung „dur vil ertriches oder landes" zu schwärmen, taten dies, wie wir gesehen haben, unter der Führung eines Wesens, das zumindest von den mittelalterlichen Berichterstattern Diana genannt wurde. Diese Diana haben wir über die Artemis, die „unbezwungene Jungfrau", wie sie in der Odyssee heißt, bis zu einer vorindogermanischen Göttin zurückverfolgt ... Die uralte Göttin wurde zwar als parthenos, als Jungfrau bezeichnet ..., dieses Wort hatte jedoch in älteren Zeiten eine etwas andere Bedeutung als bei den späteren Griechen. Das Wort hatte ursprünglich nicht den Sinn, den wir auch heute noch mit „Jungfrau" verbinden, es bezeichnete vielmehr eine freie, keinem Manne untertane Frau, und es ist anzunehmen, daß sich die Griechen in der Gestalt der unbemannten Amazonen noch eine ferne Erinnerung an diesen Typ der Frau bewahrt haben, wie die Amazonen ja auch als Verehrerinnen der Artemis bekannt waren.

Der Prototyp der Artemis, die ungebundene Herrin der Vegetation, läßt sich wohl bis in die letzte Eiszeit zurückverfolgen, bis zu jenen meist fettleibigen Frauenstatuetten ... Wenigstens drei Indizien legen die Vermutung nahe, daß diese Figuren Vegetationsmütter darstellten, Herrinnen nicht nur des Lebens von Mensch und Tier, sondern zumal des Todes ...

Das „gesichtlose Gesicht" der Venus von Dolní Věstonice ... und das „Gesicht" der Willendorferin ist ... in einer Weise gemustert, als ob eine Verhüllung des Gesichtes dargestellt worden sei. Wenn diese Interpretation nicht allzu weit hergeholt ist, dann läßt sich hier vielleicht ein Prototyp der „Verhüllerin" späterer Zeiten erkennen, der Totengöttin, die uns noch in der Kalypso und der „fraw Holt" begegnen wird, in deren Namen der indogermanische Stamm kel- („verbergen", „verhüllen") steckt ...

Wenn wir von dieser These ausgehen, daß die eiszeitlichen Kulthöhlen die Gebärmutter jener Erdgöttin waren, in die der Initiand geführt wurde, um in ihr zu „sterben" und zu neuem Leben wiedergeboren zu werden ... Und wenn wir weiter annehmen, daß in dieser Gebärmutter Rituale aufgeführt wurden, in welchen Initianden ... an deren Geburt aus dem Schoß der Erde teilnahmen ..., dann läßt sich ein derartiger Kult über die Jahrtausende bis zu seinen entferntesten Ausläufern fast in unsere Zeit hinein nachverfolgen. Es hat den Anschein, daß wir jene Initianden, von denen wir vermuten, daß sie bei der Vermählung mit der Vegetationsmutter in deren Leib „starben", in den kretischen Kureten wiedertreffen, die wie der Begleiter der „Großen Göttin", der wohl das Urbild des ... Dionysos Zagreus, des „Herrn der wilden Tiere" war, mit der Natur starben, um mit ihr wieder aufzuleben. (60, S. 30–34, gekürzt)

Kulte der Diana oder ihrer Synonyme sind bis in das späte Mittelalter nachweisbar. Sie verschmolzen teilweise mit anderen göttlichen Frauen oder weiblichen Dämonen, wie Abundia, Aradia, Holda und Perchta. Diana findet sich als Hexe noch im Alttoskanischen, im Sardinischen (jana), im Neapolitanischen (janára), im Altfranzösischen (gene), im Asturischen (sana), im Altprovenzalischen (jana) und im Berner Jura (djanatsch) als Wortstamm wieder. Die Fee der Albaner Berge „Zâna", die sich dort nackt in den Quellen badet, dürfte

ebenso ein Synonym sein wie „Zene", die mit offenen Haaren durch die Berge
Kärntens streift und wiederum mit „Pehtrababa" oder „Perchta" identisch ist.

8.10.6.2.1
*Aradia-Herodias,
eine Tochter der
Diana und des
Luzifer*
Der britische Volkskundler Charles Godfrey Leland (1824–1903) hat 1897
durch eine ihm bekannte italienische Strega (Striga) Maddalena eine „Vangelo",
eine Anleitung zum Hexen bzw. Lehre der Hexen, erhalten, die er 1899 unter
dem Titel „Aradia, or the Gospel of the Witches" veröffentlichte (62). Über
diese Anleitung zur Hexenkunst schreibt Leland:

Zur Erklärung muß gesagt werden, daß Hexenkunst unter ihren (italienischen) Anhängern als
la vecchia religione bekannt ist, oder die alte Religion. Diana ist ihre Göttin, deren Tochter
Aradia (oder Herodias) ihr weiblicher Messias. Dieses kleine Werk zeigt, wie Aradia geboren
wurde, zur Erde gelangte und dort Hexen und Zauberei schuf, um darauf wieder in den
Himmel zurückzukehren. Es enthält außerdem die Zeremonien und Gebete oder Beschwörungen der Diana und Aradia, den Exorzismus des Kain und die Zauberformeln des Heiligen
Steins, der Gartenraute und der Verbena (Eisenkraut). Es wird die normale Messe festgelegt,
wie sie bei den Hexenversammlungen gesungen und verkündet wird. Weiterhin gehören zum
Inhalt die äußerst merkwürdigen Beschwörungen und Segnungen von Honig, Mehl und Salz,
ferner die Kuchen des Hexenmahls, welches sehr stark von der Antike beeinflußt ist und
offensichtlich ein Relikt der römischen Mysterien darstellt.

Die Lehre der Hexen (vangelo dei stregi) beginnt mit der Geburt der Aradia:

Diana war ihrem Bruder Luzifer in tiefer Liebe zugetan, dem Gott der Sonne und des Mondes,
dem Gott des Lichtes, der so stolz auf seine Schönheit war und der um dieses Stolzes willen
aus dem Paradies vertrieben wurde.
Von ihrem Bruder empfing Diana eine Tochter, der sie den Namen Aradia (das ist
Herodias) gab. (62, S. 13)

Aradia, die von Leland mit Herodias identifiziert wird, ist nach der italienischen Legende eine Tochter der Diana und des Luzifer-Eosphoros. Aradia
wird von ihrer Mutter in der Hexenkunst unterrichtet, die sie an ihre Schüler
und Schülerinnen weitergibt. Als Vermächtnis hinterläßt sie folgende Aufforderung:

Wenn ich nicht mehr auf dieser Welt sein werde,
Wann immer ihr etwas bedürfet,
Einmal im Monat, bei Vollmond,
Sollt ihr euch an einem einsamen Platz versammeln,
Oder in einem Wald zusammenkommen,
Um anzubeten den umfassenden Geist eurer Königin,
Meiner Mutter, große Diana. Wer all die Zauberkunst erlernen
Will, hat noch nicht ihre
Tiefsten Geheimnisse enthüllt, sie wird meine Mutter
Lehren, die Wahrheit der geheimsten Dinge.
Und alle sollt ihr von der Sklaverei befreit werden,
Und frei sein sollt ihr in allen Dingen;
Und als Zeichen eurer wahren Freiheit,
Sollt ihr bei euren Riten nackt sein, sowohl Männer
Als auch Frauen: dies soll andauern, bis
Der letzte eurer Unterdrücker tot sein wird;

322

Und ihr sollt das Jagdspiel von Benevento abhalten,
Und wenn die Lichter erloschen sind
Sollt ihr das Mahl in der Art richten (62, S. 17)

Es wird nun das Mahl angegeben, woraus es bestehen muß und welche begleitenden Beschwörungen durchgeführt werden. Es werden beschworen: Mehl und Salz, Honig und Wasser. Dann folgen in der Vangelo Beschwörungen von Kain und der Diana. Danach sollen sich alle teilnehmenden Hexer und Hexen niedersetzen und nackt das Mahl einnehmen. „Sie sollen tanzen, singen, Musik machen und sich dann in der Dunkelheit lieben, wenn alle Lichter erloschen sind, denn der Geist von Diana ist es, der sie zum Erlöschen bringt" (62, S. 24). Wir finden hier den alten Ritus aus der ursprünglichen Schwarzen Messe wieder: das Lichtauslöschen (7.2.5.4), in der antiken Tradition der Dämonenbeschwörung.

Interessant in unserem Zusammenhang ist die Legende, „wie Diana die Sterne und den Regen erschuf":

Diana wurde noch vor der Schöpfung erschaffen; in ihr ruhten alle Dinge; aus sich selbst heraus schuf sie die erste Dunkelheit und teilte sich selbst; in Dunkelheit und Licht wurde sie geteilt. Luzifer, ihr Bruder und Sohn, sie selbst und ihre andere Hälfte waren das Licht.

Und als Diana sah, wie wunderbar das Licht war, das Licht, welches ihre andere Hälfte, ihr Bruder Luzifer war, wurde ihre Sehnsucht danach übermächtig. Sie wünschte, das Licht wieder in ihrer Dunkelheit zu empfangen, es voll Hingerissenheit, voller Entzücken zu verschlingen, sie zitterte vor Verlangen. Aus diesem Verlangen entstand die Dämmerung.

Doch Luzifer, das Licht, floh vor ihr und wollte sich ihren Wünschen nicht beugen; er war das Licht, das in die fernsten Fernen des Himmels flieht ...

Da wandte sich Diana an die Väter der Schöpfung, an die Mütter, an die Geister, die vor dem ersten Geist existierten, und beklagte sich bei ihnen, daß sie sich Luzifer gegenüber nicht behaupten könne. Und sie priesen sie für ihren Mut; sie sagten ihr, um aufzusteigen, müßte sie fallen; um oberste Göttin zu werden, müßte sie eine Sterbliche werden.

Und in uralter Vergangenheit, im Laufe der Zeit, als die Welt erschaffen wurde, stieg Diana auf die Erde herab, ebenso wie Luzifer, der gefallen war, und Diana lehrte Magie und Zauberei, wodurch Hexen und Elfen und Kobolde entstanden – alle dem Abbild des Menschen ähnlich, jedoch nicht sterblich.

Und so geschah es, daß Diana die Gestalt einer Katze annahm. Ihr Bruder besaß eine Katze, die er mehr als alle anderen Kreaturen liebte, und sie schlief jede Nacht in seinem Bett, eine Katze, schöner als alle anderen Kreaturen, eine Elfe: er wußte nichts davon. Diana vereinbarte mit der Katze, ihre Körper zu tauschen; und so lag sie mit ihrem Bruder, und in der Dunkelheit nahm sie ihre eigene Gestalt an und so empfing sie von Luzifer ihre Tochter Aradia. Doch als er am Morgen sah, daß seine Schwester bei ihm lag und daß die Dunkelheit das Licht erobert hatte, erfüllte Luzifer großer Zorn; doch Diana sang einen Bannspruch gegen ihn, ein Lied der Macht, und er schwieg, das Lied der Nacht, was einen in den Schlaf wiegt; er konnte nichts mehr sagen. Doch Diana mit den Ränken ihrer Hexenkunst bezauberte ihn so, daß er sich ihrer Liebe überließ. Dies war die erste Verzauberung; sie summte ein Lied, es war das Summen der Bienen, ein Spinnrad, das Leben spinnend. Sie spann die Leben aller Menschen; alle Dinge wurden von Dianas Rad gesponnen. Luzifer drehte das Rad.

Diana war den Hexen und Geistern, den Feen und Elfen und Kobolden, die an abgelegenen

Orten hausten, nicht als ihre Mutter bekannt; sie versteckte sich in Demut als einfache Sterbliche, doch durch ihre Willenskraft erhob sie sich abermals über alle. Ihre Leidenschaft für Zauberei war so groß, und sie wurde in dieser Kunst derart mächtig, daß ihre Größe sich nicht verbergen ließ. Und so geschah es eines Nachts, bei einer Versammlung aller Zauberinnen und Elfen, daß sie behauptete, sie würde die Himmel verdunkeln und alle Sterne in Mäuse verwandeln.

All jene, die anwesend waren, sagten: „Wenn du solch eine fremdartige Tat vollbringen kannst, wenn du zu solcher Macht aufsteigst, dann sollst du unsere Königin sein."

Diana ging auf die Straße; sie nahm die Blase eines Ochsen und eine Münze von Hexen-Geld, deren Kante so scharf wie ein Messer ist — mit solchem Geld schneiden die Hexen die Erde aus den Fußspuren von Menschen — und sie schnitt die Erde, und mit ihr und vielen Mäusen füllte sie die Blase, und sie blies die Blase auf, bis sie platzte. Und da geschah das große Wunder, denn die Erde, die in der Blase gewesen war, wurde zu dem gewölbten Himmel über ihnen, und drei Tage lang kam ein großer Regen über die Erde; die Mäuse wurden Sterne oder Regen. Und so sie erschaffen hatte den Himmel und die Sterne und den Regen, wurde Diana zur Königin der Hexen; sie war die Katze, die über die Sternen-Mäuse, den Himmel und den Regen herrschte. (62, S. 29–30)

Wir finden hier Parallelen zur Inzestliebe antiker Göttinnen mit ihren Brüdern oder Vätern. Interessant ist auch hier die Verbindung von Diana und Luzifer. Der Gott des Lichts wird von der Göttin der Finsternis geliebt, auch gegen seinen Willen, dadurch, daß Diana Luzifer durch Zauberei in einen widerstandslosen Schlafzustand versetzt.

Die Vangelo für die Hexen enthält auch eine Beschwörung, wie man mit Hilfe der Diana eine gute Weinernte erreichen kann. Leland meint:

Dies ist eine sehr interessante Beschwörung und Überlieferung, wahrscheinlich sehr alt mit stark überzeugender Beweiskraft. Denn erstens ist es einem Bereich gewidmet, der sehr wenig Aufmerksamkeit erfahren hat: die Verbindung von Diana als dem Mond mit Bacchus, obwohl in dem großen Dizionario Storico Mitologico, von Pozzoli und anderen deutlich zum Ausdruck gebracht wird, daß in Griechenland ihre Anbetung verbunden war mit der von Bacchus, Äskulap und Apollo. Das Bindeglied ist das Horn. In einem Bildnis von Alexander Severus hält Diana von Ephesus das Füllhorn. Dies ist das Horn oder die Hörner des neuen Mondes, Diana geweiht. Nach Callimachus erbaute Apollo für Diana mit eigener Hand einen ausschließlich aus Hörnern bestehenden Altar. Die Verbindung des Hornes mit dem Wein ist offensichtlich ... (62, S. 56)

Auch hier finden wir in der italienischen, auf der römischen Antike basierenden Mythologie die Querverbindung der Artemis-Diana zu ihren schlangengestaltigen Verwandten Asklepios und Dionysos (8. 11. 6. 2–3). Leland gibt *Diana (Tana)* einen weiteren Mythos wieder, der in der Vangelo von Tana (Diana) und *und Endymion* Endamone (Endymion) erzählt wird. Tana ist einer der verballhornten Namen *(Endamon)* für Diana oder — wie Leland bemerkt — der ältere etruskische. Er ist in der Romagna Toscana noch heute üblich.

Tana ist eine wunderschöne Göttin, und sie liebte einen herrlichen Jüngling namens Endamone; doch ihre Liebe wurde von einer Hexe hintertrieben, die ihre Rivalin war, obwohl Endamone für die letztere nichts empfand.

Doch die Hexe war fest entschlossen, ihn für sich zu gewinnen, er mochte wollen oder nicht, und mit diesem Ziel überredete sie den Diener von Endamone, sie Nachts in dessen Zimmer einzulassen. Einmal dort, nahm sie das Aussehen von Tana an, die er liebte, so daß er entzückt war, sie, wie er glaubte, in seinen Armen zu halten, und er begrüßte sie mit leidenschaftlichen Umarmungen. Doch dadurch begab er sich in ihre Gewalt, denn es versetzte sie in die Lage, einen ganz bestimmten magischen Zauber auszuüben, indem sie ihm eine Locke seines Haares abschnitt.

Dann ging sie nach Hause und nahm ein Stück von den Eingeweiden eines Schafes und machte daraus einen Beutel, und hinein tat sie das, was sie genommen, hatte, zusammengebunden mit einem roten und einem schwarzen Band, und einer Feder, und Pfeffer und Salz, und dann sang sie ein Lied (der Hexenkunst). (62, S. 59—60)

Doch Tana, die viel mächtiger war als die Hexe, konnte zwar den Zauber auch nicht brechen, der ihn im Schlaf gefangenhielt, aber sie nahm ihm alle Schmerzen (in Träumen erkannte er sie), und während sie ihn umarmte, sang sie (einen) Gegenzauber . . .

So geschah es, daß die zauberhafte Göttin und Endamone sich liebten, als wären sie wach (doch sie vereinigten sich nur im Traum). Und so ist es bis zum heutigen Tag geblieben, wer immer auch ihn oder sie im Schlaf lieben will, sollte bei der wunderschönen Tana Zuflucht suchen, und dieses Tun wird von Erfolg gekrönt sein. (62, S. 62—63, gekürzt)

Dem uralten animistischen Denken gemäß ist es seither in der Zauber- und Beschwörungskunst notwendig, von dem Menschen, Tier oder Gegenstand, den man verzaubern will, irgendeinen Teil in seine Gewalt zu bringen, sei er auch noch so klein. Das Abschneiden von Haaren ist in vielen Mythen, Legenden und Sagen überliefert. Endamone oder griechisch Endymion war der schöne Sohn des Zeus und der Nymphe Kalyke, also ein Halbgott. Er bekämpfte König Klymenos und vertrieb ihn aus seinem Königreich Elis. In diesem Mythos wird also von der Eroberung von Elis durch einen aiolischen Helden berichtet, der als neuer König die Oberpriesterin der pelasgischen Mondgöttin Hera heiratete. Ihre verschiedenen überlieferten Namen waren Iphianassa, Hyperippe, Chromia und Neis, alles Synonyme für den Mond. Sie gebar ihm vier Söhne. Seine männliche Potenz setzte er jedoch wesentlich aktiver bei der Begattung der Mondgöttin Selene ein, die ihn leidenschaftlich liebte und verführte. Mit ihr zeugte er fünfzig Töchter, deren Namen alle Bezüge zum Mond hatten. Als seine Regierungszeit zu Ende ging, wurde er, wie vorgeschrieben, getötet (7. 1. 3. 5). Der Name Endymion kommt aus dem griechischen ἐνδύω, lateinisch: inducere, hier im übertragenen Sinne „verführen". Der Name bezieht sich auf die Verführung des Königs durch die Mondgöttin. Ältere Schriftsteller haben seinen Namen aus somnium ei inductum abgeleitet, was soviel heißt, „der Schlaf wurde über ihn gebreitet". Tana und Endamone sind also die sich im Traum Liebenden, nachdem Endamone durch einen Zauber aus dem realen Leben geschieden war. Hier wird Diana mit Selene, Hera und anderen mit dem Mond in Beziehung stehenden matriarchalischen Gottheiten identifiziert. Über den Zauberritus, den die Hexe zur Beschwörung verwendet, meint Leland:

Diese Legende, obwohl in vielen Einzelheiten mit den klassischen Mythen übereinstimmend, ist auf eigenartige Weise mit Praktiken der Hexenkunst vermischt, doch selbst diese würden

sich bei einer Nachprüfung als genau so alt wie der restliche Text herausstellen. So die Schafs-
därme – die hier anstelle des Beutels aus roter Wolle verwandt werden, wie man ihn aus der
wohltätigen Magie kennt – das rote und schwarze Band, die Freud und Leid vermischen –
die (Pfauen-)Feder oder Penna maligna – Pfeffer und Salz, wie sie in vielen anderen Beschwörungen vorkommen, doch stets, um Böses zu bringen und Leiden zu verursachen . . .

Das Grundkonzept geht dahin, daß ein wunderschöner Jüngling von einer angeblich
keuschen Diana verstohlen im Schlaf geküßt wird. Der uralte Mythos ist von Anfang an einer
des Lichts und der Dunkelheit oder des Tages und der Nacht, aus dem die einundfünfzig
(jetzt zweiundfünfzig) Wochen des Jahres geboren wurden. Dies ist Diana, die Nacht, und
Apollo (hier mit Luzifer oder mit Endymion identifiziert, Anm. d. Verf.), die Sonne oder
Licht in irgendeiner anderen Form. Es wird dargestellt als ein Sich-Lieben während des
Schlafes, was, wenn es im wirklichen Leben geschieht, normalerweise einen aktiven Teilnehmer bedingt, der, ohne vollkommen sittsam zu sein, doch den Schein wahren möchte.
Unter Eingeweihten hielt man Dianas Charakter (für den sie von den Kirchenvätern bitterlich
geschmäht wurde) für den einer wunderschönen Heuchlerin, die in geheimem Schweigen
ihren Liebschaften nachging . . . (62, S. 63–64, gekürzt)

Leland hat den feinen Sinn dieser altüberlieferten Mondkulte sehr gut gedeutet:

Das zitternde, geheimnisvoll schöne Licht des Mondes, das die Seele von Verstand und Gefühl über die schweigende Natur zu werfen scheint und sie zu halbem Erwachen drängt –
Schatten in Gedanken verwandelt und jedem Baum und Felsen das Aussehen eines Lebe-
wesens gibt, doch eines, das, obwohl leuchtend und atmend, noch schläft in einem Traum –,
konnte den Griechen nicht verborgen bleiben, und sie drückten es darin aus, wie Diana
Endymion umarmt. Doch so wie die Nacht die Zeit des Geheimnisvollen ist und wie die wahre
Diana der Mysterien die Königin der Nacht war, die den aufgehenden Mond trug, und Gebieterin aller geheimen Dinge, einschließlich der „geheimen süßen Sünden und geliebten
Laster“, so gehörte zu diesem Mythos weit mehr, als auf den ersten Blick offensichtlich wird.
Und genau in dem Ausmaße, in dem man Diana für die Königin aller emanzipierten Hexen
und der Nacht hielt, oder sogar für die nächtliche Venus-Astarte selbst, in diesem Ausmaß
würde man die Liebe für den schlafenden Endymion für sinnlich, jedoch heilig und allegorisch halten. Und ausschließlich in diesem Sinne haben die Hexen in Italien, die sich mit
einer gewissen Berechtigung für ihre wahren Erben halten, diesen Mythos bewahrt und
verstanden . . .

Das ist es, was mit dem Mythos von Diana und Endymion gemeint ist. Das Leidenschaft-
liche, Geheime und Verbotene wird zum Göttlichen oder Ästhetischen (was für die Griechen
ein und dasselbe war) erklärt. Es war der Zauber der gestohlenen Wasser, die süß sind und
zur Poesie verstärkt werden. Und es erscheint bemerkenswert, daß es in italienischen Hexen-
überlieferungen auf diese Art und Weise erhalten geblieben ist. (62, S. 65–66, gekürzt)

Leland gibt den Beschwörungen der italienischen Hexen gegenüber dem
christlichen Teufels- und Hexenkult einen spezifischen Charakter, die diese
von den mediterranen (griechischen, römischen und vorderorientalischen)
heidnischen Traditionen übernommen haben.

Besondere Aufmerksamkeit möchte ich auf die Tatsache lenken, daß . . . bei einer großen
Anzahl von italienischen Hexenanrufungen der angebetene Gott oder Geist, sei es nun Diana
selbst oder Laverna (die römische Göttin der Diebe, Kaufleute, Fälscher, Schurken und
Heuchler, Anm. d. Verf.), mit Qualen durch eine höherstehende Macht bedroht wird, bis er

oder sie die verlangte Gunst gewährt. Dies ist ausgesprochen klassisch, griechisch-römisch oder orientalisch, wobei sich in allen Fällen der Zauberer nicht auf Gefälligkeit, Hilfe oder irgendwie entweder von Gott oder Satan verliehene Macht verläßt, sondern einzig und allein darauf, was er aus der unerschöpflichen Natur herauspressen und ihr abringen oder durch Bußfertigkeit und eigene Studien anzapfen konnte. Ich erwähne dies, weil mir ein Kritiker vorwarf, ich würde das Ausmaß des Teufelskultes — wie von der Kirche seit dem Jahre 1500 eingeführt — in Italien absichtlich herunterspielen. Doch in Wirklichkeit kommt bei den höherklassigen Hexen und in ihren Überlieferungen dieser kaum vor. Im christlichen Teufelskult wagt es die Hexe niemals, Gott oder Satan zu bedrohen oder die Dreieinigkeit oder irgendwelche Engel, denn das gesamte System basiert auf dem Grundkonzept der Kirche und des Gehorchens. (62, S. 99)

Als Erkenntnis aus den „Lehren der Hexen" zieht Leland das Fazit:

Nun ist zu beachten, daß alle Hauptpunkte, die den Kern oder die Handlung dieser Vangelo bilden, z. B. daß Diana die Königin der Hexen ist; eine Verbündete von Herodias (Aradia) in ihren Beziehungen zur Zauberei; daß sie ein Kind von ihrem Bruder, der Sonne, hier Luzifer, gebar; daß sie als Mondgöttin in einer gewissen Beziehung zu Kain steht, der als Gefangener im Mond haust, und daß die damaligen Hexen durch eine Feudalherrschaft unterdrückte Menschen waren, die sich auf jede nur denkbare Weise zu rächen versuchten, und die zu Ehren Dianas Orgien abhielten, von der Kirche als Satansanbetung bezeichnet wurden . . .

Aradia ist mit ziemlicher Sicherheit mit Herodias identisch, die man zu Anfang als Verbündete von Diana für die Anführerin der Hexen hielt. Dies wurde nicht, so meine ich, von der Herodias des Neuen Testaments abgeleitet (wie z. B. auch Jacob Grimm annimmt, Anm. d. Verf.), sondern aus einer früheren Wiedergabe von Lilith (7. 2. 3. 2. 1 und 7. 2. 6. 1), die den gleichen Namen trug. Tatsächlich stellt es eine Identifikation oder Zwillingsähnlichkeit der arischen und semitischen Königinnen des Himmels dar oder der Nacht und der Zauberei, und es mag durchaus sein, daß den frühesten Erzeugern von Mythen dies bekannt war. Die Verdammung der Anbetung von Herodias und Diana durch ein Kirchenkonzil in Ancyra reicht bis ins 6. Jahrhundert zurück. Pipernus und andere Schriftsteller haben die offensichtliche Identität von Herodias mit Lilith festgestellt. Beiden ging Isis voraus. (62, S. 101–102, gekürzt)

Im menschheitsgeschichtlichen Widerstreit matriarchalischer und patriarchalischer Systeme haben sich gesellschaftliche Strukturen entwickelt, in denen je nach der dominierenden Anschauung das männliche oder weibliche Prinzip die Oberhand besaß. Leland sieht diesen ständigen Kampf zwischen den Geschlechtern so: *Gleichstellung von Mann und Frau*

In sämtlichen Schriften aller Rassen ist das Männliche: Jehova, Buddha oder Brahma, für die Erschaffung des Universums verantwortlich. Beim Hexenzauber stellt das Weibliche das grundlegende Prinzip dar. Wann auch immer es in der Geschichte Zeiten des Aufstandes gegen die Hierarchien gegeben hat, stets war damit die Anstrengung verbunden, die Frau als gleichberechtigt herauszustellen, was schließlich bedeutet, daß sie das stärkere Geschlecht darstellt. Und so war in dem außergewöhnlichen Krieg der widerstreitenden Elemente, der fremdartigen Zauberschulen, dem Neuplatonismus, von Kabbala, christlicher Ketzerei, Gnostizismus, persischer Magie und Dualismus, mit Relikten alter griechischer und ägyptischer Theologien des 3. und 4. Jahrhunderts in Alexandria und im Haus des Lichts in Kairo im 9. Jahrhundert, die Gleichberechtigung der Frau ein dominierender Grundsatz. Es war

Sophia oder Helena, die Befreite, die damals den wahren Christus verkörperte, der die Menschheit erretten sollte. Als die Aufklärung oder der Illuminismus, begleitet von Magie und Mystizismus, in dem Versuch aufging, die Wiedergeburt der Gesellschaft nach dem Grundsatz der Gedankenfreiheit aufzubauen, hofften die Freimaurer, sie könnten die Kirche und die Welt beherrschen, und die Gleichberechtigung der Frau, abgeleitet von den alten ägyptischen Überlieferungen, gewann wieder an Beachtung. Und es scheint beachtenswert, daß während des Mittelalters, ja sogar hin bis zu den großen, von den französischen Hugenotten, den Jansenisten und den Anabaptisten inspirierten Umwälzungen die Frauen stets eine bedeutendere Rolle spielten, als sie es im sozialen und politischen Leben getan hatten ... (62, S. 107)

Aus den einschlägigen Stichworten bei Bächtold–Stäubli (17) erfahren wir, daß Diana-Hekate bei den romanischen Völkern im Mittelalter als dämonische Hexenführerin „im formelhaften Bunde mit Herodias" blieb. Ein volkstümliches Weiterleben des Namens der Göttin Diana kann man besonders aus bestimmten Mundarten europäischer Volksstämme schließen.

Anders liegen die Dinge in Deutschland. Wohl geriet der Name mit der Formel auch in Werke deutscher Theologen, dem deutschen Volksglauben selbst hat der Name indessen niemals angehört. Einige der deutschen Kleriker haben die Dämonin übrigens ohne weiteres mit Frau Holden (Holle), Frau Unhold, Frau Percht identifiziert, denen ihr Wesen ja auch vielfach entspricht. (17, Bd. 2, Sp. 196)

Jacob Grimm, der sich ausführlich in seiner „Deutschen Mythologie" mit diesen Gestalten und ihren Querverbindungen auseinandergesetzt hat, hält Herodias, „des Herodes Tochter", die an die italienische Befana erinnert und wegen ihrer „mehr leichtsinnigen als boshaften Handlung in Gesellschaft der bösen und teuflischen Geister" umherwandert, für ein Synonym der Diana, Holda und Peratha (Perchta).

Es leidet keinen Zweifel, daß der christliche Mythos von Herodias schon im frühen Mittelalter mit einheimischen heidnischen Fabeln versetzt wurde. Die Vorstellungen von Frau Holda (Holle), dem wütenden Heer, und den Nachtfahrten der Zauberinnen griffen ein, der jüdischen Königstochter fiel die Rolle einer heidnischen Göttin zu, wie Ratherius (von Lüttich, um 887–974) ausdrücklich sagt. Ihr Kult fand zahlreiche Anhänger. Auch Diana, die nächtliche Mondgottheit, die wilde Jägerin, bewegt sich in diesem Kreis. Diana, Herodias, Holda stehen für oder nebeneinander ... (30, Bd. I, S. 234–237, gekürzt in unsere Schriftsprache umgesetzt)

In der Legende wird hier Herodias, eigentlich die Frau des jüdischen Königs Herodes Antipas, der diese Tochter seines Halbbruders Aristobul und Schwester des Herodes Agrippa I. († 44 n. u. Z.) entführt hatte, mit ihrer Tochter Salome verwechselt.

Während Leland die Aradia-Herodias von dem alten weiblichen Dämon Lilith ableitet, hat Jacob Grimm sie mit der Tocher des jüdischen Königs Herodes identifiziert.

Duerr hat, auf Grimm fußend, die etymologischen Beziehungen zwischen Diana und Herodias aufgezeigt:

Herodias, die von Burchard zur Erläuterung der Diana in den Text eingefügt wurde und deren Namen von nun an immer wieder auftauchen sollte, ist wohl einerseits eine Konta-mination von „Hera" (im Sinne von Hera Dominica = Proserpina) und „Diana" sowie anderer-seits der Name der Tochter des Herodes, Salome Herodiana, die zum ewigen Herumtanzen verdammt worden war. Ihr Name hat sich auch als „Trudica" bei den Südslawen gehalten. (60, S. 191–192)

Über die ebenfalls mit Diana als Hexenführerin im Zusammenhang gebrachte 8.10.6.2.2
Abundia (Habundia) berichtet das HwddA (17, Bd. I, Sp. 124–125): *Abundia*

Abundia, domina Abundia, dame Habonde, eine, wie es scheint, nur auf französischem Sprachgebiet erscheinende, nur im Mittelalter, jedoch heute kaum mehr lebendige Figur der Advents-(Epiphanien-)Zeit, verwandt mit Epiphania (Befana) und Perchta und schon im Spätmittelalter durch Theologen des 15. Jahrhunderts mit ihnen identifiziert, ausschließ-lich jedoch freundlicher Natur, die princeps dominarum nocturnarum, mit denen sie durch Wälder und würzige Wiesen streift, die Häuser besucht, die Ställe ableuchtet, die Mähnen der Rosse zierlich verflicht, von den offen stehen gelassenen Vorräten verzehrt, die sich indessen nicht vermindern, und Segen und Überfluß bringt.

Die Hauptzeugnisse liefern der Rosenroman und Wilhelm von Paris (Bischof Guilielmus Alvernus, †1248). Die deutschen spätmittelalterlichen Zeugnisse ... gehen sämtlich auf Wilhelm von Paris zurück.

Wilhelm von Paris leitete den Namen Abundia von abundantia ab. So wurde die Dämonin mit der römischen Göttin Abundantia in Zusammenhang gebracht. Über Befana heißt es (17, Bd. I, Sp. 974–975):

Die Fee Befania (Befana), eine ... italienische Dämonin der Adventszeit, scheint auf den *Befana* ersten Blick nichts anderes als die Personifikation eines Kalenderbegriffes, nämlich des Epiphaniafestes (6. Januar) zu sein, womit ihr Name natürlich auf jeden Fall zusammen-hängt. Schon J(acob) Grimm äußert die Vermutung, daß ebenso auch die Figur der eng-verwandten Perchta im Deutschen aus der althochdeutschen Übersetzung des Epiphanienfestes zi deru perchtun naht, perhtenavend, perchtentag abgeleitet sei; der Name des Tages ist dann als Tag der Perchta verstanden worden ...

Aber man darf nicht glauben, daß mit dem Namen auch schon die Figur der Dämonin selbst erkärt und gegeben sei. Es liegt in beiden Fällen der ältere Glaube an ein weibliches Gespenst, eine Totenführerin zugrunde ... der unbestimmt kollektive Charakter solcher Gespenster und die numinose Scheu, ihren eigentlichen Namen zu nennen, mag diesen Um-stand begünstigt haben.

Die dem Diana-Typ artverwandte Frau Perchta im deutschen Sprachraum 8.10.6.2.3
ist nach dem HwddA (17, Bd. VI, Sp. 1478–1492) als *Perchta und*
Holle
Perhta, auch Bertha (oder Berta), Königin Bert(h)a, ein mythisches Wesen, dessen Gestalt, Kult und Glaube, beziehungsreich in Erscheinung und Deutung, von jeher einen besonderen lebendigen Teil des deutschen Volksglaubens bildete ...

Der Name Alagabia (Goba-Percht), Abundantia, Abundia, Satia wird auf Perchta be-zogen. Man vergleiche auch die italienische Befana und die Bonne Dame. Am ähnlichsten ist ihr Frau Holle (Holda oder Hulda), deren Gestalt ebenso reich und wandelbar ist. In beiden Gestalten – Perchta wie Holle – sehen wir Verkörperungen des gleichen dämonischen Grundwesens: beide waren ursprüngliche Glieder einer ganzen Dämonenhorde, beide zählten eigentlich zu den Gespenstern, traten aber allmählich als Einzeldämonen auf: als Frau Perchta oder Frau Holle. Sie führen eine ganze Schar dämonischer Begleitwesen an: die Perhten und die Huldren. Beide nehmen die mannigfaltigen Züge göttlicher, halbgöttlicher und endlich menschlicher Prägung in sich auf und wandeln sie den verschiedensten Landschaften, Umgangszeiten und -gebieten ab . . .

Als Gemeinsames stellen wir bei beiden fest: sie stammen aus einer Dämonenschar, der Wilden Jagd vergleichbar oder ähnlich, die in den Zwölften, den Glöckel- oder Rauhnächten, ihre Umgangszeit hatte. Das Seelenheer der Toten mag hier wie dort gemeint sein. Der Ursprung erklärt das häufige Vorkommen der Perchta wie der Holle in Verbindung mit der Wilden Jagd oder in ähnlichen Funktionen wie diese . . . Zum Totenheer würde die Namensableitung Perchta zu pergan „verbergen" wie die der Holle zu „verhüllen" stimmen; falls man die alten Deutungen noch annimmt . . .

Heidnische und christliche Züge mischen sich in eigenartiger Weise und Häufung bei Perchta wie bei Holle. Aus ihrer primitiven Dämonengruppe hatten sie sich schon gelöst, als mythische Einzelwesen . . . traten sie schon auf, längst ehe die Zwölften zu Heiligen Nächten wurden. Mag die Perchta zuvor einen andern Namen gehabt haben oder aber wurde ihr alter Name Perchta (zu pergan) nun neu gedeutet: auf jeden Fall hat die Personifikation des 6. Januar, die Übersetzung von Theophania oder Epiphania, uns die Perchta nicht neu geschaffen . . .

Man trifft die Perchta auch als Zwergenkönigin oder „Königin der Heimchen". Frau Holles Gefolge sind auch die „Unterirdischen" . . .

Der Tag der Perchta war der „Dreikönigstag". Dieser Dreikönigstag, der am 6. Januar begangen wird, ist der letzte Tag der „Zwölften", d. h. der zwölften der Rauhnächte. Er ist der eigentliche Abschluß des alten und der Beginn des neuen Jahres. Zu den zwölf aus heidnischer Zeit stammenden Rauhnächten, an denen die Anwesen ausgeräuchert wurden, um die bösen Dämonen zu vertreiben, gehörten dann in christlicher Zeit u. a. die Thomas-, Nikolaus-, Christ-, Fast-, Walpurgis-, Andreas-, Hubertus- und St. Ruprechtsnacht, ferner die Dreikönigsnacht. Vielfach war für die Gesamtzahl der Rauhnächte (auch Rauhnächte oder Raubnächte), die als Freinächte, Losnächte oder schwarze Nächte bezeichnet wurden, der Begriff der „Zwölften" gebräuchlich. Gewöhnlich wurden aber nur die vier Rauhnächte am Vorabend des Thomas (21. 12.), des „Heiligen Abends" (24. 12.), vor Silvester (31. 12.) und den Dreikönigen (6. 1.) begangen.

An diesen Abenden durchräuchert ein Priester oder der Hausherr oder die Hausfrau nach dem Abendläuten alle Räume des Hauses und die Ställe mit geweihten Kräutern oder Weihrauch und besprengt sie mit Weihwasser. Dazu werden Gebete gesprochen, um Hexen und böse Geister zu vertreiben. Nach dem Rauchen darf die Stalltür nicht mehr geöffnet werden. Mit dem dabei benutzten Weihrauch wird Liebes- und sonstiger Zauber getrieben.
(17, Bd. 7, Sp. 530)

Die christliche Kirche feierte seit ihrer frühen Zeit die „Erscheinung des Herrn" = Epiphania. Es war eine Art Sammelfest für die Gottessohnschaft Christi, seine menschliche Geburt, die Huldigung der drei Magier (Könige) aus dem Morgenland, die Taufe im Jordan und das Wunder zu Kanaan. Bis zur Mitte des 4. Jahrhunderts wurde in Rom der Geburtstag Jesu am 6. Januar gefeiert. Nach der Verlegung des Geburtstages blieb als wesentliches Ereignis am 6. Januar die Huldigung der Magier, die im Volksmund zu den „heiligen drei Königen" wurden. Im Jahr 1164 wurden die angeblichen Reliquien der drei Könige durch Rainald von Das(s)el (um 1120–1167), den Erzbischof von Köln, von Mailand nach Köln überführt. Seit jener Zeit wurde auch in deutschem Sprachraum der Tag zu einem wichtigen christlichen Feiertag. Noch jetzt gelten geweihtes Wasser, Salz, Kreide und andere Dinge als Schutzmittel für Mensch und Tier gegen böse Dämonen.

Zu den bösen Gewalten, gegen die die drei Könige Schutz gewähren, gehören auch die Erreger der Krankheiten... Der Dreikönigstag ist eine Tummelzeit unheimlicher Mächte. Dreikönigsnacht ist die gefährlichste der zwölf Nächte. Man geht daher nicht gern ins Freie. Mit dem Teufel ist jetzt gut Geschäfte machen. Versunkene Glocken läuten. In den Lüften treiben Geister ihr Wesen... In Ober- und auch in Mitteldeutschland ist die häßliche Berchta (Perchta, in den Ostalpen Stampa) besonders gefürchtet. Ihr Name, vor dem 14. Jahrhundert nicht nachweisbar, ist wohl auf die giperahta naht zurückzuführen, die althochdeutsche Bezeichnung für Epiphania (wegen der himmlischen Lichterscheinung vor den Hirten). Sie wäre also eine Verkörperung der Perchtennacht, die in bayrischen und alemannischen Urkunden schon im 11. Jahrhundert vorkommt. Vielleicht ist die Übertragung dadurch erleichtert worden, daß schon eine Seelenführerin mit Namen Perhta (zu pergan, verbergen, gehörig) vorhanden war... Den am Dreikönigstage umfahrenden Geisterwesen werden Speisen hingestellt... Man tritt den unheimlichen Mächten aber auch mit gewaltsameren Maßregeln entgegen. Unter wildem Lärm ziehen maskierte Schreckensgestalten — Abbilder der Dämonen selbst — gegen sie zu Felde und vertreiben sie mit Schellengeläute, Peitschenknallen, Kettenrasseln und ähnlichem Getöse... (17, Bd. II, Sp. 455–456, gekürzt)

Unter den umherschweifenden mythischen Geistern, den Per(c)hten und Huldren, gab es schöne und „schiache", holde und unholde. Letztere gaben den „Unholden" ihren Gattungsnamen. Perchta wie Holle haben gute und böse Eigenschaften, die ihre dämonischen Wesenheit „verschwommen, vielgestaltig und wandelbar" (Naumann) machen.

Es zeigen sich bei ihnen in merkwürdiger Häufung Lohn und Strafe, Segen und Fluch, Tod und Leben. Als lebten hier die großen Göttergestalten noch weiter, als müßten die halbgöttlichen und dämonischen Wesen im deutschen Volksglauben die einst Herrschenden vertreten...

Ein männlicher Dämon... ist der Bercht, der auch als Bartel (aus Bartholomäus?) auftritt. Man trifft ihn als Kinderschreck mit ungeheuerm Maul und Bauch oder als bösen schwarzen Hund... Als männliches Analogon schließlich tritt für die Perchta mancherorts... der Jäger Berthold oder Berchthold als Führer des Wilden Heeres auf, im dämonischen Bezirk etwa das darstellend, was Odin im göttlichen vertritt...
(17, Bd. VI, Sp. 1485–1486, gekürzt)

Bisher haben wir zahlreiche direkte und indirekte Vorläufer der mittelalterlichen Teufel und Teufelinnen wie ihre Anhänger, die Hexen und Hexenmeister, kennengelernt. Gegenstand der folgenden Untersuchung soll nun die äußere und innere Wandlung dieser antiken Gestalten unter dem Einfluß des Christentums sein. Der Kult der Artemis-Diana (8. 10. 6) führt uns beinahe „nahtlos" aus der Antike über das frühe mittelalterliche Abendland in das hochmittelalterliche Reich der Hexen.

8.10.6.3
Vom antiken Dianakult zum mittelalterlichen Teufels- und Hexenglauben

Durch die ständigen Auseinandersetzungen der sich rasch in Europa verbreitenden christkatholischen Kirche mit den zahlreichen Häresien ihrer Zeit entstand der Zwang, die eigene Lehre zu konkretisieren. Das führte die bis dahin in ihrer Lehre ziemlich polyvalente Kirche wiederum zum Dogma und zur Erstarrung. Konzile und Synoden waren die Orte der Auseinandersetzung. Die für das Christentum so wichtige Definition des Bösen in der Welt wie seine Unterscheidung in das sittlich Böse und in das physische (körperliche) Übel wurde weiterentwickelt. Als nächster Schritt mußten zunächst die als potentielle Gegner auftretenden heidnischen oder frühgnostischen Kulte nicht nur physisch, sondern auch geistig bekämpft und überwunden werden. Letzteres gelang nur teilweise und temporär. Häufig war der Sieg nur durch rohe Gewalt und nicht durch die Überzeugung einer christlichen Nächstenliebe zu erringen. Das „heidnische Gedankengut" ging in den Untergrund, um dort von Zeit zu Zeit auch „nach oben" zu drängen.

Offensichtlich überstanden zahlreiche Religions- und Kultformen die erste Christianisierungswelle besser, als es uns die Geschichtsbücher überliefert haben. Die orgiastischen Kulte der heidnischen Diana und der pseudochristlichen luziferianischen Gnostiker nahmen oftmals ein neues Gewand an, um den Kern ihres Wesens beizubehalten, mit oder ohne Duldung der Obrigkeit.

Der Canon episcopi   Im sogenannten Decretum Gratiani, einer Sammlung der Concordia discordantium canonum, also der „ausgleichenden Zusammenstellung der nicht übereinstimmenden Kanones", die der bolognesische Kirchenrechtler Gratian († vor 1179) anfertigte, findet sich auch ein Canon episcopi. Der Kanon soll nach Auffassung einiger älterer Kirchenhistoriker anläßlich der Synode von Ankyra in Galatien im Jahr 314 entstanden sein. Nach einer anderen Version stammt er von Papst Damasus I. (?/366—384). Auf jeden Fall ist der Kanon ein Zeugnis für das Vorhandensein des Diana-Kultes in den ersten christlichen Jahrhunderten wie der Verbindungen zu den frühen Hexen und gnostischen Satanisten. Wir finden in ihm den eindeutigen Beweis für das Fortleben der antiken Strigen (7. 2. 4. 3) und Dianen (8. 10. 6. 2), gepaart mit gnostischen, vielleicht karpokratianischen Elementen (4. 3. 1. 7), die den Satan/Teufel mit ins Spiel brachten, über das frühe Mittelalter hinaus. Wenn es sich bei dem Kanon wahrscheinlich auch um ein späteres, in das 4. Jahrhundert zurückdatiertes Dokument handeln dürfte, so diente es doch zur Rechtfertigung von Ketzerverfolgungen in späteren Jahrhunderten. Sein lateinischer Wortlaut ist uns überliefert, der in seinem Hauptteil wiedergegeben werden soll:

Episcopi episcoporumque ministri omnibus viribus elaborare studeant, ut perniciosam et a diabolo inventam sortilegam et maleficam artem penitus ex parochiis suis eradant, et si aliquem virum aut feminam huiuscemodi sceleris sectatorem invenerint, turpiter dehonestatum de parochiis suis eiiciant. — Illud etiam non omittendum, quod quaedam sceleratae mulieres — daemonum illusionibus et phantasmatibus seductae, credunt se et profitentur nocturnis horis cum Diana, paganorum dea (vel cum Herodiade), et innummera multitudine mulierum equitare super quasdam bestias et multa terrarum spatia intempestae noctis silentio pertransire, eiusque iussionibus velut domino obedire, et certis noctibus ad eius servitium evocari. — Innumera multitudo hac falsa opinione decepta haec vera esse credit, et credendo a recta fide deviat et in errorem paganorum revolvitur, cum aliquid divinitatis aut numinis extra unum Deum esse arbitratur. Quapropter sacerdotes per ecclesias sibi commissas populo omni instantia praedicare debent, ut noverint, haec omnino falsa esse, et non a divino sed a maligno spiritu talia phantasmata mentibus infidelium irrogari, siquidem ipse Satanas, — cum mentem cuiuscunque mulierculae ceperit et hanc sibi per infidelitatem — subiugaverit, illico transformat se in diversarum species personarum species atque similitudines, et mentem, quam captivam tenet, in somnis deludens, modo laeta, modo tristia, modo cognitas, modo incognitas personas ostendens, per devia quaeque deducit, et cum solus eius spiritus hoc patitur, infidelis mens haec non in animo, sed in corpore evenire opinatur. Quis enim non in somnis et nocturnis visionibus extra se ipsum educitur et multa videt dormiendo, quae nunquam viderat vigilando? Quis vero tam stultus et hebes sit, qui haec omnia, quae in solo spiritu fiunt, etiam in corpore accidere arbitretur? Cum Ezechiel propheta visiones domini in spiritu, non in corpore vidit et Joannes apostolus Apocalypsis sacramentum in spiritu, non in corpore vidit et audivit? — Omnibus itaque publice adnuntiandum est, quod, qui talia et his similia credit, fidem perdidit, et, qui fidem rectam in deo non habet, hic non est eius, sed illius, in quem credit, i. e. diaboli. — Quisquis ergo aliquid credit posse fieri, aut aliquam creaturam in melius aut in deterius immutari aut transformari in aliam speciem vel similitudinem, nisi ab ipso creatore, qui omnia fecit et per quem omnia facta sunt, procul dubio infidelis est. (Decretum Gratianae, Pars II, Caus. XXVI, Qu. V, c. 12)

In diesem Text kann man das Treiben der gnostischen Satanisten und Hexen förmlich erahnen, wenn es heißt, daß die Bischöfe und ihre Beigeordneten „mit allem Fleiß dahin arbeiten sollen, die verderblichste, vom Teufel erfundene Magie und Zauberkunst in ihren Sprengeln gänzlich auszutilgen." Im Gegensatz zur späteren christkatholischen Auffassung werden die anscheinend im Volksmund noch verbreiteten Nachtfahrten der Hexen und Dianen als „heidnischer Aberglaube" abgetan. Erst seit dem 12. Jahrhundert wurde durch die inzwischen etablierte Inquisition das Treiben der Hexen zu einem realen Vorgang, der bestraft werden mußte und daher abgeurteilt wurde. Die orgiastischen, wilden und dämonischen Nachtfahrten, wie wir sie aus den tradierten Mythen des ehemaligen Römischen Reiches kennenlernten, wurden zunächst vom Klerus des frühen Christentums richtigerweise nur als seelische Vorgänge in Form von traumhaften Erlebnissen der an Dämonen glaubenden Menschen und nicht mit einem aus der Antike stammenden Begriff als körperlicher Inkubus oder Sukkubus durch Dämonen aufgefaßt. Allerdings wurden auch diese seelischen Vorgänge als vom Teufel inauguriert betrachtet, und damit wurde letztlich die leibhaftige Existenz des Bösen in der Gestalt des Satans von der Kirche bestätigt. Interessant ist in diesem Zusammenhang, daß noch im frühen Mittelalter offensichtlich nicht ein m ä n n l i c h e r Teufel, sondern die w e i b l i c h e n , zu Dämonen degradierten antiken Göttinnen vom Diana-Typ mit Herodias, Befana, Abundia, Perchta, Holle u. a. als Anführerinnen der Hexen galten.

In einer Schweizer Handschrift aus dem Jahre 1393 heißt es:

Ovch ist das nút vnder wegen ze lassene oder ze ubersehenne das etlich meintetigú wiber, die da nach dem tvel sathan bekert sint, vnd mit der túvel verspottung vnd mit fantasien oder trúgnússe sint verwiset, Das die glöbent vnd veriehent das si selber vnd ein groessú mengi wiben ritten vnd varen mit der heiden gúttinnen, dú da heisset dyana oder mit herodiade, vf etlichen walt tieren in der nacht stilli dur vil ertriches oder landes. Vnd das si irem gebot gehorsam sien als einer gewaltigen fröwen. Vnd das sú dú selb gúttinne ze benemten nechten rueffe zuo irem dienst.

(Zitiert nach Duerr, Traumzeit, S. 27)

Bei diesem Text handelt es sich um eine spätere deutsche freie Übersetzung aus der Rechtssammlung des Reginus (Regino, 8?–915), der von 892 bis 899 Abt von Prüm in der Eifel war und dann vertrieben wurde. Von ihm übernahm Burchard (Burkard, um 965–1025) als Bischof von Worms den Text in sein Decretum. Dieses wiederum stellt eine der wichtigsten rechts- und kirchengeschichtlichen Zusammenstellungen des damaligen deutschen Kirchenrechts dar. Zwar läßt sich der Text, wie auch der vorher zitierte, nicht mit Sicherheit auf die Synode von Ankyra, dem heutigen Ankara, zurückführen, wie es Roskoff u. a. noch annahm aber doch bis zu Caesar(ius) von Arles (um 470–542), der als Bischof im Kampf gegen die Häretiker auf der Synode von Orange im Jahr 529 zum Beispiel die Verurteilung der Semipelagianer (einer von Pelagius um 405 begründeten Sekte, welche behauptet, daß gegen die Erbsünde die Gnade sinnlos und daher zwecklos sei) durchsetzte.

Der uns hier interessierende Canon episcopi wurde nach dem Stand der heutigen Forschung wahrscheinlich aus einem vorgratianischen Kapitular- oder Synodalstatut entnommen und von Regino um 900 in seine libri de synodalibus causis et disciplinis ecclesiasticis eingefügt. Der Kanon 371 lautet wörtlich:

Über die Frauen, die behaupten, mit Dämonen zu nächtlicher Stunde zu reiten.

Die Bischöfe und ihre Hilfskräfte mögen sich angelegen sein lassen, mit allen Kräften daran zu arbeiten, daß sie die verderbliche und vom Teufel (diabolus) erfundene Hexen- und Zauberkunst bis in die innerste Tiefe aus der Gemeinde ausradieren; und wenn sie irgendeinen Mann oder eine Frau als Anhänger dieses Verbrechens gefunden haben, so sollen sie diese mit Schimpf und Schande aus den Gemeinden heraustreiben. Denn der Apostel sagt: „Meide den Häretiker nach der ersten und zweiten Ermahnung, weil er seiner Art nach ein Aufrührer ist."

Diese Häretiker werden wie folgt charakterisiert:

Sie sind aufrührerisch und werden vom Teufel besessen gehalten, weil sie unter Aufgabe ihres Schöpfers vom Teufel Rat erbitten, und deshalb muß die heilige Kirche von dieser Pest gereinigt werden.

Über die eigentlichen „Hexen" heißt es:

Die Nachtfahrenden Und das ist auch nicht zu vergessen, daß einige verbrecherische Weiber, „umgewandt dem Satan nach" (Timothius 5, 15), verführt durch Illusionen und Phantasmen der Dämonen, vermeinen und behaupten, zu nächtlicher Stunde mit Diana, der Göttin der Heiden (dea paganorum), und einer zahlreichen Menge von Frauen auf irgendwelchen Tieren zu reiten

334

und große Räume der Erde in der Stille der unheimlichen Nacht zu durchmessen, ihren Befehlen wie einer Herrin zu gehorchen und in bestimmten Nächten zu ihrem Dienst aufgerufen zu werden. O möchte sie doch allein in ihrem Unglauben untergegangen sein und nicht noch viele mit sich in den Abgrund der Glaubenslosigkeit hineingezogen haben! ... Denn eine zahllose Menge, durch einen falschen Glauben getäuscht, hält dies für wahr. Und sie weicht glaubend vom rechten Glauben ab und kehrt zurück zum Irrtum der Heiden, in der Annahme, es gebe etwas Göttliches und Numinoses auch außerhalb des einen Gottes ...

Da ja auch Satan selbst, der sich in einen Engel des Lichtes verwandelt, wenn er irgendein Gemüt eines Weibes ergriffen und dieses durch Ungläubigkeit und Untreue unterworfen hat, sich dann in verschiedene Personen verwandelt und das so ergriffene Gemüt im Schlaf an der Nase herumführt, entweder listig oder traurig, es glaubend machend, alles das begebe sich nicht in der Seele, sondern am Leib ... Und wer auch immer irgend etwas glaubt, es könne geschehen oder irgendeine Kreatur könne sich nach der besseren oder schlechteren Seite hin verwandeln oder in irgendeine andere Spezies oder Erscheinung, außer durch den Schöpfer selbst, der alles geschaffen hat ... ist außer Zweifel ein Ungläubiger ...
(Freie deutsche Übersetzung aus dem Decretum Gratianae, Pars II, Caus. XXVI, Qu. V. c. 12)

Burchard von Worms hat dann den Canon episcopi in sein Poenitentiale von 1025 aufgenommen. Hier heißt es in dem etwas erweiterten Text:

Und das darf nicht vergessen werden, daß gewisse verbrecherische Weiber, zurückgesandt zum Satan und durch Illusionen und Phantasmen von Dämonen verführt, glauben und behaupten, sie durchmessen in nächtlicher Stunde mit Diana, der Heidengöttin, oder mit Herodias und einer Unzahl von Frauen, auf Tieren reitend, einen gewaltigen Erdraum, durchschritten ihn in der Stille der Nacht, gehorchten deren Befehl wie einer Herrin (domina) und würden in bestimmten Nächten zu ihrem Dienst gerufen.

Jacob Grimm nahm an, daß die Nachtfahrenden ihren Ursprung im deutschen Altertum, also im germanischen Mythos, besäßen was jedoch so nicht stimmt. Ihre Herkunft ist vielschichtiger. Dazu gehören auch die römischen Strigen, die, wie wir sehen konnten, ihre direkte Stammlinie bis in die Antike zurückzuverfolgen vermögen. Wir schließen uns hier den Argumenten für eine mediterrane Hexentradition von Soldan—Heppe—Bauer an.

Bei den Alten zieht schon Hekate, die Zauberpatronin, mit nächtlichem Spuke umher. Dort ist sie Göttin, den Christen mußte sie zum Dämon werden. Aber auch menschliche Zauberinnen wirken in der Nacht. Wir erinnern uns, wie Canidia zum nächtlichen Zauber schreitet, wie Pamphile bei Apulejus, gleich den späteren Hexen, zur geheimnisvollen Salbenbüchse greift und durch die Luft auf Liebesabenteuer ausschwebt, wie die Strigen geflogen kommen und ohne sichtbare Waffen den Menschen beschädigen, wie sie ihm Mark und Blut, Herz, Leber und Nerven rauben und den Defekt mit Stroh füllen, daß der Mensch langsam hinwelkt. Und diese Strigen des römisch-griechischen Heidentums treten, wie sie im Glauben der griechischen Christen fortleben, mit unveränderten Namen und Attributen und fast ohne chronologische Unterbrechung auch in den Gesetzen der zum Christentum bekehrten Germanen auf, namentlich bei den salischen Franken, den Langobarden und in Karls des Großen Kapitularien. Insbesondere redet die Lex Rotharis von einem innerlichen Aufzehren (intrinsecus comedere) durch die Strigen, wie dies von Plautus und Petronius angedeutet wird. Das Latein des Mittelalters bildete übrigens die Form Strix oder Striga öfters in Stria um. Mit Strega bezeichnet noch jetzt der Italiener eine Hexe. Dem Herzrauben und Stroheinlegen begegnen wir später wieder bei Burkhard von Worms, bei dem Stricker oder einem seiner

Zeitgenossen und im Volksglauben der Bayern und Österreicher, wo Frau Berchta mit der langen Nase den faulen Knechten den Leib aufschneidet und wieder mit Häckerling füllt; am beharrlichsten aber scheint gerade in diesem Punkte der serbische Hexenglaube gewesen zu sein.

Die Autoren gehen dann auf die Schriften des Regino bzw. des Burchard ein:

Eine besonders merkwürdige Stelle über den Glauben an die Nachtfahrten findet sich auch in zwei kirchlichen Rechtssammlungen, in der des Abtes Regino von Prüm und in der hundert Jahre jüngeren des Bischofs Burkhard von Worms ... Abt Reginos von Prüm zwei Bücher über die Kirchenzucht, Anweisungen zur Visitation einer Diözese, die um das Jahr 906 in Trier auf Veranlassung des Erzbischofs Ratbod ausgearbeitet worden sind, enthalten eine Menge von Bestimmungen gegen Aberglauben. Es sind zum größten Teil die älteren Synodalkanones und päpstlichen Dekretalen. Die eingehenden Erörterungen über die Luftfahrten der Weiber und über die angeblichen Verwandlungen finden sich in dem sogenannten Kanon Episcopi, der eine wichtige Rolle in der Geschichte des Hexenwesens gespielt hat. Die Mißdeutung der von Regino gewählten Überschrift hat noch Roskoff und Riezler diese Bestimmung auf das Konzil von Ancyra zurückführen lassen. Sie ist aber wahrscheinlich von Regino einem heute verlorenen fränkischen Kapitular entnommen worden.

Hierüber hat sich besonders Joseph Hansen in seinen beiden Werken „Zauberwahn, Inquisition und Hexenprozeß im Mittelalter und die Entstehung der großen Hexenverfolgung" (München und Leipzig: 1900, Nachdruck: Aalen: Scientia Verlag 1964) und „Quellen und Untersuchungen zur Geschichte des Hexenwahns und der Hexenverfolgung im Mittelalter" (Bonn: 1901, Nachdruck: Hildesheim: Olms 1963) ausgelassen. Aus dem Inhalt der Anweisungen des Regino berichten Soldan—Heppe—Bauer:

Regino setzt eine siebenjährige Buße auf die malefiziale Anwendung von Tränken, die Unfruchtbarkeit oder Tod herbeiführen oder Liebe bei Mann und Weib erzeugen sollen. Ferner fordert er die Vertreibung jener Frauen aus den Pfarren, die erklären, durch Malefizien und Inkautationen (von lat. incautus = gefährlich) Haß und Liebe erzeugen und Menschen ihr Eigentum rauben zu können. Insbesondere habe man zu achten auf gewisse gottlose Weiber, die, vom Teufel und seinen Dämonen verblendet, sich einbilden und behaupten, daß sie zur Nachtzeit mit der Heidengöttin Diana, mit Herodias und einer Schar andrer Weiber auf gewissen Tieren reiten, große Länderstrecken durchfliegen und in bestimmten Nächten der Befehle ihrer Herrin gewärtig sein müssen. Dieses alles sei heidnischer Unsinn und werde vom bösen Geiste nur ihrer Phantasie vorgegaukelt.

Daß der in diesem Kanon erwähnte Aberglaube dem römisch-christlichen (und nicht dem germanischen) Altertum zuzuteilen ist, kann leicht erwiesen werden. Dafür spricht nämlich vor allem die Beziehung der fahrenden Weiber zur Diana, in der ihre zauberische Doppelgängerin Hekate nicht leicht zu verkennen ist. Die römische Diana hatte auch nach Deutschland ihren Weg gefunden. Noch im sechsten Jahrhundert zerstörte der Einsiedler Wulfilaich ein Standbild von ihr bei Trier, das von dem heidnischen Landvolke eifrig verehrt wurde ...

Sodann bezeichnet Burkhard von Worms in einer andern Stelle, die auf den obigen Kanon offenbar Bezug nimmt, in den Nachtweibern unverkennbar die Strigen des römischen Volksglaubens. Es zeigt sich dort der Nachtpflug wie bei Apulejus, das Aufzehren von innen wie bei Plautus, Petronius und den auf römischen Grunde eingebürgerten Langobarden, endlich das Stroheinlegen wie ebenfalls bei Petronius. Es könnte nur etwa das Reiten der Hexen neu erscheinen. Aber auch dafür findet sich im klassischen Altertume nicht nur Analoges, wie denn bei Ovid Medea nach Hekates Anrufung in ihrem Drachenwagen über die Berge hinschwebt und Canidia bei Horaz auf des Dichters Schultern rittlings emporzusteigen droht, sondern es scheint auch in der Tat die Sache selbst ganz in der bezeichneten Weise den Römern bekannt gewesen zu sein. Wenn nämlich die Lebensbeschreibung des Papstes Damasus (I., um 305/366–384), die man in einem sehr alten Kodex (de vitis Sanctorum) in Santa Maria Maggiore zu Rom aufbewahrt, Glauben verdient, so ist schon auf der römischen Synode im Jahr 367 von Weibern, die mit der Herodias und andern Weibern auf Tieren zu reiten und weite Reisen zu machen wähnen, die Rede gewesen.

Aus diesen Gründen müssen wir daran festhalten, daß der Kanon keinen anderen als römischen Aberglauben bespricht. Übrigens scheinen auch für die Annahme der Abfassung des Kanons auf anderem als römischem Boden, eben weil die Priorität der Sache für die Römer streitet, durchaus keine nötigenden Gründe zu sprechen. Daß die Stelle zuerst in deutschen Sammlungen angetroffen wird, beweist nichts, weil diese Sammlungen Nichtdeutsches in Menge enthalten. Wenn ferner Burkhard anderwärts ein Exzerpt aus einem Beichtbuche gibt, das von demselben Aberglauben redet, aber an Dianas Stelle die deutsche Holda nennt, so haben wir hier ohne Zweifel nur eine von denjenigen Übertragungen auf germanische Verhältnisse, deren das weitergreifende Christentum so manche mit sich brachte. Die Götter sanken eben zu schädigenden Dämonen herab, mit den Unholden verband sich wieder der kirchliche Begriff des Bösen, den die Germanen nicht kannten, wie dies den Göttern der Griechen und Römer und den Gottheiten der alten Inder gegangen war. Schon Paulus hatte erklärt, was man den alten Göttern darbringe, das opfere man den Dämonen ...

Von den beiden in Frankreich entstandenen Sammlungen des Kirchenrechtes, die wir Ivo von Chartres (um 1040–1116) verdanken, sind im achten und elften Buch eingehende Bestimmungen über den Zauberglauben enthalten. Sie fußen zum größten Teil auf Burkhards 10. Buch. Von besonderer Bedeutung ist, daß bei Ivo die Zauberei zum erstenmal auch in den das kirchliche Eherecht behandelnden Bestimmungen erscheint, und zwar wegen jener Impotentia ex maleficio, die bekanntlich einen uralten Bestandteil des Zauberglaubens bildete. Schon Hinkmar, der in St. Denis erzogene Erzbischof von Reims, wurde im Jahre 860 zur gründlichen Erörterung der Frage veranlaßt, „ob die Ansicht vieler richtig sei, daß Frauen durch Malefizien unüberwindlichen Haß und geschlechtliches Unvermögen zwischen Eheleuten und unsägliche Liebe zwischen Männern und Weibern hervorrufen könnten." (Hansen, Zauberwahn, S. 88) ... Ivo von Chartres übernimmt Hinkmars Ansicht von der durch Maleficium erzeugten Impotenz und erklärt in Übereinstimmung mit Hinkmar, daß eine Ehe, die wegen des mit Erlaubnis des dunkeln, aber niemals ungerechten göttlichen Gerichts und mit Hilfe des Teufels bewirkten Eingreifens von Sortiariae und Maleficiae nicht vollzogen werden könne, dann, wenn die kirchlichen Mittel das Hindernis nicht zu beseitigen vermöchten, getrennt werden, und daß den betreffenden Gatten eine neue Ehe gestattet werden dürfe (Geffcken, Zur Geschichte der Ehescheidung vor Gratian [Berlin 1894, S. 68 ff.]). (21, Bd. I, S. 86–92, gekürzt)

Interessant für uns ist die Feststellung, daß die normalerweise unlösbare christkatholische Ehe bereits im Mittelalter durch ein teuflisches „Maleficium" gelöst werden konnte, wenn dieses imaginäre Maleficium z. B. eine Impotenz hervorrief.

Zum Vorkommen der nachtfahrenden Strigen und Hexen, die durch die

Kirchenlehrer und Missionare im frühen Mittelalter mit den ehemaligen antiken Gottheiten, Dämonen, wie mit dem Gefolge der Diana und ihren übrigen europäischen Wesensverwandten zum „wilden Teufelsheer" zusammengeworfen wurden, schreibt Duerr:

Was die nachtfahrenden Weiber betrifft, so scheint es diese im südlichen Europa während des ausgehenden Mittelalters in größerer Anzahl gegeben zu haben als hierzulande. Nach der Aussage des Dominikaners Jacopo Passavanti schwärmten noch im 14. Jahrhundert die tregenda unter der Führung von Diana und Herodias durch die italienischen Wälder, und gegen Ende desselben Jahrhunderts wurden in Mailand zwei Frauen verurteilt, weil sie über viele Jahre hinweg zweimal in der Woche an solchen Fahrten teilgenommen hatten. Ihre Berichte wurden für bare Münze genommen und nicht als Phantasieprodukte interpretiert. Auch Gervasius von Tilbury neigte etwa hundert Jahre vorher zu der Meinung, daß Menschen tatsächlich an den Fahrten durch die Wildnis teilnehmen konnten. In Italien wurde die Führerin der Nachtfahrenden oft auch Befana oder Berta genannt, und um die alten Zeiten zu kennzeichnen, sagte man bis vor kurzem noch mancherorts „non è piu il tempo che Berta filava." Später hieß es bei uns oft von den „Hollenfahrten", sie würden den Betreffenden aufgenötigt. Im hohen Mittelalter war man anscheinend zeitweise davon überzeugt, daß eine Vielzahl von Menschen an den Fahrten teilnahmen ...

In Irland und in Wales hat sich offenbar solcher Glaube länger erhalten als andernorts. So heißt es beispielsweise noch im vorigen Jahrhundert: „A woman ... was commonly believed to have been with the fairies for seven years when she was a maiden. She married after coming back and had children; and she was always able to see the good people and to talk with them, for she had the second-sight. And it is said that she used to travel with the fairies at night." Im späten Mittelalter kam es nun vor, daß der Teufel immer häufiger im Kampf um die Seele Sieger blieb. So geschah es in einem Osterspiel im Jahre 1322, das von Dominikanern in Eisenach aufgeführt wurde ...

Die Macht des Teufels wurde mitunter dermaßen hochgespielt, daß die Dämonologen der Renaissance bis an die Grenze des Manichäismus gerieten. Dieser Gefahr entgingen sie freilich meist durch das Lippenbekenntnis, der Teufel bedürfe der Erlaubnis des Herrn, und seine sowie der Hexen Künste, also beispielsweise das Fliegen, seien zwar mira, d. h. dem gewöhnlichen Menschen Unerreich- und Unerklärbares, jedoch keine miracula, d. h. Wunder, die zu vollbringen dem lieben Gott vorbehalten seien. (60, S. 194, gekürzt)

Wir dürfen zusammenfassend annehmen, daß der Artemis-Diana-Kult, als tradierter antiker Mythos mit lokalen Mythen des heidnischen europäischen Kulturraumes verschmolzen, die Vorstellungen der nachtfahrenden mittelalterlichen Hexen und Hexer so beeinflußt hat, daß die römische Kirche schon sehr früh ihr Verdammungsurteil gegenüber diesen Vorgängen aussprechen mußte, um sich dieser offensichtlich weitverbreiteten heidnischen Gebräuche zu erwehren. Das Gefolge der Diana (oder der für sie synonym einspringenden göttlichen Frauengestalten) streifte des Nachts in der Phantasie ihrer Anhänger, wahrscheinlich in Form autosuggestiver Wachträume oder in durch Drogen induzierten Rauschzuständen, weiter durchs Land. Die Nachtfahrenden, die ihr Verhalten aus verschiedenen Traditionen herleiteten und zu denen auf jeden Fall auch die römischen Strigen zu rechnen sind, verschmolzen, oft unter der lebensgefährlichen Bedrohung durch die christliche Inquisition, zu dem „Sammelbegriff" der „Hexe" im mittelalterlichen Sinne, der bis in unsere Zeit — sogar bei juristischen Prozessen — beibehalten wurde. Heute gibt es einen neuen Hexenbegriff, der im weltanschaulichen „Untergrund" entstanden ist, ja sogar die „alternativen" Lebensformen des „progressiven" Menschen bereichert. Wir kommen auf diese „modernen" Satanisten und Luziferianer in den letzten Kapiteln des zweiten Bandes zurück. Wer sich über das Wesen der Hexenkulte und ihrer Teilnehmerinnen aus moderner ethnologischer und psychologischer Sicht unterrichten möchte, sei auf die Arbeit von Biedermann verwiesen (63).

In den letzten Kapiteln haben wir uns ausführlich mit den weiblichen Vorläufern teuflischer Wesen des Mittelalters beschäftigt, welche als „Prototypen" der späteren Hexen und „des Teufels Großmutter" anzusehen sind. Wir müssen zur Vervollständigung der Übersicht der vielschichtigen und zahlreichen Vorläufer des uns beschäftigenden Phänomens Satan/Teufel und seiner Anhänger noch die Gruppe der Schlangengötter und ihrer Anbeter behandeln.

8.11
Die Schlange als Symbol des Todes, der Auferstehung und des Bösen

Übereinstimmend findet sich in der vorderasiatischen sowie in den mediterranen Kulturen der Griechen und Ägypter, also in den drei Regionen mit Hochkulturen mit einer zumindest teilweise originären und in ihrer Frühzeit meist voneinander unabhängigen Mythenbildung, die Schlange als ein schöpferisches Element. Wir besitzen darüber hinaus Fragmente prähistorischer Mythen, wie sie beispielsweise in der antiken Literatur überliefert worden sind. Auch hier spielt die Schlange als chthonische Kraft eine sehr bedeutende Rolle.

Apollonios Rhodios, der nach der Überlieferung um 265 v. u. Z. entweder in Alexandrien, dem berühmten Schmelztiegel verschiedener prähellenischer und ägyptischer Kulturen, oder in Naukratis geboren wurde, hat in seinem Heldenepos, den berühmten Argonautika, wohl eine der ältesten Mythen über die Schöpfungsgeschichte im griechischen Sprachraum aufgezeichnet: es ist der pelasgische Schöpfungsmythos, in dem Orpheus mit seiner Leier einen Gesang anstimmt:

8.11.1
Schlangensymbolik im griechischen Kulturkreis

8.11.1.1
Der pelasgische Schöpfungsmythos

Sang wie einst die Erde, das Meer und droben der Himmel
Sich zu einer Gestalt miteinander vereinigt, und wieder
Nach verderblichem Streit ein jedes sich friedlich gesondert;
Und wie immer nun fest den Platz im Äther bewahrten
Sterne droben und Mond und auch die Pfade der Sonne.
Wie die Gebirge und wie die brausenden Ströme entstanden
Mit dem Geschlechte der Nymphen und aller wandelnden Tiere
Sang wie Eurynome einst am Anfang, Okeanos' Tochter
Mit Ophion das Haupt des beschneiten Olympos besaßen,
Und wie dieser bewältigt der Herrschaft des Kronos gewichen,
Jene der Rheia und beide versenkt in Okeanos' Fluten.
Sang, wie die beiden beherrschten die seligen Göttertitanen,

8.11.1.1.1
Eurynome und Ophion

Während Zeus, noch ein Knabe und noch unmündigen Sinnes,
In der diktaïschen Grotte gewohnt. Noch hatten ihn nicht da
Erdgeborene Kyklopen bewehrt mit dem rollenden Donner
Und mit dem leuchtenden Blitz, die Zeus zum Ruhme gedeihen.
(Apollonios Rhodios, Argonautika, 1. Gesang, Vers 496—511, nach der deutschen Über-
setzung von Thassilo von Scheffer.)

Unter Berücksichtigung auch anderer Quellen, wie Homers „Ilias" und
der „Naturgeschichte" des Gaius Publius Secundus Plinius (des Älteren,
23—79 n. u. Z.), war nach Ranke-Graves „am Anfang Eurynome, die Göttin
aller Dinge."

Nackt erhob sie sich aus dem Chaos. Aber sie fand nichts Festes, darauf sie ihre Füße stellen
konnte. Sie trennte daher das Meer vom Himmel und tanzte einsam auf seinen Wellen. Sie
tanzte gen Süden; und der Wind, der sich hinter ihr erhob, schien etwas Neues und Eigenes
zu sein, mit dem das Werk der Schöpfung beginnen konnte. Sie wandte sich um und erfaßte
diesen Nordwind und rieb ihn zwischen ihren Händen. Und siehe da! es war Ophion, die
große Schlange, Eurynome tanzte, um sich zu erwärmen, wild und immer wilder, bis Ophion,
lüstern geworden, sich um ihre göttlichen Glieder schlang und sich mit ihr paarte. So ward
Eurynome vom Nordwind, der auch Boreas genannt wird, schwanger. Dies ist der Grund,
warum Stuten oft ihr Hinterteil dem Winde entgegenhalten und trächtig werden ohne
Hilfe eines Hengstes. Dann nahm Eurynome die Gestalt einer Taube an, ließ sich auf den
Wellen nieder und legte zu ihrer Zeit das Weltei. Auf ihr Geheiß wand sich Ophion siebenmal
um dieses Ei, bis es ausgebrütet war und aufsprang. Aus ihm fielen all die Dinge, die da sind:
Sonne, Mond, Planeten, Sterne, die Erde mit ihren Bergen und Flüssen, ihren Bäumen,
Kräutern und lebenden Wesen.

Eurynome und Ophion schlugen ihr Heim auf dem Berge Olympos auf. Hier rief er ihren
Unwillen hervor, weil er behauptete, der Schöpfer der Welt zu sein. In ihrem Zorn trat sie
ihm mit der Ferse auf den Kopf, schlug ihm dabei die Zähne aus und verbannte ihn in die
dunklen Höhlen unter der Erde.

Die nächste Tat der Göttin war die Erschaffung der sieben Planeten. Über jeden setzte
sie eine Titanin und einen Titanen. Theia und Hyperion über die Sonne; Phoibe und Atlas
über den Mond; Dione und Krios über den Planeten Mars; Metis und Koios über den Planeten Merkur; Themis und Eurymedon über den Planeten Jupiter; Thetys und Okeanos über
die Venus; Rhea und Kronos über den Planeten Saturn. Aber der erste Mensch war Pelasgos,
Ahnherr der Pelasger, er entsprang dem Boden Arkadiens, gefolgt von anderen, die er lehrte,
Hütten zu bauen und Eicheln zu essen. Die Kleidung nähten sie aus Schweinshäuten, wie sie
noch heute arme Leute in Euböia und Phokis tragen. (14, Bd. 1, S. 22)

Ranke-Graves kommt zu dem Schluß, daß aufgrund der allerdings spärlich
überlieferten Quellen nach dem Mythos alle Pelasger von Ophion, der die Gestalt einer Pelor oder Riesenschlange besaß, abstammten. Ihr gemeinsamer
Opferritus waren die Peloria (Athenaios XIV, 45, 639—40). Die Pelasger werden
zuerst bei Homer erwähnt und von ihm in Thessalien angesiedelt. Nach einigen
späteren Autoren waren sie über ganz Griechenland verbreitet. Nach neueren
Untersuchungen sollen die Pelasger Reste der altmittelländischen, vorindogermanischen Bevölkerung sein. Wir dürfen annehmen, daß sie zu den ältesten
in diesem Raum ansässigen Menschen gehörten.

In diesem archaischen religiösen Weltbild gab es weder männliche Götter noch Priester, sondern nur die Weltgöttin und ihre Priesterinnen. Frauen waren das herrschende Geschlecht und der Mann ihr angsterfülltes Opfer. Vaterschaft wurde nicht gewürdigt und Empfängnis dem Winde, dem Essen von Bohnen oder dem zufälligen Verschlucken eines Insekts zugeschrieben. Die Erbfolge war matrilinear, und Schlangen wurden als Wiedergeburt der Toten betrachtet. Eurynome (= „Weites Wandern") war der Name der Großen Göttin, die als Mond am Himmel entlangzog. Ihr sumerischer Name war Iahu („Erhabene Taube"), ein Titel, der später an Jehova, den Schöpfer, überging.

Ophion oder Boreas ist die schöpferische Schlange der hebräischen und ägyptischen Mythologie. In der frühen mediterranen Kunst wird die Große Göttin immer in ihrer Gesellschaft abgebildet. Die erdgeborenen Pelasger, die von sich behaupteten, Ophions Zähnen entsprungen zu sein, sind wahrscheinlich identisch mit den Menschen der „bemalten Gefäße" des Neolithikums. Sie kamen um 3500 v. Chr. von Palästina auf das griechische Festland. Die frühen Helladen (im Sinne von prähellenisch = gebraucht) — die von Kleinasien über die Kykladen einwanderten — fanden sie 700 Jahre später im Besitze des Peloponnes. Der Ausdruck „Pelasger" wurde leichtfertig auf alle prähellenischen Einwohner Griechenlands angewandt ...

Ophion-Boreas

Die Titanen („Fürsten") und die Titaninnen haben ihr Gegenstück in der frühen babylonischen und palästinischen Astrologie. Hier waren sie Gottheiten, welche die sieben Tage der geheiligten planetaren Woche regierten. Es ist möglich, daß sie durch die Kanaaniter- oder Hethiterkolonie, die sich im 2. Jahrtausend v. Chr. auf dem Isthmos von Korinth niederließ, oder sogar durch die Frühhelladen in die griechische Mythologie eingeführt wurden. Als der Titanenkult in Griechenland abgeschafft wurde und die Siebentagewoche nicht mehr im offiziellen Kalender erschien, wurde die Anzahl der Titanen von manchen Autoren mit zwölf angegeben, wahrscheinlich, um sie mit den Zeichen des Tierkreises in Übereinstimmung zu bringen ...

Bezüge zur frühen Astrologie

Im prähellenischen Mythos wurde je eine Titanin mit einem Titanen gepaart, offenbar zum Schutze der Interessen der Großen Göttin. Doch schon bald wurden die vierzehn auf eine gemischte Gesellschaft von sieben herabgesetzt. Sie entsprachen den sieben planetarischen Mächten. Deren Bedeutung war: Sonne gleich Licht; Mond gleich Verzauberung; Mars gleich Wachstum; Merkur gleich Weisheit; Jupiter gleich Gesetz; Venus gleich Liebe; Saturn gleich Frieden. Die Astrologen des klassischen Griechenlands stimmten mit ihren babylonischen Kollegen überein und sprachen die Planeten dem Helios, der Selene, dem Ares, dem Hermes (oder Apollon), dem Zeus, der Aphrodite und dem Kronos zu. Ihre lateinischen Äquivalente sind noch heute in den französischen, italienischen und spanischen Wochentagen zu erkennen.

Zu guter Letzt wurden die Titanen sämtlich von Zeus verschlungen — seine eigene frühere Existenz eingeschlossen. In Analogie hierzu beteten die Juden Jerusalems einen transzendenten Gott an, der aus den sieben planetaren Kräften bestand, eine Anschauung, die in dem siebenarmigen Leuchter und in den „Sieben Säulen der Weisheit" symbolisiert wird. Die sieben planetentragenden Säulen, die in der Nähe des sogenannten Pferdegrabes in Sparta errichtet waren, sollen nach Pausanias (III, 20, 9) mit alten Zeichen und Symbolen, ägyptischen vielleicht, die mit den Pelasgern (Herodot II, 57) auf die griechische Inselwelt gelangt waren, verziert gewesen sein. Der sogenannte Zeus von Heliopolis ist in seinem Charakter ägyptisch. Sein Gewand zeigt vorn eine Abbildung der Planeten und hinten die Bilder der olympischen Gottheiten ... (14, Bd. 1, S. 22—24, gekürzt)

Kerényi interpretiert den pelasgischen Schöpfungsmythos aus seiner Sicht:

Eurynome gehörte sicher zu den besiegten, ältesten Gottheiten. Es wird berichtet, daß eine Göttin Eurynome in Arkadien an einem schwer zugänglichen Ort ihren Tempel hatte, der jährlich nur einmal geöffnet wurde. Das Kultbild stellte eine Frau mit Fischschwanz und in goldenen Fesseln dar. Die Einwohner hielten sie für Artemis, Gebildetere aber erinnerten sich daran, daß noch Homer und Hesiod eine Tochter des Okeanos Eurynome hieß, und daß sie und Thetis es waren, die in ihrem Schoß den Hephaistos auffingen in den Tiefen der Gewässer, als er ins Meer geschleudert wurde ... Eurynome war von lieblichem Antlitz, eine würdige Mutter der Chariten und wohl dieselbe Göttin wie die Aphrodite Morpho der Spartaner.

Es wurde erzählt: Eurynome und Ophion oder Ophioneus, dem Namen nach ein Gott mit Schlangenleib, wie die „Alten des Meeres", herrschten vor Kronos und Rhea über die Titanen. Sie hatten ihren Sitz auf dem Olymp. Doch mußte Ophion dem Kronos, Eurynome der Rhea weichen, auf Grund einer Vereinbarung, daß derjenige siegen würde, dem es gelänge, den andern in den Okeanos zu stoßen. Ophion und Eurynome stürzten in die Tiefe. Dies geschah, als Zeus noch in einer kretischen Höhle weilte. Der Sohn des Kronos machte dann auch Eurynome, die Tochter der Thetys, zu seiner Frau und zeugte mit ihr die Chariten. Nach einer Geschichte, in der der Name zu „Euonyme" verdorben wurde, hatte Kronos mit ihr die Aphrodite, die Moiren und die Erinnyen gezeugt. (12, S. 99)

8.11.1.2

Der orphische Schöpfungs- mythos

8.11.1.2.1

Eros-Phanes

Bevor wir uns mit der religiösen Funktion der Schlange, wie sie uns im pelasgischen Schöpfungsmythos des Ophion überliefert ist, näher beschäftigen, wollen wir zunächst noch den orphischen Schöpfungsmythos, eine weitere Version der prähellenischen Vorstellung von der Erschaffung der Welt, untersuchen. In den Orphischen Fragmenten legte die schwarzgeflügelte Nacht, eine archaische Göttin, vom Winde befruchtet, in der Finsternis ein silbernes Ei. Aus ihm entschlüpfte Eros, der auch Phanes genannt wurde. Er setzte das Weltall in Bewegung. Eros wurde in diesem Mythos zweigeschlechtlich gedacht. Als ein Ungeheuer mit vier Häuptern brüllte er manchmal wie ein Stier oder Löwe, manchmal zischte er wie eine Schlange oder blökte wie ein Widder.

Wir können feststellen, daß in diesem Mythos die ursprünglichen Tierdämonen oder -götter Stier, Löwe, Schlange und Widder in der ursprünglich grausamen Gestalt des Eros oder Phanes verkörpert wurden und damit verschmolzen. Über den heiligen Stier, den heiligen Widder oder Bock und über die heilige Schlange berichten wir an verschiedenen Stellen. Sie alle haben eindeutig enge Bezugspunkte zu den Vorläufern unserer teuflischen Dämonen des Mittelalters. Die Mutter des Ungeheuers, die ihn Erikepaios oder Protogenos Phaëthon nannte, lebte mit ihm in einer Höhle, dem chthonischen Symbol seiner Herkunft. Vor dieser Höhle saß die Erdmutter Rhea mit einer bronzenen Trommel und lenkte die Aufmerksamkeit der Menschen auf des Orakel der Göttin der Nacht. Phanes schließlich schuf die Erde, den Himmel, die Sonne und den Mond. Die Göttermutter in ihrer Dreifaltigkeit von Nacht, Ordnung und Gerechtigkeit regierte dieses Weltall, bis ihr Zepter an Uranos überging.

Im Gegensatz zu anderen Ursprungsmythen des Eros machten ihn die Orphiker zum Weltschöpfer und stellten ihn damit mit dem pelasgischen

Ophion, die beide ja zur schöpferischen Schlange in Beziehung standen, in eine Ebene. Auch im orphischen Schöpfungsmythos findet eine ungeschlechtliche Befruchtung durch den Wind statt, während aus dem Ei ein Hermaphrodit entschlüpft. Das gleiche Motiv finden wir später in der alchemistischen Symbolik wieder, die ihren geistigen Inhalt aus archaischen Überlieferungen bezog. Wir können hier leider auf diese sehr interessanten Parallelen der Eisymbolik, das Vas hermeticum und die Hermaphroditen in der Alchemie nicht näher eingehen.

Den orphischen Schöpfungsmythos deutet Ranke-Graves:

Der orphische Mythos ist eine Version von einer späteren mystischen Auffassung der Liebe (Eros) und von neuen Anschauungen über das Verhältnis zwischen den Geschlechtern beeinflußt. Das silberne Ei der Nacht bedeutet den Mond. Silber ist das Metall des Mondes. So wie Erikpaios („der sich vom Heidekraut Nährende") ist der Liebesgott Phanes („der Offenbarer") eine laut summende himmlische Biene, ein Sohn der Großen Göttin ... Ähnlich dem Gebrauch der Pfeifen (und der Panflöte) in den Mysterien schlug man Rheas Bronzetrommel, um die Bienen daran zu hindern, in falsche Plätze zu schwärmen, und um böse Einflüsse abzuhalten. Wie Phaëthon Protogenos („der leuchtende Erstgeborene") ist Phanes die Sonne, die die Orphiker zu einem Symbol des Lichtes machten. Seine vier Häupter stimmten mit den Tiersymbolen der vier Jahreszeiten überein: Zeus (Widder) als Frühling; Helios (Löwe) als Sommer; Hades (Schlange) als Winter und Dionysos (Stier) als Neujahr.
    Mit dem Sieg des Patriarchalismus ging das Zepter der (weiblichen) Nacht an (den männlichen) Uranos über. (14, Bd. 1, S. 25)

Wir kennen aus dem griechischen Mythos den Phaëthon Adymnos (8. 6. 3), den Sohn der Eos. Dieser „Strahlende", „Leuchtende" oder „Glänzende" ist, wie wir zeigen konnten, kein anderer als Luzifer. Wir dürfen annehmen, daß auch der Phaëthon des orphischen Mythos mit unserem „Lichtbringer" identisch ist, da seine Mutter, die Nacht, als eine lunare Göttin wiederum mit der Göttin der Morgenröte in enger Beziehung steht.

Der pelasgische Ophion und in gewisser Hinsicht auch der orphische Phanes besitzen gewisse Parallelen mit semitischen und ägyptischen Vorstellungen über das Wesen dieser schöpferischen Schlange.

Für uns ist von besonderem Interesse, daß der Schlangengott Ophion im pelasgischen Mythos weitgehend identisch ist mit dem Nordwind Boreas, auf den wir noch näher eingehen. Auch der kabbalistische Gott „der linken Hand", Sammael (8. 4. 3), war mit dem Nordwind identisch, wie wir nachweisen konnten. Diese Identität kann kein Zufall sein. Sie weist zumindest auf gemeinsame Ursprünge oder Entlehnungen aus älteren Kosmogonien hin. Je nach Geschmack und Mentalität wurden sie dann von den einzelnen mediterranen Völkern episch ausgelegt. Teilweise wurden sie mit anderen lokalen Mythen verschmolzen, variiert oder besonders interpretiert.

Wir haben im Buch „Licht und Finsternis" auf die bedeutende Gruppe der gnostischen Ophiten hingewiesen, deren Schlangenkult einer ganzen Richtung innerhalb der Gnosis den Namen gab (4. 3. 1. 6. 1). Sie stellen einen Zweig der direkten Vorläufer der mittelalterlichen Satanisten dar, die uns im zweiten Band zu beschäftigen haben.

Das „Handwörterbuch des deutschen Aberglaubens" (17, Bd. VII) widmet dem Stichwort „Schlange" über 80 Spalten. Allerdings finden wir hier, dem Tenor des Werkes entsprechend, nur die Schlangenkulte und den mit der Schlange verbundenen Aberglauben des germanischen Sprachraums vor.

8.11.2

Die Schlange im jüdischen Schöpfungs- mythos

Wie im griechisch-pelasgischen Schöpfungsmythos ist die Schlange auch in der jüdischen Genesis des Alten Testaments eines der wichtigsten Wesen der Schöpfung. Die Schlange ist es, die Eva zum „Sündenfall" überredet und damit erst die Bewußtwerdung des Menschen ermöglicht. Erst durch die Schlange erhält der Mensch seine reale Existenz. So heißt es in der Genesis:

Die Schlange war schlauer als alle Tiere des Feldes, die Gott der Herr gemacht hatte. Sie sagte zu der Frau (Eva): Hat Gott wirklich gesagt, ihr dürft von keinem Baum des Gartens essen? Die Frau entgegnete der Schlange: Von den Früchten der Bäume im Garten dürfen wir essen, nur von den Früchten des Baumes, der in der Mitte des Gartens steht, hat Gott gesagt: Davon dürft ihr nicht essen, und daran dürft ihr nicht rühren, sonst werdet ihr sterben. Darauf sagte die Schlange zur Frau: Nein, ihr werdet nicht sterben.

Gott weiß vielmehr: Sobald ihr davon eßt, gehen euch die Augen auf; ihr werdet wie Gott und erkennt Gut und Böse. Da sah die Frau, daß es köstlich wäre, von dem Baum zu essen, daß der Baum eine Augenweide war und dazu verlockte, klug zu werden. Sie nahm von seinen Früchten und aß; sie gab auch ihrem Mann, der bei ihr war, und auch er aß.

Da gingen beiden die Augen auf, und sie erkannten, daß sie nackt waren. Sie hefteten Feigenblätter zusammen und machten sich einen Schurz. Als sie Gott den Herrn im Garten gegen den Westwind einherschreiten hörten, versteckten sich der Mensch und seine Frau vor Gott dem Herrn unter den Bäumen des Gartens. Gott der Herr rief nach den Menschen und sprach: Wo bist du? Er antworte: Ich habe dich im Garten kommen hören; da bekam ich Angst, weil ich nackt bin und habe mich versteckt. Darauf fragte er: Wer hat dir gesagt, daß du nackt bist? Hast du von dem Baum gegessen, von dem zu essen ich dir verboten habe? Der Mensch antwortete: Die Frau, die du mir beigesellt hast, sie hat mir von dem Baum gegeben, und so habe ich gegessen. Gott der Herr sprach zu der Frau: Was hast du da getan? Die Frau antwortete: Die Schlange hat mich verführt, und so habe ich gegessen.

Da sprach Gott der Herr zu der Schlange: Weil du das getan hast, bist du verflucht unter allem Vieh und allen Tieren des Feldes. Auf dem Bauch sollst du kriechen und Staub fressen alle Tage deines Lebens. Feindschaft stifte ich zwischen dir und der Frau, zwischen deinem Nachwuchs und ihrem Nachwuchs. Er trifft dich am Kopf, und du triffst ihn an der Ferse.

(Genesis 3, 1–15, in der Übersetzung [31a] der Katholischen Bibelanstalt)

Auch im Alten Testament müssen wir die Schlange als eine ältere Tiergottheit und als einen chthonischen Weltschöpfer auffassen, die erst später von dem jüngeren meist in Menschengestalt auftretenden Jehova verdrängt wurde. Der Schlangengott macht es hier dem Menschen erst durch die Erkenntnis (Gnosis) möglich, sich seiner Nacktheit und seines ursprünglichen Wesens bewußt zu werden. Er zeigt ihm auf, daß er in einer Welt des Dualismus, in einer Welt der Gegensätze lebt. Er läßt ihn zwar den Unterschied zwischen Gut und Böse erkennen, zeigt dem Menschen aber keinen Weg, der ihn in den ursprünglichen Seinszustand, zum Göttlichen in sich selbst, zurückzuführen vermag.

Zu Beginn des 18. Jahrhunderts deutete man die Stelle in der Genesis im Zeichen der beginnenden „Aufklärung" eigentlich recht pragmatisch, wenn es in Zedlers „Universal-Lexicon" (24, Bd. 42, Sp. 1567–1570, gekürzt) heißt:

GOtt sprach hier, ich will Feindschaft setzen zwischen dir, nehmlich zwischen dem Teuffel, zu welchen GOtt dieses redet, und dem Weib, so auf die Evam gieng, die der Satan verführet hatte, und von welcher der Messias dem Fleische nach solte gebohren worden; und zwischen deinem Saamen und ihren Saamen. Der Saame des Teuffels begreifft den Teuffel und seine Engel, wie Matth. XXV, 41 geredet wird, nebst den gottlosen Menschen, deren Vater der Teuffel ist, Joh. VIII, 44. Der Saame des Weibes aber ist hier der Messias, und der soll der Schlange den Kopff zertreten, das ist, er soll das Reich des Satans zerstöhren, 1. Joh. III, 8, davor er ihn werde in die Ferse stechen, welche Worte anzeigen wenn Christus den Satan überwinden und sein Reich zerstöhren werde, so werde sich zwar der Satan widersetzen und Christus darüber leiden müssen; doch solte es nur ein kleiner Fersen=Stich seyn, der in Ansehung des erhaltenen Siegs nicht viel zu bedeuten habe. Nach dieser Verheissung wird ein solcher Zweck der Menschwerdung Christi gesetzet, daß sie schlechterdings wider den Teuffel und seine Gewalt dienen solte; welches gar nachdrücklich durch das Kopffzertreten angedeutet wird. Der vornehmste Krafft der Schlangen bestehet in den Kopff und wo derselbige nicht zerknirschet, mögen ihr andere Wunden, die man ihr giebt, so viel nicht schaden. Doch wissen wir auch, daß der Teuffel als ein Geist keinen Kopff hat. Um deswegen wird durch das Kopffzertreten verstanden, daß dem Teuffel seine Gewalt von des Weibes Saamen solte genommen werden. Was hier versprochen worden ist, ist auch geschehen . . .

GOtt nahm sich nur des gefallenen menschlichen Geschlechts an, und nicht der gefallenen Engel und daß sie keinen Heyland bekamen; GOtt sich ihrer nicht erbarmte, das hatte seine Ursachen. Die Weisheit GOttes beliebte es so, daß hier die Menschen einen Vorzug haben sollten. Sie fande dazu ihre Gründe, welche in dem Unterschied beyderley Falls der Engel so wohl, als der Menschen lagen. Denn einmahl wurden die ersten Eltern von der alten Schlange, oder vom Teuffel zur Sünde verführet, da hingegen der Satan mit seinen Engeln eigenwillig und vor sich von GOtt abgefallen. So waren auch die Nachkommen Adams nicht würcklich bey dem Sünden=Fall des menschlichen Geschlechts gegenwärtig, daß sie hätten ausdrücklich dareinwilligen können, und deswegen sahen sie GOtt als Erbarmungswürdige an; der Fall der Engel aber geschahe mit aller ihrer ausdrücklichen Einwilligung und um deswegen wurde ihre Bosheit nach der Göttlichen Gerechtigkeit vor weit grösser angesehen. Es pflegen einige auch noch die Worte 1. B(uch) Mos(e), III, 14. anzuführen: Weil du solches gethan hast, seyst du verflucht vor allem Vieh und vor allen Thieren auf dem Felde. Auf deinem Bauch solst du gehen, und Erde essen dein Lebe lang, um daraus zubeweisen, daß denen bösen Engeln alle Hofnung einer Befreyung abgeschnitten wäre. Und es ist nicht zu läugnen, daß der Beweis wichtig sey, wofern nur vorher ausgemacht wäre, daß diese berührte Worte wie diejenigen, die V(ers) 15 darauf folgen, allein auf den Teuffel giengen. Wäre dieses richtig, so habe man Ursach genug, daraus die Ewigkeit der Höllen=Straffen, so der Teuffel auszustehen, zu schliessen. Denn der Fluch wird auf ihn nicht geleget auf eine gewisse Zeit, sondern er soll demselben unterworffen seyn sein Lebelang. Was aber bey dem Teuffel nicht ehe aufhören soll, als mit seinem Leben, das kan nimmermehr aufhören, indem er als Geist unsterblich und Krafft solcher Unsterblichkeit seine Existentz und mit derselbigen sein Leben ohne Aufhören muß fortgesetzt werden. Doch man ist noch nicht einig, auf wem diese Worte eigentlich gehen.

Die Meynungen sind darüber unterschiedlich und eine jede scheint solche Gründe vor sich zuhaben, die man nicht so schlechterdings verwerffen kan. Eben daher kan man daraus mit keiner solchen Gewisheit die unendliche Verstossung der Teuffel, wie aus andern Stellen Heiliger Schrifft schliessen. Man findet sonderlich dreyerley Auslegungen:

Einige verstehen diese Worte blos von dem Teuffel und meynen, darinnen die Gründe ihrer Meynung gefunden zuhaben, weil selbige unmittelbar mit den folgenden Worten in dem 15. V(ers) zusammen hingen und verknüpfft wären; solche aber ausser allem Zweiffel von dem Teuffel müsten verstanden werden, weil ferner nicht die Schlange, als vielmehr der Teuffel gesündiget und die ersten Menschen verführet, daher auch eigentlich vor ihn nur die Straffe gehörte, damit ohne dies die Schlange als ein unvernünfftiges Vieh nicht könnte beleget werden. Man fände ausser diesem vielmehr Schwierigkeiten in den Worten, wo man sie auf die Schlange deuten wolte, als wenn man sie von dem Satan verstünde. Denn wie man nicht sagen könnte, daß die Schlange als ein unvernünfftiges Thier mit einem Fluch, oder einer Straffe zubelegen; also könnte man sich nicht vorstellen, wie die Schlange zur Straffe auf ihren Bauch gehen und ihr Lebelang Erden essen solte?

. . . Einige wollen diese Worte sowohl von dem Teuffel, als von der Schlange verstanden haben, und noch andere, deren nicht wenige sind, meynen, die Worte V(ers) 14 giengen allein auf die Schlange; die folgenden aber V(ers) 15 allein auf den Teuffel. Diese letztern erinnern, es würde alles gar gezwungen heraus kommen, wofern solche Worte V(ers) 14 nur von dem Teuffel solten verstanden werden, daß dieser solte verflucht seyn vor allem Vieh, auf seinen Bauch gehen, Erde essen sein Lebenlang. Vielmehr hieng alles sehr wohl zusammen, wenn dieses von der Schlange ausgeleget würde. Denn da es zwar eine natürliche, aber vom Teuffel besessene Schlange gewesen, so folge alles gantz ordentlich aufeinander, dergestalt, daß V(ers) 14 die Schlange, V(ers) 15 der Teuffel, V(ers) 16 die Eva, V(ers) 17 Adam und der Acker mit dem Fluch und der Straffe beleget worden.

Die Schwierigkeiten, so man bey dieser Auslegung anzutreffen vermeyne, liesen sich gar wohl heben. Man hätte aber nicht nöthig, mit Josepho und einigen andern zusagen, die Schlange sey zuvor wie die Menschen aufgerichtet gegangen, möge ihr doch solches nach dem Fall viel schwerer ankommen seyn. Wende man ein, der Staub sey keine Nahrung, daß einiges Thier davon leben könne, so habe es auch nicht den Verstand, daß die Schlange davon leben solte; sondern GOtt zeige nur an, welches ihre vornehmste Speise seyn werde, wie sie sich in Höhlen würde aufhalten und mit dem Staub, oder Erde andere Sachen, so darinnen lägen, einschlucken. Eigentlich könnte wohl kein Thier mit einer Straffe belegt werden, weil es wegen Mangel der Vernunfft unter keinem Gesetz stünde. Doch pfleget GOtt diejenigen Werckzeuge, womit eine Sünde begangen worden, in einen elenderen Zustand zusetzen, oder aus den Augen zu schaffen, um damit die Grösse und die Abscheulichkeit der Sünden vorzustellen . . .

Diese innerhalb der damaligen Theologie recht widersprüchlich und dilettantisch interpretierten Stellen im Alten Testament haben eigentlich erst mit dem Aufkommen der vergleichenden Religionswissenschaften eine richtige Deutung in unserer Zeit gefunden.

Auch in den ältesten ägyptischen Schöpfungsmythen taucht die Schlange als schöpferische Kraft auf. Der Ägyptologe und Theologe Siegfried Morenz berichtet uns über die Theogonie der alten Ägypter:

Die Götter sind durch Gestalt und Namen geprägte und gekennzeichnete Personen. Inso- fern gleichen sie den Menschen. Sie gleichen ihnen aber auch noch in anderer Hinsicht, und das beruht letztlich auf ihrem personalen Charakter: Wie die Menschen werden auch die Götter geschaffen, und zwar von einem Urgott ... So war denn Plutarch gut berichtet, wenn er in seinem Buch über Isis und Osiris schreibt: „Die Priester erzählen, daß nicht nur die Leiber dieser (d. h. der Götter des Osiriskreises), sondern auch die übrigen Götter, die weder ungezeugt noch unvergänglich seien, nach ihrem Tode bei ihnen (d. h. den Ägyptern) ruhen und verehrt werden." Bei alledem erhebt sich freilich unabweisbar die Frage nach der Position des (örtlich und zeitlich abwechselnden) Urgottes innerhalb (oder richtiger: gegenüber) der Götterwelt, die er schafft und von der er durch diesen Akt wesenhaft ge- trennt ist. Man kann sie nicht besser als mit dem Hinweis darauf beantworten, daß der Ur- gott von Haus aus eine Macht der ungeordneten, gestaltlosen Welt ist und insofern den Kräf- ten des Chaos gleicht, das nach ägyptischer Vorstellungsweise das Ordnungsreich der Schöp- fung stets umgibt wie der Urozean die Erde. Als eine solche Macht aber ist er zeitlos gleich den negativen Potenzen des Chaos, die trotz beständiger Bekämpfung und Vernichtung un- sterblich sind, so der Götterfeind (der schlangengestaltige Widersacher des Sonnengottes) Apophis. Daß unsere Verbindung des Urgottes mit dem Chaos kein unverbindliches Ge- dankenspiel ist, mag durch zwei textliche Zeugnisse beleuchtet werden. In einem spricht der Urgott (Rê) selbst davon, daß er vor der Erschaffung da war, und bedient sich für die Ur- sprungssituation stereotyp jenes Ausdrucks „noch nicht", der überall auf Erden so charakte- ristisch für das Chaotisch-Gestaltlose ist: „Noch war der Himmel nicht entstanden, noch war die Erde nicht entstanden, noch waren der Erdboden und die Würmer nicht geschaffen an jenem Ort." Das andere redet vom Ende der Welt, das der Urgott (Atum) ankündigt und bei dem er als Schöpfer seinerseits wieder in Form einer Schlange in das Chaos zurücktreten wird, aus dem er einst gekommen war: „Die Erde wird wieder als Urozean erscheinen, als Wasserflut wie in ihrem Anfangszustande. Ich bin das, was übrig bleibt ..., nachdem ich mich wieder in eine Schlange verwandelt habe, die kein Mensch kennt, die kein Gott sieht. (64, S. 25—26, gekürzt)

Auch für die ungeschlechtliche oder androgyne Urzeugung bringt Morenz Zeugnisse aus der ägyptischen Mythologie:

Auf die Zugehörigkeit der Urgottheit zum Chaos deutet aber noch ein anderer Tatbestand hin. Diese Wesen sind zwar im Zuge der personalen Konzeption Männer (z. B. Atum) oder Frauen (z. B. Neith) geworden. Aber es fehlt nicht an Zeugnissen, die unüberhörbar davon sprechen, daß sie in Wirklichkeit geschlechtlich nicht differenziert waren, mußten sie doch aus sich selbst heraus, also ohne Partner, Götter und Menschen hervorbringen ... Da nun gerade die geschlechtliche Differenz eine sonst unübersteigbare Grenze für den ägyptischen Theologen darstellt, wenn er zwar in schier unübersehbarer Fülle Gott mit Gott und Göttin mit Göttin, aber normalerweise nicht Gott mit Göttin identifiziert, dürfen wir in dem Mangel an geschlechtlicher Bestimmtheit der Urgötter einen Mangel an Gestaltung und damit ein Element des Chaos sehen.

Sind die Götter — abgesehen von dem aus dem Chaos heraufreichenden Urgott — den Menschen in der Geschöpflichkeit verbunden, so teilen sie mit ihnen auch ein weiteres Schicksal der personalen Existenz: Sie werden keineswegs nur positiv bewertet, sondern gelten u. U. als gefährlich ... (64, S. 26—27, gekürzt)

Zur Unterscheidung der Schöpfungsmythen der Ägypter von denen der Griechen und Semiten, deren Parallelen wir oben nachzuweisen versuchten, führt Morenz einige Faktoren an, die wir nicht umgehen können, um das Spezifische der ägyptischen Kultur abzugrenzen:

Marduk von Babylon bildet nach dem großen akkadischen Schöpfungsmythos aus dem erlegten Urtier Tiamat die Welt, (der ägyptische Urgott) Ptah dagegen holt die Urmacht der Vorwelt in sein Wesen herein, eignet sie sich an, ist folglich alles in allem und schafft allein durch sein Wort die Welt. Als Preis, den Ägypten für einen solchen Weg zu bezahlen hatte, muß freilich die Fortexistenz des Chaos um die geordneten Bereiche der Schöpfung herum angesetzt werden. In Israel wird die gleiche Fortexistenz eben noch in der Wesenheit des Meeres sichtbar, das Jahwe „mit Toren verschlossen", dem er „Grenzen gezogen, Tor und Riegel gesetzt hat" (Hi. 38, 8 ff.). Aber hier wie anderwärts im A. T. stellt sich Jahwe als Herr und seine Herrschaft als voll verwirklicht dar. (64, S. 182)

Morenz macht uns noch auf eine interessante Geschichte aus der Zeit des Mittleren Reiches (etwa 2040–1730 v. u. Z.) aufmerksam, die der Ägyptologe Adolf Erman (1854–1937) in seiner „Literatur der Ägypter" übersetzt wiedergibt. In dieser Geschichte trifft der als Schiffbrüchiger auf eine Insel verschlagene Held auf einen Schlangengott, den Beherrscher der Insel.

Die elementare Gewalt der Erscheinung und die numiose Scheu, die diese Begegnung bei dem Schiffbrüchigen auslöst, wird in eindrucksvollen Worten geschildert: In Getöse und Erdbeben erscheint der bis dahin unbekannte Gott, und der Mensch wirft sich vor ihm auf den Bauch. Schließlich gibt die Schlange dem Manne bei seiner Heimkehr den Auftrag: „Mache mir einen guten Namen in deiner Stadt." Damit rundet sie die Offenbarung durch einen Auftrag der Verkündigung ab, der den biblischen Offenbarungen sachverwandt erscheint. (64, S. 33)

Das Schlangensymbol und seine urgöttliche schöpferische Kraft war also auch in Ägypten uralt. Im Alten Reich war die Schlangengottheit Uto die Landesgottheit von Unterägypten, der man auch gerne die „Rote Krone" des Landes und seiner Pharaonen aufsetzte.

Der französische Ägyptologe Jean Yoyotte äußert sich im Dictionnaire de la civilisation Egyptienne zum Stichwort „Schlangen" (36):

„Nichts existierte noch", sprach der Schöpfergott, „nicht einmal die Schlangen oder die Würmer. Noch im Urmeer habe ich sie erschaffen als in Erstarrung liegende Wesen." ... Sehen wir uns diese Schlangen, wie sie in der Wüste, auf dem Schlamm und in den Gewässern dahinkriechen: sie sind alle gefährlich und mehr oder weniger göttlich ... Man darf nicht die große, schimmernde Kobra reizen, die sich in freuchten Feldern oder in Sümpfen aufhält: im Zorn bläht sie sich zur Gestalt des schreckenverbreitenden Uräus aus. Ein hellenistischer Autor hat bemerkt, daß die Schlange, die bei den Griechen die „Königliche" genannt wurde, bei den Ägyptern „Uraios" hieß. Diese gräzisierte Form eines ägyptischen Wortes wird, ins Lateinische übertragen, von der Wissenschaft zur Bezeichnung der vielnamigen Göttin verwendet, die in Gestalt einer kampfbereit aufgerichteten Kobra an der Stirn des ägyptischen Königs sitzt. Sie gilt als Personifikation der Krone und als Erscheinungsform des feurigen Auges des Sonnengottes Rê. Lange Friese von Uräus-Schlangen zieren die Tempel; in den Darstellungen der Königsgräber speit eine aufgerichtete Uräus-Schlange Feuer gegen die Feinde, und ebenso sitzt sie an der Sonnenscheibe auf dem Haupt solarer Gottheiten ...

Zu (den auch in Ägypten auftretenden Vipern) gehört die berühmte Hornviper Cerastes, mit deren Bild man in den Hieroglyphen den Buchstaben „f" schreibt ... Auf den schlammigen

Nilufern der vorgeschichtlichen Zeit lebte noch eine andere, dem Menschen gefährliche Schlange, die ungeheure Python, die zwar keinen giftigen Biß hatte, aber ihre Opfer durch Erdrücken tötete ... Von diesem amphibischen „Drachen" hat die prädynastische Vorstellungskraft eine Erinnerung bewahrt, ebenso wie die sehr alten Zaubersprüche ... Noch gigantischer lebte das Ungetüm lange Zeit in der schauerlichen Mythe von der Apophis-Schlange fort, die die Barke des Sonnengottes angreift. Diese Schlangengottheit von riesiger Größe bedroht jeden Morgen und jeden Abend die Weltordnung. Sie unterliegt immer, aber sie ersteht auch immer wieder neu, da sie unsterblich ist und einen festen Bestandteil der Harmonie des Alls bildet. Sie ist eine feindliche Macht, die die Kräfte des Ausgleichs zwingt, sich täglich neu zusammenzuschließen. Alle Berichte der religiösen Texte enthalten Stellen, die sich auf die Angriffe und die Niederlage des Aphophis beziehen. Die magischen Rituale der Tempel erfordern besondere Kunstgriffe im Beschwören oder Verwünschen, durch die Beteiligte den Angriff des Untieres lähmen können, wenn im kritischen Moment die Sonnenbarke in Gefahr ist. Diese fortschreitende Vermischung der verschiedenen theologischen Systeme führte schließlich zur Gleichsetzung des Aphophis mit dem Gott Seth, der ehemals sein schlimmster Feind gewesen war, der aber, wie Aphophis selbst, zum Symbol der feindlichen Kräfte und des Aufruhrs gegen die Götter des Himmels geworden ist.

Apophis-Schlange

Außer dieser kosmischen Schlange begegnen wir noch anderen, guten wie bösen, in den Beschwörungen für das jenseits: geflügelte, solche mit Füßen, mit mehreren Köpfen, zusammengerollte, aufgerichtete, gekrümmte, solche, die die Sonne verschlingen, um sie wieder hervorzubringen, oder solcher, die sich in den Schwanz beißen, und so die ewige Kette des Lebens darstellen. In den alten Mythen erscheint eine eherne Schlange, „die aus dem Urlotos hervorgegangen ist", und noch andere Schlangenwesen des Weltschöpfers: die feuerspeiende Göttin Uräus, Uto, die Herrin von Unterägypten, und die erdbeherrschenden Schlangen, die Rê nach Heliopolis verpflanzt hatte.

In der Unterwelt gab es auch noch übel beleumundete Schlangen, die man rituell zerstückelte, um die Götter, die Menschen und die Viehherden vor ihnen zu schützen. Andere Schlangen wieder, giftige und auch harmlose, betete man an und mumifizierte sie auch. Die gute Kobra-Göttin „Ernûte, die Herrin der Getreidespeicher", erhielt die ersten Feldfrüchte eines jeden Bauern, denn sie bewachte das Wachstum der Pflanzen. Ihr Name ging in den christlichen Glauben der Ägypter als heilige Thermuthis ein, die die Amme des Moses gewesen sein soll. In dem Felsengebirge westlich von Theben wurde Meret-seger, „die das Schweigen liebt", besonders von den Bewohnern von Der el-Medîne als Beschützerin der Totenstadt sehr geschätzt. Das Schicksal selbst, ob gut oder böse, nimmt oft die Gestalt einer Schlange an. Das Reptil, welches das Geschick einer Stadt bestimmen soll, wird im Ortsheiligtum auf einem Paar länglicher Stelen dargestellt. In den Wohnhäusern stellen die Menschen für „ihre" Schlange, die sie als guten Geist und als Schicksal des Hauses (Agathodaimon) betrachten, stets einen gefüllten Napf auf.

In den Märchen erzählt man von einer geheimnisvollen Insel, auf der eine großmütige Schlange herrscht, die beim Fortbewegen ihres 30 Ellen langen, aus goldenen Ringen bestehenden Körpers Erdbeben auslöst; oder man berichtet auch von der unsterblichen Schlange, die, von einem Gewimmel von Reptilien umgeben, das letzte Geheimnis bewacht ... All das hat aus diesem geheimnisvollen Wesen den Gegenstand unzähliger religiöser Vorstellungen und Märchenerzählungen auf der ganzen Erde gemacht. Die ägyptische Volksüberlieferung scheint eine Summe alle dieser Vorstellungen zu enthalten ...
(36, S. 232—233, 24, 285, gekürzt)

Die von Yoyotte erwähnten beiden ägyptischen Königskronen wurden nach der Zusammenführung von Unter- und Oberägypten im Alten Reich unter Menes zu Doppelkronen. Als Herrscher „Beider Länder" trugen die Könige oder später auch die vergöttlichten Dynasten (pschent), die sich aus der „Roten Krone" des Nildeltas (Unterägypten) und der „Weißen Krone" Oberägyptens zusammensetzte. Neben geflügelten Sonnenscheiben, Skarabäen, Stier- und Widderhörnern wie pflanzlichen Elementen, waren auch Schlangen,

Uräus-Schlange besonders die Uräus-Schlange, der Schmuck dieser Kronen. Diese zweifellos symbolhaften Kronen schätzen die Ägypter wie direkt in das Schicksal eingreifende machtvolle Wesen. Als gefürchtete Königs- oder Götterkronen, als die „Zauberreichen", die ja nur von den Pharaonen getragen werden durften, welche in die Mysterien der „beiden Uräen" eingeweiht waren, hatten sie ihren eigenen Kult. Sie wurden in feierlichen Kultliedern sogar besungen.

Die Schlange Der ägyptische Gau X, Uzôjet oder Utô = „Schlange", besaß im Neuen Reich
Uto in der im Griechischen als Aphrodito-polis bezeichneten Stadt, die heute Kom Ischkâw heißt, einen Tempel der Hathor, die mit der griechischen Aphrodite identifiziert worden war. Wir können heute nicht mit Sicherheit mehr die Beziehungen der Liebesgöttin Hathor-Aphrodite zur Schlangengöttin Uto aufklären. Es darf aber eine gleiche Ursprünglichkeit aller dieser Gestalten als Fruchtbarkeitsgöttinnen oder Göttinnen der geschlechtlichen Liebe angenommen werden. Auffallend ist jedenfalls die unmittelbare räumliche wie kultische Nähe dieser beiden Göttinnen schon in einer sehr frühen Epoche. Die Schlangengöttin Uto besaß als Stadtgöttin des Gau X einen eigenen Kult, der sich zur Zeit des Vollmondes abspielte. Es war aller Wahrscheinlichkeit ein Fruchtbarkeitskult, da er bei seinen Anhängern die Funktion besaß, den Nachwuchs zu fördern. Die Vollmondzeit brachte den Kult in die Nähe der Mondgöttin, mit der Uto ursprünglich wohl identisch war.

Eine wichtige Rolle spielte in ägyptischen Kulten auch die Vernichtung der großen Schlange Apophis, die gelegentlich mit dem ägyptischen Vorläufer des Satan, dem Seth oder besser Setech, in Verbindung gebracht worden ist.

In immer neuen Fassungen werden Setech und Apophis vernichtet; eine Niederschrift mit den Anweisungen und Reden für eine solche Vorführung heißt: „Das Geheimnis des Rituals der Niederwerfung des Wütenden, verfaßt für den Tempel des Osiris". Auf einer Holzplatte saitischer Zeit rühmt sich der Stifter: „Ich habe die 47 Bücher von der Vernichtung des Apophis gelesen"; durch seine Kenntnis glaubte er wohl einen besonderen kräftigen Zauberschutz zu besitzen, der im Jenseits alle Gegner vor ihm niederwerfen konnte. (65, S. 215)

8.11.4 Wenden wir uns zum Abschluß dieses Kapitels noch der Schlangensymbolik
Die Schlangen- im germanischen Kulturraum zu. Schon in altnordischen Sagen finden wir
symbolik im personifizierte Schlangendämonen. Unter dem Stichwort „Schlange" berichtet
germanischen der Mitherausgeber des „Handwörterbuchs des deutschen Aberglaubens"
Kulturraum (17, Bd. VII, Sp. 1114–1195), Eduard Hoffmann-Krayer (1864–1936), u. a.:

Zu allen Zeiten und bei allen Völkern haben die besondern Eigenschaften der Schlange (ihr Kriechen, ihr Gift, ihr faszinierender Blick u. a.) Anlaß gegeben, in der Schlange ein

350

dämonisches Wesen zu sehen, das Gegenstand der Furcht und Verehrung wurde ... Vor allem gilt sie, vielfach in Erinnerung an die Paradiessage, als Prinzip des Bösen, insbesondere des Verführers. Diese Schlange wird in Darstellungen des Sündenfalls oft mit einem Frauenkopf abgebildet, wobei die Frau als Verführerin gedacht ist. Durch die Begattung der Schlange mit Eva, wird verderbenbringendes Gift in die Menschheit gebracht. Nach der Oberpfälzer Überlieferung wird der Antichrist von einer Schlange mit einer alten Jüdin erzeugt. Die Schlange ist das Tier des Teufels; sie ist vom Teufel besessen, ja, der Teufel selbst tritt in Gestalt einer Schlange auf. Hexen und andere bösdämonische Wesen haben Schlangen als Attribut oder verwandeln sich in Schlangen. Auch der Alpdruck nimmt Schlangengestalt an. Daher wohl die Meinung, daß dem die Sünden vergeben werden, der eine Schlange tötet. Schlangen bringen Verderben und Tod ...

Andererseits aber ist die Schlange auch die tierische Verkörperung des Spiritus familiaris, Verstorbener oder der menschlichen Seele überhaupt; daher kann die Seele auch den Körper lebender Menschen in Gestalt einer Schlange zeitweise verlassen. Sie ist das Symbol des Todes und auch Wächter des Totenreichs ...

Als Wasserdämon ist sie im Altertum nachgewiesen, ebenso als Fruchtbarkeitsprinzip. In Altpreußen baten die Frauen die verehrten Schlangen, sie möchten den Männern Kraft geben, damit sie von ihnen schwanger würden. Der phallische Charakter der Schlange ist überhaupt alt und verbreitet, wie auch die geschlechtlichen Beziehungen der Schlange zur Frau.

Bis in die Neuzeit hat sich dagegen die alte Vorstellung von der Heilkraft der Schlange erhalten. Sie bringen aber auch sonst Glück, wer sie tötet, zieht Unglück an ...

Von europäischen Völkern hatten die Altpreußen, Letten und Litauer einen ausgesprochenen Schlangenkult, indem sie sich nicht nur Hausschlangen hielten, sondern auch Tempelschlangen, die von den Priestern mit Milch genährt wurden und vom Volke Opfer empfingen. Bei den Germanen ist der Schlangenkult nicht mit Sicherheit bezeugt, wenn wir nicht den Bericht aus der Vita Sancti Barbati (7. Jh.), nach welchem die Langobarden ein Schlangenbild verehrt hätten, als altererbten Schlangenkult deuten wollen ...

Weit verbreitet ist dagegen der Glaube an die glücksbringende Hausschlange, der jedenfalls vielfach auf die Vorstellung zurückgeht, daß die Seelen Verstorbener in der Gestalt angenommen haben oder daß sie der Genius des Hauses sei. Auch auf deutschem Boden findet sich die Überlieferung zahlreich ...

Ähnliches gilt in Skandinavien. Der Hausgeist erscheint in Angermanland oft als Schlange. Auch in Norwegen glaubt man an die Glückswirkung der Hausschlange, die noch zu Olaus Magnus' Zeiten als Gott verehrt wurde. Die weiße Schlange ist in Schweden eine Art spiritus familiaris und wird mit ehrfürchtiger Scheu gepflegt ... Der Glaube an die glückbringende Hausschlange ist weit über das germanische Sprachgebiet hinaus verbreitet ...

Dank ihrer Eigenschaften galt die Schlange von jeher als klug und mit besonderem Wissen begabt. Daher wird sie schon im alten Orient und klassischen Altertum als mantisches Tier betrachtet. Gemäß ihrer Doppelnatur als Symbol der Weisheit und des Bösen bringt oder verkündet sie sowohl Glück als Unglück. Glück und Heil bedeuten vor allem die Hausschlangen, besonders wenn sie sich zeigen oder die dargebotenen Opfer annehmen; schon wenn sich eine Schlange dem Hause nähert. Sieht ein Sonntagskind eine weiße Natter, so hat es ein großes Glück zu erwarten; dasselbe gilt für ihre Begegnung überhaupt, namentlich wenn sie von rechts kommt ...

Häufiger aber bedeutet sie Unglück: wenn sie als Hausschlange die gebotenen Speisen nicht annimmt oder sich irgendwie auffällig zeigt. Das Gleiche wurde von einer Schlange gesagt, die durchs Fenster ins Haus fiel. Auch ihr Angang ist unheilverkündend, besonders wenn sie als schwarze Schlange erscheint, ferner vor einer Reise. Das Erscheinen einer feurigen Schlange ist ein böses Vorzeichen. All dieser Glaube ist nicht auf das deutsche Gebiet beschränkt. Das Unglück wird oft noch eigens bezeichnet: Hungersnot, Krankheit, Erdbeben, Hauseinsturz, Feuersbrunst; namentlich aber Tod. Von der Hausschlange ist uns das öfters bezeugt; aber auch der Traum von einer Schlange bedeutet Tod . . .

Die magischen Anschauungen und Handlungen lassen sich in zwei Hauptgruppen teilen: I. Zauber der von den Schlangen ausgeht, II. Zauber, der an den Schlangen ausgeübt wird.

I. Schlange ist Subjekt des Zaubers: Die dämonischen Eigenschaften der Schlange haben schon im Altertum zu der Meinung geführt, daß sie ein zauberkräftiges Tier sei, das entweder von sich aus magische Handlungen ausführt oder vom Menschen zu solchen benutzt wird. Daher auch die zahlreichen Amulette mit Schlangendarstellungen und Schlangen-partikeln, oder aus Serpentin, der ja als Schlangenstein gilt. So verleiht die Schlange dem Menschen besondere Eigenschaften, Kräfte und Schutz . . .

Zahlreiche Eigenschaften besitzt nach einem älteren deutschen Arzneibuch das Pulver, das am 1. August aus einer verbrannten Natter hergestellt ist: es dient gegen Kopfwunden, gegen Feinde, macht die Menschen fügsam, enthüllt Geheimnisse, macht beliebt, das Gesinde treu. Auch nach einer sächsischen Sage wurde mit Schlangenpulver allerlei Zauber getrieben. Paracelsus besaß (nach einer Legende) einen Haselwurm (ein Synonym für die Schlange), der alle Heilkräuter kannte und Schätze erkennen ließ. In Norwegen und Schweden gilt der auf Plinius (NH. 30, 129) zurückgehende Glaube, daß einer, der eine Schlange und einen Frosch oder Vogel voneinander getrennt hat, die Kraft gewinne, einer Frau in Kindsnöten die Geburt zu erleichtern . . .

Besonders oft wird die Schlange im Schießzauber verwendet. Schießt man einmal eine Schlange, besonders Kreuzotter, aus dem Gewehr, so treffen alle Schüsse. Hat ein Gewehr Tötung und Brand verloren, so schieße man seine gewöhnliche Ladung auf eine Kreuzotter, dann bekommen die Schüsse Wirkung . . .

Eine besondere Form des Zaubers ist das Essen von Schlangenfleisch. Es verleiht reiches Wissen, Kenntnis der Heilkräuter, bringt Glück, schützt vor Verwundung, macht unsichtbar, öffnet alle Schlösser, macht reich . . . Über die verjüngende Kraft des Schlangenfleisches berichten antike und mittelalterliche Schriftsteller. Namentlich aber verleiht es die Fähigkeit, die Sprache der Tiere, insbesondere der Vögel, zu verstehen. Als Sigurd den Drachen Fafnir getötet hatte, briet er sein Herz an einem Spieß. An dem aufschäumenden Blut verbrannte er sich den Finger und führte ihn zum Mund; alsbald verstand er die Sprache der ihn warnen-den Meisen . . .

Die Schlange als
Symboltier der
Hexen

Die Schlange ist das Tier der Hexen. Mit ihr üben sie Zauber aus . . . Mehrfach belegt ist der Geburtshemm- oder Fruchtabtreibungszauber mit Hilfe einer Schlange . . . Auch gegen Behexung finden die Schlangen Verwendung. Ähnlich wie die ganze Schlange werden auch ihre einzelnen Teile im Zauber verwendet. (So die Augen, das Blut, Schlangeneier, Schlangenfett, der Geifer, ihr Gift, ihre Haut, ihr Herz, Kopf, Horn, Schwanz, Wirbel und Zunge.)

II. Schlange ist Objekt des Zaubers: Das Bannen, Beschwören der Schlange ist alt und weit verbreitet. Seit Einführung des Christentums wird es meist durch kirchlich sanktionierte Mittel ausgeübt . . .

(Das Motiv der) Schlangenverwandlung . . . ist in der Mythologie verschiedener Völker nachweisbar und erscheint auch in der deutschen Sage häufig. In den meisten Fällen ist es eine Jungfrau (oft „weiße Frau"), die in dieser Gestalt ein Vergehen abbüßen muß oder durch Bosheit verzaubert worden ist. Im Venusberg sind es 3 Jungfrauen, die jeden Sonntag als Schlangen erscheinen. Ferner sei an die weiblichen Dämonengestalten (Meerfrauen u. ä.) er-

352

innert, die halb Mensch, halb Schlange sind. Aber auch Männer werden für ihre Untaten in Schlangen verwandelt. Umgekehrt können Schlangen in Drachen verwandelt werden. Verbreitet und alt sind Sagen und Mythen, in denen die Schlange (oft Schlüssel tragend) Schätze hütet oder Schätze weist. Die Vorstellungen einer chthonischen Gottheit und einer verwandelten Jungfrau gehen hier durcheinander.

Der in eine Schlange verwandelte (und in dieser Gestalt schatzhütende) Mensch kann erlöst werden. In weitaus den meisten Fällen ist es eine Jungfrau, die sich oft zuerst in menschlicher Gestalt zeigt und dann in tierischer (Schlange oder sonstiges abstoßendes Tier) durch drei Küsse oder anderer Handlungen zu erlösen ist. Vorherrschend ist das Mißlingen der Erlösung wegen Abscheu. Oft ist der kommende Erlöser der jenige, der in der Wiege liegen wird, die aus einem Baum gefertigt ist, welcher aus einem Fruchtkern aufgewachsen ist, den ein vorbeifliegender Vogel fallen gelassen hat (Erlöser in der Wiege). Die Vorgeschichte der Verwandlung, die Person des Erlösers und die Bedingungen der Erlösung variieren . . .

Schlangenbannsagen sind ebenfalls häufig. Das Bannen konnte durch Geistliche oder Weltliche (Fahrende Schüler, „Fremder", „Zauberer") geschehen . . .

Die Schlange als Teufelstier kommt auch in Sagen vor. In Schlangengestalt verwehrt der *Der Teufel in* Teufel das Fällen der Teufelsbuche. Als große schwarze Schlange badet sich der Teufel *Schlangenge-* in einem Teich, genannt „Teufelsbad". Sennen, die das Beten vergessen haben, werden von *stalt* einer riesigen Schlange bedroht. Das neugeborene Kind eines Trinkers, der es in seinem Rausche „Teufel" genannt hat, wird in eine Schlange verwandelt . . . Als Teufelstier bringt sie Verderben und Tod . . . Selbst Menschen frißt sie auf . . .

Grimm schreibt in seiner „Deutschen Mythologie" (30, Bd. II, S. 569—573) *Die Schlange in* zum Thema „Schlange" in der schon erwähnten Vita Barbati: *der Vita Barbati*
Schlangen scheinen durch die schönheit ihrer form, die gefahr ihres bisses vor andern thieren scheu und ehrfurcht zu gebieten; eine menge sagen erzählt von vertauschung der gestalt zwischen menschen und schlangen: hierin liegt fast untriegliches zeichen des cultus. wesen, die aus menschlicher in thierische bildung übergegangen sind und den umständen nach in jene zurückkehren können, ist das heidenthum heilig zu halten geneigt, es verehrte gütige, wohltätige schlangen, während in der christlichen ansicht der begrif böser und teuflischer schlangen vorwaltet.

Dieselbe vita Barbati, der wir zugleich kunde des langobardischen baumcultus verdanken, meldet von einer schlangenverehrung: his vero diebus quamvis sacra baptismatis unda Langobardi abluerentur, tamen priscum gentilitatis ritum tenentes, sive bestiali mente degebant, bestiae simulachro, quae vulgo vipera nominatur, flectebant colla, quae debite suo debebant flectere creatori . . . praeterea Romuald ejusque sodales, prisco coecati errore, palam se solum deum colere fatebantur, et in abditis viperae simulachrum ad suam perniciem adorabant. Barbatus in des königs abwesenheit ersucht Theodora, Romualds gemahlin, ihm das schlangenbild zu verschaffen. illaque respondit: ‚si hoc perpetravero, pater, veraciter scio me morituram'. er läßt aber nicht ab und bewegt sie endlich; sobald das bild in seinen händen ist, schmelzt er es ein und übergibt die masse goldschmieden, um schüssel und kelch daraus zu fertigen. Aus diesen goldgefäßen wird dem könig nach seiner heimkehr das christliche sacrament gereicht, und Barbatus gesteht ihm, daß das kirchengeräth aus dem eingeschmolznen bild geschmiedet sei. repente unus ex circumstantibus ait: ‚si mea uxor talia perpetrasset, nullo interposito momento abscinderem caput ejus'. Aus der andern vita gehört noch diese stelle hierher: quin etiam viperam auri metallo formatum summi pro magnitudine dei supplici devotione venerari videbantur. unde usque hodie, sicut pro voto arboris votum, ita et locus ille census, devotiones ubi viperae reddebantur, dignoscitur appellari . . . beide wörter votum und census zeugen nicht wenig für die echtheit und das alter der lebensbeschreibung. Hier haben wir nun ein merkwürdiges beispiel eines aus gold geschmiedeten götzenbilds und wiederum das bestreben des bekehrers, den heiligen stof beizubehalten, aber in christliche form umzugestalten. Welches höhere wesen die Langobarden sich unter der schlange vorstellten? ist kaum sicher zu bestimmen, nicht die alles umschlingende weltschlange, den midgardsormr, iörmungandr der nordischen mythologie, denn keine spur verräth, daß dieser im Norden selbst, geschweige anderswo, bildlich dargestellt und verehrt wurde. Ofnir und Svâfnir sind altnordische schlangeneigennamen und Odins beinamen, unter dem summus deus der Langobarden wäre also an Wuotan zu denken? doch die eigenthümlichen verhältnisse ihres schlangencultus entgehn uns gänzlich. Wenn der ausdruck vipera, wie ich nicht zweifle, mit bedacht gewählt ist, kann nur eine kleinere schlangenart (coluber berus, althochdeutsch natara, angelsächsisch nädre, altnordisch nadra, aber gothisch nadrs, altnordisch nadr, auch masculinum) verstanden werden, wiewol das simulacrum, aus dessen gold sich schüssel und kelch schmieden ließen, falls es nicht wuchs, auf bedeutendere größe hinweist.

Die langobardische sage erzählt aber sonst noch von schlangen, und gerade von kleinen. im heldenbuch wird der kampf eines feuerspeienden thierleins am Gartensee (lago di Garda) mit einem löwen und Wolfdieterich, denen beiden es zu schaffen macht, geschildert . . .

Der Heilige Barbatus (um 602–um 683), der unter den Langobardenkönigen Grimoald und Romuald in Benevent lebte, bekämpfte den heidnischen Aberglauben des zwar getauften, jedoch noch weitgehend an seinen alten (heidnischen) Bräuchen hängenden langobardischen Volkes. Seine Lebensbeschreibung findet sich in den Actis sanctorum. Die Aufzeichnung der Sammlung der Acta Sanctorum wurden von dem belgischen Jesuiten Jean Bolland (1596–1665) im Jahr 1643 begonnen und dann nach seinem Tode von Daniel van Papenbroeck (Papebroch, 1628–1714) und den Bollandisten bis auf unsere Zeit (1894) fortgesetzt. Jedenfalls beweist das goldene Abbild einer heiligen, anscheinend im Kult der Langobarden auftretenden Schlange, daß hier, vielleicht durch mediterrane Einflüsse, ein Schlangenkult das im Christentum verteufelte Tier noch als etwas Heiliges betrachtete.

Fassen wir das uns hierüber überlieferte zusammen, so erkennen wir, daß auch im germanischen Sprach- und Kulturraum die Schlange eine positive (gute) und eine negative (böse) Funktion innehaben konnte und sich damit gegenüber anderen europäischen und mediterranen Auffassungen in nichts unterschied.

8.11.5

Die unterschiedlichen Aspekte der Schlangensymbolik

Über das Vorkommen der Schlange als religiöses Motiv gibt es zahlreiche weitere Beispiele und archäologische Funde. Nicht nur in Ägypten ist sie ein Symbol auch der schöpfenden Lebenskraft, eine Quelle, die den Ka verleiht. Sie heißt daher gelegentlich Neheb-Ka'u (= „Verleiher des Ka's). Assyrische Siegelzylinder zeigen Riesenschlangen oder den Kampf gegen eine Schlange, die weitgehend mit einem Drachen identisch ist. In Texten aus Assur wird von einer großen Meeresschlange gesprochen, die im Meer geschaffen wurde.

Im 12. Gesang von Homers Ilias fällt sie als ein Wunderzeichen des Zeus vom Himmel. Im Kampf um Trojas Mauer bemerken die Mannen Hektors ein göttliches Zeichen:

Denn ein Vogel kam ihnen, als eben hinüber sie wollten,
Ein hochfliegender Adler, und ließ zur Linken das Kriegsvolk,
Der in den Fängen ein Untier trug, eine rötliche Schlange,
Die sich lebend noch wand; noch nicht vergaß sie die Abwehr:
Denn sie biß den Haltenden gegen die Brust bei dem Halse,
Sich nach rückwärts biegend, und der, von Schmerzen gepeinigt,
Warf sie nieder zu Boden, sie fiel in die Mitte der Menge.
Doch er selbst entflog mit Geschrei im Wehen des Windes.
Schauder erfaßte die Troer, als sie die schillernde Schlange
Liegen sahn in der Mitte, Zeus' Zeichen, des Halters der Ägis.
(Homer, Ilias, 12. Gesang, Vers 200–209 nach der Übers. v. Hampe)

Nach Zehren ist es die gleiche Schlange, die als Totemtier der ätolischen Ophioneis ihnen den Namen gab, die gleiche, von der die Ophiogener auf Zypern ihre Abstammung ableiteten, und sicherlich auch die gleiche, nach denen sich gnostische Sekten Ophiten nannten oder genannt wurden. Aber auch im germanischen Kulturraum, so z. B. bei den Langobarden, galt (wie erwähnt) die goldene Schlange als ein heiliges Tier. Zehren weiß über die Schlange zu berichten:

In Palästina (Tell Beit Mirsim) entdeckten die Ausgräber eine weibliche Figur mit einer Schlange. Aus syrisch-palästinischen Bodenschichten der Bronzezeit kamen Tonplättchen mit nackten Frauen zum Vorschein, die mit erhobenen Armen nach Schlangen greifen. Auf Kreta fanden sich Fayencefiguren von Frauen im Glockenrock, die zwei Schlangen als Hüftgürtel tragen oder Schlangen in den Händen halten.

Die Schlange erscheint auch in dem heiligen Wallfahrtsort, zu dem die Nabatäer ihre Toten trugen: in Petra, im Tal des Moses, unweit des Roten Meeres. Sie erscheint in einer der ältesten Siedlungen Palästinas, die weitaus älter ist als die Zeit, zu der Moses die Stämme Israels in das Gelobte Land führte: in Beth-Schan. Dort wurde die Schlange Schan heilig *Die Schlange* gehalten. Der gleiche Name erscheint überdies auch in altbabylonischen Keilschrifttexten. *Schan* Als Schlangengott Schachan geht sie bis auf sumerische Zeiten zurück. Hier zeigen sich aber auch noch Verbindungen zu dem fast gleichnamigen Gott-Fisch Chani.

Diese Schlange Schan, Schachan oder Chani weist zugleich den Weg zur Geschichte alter Völkerwanderungen. Denn ihr Name findet sich auch in Amerika . . .

Zwischen Amerika und dem Vorderen Orient findet sich schließlich das Verbindungsstück in der chinesischen Hoang-Ho-Kultur. Ein dort gefundener Menschenkopf ist mit einer Schlange geschmückt . . .

Kehrt man so über Ostasien nach Palästina zurück, so weisen in Beth-Schan zahlreiche ausgegrabene Kultgegenstände auf die Schlange hin, darunter kleine Häuschen aus Ton, aus deren Fenstern die Schlange kriecht. Offensichtlich gehört die Schlangenverehrung zu den ältesten Religionsformen althebräischer und kanaanäischer Volksstämme; und sie ist zweifellos bedeutend älter als Moses. Deshalb ist die Textstelle des Alten Testaments, wonach Moses die Schlange des Heils errichtete, allenfalls ein Beleg für den Wechsel von der israelitischen Stieranbetung zur Schlangenverehrung, kaum aber ein Beweis, daß gerade Moses diesen Kultwandel seines Volkes bewirkt hat. Denn die Schlange muß auch im religiösen

Leben Israels älter sein als das mosaische Gesetz; sie spielt ja schon in der Paradiesgeschichte von Adam und Eva ihre besondere Rolle.

Wo diese Schlange weilt, öffnet sich der Weg zum neuen Leben, zur Auferstehung. So ist es am Himmel, und darin liegt alle Erkenntnis und Offenbarung. Es ist nicht mehr die einfache Lehre vom Monde, der stirbt und nach drei Tagen wieder aufersteht, sondern es ist eine gehobene, mit Geheimnissen umgebene Lehre, die sieht und erkennt, daß gerade die sterbende Schlange, die Todesschlange, zur Auferstehung verhilft — allen Sternen, die da sterben.

Deshalb spricht die Schlange in der Paradiesgeschichte des Alten Testaments zu Eva: „Ihr werdet mitnichten des Todes sterben (Gen. 3, 4). Und deshalb nahm sich ein Menschenalter vor dem Auftreten des christlichen Heilands die ägyptische Königin der Könige Kleopatra, das Leben, indem sie sich durch eine Giftschlange beißen ließ. Nach dem Glauben der Ägypter verlieh ihr jener Schlangenbiß die Unsterblichkeit ...

8.11.5.1
Die Seraphim

Zwei Schlangen treten in der jüngeren Theologie des Volkes Israel als Seraphim auf. Die Bezeichnung geht auf das hebräische Saraph — „Leuchtende Schlange" — zurück und drückt die Mehrzahl aus. Der Prophet Jesaias beschreibt die beiden Seraphim als eine Art Engel, die den Thron Gottes umstehen. Offensichtlich denkt Jesaias an zwei Seraphim (Is. 6, 2). Sie nahmen in der israelitischen Glaubenslehre der letzten Jahrhunderte v. Chr. nicht mehr den Rang der höchsten Gottheit ein, aber immer noch die höchste Stufe in der Rangordnung der Engel ... (43, S. 81–83, gekürzt)

Es gehört zu den Rätseln der Geschichte, daß die gleichen heiligen Tiere und Symbole, die in Ägypten und bei den Sumerern am Persischen Golf schon in der frühgeschichtlichen Zeit erscheinen — Schiff, Stier und Schlange — miteinander vereint auch im Norden Europas zu sehen sind ... Bei den Sumerern hängen Schlange und Stier genauso mit der Sonne zusammen, wie die vielen Schlangen, die sich in Ägypten um die Sonnenscheibe ringeln, an ihr emporkriechen oder mit dem Kopf unter der Sonnenscheibe hervorzüngeln ... Endlich besagt der germanische Mythos, daß sich der Himmelsgott Odin in Schlangen verwandeln könne. Die Namen der beiden Schlangen, Ofnir und Wafnis, gehören zu Odins Beinamen ...

Wenn man unterstellt, daß sich die Schlange aus einer undurchschaubaren und langen Entwicklung heraus allmählich zum Symbol des Todes — des sterbenden und erlöschenden Mondes nämlich — ausbildete und auch dergestalt in einem wesentlichen Gegensatz zu dem jungen Stier stand, der das Zeichen des Lebens, des neuen Mondlichtes, vertrat, dann ergibt sich zweifellos bald eine ungewöhnliche und verwunderliche Entdeckung am Himmel.

Es ist so gut wie sicher, daß diese erstaunliche Entdeckung zu der Auffassung führte — ja führen mußte —, daß aus jedem Tod neues Leben entsteht; und daß es gerade die giftige und sterbende Mondschlange ist, die zum neuen Leben verhilft. Gerade ihr Tod am Himmel brachte das neue Leben.

Wir wissen nicht mehr, welche große Verwirrung diese Entdeckung in der Theologie der Menschen angerichtet hat. Sie muß vor allem ernste Reformationen hervorgerufen haben.

Das Alte Testament kennt diese Reformation, wenn auch zu bezweifeln ist, daß sie erst zur Zeit des Moses — also im 13./12. Jahrhundert v. Chr. — entstanden sein soll. Die Bibel berichtet jedenfalls, daß Moses aus der feurigen Schlange, die zum Tode führte, auf Geheiß seines Gottes eine Schlange des Lebens und der Rettung schuf: „Die Israeliten brachen vom Berg Hor auf und schlugen die Richtung zum Schilfmeer ein, um Edom zu umgehen. Unterwegs aber verlor das Volk den Mut, es lehnte sich gegen Gott und Mose auf und sagte: Warum habt ihr uns aus Ägypten herausgeführt? Etwa damit wir in der Wüste sterben? Es gibt weder Brot noch Wasser. Dieser elenden Nahrung sind wir überdrüssig. Da schickte der Herr Giftschlangen unter das Volk. Sie bissen die Menschen, und viele Israeliten starben. Die Leute kamen zu Mose und sagten: Wir haben gesündigt, denn wir haben uns gegen den Herrn und gegen dich aufgelehnt. Bete zum Herrn, daß er uns von den Schlangen befreit! Da betete Moses für das Volk. Der Herr antwortete Mose: Mach dir eine Schlange und hänge sie an einer Signalstange auf! Jeder, der gebissen wird, wird am Leben bleiben, wenn er sie ansieht. Mose machte also eine Schlange aus Kupfer und hängte sie an einer Signalstange auf. Wenn nun jemand von einer Schlange gebissen wurde und er zu der Kupferschlange aufblickte, so blieb er am Leben." (A. T., Numeri, 21, 4—9)

Moses errichtete die heilbringende Schlange nicht deshalb, weil er — wie die Ägypter — schon wußte, daß sich die scheinbar sterbende Schlange im Jenseits der drei Tage nur häutet, um danach als junge Schlange wieder am Himmel zu erscheinen — Moses besaß vielmehr einen viel triftigeren Grund. Es war derselbe Grund, der die Babylonier veranlaßte, ihren Schlangengott Siru zu einem Gott des Lebens und der Fruchtbarkeit zu gestalten.

Um den Beweggrund des Moses zu begreifen, muß etwas vorweggenommen werden, das in der schwierigen und doch so einfachen Geschichte des Himmels eine so entscheidende Rolle spielte, um die sterbende Schlange zu einer Auferstehungsgottheit umzuformen. Das war die Wahrnehmung, daß gerade die sterbende Schlange immer dann in der Nähe eines großen Sternes oder eines Sternbildes stand, wenn jener Stern oder jenes Sternbild zum erstenmal im Jahr aus dem Sonnenlicht heraustrat und am Himmel sichtbar wurde. In der Morgenfrühe, kurz vor Sonnenaufgang.

Nur die Schlange des Todes fand sich bei den Sternen ein, die so ihren heliakischen Frühaufgang erlebten. Wenn diese Sterne — nahe der Götterbahn, die auch die Bahn des Mondes war — am Himmel erschienen und damit gleichsam ihre Auferstehung und ihren Geburtstag feierten, dann war es allein die Todesschlange, die bei ihnen zu sehen war. Niemals war es der junge Stier oder das „Kalb"! Dies war das Mysterium. Es erklärt sich heute

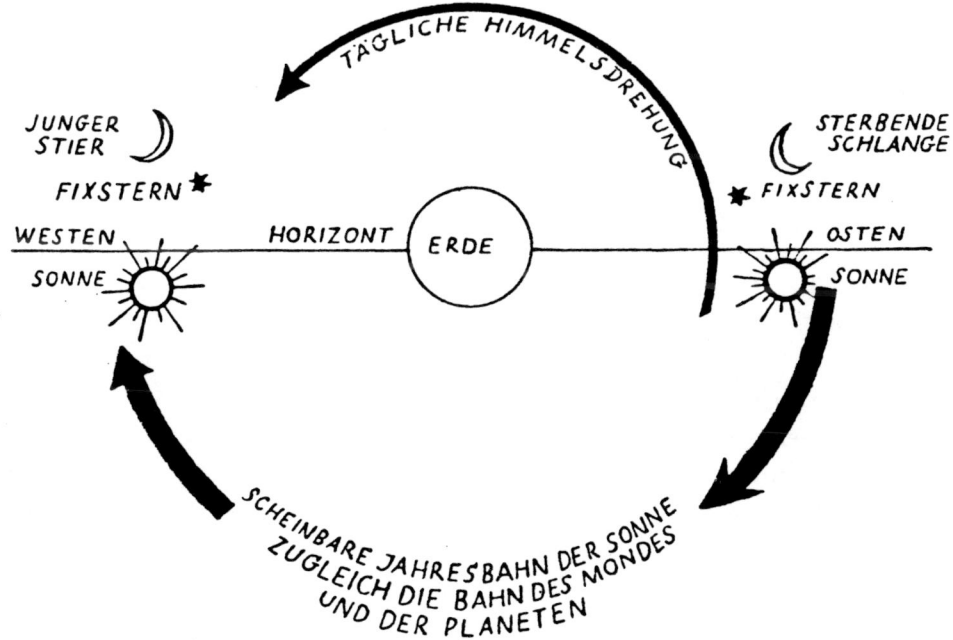

Der heliakische Aufgang eines Fixsternes im Zusammenhang mit der sterbenden Schlange
(aus: Zehren, Das Testament der Sterne, S. 78)

aus einem einfachen Gesetz. Wenn nämlich der Mond sich als schnellster Wandler des Himmels der Sonne nähert, zeigt er stets die abnehmende Sichel. Zu dieser Zeit ist die Sonne bereits an den Fixsternen vorübergezogen, die vorher einige Wochen lang in ihrem Lichte verschwunden waren. Nun treten sie wieder aus dem Sonnenlicht heraus und gehen im Osten vor der Sonne auf. Der Mond hingegen eilt erst auf die Sonne zu. Er liegt im Sterben, wenn die Sterne auferstehen.

Das war das Geheimnis eines Himmels ohne Beispiel. Der sterbende Mond bietet die sichere Gewähr für die Auferstehung aller Sterne; das eine ist unabdingbar mit dem anderen verbunden. Es ist nicht das einfache Stirb und Werde. Es ist mehr. Es ist das untrügliche Gesetz des Himmels, daß aus dem Tod des einen das Leben des anderen entsteht. Deshalb verwandelte sich die Schlange des Todes, die alle Lebenden beißt, so daß sie sterben müssen, zu einer Schlange des Heils und des Lebens. Und damit, so ist zu vermuten, wurden es zwei Schlangen ... Die beiden Schlangen erschienen am Nil schon in der Frühzeit des 4./3. Jahrtausends v. Chr. (43, S. 76–80, gekürzt)

8.11.5.2
Der „gute"
und „böse"
Aspekt der
Schlange

Zehren unterscheidet hier deutlich zwei Schlangen voneinander: die „alte" chthonische Schlange, die fast ausschließlich einen „bösen" Charakter besitzt, und die „junge" Schlange, die vornehmlich als ein Auferstehungssymbol imponiert. Die Schlange als ein uralter Tierdämon hat sicherlich im Laufe seiner jahrtausendealten Geschichte verschiedene Aspekte besessen, gute wie böse. Roskoff meint hierzu:

Die Schlange, deren Gestalt der parsische Angramainju annimmt, die im hebräischen Sündenfall später die Bedeutung des bösen Prinzips gewinnt, ist auch im Iran zu finden, wo der „Böses Sinnende" die Schlange Dahaka, der Verderbliche, geschaffen hat, um die Reinheit in der bestehenden Welt zu vernichten ... In Ägypten droht die böse Schlange Apep als Dunkelheit die Sonne zu verschlingen; in Indien kämpft der Sonnengott Krishna mit dem Drachen, überwindet ihn und zertritt ihm den Kopf ... (19, S. 194)

8.11.6
Die ursprünglich
schlangenge-
staltigen
Dämonen und
Halbgötter

Die Schlange ist in den alten indo-arischen Kulturen als Todes- oder Sündensymbol nicht nur mit dem persischen Ahriman, sondern auch mit dem indischen Feuergott Ahi, mit dem altnordischen Loki und den griechischen Titanen, wie mit dem Eosphoros/Luzifer/Satan verbunden.

Erechthonios
und Asklepios

Im Gegensatz zu der — älteren oder vielleicht auch jüngeren (?) Bedeutung — der „boshaften" Schlange finden wir im griechischen Mythos den schlangengestaltigen Erechthonios mit dem Heilsgott Asklepios verbunden. Selbst Zeus erscheint in seinen Metamorphosen nicht nur als Stier, sondern auch als Schlange. Als Zeus Meilichios ist er in Schlangengestalt auf attischen Grabmälern abgebildet. Hier erscheint die Schlange als der verheißungsvolle Aspekt des Gottes der Auferstehung. Beide, Erechthonios (oder Erichthonios) und Asklepios, sind göttliche Wesen oder Dämonen einer alten vorhellenischen Welt, die wir unter dem Begriff der „Kinder des Meeres" zusammenfassen können. Wie wir sahen, waren die „Kinder des Meeres" (8. 10. 3. 1) ebenfalls weitgehend schlangengestaltige Wesen, die als Abkömmlinge archaischer Meeresgötter, wie Okeanos, Pontos, Poseidon und ihrer Synonyme zu gelten haben. Auch sie gehören wie die Götter und Dämonen der Unterwelt zu den verdrängten, ursprünglich göttlichen und dämonischen Wesen aus prähistorischer Zeit. Schon ihre Tiergestalt oder ihre halb menschliche, halb schlangenhafte oder fischförmige Gestalt bezeugen ihre uralte Herkunft.

Der Schlangendämon Erechthonios (oder Erichthonios), im Mythos ge- *8.11.6.1* legentlich zu einer Gestalt mit dem gleichnamigen König von Dardanos ver- *Erechthonios* schmolzen, wurde unter sehr eigenartigen Umständen geboren. Als einst der Feuer- und Schmiedegott Hephaistos die Göttin Athene vergewaltigen wollte, kam es durch die heftige Gegenwehr der Athene zu einer Ejaculatio präcox, also zu einem vorzeitigen Samenerguß des Hephaistos auf die Schenkel der Göttin. Diese wischte sich den Samen mit einer Handvoll Wolle ab und warf das Knäuel voller Ekel auf den Boden. Er fiel in der Nähe von Athen hinunter und befruchtete dort die Mutter Erde Ge oder Gaia, die hier gerade zu Besuch war. Da die Erdgöttin von einer derartigen Mutterschaft wenig erbaut war, überließ sie die Aufzucht des halb menschen- und halb schlangengestaltigen Erichthonios der Athene. Diese wiederum versteckte das Kind in einem heiligen Korb zu seinem Schutz und übergab den Korb der Aglauros, der ältesten Tochter des Königs Kekrops von Athen, mit dem Auftrag, ihn sorgsam zu bewachen.

König Kekrops, ein Sohn der Mutter Erde, ebenfalls teils Mensch, teils *Kekrops und* Schlange, der in einigen Mythen auch als Vater des Erichthonios gilt, hatte *sein Geschlecht* Agraulos, eine Tochter des ersten Königs von Attika, Aktaios, geheiratet. *Agraulos* Kekrops und Agraulos hatten drei Töchter: Aglauros, Herse und Pandrosos. *Herse und* Eines Tages bestach Hermes Aglauros, ihm Eintritt in das Haus zu ihrer Schwester *Pandrosos* Herse zu verschaffen, da er in Liebe zu ihr entbrannt war. Aglauros nahm zwar das Gold des Hermes, erfüllte ihm aber seinen Wunsch nicht. Der erzürnte und betrogene Hermes drang schließlich mit Gewalt in das Haus ein und verwandelte Aglauros in einen Stein, nachdem er sie vergewaltigt hatte. Die Frucht dieser Vereinigung waren Kephalos, der spätere Geliebte des Eos, und Keryx, der erste *Kephalos* Herold der Eleusinischen Mysterien. Das Körbchen mit dem Erichthonios, das Aglauros gehütet hatte, machte ihre Mutter und ihre Schwester so neugierig, daß sie hineinschauten. Als sie das Kind mit dem Schlangenleib sahen, schrien sie vor Angst auf und sprangen, voran die Mutter Agraulos, von der Akropolis. Der Kommentar von Ranke-Graves:

Erichthonios ist möglicherweise eine erweiterte Form von Erechtheus. Die Athener stellten ihn als Schlange mit einem Menschenkopf dar, weil er der Heros oder der Geist des geopferten Königs war, der die Wünsche der Alten Frau (Athene) aussprach. In ihrer Gestalt als Altes Weib war Athene von einer Eule und einer Krähe umgeben. Die alten königlichen Familien Athens behaupteten, von Erichthonios und Erechtheus abzustammen und nannten sich Erechtheiden. Sie pflegten goldene Schlangen als Amulette zu tragen und hielten heilige Schlangen im Erechtheion. (14, Bd. 1, S. 86—87, im Auszug)

Athene hatte, nachdem sie das Unglück vom Tode der Angehörigen des Kekrops erfahren hatte, Erichthonios zu sich genommen und aufgezogen. Die weiße Krähe, die ihr die Unglücksbotschaft überbrachte, verwandelte sie in eine schwarze und verbot allen Krähen, sich jemals der Akropolis zu nähern. Erichthonios wurde König von Athen und führte dort die Anbetung der Athene ein. Sein Bild wurde als Sternbild Auriga unter die Sterne gesetzt.

Nässender Tau,
Ausfluß der
Mondgöttin

„Agraulos" war ein weiterer Name der Mondgöttin; agraulos und dessen Transliteration aglauros bedeuten fast das gleiche. Agraulos ist ein homerisches Epithet für Schafhirt, und aglauros (wie herse und pandrosos) bezieht sich auf den Mond als die vermeintliche Quelle des Taus, der die Weiden netzte. Die Mädchen Athens gingen zur Zeit der Sommersonnenwende bei Vollmond hinaus, um den Tau zu sammeln — derselbe Brauch hielt sich auch in England bis in das letzte Jahrhundert. Das Fest wurde Hersephoria oder „Tau-Sammeln" genannt. Agraulos oder Agraule war in der Tat ein Beiname der Athene selbst, und es heißt, daß der Agraule auf Kypros noch in späten Zeiten Menschenopfer dargebracht wurden (Porphyrios, „Über den Vegetarianismus" 30). Ein goldener Ring aus Mykene zeigt drei Priesterinnen auf dem Gang zum Tempel; die beiden ersten verschütten Tau, der dritten (wahrscheinlich Agraulos) ist ein Zweig an den Ellenbogen gebunden. Wahrscheinlich hat diese Zeremonie ihren Ursprung in Kreta. Die Verführung Herses durch Hermes, für welche er Aglauros mit Gold bestochen hatte, muß sich auf die religiöse Prostitution der Priesterinnen vor dem Bild der versteinerten Göttin Aglauros beziehen. Die heiligen Körbe, die bei diesen Gelegenheiten getragen wurden, enthielten phallische Schlangen und ähnliche Fruchtbarkeitssymbole. Religiöse Prostitution wurde von den Anhängerinnen der Mondgöttin in Kreta, Kypros, Syrien, Kleinasien und Palästina ausgeübt. (14, Bd. 1, S. 87)

Erechtheus-
Erechthonios

Zur Gruppe der Schlangengottheiten gehört auch Erechtheus, den Ranke-Graves mit Erechthonios identifiziert. Der Mythos weiß über ihn zu berichten, daß der König von Athen, Erechtheus, mit seiner Gemahlin Praxithea vier Söhne und sieben Töchter hatte. Einer von seinen Söhnen, Kekrops, den wir oben schon kennenlernten, wurde sein Nachfolger.

Boreas und
Oreithyia

Seine Tochter Oreithyia war mit Boreas, dem Nordwind, verheiratet, der, wie wir eingangs sahen, wiederum mit dem Schlangengott Ophion identisch war. Boreas, der Sohn des Astraios und der Eos, die wir im Zusammenhang mit dem Mythos des „Lichtbringers" Eosphoros kennenlernten (8. 6. 1), hatte Oreithyia, als sie eines Tages am Ufer des Flusses Ilissos tanzte, zu einem Felsen in der Nähe des Flusses Ergines entführt und sie, eingehüllt in einen Mantel dunkler Wolken, vergewaltigt. Boreas, der Oreithyia liebte, hatte schon mehrfach um ihre Hand bei Erechtheus angehalten. Nach einer anderen Version trug Oreithyia einst einen Korb in der jährlichen Prozession bei den Thesmophorien, einem orgiastischen Fest und Fruchtbarkeitskult, bei dem sich die Priesterinnen öffentlich prostituierten, um die Kornfelder zu befruchten. Bei dem Zug von der Akropolis zum Tempel der Athene Polias habe Boreas sie unter seinen braunen Flügeln verborgen und sie ungesehen von der Menge fortgetragen. Er nahm sie mit zur Stadt der thrakischen Kikonen, wo sie seine Gemahlin wurde und ihm die Zwillingssöhne Kalais und Zetes gebar. Beiden wuchsen Flügel, als sie Männer wurden.

Boreas besaß statt der Füße Schlangenschwänze. Er bewohnte eine Höhle auf dem Berge Haimos, in dessen sieben Schluchten die Pferde des Ares standen. Einst verwandelte sich Boreas in einen dunkelmähnigen Hengst und deckte zwölf der dreitausend Mähren, die dem Erichthonios gehörten. Zwölf Fohlen entsprangen dieser Paarung.

Poseidon liebte wiederum eine Tochter Oreithyias und Boreas', die Chione. *Eumolpos* Mit ihr zeugte er den Eumolpos, den Chione ins Meer warf, um ihren Vater Boreas nicht zu erzürnen. Doch Poseidon beschützte seinen Sohn Eumolpos und warf ihn zurück ans Ufer der Küste Äthiopiens. Nach mehreren Liebes- abenteuern gelangte dieser nach Eleusis. Hier bereute er seinen bisherigen un- soliden Lebenswandel und wurde ein Priester der Mysterien Demeters und Persephones. Er weihte u. a. Herakles in die Mysterien ein. Die Töchter des Keleus standen ihm in Eleusis als Priesterinnen zur Seite. Vom König Tegyrios erbte er den Thron Thrakiens. Im Krieg zwischen Athen und Eleusis zog Eumolpos als thrakischer König Eleusis zu Hilfe. Im Namen seines Vaters Poseidon beanspruchte er auch den Thron Attikas. Als König Erechtheus von Athen das Orakel befragte, wurde ihm aufgetragen, seine jüngste Tochter Otionia der Athene zu opfern, wenn er auf einen Sieg hoffen wolle. Otionia ließ sich ohne Widerspruch zum Altar führen. Ihre beiden ältesten Schwestern, Protogonia und Pandora, töteten sich selber, da jede einst gelobt hatte, der anderen in den Tod zu folgen, wenn eine von ihnen durch Gewalt sterben müßte. Im nachfolgenden Kampf besiegten die Athener die Thraker und Eleuser. Erechtheus tötete den fliehenden Eumolpos, der (als Sohn seiner Enkelin Chione) ein Blutsverwandter war. Poseidon als Vater des Eumolpos konnte seinen Bruder Zeus veranlassen, den frevelnden Erechtheus durch seinen Blitz zu töten. Nach einer anderen Version hat ihn Poseidon selbst mit seinem Dreizack getötet, worauf die Erde sich öffnete, um ihn aufzunehmen.

Die Sage von Erechtheus und Eumolpos bezieht sich auf die Unterwerfung von Eleusis durch Athen und auf den thrako-libyschen Ursprung der Eleusinischen Mysterien. Auch der athe- nische Kult der orgiastischen Bienennymphe des Hochsommers spielt hier eine Rolle, da Butes, (der Zwillingsbruder des Erechtheus) im griechischen Mythos mit dem Bienenkult auf dem Berge Eryx verbunden ist. Sein Zwillingsbruder Erechtheus („der, der über die Heide eilt") ist der Gatte der „arbeitsamen Göttin", der Königin-Biene. Der Name des König Tegyrios von Thrakien, dessen Königreich der Enkel des Erechtheus erbte, läßt auf eine weitere Verbindung mit Bienen schließen: Er bedeutet „der Bedecker des Bienen- stockes". Athen war wegen seines Honigs berühmt.

Die drei edlen Töchter des Erechtheus wie die drei Töchter seines Vorfahren Kekrops sind die pelagische Dreifaltige Göttin, der bei feierlichen Anlässen Getränkeopfer darge- bracht werden: Otionia („mit den Ohrschützern") wurde als ein Opfer für Athene gewählt, da sie offensichtlich die Eulengöttin Athene selbst war, Protogonia war die Schöpferin Erynome und Pandora die Erdgöttin Rhea. Beim Übergang vom Matriarchat zum Patriarchat wurde wahrscheinlich manche der Priesterinnen Athenes Poseidon geopfert. (14, Bd. 1, S. 151)

Boreas, der Nordwind mit dem Schlangenschwanz, war ein anderer Name für den Welt- schöpfer Ophion, der mit Eurynome oder Oreithyia, der Göttin der Schöpfung tanzte und sie schwängerte. Aber was Ophion für Eurynome war oder Boreas für Oreithyia, das war Erechtheus für die ursprüngliche Athene; Athene Polias („von der Stadt"), für die Oreithyia tanzte, könnte Athene Pölias gewesen sein — Athene, das „Fohlen". Sie war die Göttin des einheimischen Pferdekultes und Geliebte des Boreas-Erechtheus, der durch sie mit den Athenern verwandt wurde. Es scheint, daß der Boreaskult seinen Ursprung in Libyen hatte. Man muß bedenken, daß Hermes sich in Oreithyias Vorgängerin Herse, während sie einen heiligen Korb in einer ähnlichen Prozession zur Akropolis trug, verliebt hatte und sie vergewaltigte, ohne den Ärger der Athene auf sich zu lenken. Die Thesmophoriai scheinen einst ein orgiastisches Fest gewesen zu sein, bei dem Priesterinnen sich öffentlich prostituierten . . .

Boreas stürmt im Winter vom Berge Haimos und vom Strymon. Wenn die Frühlingsblumen kommen, scheint das ganze Land Attika schwanger zu sein. Aber das er nicht rückwärts blasen kann, spiegelt die Mythe von der Vergewaltigung Oreithyias die Ausbreitung des Nordwindkultes von Athen nach Thrakien wider. Von Thrakien, oder geradewegs von Athen, kam er zur Troas, wo der Besitzer der dreitausend Mähren, Erichthonios, ein Synonym für Erechtheus, war. Die zwölf Fohlen zogen die drei vierspännigen Wagen der jährlichen Triade: Frühling, Sommer und Herbst. Der Berg Haimos war das Jagdgebiet des Ungeheuers Typhon (14, Bd. 1, S. 152–153, gekürzt)

8.11.6.2

Asklepios

Als ein weiterer prähellenischer Schlangengott hat Asklepios zu gelten. Er war der Sohn der Koronis, Tochter des Königs der Lapithen, Phlegyas, und ihres Geliebten Apollon. Nach der wörtlichen oder bildlichen Überlieferung besaß Asklepios entweder einen Schlangenleib oder er stand in engen Beziehungen zu Schlangensymbolen.

Es gibt zwei Versionen seiner Geburt: Während Koronis bereits durch ihren Liebhaber, den göttlichen Apoll, geschwängert ward, liebte sie leidenschaftlich auch Ischys, den arkadischen Sohn des Elatos. Als sie ihn mit ins Bett nahm, konnte eine von Apoll mit der Bewachung der Koronis beauftragte weiße Krähe nicht schnell genug ihren Herrn warnen. Als nun Apoll vorzeitig von Delphi zurückkam und die beiden in flagranti überraschte, verfluchte er die weiße Krähe, da sie dem Ischys nicht die Augen ausgehackt hatte. Ihr Gefieder färbte er schwarz. Aus diesem Grunde sind auch alle ihre Nachkommen schwarz. Koronis tötete er, indem er die Pfeile seines ganzen Köchers auf sie abschoß. Trotz der anschließenden Selbstvorwürfe konnte Apoll Koronis nicht wieder ins Leben zurückrufen. Ihre Seele stieg in den Tartaros hinab, während ihr Körper auf einen Begräbnisscheiterhaufen gelegt wurde. Das Feuer war bereits angezündet, als sich Apoll plötzlich besann, daß sein mit Koronis gezeugtes Kind noch im Mutterleib sei. Er bat Hermes, das noch lebende Kind im Lichte der aufzüngelnden Flammen aus dem Schoße seiner toten Mutter zu befreien. Nach dem geglückten Einsatz des Hermes als Geburtshelfer wurde das gerettete Kind, ein Knabe, der den Namen Asklepios erhielt, in der Höhle des Kentauren Cheiron aufgezogen. Es erlernte die Wissenschaft der Medizin und die Jagdkünste. Ischys wurde nach dem Mythos entweder von Zeus durch einen Blitz oder durch Apoll getötet.

Es gibt eine zweite Version über die Geburt des Asklepios im epidaurischen Mythos. Danach lebte Phlegyas, der Vater der Koronis, der eine Stadt gleichen Namens gegründet hatte, von Raubzügen in der Nachbarschaft. Eines Tages kam er nach Epidauros. Seine Tochter zog mit ihm. Ohne ihr Wissen wurde sie von Apoll geschwängert. Im Schrein des Apoll zu Epidauros gebar Koronis mit Hilfe der Artemis einen Knaben, den sie auf dem Berge Titthion aussetzte. Dieser Berg war durch seine Heilpflanzen berühmt. Aresthanas, ein Ziegenhirt, vermißte eines Tages seinen Hirtenhund und suchte ihn. Er fand die Hündin, die eben das ausgesetzte Kind säugte. Als er das Kind aufheben wollte, erschien über ihm ein helles Licht, das ihn davon abhielt. Um kein göttliches Geheimnis zu verletzen, wandte er sich ab und überließ so den Knaben dem Schutze seines Vaters Apoll.

Karl Kerényi hat den Hintergrund des Geburtsmythos des Asklepios in seiner „Studie über Asklepios und seine Kultstätte" unter dem Titel „Der göttliche Arzt" meisterhaft geschildert:

Der Fluß, der den Geburtsort des Gottes in einem Halbkreis von Westen, Süden und zum Teil auch von Osten her umgrenzt, trägt den Namen des unterweltlichen Flusses der Vergessenheit und der Geborgenheit — der „Lethe": ein deutlicher Hinweis auf den mythologischen Sinn des Ortes. Genau übersetzt bedeutet Lethe die Verborgenheit und Abgeschiedenheit. Der „Lethaios" — der „zur Lethe gehörende Fluß" — scheidet den Geburtsort des Asklepios wie etwas „Jenseitiges" vom übrigen Thessalien ab, dessen größte Ebene sich vor der Akropolis von Trikka wie eine besondere, von hohen Bergen umgebene Welt erstreckt. Nach Osten aber, wo der neugeborene Gott von seinem Geburtsort hinschaute, lag nicht nur die Gegend des Sonnenaufganges, in dem er das Bild seiner eigenen Geburt wiedererkennen mochte, sondern auch der Schauplatz seiner Erzeugung und ihrer mythologisch bedeutsamen Geschichte.

Die Sonne ging für den Bewohner von Trikka über einer Gebirgslandschaft auf, welche die kleine thessalische Ebene mit dem Boibeis-See wie eine Welt umfing und nach Westen hin abschloß. An diesem, von Trikka aus unsichtbar-jenseitigen See, den die West- und Nordseite des gewaltigen Pelion überragt, fanden die unaussprechlichen Ereignisse statt, die der Geburt des Asklepios vorausgingen; ja vielleicht auch seine Geburt selbst, wie man den urtümlichen, in der Literatur aus religiöser Scheu nur selten und mit Zurückhaltung vorgetragenen Erzählungen entnehmen kann. Die epidaurische Version kennen wir aus dem Paian des Isyllos, der unmißverständlich zu verstehen gibt, daß der eigentliche Name der Mutter des Asklepios nicht auszusprechen sei. Die beiden dichterischen Bearbeitungen der thessalischen Geburtsgeschichte, die hesiodische, von der nur Bruchstücke erhalten sind, und die im dritten pythischen Liede Pindars, übertragen die Sprache der ältesten Mythologie in die einer neueren Heldensage. Es gibt daneben Überlieferungen, die sich an diese thessalische Landschaft knüpfen und die Ursprünglicheres, vor Homer, Hesiod und der Heldensage Liegendes verraten.

Der Boibeis-See ist, wenn man den Namen genau übersetzt, sowohl der See von Boibe als auch der See der Boibe. Denn die Stadt Boibe an seinem Ufer trägt in Dialektform den Namen jener Göttin, die in Griechenland sonst Phoibe heißt. Diese herrschte also über den Gewässern der sumpfigen Ecke an den nach Norden und Westen gewandten Abhängen des Pelion. Wenn man freilich den Mythologen fragt, wer die Göttin Phoibe für die Griechen

Die Mondgöttin Phoibe

war, so kann er vorerst nur zwei Hinweise geben. Im hesiodischen Stammbaum, der für die klassische griechische Religion maßgebend war, stand als Gründer der apollinischen Linie obenan der Titan Koios: sein Enkel war Apollon mit Beinamen Phoibos. Auf der weiblichen Seite stand die Titanin Phoibe, die Frau des Koios, an erster Stelle. Sie ist also die Ahnin, deren Name in der Familie der Asklepiaden von Kos auch als Frauenname wiederkehrt. Eine Claudia Phoibe ist aus der Zeit des Kaisers Claudius bezeugt ... Der zweite Hinweis ist bei den römischen Dichtern zu finden, die den Mond griechisch Phoibe nennen.

Von dieser Urahnin der Asklepiaden, der Mondgöttin Phoibe, kann hier nur das Notwendigste erzählt werden. Auf sie bezieht sich vor allem jene urweltliche Liebesgeschichte, die sich am Boibeis-See ereignet haben soll: die Vereinigung einer Urgöttin, der ersten Frau auf der Welt, mit einem der Männlichkeit darstellenden Gott, den die Mythographen wegen seiner betont phallischen Gestaltung auch Hermes — gleichsam die Ur-Herme, das urtümlich phallische Idol — nennen. Es wurden auch der Göttin verschiedene Namen oder Beinamen gegeben, aber nur solche von Gottheiten, die im Altertum mit dem Mond gleichgesetzt oder ihm zugeordnet wurden, wie die Unterweltsgöttin Persephone oder Artemis, die Diana der Römer.

Die Göttin vom Boibeis-See wird auch Brimo genannt, wie die Große Göttin der nahen thessalischen Stadt Pherai, die nordgriechische Erscheinungsform der Mysteriengöttin Persephone, die darum besonders viele Namen hat, weil der eigentliche nicht ausgesprochen werden durfte: sie ist die „Nicht-zu-Nennende". In den Mysterien von Eleusis, wo die Ge-
Brimo burt eines göttlichen Kindes gefeiert wurde, verkündete der Priester dieses Ereignis mit den Worten: „Die Königin hat ein heiliges Kind geboren, die Brimo den Brimos." Und unser Gewährsmann setzt noch hinzu, dies bedeute soviel als „die Starke einen Starken." „Brimo" und „Brimos" sind nämlich nicht gemein-griechische Wörter, sondern sie gehören zur Sprache der thessalischen Landschaft, wie Boibe hier die gemein-griechische Form Phoibe vertritt.

Der Name des urweltlichen Liebhabers am Boibeis-See erscheint in den klassisch-griechischen und lateinischen Quellen gleichfalls übersetzt. Lateinisch heißt er „Valens", der „Starke", griechisch Ischys ein Wort, das sich nur in der Betonung vom gemein-griechischen Ausdruck für „Stärke" unterscheidet. Dieser die Urmännlichkeit darstellende Gott, der „Hermes" oder „der Starke", zeugte mit dem göttlichen Urweib, der Mondgöttin Phoibe oder Brimo, „der Starken", jenes Kind, das in Eleusis als „Brimos", „der Starke", angerufen wurde. Von diesem Knaben erzählte man in Thessalien, er sei der Sohn der Koronis, der in Trikka verehrte Asklepios. Denn so sind echte, nicht erst für die Literatur erfundene mythologische Erzählungen. Sie variieren dasselbe Thema unter verschiedenen Namen und Gestalten: hier das Thema der Geburt eines göttlichen Kindes, welches — zuerst dunkel und dann aufleuchtend — der Vereinigung der Mondgöttin mit einem in der Dunkelheit wirkenden starken Gott entstammt.

Die verschiedenen Namen, welche die Göttin erhält, beziehen sich zum Teil auf die verschiedenen Phasen des Mondes. Diese Phasen treten als schwesterliche Gestalten in der Mythologie nebeneinander auf. Ihre Zahl ist meistens drei und ihre Namen bedeuten den sich aus der Dunkelheit erhebenden und wachsenden Mond, dann den Mond zwischen den zwei „Halbmonden", endlich die Phase, in der er wiederum sichelförmig wird und verschwindet. So ist es verständlich, wenn in Messenien, wohin der Geburtsmythos des Asklepios aus Thessalien gelangte, die Mutter Arsinoe heißt, von ihren beiden Schwestern die eine Hilaeira, „die Gnädige", ein Beiwort des milden Vollmondes, die andere Phoibe. Im ersten Glied des Namens Arsi-noe wird die Erhebung aus der Dunkelheit angedeutet und dadurch auch die Zeit der Erzeugung des Asklepios angegeben: eine dunkle Neumondzeit. Und das erklärt auch, weshalb die Mutter des Asklepios, nach dem Zeugnis des Isyllos, Aigle, „die Lichte", benannt werden kann und dennoch in ihrer Eigenschaft als Geliebte des Apollon unter dem Namen der „Krähenjungfrau", der dunklen Schönheit Koronis, bekannt ist.

Man bedenke, daß diese Namen hier nicht durch gewaltsame Etymologien umgedeutet wurden, sondern in ihrer Grundbedeutung schon durchsichtig sind. Die dem Hesiod zugeschriebene epische Dichtung von der Liebe der Heroine Koronis und des Apollon erzählte sogar, die Krähe sei früher weiß gewesen und erst infolge dieser Liebesgeschichte schwarz geworden. Diese nicht nur in Griechenland verbreitete Tierfabel ist eine mythologische Ausdrucksform für die Verdunkelung des Mondes. Die Begründung, die weiße Krähe sei von Apollon verwandelt worden, weil sie die Nachricht von der Untreue der Koronis gebracht habe, trat nachträglich zum ursprünglichen mythologischen Bestand dieser Erzählung. Zu diesem gehörte die Tiergestalt der Geliebten, der Vogel, der in veränderter Rolle neben der Mädchengestalt erhalten blieb. Bald hell, bald dunkel ist die Mondgöttin, und dunkel war sie in der Vereinigung mit ihrem nächtlichen Liebhaber, dem Vater des Asklepios. Von diesem geben die dichterischen Versionen des Mythos mehr Einzelheiten. Für die Heldensage, in welche die epischen Dichter den mythologischen Stoff verwandeln, ist es freilich schwer, denselben Heros bald in tierischer, bald in menschlicher, bald in einer finsteren, bald in einer hellen Form erscheinen zu lassen. Die Göttin als Heroine muß ihrem lichten Geliebten, der sich in ihrem aufleuchtenden Kinde fortsetzen wird, untreu werden, um auch dem dunklen anzugehören.

Die hesiodische Version schilderte die Koronis als Königstochter und hehre Jungfrau, die mit ihren Füßen im Wasser des Boibeis-Sees stand, als Apollon sie erblickte und zur Liebe begehrte. Ihre Mutter wird nie genannt, als wäre sie sogar noch in der Sagenpoesie homerisch-heroischen Stils mutterlos gewesen, wie das Urmädchen der Mythologie: die erste Frau. Unheimlich aber sind die Männergestalten, die in der Heldensage außer Apollon noch zu ihr gehören. Ihr Vater, der König Phlegyas, ist ein Sohn des Kriegsgottes Ares (allerdings auch der goldenen Göttin Chryse), ein Brandstifter und Frevler gegen Götter und Menschen, der Apollons delphischen Tempel in Brand steckt. Als Bruder gehört Ixion, ein anderer großer Frevler, zur Koronis: der erste Mörder und ein gewalttätiger Liebhaber der Götterkönigin Hera. Auch er hat mit dem Feuer zu tun, denn er tötete einen Gast durch Verbrennen in einer Grube, und zur Strafe dafür, daß er sich der Liebe Heras rühmte, wird er auf das feurige Sonnenrad gebunden. Phlegyas und Ixion sind gegenapollonische Gestalten, Verkörperungen des bösen Feuers, des Feuers als einer vernichtenden Kraft ...

Pindar stellt sie in der Dunkelheit sich abspielende, heimliche Liebschaft der Koronis mit dem „Starken" in den Vordergrund und begründet damit noch mehr den Zorn des Gottes. Bei ihm ist Ischys ein verführerischer Gast aus Arkadien, dem die Phlegyastochter, nach Neuem und Fremdartigen begierig, nicht widerstehen kann. Indem aber Pindar Apollons Nebenbuhler aus Arkadien kommen läßt, verrät er etwas von der ursprünglichen Gestalt des Ischys. In Arkadien findet man mythologische Wesen wieder, deren genaue Entsprechungen man aus ihrer Urheimat, Thessalien, kennt, und zu diesen gehört auch Elatos, der Vater des Ischys. Er ist einer der Kentauren, die sowohl in Thessalien als auch in Arkadien und in der Hochgebirgslandschaft des Peloponnes heimisch sind. Chiron, der gütigste der Kentauren, hat seine Höhle auf dem Pelion, und er haust auch auf dem peloponnesischen Vorgebirge Malea. Ja, die beiden erwähnten, Elatos und Chiron, stehen miteinander in einer merkwürdigen Verbindung. Der auf Elatos gerichtete Pfeil des Herakles verwundet den Chiron in seiner maleatischen Höhle tödlich. Nach einer anderen Überlieferung widerfuhr Chiron auf dem Pelion Ähnliches. Malea und Pelion sind verschiedene Schauplätze derselben mythologischen Ereignisse. Der starke Verführer und Liebhaber der Koronis kommt aus einem kentaurischen urweltlichen Bereich, gleichviel ob dieser in Thessalien oder in südlicheren

Gegenden lokalisiert wurde. In diesem Bereich herrscht die Gestalt des Kentauren Chiron . . .
(66, S. 96—105, gekürzt)

Der Arzt und
Zauberer
    Der schon nach seiner Herkunft vielschichtige und mysteriöse Asklepios besaß als „göttlicher Arzt" nicht nur überirdische Kenntnisse in der Medizin, er war auch ein großer Zauberer mit besonderen Kenntnissen von Drogen jeder Art. Im Besitz von Zaubermitteln konnte Asklepios Tote wiedererwecken. Zu diesem Zweck hatte ihm Athene zwei Gläser vom Blute der Medusa (8. 13. 3. 3) geschenkt. Sie hatte das Blut der enthaupteten Gorgo Medusa in zwei Gläsern aufgefangen. In einem Glas war das Blut aus der linken Seite der Medusa, im anderen das der rechten Seite enthalten. Während das Blut der linken Seite Tote wieder lebendig machen konnte, vernichtete das der rechten Seite Leben.

    Asklepios wurde wegen seiner Bestechlichkeit später von Zeus durch einen Blitz getötet, aber wieder zum Leben erweckt. Zeus versetzte ihn schließlich unter die Sterne. Sein Kult, der fast überall mit Heilstätten für Kranke verbunden war, fand sich in mehreren Landschaften Griechenlands, so in Messene, Thessalien, Sparta u. a. In Sikyon wurde er in Gestalt einer Schlange verehrt. In Epidauros ruhte eine Schlange auf seinem Haupt. Asklepios war der Vater der beiden Ärzte Podaleirios und Machaon, wie auch der Hygieia. Bei den Römern nannte man ihn Aesculapius.

Asklepios-Kult
    Der Kult des Asklepios, der ein vorbildlicher Arzt und Vater zweier berühmter Ärzte war, fand seit dem 5. Jahrhundert v. u. Z. vor allem im Peloponnes, in Athen und im Dodekanes eine große Verbreitung. In Epidauros und in einigen anderen Kultstätten wurde der „Vater" des Asklepios, Apoll, durch seinen „Sohn" teilweise verdrängt. Das älteste Asklepios-Heiligtum stand im thessalischen Trikka. Bei der Gründung der asklepischen Heiligtümer war stets die Schlange das Symbol der Inkarnation des Gottes. Sie wurde daher auch bei allen Festzügen zu Ehren des Gottes mitgeführt. Von Epidauros aus, dem großen Kur- und Heilzentrum des alten Griechenland, breitete sich der Kult in alle Richtungen aus.

    Ranke-Graves führt den Mythos von Asklepios auf die Unterdrückung eines prähellenischen (medizinischen) Kultes im Namen des Apoll zurück. Diesem hatten Priester vorgestanden, in deren Orakelschreinen Schlangen, Krähen und Raben als Wiedergeburten einheimischer Heroen gehalten wurden. Zu ihnen gehörte auch Erichthonios, der Schlangenschwänzige, und Kronos, eine Kurzform von Koronos = „Krähe" oder „Rabe". Beides waren die Namen zweier lapithischer Könige.

    Als die Römer 293 v. u. Z. im eroberten Griechenland das apollinische Orakel, nämlich die Sibyllinischen Bücher, befragten, wie der wütenden Pest in ihrer Hauptstadt Rom Einhalt geboten werden könne, war die Antwort, Asklepios/Aesculapius nach Rom einzuladen. Aber erst 291 wurden zehn Männer beauftragt, den Gott nach Rom zu holen, nachdem die Pest sich immer mehr verbreitet hatte. Seit jener Zeit wurde der Asklepios-Kult auch in Rom auf der Tiberinsel ausgeübt. Kerényi über die Einführung des Kultes in Italien:

„Chthonisch" wäre dafür die antike und, von einem anderen Gesichtspunkt, „numinös" die moderne Bezeichnung. Bezeichnungen, die verschiedene Seiten des Phänomens erfassen würden, doch immer nur einen Bezug, während hier mehrere zugleich möglich sind. Ein englischer Dichter, D. H. Lawrence, deutet das Wesentliche an, wenn er vom Schlangen-symbol sagt, es reiche so tief, „daß ein Rascheln im Gras auch den steifsten modernen Menschen bis zu jenen untersten Schichten in Bewegung bringen kann, welche er nicht in seiner Gewalt hat." Im Asklepioskult wird Tiefstes und Verdecktes im Menschen in die goldene, elfenbeinerne und marmorne Oberwelt der griechischen Tempel gefördert. Und eben dieser, in solchen Tiefen reichende Kult kommt jetzt nach Rom. Der Schlangengott nimmt den Weg zum Hafen von Epidauros und besteigt das Schiff der Römer — so wird es weitererzählt — von selbst.

Die Fahrt geht mit günstigem Winde bis Antium. Nicht nur Ovid, auch Valerius Maxi-mus erzählt davon, daß die Schlange hier das Schiff verlassen habe, um in einem Tempel zu verweilen. Nach Ovid gehörte das Heiligtum dem Apollon, nach Valerius Maximus schon dem Aesculapius. Doch dieser zweite weiß zu berichten, daß die Schlange da drei Tage lang auf einer Palme im Tempelvorhof hing. Durch den im alten Italien noch nicht heimischen Baum werden wir in eine apollinische Atmosphäre versetzt. Man erinnert sich an die Palme auf Delos, bei der Apollon geboren wurde. In einem heiligen Haine in Nordgriechenland wurden zu Ehren des Apollon selbst Schlangen gehalten, als „Spielzeug" des Gottes. Die dem Asklepios heilige Schlangenart, die als Coluber longissimus bekannte, ist eine Baumschlange und erreicht im Süden eine Länge von zwei Metern ... Ein solches Tier auf einem Sonnen-baum — das war die Palme für die Griechen, durch ihren Namen phoinix mit der rötlichen Farbe der Sonne verbunden — hat wenig Chthonisches mehr an sich, wenig von der Eigen-schaft, die auf etwas Dunkles und Unterirdisches hinweist.

Es wird bald erhellen, daß es keinen wesentlichen Unterschied bedeutet, ob das Heilig-tum in Antium dem Asklepius oder dem Apollon gehörte. Der besser unterrichtete ist wohl Ovid, wenn er vor der Ankunft des Asklepios in Rom einen Apollontempel in der Hafenstadt Antium erwähnt ... Der Gott in der Gestalt der Schlange, die Ovid die „phoebische", d. h. „apollinische", nennt, wählt nach der ganzen legendären Überlieferung selber die Tiberinsel zu seinem Sitz ...

Inschriften berichten zwar von Heilungen auf der Insel, doch läßt die geographische Lage klar erkennen, daß keine hygienischen, sondern religiöse Gründe für die Wahl entscheidend waren. Die Tiberinsel war ein religiös bedeutsames Stück Erde: nach römischer Überlieferung ursprünglich ein schwimmendes Eiland, das sich am Marsfelde aus einem besonderen Material, aus in den Fluß geworfenem Korn, der heiligen Pflanze der Göttin Ceres, gebildet hatte. Die Beziehung zu Mars und die zu Ceres weisen auf die Sphäre des Todes und der Unterwelt hin. Nicht umsonst war der Campus Martius ein Begräbnisfeld. Nachdem sich die Insel gebildet hatte, war sie dem Faunus, einem altitalischen „Wolfsgott" geweiht worden. Denn „Faunus" bedeutet den „Würger", ebenso wie der Name seiner Priester, der „Luperci", nur eine er-weiterte Form von lupus, „Wolf" ist. Im Wesen des Faunus erkannten die Römer den griechi-schen Pan wieder, doch mit einem noch wilderen, raubtierartigen Zug versehen, der das „Wölfische" der alles verschlingenden Dunkelheit zum Ausdruck bringt. Eine Inschrift nennt jedoch nicht Faunus, sondern Vediovis zusammen mit Aesculapius auf der Insel ... Vediovis oder Veiovis, der unterweltliche Juppiter vertrat in Roms ältesten Zeiten jenen griechischen Apollon, der Pest und Heilung brachte. In der nächsten Umgebung Roms auf dem Berg Soracte, wurde dieser Unterweltsgott, den man auch da mit Apollon gleichsetzte und Soranus nannte, von Priestern gefeiert, die in der Sprache der Sabiner hirpi, „Wölfe", hießen. Die Beziehung zum Feuer, und zwar zum reinigenden, fehlt dabei nicht: die hirpi Sorani springen über das Feuer. Ein italischer Apollon, eine in ihrer tödlichen und heilenden Wirkung höchst ambivalente Gottheit, gehört zur Tiberinsel . . .

Wenn man die Isola Tiberina durch die mit antiken Hermen geschmückte Brücke betritt, im Sinne der alten Römer, die aus Epidauros die Schlange geholt, muß man sich ein wenig wie ein Unterweltsbesucher vorkommen. Die Asklepiosschlange sollte hier, neben Faunus, in einer wölfisch nächtlichen Welt leuchten und mit ihrem kalten Leibe gewissermaßen doch das warme Lebenslicht verkörpern . . . Im Asklepioskult, so wie Rom ihn auf der Tiberinsel kannte, verwischen sich die Grenzen des Chthonisch-Tödlichen und des sonnenhaft Aufleuchtenden beinahe unheimlich . . . (66, S. 18—24, gekürzt)

Fassen wir das Gesagte über die schlangenhaften Abkömmlinge der Erdmutter Gaia, wie auch immer ihre Namen seien, zusammen; betrachten wir die höllischen Gestalten der griechischen Unterwelt, so finden wir hier die Vorläufer der volkstümlichen Teufel und ihrer mithöllischen Ungeheuer des Mittelalters deutlich vorgezeichnet wieder. Archaische Götter, wie Asklepios, mit ihren vielseitigen Aspekten, in denen das Lichte wie auch das Dunkle sich widerspiegeln, gehören in ihrer christianisierten Form ebenfalls zum Höllenspektakel. Teufel und Teufelinnen, Hexer wie Hexen, wurden in der Antike geprägt und mit den Gestalten gleichen Charakters in den vom Christentum missionierten Gebieten Europas verschmolzen. Dieses Gemisch ergab dann die mittelalterliche Dämonologie, deren Gegner wie auch Anhänger der zweite Band zum Inhalt haben wird.

8.11.6.3
Dionysos

Zum großen Geschlecht der Schlangengötter mit ihren vorwiegend finsteren Aspekten gehört auch Dionysos. Als Gott des Weines ist er allerdings eher durch seine fröhlichen Eigenschaften bekannt geworden. Doch schon seine Herkunft

8.11.6.3.1
Zwielichtige Überlieferungen im Mythos

ist uns nur zwielichtig und unsicher im griechischen Mythos überliefert. Allgemein gilt Dionysos oder Bakchos (latinisiert Bacchus) als ein Sohn des Zeus und der Tochter des Königs der Phöniker Kadmos, Semele. Als Mütter werden jedoch auch Demeter, Io, die Tochter des Flußgottes oder Königs von Argos, Inachos, Dione, Mutter der Aphrodite, Persephone, die sich mit Zeus in der Gestalt einer Schlange paarte, und Lethe, die „Vergeßlichkeit", genannt.

Am geläufigsten ist die Geschichte, nach der Zeus in Gestalt eines Sterblichen von Dionysos in einer heimlichen Liebschaft mit Semele zeugte. Von der eifersüchtigen Hera jedoch zur Neugier angestachelt, wollte Semele ihren Liebhaber in seiner wahren Gestalt sehen. Als Zeus ihr den Wunsch nicht erfüllte, verweigerte sie sich ihm. Aus Wut darüber tötete Zeus Semele durch einen Blitz. Hermes, oder nach einer anderen Version Zeus selbst, rettete den sechs Monate alten Embryo der Schwangeren (durch einen Kaiserschnitt?). Die Frühgeburt wurden in den Schenkel des Zeus eingenäht, um dort auszureifen. Wir haben hier den ersten extrauterinen „Brutkasten" für eine Frühgeburt vor uns.

Nach den restlichen drei Monaten bis zur fristgerechten Geburt wurde der neuerlich Geborene „Dionysos" genannt, was angeblich der „zweimal Geborene" oder „das Kind der doppelten Tür" heißen soll.

Auf Heras Befehl ergriffen nun die Titanen den neugeborenen Dionysos, der mit Hörnern und einer Schlangenkrone als den Attributen seiner chthonischen Herkunft versehen war, und rissen ihn in Stücke. Die Reste seines Leibes kochten sie in einem Kessel. Dort, wo bei der Tötung das Blut des Dionysos auf den Boden tropfte, wuchs ein Granatapfelbaum. Die Großmutter des Dionysos, die Erdmutter Rhea, die Magna mater, sammelte alle Teile des Körpers und fügte sie wieder zusammen. Dann gab sie Dionysos das Leben zurück.

Persephone, einmal seine Mutter, zum anderen seine Hüterin, brachte Dionysos zum König Athamas von Orchomenos. Zusammen mit seiner Frau Ino zog er Dionysos in Mädchenkleidern auf. Hera ließ sich jedoch nicht täuschen und bestrafte das königliche Paar mit Wahnsinn. Hermes verwandelte auf Befehl des Zeus den Dionysos in einen Ziegenbock (oder Widder), dessen Pflege die Nymphen Makris, Nysa, Frato, Bromie und Backche auf dem helikonischen Berg Nysa übernahmen. Von ihnen wurde der göttliche Sproß verwöhnt und mit Honig großgezogen. Zur Strafe für diese von Zeus nicht gewollte gute Pflege versetzte er die Nymphen an den Sternenhimmel und nannte ihr Sternbild „die Hyaden". Dionysos entdeckte bei seinem Aufenthalt auf dem Berg Nysa den Weinstock und seine köstlichen Früchte. Für diese Tat wird er noch heute von den Menschen gefeiert. Man kann ihn deshalb — modern aufgefaßt — auch als den ältesten Gott des Rauschgifts, nämlich des Alkohols, deuten, als Gott der Drogensüchtigen.

Nach dem Mythos war die Rache der Hera jedoch noch immer nicht befriedigt, sie trieb den Dionysos jetzt ebenfalls in den Wahnsinn. Unruhig wanderte er durch die Welt, begleitet von seinem Erzieher Silenos (Silen) und einer wilden und furchterregenden Meute von Satyrn und Mainaden. Ihre Waffen waren ein efeuumwundener mit magischen Kräften versehener Stab, auf dessen *Der Zauberstab* Spitze ein Tannenzapfen steckte, Thyrsosstab genannt, sowie Schwerter, *Thyrsos* Schlangen und grausame Lärminstrumente.

Ähnlich wie bei Artemis-Diana in ihrem orgiastisch-wilden Gefolge, zu dem *Die Mainaden* in Messenien auch die wilden Kureten (auch Korybanten oder gekrönte Tänzer genannt) gehörten, waren die Mainaden oder Mänaden ein Attribut des Dionysos, aber auch des Pan. Die nahen Beziehungen von Pan und Dionysos wurden bereits aufgezeigt (8. 5). Duerr weiß hierzu zu berichten:

Im Frühling... schwärmten (thyein) und tanzten (die Kureten) im Gefolge der „Großen Mutter" über Wiesen und Haine, die Tiere der Wildnis nährend, und es scheint dabei... ziemlich orgiastisch zugegangen zu sein. Die Göttin entließ das Leben aus der Erde, wie die spätere griechische Artemis das Leben aus dem Schoß der Mutter löste, es aber auch wieder auslöschte.

Eng verwandt mit diesen Koureten, und wohl auch auf dieselbe Wurzel zurückgehend, waren auch die Mänaden des Zagreus-Dionysos, des „Packenden" oder „Zerreißers", bei denen der Zug der „Wilden Jagd" noch deutlicher hervortritt. Auch diese ekstatischen „Jägerinnen" waren, gleich den Erinnyen der Artemis, Totengeister, die „zwischen den Zeiten" — in Panther-, Reh- oder Fuchsfelle gehüllt, den Thyrsos in der Hand und Wolfsjunge an der Brust — durch die Landschaft tosten und denen man ... Totenspenden, meist Milch und Honig, überließ. (In alten Zeiten wurde zwischen Backchen und Erinnyen noch nicht unterschieden. Man wußte nur „vom tobenden Schwarm der Nymphen der Artemis". Ein Name der Artemis war Erinnys ... Bei Aeschylos und bei Nonnos bezeichnen sich die Schwärmenden als mainades ... In den Erinnyen, den „Entrückerinnen" kündet sich schon ein Zug an, der sich im Gefolge der späteren Artemis-Hekate noch ausgeprägter zeigen sollte ... Oft sind die Archäologen nicht in der Lage, zwischen den orgiastischen Tänzen der Artemis und denen des Dionysos zu unterscheiden. Die beiden Gottheiten sind eng miteinander verwandt, und die Artemis wurde mitunter sogar bromía genannt ... Wie die Artemis war Dionysos ursprünglich eine Baumgottheit (endendros), und er wurde auch Kissos, Efeu, genannt ...

Ursprünglich trugen die Mänaden wohl Luchs- und Wildkatzenfelle ... und sie verwandelten sich vermutlich ebenso in diese Tiere wie die Tänzerinnen der brauonischen Artemis in Bärinnen (8. 10. 6) ... Der die Mänaden verfolgende Lykurgos hieß bezeichnenderweise „Wolfsabwehrer".

Die antike „Drogenszene" Der meist mit Efeu umwundene Thyrsos muß sich aus entzweigten Ästen oder dergleichen entwickelt haben ... Man hat das Wort auch mit dem ugaritischen tirsu, „Rauschtrank", und dem späthethitischen tuwarsa, „Weinrebe", in Verbindung gebracht ... Es ist vielfach behauptet worden, die Mänaden des Dionysos hätten „halluzinogene" Drogen verwendet. Da Dionysos mit dem arischen Soma identifiziert wurde ..., sowie das Unsterblichkeitselixier soma mit Amanita muscaria, vor allem weil es heißt, soma habe weder Samen, Wurzel noch Blüte ... und er wachse hoch droben in den Bergen des Himalaya ..., glauben einige Forscher, vor allem Ranke-Graves, die Mänaden hätten Fliegenpilz gegessen, was allerdings sehr zu bezweifeln ist ... R. de Ropp (Bewußtsein und Rausch, München 1964, S. 225 f.) nimmt an, daß die Mänaden Tollkirsche und Bilsenkraut in ihren Wein mischten, doch mir ist nichts bekannt, was eine solche Vermutung wahrscheinlich machen könnte. Zudem war die Tollkirsche damals in Griechenland sehr selten und kam nur vereinzelt in den Bergwäldern Tessaliens vor ... Nach Plutarch wurde der Enthusiasmus der Backchantinnen durch den Genuß von Efeu hervorgerufen, den sie zuvor mit den Händen zerrissen. Vom Efeu sagt Plinius, daß er mentem turbat, und im Mittelalter hielt man ihn für ein steinabtreibendes Mittel, weshalb man ihn in den Wein mischte, was zu zahllosen, bisweilen tödlichen Vergiftungen führte ... Allerdings war der dionysische Efeu nicht der bei uns heimische, sondern der nordindische mit gelben Beeren ..., von dem es heißt, er sei nur auf dem Berge Meros nahe dem indischen Nysa gewachsen ....
(60, S. 39 u. Anm. S. 211–213, gekürzt)

Neben den weiblichen Begleiterinnen, den Mainaden oder Bac(k)chantinnen, gehörten zum Gefolge des Dionysos auch die Satyrn. Ursprünglich wohl selbständige Fruchtbarkeitsdämonen in der Form archaischer Tiermenschen und mit den Bergnymphen verschwistert, tauchen sie spätestens am Ende des 7. Jahrhunderts v. u. Z. im Gefolge des Dionysos auf. Auf ihre enge Verbindung mit Pan (8. 5) wurde schon mehrfach hingewiesen; ebenso sind die Satyrn mit den Silenen verwandt, die sie etwa im 6. Jahrhundert verdrängten und in den jüngeren Mythen weitgehend ihren Namen übernahmen.

Biedermann hat unter seinen „Wunderwesen" (67) auch die „Wunderwelt" der Satyrn und Silene geschildert. Wir dürfen annehmen, daß Silenos, der im Mythos als Erzieher des Dionysos auftaucht und ein Sohn des Pan ist, weitgehend mit der Mehrzahl „Silene" identisch ist, also eine Vervielfältigung erfuhr. Biedermann zitiert aus Zedlers Universal-Lexikon (24, Bd. 37) aus dem Jahr 1743:

Er (Silenos) wird vorgestellet als ein kleiner alter Mann, mit einem kahlen Kopffe, Affen-Nase, grossen Ohren, dicken Bauche, so sich entweder auf einen Stecken stemmet, wenn er gehet, wobey er aber doch als jederzeit truncken, auch stets taumelt, oder auch auf einem kleinen krummen Esel sitzet, und also ebenfalls gantz voll einher reitet. Hiernächst soll er auch einen Schwantz gehabt haben, welchen denn auch alle seine Nachkommen geerbet, und, da sonst die Sileni nicht anders, als Satyri gewesen, wird er daher auch noch mit Ziegen-Beinen, nach Art der Satyren, gebildet. Diodor(us) Sicu(lus) lib(er) III c(apitulum) 72. Pausan(ias) Attic(a) c(apitulum) 23.

Über die Satyrn zitiert Biedermann aus dem gleichen Lexikon (Bd. 34, 1742):

Satyri, ein Art von Monstris oder Ungeheuern, von welchen man sagte, daß sie in Wäldern und auf Bergen lebten, oben wie ein Mensch gestaltet wären, aber Ziegen-Hörner auf ihren Kopffen hätten, und an dem Untertheile des Leibes den Böcken gleichten ... Ferner werden sie als Gefährten des Bacchus beschrieben, mit dem sie tantzend und springend einherziehen, dabey aber so geil seyn sollen, daß keine Weibs-Personen, und auch nicht einmahl die Nymphen, sich vor ihnen sehen lassen dürffen. Ihr vornehmster Auffenthalt soll jenseits des Atlantischen Gebürgs gewesen seyn, als woselbst man zum öfftern, vornehmlich bey Nacht-Zeit, ein grosses Lärmen mit Trommeln und Cymbaln gehöret, und gantze Scharen hin und hergehende Fackeln gesehen haben will ... Einige der Alten haben geglaubt, daß dergleichen Creaturen würcklich in der Welt anzutreffen. Plinius berichtet, daß es dergleichen in Ost-Indien gäbe, die auf allen vieren gingen. Wir lesen auch in dem Leben des Einsiedlers Pauls, daß Anton einstmahls ein dergleichen Ungeheuer in der Wüsten angetroffen, und da er es gefraget: Wer es wäre? zur Antwort bekommen, daß es eine sterbliche Creatur und einer von den Einwohnern derselbigen Wüsteney, welche die Heiden aus einem eiteln Irrthum Faunos, Satyros und Incubos nenneten, wäre ... Diodorus Siculus berichtet, daß einige von dergleichen Ungeheuern dem Tyrannen Dionysius geschenckt worden, welche lange Haare gehabt, die bis mitten auf ihre Bäuche herab gehangen. Einige Rabbinen geben vor, daß GOtt, als er diese Creaturen formiret, von dem Sabbath überfallen worden, und dahero selbige unvollkommen gelassen habe. Um dieser Ursache willen hätten sie einen so grossen Abscheu vor diesem Tage, und pflegten sich deswegen an demselbigen allezeit in die Wälder und Wüsteneyen zu begeben, woraus sie hernach wieder hervor kämen, die Menschen zu quälen. Allein, gleichwie dieß alles sehr fabelhafft und unwahr ist: also kan es wohl seyn, daß entweder eine Art grosser Affen, deren es in America viel giebt, und die der Beschreibung dieser Satyren gantz ähnlich sind, oder auch bisweilen leichtfertige Hirten, die sich den Hirten-Mägden zu Leibe auf unterschiedene Art angekleidet, und ihnen nachgestellet, zu solchen Fabeln Gelegenheit mögen gegeben haben. Endlich ist auch zu gedencken, daß wenn diese Satyren alt wurden, sie alsdann SILENI genennet wurden ...

Man benötigt keinerlei Phantasie, um bei dieser Schilderung der „Wald-teufel" an den Satans- und Hexensabbat des Mittelalters zu denken. Das Ge-schehen auf den mitteleuropäischen Hexentanzplätzen ist lediglich eine folk-loristische Fortsetzung überlieferter Mythen und ein Gemisch der Vorstellungen der mediterranen und mittel- und nordeuropäischen Völker. Biedermann erwähnt in seiner interessanten vergleichenden Studie über die Zusammenhänge der Gestalten des Satyr, Troll und Yeti (der „modernen" Version dieser Fabel-Tiermenschen) auch die unvollendete Enzyklopädie von Johann Samuel Ersch (1766–1828) und Johann Gottfried Gruber (1774–1851), der „Allgemeinen Enzyklopädie der Wissenschaften und Künste" (64), die in 53 Bänden ab 1818 erschien. Unter dem Stichwort „Faunus" berichtet der nicht näher bekannte Altphilologe Richter:

(Die römischen) Faunen dachte man sich nun, wie die griechischen Pane, als krummnasige Waldgötter mit Hörnern, Schwänzen und Bocksfüßen, und schrieb ihnen, wie jenen, die Erregung plötzlicher Schrecken (Panik) und unvermuthete Erscheinungen zu. Man suchte sie daher durch Opfer zu versöhnen, um zu bewirken, daß man nicht etwa einen Faun zu Gesicht bekommen möchte, was nie ungestraft geschehen konnte. Desto lebhafter wußte aber die Phantasie ihre Gestalt auszumalen und es gab eine eigene Krankheit, welche Träume verursachte, in denen man sich von Frauen gequält glaubte . . . Sowohl die roheren als auch die edleren ländlichen Gottheiten des Alterthums waren Symbole der erzeugenden Kraft. Dies knüpften die Dichter an menschliche Liebesverhältnisse, die bald eine schlüpfrige Natur offenbarten; so wurden denn die Faunen Symbole der sinnlichen, immer nach Genuß strebenden Liebe . . . (Bd. 42, Leipzig 1845)

Über die Beziehungen der Faune zu Pan und die Satyrn wußte Richter zu berichten:

Als Hirtengott und Herdenschützer hatte Pan eine viel rauhere thierische Natur, Hörner, starke Ohren, straubigen Bart, krumme Nase und eigentliche Ziegenfüße . . . Man nannte Figuren mit Ziegenfüßen Satyrn, und wenn sie noch sehr jung waren, Satyrisci, andere mit Ziegenfüßen Pane und als junge Panisci. Nach und nach wurde dieser Unterschied nicht mehr beobachtet, besonders seitdem der Bacchische Dienst (Dionysos-Kult) nach Italien überging. Pan war hier zum Faunus geworden, und so kam auch dieser — oder seine Vervielfältigungen, die Faune — in die Bacchischen Aufzüge . . .

Spätere Künstler, die dem Sonderbaren die Schönheit opferten, erfanden ein Mittelding zwischen Satyr und Pan, indem sie den Satyrn die vorragenden Knollen am Haupte zu eigentlichen Hörern von beliebiger Größe und die Füße zu Geißfüßen umschufen. Pollux (= Gaius Asinius Pollio, 76 v. u. Z.–5 n. u. Z.) bemerkt im satyrischen Drama einen Papposi-lenus, dessen Gestalt thierischer war; vielleicht nur haariger. Aber Heraklit kennt Pane und Satyrn mit Bockshaar und Bocksfüßen. Bekannt sind auch die bocksfüßigen Satyrn bei Lukrez und Horaz . . . (Bd. 42, 1845)

Über die Verbindung dieser aus archaischer Zeit stammenden Tiermenschen-Dämonen mit dem Bocks-Teufel des Mittelalters haben wir bereits im Kapitel über den Naturgott Pan (8. 5) diskutiert. Biedermann interpretiert diese Tier-menschen aus anthropologischer und ethnologischer Sicht:

Die hier zitierten Lexikographen sprechen also immer wieder von menschenähnlichen

Wesen mit tierhaften Zügen, die in der Mythik mit dem Kult des Gottes Dionysos-Bacchus zusammenhängen; die sich durch übersteigertes sexuelles Verlangen auszeichnen und einerseits untermenschlich, andererseits aber auch übermenschlich wirken; die zottig, gehörnt und behuft durch die unkultivierten Landstriche ziehen, wobei den Autoren das Auseinanderhalten der Eigenschaften von Satyrn, Silenen, Faunen und ähnlichen Elementarwesen allem Anschein nach nicht völlig geläufig war. Es handelte sich um Naturdämonen, die teils als Mischgestalt zwischen Mensch und Ziegenbock, teils auch als Kompositum von Mensch und Pferd (einhufig und mit Roßschweif und spitzen Ohren ausgestattet), sehr häufig auch ithyphallisch dargestellt wurden — die veraltete Bezeichnung „Satyriasis" für übersteigerten Geschlechtstrieb beim Mann rührt davon her. Die attischen Vasenmaler haben diese dezidiert barbarischen, lüsternen Naturwesen häufiger und weniger dezent dargestellt, als es die für empfindsame Leser ausgesuchten Illustrationen älterer Kunstgeschichtsbücher vermuten lassen würden. Die Zottelmänner führen ein von menschlicher Gesittung unberührtes, scheinbar urzeitliches und ungehemmtes Leben, das sicherlich in keiner Weise dem das paläanthropologisch oder ethnohistorisch rekonstruierbaren Frühmenschen entspricht — es wirkt vielmehr so, wie ein Kulturmensch sich den „Wilden" vorstellt . . . (67, S. 18)

Biedermann zitiert dann noch mehrere Ansichten der mythologischen Lexika unserer Zeit und kommt zu dem Schluß:

Der Hirtengott Pan sowie die Satyrn und Silene, jene antiken Prototypen des Naturwesen Yeti, stellen sichtlich die Verkörperung des Bildes dar, das sich der in seine Kulturwelt eingegliederte Stadtmensch von der „Wildheit" macht — das nächtlich-Zügellose, von jeder Bindung Befreite und Rauschhafte wird hier zu einem Bild gestaltet, das abstoßend und faszinierend zugleich wirkt. Es ist möglich, daß es einst Rituale gab, die den Heranwachsenden im Verlauf von Jugendweihe-Ritualen die Gelegenheit gaben, die „Urzeit des Chaos" zu erleben und auch die Erfahrung der Tierhaftigkeit in die Persönlichkeit aufzunehmen — als von der Gesellschaft sanktioniertes Geschehen, in dessen Verlauf die sonstigen Gesetze nicht galten. Die Quellen darüber sind dürftig, da die Abweichung von der Alltagsnorm immer vertuscht wurde, doch scheinen „wilde Heere" entfesselter Jugendlicher auch in Europa eine Rolle gespielt zu haben, Narrenfreiheit genießend und wohl auch im Geheimen beneidet. (67, S. 24)

Auf seinem weiten Zug durch die Länder gelangte Dionysos bis nach Indien. Reste seines Kultes fand später Alexander der Große (356/336—323 v. u. Z.) auf seinem Feldzug nach Osten.

Dionysos kämpfte im Mythos gegen die Amazonen. Er mordete auf seinem Wege alles, was sich ihm entgegenstellte. Schließlich kehrte er über Phrygien nach Europa zurück. Seine göttliche Großmutter Rhea reinigte den mit Blut Besudelten von seinen zahlreichen Sünden, die er im durch Hera verursachten Wahnsinn begangen hatte; dann führte sie ihn in ihre Mysterien ein. Doch der noch immer unruhige Dionysos kämpfte weiter. Von König Lykurgos, dem König der Edoner, arg bedrängt, wurde nun dieser König vom Wahnsinn befallen, den ihm Rhea bescherte. In seinem Wahnsinn erschlug Lykurg seinen eigenen Sohn Dryas mit einer Axt, im Glauben, einen Weinstock, das Symbol des Dionysos, abzuschlagen. Nach der Niederwerfung des Lykurg und seines Landes Thrakien wandte sich Dionysos nach Boiotien. In Theben verführte er die Frauen, sich seinen Lustbarkeiten auf dem Berge Kithairon anzuschließen. Pentheus, der König von Theben, nahm Dionysos und seine Meute gefangen, verfiel aber ebenfalls dem Wahnsinn und fesselte an Stelle des Dionysos einen Stier. Die Mänaden entflohen der Gefangenschaft und zogen tobend über das Gebirge, wo sie Kälber in Stücke rissen. Pentheus versuchte ihrem Treiben Einhalt zu gebieten, wurde aber, weinselig berauscht und in religiöser Inbrunst, von den Mänaden Glied um Glied zerrissen. Die Anführerin der Mänaden war seine eigene Mutter Agaue. Sie war es auch, die ihm eigenhändig den Kopf abschlug.

Der Dionysos-Mythos ist angefüllt von meist bösen, ja grausamen Taten. Mit der von Theseus verlassenen Ariadne zeugte er Oinopion, Thoas, Staphylos, Latromis, Euanthes und Tauropolos. Im Kampf mit Perseus, dem Sohn des Zeus und der Danaë (Tochter des Akrisios, Königs von Argos) tötete er zahlreiche Untertanen und verbreitete den Wahnsinn unter ihren Frauen. Sie begannen daraufhin ihre eigenen Säuglinge zu verschlingen, bis Perseus sich Dionysos unterwarf.

Nachdem sich Dionysos durch seine Brutalität und durch seine „bösen Taten" praktisch mit Gewalt einen Platz am Göttertisch des Olymp als einer der zwölf Großen, zur rechten Hand des Zeus sitzend, erzwungen hatte, den ihm die bescheidene Göttin Hestia zur Verfügung stellte, stieg er in den Tartaros hinab. Hier bestach er Persephone mit einem Geschenk, seine tote Mutter Semele freizugeben. Nachdem ihm das gelungen war, brachte Dionysos Semele in den Tempel der Artemis in Troizen. Um den Zorn der übrigen Götter nicht zu entfachen, änderte er ihren Namen und stellte sie seinen olympischen Kollegen als Thyone vor.

Über die Herkunft der Mythen über Dionysos berichtet Rose in seinem Handbook of Greek Mythology (51):

Bei Dionysos haben wir es mit einem unzweifelhaft fremden Gott zu tun, obwohl er wahrscheinlich bei seiner Ankunft in Griechenland an manchen Orten ähnliche Gottheiten vorfand und diese absorbierte. Homer ist er noch ziemlich unbekannt, doch hat der Dichter von Dionysos' wilden Riten und seinem Konflikt mit Lykurgos von Thrakien gehört. Dafür, daß Dionysos eine thrakische Gottheit war, sind ausreichende Beweise vorhanden. Wir wissen, daß die Thraker und Phryger eng verwandte Volksstämme waren, und kennen glücklicherweise die phrygische Form des Namens des Gottes „Diounsis". Was die Bedeutung dieses Namens betrifft, so läßt sich, da das Thrakisch-Phrygische eine dem Griechischen nahestehende Sprache ist, zuversichtlich behaupten, daß der erste Teil den Namen des Himmelsgottes enthält, der im Phrygischen Dios genannt wurde. Hinsichtlich der Deutung der letzten Silben sind wir nicht so sicher. Man hat eine Verbindung mit dem legendären Nysa gesucht oder scharfsinnig vermutet, daß es ein dem lateinischen nurus und dem griechischen νυός verwandtes Wort „nyso" gegeben habe, das „Kind" oder „Sohn" bedeutet hätte. Aber diese Theorie vermehrt noch die Schwierigkeiten der Erklärung der phrygischen Form, die dem homerischen Διώνυσος zugrunde liegt. Jedenfalls aber besteht kein Zweifel, daß der Name der Mutter, Semele, gut phrygisch und nur eine griechische Abwandlung von Zemelo, dem

Namen der phrygischen Erdgöttin, darstellt. In der Mythologie ist Semele eine der sterblichen Töchter eines sterblichen Vaters, des Kadmos, des Sohnes des Agenor . . .

Ein Beiname des Dionysos und auch der Name eines Hymnos, der gewöhnlich ihm zu Ehren gesungen wurde, war „Dithyrambos". Dieser Name wurde mit schlechter Etymologie so erklärt, als spiele er auf die Geschichte an, indem er „der von der doppelten Tür" bedeute und auf die zwei Eintritte des Kindes ins Leben hinweise. Das ist gewiß absurd, aber die meisten modernen Etymologien sind nicht viel besser. Die wahrscheinlichste ist wohl die, daß der Name von dithera, der phrygischen Bezeichnung eines Grabes, herkommt, da wir wirssen, daß in Phrygien Diounsis eine der Gottheiten war, die Gräber vor Schändung bewahrten . . . (51, S. 148–149, gekürzt)

Über den neugeborenen Dionysos seien noch einige weitere Versionen des Mythos erwähnt. Nach der Sage aus Prasiai oder Brasiai, einer kleinen Stadt an der Küste von Lakonien, schloß Kadmos Semele und ihr neugeborenes Kind, nachdem er von ihrem Fehltritt erfahren hatte, in eine Kiste ein und warf sie ins Meer. Sie trieb in Prasiai an Land. Als man sie öffnete, war Semele tot, Dionysos aber lebte. Ino übernahm die Sorge für ihren Neffen und Semele wurde beerdigt. Pausanias erwähnt eine auffällige Parallele dieses Mythos (III, 24, 3–4; VII, 19, 6): In Patrai gelangte eine Kiste, die dem Aineias oder der Kassandra gehörte, in den Besitz des Eurypylos, eines der Helden, die gegen Troja gekämpft hatten. Bei ihrer Öffnung fand sich ein von Hephaistos verfertigtes Bild des Dionysos, bei dessen Anblick Eurypylos wahnsinnig wurde.

Orgiasmus und Anthropophagie

Seine Verehrer, die durch orgiastische Tänze und wohl auch durch Weingenuß von ihrem Gott besessen zu werden suchten, wurden nach Bakchos, einem seiner zahlreichen Beinamen, Bakchoi genannt. Das Instückereißen und Verschlingen eines Tieres oder gar eines menschlichen Opfers geschah tatsächlich. Diese wilden Begehungen entsprangen dem Wunsch, den Gott, der manchmal in menschlicher, manchmal in tierischer Gestalt vorgestellt wurde, in sich aufzunehmen. Dionysos' häufigste Verkörperungen waren der Stier und der Ziegenbock, doch erscheint er auch oft als Schlange. Eigentlich war er ein Gott der Fruchtbarkeit und neigte in Griechenland nur deshalb dazu, der Gott des Weines zu werden, weil es hier schon große Gottheiten gab, deren Tätigkeit auf die Fruchtbarkeit gerichtet war wie etwa Demeter . . . (51, S. 154)

Stier, Bock und Schlange als Gestalten des Dionysos

Auf die „dunkle" Abstammung des „ersten" Dionysos, des Dionysos-Zagreus weist Kerényi hin:

8.11.6.3.2

Die dunklen Aspekte des Dionysos-Zagreus-Chthonios

In anderen Geschichten (außer der Abstammung von Zeus) galt er als Sohn der Persephone und wurde durch den Beinamen Chthonios als „unterirdischer" bezeichnet. Es soll vorallem gesagt werden, wem Persephone das Kind geboren hat. Der Vater des Kindes wird auch Hades genannt. Persephone verließ, nachdem sie den Granatkern genossen hatte, nur ungern den Gatten, oder sie verließ ihn — so wurde es auch erzählt — überhaupt nicht . . . Man weiß aber, daß dem Gatten der Persephone auch der Name Zeus Katachthonios, „unterirdischer Zeus", zukam und daß sie durch ihren Vater, Zeus, verführt wurde. Als Katachthonios war Zeus der Vater des unterirdischen Dionysos. Er hieß in der Eigenschaft des Unterweltgottes auch Zagreus, der „große Jäger", und so hieß auch der Sohn. Diese Gleichheit wurde in Verbindung mit Zeus schon erwähnt. Es sei hinzugefügt, daß sich die Identität nicht nur in jenem, besonders auf Kreta gebräuchlichen Namen zeigt. Dionysos hat für uns sehr verschiedene Gestalten. In menschlicher Form wurde er durch eine bärtige Maske dargestellt. Selbst wenn er nicht als Maske — von Menschen getragen oder zur Verehrung aufgehängt — erschien, hatte der Gott ein seltsames, faszinierendes Maskengesicht. Den Kantharos, ein Weingefäß mit großen Henkeln, in der Hand, nimmt er auf alten Darstellungen den Platz ein, wo man Hades erwarten würde ... (12, S. 244)

Die Erzählung, daß Zeus der Mutter der Persephone und später dieser selbst, seiner eigenen Tochter, in Schlangengestalt beiwohnte, ist als orphische Geschichte erhalten geblieben, und auch diese nur in wenigen Bruchstücken. Der Ort dieser Hochzeiten und der Geburten, die auf die Zeugung folgten, war eine Höhle, von den Orphikern als Höhle der drei Nachtgöttinnen und des Phanes aufgefaßt. Doch wurde jene Höhle auch unabhängig von der orphischen Auffassung dargestellt und mit rein griechischen Gestalten gefüllt, ohne daß irgend etwas davon auf orientalische Erzählungen zurückzuführen wäre ... Zeus habe — so heißt es ausdrücklich (Diodorus Siculus 3. 64. 1) — mit Demeter oder mit Persephone den Dionysos gezeugt ... Demeter kam aus Kreta und entdeckte in Sizilien, in der Nähe der Quelle Kyane, eine Höhle. Darin verbarg sie ihre Tochter Persephone und ließ sie von zwei Schlangen behüten, die sonst vor ihren Wagen gespannt erscheinen ... Ihr näherte sich Zeus in Gestalt einer Schlange und zeugte mit der Tochter den Gott, der laut orphischen Geschichten der nach ihm folgende, sechste Weltherrscher sein sollte ... Es war keine Verführung gegen den Willen der Mutter: alles geschah, sogar die Verwandlung des Zeus in eine Schlange, nach der Absicht der Demeter, auf ihr Anstiften hin. Daraus ersieht man, aus welch frühen Zeiten, wo noch die Mütter es waren, die ihre Töchter mit dem Gatten beschenkten und nicht die Väter über sie verfügten und sie rauben ließ. Die Geburt des Sohnes und des Thronfolgers fand gleichfalls in der mütterlichen Höhle statt: auf einem späten Elfenbeinrelief steht in der Höhle das Bett, in dem die Göttin das gehörnte Kind — daran ist der Sohn der Persephone zu erkennen — eben auf die Welt gebracht hat.

Dieselbe späte Darstellung, nach älterem Muster gearbeitet, zeigt die darauf folgende Szene, gleichfalls in der Höhle: das Kind ist auf den Thron gesetzt, eine alte Zeremonie in den Mysterien der Großen Mutter Rhea und ihrer Korybanten, oder wie immer ihre männlichen Begleiter hießen ... (12, S. 245—246, gekürzt)

Neben den Titanen sind es auch „Erdentsprossene", die den neugeborenen Dionysos zerreißen (Diodorus Siculus 3. 62. 7). Kerényi glaubt, daß hiermit zwei Kureten gemeint sind:

Zerstückelungs-motiv und Anthropophagie Man weiß ebenfalls, daß unter den Söhnen der großen Mutter immer zwei ältere gegen den jüngsten standen. Die Zahl der Titanen, die den ersten Dionysos ermordeten, wird zudem ausdrücklich als zwei angegeben. In der orphischen Fortsetzung der Geschichte erscheinen an Stelle der Kureten Titanen ... Die Titanen hatten ihre Gesichter mit Gips weiß gefärbt. Sie kamen wie Tote aus der Unterwelt, wohin Zeus sie verbannt hatte, überfielen den spielenden Knaben, zerrissen — oder vielmehr zerschnitten — ihn in sieben Stücke und warfen diese in einen Kessel, der auf einem Dreifuß stand. Nachdem das Fleisch gekocht war, begannen sie es mit sieben Spießen über dem Feuer zu braten ... (12, S. 246—247, gekürzt)

Nach den orphischen Überlieferungen erschien Zeus selbst bei dem Mahl der Titanen, angelockt durch den Duft des Bratens. Als er jedoch merkte, was für ein Fleisch dort gebraten wurde, jagte er mit seinem Blitz die Titanen in den Tartaros zurück. Die Glieder des Dionysos gab er dem Apoll, der sie am Parnaß in Delphi beisetzte. Nach einer weiteren Version hatte die Titanen das Fleisch des Dionysos schon verzehrt, als sie Zeus mit dem Blitz erschlug. Sie stürzten in die Unterwelt zurück, wo sie von den Orphikern als die unterirdischen Ahnen des Menschengeschlechts angerufen wurden, denn aus der durch den Blitzschlag bei der Verbrennung entstandenen Asche der Titanen wurde nach der orphischen Lehre der Mensch gemacht.

Die von Diodorus Siculus überlieferte Version berichtet uns die bereits eingangs erwähnte Sammlung der zerrissenen und gekochten Glieder des Dionysos durch Rhea-Demeter. Die orphische Lehre nannte ihn nach seiner Gabe auch Oinos, „Wein“. Mit dem Wein habe Dionysos die von Zeus begonnene Erfüllung vollkommen gemacht. Dies ist nach Kerényi schon eine jüngere Version, während eine ältere davon berichtet, daß die gekochten Glieder des Gottes, mit Ausnahme eines einzigen, verbrannt wurden. Aus der Asche entstand der Weinstock. Das männliche Glied des Gottes dagegen wurde weder von Titanen, noch vom Feuer, noch von der Erde verzehrt. Das in einem Korb versteckte Glied nahm Zeus zu sich.

Es wurde behauptet, es sei das Herz des Dionysos gewesen. Darin liegt ein Wortspiel. Denn es hieß auch, Zeus haben den „kradiaios Dionysos“ der Göttin Hipta anvertraut, damit sie ihn auf dem Kopf trage. Hipta war ein kleinasiatischer Name der Großen Mutter Rhea, Kradiaios ist ein doppeldeutiges Wort: es kann sowohl von kradia, „Herz“, als von krade, „Feigenbaum“, abgeleitet werden und einen Gegenstand aus Feigenholz bedeuten. Der Korb auf dem Haupt der Hipta aber war ein liknon, eine Getreideschwinge, in der, wenn sie in festlichem Zug auf dem Kopf herumgetragen wurde, unter Früchten verborgen, gewöhnlich ein Phallos lag: ein Gegenstand, den Dionysos selbst aus Feigenholz verfertigt hatte. Es wird auch berichtet, der Liknites, das heißt „derjenige in der Getreideschwinge“, werde von Frauen, die am Parnaß dem Dionysos dienten, den Thyiaden, immer wieder „erweckt“. (12, S. 248)

Der aus der Verbindung des Zeus mit der Persephone gezeugte Dionysos wird im allgemeinen als der „erste“ Dionysos oder Zagreus bezeichnet. Der „zweite“ war der Sohn des Zeus mit der Semele, dessen Mythos wir oben schilderten. Der Name Semele war das Wort der Phryger in Kleinasien und ihrer europäischen Verwandten und Nachbarn, der Thraker, für Chthonia, die „Unterirdische“.

Die Niederfahrt des Dionysos in den Tartaros, um seine verstorbene Mutter Semele wieder an die Erdoberfläche zurückzuholen, deutet Kerényi wie folgt:

Man muß (Semele) sich so denken wie Persephone in jener Periode war, in der sie in der Unterwelt weilte. Dionysos mußte kommen, um Semele wieder heraufzuführen. Es gab in der Gegend der tiefen Quelle Lerna, wo auch Mysterien der Demeter gefeiert wurden, eine ähnliche Geschichte wie die von der Fahrt der Demeter zu Persephone. Dionysos kam auf der Suche nach Semele dorthin, bedurfte eines Führers und Wegweisers in die Unterwelt und mußte als Preis dafür völlige weibliche Hingabe versprechen: nur so konnte er zur Mutter gelangen und sie zurückholen. Er erfüllte sein Versprechen mit Hilfe eines Phallos aus Feigenholz, den er zu diesem Zweck aufstellte. Der Wegweiser – ursprünglich wohl dieses Kultmal selbst – hieß Prosymnos oder Polyhymnos, der „viel Besungene“. Es wurde ferner erzählt, daß Dionysos, nachdem er Semele heraufgeholt und unsterblich gemacht hatte, ihr den Namen Thyone, „die schwärmerisch Rasende“, gab. Die gleichbedeutende

Bezeichnung Thyias kam den schwärmenden Priesterinnen des Dionysos am Parnaß zu, die den Liknites erweckten . . . (12, S. 251–252, gekürzt)

Nach einer Version des Mythos wurde das Kind Zagreus-Dionysos von den Titanen um Mitternacht mit Spielzeugen, wie Tannenzapfen, einer Trompete, goldenen Äpfeln, einem Spiegeln, einem Knöchel und einem Wollknäuel von den schlafenden Kureten, den Bewachern, hinweggelockt. Als Zagreus merkte, wie es um ihn stand, wehrte er sich heftig und verwandelte sich abwechselnd in verschiedene Gestalten, um die Titanen zu täuschen. So verwandelte er sich hintereinander in Zeus mit einem Ziegenfellmantel, in Kronos, der den Regen macht, in einen Löwen, ein Pferd, eine gehörnte Schlange, einen Tiger und in einen Stier. Den Stier ergriffen die Titanen bei seinen Hörnern und Füssen, rissen ihn mit ihren Zähnen in Stücke und verschlangen sein rohes Fleisch. Hier war es Athene, die das grausame anthropophage Mahl unterbrach, kurz bevor es zu Ende war. Sie konnte das Herz des Zagreus retten und umgab es mit einer Schicht aus Gips, hauchte ihm Leben ein und machte es unsterblich. Die Knochen des Wiederbelebten wurden gesammelt und in Delphi beigesetzt.

Ranke-Graves kommentiert:

Knabenopfer Diese Sage bezieht sich auf die alljährliche Opferung eines Knaben, der im alten Kreta anstelle des Minos, des Stierkönigs, getötet wurde. Der Knabe regierte einen einzigen Tag, nahm an einem Tanz teil, der die fünf Jahreszeiten — Löwe, Ziege, Pferd, Schlange und Stierkalb — illustrierte, und wurde dann roh verzehrt. Die Spielzeuge, mit denen die Titanen Zagreus fortlockten, waren Gegenstände, die von den philosophischen Orphikern verwendet wurden. Sie übernahmen die Tradition dieses Opfers, aber anstelle eines Knaben verzehrten sie das rohe Fleisch eines Stierkalbes. Der „Stier-Brüller", ein Lärminstrument, war ein durchlöcherter Stein oder ein Stück gebrannten Tones, das am Ende einer Schnur herumgeschwungen wurde und dadurch das Geräusch eines sich erhebenden Sturms verursachte; der Wollknäuel könnte dazu gedient haben, die Gesichter der Kureten mit nassem Gips zu bestreichen. Die Kureten waren Jünglinge, die ihr erstes Haar der Göttin Kar weihten. Kar, Ker, Q're = „Schicksal", „Untergang" oder „Geschick", war eine kretische Göttin des „Todes im Leben". Der Name stammt von Karya ab. In Italien wurde sie zur prophetischen Göttin Carmenta = „Kar die Weise". Die sie begleitenden Karyatiden waren Flußnymphen. (Kar ist wahrscheinlich eine griechische Version der palästinischen und mesopotamischen Großen Göttin Belili. Im Demophon-Mythos von einem Athener, der durch die Heirat mit der Prinzessin Phyllis König der Thraker wurde, sie aber verließ und durch ein Zauberkästchen zu Tode kam, wird Kar mit Rhea in Verbindung gebracht. Anm. d. Verf.). (Die Kureten) wurden auch Korybanten oder gekrönte Tänzer genannt. Das Spielzeug, mit dem Zagreus weggelockt wurde, diente dazu, das Wesen der Zeremonie, durch die die Teilnehmer eins mit Gott wurden, zu erklären. Der Tannenzapfen war ein altes Emblem der Göttin, der zu Ehren die Titanen den Zagreus opferten; der Spiegel stellte das andere Ich oder den Geist der Teilnehmer an den Mysterien dar; die goldenen Äpfel waren sein Paß — nach seinem symbolischen Tod — zu den Elysischen Gefilden und die Knöchel seine hellseherischen Kräfte. (14, Bd. 1, S. 104–105)

Die einzelnen Verwandlungen des Dionysos-Zagreus während des Kampfes mit den Titanen werden von Ranke-Graves wie folgt erklärt:

Seine letzte Transformation in einen Tiger wird durch seine Identität mit Dionysos erklärt. Über den Tod und die Wiederauferstehung des Dionysos wird die gleiche (schon oben geschilderte) Geschichte erzählt, nur wird gekochtes anstelle rohen Fleisches und Rheas Name anstelle von Athenas Namen erwähnt. Auch Dionysos war eine gehörnte Schlange . . ., seine orphischen Anbeter nehmen ihn sakramental in Form von Stierfleisch zu sich. Zagreus ist „Zeus in einem Ziegenfell", denn Zeus oder sein kindlicher Stellvertreter war in einen Mantel, der aus dem Fell der Ziege Amaltheia gemacht worden war, zum Himmel aufgestiegen. „Kronos macht Regen" bezieht sich auf den Gebrauch der „Stier-Brüller" (gemeint sind Schwirrhölzer) bei der Regenbeschwörung. In diesem Zusammenhang waren die Titanen Titanoi („weiße Kreidemänner"): die Kureten in Verkleidung, damit der Geist ihres Opfers sie nicht erkennen konnte. In späterer Zeit, als Menschenopfer abgeschafft worden waren, wurde Zeus dargestellt, wie er einen Donnerkeil auf die Kannibalen schleudert. Die Titanes, „Herren der Siebentagewoche", wurden mit den Titanoi, den „weißen Kreidemännern", aufgrund ihrer Feindschaft gegen Zeus verwechselt . . . (14, Bd. 1, S. 105)

Der griechische Dichter Nonnos aus Panopolis in Ägypten, der im 5. Jahrhundert von etwa 390 bis 450 n. u. Z. lebte, hat in seinem achtundvierzig Gesänge umfassenden Riesenepos, den „Dionysiaka", die damals noch bekannten Mythen über die beiden vielschichten Gestalten des „ersten" (im 1. bis 6. Gesang) und „zweiten" Dionysos oder Bakchos (7. bis 48. Gesang) zum Inhalt seiner epischen Erzählung gemacht. Formal den Hexametern des Homer angepaßt, ist doch der Aufbau seines Epos völlig anders. Von seinen Zeitgenossen hochgepriesen und in der Renaissance sogar über Homer gestellt, ist es bei Rose nur noch ein „langes und geistloses Gedicht" (51, S. 156). Der erste Druck aus überlieferten Handschriften im Originaltext wurde von dem Holländer Gerard Falckenburg (Falcoburg, 1538–1578) bei Plantin in Antwerpen 1569 herausgegeben. Eine zweite Ausgabe des Falckenburgschen Werkes erschien posthum bei Wechel in Hannover 1605. Dieser folgte eine lateinische Übersetzung durch Eilhard Lubinus (Professor der Poesie und Theologie in Rostock, 1565–1621) in Hexametern 1610 ebenfalls in Hannover. Eine französische Übersetzung in Prosa durch den Comte de Marcellus (Pseudonym für Amédée Marteau?) erschien 1856 bei F. Didot frères zu Paris. Die erste deutsche Übersetzung von Thassilo von Scheffer (1873–1951) wurde von 1925 bis 1933 bei F. Bruckmann in München verlegt. Wir benutzten die zweite überarbeitete Ausgabe in der Dieterichschen Verlagsbuchhandlung Wiesbaden (69). Scheffer schreibt zur Literaturgeschichte des Epos in seiner Einleitung:

Eine seltsame Neubelebung am Anfang des 19. Jahrhunderts unterbracht unerwartet und kurz den scheinbaren Todesschlaf des Epos, wobei eigentümlicherweise wieder äußere historische Ereignisse im Spiele waren. Auf dem Wiener Kongreß wußte eine aller Mystik und okkulter Überlieferung ergebene baltische Dame [Baronin Barbara Juliane von Krüdener, geborene von Vietinghoff (1764–1824)] in Überschätzung dieser Seite der Dionysiaka den ähnlich gesonnenen Zaren Alexander I. (1777/1801–1825) durch einen Bericht über das Epos und seinen Inhalt für das Werk des Nonnos lebhaft zu interessieren, und der Herrscher faßte den Plan, seine Gelehrten zur Neubelebung, Herausgabe und womöglich Übersetzung anzuregen, er fand hierfür den für die Dichtung schon lange begeisterten S. S. Ouwaroff.

Schon früher hatte dieser dem gleichgesonnenen Gelehrten Friedr(ich) Graefe zu dessen Werk „Hymnos und Nikaia", das eine der wichtigsten Episoden der Dichtung (im 15. Gesang) behandelt (Petersburg 1813) die Vorrede geschrieben. Nun wollte Graefe eine Textausgabe herstellen, und Ouwaroff selbst schrieb sein von tiefer Hingabe und gründlicher Kenntnis zeugendes Buch „Nonnos von Panopolis, der Dichter" (Petersburg 1817), die erste und auch einzige, von warmer Begeisterung getragene Würdigung der „Dionysiaka", der er eine Briefvorrede in tiefer Verehrung an Goethe voranschickte. Nun schien der Weg zu neuem Leben für die Dichtung frei, aber leider blieb es nur bei diesem erfreulichen Anlauf; denn wenn auch Goethe starkes Interesse zeigte und sich mehrfach in diesem Sinne äußerte, so hatte es damit sein Bewenden. Für einige Jahrzehnte sank wieder das verhängnisvolle Dunkel, von dem die Dichtung so oft und unheilvoll verfolgt schien, schattend über das Epos, da die mancherlei kleinen Einzeluntersuchungen wie bisher in ihrem engen Kreise blieben. Immerhin lag nun ein Text vor (Friedrich Graefe, Dionysiacorum Libri XLVIII suis et aliorum conjecturis emendata et illustrata [Lipsius 1819—26; in 2 Bdn.]), wenn er auch nicht ganz den heutigen philologischen Ansprüchen genügen sollte, die später erst durch A. Ludwich (1909) in Deutschland erfüllt wurden ... (67, S. XII—XIII, gekürzt)

Die hier von Scheffer erwähnte Freifrau von Krüdener wurde als eine geborene von Vietinghoff am 11. November 1764 in Riga geboren. Befreundet mit dem russischen Zaren Alexander I., vertrat sie die pietistische Richtung der Brüdergemeinde der Herrnhuter. Durch ihre Predigten und Flugschriften erregte sie unter ihren Zeitgenossen Aufregung. Dabei wurde sie von den Obrigkeiten des jeweiligen Ortes, an dem sie wirkte, meistens ausgewiesen. 1808 wurde sie aus Basel abgeschoben. Sie zog sich 1817 auf ihr Landgut in Livland zurück und starb am 25. Dezember 1824 in Karassubasar auf der Krim. Die Dionysiaka mit ihrem umfangreichen mythologisch-astrologischen Material haben sicherlich in pietistisch-okkulten Kreisen zu Beginn des 19. Jahrhunderts ihre Wirkung nicht verfehlt. Aber der Versuch einer brauchbaren Ausgabe mit einer deutschen Übersetzung blieb noch für lange Zeit ein Wunsch. Scheffer berichtet weiter:

Das Epos des Nonnos spiegelt die späthellenistische Zeit wieder. Bei Nonnos befinden wir uns bereits in einer ganz neuen, anderen, unhellenischen Welt, sogar schon über den eigentlichen Hellenismus hinaus. Von schlichter Größe, edler Harmonie und ursprünglicher Dichterkraft ist wenig zu spüren. Dafür tobt sich ein wildes Barock überquellend und oft maßlos in tollem Wirbel und unbegrenzter Weitschweifigkeit aus ... (69, S. XV)

Übersehen dürfen wir auch nicht, daß Nonnos in den „Dionysiaka" eine Unmenge mythologischen Materials überliefert, von dem wir manches nur hier finden. Ferner widmet er sich leidenschaftlich demastronomisch-astrologischem Wissen seiner Zeit, wenn ihm auch zahlreiche Irrtümer auf diesem halb-occulten Gebiet unterlaufen, die dann mancher schwülen Verstiegenheit und bedenklicher Mystik Vorschub leisteten, aber uns andererseits auch auf diesem vielumstrittenen Gebiet an die antik-orientalischen Quellen der Sternreligionen heranführt ... (69, S. XVI)

Das Schaffen des Nonnos ist das stärkste Produkt jenes Zwiespaltes zwischen der sterbenden antiken Welt und dem Heraufkommen des sich immer elementarer hervordrängenden Christentums ... Das ethische Element der „Dionysiaka" beruht bewußt auf dem Wunsch, der seelenerlösenden Heilslehre des Christentums nun von antiker Seite aus auch einen

„Heiland" entgegen zu stellen, der das Leid der Menschheit mildern soll, und Nonnos erwählt sich dazu die Gestalt des „Sorgenbrechers" Dionysos und die Erfindung des Weines als eines Mittels leichter über das Erdenleid hinwegzukommen ... (69, S. XVII, gekürzt)

Über die Quellen des Nonnos meint Scheffer: *Die Quellen*

Die erste Hälfte des Riesenepos ist die bedeutendere, während die späteren Gesänge allmählich öder werden, hin und wieder aber doch eigenartig schöne Stellen zeigen, zumal, wenn Nonnos große Vorbilder früherer Dichtungen, vor allem Homer, auf sich wirken läßt. Aber naturgemäß war es nicht der Urvater der Epik allein, dessen Einfluß stofflich und gestaltend so vielfach, wenn auch meist nur äußerlich, zu spüren ist. Denn Nonnos weiß sich nach seiner ganzen Naturanlage und kultureller Herkunft doch viel unabhängiger von den großen ionischen Epen zu halten als die vier Jahrhunderte frühen verfaßte Aeneide des Vergil. Selbstverständlich aber haben im Ausgang der Antike auch die meisten anderen großen Werke der hellenischen, hellenistischen und römischen Dichter ihre Spuren hinterlassen. Der Kenner wird neben Homer auch zuweilen Hesiod spüren und an Theokrit, Kallimachos an den Apollonios Rhodois u. a. erinnert werden. Vor allem aber hat Nonnos eingehend die orphischen Schriften und die astrologischen Lehren geprüft und hier den „occulten" Einschlag seines Gedichtes gefunden, der bis in die deutsche Theosophie und die „Geheimlehre" der Blavatsky nachwirkt und dort genannt wird ... (69, S. XXI–XXII)

Die Übersetzung Scheffers beruht auf der zweibändigen Textausgabe von A. Ludwich, die bei B. G. Teubner 1909 in Leipzig erschien, ferner auf einer Interlinearversion in Prosa von Hans Bogner († 1947).

Im 1. Gesang schildert Nonnos die Doppelgeburt des Dionysos und die *Inhaltsübersicht* Herkunft seiner Vorfahren. Als Vorlage diente ihm wohl die Theogonie des Hesiod. Nonnos unterscheidet drei Gestalten des Bakchos: der erste ist Zagreus, *Der dreifache* Sohn der Persephone, der zweite ist Dionysos, Sohn der Semele, und der dritte *Dionysos:* ist Jakchos, Sohn der Aure, einer Jagdgefährtin der Diana. Wir erfahren im *Zagreus-Dionysos-Jakchos* 1. Gesang einiges über die Legende des Zeus und der Europa ebenso wie über den Aufstand des Typhon, Sohn des Tartaros, gegen Zeus und sein Göttergeschlecht. Hier ist es Typhon, der dabei eine kosmische Katastrophe ver- *Die durch* ursacht: *Typhon verursachte kosmische Katastrophe*

Seiner Hände Heer ergriff den Fuß des Olympos (was bei Nonnos das Himmelsgewölbe bedeutet):
Mit der einen schnürt er den Schwanz des Hundes und drängte
Aus der Bahn mit der andern den an die Achse gelehnten
Rist der parrhasischen Bärin (= Kallisto, eine von Zeus verführte
Jagdgenossin der Artemis), ergriff den Bootes und stieß ihn
Fort, zog Phosphors (= Eosphoros-Luzifer, 8. 6) weg, und unter dem zyklischen Drehpunkt
Pfiff der Morgenschall der himmlischen Peitsche (des Sonnengottes Helios) vergeblich. (Es war also der Sonnenaufgang gestört.)
Weg riß er die Morgenröte, er hemmte das Stierbild,
Und halbfertig zur Unzeit ließ ab die schirrende Hore.
Und durch die schattige Locken der natterhaarigen Köpfe
War das Licht gemischt mit Finsternis. Helios hob sich
Mit Selene zugleich und beide strahlten am Tage.

Noch ließ der Gigant nicht ab; von Norden gen Süden (wobei Typhon zunächst am Nordpol des Himmels stand und den Kreis der Zirkumpolarsterne störte, um dann am Südpol die südlichen Sternbilder zu stören)
Wandte er seinen Weg und tauschte den Pol mit dem Pole.
Mit seiner langen Hand ergriff er packend den Fuhrmann,
Peitschte dann den Rücken des hagelbringenden Steinbocks,
Zerrte auf das Meer die beiden Fische vom Äther,
Stieß den Widder (das Zeichen des Frühlingspunktes, der Frühlings-Äquinoktiien) fort, das Nabelgestirn des Olympos
Über dem nachbarlichen und feurigen Kreise des Frühlings,
Der mit gleicher Waage verteilt den Tag und das Dunkel.
In die Höhe erhob sich Typhon auf schleppenden Füßen
Wolkennah, und entfaltend die weitverästelten Hände,
Deckte er dunkel den silbernen Glanz offenen Äthers,
Schüttelte seine Schlangen gewundenes Heer, und die eine
Hochgebäumt durchlief die Krümmung des Kreises der Achse,
Und dann sprang sie auf das Rückgrat des himmlischen Drachen,
Schnaubend vor Wut. Die andre, ganz nah der Tochter des Kepheus (= Andromeda),
schlug einen weiteren Kreis, sich windend zwischen den Sternen,
Und umschnürte neu mit Fesseln Andromedas Fesseln
Seitlich unter den Banden. Der dritte hörnergeschmückte
Drache krümmte sich um das Horn des ähnlichen Stieres,
Wand Spiralen über dem Haupt des Rindes und schreckte
Mit geöffneten Maul die anders geformten Hyaden,
Abbild der horngeschmückten Selene. Es schlang der verknäulten
Drachen Geflecht sich Gift entspritzend um den Bootes.
Wild fuhr ein anderer Drache empor, sobald er am Himmel
Sah eine Schlange den Arm des Schlangenträgers umzucken.
Krümmend seinen Nacken und auf dem Bauche sich ringelnd,
Flocht er als anderer Kranz sich um den Kranz Ariadnes.
Und des Westwinds Gürtel und rüben den Fittich des Ostwinds
Schüttelte hin und her der hundertarmige Typhon,
Schwankte nach beiden Angeln des Himmels; nach Phosphoros riß er Hesperos (= den Abendstern) fort und den Schopf des Atlas. Im moosigen Meergrund
Griff er suchend zusammen den Wagen Poseidons und zog ihn
Aus der Tiefe ans Land. Von der Krippe unter dem Wasser
Riß er das Stallpferd zurück an meerdruchfeuchteter Mähne,
Schleuderte dann zum Bogen des Himmels das irrende Füllen
Lanzengleich zum Olymp und traf des Helios Wagen,
Uns es wieherten unter dem Joch die kreissenden Rosse.
Vielfach schüttelte er einen brüllenden Stier, der des Pfluges
Ländliche Deichsel verlassen, mit drohenden Armen, und schleudernd
Warf er gegen Selene (die im Stierwagen fährt und selbst Hörner besitzt) ein gleichbeschaffenes Abbild,
Hemmt ihre Bahn, und in den Zügel ihr fallend,
Warf er das weiße Stiergespann der Göttin herunter (bis in die Höhe der Köpfe Typhons)
Mit verderblichem Zischen der giftsprühenden Natter.
(1. Gesang, Vers 165—218)

Erst in gemeinsamer Anstrengung der Mondgöttin Selene-Mene, der Horen, Orions, der Fixsterne und Planeten gelang es, im Kampf mit Typhon das in Unordnung geratene Weltbild wieder zu ordnen.

Typhon packte wild erschütternd Korykions Gipfel (eines Gebirges Kilikiens).
Und die Heimatflut des kilikischen Stromes bedrängend,
Preßte in seiner Hand er Tarsos (eine Stadt in Kilikien) und Kydnos zusammen.
Felsgeschosse entsandte er schleudernd und scheuchte des Meeres
Scharen auf die Klippen, er peitschte zum Äther die Fluten.
Während so der Gigant die schleppenden Füße im Wasser
Netzte, blieb unversehrt von den Wellen die nackte Hüfte,
Und die Mitte der Schenkel umtosten die rauschenden Wogen.
Wütend zischten die Drachen aus flutdurchtosenden Kehlen,
Schwammen wider das Meer heran zum Kampfe und spieen
Gift. Und wie in der Tiefe des fischdurchwimmelten Meeres
Typhon stand, da staken ihm fest die Sohlen der Füße
In dem moosigen Grund. Den Leib umspülten die Lüfte,
Von den Wolken umballt. Und wie er vom Haupt des Giganten
Hörte das grause Gebrüll der mähnigen Löwen, da barg sich
Tief der Löwe der See im schlammigen Grunde. Bedrängung
Preßte die weite Zahl der wäßrigen Bestien im Meere;
Denn der Erdgeborene, der größer noch als die Erde,
Füllte mit trockenen Weichen die Flut, es brüllten die Robben
Und die Delphine versteckten sich in der Tiefe des Meeres.
(1. Gesang, Vers 258—277)

Im 5. Gesang wird anläßlich des Liebesabenteuers des Zeus mit Semele an *Zagreus* die Zeugung des Zagreus, des ersten Backchos erinnert:

Semele wurde bewahrt für hellerglänzende Hochzeit:
Den Dionysos wieder aufs neue entstehen zu lassen,
Ein gehörntes Abbild des früher geborenen Backchos,
Plante jetzt Zeus, an Zagreus, den elend verendeten, denkend,
Den in Drachenbegattung dem Zeus einst Persephoneia,
Die Gemalin des schwarzen Beherrschers der Tiefe, geboren,
Als Truggestalt vor Zeiten Kronion, geringelt
Zu einem sanften Drachen in lieblich lockender Windung.
Raubte die Jungfernschaft der keuschen Persephoneia,
Der verborgenen, damals, als alle olympischen Götter
Von dem Einen Mädchen, dem hochzeitsreifen, bezaubert,
Stritten voll Liebesglut und ihr zu heiligen Ehe
Gaben brachten . . .
Mehr noch bezaubert war Zeus, der Vater, von Persephoneia,
Und wie der Gott erspähte die Jungfrauenfrische des Wuchses,
Eilte sein Auge voraus als Führer der Liebesdämonen,
Unersättlich nach Persephoneia. Und dauernd durchbrausten
Ihm das Herz die Stürme rastloser Qualen der Liebe.
Bald war er entflammt aus Paphias winzigem Funken
Zu gewaltiger Glut. Vom schönen Busen der Göttin

Waren geknechtet die Augen des liebestollen Kronion.
... wie sie die feuerstrahlenden, dunst'gen
Gluten am Mittag floh, wann sengend die Horen dahinziehn,
Rastete müd das Mädchen von Müh und Arbeit am Webstuhl,
Trocknete sich die Tropfen vom feuchterhitzten Gesichte,
Löste den züchtigen Gürtel, sich zu erquicken, im Bade.
Fort ward sie getragen vom Schwall der erfrischenden Strömung
Und ließ ihr Gespinst zurück am Webstuhl der Pallas.
Nicht blieb sie verborgen Zeus! allesschauenden Augen,
Hüllenlos so begehrlich raste er nach der Göttin von Kypros,
Als er in fruchtloser Sehnsucht den Samen ins Ackerland streute,
Und ihm von selbst entquoll der heiße Schaum der Eroten,
Dem in Kerastischen Kypros aus zeugungsförderndem Grunde
Doppelfarbig der Stamm wildhörniger Männer entsproßte.

Hier wird auf den Mythos angespielt, nach welchem Zeus einstmals vergeblich Aphrodite verfolgte. Dabei kam es zu einer vorzeitigen extravaginalen Ejakulation. Das Sperma des Zeus fiel in Kypros auf die Erde. Nach Nonnos wuchs aus der von Zeus befruchteten Erde der kerastischen (= „gehörnten") Insel Kypros ein Geschlecht von Kentauren, welches von ihm von zwei anderen Kentaurengeschlechtern unterschieden wird:

Und der Walter der Welt und Zügellenker des Himmels
Beugte der Sehnsucht den Nacken, den starken. Da halfen ihm keine
Blitze und auch kein Donner, wenn Aphrodite gerüstet.
Heras Haus verließ er, wies ab das Lager Diones (der Tochter des
Uranos und der Gaia, Mutter der Aphrodite),
Themis floh er, ließ Leto, entzog sich der Liebe zu Deo,
Einzig zur Hochzeit bezaubert mit ihr, mit Persephoneia.
(5. Gesang, Vers 562—621, gekürzt)

Jungfrau Persephoneia, du fandest kein Mittel, der Ehe
Zu entgehen, dir ward mit einem Drachen Vermählung,
Als da vielringelt Kronion, das Antlitz verwandelt,
Als ein freiender Lindwurm, gekrümmt in verlockender Windung
In des finstern Grund des Jungfrauengemaches hineindrang,
Tückisch schüttelnd die Mähne; erschläferte gleitend die Augen
Der gleichartigen Drachen, die neben der Pforte gelagert.
Und er beleckte den Leib des Mädchens mit freienden Kiefern
Schmeichelnd. Und durch die Hochzeit mit diesem himmlischen Drachen
Wurde fruchtbar der Schoß der Persephoneia geschwängert
Zur Geburt des Zagreus, des hörnernden Säuglings, der einzig
Stieg auf den himmlischen Sitz Kronions und schwenkte mit kleiner
Hand den Blitz; und von des neugeborenen Trägers
Kindischen Fäusten wurden die Donnerkeile gehoben.
(6. Gesang, Vers 155—168)

Die Ermordung des Zagreus löst eine neue Naturkatastrophe aus

Zagreus-Dionysos wird dann, wie wir bereits schilderten, von den Titanen ermordet und geschlachtet.

Aber als Vater Zeus des frühern Dionysos Schlachtung
Merkte, das schattige Bild des listigen Spiegels gewahrte,
Trieb der Titanen Mutter er fort mit rächenden Bränden,
Sperrte dann hinter das Tartarostor gefangen die Mörder
Des gehörnten Zagreus. Da brannten die Bäume, und flammend
Wurde verzehrt das heiße Gelock der bekümmerten Erde,
Osten entzündet er, und von den Feuergeschossen
Brannte das baktrische Land gen Morgen. Assyrische Wogen
Setzten das Kaspische Meer in naher Wallung in Flammen
Und auch Indiens Berge. Die Erythräischen Buchten
Wogten in Glut und wärmten dadurch den arabischen Nereus.
Auch gegenüber den Westen zerstörte mit feurigem Donner
Zeus seinem Kinde zulieb. Und mitentzündet verglühte
Brodelnd der Rücken auch des gefrorenen Meeres im Norden.
Wallend unter der Senkung des brennenden südlichen Steinbocks
Wogte die Bucht gen Mittag und sprühte heißere Funken.
Aus benetzten Wimpern vergoß Okeanos flehend
Tränenflüsse und strömte sein schutzerbittendes Wasser;
Zeus aber zähmte den Groll, und als er die blitzverzehrte
Erde gewahrte, erbarmte er sich und wollte mit Wasser
Kühlen die Aschenbesudlung und brandigen Wunden des Ackers.
Damals überschwemmte der Regenbringer Kronion
Rings die ganze Erde und barg den Himmel in Wolken . . .
Vom Okeanos jetzt getrennte Töchter des Wassers
Bildeten sich als Seen. Die Brunnen sprudelten lufthoch
Unterirdisches Wasser, hochschleudernd Okeanos' Fluten,
Und es tropften die Warten; vom bergentrauschenden Gießbach
Wurden wie von Strömen beschwemmt die trockenen Höhen.
Aufwärts stieg das Meer; aus Wassernymphen der Tiefe
Wurden droben an Gipfeln nun Nymphen der Berge . . .
Damals wurden die Menschen, von feuchtem Verderben geschwollen,
In den Wassern begraben, und zahlreich trieben die Toten,
Hier der eine, der andere dort, auf wogender Strömung.
Schnappend mit offenem Maul nach dem rauschenden Wasser der Sintflut
Fielen auf der Warte beim gierigen Trinken des Bergstroms
Löwen und Bären zum Opfer. Zu einem Wasser zusammen
Einten sich Seen und Ströme, die Güsse Kronions, des Meeres
Fluten alle vermengt. Die vier zu Einem vereinten
Stürmenden Winde peitschten das ungeschiedene Wasser.
(6. Gesang, Vers 206—287, gekürzt)

Auch hier wird eine kosmische Katastrophe eindringlich geschildert, dies-
mal von Zeus aus Wut über die Ermordung des Zagreus entfacht. Wir haben die
Frage nach einer möglichen in zahlreichen Mythen in den verschiedensten
Erdteilen verbreiteten kosmischen Katastrophe in prähistorischer Zeit bereits
im Zusammenhang mit dem Mythos des Phaëthon gestellt (8. 6. 3). Nach einer
Hitze- und Erdbebenwelle folgt eine Sintflut, also eine geologisch und meteoro-

logisch erklärbare Naturkatastrophe, deren Auslöser beziehungsweise auslösendes Element uns allerdings unbekannt geblieben ist. Da es, wie bei Phaëthon und Typhon, anscheinend auch zu einer Verschiebung der Erdachse gekommen ist, die von unseren Vorfahren offensichtlich ohne astronomische Hilfsmittel beobachtet worden zu sein scheint, lassen wir als Arbeitshypothese die Annäherung eines Planetoiden oder Kometen an die Erde gelten. Nonnos schildert plastisch den Rückgang der Sintflut:

Ungefügt wäre nun worden der Welt Gefüge, die Menschheit
Samenlos aufgelöst vom allernährenden Aion („der ewigen Zeit).
Doch auf die heilige Weisung Kronions sprengte Poseidon
Die Thessalischen Berge, durchstach sie mitten mit seinem
Erderschütternden Dreizack; da wich das flimmernde Wasser
Rückwärts durch die Mitte der wildzerrissenen Gipfel.
Von sich stieß die Erde die hohe Strömung der Sintflut,
Tauchte wieder empor; und als die Fluten in tiefe
Schlünde getrieben, erschienen entwässert aufs neue die Berge.
Und die feuchte Stirn der Erde trocknete dörrend
Helios' heller Glanz, und als die Fluten gerannen
Durch noch heißere Strahlen, da wurde wieder wie vorher
Fest der Schlamm. Durch größere Kunst der Menschen gefertigt,
Wurden Ansiedlungen auf steinerndem Grunde befestigt,
Häuser wurden gebaut, der neugegründeten Städte
Straßen wurden gebahnt von frischentstandenen Menschen.
Wieder lachte Natur, und mit den Winden zusammen
Schwangen die Vögel die Flügel und ruderten neu durch die Lüfte.
(6. Gesang, Vers 371—388)

Nachdem im 7. Gesang sich Zeus entschließt, mit Semele einen zweiten Bakchos zu zeugen, folgt in den folgenden Gesängen der Mythos vom Tod der Semele und die zweifache Geburt des (zweiten) Dionysos, seine Jugend und sein Feldzug gegen die Inder. Dazwischen wird im 16. Gesang als eine Art Einschub vom Liebesverhältnis des Dionysos zu Nikaia berichtet, die ihm die Tochter Telete gebiert. Im 18. Gesang erfahren wir von seinem Aufenthalt in Assyrien, während im 19. und 20. Gesang ein Bakchosfest bei dem verstorbenen Assyrerkönig Staphylos geschildert wird. Die weiteren Kämpfe des Dionysos gegen verschiedene Feinde haben der 21. bis 24. Gesang zum Inhalt. Mit dem 25. Gesang beginnt die zweite Hälfte des Epos. Der Indienkampf geht ins 7. Kriegsjahr. Der Kampf geht in den folgenden Gesängen weiter und wird in epischer Breite geschildert (26.—31. Gesang). Im 32. Gesang greift Hera mit Hilfe des Zaubergürtels der Aphrodite in den Kampf ein. Zunächst muß sie ihren Gemahl „außer Gefecht setzen":

Der Zaubergürtel der Aphrodite ein „Erotengürtel"

So beschwatzte sie sie, und Aphrodite, die list'ge
Folgte ihr kluggesinnt: sie zog hervor aus dem Busen
Den Erotengürtel und gab ihn der freudigen Hera,
Und sie sagte dazu noch wegen des Zaubers der Binde:

„Nimm denn diesen Gürtel, um deine Qualen zu lindern.
Alles in Einem bezaubert die sehnsuchtweckende Binde,
Helios, Zeus und den Äther und alle kreisenden Sterne,
Auch die unstete Flut des weiten Okeanosstromes."
(32. Gesang, Vers 1—8)

Durch den Zaubergürtel von Begierde entbrannt, schläft Zeus ausnahms-
weise mit seiner eigenen Frau Hera. Hypnos, der Gott des Schlafes, versenkt
den abgeschlafften Zeus in einen Tiefschlaf. Inzwischen stürmt Megaira mit
ihrem giftigen Schlangenhaar in wechselnder Tiergestalt auf Dionysos ein und
versetzt ihn in Wahnsinn. Der rasende Dionysos wütet gegen Tiere, Nymphen *Dionysos wird*
und Menschen. Sein Heer wird von den Indern besiegt und flüchtet vor beiden. *wahnsinnig*
Die Tochter des Dionysos, Pasithea, bittet ihre Herrin Aphrodite, ihren Vater
vom Wahnsinn zu befreien. Der Kampf zwischen dem bakchischen Heer und
den Indern geht weiter. Der in Schlaf versetzte Zeus erwacht und befiehlt
seiner Frau, Dionysos von Wahnsinn zu befreien. Dionysos, vom Wahnsinn ge-
heilt, kehrt zu seinem Heer zurück. Neben dem indischen Kriegsschauplatz
kämpfen die olympischen Götter jeweils für eine Partei auch untereinander.

Der 38. Gesang ist für uns wieder von besonderem Interesse. Hier erfahren
wir die Version des Nonnos über den Mythos des Phaëthon. Zunächst kündigt
sich nach einer Sonnenfinsternis ein Siegeszeichen durch einen Adler an, der
in seinen Fängen eine Schlange hält:

Glückverheißend flog dem ungeduldigen Bakchos
Durch die Lüfte ein Adler und trug eine hörnerne Schlange
In den scharfen Fängen; sie wand gar mutig den Nacken,
Und kopfüber glitt sie sich wälzend in den Hydaspes.
Bebendes Schweigen hielt in Bann die mächtige Heerschar;
Aber der kluge Idmon (ein Seher, dessen Mutter Urania war), da er Uranias Weihen
Einst empfangen, der Muse, die kundig des Sternengewölbes,
Stand allein voll Mut, denn durch die Wissenschaft kannte
Er das beschattete Rund (Sonnenfinsternis) der sonnenverbundnen Selene
Und die rötliche Flamme (Sonnenkorona?) der hinter dem finstern Kegel
Dunkel verborgenen Sonne, die nun nicht sichtbar dahinfuhr,
Und das Donnerkrachen zusammengeschmetterter Wolken
Und das himmmlische Brüllen, den blitzentflammten Kometen
Und die feurigen Ruten, das Zucken des glühenden Blitzes.
Da er nun solcherlei von der Göttin Urania lernte,
Stand er ruhig und kühn; die Glieder der anderen aber
Schlotterten bang. Doch Idmon, der greise Prophet mit dem frohen,
Leuchtenden Antlitz und kundig klugüberredender Worte,
Wußte das ganze Heer zu ermutigen, weil er erkannte:
Über ein Kleines werde ein Sieg das Schlachten beenden . . .
Und aus dem Munde entwichen ihm solche verkündenden Worte:
„. . . Zittre nicht vor dem Blitz, nicht fürchte das schwefelnde Feuer,
nicht die verdunkelte Bahn der Sonne und nicht des Olympos
Vogel, den kündenden Boten des nahen Sieges des Bakchos.

Wie von den schlimmen Schneiden der spitzen Krallen verwundet
und durchbohrt von des Vogels geschärften, raubenden Fängen
In die Flut des Stroms der gehörnte Drache geglitten
Und der greise Hydaspes die tote Schlange geborgen,
So wird das Wasser des Vaters den indischen Herrscher umhüllen,
Dem ein Stiergehörn gleich seinem Erzeuger gewachsen.
(38. Gesang, Vers 26—69, gekürzt)

Hier taucht bei Nonnos das gleiche Motiv des Adlers auf, der in den Fängen die Schlange hält, ein göttliches Zeichen (8. 11. 5). Idmon (= der „Wissende") prophezeit daraus einen Sieg der bakchantischen Heere über die Inder. Und weiter heißt es:

Und da eilte vom Himmel Hermeias, der Bote Kronions,
Nieder zu seinem Bruder, dem einsamen Bakchos im Bergwald,
Und er versicherte ihn des Sieges mit folgenden Worten:
„Sorge dich nicht um diese Zeichen, auch wenn es Nacht ward bei Tage.
Dies ist, tapferer Bakchos, nur Vorverkündung des Sieges
Von deinem Vater Kronion. Der wiederkehrenden Sonne
Neues Erscheinen vergleich ich dem hellerstrahlenden Bakchos,
Und die Finsternis ist der kühne, bräunliche Inder.
Kann man doch am Äther das bildlich schauen, denn wie die
Finsternis verhüllte das Bild der strahlenden Eos,
Und dann Helios wieder auf feuerglänzendem Wagen
Neu emporgestiegen, das nächtige Dunkel verjagte,
So verjagtest auch du von deinen Augen das finstre,
Undurchsichtige Dunkel der Tartarosgöttin Erinnys;
Strahlen wirst du im Kriege gleich Hyperion auf neue.
Führte doch nie darauf ein solches Wunder der greise
Erwähnung Aion, seit, getroffen vom Hauch des dämonischen Feuers,
des Phaëthon- Phaëthon halbverbrannt aus des Helios glänzendem Wagen
Mythos Köpflings niederstürzte, bedeckt vom keltischen Strome;
Und bei Eridanos' Brauen (dem sagenhaften Strom, der im Land der Kelten vermutet wurde)
bestöhnen den tapferen Jüngling
Heute die Heliaden (die Schwestern des Phaëthon) noch immer mit klagenden Zweigen.
(38. Gesang, Vers 75—95)

Den Mythos von Phaëthon in den Dionysiaka haben wir an anderer Stelle bereits wiedergegeben (8. 6. 3). Der Kampf zwischen dem Heer des Dionysos und dem des indischen Königs Deriades wogt weiter. Er ist ausgeschmückt mit den verschiedensten Mythen, die, mehr oder weniger gelungen, in das Gesamtepos eingebaut wurden. Im 41. Gesang finden wir Dionysos in der Stadt Berytos (heute Beirut), an deren Gestade einst Aphrodite aus dem Meer entstieg (8. 10. 2. 2). Hier gebar sie den Eros. Ihre Tochter, die Nymphe Beroe, deren Vater Adonis war und deren Geburt und Wirken ab Vers 155 geschildert wird, ist durch Eros' Pfeil gleichzeitig mit Dionysos und Poseidon in Liebeskonflikte gelangt. Dionysos folgt ihr verliebt, als Jäger verkleidet, aber Beroe bleibt spröde. Poseidon steigt aus dem Meer und bewirbt sich als Liebhaber, ebenfalls ohne Erfolg. Aphrodite schlägt einen Wettkampf der beiden um Beroe vor (42. Gesang). In diesem Kampf verliert Dionysos. Eros tröstet ihn mit der Verheißung, er werde bald die Liebe der Ariadne, Aure und Pallene gewinnen. Dionysos kehrt nach Lydien zurück zu seiner Pflegemutter Rheia, um sich von dort nach Europa zu begeben (43. Gesang). In Boiotien kämpft er den eigenartigen Kampf gegen den Thebanerkönig Pentheus, den wir ebenfalls schon früher erwähnten und der mit der Tötung des Königs durch die Mänaden unter der Führung seiner Mutter Agaue endet (44.–46. Gesang).

In Athen wird Dionysos und sein Gefolge freudig begrüßt. Dem Gärtner Ikarios und dessen Tochter Erigone überläßt er Weinrebenschößlinge als Gastgeschenk. Er erklärt ihnen den Anbau und die Weinherstellung. Die Gäste erschlagen in sinnloser Trunkenheit Ikarios, da sie sich vergiftet fühlen. Im Traum erscheint Ikarios seiner Tochter voll Blut und Wunden. Erigone sucht ihren Vater, bis sie zu seinem Grab geführt wird. Dort erhängt sie sich aus Verzweiflung. Dionysos zieht von Attika nach Naxos. Hier verliebt er sich in Ariadne, die von Theseus verlassen worden ist, und tröstet sie. Mit ihr begibt er sich nach Argos. Die Argiver lehnen ihn aber ab und es kommt zum Kampf. Ariadne wird durch Perseus mit Hilfe des Hauptes der Medusa (Gorgonenhaupt 8. 10. 3. 3) versteinert. Es kommt jedoch zu einer Versöhnung von Dionysos und Perseus und die Argiver beschließen auf Rat des Sehers Melampus, den Weingott zu verehren und durch Feiern und Opfer zu versöhnen (47. Gesang).

Der letzte (48.) Gesang berichtet von dem Zug des Dionysos durch Thrakien. Er muß mit den Giganten kämpfen und zieht zu Pallene, der Tochter des König Sithon. Nach einem Kampf erschlägt Dionysos den König und vermählt sich mit seiner Tochter Pallene, dessen Mörder er ist. Im Gebirge Dindymon in Phrygien entjungfert Dionysos, einem Götterspruch folgend, die Jägerin Aure, Tochter des Titanen Lelantos und der Perioboia. Dieser Beischlaf erfolgt durch einen Zauber: Wie bei der Verführung der Nikaia schlägt er mit dem Thyrsosstab in die Erde und eine Weinquelle sprießt empor. Die durstige Aure trinkt hiervon und versinkt in einen tiefen, rauschhaften Schlaf. Von Eros herbeigerufen, entwaffnet und fesselt Dionysos das Mädchen und vergewaltigt sie, dann verläßt er den Ort. Die erwachende Aure verspürt ihre Schändung, ohne den Schänder zu kennen. Sie gerät in Raserei und erschlägt Hirten, Jäger und Winzer. Im Aphroditentempel zerstört sie die Bilder der Liebesgöttin und des Eros. Artemis verhöhnt sie und nennt ihren Verführer. Aure, von Dionysos geschwängert, gebiert Zwillinge. Dionysos beauftragt seine Exgeliebte Nikaia, dafür zu sorgen, daß Aure ihre Kinder nicht töte. Aure wirft sie den wilden Tieren zum Fraß vor, diese tun ihnen jedoch nichts zuleide. Aure tötet das eine Kind und verschlingt es, während Artemis das zweite rettet. Dann springt Aure in den Fluß Sangarios und wird von Zeus in eine Quelle verwandelt. Das gerettete Kind wird auf Befehl des Dionysos von Nikaia nach Athen gebracht, von Athene gesäugt und bei den eleusinischen Mysterien als Iakchos gefeiert. Dionysos selbst steigt in den Olymp empor.

Fassen wir die zahlreichen und vielschichtigen Überlieferungen von einander teilweise widersprechenden Mythen über Dionysos-Zagreus-Bakchos-Jakchos zusammen, so dominieren unzweifelhaft die dunklen Aspekte seines Wesens, die ihn damit in dämonisch-teuflische Bezirke führen und seine nahe Stellung zum Bösen und damit zu dessen Personifikation im Teufel verständlich machen. Seine Querverbindungen zum Artemis-Diana-Kult haben wir an anderer Stelle (8. 10. 6) aufgezeigt.

8.11.7

Die Schlange in der christlichen Exegese

Haag hat die christliche Auslegung der Rolle der Schlange im Paradies in ihren verschiedenen Interpretationen zusammengefaßt. Danach unterscheidet er:

1) Die historische Deutung, nach der entweder der Versucher (Teufel) die Gestalt einer Schlange angenommen oder eine wirkliche Schlange als sein Werkzeug benutzt hat.

2) Die allegorische Deutung, welche die Schlange als „Bild der bösen Begierde und sinnlichen Lust" versteht. Diese Auslegung wird auch von der Gruppe vertreten, die den Sündenfall als eine geschlechtliche Übertretung ansehen. Hier ist die Schlange Symbol des Geschlechtstriebs oder der Geschlechtlichkeit allgemein.

3) Die historisch-allegorische Deutung, in der die Schlange als ein vom biblischen Erzähler gebrauchtes Bild symbolisch benutzt wird. Hier wird eine Übereinstimmung der Deutung 1 und 2 versucht, indem der Ausdruck „Schlange" keine wirkliche Schlange, sondern der Teufel bezeichnet.

4) Die mythische Deutung, in der der Text der Genesis als eine Sage, ein Märchen oder Mythos angesehen wird. Diese Auffassung hat sich seit dem Ende des 18. Jahrhunderts im Protestantismus durchgesetzt.

5) Die historisch-folkloristische Deutung, die, vornehmlich vertreten durch F. von Hummelauer (1842–1914), die Geschichte als eine historische Folklore betrachtet.

Haag geht auf die Geschichte der neueren Exegese ein. Er kommt zu dem Schluß:

Zwar ist die satanologische Deutung der Paradiesschlange in der kirchlichen Verkündigung beider Konfessionen noch immer zu hören. Dennoch scheint sich ein Konsens zwischen katholischen und evangelischen Exegeten dahin zu bilden, daß diese Deutung vor den Grundsätzen zeitgemäßer Exegese nicht bestehen kann. (1, S. 255)

Kernpunkt für die moderne Satanologie ist die Stelle 2, 24 im „Buch der Weisheit": „Doch durch den Neid des Teufels kam der Tod in die Welt, und ihn erfahren alle, die ihm angehören." Das Buch der Weisheit, in griechischer Sprache geschrieben, stammt aus Alexandria. Seine Entstehungszeit wird unterschiedlich vom 3. Jahrhundert v. u. Z. bis zum Beginn des 1. Jahrhunderts n. u. Z. angesetzt. Die Aussage (2, 24) über den Teufel steht innerhalb des gesamten

390

Buches isoliert da. Man hat daher gelegentlich vermutet, daß es sich um eine spätere christliche Interpolation handeln könne.

Daß im Weisheitsbuch, wenn auch in hellenistischer Prägung, die jüdische Satanologie anklingt, wie sie uns in den Pseudoepigraphen des 2. und 1. Jahrhunderts v. Chr. begegnet, kann grundsätzlich nicht überraschen. Neu ist jedoch das Motiv vom Neide des Teufels, das fortan mehrfach im pseudoepigraphischen und rabbinischen Schrifttum erscheint ... Wie es jedoch zur Vorstellung vom Neide des Teufels kommen konnte, ist nicht mit Sicherheit auszumachen. Da jüdisches und hellenistisches Denken in Weish(eit) eine Symbiose eingegangen sind, liegt es nahe, an den griechischen Topos vom „Neid der Götter" zu denken, an deren Stelle der Verfasser von Weish(eit), jüdischem Glauben verpflichtet, den Satan gesetzt hätte. (1, S. 260–261, gekürzt)

Haag kommt wegen der bestehenden Unklarheiten über den Ursprung der Schlangensymbolik in Verbindung mit der jüdischen Satanologie im Alten Testament und der christlichen im Neuen Testament zu dem Schluß, daß „für den modernen Ausleger ... bei der theologischen Argumentation mit Weisheit 2, 24 als Stütze für den Ursprung der Sünde und Existenz des Teufels äußerste Vorsicht geboten" ist. „In einer so stark von Rhetorik, Erbauung und Legende geprägten Schrift muß die dogmatische Verbindlichkeit einer Aussage unbedingt eine starke Einschränkung erfahren" (1, S. 262).

Rückblick und Ausblick

Im vorliegenden Band haben wir die „Ahnherren" des in der christlichen Weltanschauung verschmolzenen Teufel/Satan/Luzifers kennengelernt. Ebenso konnten wir den weiblichen Part des Teufels, die „Ahnfrauen" der Zauberer und Hexen ausführlich behandeln. Wir glauben dabei bewiesen zu haben, daß die Vorfahren unseres heutigen Teufelsbildnisses den verschiedensten mediterranen Götter- und Dämonengenealogien entstammen. Erst im Laufe von über zweitausend Jahren ist aus diesen Gestalten, die im Laufe der Zeit durch unser immer größeres Wissen und Verständnis aus den überlieferten Mythen — speziell in unserer Zeit — immer deutlicher aus dem Dunkeln hervortraten, der Ausdruck des personifizierten Bösen, der Teufel, entstanden. Unbestreitbar hat die Verschmelzung der Ahnherren und -frauen, die teilweise ihre guten Eigenschaften durch die Manipulation der Kirchenväter zugunsten des Bösen verloren, auch den einstigen Lichtgott Luzifer zu einem Bösewicht gemacht.

Wie diese Gestaltwerdung des Teufel/Satan/Luzifers vor sich gegangen ist, zeigt uns noch einmal zusammenfassend die Tabelle. Sie ist zugleich eine Übersicht zur schnellen Orientierung über die einzelnen „Stammbäume" des Teufels. Seine seit dem Mittelalter fest ausgeprägte Gestalt werden wir aus christlicher und nichtchristlicher Sicht im zweiten Band untersuchen. Wir werden die christlichen Satansgegner wie auch die Anhänger des Satans, die Satanisten, und des Luzifer, die Luziferianer, kennenlernen.

Im zweiten Band sind folgende Kapitel vorgesehen: Satan und der Satanismus vom Mittelalter bis zum 19. Jahrhundert und die Stellung der christlichen Kirche hierzu; Satanismus und Freimaurerei; Literatur über den Satanismus und ein Ausblick auf den Satanismus des 20. Jahrhunderts.

Ein Register für die beiden Bände schließt die Arbeit über den „Satan und die Satanisten" ab.

392

Die „Ahnherren" und „Ahnfrauen" des Teufel/Satan/Luzifers und seines Gefolges

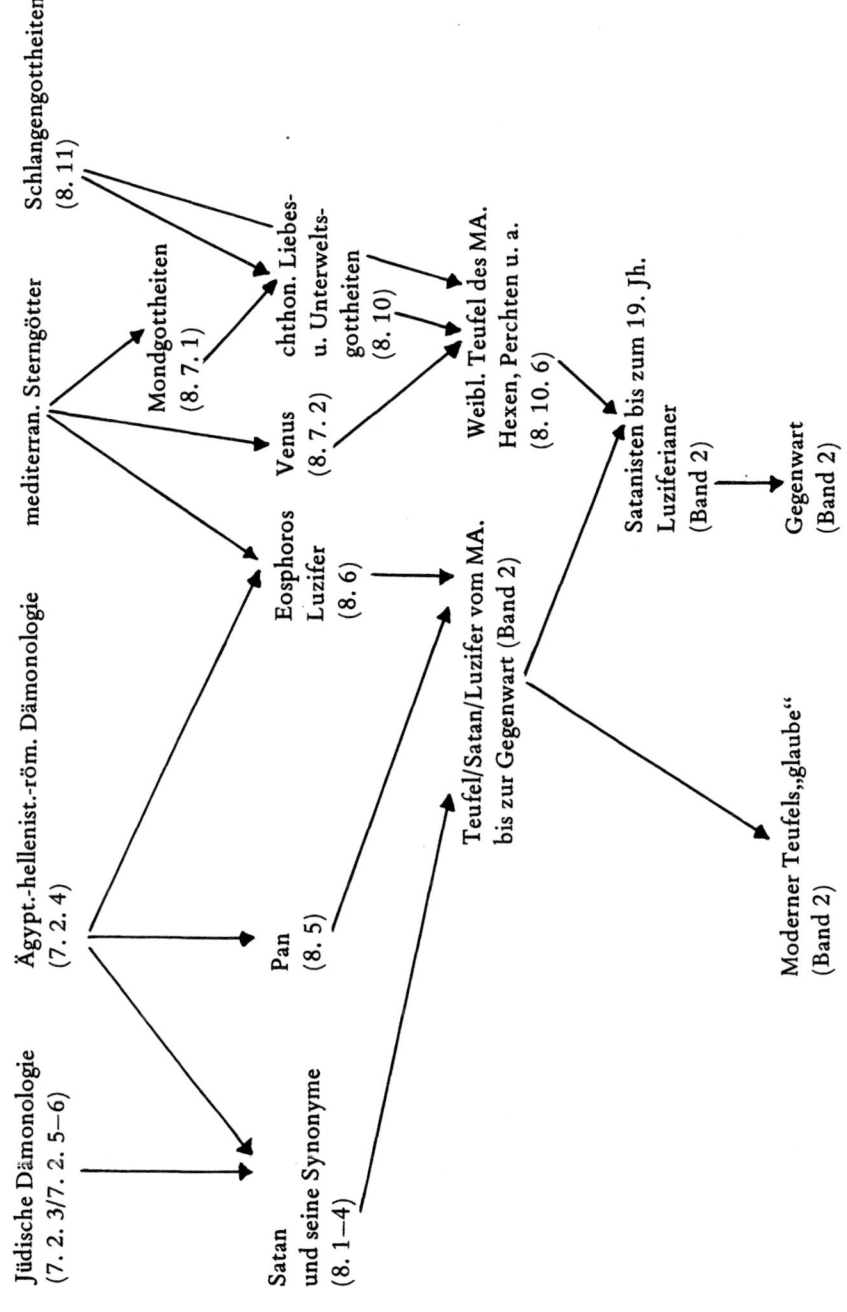

Bemerkung: Die in Klammern gesetzten Ziffern weisen auf die jeweiligen Kapitel zum Thema.

Bibliographische Anmerkungen

9 1 Haag, Herbert, Teufelsglaube — Mit Beiträgen von Katharina Ellinger, Berhard Land und Meinrad Limbeck (Tübingen: Katzmann 1974). Das moderne Standardwerk über den Teufelsglauben und Ausgangspunkt für die vorliegende Untersuchung.

2 Ritter, Joachim und Karlfried Gründer (Hrsg.), Historisches Wörterbuch der Philosophie (Basel: Schwabe 1971 ff.). Die völlig neu bearbeitete Ausgabe des von Rudolf Eisler in der 4. Auflage von 1927 bis 1930 herausgegebenen „Wörterbuch der philosophischen Begriffe", das erstmals 1899 erschien. Das „Wörterbuch" ist auf insgesamt 10 Textbände konzipiert, von denen bis 1979 4 Bände erschienen sind. Standardwerk.

3 Biedermann, Hans, Handlexikon der magischen Künste von der Spätantike bis zum 19. Jahrhundert (Akademische Druck- u. Verlagsanstalt: Graz 1973^2; als Taschenbuch gekürzt: München/Zürich: Droemer/Knaur 1976, Nr. 421). In seiner Art erstmalig auf dem Büchermarkt, Standardwerk.

4 Pfliegler, Michael, Glaube und Aberglaube, in: Mächte des Schicksals — Enzyklopädie anthropologischer Wissenschaften, okkulter Lehren und magischer Künste (o. Druckort [Wien]: Marathon 1953). Enthält zahlreiche Aufsätze von unterschiedlichem Stellenwert.

5 Der Große Brockhaus (Wiesbaden: Eberhard Brockhaus 1952—1963). 12 Bände + 2 Ergänzungsbände, als 16. Auflage des erstmals als „Bilder-Conservations-Lexikon für das deutsche Volk" bei F. A. Brockhaus in 4 Bänden von 1837 bis 1841 in Leipzig erschienenen Erstauflage. Z. Zt. erscheint als 18. (Jubiläums-)Auflage der „Große Brockhaus" seit 1977. Von der Erstauflage kam ein Nachdruck 1977 im Verlag Enzyklopädische Literatur zu München heraus.

6 Schoeps, Hans-Joachim, Religionen — Wesen und Geschichte (Gütersloh: Bertelsmann o. J.; mehrere Auflagen).

7 Meyer, Eduard, Geschichte des Altertums (Stuttgart: J. G. Cotta 1953—1958). Diese aus 5 Bänden bestehende Ausgabe ist die 4. bis 6. von Hans Erich Stier (1902—1979) teilweise überarbeitete Auflage des erstmals von 1884—1902 erschienenen Werks des Altmeisters der Altertumswissenschaften. Es kann auch heute noch in zahlreichen Abschnitten benutzt werden, obwohl neuere Forschungen besonders in der Archäologie zu neuen Ergebnissen und unterschiedlichen Anschauungen führten.

8 Randa, Alexander (Hrsg.), Handbuch der Weltgeschichte — Ein Totalbild der Menschheit (Olten und Freiburg i. Br.: Walter 1962^3; 1. Aufl.: 1954). 3 Bände + 1 Registerband. Ein Standardwerk zur synoptischen Geschichtsbetrachtung.

9a Platon, Hauptwerke — Ausgewählt und eingeleitet von Wilhelm Nestle (Stuttgart: Alfred Kröner 1931). Mehrere Auflagen, hier die Ausgabe von 1952 als 69. Band von Kröners Taschenausgabe.

b Platon, Sämtliche Werke — Nach der Übersetzung von Hieronymus Müller, mit der Stephanus-Numerierung herausgegeben von Walter F. Otto, Ernesto Grassi und Gert Plambõck (Hamburg: Rowohlt 1957—1959). Die Bände kamen in 6 Bänden der Taschenbuchausgabe von „Rowohlts Klassiker der Literatur und der Wissenschaft" mit den Nrn. 1, 14, 27, 39, 47 u. 54 heraus.

10 Evola, Julius (Giulio Cesare Andrea di), Metaphysik des Sexus (Stuttgart: Ernst Klett 1962). Deutsche Übersetzung der italienischen Originalausgabe „Metafisica del Sesso" (Roma: Casa Editrice Atanor 1959). Das Werk gehört für unsere Betrachtung zu den wichtigen Quellen.

11 Schelling, Friedrich Wilhelm Joseph von, Philosophie der Mythologie (Darmstadt: Wissenschaftl. Buchgesellschaft 1957). Die beiden Bände erschienen erstmals in der von seinem Sohn Karl Friedrich August Schelling herausgegebenen Gesamtausgabe von 1856 bis 1861.

12 Kerényi, Karl (Károly), Mythologie der Griechen — Götter und Menschheitsgeschichten (Darmstadt: Wissenschaftl. Buchgesellschaft 1956^2). Wichtige Arbeit des bekannten, 1973 verstorbenen Religionswissenschaftlers ungarischer Abstammung.

13 Röttgen, Herbert und Florian Rabe, Vulkantänze — Linke und alternative Ausgänge (München: Trikont 1978^2). Die beiden anarchistischen Autoren vertreten eine Mischung von Individualanarchismus und Kollektivbewußtsein nachfreudscher Psychoanalytiker. Sie stellen eine Facette des unübersehbaren Spektrums der „Neuen Linken" dar.

14 Ranke-Graves, Robert von, Griechische Mythologie — Quellen und Deutung (Hamburg: Rowohlt 1960). Die zweibändige Taschenbuchausgabe als Band 113—116 und „Rowohlts deutsche Enzyklopädie" ist die deutsche Übersetzung von Robert Graves „The Greek Myths" (Harmondsworth: Penguin Books 1955). Interessant sind die Kommentierungen und Interpretationen Graves' der griechischen Mythologie.

394

15 Baroja, Julio Caro, Die Hexen und ihre Welt (Stuttgart: Ernst Klett 1967). Deutsche Übersetzung der spanischen Originalausgabe „Las brujas y su mundo" (Madrid: Revista de Occidente 1961). Das Buch gehört zu den Standardwerken der Geschichte des europäischen, hier besonders des iberischen Hexenwesens.

16 Kaupel, Heinrich, die Dämonen im Alten Testament (Augsburg: Benno Filser 1930). Die gründliche Arbeit des katholischen Theologen ist auch noch heute lesenswert.

17 Bächtold-Stäubli, Hans (Hrsg.), Handwörterbuch des deutschen Aberglaubens (Berlin und Leibzig: Walter de Gruyter 1927—1942). Gelegentlich als Neudruck noch komplett erhältlich. Das Handwörterbuch stellt die umfassendste Arbeit über den Aberglauben im deutschen Sprachraum dar und ist für unsere Betrachtung von großem Nutzen.

18 Wundt, Wilhelm, Völkerpsychologie — Eine Untersuchung der Entwicklungsgesetze von Sprache, Mythus und Sitte (Leipzig: Wilhelm Engelmann 1904—1909). Es erschien als 3. Auflage in 10 Bänden einer Ausgabe in den Jahren von 1911 bis 1920. Für uns ist der zweite Band „Mythus und Religion", der in drei Teilen herauskam, von besonderem Interesse. Das Werk gehört noch immer zu den Hauptschriften unseres Themas, wenn auch die Ethnologie, Psychologie und andere wissenschaftliche Disziplinen die Anschauungen Wundts durch neuere Forschungsergebnisse erweitert oder verändert haben.

19 Roskoff, Gustav, Geschichte des Teufels (Leipzig: 1869; Nachdruck: Aalen: Scientia 1967). 2 Bde. Die Arbeit des evangelischen Theologen gehört noch heute zu den umfassendsten Standardwerken zum Thema.

20 Schärf, Rikwah, Die Gestalt des Satans im Alten Testament, in: C(arl) G(ustav) Jung, Symbolik des Geistes (Zürich: Rascher 1948). Erschien als Band VI der „Psychologischen Abhandlungen". S. 151—319.

21 Soldan, W(ilhelm) G(ottlob), Heinrich Heppe und Max Bauer, Geschichte der Hexenprozesse (München: 1911; Nachdruck in einer Bearbeitung von W.-E. Peuckert: Hildesheim: Olms 1968; Nachdruck: Hanau: Müller & Kiepenheuer o. J. [1972]). Die zweibändige Ausgabe dieses Standardwerks zur Hexengeschichte kam erstmals 1843 heraus. Die Arbeit von Soldan wurde völlig überarbeitet von seinem Schwiegersohn Heppe, nach dessen Tode 1879 von seiner Tochter Henriette Heppe, geb. Soldan als 2. Auflage neu herausgegeben. 1911 erschien die 2. überarbeitete Fassung von Bauer als 3. Auflage. Die Nachdrucke von 1968 und 1972 sind unverändert.

22 Blau, Ludwig, Das altjüdische Zauberwesen (Graz: Akademische Druck- u. Verlagsanstalt 1974). Es handelt sich um einen unveränderten Nachdruck der erstmals im „Jahresbericht für das Schuljahr 1897—98 der Landes-Rabbinerschule in Budapest" veröffentlichten Arbeit des jüdischen Gelehrten.

23 Eliade, Mircea, Schamanismus und archaische Ekstasetechnik (Zürich und Stuttgart: Rascher 1957). Deutsche Übersetzung des Originaltitels „Le Chamanisme" (Paris: Payot 1954) des gebürtigen rumänischen Gelehrten.

24 Grosses vollständiges Universal-Lexicon aller Wissenschaften und Künste . . . (Leipzig und Halle: Johann Heinrich Zedler 1732—1754). Die 68 Bände erschienen als Nachdruck in Graz bei der Akademischen Druck- u. Verlagsanstalt von 1961 bis 1964. Das Lexikon ist die größte Enzyklopädie seines Jahrhunderts in deutscher Sprache und gibt den zeitgenössischen Wissensstand ausführlich in zahlreichen Stichworten wieder.

25 Scholem, Gershom, Die jüdische Mystik in ihren Hauptströmungen (Frankfurt/M: Alfred Metzner 1957). Grundlegendes Werk des jüdischen Gelehrten.

26 Scholem, Gershom, Ursprung und Anfänge der Kabbala (Berlin: Walter de Gruyter 1962). Wichtige Arbeit zur Interpretation der Geschichte der Kabbala.

27 Scholem, Gershom, Zur Kabbala und ihrer Symbolik (Zürich: Rhein-Verlag 1960). Für unser Thema sind die Kapitel „Kabbala und Mythos" und „Die Vorstellung vom Golem in ihren tellurischen und magischen Beziehungen" von Bedeutung.

28 Bischoff, Erich, Die Elemente der Kabbalah — Zweiter Teil: Praktische Kabbalah — Magische Wissenschaft — Magische Künste (Berlin: Hermann Bardorf 1914; Nachdruck: Schwarzenburg: Ansata 1978). Für die Beurteilung des Stellenwertes der Kabbala in der okkulten Szenerie von Wichtigkeit.

29 Kiesewetter, Karl, Geschichte des Occultismus — II. Teil: Die Geheimwissenschaften (Leipzig: Wilhelm Friedrich 1895). Das auch für die heutige Forschung noch wichtige Werk des jung verstorbenen Okkultisten ist zusammen mit dem ersten Teil „Geschichte des Neueren Occultismus" (Leipzig: Wilhelm Friedrich o. J. [1891]) 1977 im Ansata-Verlag in Schwarzenburg (Schweiz) unverändert nachgedruckt worden.

30 Grimm, Jacob, Deutsche Mythologie (4. von Elard Hugo Meyer besorgte Ausgabe 1876/77; 1. Aufl.: 1835; 2. Aufl.: 1844; 3. Aufl.: 1854; Nachdruck: Graz: Akademische Druck- u. Verlagsanstalt 1953).

Noch immer eine Fundgrube für die mythologische Forschung, wenn auch die Ansichten des Nestors der deutschen Mythologieforschung teilweise überholt sind.

31a Die ganze heilige Schrift des Alten und Neuen Textamentes — Das Buch der Bücher (Stuttgart: Christian Belser 1974). Die erste Ausgabe einer ökumenischen Einheitsübersetzung der Katholischen Bibelanstalt Stuttgart und des Beauftragten des Rates der Evangelischen Kirche in Deutschland bzw. des Evangelischen Bibelwerks, die 1972 durch das „Ökumenische Verzeichnis der biblischen Eigennamen" begonnen wurde.

b Die Bibel oder die ganze Heilige Schrift des Alten und Neuen Testaments nach der deutschen Übersetzung D. Martin Luthers (Stuttgart: Württembergische Bibelanstalt 1954).

32 Das Buch Henoch, das sogenannte Slawische Henochbuch in der längeren Redaktion (Kassel: Rosenkreuz Verlag 1974).

33 Jockel, Rudolf (Hrsg.), Götter und Dämonen — Mythen der Völker (Darmstadt und Genf: Holle 1953).

34 Seligmann, Kurt, Das Weltreich der Magie — 5000 Jahre Geheime Kunst — Mit einem Nachwort von Prof. Dr. G. F. Hartlaub (Stuttgart: Deutsche Verlagsanstalt 1958). Deutsche Übersetzung der amerikanischen Originalausgabe „The History of Magic" (New York: Pantheon Books 1948). Das Vorwort schrieb der Kunsthistoriker Gustav Friedrich Hartlaub (1884—1963).

35 Kiesewetter, Carl, Faust in der Geschichte und Tradition mit besonderer Berücksichtigung des okkulten Phänomenalismus und des mittelalterlichen Zauberwesens (Berlin: Hermann Barsdorf 1921). Auch heute noch wichtiges Buch zur Geschichte der Zauberliteratur und der Höllenzwänge. In diesem Zusammenhang sei auf die Reihe „Moonchild-Edition" der Arbeitsgemeinschaft für Religions- und Weltanschauungsfragen in München hingewiesen, die sich mit Magie und Ritualistik befaßte.

36 Knaurs Lexikon der ägyptischen Kultur (München—Zürich: Droemer—Knaur 1960). Deutsche Übersetzung der französischen Originalausgabe des „Dictionnaire de la Civilisation Egyptienne", herausgegeben von Georges Posener, Jean Yoyotte und Serge Sauneron (Paris: Fernand Hazan 1959).

37 Haussig, H(ans) W(ilhelm), Herodot: Historien — Deutsche Gesamtausgabe (Stuttgart: Alfred Kröner 1955). Mehrere Auflagen.

38 Leibbrand, Annemarie und Werner, Formen des Eros — Kultur- und Geistesgeschichte der Liebe (Freiburg/München: Karl Alber 1972). Das zweibändige Werk ist eine grundlegende Schrift über Eros und Sexus aus der Sicht der modernen Sexuologie und gilt als Standardwerk.

39a Homer, Odyssee — Verdeutscht von Thassilo von Scheffer (Wiesbaden: Dietrich o. J. Sammlung Dieterich Bd. 14).

b Homer, Odyssee — Übersetzt von Roland Hampe (Stuttgart: Philipp Reclam jun. 1979). Neue deutsche Übersetzung des Gräzisten Roland Hampe, die der Übersetzung von Scheffer vorzuziehen ist.

40 Velikovsky, Immanuel, Welt im Zusammenstoß (Frankfurt/M.: Umschau Verlag 1978). Die amerikanische Originalausgabe erschien unter dem Titel „Worlds in Collision" (New York: Macmillan 1950). Die deutsche Übersetzung besorgte F. W. Gutbrod. Die Spekulationen Velikovskys werden von der Fachwelt weitgehend abgelehnt. Sie bilden aber für uns einen Denkansatz über kosmische Katastrophen.

41 Camp, Sprague de, Versunkene Kontinente (München: Wilhelm Heyne 197). Die als Heyne-Buch Nr. 7010 erschienene deutsche Übersetzung des amerikanischen Autors führt den Untertitel: „Von Atlantis, Lemuria und anderen untergegangenen Zivilisationen".

42 Herrmann, Joachim, Das falsche Weltbild. Astronomie und Aberglaube — Eine kritische Untersuchung über Astrologie, Welteislehre, Hohlwelttheorie, Bewohnbarkeit der Sonne, fliegende Untertassen und andere astronomische Irrlehren (München: Deutscher Taschenbuch Verlag 1973). Ungekürzte Taschenbuchausgabe des gleichnamigen Buches (Stuttgart: Franckh'sche Verlagshandlung 1962).

43 Zehren, Erich, Das Testament der Sterne (Berlin: F. A. Herbig 1957). Die Arbeit befaßt sich mit der Entstehung der Mondreligionen wie der Einflüsse des Planeten Venus und des Fixsterns Sirius auf die Religionen der Erde.

44 Peuckert, Will-Erich, Astrologie — Geschichte der Geheimwissenschaften Band I (Stuttgart: W. Kohlhammer 1960). Diese Arbeit stellte den ersten Band einer Trilogie: Astrologie, Alchemie und Magie dar, die der Göttinger Volkskundler herausgeben wollte und deren Band „Alchemie" vom Verf. dieser Arbeit bearbeitet werden sollte. Durch den Tod Peuckerts (1969) blieb das Vorhaben nur ein Fragment.

45 Boll, Franz, Carl Bezold und Wilhelm Gundel, Sternglaube und Sterndeutung — Die Geschichte und das Wesen der Astrologie (Darmstadt: Wissenschaftl. Buchgesellschaft 1974[6]). Standardwerk aus wissenschaftlicher Sicht.

46 Cumont, Franz, Die orientalischen Religionen im römischen Heidentum — Nach der vierten französischen Auflage unter Zugrundelegung der Übersetzung Gehrichs bearbeitet von August Burckhardt-Brandenberg (Darmstadt: Wissenschaftl. Buchgesellschaft 1959[4]). Die erste Auflage der französischen Originalausgabe erschien 1906. Noch heute wichtige Arbeit zum Thema.

47 Spiel, Christian, Menschen essen Menschen — Die Welt der Kannibalen (München—Gütersloh: Bertelsmann 1972).

48 Andree, R(ichard), Die Anthropophagie, eine ethnographische Studie (Leipzig: 1887).

49 Albright, William Foxwell, Die Religion Israels im Licht der archäologischen Ausgrabungen — Autorisierte Übersetzung mit Nachträgen des Verfassers von Friedrich Cornelius (München—Basel: Ernst Reinhardt 1956). Deutsche Übersetzung der amerikanischen Originalausgabe „Archaeology and the Religion of Israel" (Baltimore: John Hopkins 1941). Trotz neuerer Arbeiten und Forschungsergebnisse seit den 40er Jahren noch wichtig.

50 Altheim, Franz, Der unbesiegte Gott — Heidentum und Christentum (Hamburg: Rowohlt 1957; Bd. 35 in „rowohlts deutsche enzyklopädie").

51 Rose, H(erbert) J(ennings), Griechische Mythologie — Ein Handbuch (München: C. H. Beck 1955). Deutsche Übersetzung von Anna Elisabeth Berve-Glaunig der englischen Originalausgabe „A Handbook of Greek Mythology" (1953[5]).

52 Hunger, Herbert, Lexikon der griechischen und römischen Mythologie mit Hinweisen auf das Fortwirken antiker Stoffe und Motive in der bildenden Kunst, Literatur und Musik des Abendlandes bis zur Gegenwart (Wien: Hollinek 1953). Mehrere Auflagen. Standardwerk des österreichischen Altphilologen und Byzantinisten Herbert Hunger (*1914).

53 Bibliothek der Kirchenväter, Band 40: Des Heiligen Hippolyt(os) von Rom Widerlegung aller Häresien. Übers(etzt) v(on) Graf Konrad Preysing (München: Kösel & Pustet 1922).

54 Diels, Hermann, Die Fragmente der Vorsokratiker (Hamburg: Rowohlt 1957; Bd. 10 von „Rowohlts Klassiker der Literatur und der Wissenschaft). Hier das fragliche Zitat: Fragment 25: „(Denn) größeres Todesgeschick erlost größeren Lohn."

55 Uxkull, Waldemar von, Die Eleusinischen Mysterien (Büdingen-Gettenbach: Avalon o. J. [1956]).

56 Rosenbaum, Julius, Geschichte der Lustseuche im Altertume, nebst ausführlichen Untersuchungen über den Venus- und Phalluskultus, Bordelle der Skythen, Paederastie und andere geschlechtliche Ausschweifungen der Alten als Beiträge zur richtigen Erklärung ihrer Schriften (Berlin: H. Barsdorf 1904[7]). Die erste Auflage erschien 1845 bei Lippert & Schmidt zu Leipzig. Noch heute ein wichtiges Werk auf Grund seiner gründlichen philologisch-medizinischen Untersuchungen.

57 Bloch, Iwan, Der Ursprung der Syphilis — Eine medizinische und kulturgeschichtliche Untersuchung (Jena: Gustav Fischer 1901; 1911[2]). In der Geschichtsbetrachtung der Syphilis überholt, aber interessant noch in einzelnen Themen.

58 Pfiffig, Ambros J(osef), Religio Etrusca (Graz: Akademische Druck- u. Verlagsanstalt 1975).

59 Peuckert, Will-Erich, Geheimkulte (Heidelberg: Carl Pfeffer 1951).

60 Duerr, Hans Peter, Traumzeit — Über die Grenze zwischen Wildnis und Zivilisation (Frankfurt a. M.: Syndikat 1978). Der der „Neuen Linken" zuzurechnende Autor hat als Ethnologe neue Aspekte zum Mythosbegriff beigesteuert. Seine Arbeit ist trotz einiger Fragezeichen zu seinen Thesen sehr lesenswert.

61 Neumann, Erich, Die Große Mutter — Der Archetyp des Großen Weiblichen (Darmstadt: Wissenschaftl. Buchgesellschaft 1957). Die Erstausgabe erschien 1956 im Rhein-Verlag Zürich. Als Anhänger der Psychoanalyse von C. G. Jung interpretiert Neumann den vielschichtigen Begriff des „Ewig Weiblichen" wohl zum Teil etwas einseitig. Trotzdem ist die Arbeit ein Standardwerk zum Thema.

62 Leland, Charles G., Aradia, Die Lehre der Hexen — Mythen, Zaubersprüche, Weisheiten, Bilder (München: Trikont 1979). Das in dem anarchistischen Verlag herausgegebene Buch ist eine deutsche Übersetzung von Werner Waldhoff der englischen Originalausgabe „Aradia, or the Gospel of the Witches" (New York: Samuel Weiser 1974).

63 Biedermann, Hans, Hexen — Auf den Spuren eines Phänomens — Traditionen, Mythen, Fakten (Graz: Verlag für Sammler 1974). Wichtige Übersichtsarbeit für die moderne Interpretation des Hexenwesens.

64 Morenz, Siegfried, Ägyptische Religion (Stuttgart: W. Kohlhammer 1960).

65 Roeder, Günther, Volksglaube im Pharaonenreich (Stuttgart: Spemann 1952).

66 Kerényi, Karl, Der Göttliche Arzt — Studien über Asklepios und seine Kultstätte (Basel: Ciba 1948). Später auch im Buchhandel.

67 Biedermann, Hans, Wunderwesen — Wunderwelten oder Die Erlebbarkeit des Irrealen (Graz: Verlag für Sammler 1980).

68 Ersch, Johann Samuel und Johann Gottfried Gruber, Allgemeine Enzyklopädie der Wissenschaften

und Künste (Leipzig: 1818–1889). Ein Nachdruck der 167 Bände umfassenden Enzyklopädie, der umfangreichsten deutschsprachigen Arbeit des 19. Jahrhunderts, erfolgte durch die Akademische Druck- und Verlagsanstalt in Graz seit 1969.

69 Nonnos, Dionysiaka — Verdeutscht von Thassilo Von Scheffer (Wiesbaden: Dieterich o. J.).

Eine erweiterte, auf den neuesten Stand gebrachte Bibliographie zum Thema wird im zweiten Band „Die Satanisten" zu finden sein.

398